CONCURSOS PÚBLICOS TERMINOLOGIAS E TEORIAS INUSITADAS

Grupo Editorial Nacional

O GEN | Grupo Editorial Nacional, a maior plataforma editorial no segmento CTP (científico, técnico e profissional), publica nas áreas de saúde, ciências exatas, jurídicas, sociais aplicadas, humanas e de concursos, além de prover serviços direcionados a educação, capacitação médica continuada e preparação para concursos. Conheça nosso catálogo, composto por mais de cinco mil obras e três mil e-books, em www.grupogen.com.br.

As editoras que integram o GEN, respeitadas no mercado editorial, construíram catálogos inigualáveis, com obras decisivas na formação acadêmica e no aperfeiçoamento de várias gerações de profissionais e de estudantes de Administração, Direito, Engenharia, Enfermagem, Fisioterapia, Medicina, Odontologia, Educação Física e muitas outras ciências, tendo se tornado sinônimo de seriedade e respeito.

Nossa missão é prover o melhor conteúdo científico e distribuí-lo de maneira flexível e conveniente, a preços justos, gerando benefícios e servindo a autores, docentes, livreiros, funcionários, colaboradores e acionistas.

Nosso comportamento ético incondicional e nossa responsabilidade social e ambiental são reforçados pela natureza educacional de nossa atividade, sem comprometer o crescimento contínuo e a rentabilidade do grupo.

COORDENADOR

CLEBER MASSON

CONCURSOS PÚBLICOS TERMINOLOGIAS E TEORIAS INUSITADAS

JOÃO BIFFE JUNIOR

JOAQUIM LEITÃO JUNIOR

gen

EDITORA MÉTODO

Impresso no Brasil – *Printed in Brazil*

Uma editora integrante do GEN | Grupo Editorial Nacional
  Rua Conselheiro Nébias, 1384 – Campos Elíseos – 01203-904 – São Paulo – SP
  Tel.: (11) 5080-0770 / (21) 3543-0770
  faleconosco@grupogen.com.br / www.grupogen.com.br

- Capa: Danilo Oliveira

- Fechamento desta edição: 18.10.2016

- CIP-BRASIL. CATALOGAÇÃO NA PUBLICAÇÃO
  SINDICATO NACIONAL DOS EDITORES DE LIVROS, RJ

B489c

Biffe Junior, João

Concursos públicos : terminologias e teorias inusitadas / João Biffe Junior, Joaquim Leitão Junior. – Rio de Janeiro: Forense; São Paulo: MÉTODO, 2017.

Inclui bibliografia
ISBN 978-85-309-7338-4

1. Direito - Terminologia. 2. Serviço público - Brasil - Concursos. I. Leitão Junior, Joaquim. II. Título.

16-36967 CDU: 340.113.(81)

Dedico o resultado deste trabalho a minha amada esposa, Bárbara Reggiani Marcelino, pelo apoio incondicional aos meus projetos profissionais, acompanhando-me em todas as etapas desta longa jornada, sem nunca se deixar abalar pelas dificuldades e contingenciamentos sofridos. Por você, minha amada, externo publicamente meu amor incondicional, que Deus conserve e fortaleça nossa união.

Dedico, ainda, esta obra ao meu amado filho, Victor Hugo, companhia ilustre, inevitável e inigualável. Por você, e com você, busco forças para lutar por um mundo mais justo.

Dedico também este trabalho ao meu grande amigo, Vinícius Marçal, pelo incentivo conferido e pelo exemplo de força e determinação. Que possamos caminhar juntos no exercício da nobre função ministerial.

Por fim, dedico a presente obra a todos os meus familiares e amigos, que sempre me incentivaram e acreditaram no meu trabalho. Não irei nomeá-los, pois, certamente, correria o risco de ser injusto ao me esquecer de alguns nomes, mas tenho certeza de que, ao ler esta dedicatória, saberão que recebem esta justa homenagem.

João Biffe Junior

Dedico este trabalho a Deus; a minha amada esposa, pela compreensão das minhas inúmeras ausências como marido; dedico também aos meus filhos, pai, mãe, irmãos, avós (*in memoriam*), familiares, amigos(as) e aos meus eternos amigos e cachorros de estimação, Lessie, Leão, Pitoco, Lulu, Dolly e Lugano (*in memoriam*), assim como aos gatos da família, Neguinho e Rebeca.

Joaquim Leitão Junior

AGRADECIMENTOS

Em primeiro lugar, por questão de ordem, independentemente de qualquer religião professada, credo e convicção filosófica, quero agradecer, por respeito a minha formação cristã e principalmente pela minha fé, ao meu Pai Supremo, Senhor Jesus Cristo, que a mim contemplou todas as dádivas de humildade, discernimento, compaixão, determinação, força, perspicácia, amor, saúde, família, busca incansável pela sabedoria e momentos maravilhosos que vivi em minha vida. Devo tudo que aconteceu de bom em minha vida a Jesus Cristo.

Aos meus pais, Joaquim Leitão e Carlinda Rodrigues Paniago, com propósito de oportunizar ao seu filho uma esplendorosa educação pessoal e a realização do meu ideal na graduação e pós-graduação em curso na área do Direito, cuja herança a mim deixada ultrapassa demasiadamente quaisquer frívolos bens materiais.

Ao meu irmão, André Paniago Leitão, irmão amado, a quem pretendo transmitir minhas limitadas qualidades (poupando-lhe dos meus incatalogáveis defeitos), colimando forjar um homem que lute pela construção de uma sociedade igualitária, fraternal e justa.

Aos meus irmãos, Lilian Leitão, Lídia Leitão (*in memoriam*), Leonardo, Giseli, Judá Leitão, Gileard Leitão.

Aos meus tios e tias, primos e primas, que sempre acreditaram em meus sonhos, e em destaque ao meu avô, Jerônimo Paniago (*in memoriam*), que irradiava a honestidade em pessoa.

Ao meu padrinho, Mauro, e madrinha, Sandra, pelo carisma, carinho e oportunidades de sempre comigo.

Saudades eternas de Ermelindo Paniago, Paulo César Firmino de Oliveira, João Paniago, e do meu amigo, Wliton Afonso do Carmo, carinhosamente conhecidos por "Tio Paulo", "Tio João" e "Pataka", respectivamente.

Rendo minhas homenagens sinceras, ofertando-as ao Dr. Sebastião Simões de Araújo, Dr. Stalyn Pereira Paniago, Dr. Fernando da Fonsêca Melo, Dr. Carlos Augusto Ferrari, Wagner Plaza Machado Junior e Adilson Gonçalves Macedo, responsáveis pelo meu crescimento profissional.

À minha amada esposa, Denise Carvalho Barbosa Cirqueira Leitão, por toda força, dedicação, companheirismo, amor e cumplicidade para que eu pudesse alcançar mais esta vitória ao seu lado.

Aos meus primos, de quem estive mais próximo na inesquecível infância e adolescência, Tiago Firmino de Oliveira, Henrique Firmino de Oliveira, Marlon Paniago de Oliveira, Sandro Paniago e Agmon Paniago.

Aos meus filhos, Guilherme e Gustavo, que a cada dia me conferem mais e mais razões para lutar por um mundo melhor e mais justo.

À minha amada sobrinha Isadora.

Aos meus sobrinhos, Leonardo e Weila.

Ao meu irmão e amigo, Dr. João Biffe Junior, a quem tive o prazer de conhecer e posso falar sem medo de errar, homem repleto de valores, principalmente de honestidade e integridade irretorquível.

Ao meu irmão de luta e de Delegacia, Dr. Wilyney Santana Borges.

Aos meus memoráveis professores de graduação do Centro de Ensino Superior de Jataí-CESUT.

Aos meus eternos amigos de adolescência e juventude, Arthur Walschimidt, Átila Walschimidt, Laura Walschimidt e aos seus pais Horst (Kiko) e "Mazinha", pelo carinho e respeito de sempre.

Outrossim, aos meus eternos amigos de adolescência, Sylas Paes Ananias, Jean, Jamerson Ananias, Danilo Melo, Alex Bruno, João Neto Andrade Peres, Weverton Afonso da Silva.

Aos meus amigos inestimáveis de graduação, Agnaldo e Diogo.

Minhas saudações aos meus nobres colegas e amigos de graduação.

Aos demais amigos e amigas, meus cumprimentos pela compreensão de minha ausência.

Aos ilustres professores, Marcelo Novelino, Rogério Sanches Cunha, Alice Bianchini e, em especial, ao grande responsável em reavivar o direito penal no cotidiano forense, Dr. Luiz Flávio Gomes.

A todos que são – como eu – filhos do Direito e amantes da Justiça, que lutam por um mundo melhor e mais justo, enfrentando todo esse sistema vicioso constituído para seu desfacelamento.

Joaquim Leitão Júnior

PREFÁCIO

Por qual razão João Biffe Jr. e Joaquim Leitão Jr. fizeram-me o convite para prefaciar o primeiro livro por eles escrito? A resposta provavelmente não interessa a você, caro leitor, mas tomou conta dos meus pensamentos por muito, muito tempo. Em vão. Não consegui encontrar um motivo sequer para tamanha honraria. Assim, inebriado nessa dúvida e carregado de agradecimento, deflagro o processo de apresentação dos autores e da obra.

Conheci João durante o 58º concurso público de ingresso na carreira do Ministério Público do Estado de Goiás. Ele, na qualidade de candidato, eu, na de examinador. Foi logo após a segunda fase que chegou até nós, membros da banca examinadora, a notícia de que um dos concursandos recém-aprovados para a terceira fase havia aparecido na TV na ocasião em que efetuava a prisão em flagrante de uma pessoa que tinha tentado suborná-lo com o oferecimento de uma vultosa quantia monetária em troca de sua liberdade. Ao assistir ao vídeo, notei que João, então delegado de polícia no estado do Mato Grosso, tinha uma verve Ministerial.

Minha expectativa se confirmou durante a realização da prova oral. Sereno, sagaz, objetivo e perspicaz, João se desvencilhou das "armadilhas" montadas pela banca e foi aprovado com louvor.

Já durante o curso de formação dos novos promotores de justiça, com o fortalecimento da nossa amizade, João confidenciou-me que estava se dedicando a um projeto ousado em parceria com um grande amigo seu, Joaquim Leitão Jr. As credenciais que me foram reportadas a seu respeito foram as melhores possíveis. Para João, o delegado de polícia Joaquim é um dos mais valorosos quadros da polícia civil mato-grossense e um obstinado leitor. Alguém que estuda pelo prazer do conhecimento e leciona por devoção ao magistério.

Devidamente acordados, João e Joaquim entregaram-me os originais desta obra. Qual não foi a minha surpresa quando percebi que estava diante de um livro que desejei que existisse quando eu ainda estudava para concursos públicos? Não poderia supor que, passada mais de uma década da minha aprovação, o meu antigo desejo, nunca antes revelado, um dia ganharia vida. Sem imaginar, João e Joaquim realizaram meu prisco sonho.

O trabalho que agora apresento é absolutamente original. Trata-se de uma riquíssima compilação de terminologias exóticas e de teorias inusitadas que volta e meia aparecem nos certames mais cobiçados em nosso país (Ministério Público, magistratura, Defensoria Pública, advocacia pública, polícias civil e federal etc.), não raro causando estragos nos planos dos concursandos.

Você, caro leitor, bem sabe o quanto é difícil encontrar a doutrina "certa". Quando se acredita ter esgotado o estudo de determinada matéria, eis que surge na tão aguardada prova algo insólito, incomum, diferente, que não estava contido no livro escolhido como o "ideal". Essa triste realidade se repete amiúde, o que torna ainda mais complicada a tarefa de amealhar o necessário conhecimento para a obtenção do sucesso.

João e Joaquim, sob a magistral coordenação pedagógica do querido amigo, Cleber Masson, conseguiram o inimaginável: condensaram em um único volume um arsenal de denominações excêntricas (*v.g.*, *Teoria do Ulisses Desacorrentado, Teoria da Escada Ponteana, Síndrome do Piu-Piu no Tribunal do Júri* etc.) garimpadas em um sem-número de doutrinas das mais diversas áreas do direito. Cada terminologia indizível foi devidamente explicada, com simplicidade e clareza meridianas. Para os mais curiosos, as fontes bibliográficas foram cuidadosamente apontadas.

Enfim, os autores deram o "troco". Prepararam uma "armadilha" para os examinadores que fazem do obscuro a alcova para o seu regozijo. Doravante, será muito difícil que estes consigam contornar a obra em foco e encontrar um meio de surpreender o candidato.

Dessarte, não tenho dúvida em afirmar que o material que ora recomendo haverá de ser considerado "*o livro sagrado do concurseiro*", porquanto facilitará sobremaneira a caminhada pela espinhosa trilha por onde necessariamente devem passar os estudantes que almejam as concorridas carreiras públicas. Assim, sendo certo que o melhor jeito de prever o futuro é criá-lo, convido-o a desenhar seu próprio amanhã. Mude o seu destino. Mas lembre-se: "não se pode alcançar bons fins através de maus meios" (Martin Luther King). Escolha, pois, os meios adequados. Um deles, por certo, está em suas mãos.

Boa leitura!

Vinícius Marçal

Promotor de Justiça em Goiás. Coordenador do Centro de Apoio Operacional Criminal. Professor da ESMP-GO. Coautor – em parceria com Cleber Masson – da obra *Crime Organizado*, publicada pela editora Método.

APRESENTAÇÃO

Na presente obra tratamos de diversas terminologias exóticas e teorias inusitadas que eventualmente poderão frequentar as provas de concursos públicos. Para que o livro não se tornasse um "show de horrores", permeado apenas por temas absolutamente desconhecidos pela maioria dos leitores, tivemos o cuidado de inserir também alguns verbetes com questões básicas que frequentam comumente os certames e que poderiam surpreender os candidatos mais inexperientes.

Por tal motivo, os leitores encontrarão, ao lado de temas extremamente complexos, alguns conceitos básicos que poderão reforçar o conhecimento sobre aqueles conceitos básicos que se encontram no início dos manuais e são relegados ao esquecimento pelos estudantes/concurseiros.

A obra não tem a pretensão de ter um lugar de destaque no meio acadêmico, muito pelo contrário, sua finalidade é clara e incontestável: auxiliar os nobres concurseiros na busca da tão almejada aprovação.

O título *Terminologias e Teorias Inusitadas* é sugestivo e já exorta ao leitor do que está por vir.

Durante a preparação para os concursos tivemos muitas dificuldades com essas terminologias e, por mais que estudássemos, não raro éramos surpreendidos no momento do certame. A vasta bibliografia existente e a criatividade ilimitada dos examinadores tornavam essa atividade de pesquisa extremamente difícil de ser realizada naquele momento. Conforme as aprovações foram ocorrendo, tivemos a ideia de contribuir com aqueles que ainda se preparam para concursos públicos, trazendo num único livro uma coletânea dessas terminologias, institutos e teorias que fogem da normalidade.

Nesse propósito, fizemos ampla pesquisa na doutrina e jurisprudência, selecionando, inicialmente, setecentos temas que seriam abordados. No entanto, diante dos protestos de amigos e considerando a lacuna no mercado, optamos por reduzir o projeto inicial, razão pela qual pretendemos dar continuidade, ampliando a primeira edição.

A obra foi construída para facilitar a busca pelos temas, contando com índice pormenorizado. Nesse mesmo propósito, inserimos ao término de cada verbete a respectiva bibliografia, possibilitando ao candidato o acesso imediato à fonte da qual proveio a informação, o que certamente otimizará o tempo de busca pelas informações pertinentes na doutrina.

Salientamos que, embora a indagação dessas questões em concursos públicos seja extremamente questionável, temos que essa realidade é irreversível. Diante do altíssimo nível dos candidatos, da proliferação de cursos preparatórios para concursos, de *blogs* de professores renomados e das videoaulas postadas, diariamente, por grandes juristas na rede mundial de computadores, tornou-se necessário recorrer-se ao estratosférico, ao incomum, ao absurdo, para, de alguma maneira, diferenciar os candidatos, uma vez que os institutos básicos do Direito, o texto da lei e a posição da jurisprudência tornaram-se de domínio comum para os que se dedicam aos concursos.

Diante dessa realidade, ofertamos aos colegas esta humilde contribuição.

À guisa de conclusão, ressaltamos que as críticas e contribuições serão aceitas, esperadas e certamente contribuirão para a melhoria desta obra, possibilitando que a segunda edição seja ampliada e lapidada por nossos leitores.

Acompanhem também nossa página no Facebook: “Terminologias Exóticas para Concursos Públicos”, com informações diárias acerca de inovações na jurisprudência, legislação, questões de concursos e doutrina (Disponível em: <https://www.facebook.com/BiffeJr/?fref=ts>).

Os Autores

Nota da Editora: o Acordo Ortográfico foi aplicado integralmente nesta obra.

SUMÁRIO

1

DIREITO PENAL, PROCESSUAL PENAL E CRIMINOLOGIA

1.1 O que se entende por **quadros mentais paranoicos (Síndrome de Dom Casmurro)**?

Trata-se de terminologia criada para designar o *juiz que, dotado de poderes investigatórios, primeiro decide e depois sai à procura de material probatório para alicerçar e justificar sua decisão.*

Ao proceder ao recolhimento da prova, o magistrado antecipa a formação do juízo quanto à solução do litígio, pois, assumindo a iniciativa probatória, saberá o que almeja encontrar, gerando uma tendência que o desproverá da indispensável imparcialidade para apreciar os elementos carreados aos autos, comprometendo a estrutura dialética do processo.

Nesse contexto, o magistrado passa a desenvolver quadros mentais paranoicos, pois, primeiro, define-se a hipótese (decide) e, depois, procuram-se os fatos (provas) que legitimem a decisão já tomada.

Aury Lopes Jr. preconiza:

> Atribuir poderes instrutórios a um juiz – em qualquer fase – é um grave erro, que acarreta a destruição completa do processo penal democrático. Ensina Cordero que tal atribuição (de poderes instrutórios) conduz ao *primato dell'ipotesi sui fatti*, gerador de *quadri mentali paranoidi*. Isso significa que se opera um primado (prevalência) das hipóteses sobre os fatos, porque o juiz que vai atrás da prova primeiro decide (definição da hipótese) e depois vai atrás dos fatos (prova) que justificam a decisão (que na verdade já foi tomada). O juiz, nesse cenário, passa a fazer quadros mentais paranoicos (LOPES JR., 2014, p. 111-112).

No mesmo sentido, encontram-se as lições de Cleber Masson e Vinícius Marçal:

> Exatamente em razão do sistema processual acusatório – que cuidou de separar de maneira bem nítida as funções de acusar, defender e julgar –, não deve o magistrado ter uma participação ativa na primeira fase da *persecutio criminis,* de maneira a indicar pelo caminho pelo qual a investigação deve seguir. Nesse cenário, poderia o juiz começar a realizar os chamados quadros mentais paranoicos (Síndrome de Dom Casmurro), em franco prejuízo do investigado (MARÇAL; MASSON, 2015, p. 94).

A expressão "Síndrome de Dom Casmurro" faz referência à obra *Dom Casmurro*, de Machado de Assis, na qual Bento de Albuquerque Santiago (Bentinho) narra sua história de amor com Capitu e o ciúme que advém desse relacionamento, em virtude das dúvidas quanto à eventual traição de sua esposa com seu melhor amigo (Escobar).

> Em 1900, a literatura de Machado de Assis já nos contava um romance que talvez seja um dos mais ilustrativos exemplos de que se pode valer o Processo Penal para pensar o chamado *quadro mental paranoico* decorrente da busca pela prova que confirme a hipótese psicológica inicial. (...) será tomada a história de *Dom Casmurro* como ponto de partida à reflexão. O exemplo é ótimo, afinal, a história de Bentinho, é a história de um bacharel em Direito, mergulhado numa trama psicológica em que cada fato observado serve para contaminar a sua subjetividade e confirmar uma hipótese previamente inscrita em si: a traição de Capitu. Atordoado por várias circunstâncias, Bentinho era uma criança fechada em si mesma, razão pela qual foi apelidado de Dom Casmurro. Com o passar dos anos, desistiu da vida interna no seminário para se entregar ao amor que sentia por Capitu, filha de seus vizinhos. Dedicou-se ao estudo, se formou em Direito, casou com a mulher que se apaixonara e teve um filho chamado Ezequiel. Cúmplice de sua felicidade, esteve sempre ao seu lado um grande amigo, de nome Escobar, companheiro desde a época do seminário. Foi no enterro de Escobar, recém-falecido, que o sentimento de Bentinho ganhou força. A contemplação de Capitu ao cadáver lhe pareceu estranha, intensa demais. O ciúme aumentou e com ele o *quadro mental paranoico.* Ao que lhe parece, seu filho, Ezequiel estava tomando a feição de Escobar. Pensa em matar mulher e filho, mas não tem coragem. Agora nada importa, a ideia tomou parte de sua estrutura psicológica, a hipótese passou a ter primazia sobre os fatos. Tudo faz sentido a cada folha de sua história pessoal. Pois aí está: o adultério é o "crime" eleito como hipótese por Dom Casmurro.

> Talvez exista um lastro que dê alguma coerência a este pensamento ou não. Provas evidentes, não há, ainda. Mas há o desejo de descobrir este mistério. Aquele que deve se convencer é o mesmo que sai atrás deste convencimento. Não sabe que provas serão achadas, ou se achará mesmo alguma coisa. Sabe apenas que tem uma hipótese: a traição de Capitu, ou então, para o que olharia? Que caminho tomaria como fundamento ao seu pensamento? Um dos mais finos romances da literatura brasileira traduz o conto da busca pela prova que confirmasse a hipótese central. Mas, afinal, houve ou não traição? Eis aqui a inapreensão do conceito material de verdade e toda a angústia da finalidade retrospectiva do processo, conforme trabalhado. Nunca chegaremos nem próximo ao fato histórico imputado à Capitu. Esta sentença não foi escrita por Machado de Assis e, portanto, não foi proferida pelo seu julgador: Dom Casmurro. Mas nem precisava. Saber se houve ou não a traição de Capitu não importa em nada, absolutamente. A hipótese já foi tomada como decisão por Bentinho, desde o início do livro. Este é o ponto: a *verdade construída* por Bentinho (MELCHIOR, 2012, p. 153-154).

Referências:

- LOPES JR., Aury. *Direito processual penal*. 11. ed. São Paulo: Saraiva, 2014.
- MARÇAL, Vinícius; MASSON, Cleber. *Crime organizado*. São Paulo: Método, 2015.
- MELCHIOR, Antonio Pedro. *Gestão da prova e o lugar do discurso do julgador – o sintoma político do processo penal democrático*. Rio de Janeiro: 2012. Disponível em: <http://portal.estacio.br/media/4120373/antonio%20pedro%202011.pdf>. Acesso em: 9 dez. 2015.

1.2 O que são **mentiras agressivas** no processo penal?

Essa questão formulada na prova oral do concurso de 58.º Promotor de Justiça do Estado de Goiás.

As mentiras agressivas ocorrem quando o acusado imputa falsamente a terceiro a prática do delito, sabendo-o inocente. Nessa circunstância, dando causa à instauração de investigação administrativa, inquérito civil ou ação de improbidade administrativa, responderá pelo crime de denunciação caluniosa (art. 339 do Código Penal).

Por óbvio, as mentiras agressivas não estão acobertadas pelo direito de não produzir prova contra si mesmo.

Segundo Renato Brasileiro, o princípio do *nemo tenetur se detegere* abrange:

a) direito ao silêncio ou direito de ficar calado;
b) direito de não confessar a prática de ilícito penal;
c) inexigibilidade de dizer a verdade;
d) direito de não praticar qualquer comportamento ativo que possa incriminá-lo;
e) direito de não produzir nenhuma prova incriminadora invasiva (LIMA, 2014, p. 80-86).

Quanto à inexigibilidade de dizer a verdade, cabe considerar que, embora no Brasil não exista o crime de perjúrio, não há que se falar no direito a mentir. O que ocorre é que *a mentira é tolerada, não podendo dela resultar qualquer prejuízo ao acusado, salvo se se tratar de uma mentira agressiva, hipótese que acarretará a responsabilização criminal pela prática do crime de denunciação caluniosa.*

Referências:

- LIMA, Renato Brasileiro. *Manual de processo penal*. 2. ed. Salvador: JusPodivm, 2014.

1.3 No que consiste o **aviso de Miranda**?

Aviso de Miranda, também conhecido como "Miranda Rights" ou "Miranda warnnings", origina-se do famoso caso Miranda V. Arizona, ocorrido em 1966, ocasião em que a Suprema Corte Norte-Americana firmou o entendimento, por maioria (cinco votos contra quatro), de que *as declarações prestadas pelo acusado à polícia não teriam nenhuma validade, se ele não foi informado:*

a) de que tem o direito de não responder às perguntas formuladas;
b) de que tudo que ele disser poderá ser utilizado contra ele;
c) de que tem direito a um advogado escolhido ou nomeado (LIMA, 2014, p. 78).

De acordo com a referida decisão, a ausência dessa formalidade era suficiente para macular de nulidade as declarações prestadas e as provas dela derivadas. No famigerado caso Miranda V. Arizona:

> Em março de 1963, após ter sido identificado por uma testemunha, Ernesto Miranda foi preso em sua casa e conduzido à polícia em Phoenix, sendo levado a uma sala de interrogatórios e interrogado por dois policiais. Duas horas depois, os policiais tinham em suas mãos uma confissão assinada por Miranda, na qual ele declarava que a confissão havia sido voluntária, sem ameaças ou promessas de imunidade e com completo conhecimento de seus direitos, inclusive ciente de que as declarações seriam utilizadas contra ele. No entanto, os policiais admitiram que Miranda não havia sido alertado quanto ao direito de ter um advogado presente (LIMA, 2014, p. 78).

Embora não se exija essa formalidade no Brasil, cabe considerar que não se admite o chamado *interrogatório sub-reptício.*

O interrogatório sub-reptício ocorre quando há gravação clandestina de conversa informal com o preso, hipótese em que este não consente com a gravação ambiental e tampouco é advertido de seu direito de permanecer em silêncio.

Referência:

- LIMA, Renato Brasileiro de. *Legislação criminal especial comentada*. 2. ed. Salvador: JusPodivm, 2014.

1.4 O que é **estupro bilateral**?

Ocorre o *estupro bilateral quando duas pessoas menores de catorze anos praticam atos libidinosos,* o que, tecnicamente, tipifica ato infracional perpetrado por ambos, por conduta análoga à descrita no art. 217-A do Código Penal.

Tal expressão foi utilizada pelo Professor Alamiro Velludo Salvador Netto, que, ao tratar da alteração do Código Penal pela Lei 12.015/2009, retirou do tipo penal a presunção de violência, elemento normativo do tipo penal que permitia ao magistrado, à luz do caso concreto, afastar a severidade penal naqueles casos em que a intervenção penal não se mostrava necessária (ex.: jovem de treze anos que mantém relação sexual com o namorado de dezoito anos).

Nesse contexto, o elemento normativo do tipo permitia suavizar a resposta estatal por meio de uma coerente opção axiológica subjacente à legislação penal.

A Lei 12.015/2009 caminhou em sentido oposto. Ao afastar o elemento normativo do tipo, passou a tipificar o estupro de vulnerável no art. 217-A, já não se falando mais em presunção de violência.

Segundo o STJ: "Para a caracterização do crime de estupro de vulnerável, previsto no artigo 217-A do Código Penal, basta que o agente tenha conjunção carnal ou pratique qualquer ato libidinoso com pessoa menor de 14 anos. O consentimento da vítima, sua eventual experiência sexual anterior ou a existência de relacionamento amoroso entre o agente e a vítima não afastam a ocorrência do crime" (REsp 1.480.881/PI, 2014/0207538-0).

Dessa forma, por não mais haver "brechas interpretativas", os menores de 14 anos não podem mais se relacionar sexualmente.

Problematizando a questão, o autor propõe a figura do estupro bilateral:

> Dois adolescentes de 13 anos relacionam-se sexualmente. Nessa hipótese, quis o legislador, inconscientemente ou não, consagrar a enigmática figura do estupro bilateral. Afinal, se aplicado literalmente o Estatuto da Criança e do Adolescente (artigo 103) e seu microssistema penal, ato infracional cometerão ambos os adolescentes, um contra o outro. A violência é indiferente. A autodeterminação, relativizada nesta idade, nada importa. O moralismo, por via transversa, é aplaudido pelo legislador de 1940 (SALVADOR NETTO, 2009).

Referências:

- SALVADOR NETTO, Alamiro Velludo. Estupro bilateral: um exemplo limite. *Boletim IBCCRIM*, São Paulo, ano 17, n. 202, p. 8-9, set. 2009.

1.5 No que consiste a **exceção de Romeu e Julieta** no Direito Penal?

Por meio dessa exceção, a vulnerabilidade etária poderá ser relativizada, considerando a diferença de idade entre as partes (exceção de Romeu e Julieta).

Como é cediço, os fenômenos sociais vivenciados nas últimas décadas indicam que os adolescentes estão, a cada dia, mais expostos a conteúdos ligados à sexualidade. A maturidade sexual nos dias atuais chega muito cedo, num contexto social não concebido pela legislação pátria ao definir a idade de consentimento para as relações sexuais.

Certamente, ao conceber o patamar de 14 anos, o legislador infraconstitucional não previu o surgimento de uma série de fenômenos sociais, tais como *a sexualidade precoce, a sexualidade fluída, o gênero neutro, dentre diversos outros desdobramentos da chamada geração Z.*

Tal teoria preconiza que, em que pese a literalidade do Código Penal, *não se deve considerar estupro de vulnerável quando a relação sexual ocorre com uma pessoa com diferença etária de até cinco anos, pois ambas as partes se encontram na mesma etapa de desenvolvimento sexual.* Nesse cenário, não seria razoável considerar estupro a relação consentida entre namorados (por exemplo: "A", com 13 anos, e seu namorado(a), com 18 anos).

Dessa forma, quando a situação de idade do acusado é de apenas alguns anos a mais do que a vítima, a situação deverá receber um tratamento jurídico diverso.

Alguns Estados norte-americanos, diante dessa circunstância, desenvolveram as "Romeo and Juliet Laws", "segundo as quais não há crime em caso de relacionamento sexual entre pessoas cuja diferença de idade é pequena, considerando que ambos estão no mesmo momento de descoberta da sexualidade" (GARCIA, 2015).

A expressão é inspirada na obra de William Shakespeare e refere-se à tragédia escrita entre 1591 e 1595, nos primórdios de sua carreira literária, na qual narra a morte de dois jovens amantes.

Observe-se que na peça Julieta tinha apenas 13 anos quando manteve relação amorosa com Romeu, fato que ocasionaria, à luz do nosso ordenamento jurídico, a responsabilização de Romeu por ato infracional análogo ao estupro de vulnerável.

Embora a terminologia seja inusitada, já foi citada por diversas decisões judiciais. Dentre estas, destaque-se a decisão da juíza Placidina Pires, da 10.ª Vara Criminal de Goiânia (GO), que absolveu um homem que manteve relações sexuais com uma jovem de 13 anos, pois, conforme o Direito Comparado, poderia o Direito brasileiro ter adotado orientação semelhante ("Romeo and Juliet Laws") para os casos em que não for constatada a exploração sexual dos adolescentes, ou seja, para as hipóteses em que o ato sexual consentido resultou de relação de afeto, conforme notícia publicada no Conjur[1].

---

1 Disponível em: <http://www.conjur.com.br/2016-mar-05/juiza-goias-sexo-menina-13-anos-nao-estupro>.

Em interessante artigo sobre o tema, a defensora pública Poliana Pereira Garcia apresenta diversas decisões judiciais que expressamente invocaram referida exceção, sendo pertinente a transcrição:

> "Apelação criminal. Recurso ministerial. Ato infracional/equiparado a estupro de vulnerável. Exceção de Romeu e Julieta. Absolvição mantida. Recurso improvido. Poderíamos traduzir, com vista à utilização de seus conceitos por aqui, como *Exceção de Romeu e Julieta, inspirada nos célebres amantes juvenis imortalizados pelo gênio de William Shakespeare*. Consiste em não reconhecer a presunção de violência quando a diferença de idade entre os protagonistas seja igual ou menor de 05 anos, considerando que ambos estariam no mesmo momento de descobertas da sexualidade. E, consequentemente, em uma relação consentida, não haveria crime (SARAIVA, João Batista Costa. O depoimento em dano e a *Romeo and Juliet law*. Uma reflexão em face da atribuição da autoria de delitos sexuais por adolescentes e a nova redação do art. 217 do CP. In: Juizado da Infância e Juventude / [publicado por] Tribunal de Justiça do Estado do Rio Grande do Sul, Corregedoria-Geral da Justiça. n. 1 (nov. 2003). Porto Alegre: Departamento de Artes Gráficas do TJRS, 2003). Vistos, relatados e discutidos estes autos, acordam os juízes da 2.ª Câmara Criminal do Tribunal de Justiça, na conformidade da ata de julgamentos, por maioria, não prover o recurso, nos termos do voto do 1.º vogal, vencido o relator (TJ/MS. Apelação 0022701-25.2012.8.12.0001, Campo Grande, Rel. Des. Carlos Eduardo Contar. *Diário da Justiça* n.º 3.047. Ano XIII, Publicado em: 31.01.2014)" (sem grifos no original) (GARCIA, 2015).
>
> Ocorre que nos Estados Unidos da América do Norte, em vários Estados, o sexo consentido entre menores de 18 anos é criminalizado. No entanto, com o tempo se verificou que a aplicação pura e simples da norma sobredita conduzia a exageros punitivos, razão pela qual se editou uma legislação visando conter o furor da irracionalidade penal. Tal lei, apelidada de *Romeo and Juliet Law*, afasta a criminalização em todos os casos nos quais os envolvidos não tenham uma diferença de idade superior a cinco anos. Este parâmetro ofertado pela legislação e jurisprudência alienígenas certamente pode servir de base para uma orientação dos operadores do direito na aplicação comedida da regra penal contida no artigo 217-A, CP quando envolva sexo consensual entre menores. Desta forma, por não caracterizar os fatos descritos na petição inicial como ato infracional, de rigor a extinção do processo sem resolução do mérito. Até porque, neste caso, não se está a tutelar o bem jurídico protegido pelo artigo 217-A, do Código Penal, ou seja, o bom desenvolvimento sexual dos menores. Mas, pelo contrário, a aplicação de medida socioeducativa acarretaria violação do bem jurídico protegido, já que atingiria o bom desenvolvimento sexual do adolescente maior de 14 (quatorze) anos, e não tutelaria o adolescente não maior de 14 (quatorze) anos. O mesmo não se aplica no caso de

adolescente praticar conjunção carnal com criança, havendo considerável diferença de idade. Nesse caso, a conduta praticada pelo menor caracteriza ato infracional, cabendo à Justiça da Infância e Juventude aplicar-lhe a medida socioeducativa pertinente, já que o menor de 12 (doze) anos ainda não tem suficiente desenvolvimento sexual e psicológico para tomar decisões sobre a vida, e a maturidade do adolescente, ainda que não completamente desenvolvida, é capaz de prejudicar a criança (Processo 0008066-58.2011.8.26.0268. Publicação Oficial do Tribunal de Justiça do Estado de São Paulo. Disponível em: Quarta-feira, 26.06.2013. *DJe* - Caderno Judicial - 1.ª Instância - Interior - Parte II. São Paulo, Ano VI - Edição 1443 249)" (sem grifos no original) (GARCIA, 2015).

Talvez por desmedida pudicícia, talvez mesmo por um contraditório sentimento puritano ou por simples hipocrisia sacralizamos qualquer contato sexual, e, no mais das vezes, ainda amarrados a alguns ranços seculares associamos qualquer forma de prazer à necessidade de penitência, própria ou alheia. Essa inconfissão do desejo e do sexo faz lembrar a contradição relatada por João Cabral de Melo Neto em *Agrestes*: "não haverá nesse pudor/de falar-me uma confissão, uma indireta confissão, pelo avesso, e sempre impudor?". Talvez haja. E a eventual dificuldade em dar tratamento mais consentâneo ao tema tem forte apelo simbólico: o sexo continua tabu, símbolo de luxúria e devassidão. O pecado original assim permanece, o fruto continua proibido. Por isso a insistência, normalmente cega, de demonização do acusado, independentemente de sua idade e do cenário, signo de um sentimento ambivalente, que exige incondicionalmente prazer e suplício juntos.

Se não somos capazes de admitir a nós mesmos nossas limitações, que tenhamos apenas alguma sensibilidade com a alma humana, e tomemos como paradigma o exemplo hoje adotado nos Estados Unidos - país notoriamente reconhecido pela repreensão a crimes sexuais cometidos por jovens (notadamente os homossexuais), mas que tem admitido a atipicidade da conduta quando a relação sexual ocorre entre adolescentes. É o que se convencionou chamar *Romeo and Juliet Law. O dispositivo, de inspiração shakespereana, tem se firmado como forma de impedir o apenamento de jovens que mantenham relações sexuais, cuja diferença de idade não ultrapasse cinco anos* (TJSC, Apelação/Estatuto da Criança e do Adolescente 2011.098397-3, de Campo Erê, Rel. Des. Ricardo Roesler, j. 18.09.2012)" (sem grifos no original) (GARCIA, 2015).

Certamente, citar algo diferente enriquece a prova discursiva ou oral do candidato, cabendo apenas ressaltar que essa exceção não encontra amparo em nosso ordenamento jurídico, contrapondo-se à jurisprudência do Superior Tribunal de Justiça.

A Lei 12.015/2009 caminhou em sentido diverso ao proposto, ao afastar o elemento normativo do tipo, e passou a tipificar o estupro de vulnerável no art. 217-A, já não se falando mais em presunção de violência. O elemento normativo do tipo que, outrora, permitia suavizar uma coerente opção axiológica subjacente a legislação penal, já não mais subsiste no ordenamento posto.

Dessa forma, por não mais haver "brechas interpretativas", os menores de 14 anos não podem mais se relacionar sexualmente.

Segundo o STJ: "Para a caracterização do crime de estupro de vulnerável, previsto no artigo 217-A do Código Penal, basta que o agente tenha conjunção carnal ou pratique qualquer ato libidinoso com pessoa menor de 14 anos. O consentimento da vítima, sua eventual experiência sexual anterior ou a existência de relacionamento amoroso entre o agente e a vítima não afastam a ocorrência do crime" (REsp 1.480.881/PI, 2014/0207538-0).

Referências:

- GARCIA, Poliana Pereira. *A relativização casuística da vulnerabilidade etária: análise a partir da perspectiva da afetividade, da interpretação sistemática e do direito comparado*. Disponível em: <https://jus.com.br/artigos/40294/a-relativizacao-casuistica-da-vulnerabilidade-etaria>.

1.6 No que consistem a **Síndrome de Alice** e o **Direito Penal da Fantasia**?

Cleber Masson e Vinícius Marçal, ao defenderem a colaboração premiada como meio especial de obtenção de prova, do qual o Estado não pode prescindir ao enfrentar a criminalidade organizada, identificam, no pensamento contrário, a chamada "Síndrome de Alice", citando América Bedê Jr. e Gustavo Senna:

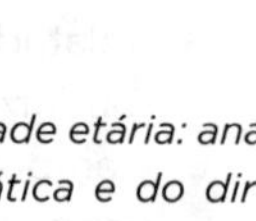

> "é fundamental que o direito e o processo penal tenham maior efetividade no enfrentamento da criminalidade moderna. E isso não representa em hipótese alguma um discurso autoritário, arbitrário, como tende a entender certa parcela da doutrina, que, de forma generalizada, tacha de "neonazistas", de retrógrados, de defensores do movimento da lei e da ordem, do direito penal do inimigo, de antidemocráticos, de filhotes da ditadura etc. todos aqueles que advogam a restrição de algumas garantias processuais em casos limites de criminalidade grave, e isso quando é de conhecimento notório que os direitos e garantias fundamentais não são absolutos. (...).

> Essa postura preconceituosa e antidemocrática de certa parcela da doutrina revela um comportamento típico de quem foi acometido, pode-se dizer, pela "síndrome de Alice", pois mais parece viver num "mundo de fantasia", com um "direito penal da fantasia", um mundo *no qual não existem terroristas, nem organizações criminosas nacionais e internacionais a comprometer as estruturas dos próprios Estados e, por conseguinte, o bem-estar da coletividade e a sobrevivência humana* (BEDÊ JR., In: MARÇAL, 2015, p. 101-102).

A Síndrome de Alice no País das Maravilhas (ou AIWS) também é conhecida como "Síndrome de Todd", em referência ao psiquiatra inglês John Todd, que a descreveu pela primeira vez em 1955.

As expressões "Síndrome de Alice" e "direito penal da fantasia" encontram sua origem na obra literária "Alice's Adventures in Wonderland" ("Alice no País das Maravilhas"), de autoria de Charles Lutwidge Dodgson, publicada em 1865 sob o pseudônimo de Lewis Carroll. O livro narra as aventuras de Alice, que, ao cair numa toca de coelho, é transportada para um lugar fantástico povoado por criaturas peculiares e antropomórficas, sendo repleto de paródias, poemas populares infantis e enigmas.

Lewis Carroll sofria de surtos dessa desordem e muitos estudiosos reputam que o autor utilizou seu livro "Alice no País das Maravilhas" para descrever sua experiência através da personagem Alice.

A síndrome de Alice é "um distúrbio de desorientação neurológica que afeta drasticamente a percepção dos seres humanos. As pessoas afetadas por essa condição podem experienciar sintomas de micropia, macropsia, ou outros tipos de distorções de tamanho de outras modalidades. Geralmente, se trata de uma desordem temporária, associada com fortes enxaquecas, tumores cerebrais, além do uso de drogas com efeitos psicoativos (...) Essa síndrome é mais um distúrbio da percepção do que a mudança de uma condição específica do sistema nervoso. (...) Descanso é o principal tratamento recomendado, mas também recomenda-se entrar em grupos de terapia, para compartilhar e conhecer experiências de outras pessoas, principalmente porque essa condição pode causar que as pessoas fiquem, compreensivelmente, alarmadas, assustadas, e com forte tendência a entrarem em pânico, se tornando paranoicas" (Disponível em: <http://www.saudenacerta.com/sindrome-d%D0%B5-alice-n%D0%BE-pais-d%D0%B0%D1%95-maravilhas/>. Acesso em: 3 maio 2016).

Referências:

- BEDÊ JR, Américo; SENNA, Gustavo. Princípios do processo – entre o garantismo e a efetividade da sanção. São Paulo: Revista dos Tribunais, 2009, p. 26-28. Apud. MARÇAL, Vinícius; MASSON, Cleber. *Crime organizado*. São Paulo: Método, 2015.
- Disponível em: <http://pt.wikipedia.org/wiki/Síndrome_de_Alice_no_país_das_maravilhas>.
- Disponível em: <http://medicineisart.blogspot.com.br/2010/06/sindrome-de-alice--no-pais-das.html>.
- Disponível em: <http://www.precepta.com.br/dicionario/sindrome-de-alice-pais--das-maravilhas-sindrome-de-todd/>.
- Disponível em: <http://www.saudenacerta.com/sindrome-d%D0%B5-alice-n%D0%BE-pais-d%D0%B0%D1%95-maravilhas/>.

1.7 No que consiste a **síndrome da mulher de Potifar**?

Potifar é um personagem bíblico (Gênesis 37:28), e, com base nele, a criminologia desenvolveu a teoria da síndrome da mulher de Potifar.

Apenas para compreender o contexto bíblico, no antigo testamento, José, filho de Jacó, despertou a inveja de seus irmãos, que o venderam como escravo aos ismaelitas, os quais o levaram ao Egito, onde o venderam ao oficial egípcio Potifar.

José prosperou e tornou-se alvo do desejo lascivo da mulher de Potifar (Gênesis 39:7). No entanto, José recusou-se a atender seus anseios, sendo acusado falsamente pela mulher de Potifar de ter tentado se aproveitar dela, fato que o condenou ao cárcere.

Portanto, *a síndrome da mulher de Potifar corresponde à figura criminológica da mulher que, ao ser rejeitada, imputa, falsamente, àquele que a rejeitou, conduta criminosa relacionada à dignidade sexual.*

Segundo Cleber Masson, para análise da verossimilhança das palavras da vítima, especialmente nos crimes sexuais, a criminologia desenvolveu a teoria da “síndrome da mulher de Potifar”, consistente no ato de acusar alguém falsamente pelo fato de ter sido rejeitada, como na hipótese em que uma mulher abandonada por um homem vem a imputar a ele, inveridicamente, algum crime de estupro (MASSON, 2013, p. 27).

Referências:

- MASSON, Cleber. *Direito penal esquematizado*. Parte especial: arts. 213 a 359-H. 3. ed. São Paulo: Método, 2013. vol. 3.

1.8 No que consiste a chamada **síndrome de Estocolmo**? Essa síndrome poderá ser aplicada aos casos de violência doméstica?

A expressão "síndrome de Estocolmo" foi criada por Harvey Schlossberg, psicólogo clínico, tratando-se de uma *perturbação de ordem psicológica em que a vítima desenvolve o fenômeno da transferência, ou seja, passa a torcer pelo sucesso do seu algoz, nutrindo inclusive sentimentos positivos por ele.*

> uma perturbação de ordem psicológica, paralela à chamada "transferência", que é o termo que a psicologia usa para se referir ao relacionamento que se desenvolve entre um paciente e o psiquiatra, e que permite que a terapia tenha sucesso. O paciente precisa acreditar que o médico pode ajudá-lo a fim de que o tratamento tenha bom êxito, e como resultado desse esforço, o paciente desenvolve o fenômeno da transferência.
>
> As pessoas, quando estão vivendo momentos cruciais, costumam se apegar a qualquer coisa que lhes indique a saída, e é exatamente isso que ocorre com os reféns e suspeitos.
>
> Por ocasião de um evento crítico, tanto uns como outros estão sob forte tensão emocional.
>
> Por essa razão, os reféns passam conscientemente a desejar que tudo dê certo para os suspeitos, isto é, que eles consigam o dinheiro do resgate, que lhes sejam satisfeitas todas as exigências e que, ao final, possam fugir em paz, deixando os reféns com vida.
>
> Nesse processo mental, os reféns passam a considerar como totalmente indesejável toda e qualquer intervenção policial e, frequentemente, os próprios valores sedimentados ao longo da vida costumam ser questionados e até mudados por essas pessoas.
>
> Dessa ânsia desesperada pelo bom sucesso dos suspeitos para a simpatia, a admiração, e até mesmo o amor ou bem-querer, é um passo (PACHECO, In: GRECO, 2016, p. 19).

Segundo o especialista, os primeiros sintomas da incidência da síndrome de Estocolmo aparecerão entre 15 e 45 minutos depois da instauração de uma situação de crise, perdurando enquanto houver a convivência entre os agentes causadores e as vítimas.

A origem terminológica encontra-se ligada a um roubo ocorrido numa agência bancária em Estocolmo, Suécia, entre os dias 23 e 28 de agosto de 1973, ocasião em que um agente fez refém três mulheres e um homem, utilizando-os como escudos humanos contra os policiais.

Após a libertação dos reféns, uma das mulheres, ao dar uma entrevista, demonstrou simpatia por um dos sequestradores, afirmando que se casaria com ele após o cumprimento de sua pena.

É comum a sua aplicação para justificar os casos de violência doméstica, nos quais a vítima não consegue romper o ciclo da violência, expondo-se e tolerando constantes agressões por parte do homem, muitas vezes mentindo na esfera policial ou em juízo para defender seu companheiro, recusando a submeter-se ao exame de corpo de delito, desqualificando testemunhas, afirmando que tudo não passou de um mal-entendido, que a convivência do casal é harmônica e que se trata de um evento isolado.

Nesses casos, *o terror imposto no âmbito doméstico e familiar é tão intenso que a mulher passa a sentir-se culpada pelo comportamento agressivo do companheiro, tratando-o como uma vítima das circunstâncias (álcool, drogas, companhias, desemprego etc.), ao passo que se incrimina, dizendo ser ela a responsável pelas agressões perpetradas por aquele.*

Por essas razões é que o art. 16 da Lei 11.340, de 2006, estabelece que a renúncia à representação da ofendida, nas ações penais públicas condicionadas à representação, somente será admitida perante o juiz, em audiência especialmente designada com tal finalidade, precedendo o recebimento da denúncia e com a oitiva do órgão ministerial, permitindo, assim, que a vítima seja exortada da necessidade de romper o ciclo da violência, bem como cientificada de que a lei traz uma série de medidas em sua proteção, para que o ato de renúncia seja feito com consciência acerca de suas consequências.

Nos casos de violência doméstica contra mulher, o comportamento da vítima pode ser explicado por meio das síndromes de Estocolmo, de Oslo e da Mulher Espancada ("battering syndrome").

> Em especial, precisamos entender que a violência doméstica acontece dentro de um ciclo e acaba estabelecendo um tipo de vínculo especial entre o agressor e a vítima.
>
> A primeira relação que se estabelece é de confiança. O companheiro ou marido traz para ela aspectos positivos e ela projeta nessa pessoa perspectivas de vida relacionamento de mais longo prazo com ele. Constata-se que a primeira violência nunca acontece no primeiro dia, no primeiro encontro.
>
> Há uma dificuldade de comunicação, pois a primeira agressão rompe uma relação de confiança atingindo uma relação que era satisfatória.
>
> Muitas mulheres chegam a se perguntar: O que fizeram de errado?
>
> A violência inicial desorienta a mulher e ela tende a apresentar sintomas de depressão e ansiedade.

> Isolada neste processo, a mulher culpa-se pela situação, entra em um processo de resistência passiva e se habitua a conviver com aquele tipo de situação.
>
> A vítima passa a assumir o modelo mental do seu agressor. É quando ela passa a pensar que ele está certo e ela está errada, mas com o objetivo de garantir a integridade psicológica e adaptar-se à situação.
>
> Nesse momento, ocorre o que chamamos de identificação com o agressor. *Esta relação é somatizada pela mulher. É a chamada "Síndrome da Mulher Espancada" "battering syndrome"*, na qual a violência é acompanhada do aumento de sintomas clínicos em geral e problemas emocionais com sofrimento duradouro. Embora sofra, por falta de opção e atenção do Poder Público, a mulher continua convivendo com o agressor e perpetuando a vitimização.
>
> *Observa-se a similitude com a denominada "Síndrome de Estocolmo"*, quando a vítima se identifica com o sequestrador. Este passa a ser o seu ponto de referência e segurança, e a ameaça fica ligada ao exterior.
>
> Na medida em que essa mulher fica isolada, sem alguém que possa ajudá-la a entender o que está acontecendo nem garantir-lhe a segurança de que precisa, ela passa a se adaptar a essa situação, para manter um bom relacionamento com o agressor. Tal é a desesperança que busca segurança no próprio agressor.
>
> A mulher passa a desenvolver grande dependência do agressor, idealização do agressor e defesa das razões do agressor.
>
> Estes sinais associados aos sentimentos preponderantes de tristeza, raiva e desesperança, sugerem a presença da "síndrome da mulher espancada", cuja principal característica é a desesperança apreendida.
>
> A maioria das mulheres têm dificuldade em considerar os atos como violentos nas fases iniciais, geralmente marcadas por "agressões verbais, ciúmes, ameaças, destruição de objetos etc." (BARROSO FILHO). (sem grifos no original)

Saliente-se, por fim, que o recente caso de estupro coletivo de uma adolescente no Estado do Rio de Janeiro chamou à ordem do dia a discussão acerca do *machismo oculto* e da *cultura do estupro* no Brasil.

Sem aprofundar na discussão das diversas manifestações quanto à violência de gênero, pois fugiria dos limites do presente trabalho, ressalto apenas quatro formas de violência psicológica[2] contra a mulher que passaram a ser citadas na doutrina especializada (LIMA, 2016):

2 Art. 6º, II, da Lei 11.340/2006: "II – a violência psicológica, entendida como qualquer conduta que lhe cause dano emocional e diminuição da autoestima ou que lhe prejudique e perturbe o pleno desenvolvimento ou que vise degradar ou controlar suas ações, comportamentos, crenças e decisões, mediante ameaça, constrangimento, humilhação, manipulação, isolamento, vigilância constante, perseguição contumaz, insulto, chantagem, ridicularização, exploração e limitação do

a) *Gaslighting*: violência psicológica que diminui a autoestima da mulher, fazendo com que ela e os demais que a cercam passem a imaginar que ela se encontra louca ou desequilibrada. São típicas dessa forma de violência as frases: "você sempre exagera", "nunca falei isso", "você precisa se tratar", "você deve estar enlouquecendo" ou "você está muito sensível";

b) *Manterrupting*: consiste em interromper constantemente a fala da mulher, impedindo que ela conclua seu raciocínio, o que também afeta sua autoestima;

c) *Mansplaining*: explicar aquilo que é óbvio à mulher, tratando-a como uma incapaz;

d) *Bropriating*: ocorre quando o homem leva o crédito pelas ideias que pertencem à mulher.

Referências:

- BARROSO FILHO, José. *O perverso ciclo da violência doméstica contra a mulher... Afronta a dignidade de todos nós*. Disponível em: <http://www.cnj.jus.br/atos-administrativos/atos-da-presidencia/433-informacoes-para/imprensa/artigos/13325-o-perverso-ciclo-da-violia-domica-contra-a-mulher-afronta-a-dignidade-de-todos-n>.
- GRECO, Rogério. *Direito penal do equilíbrio*. Rio de Janeiro: Impetus, 2016.
- LIMA, Luanda. *Mulheres podem ser diminuídas por machismo oculto; o que é* gaslighting. Disponível em: <http://www.ebc.com.br/cidadania/2016/04/saiba-o-que-e-gaslighting-e-conheca-outras-formas-de-mascarar-o-machismo>.
- SANTANA, Ana Elisa. *Violência contra a mulher: entenda o que é a cultura do estupro*. Disponível em: <http://www.ebc.com.br/cidadania/2016/06/o-que-e-cultura-do-estupro>.

1.9 No que consiste a **síndrome de Londres**?

Se na síndrome de Estocolmo os reféns estabelecem uma relação de afinidade com seus agressores, na síndrome de Londres ocorre justamente o oposto, *os reféns passam a discutir, discordar, questionar o comportamento dos sequestradores gerando uma antipatia que poderá ser fatal* (GRECO, 2016, p. 60).

A denominação refere-se a um evento que ocorreu entre os dias 30 de abril e 5 de maio de 1980, na Embaixada Iraniana, ocasião em que seis

direito de ir e vir ou qualquer outro meio que lhe cause prejuízo à saúde psicológica e à autodeterminação".

terroristas mantiveram como reféns vinte pessoas, dentre elas diplomatas e funcionários da repartição.

Dentre os funcionários havia o iraniano Abbas Lavasani, que passou a discutir com os terroristas, dizendo que jamais seguiria o Aiatolá. O clima entre os criminosos e o refém foi piorando, sendo o refém Abbas executado.

Em síntese, ocorre quando, por diversos mecanismos psicológicos, o refém não para de resmungar e de confrontar seus algozes, situação que poderá levar à sua morte.

Referências:

- GRECO, Rogério. *Direito penal do equilíbrio*. Rio de Janeiro: Impetus, 2016.

1.10 No que consiste a **síndrome de Lima**?

A síndrome de Lima é o conjunto de sintomas de simpatia ou afeto desenvolvidos pelo sequestrador (ou raptor) em relação à vítima.

Essa síndrome recebeu essa terminologia em razão do ataque à embaixada japonesa, ocorrido em 1996 em Lima (Peru).

Apenas traçando um paralelo, a síndrome de Estocolmo é a simpatia do raptado pelo seu raptor, ou seja, o inverso da síndrome de Lima.

Glaise Franco Marcadores prega que a síndrome de Lima "trata-se de um conjunto de sintomas desenvolvidos por sequestradores em sua atividade criminosa, nas relações de proximidade e compreensão das necessidades das vítimas, resultando em afeto. Ganhou este nome por tal fato ter sido registrado em 1996, em Lima (Peru), em ataque a embaixada japonesa. Seu oposto é a Síndrome de Estocolmo" (MARCADORES, 2008).

Na mesma direção, Joaquim Alexandre Rodrigues diz que "Síndrome de Lima é o inverso: a simpatia do sequestrador pelo sequestrado" (RODRIGUES, 2011).

Referências:

- RODRIGUES, Joaquim Alexandre. *O síndrome de Estocolmo, o síndrome de Lima*. Disponível em: <http://joaquimalexandrerodrigues.blogspot.com.br/2011/10/quando-se-fala-em-resgate-fala-se-em.html>. Acesso em: 23 abr. 2016.

- MARCADORES, Glaise Franco. *Síndrome de Lima*. Disponível em: <http://dicionariodesindromes.blogspot.com.br/2008/06/sindrome-de-lima.html>. Acesso em: 23 abr. 2016.

1.11 No que consiste a **síndrome de Oslo**?

A síndrome de Oslo é uma reação psicológica de pessoas ou de um grupo vítima de maus-tratos ou ameaças dirigidas as suas integridades físicas e/ou mentais, que acreditam que são responsáveis pelas ameaças ou maus-tratos que recebem. Corresponde a um estado psicológico que as pessoas desenvolvem perante situações em que enfrentam grande perigo ou ameaça.

Essas pessoas nutrem a convicção de que realmente as agressões perpetradas e direcionadas contra elas são merecidas.

A vítima, diante da situação de impotência, cria o mecanismo de defesa e passa a ter a ilusão de que o seu comportamento pode controlar a situação, assim, a depender das suas reações, poderá controlar o agressor, acreditando que, se mudar, o agressor mudará de comportamento.

É um autoengano que a vítima cria e desenvolve sobre as verdadeiras intenções da ameaça ou do perigo.

Glaise Franco Marcadores ensina que:

> A Síndrome de Oslo é uma reação psicológica de pessoas ou de grupos vítimas de maus-tratos e/ou ameaças a sua integridade física e mental. Nesta síndrome a pessoa ou o grupo vitimizado passa a acreditar-se responsável pelos maus-tratos que recebe, às vezes até merecedora dos "castigos" que lhe são impostos. A vítima passa a achar que merece ser agredida. Trata-se geralmente de uma defesa: diante de uma situação de agressão ou de ameaça severa, sobre a qual o indivíduo sente-se absolutamente impotente, como mecanismo de defesa, o sujeito passa a fantasiar que tem o controle da situação e a depender das suas reações, dos seus gestos, do seu comportamento poderá controlar o agressor, isto é, assim a vítima acredita que se mudar o seu agressor também mudará. Nestes casos, subliminarmente, inconscientemente, a vítima considera pior do que a própria ameaça à integridade física a sensação de impotência diante da iminência de agressão. Da mesma maneira que ocorre com pessoas individualmente, pode ser um mecanismo de defesa grupal, podendo ser a reação de um grupo ou de uma comunidade. Exemplos: mulheres que sofrem violência doméstica, crianças abusadas fisicamente... (MARCADORES, 2008, p. 1).

Referências:

- MARCADORES, Glaise Franco. *Síndrome de Lima*. Disponível em: <http://dicionariodesindromes.blogspot.com.br/2008/05/sindrome-de-oslo.html>. Acesso em: 23 abr. 2016.

1.12 O que preconiza a **síndrome do Piu-Piu** no Tribunal do Júri?

A expressão "Síndrome do Piu-Piu" foi cunhada pelo filósofo Olavo de Carvalho, inspirado no desenho animado da década de 1980, *para designar o indivíduo que sofre de cegueira deliberada, colocando-se em posição de dúvida mesmo quando confrontado com fatos irrefutáveis*.

No referido desenho, Piu-Piu (pássaro) e Frajola (gato) travavam uma luta pela vida, em que o bordão do passarinho ao ver o gato preparar-se para o ataque era: "Eu acho que vi um gatinho!", colocando-se em posição de dubiedade mesmo tendo certeza do ataque que seria materializado.

No Tribunal do Júri, não raro, a defesa busca desacreditar a acusação, minimizando o poder punitivo do Estado, ao dizer que não há certeza absoluta e que a condenação poderia levar um inocente à prisão, levantando uma série de dúvidas e de hipóteses que jamais poderiam ser resolvidas. Apega-se ao secundário, sem enfrentar todas as provas que apontam para o réu como o autor do homicídio, tentando embrulhar os fatos para evitar o decreto condenatório.

E o faz sabendo que, em homenagem à plenitude de defesa, será formulado um quesito obrigatório: "O júri absolve o acusado?", o que possibilita a utilização de extenso rol de teses defensivas.

Sendo a confissão muito rara no Tribunal do Júri, só ocorrendo quando não se pode mais negar a prática do crime, é comum a defesa se valer do princípio *in dubio pro reo*, dizendo não haver prova suficiente para a condenação.

Nesse contexto, ensina César Danilo: "a defesa, com o objetivo de contaminar os jurados com a 'Síndrome do Piu-Piu', recita uma miríade de escritos e julgados que reclamam a certeza absoluta da ocorrência do fato descrito na denúncia para a condenação. Em regra, semeia-se a dúvida para colher a absolvição ou pena aquém da merecida. É a velha ameaça aos jurados com o fantasma do erro judiciário" (NOVAIS, 2016).

No anseio de suscitar a dúvida no espírito dos jurados, infindáveis hipóteses são levantadas pela defesa, conforme ensina Edilson Mougenot: "para tudo que eu disser existirá sempre uma resposta. Para tudo! Existe sempre um argumento e um contra-argumento. Só que, acima de tal dicotomia, há algo que se chama lógica, que sopesa e supera os antagonismos dialéticos" (BONFIM, 2014, p. 209). E continua: "nunca se conseguirá saciar a sanha da defesa, o apetite defensivo em especular, em questionar. Porquanto o que há de lógico, neste caso, não lhe serve de arrimo. Dessarte, recorre ao absurdo para atingir o resultado pretendido" (BONFIM, 2014, p. 225).

Nos Estados Unidos da América, os *standards* são classificados em suspeita razoável (*reasonable suspicion*), causa provável (*probable cause*), preponderância de evidência (*preponderance of evidence*), evidência clara e convincente (*clear and convincing evidence*) e prova para além da dúvida razoável (*beyond any reasonable doubt*) (NOVAIS, 2016).

Dessa forma, com a possibilidade de haver chance remota de erro, pautada em hipóteses absurdas, teratológicas, não poderá haver a aplicação do *in dubio pro reo*. A absolvição deverá ocorrer apenas quando houver uma dúvida razoável.

Com base na "Síndrome do Piu-Piu", o Exmo. Promotor de Justiça César Danilo Ribeiro de Novais, Presidente da Associação dos Promotores do Júri (Confraria do Júri), adaptou-a ao Tribunal Popular, preconizando: "é racional que o jurado, adstrito à íntima convicção e aos ditames da justiça, opte pela condenação do réu quando não houver dúvida razoável. O simples fato de haver probabilidades remotas de erro não é o bastante para hesitação, tornando-se de rigor a emissão de veredicto condenatório. Portanto, na falta de dúvida razoável, não há espaço para a 'Síndrome do Piu-Piu'. Que ela fique bem guardada na memória lúdica da infância e não sirva de muleta para o erro judiciário negativo" (NOVAIS, 2016).

Referências:

- BONFIM, Edilson Mougenot. *No Tribunal do Júri*: crimes emblemáticos, grandes julgamentos. São Paulo: Saraiva, 2014.
- NOVAIS, César Danilo Ribeiro de. *Síndrome do Piu-Piu no Júri*. Disponível em: <http://promotordejustica.blogspot.com.br/2016/03/sindrome-do-piu-piu-no-juri.html>. Acesso em: 2 mar. 2016.

1.13 Na sistemática dos crimes hediondos, em que consiste a **cláusula salvatória**?

Há, basicamente, três sistemas para se classificar uma infração penal como crime hediondo:

a) *Sistema legal*: neste sistema cabe ao legislador a opção política de predeterminar quais crimes serão considerados hediondos, por meio de um rol taxativo. Pouco importa o caráter repugnante, abjeto, nocivo, desprezível, asqueroso que compeliu o agente à sua prática. Será hediondo se constar do rol taxativo do dispositivo legal. Foi o sistema adotado no Brasil pela Lei 8.072/1990.

b) *Sistema judicial*: confere-se ao magistrado a atribuição de analisar e identificar o caráter hediondo de uma infração penal, tendo em conta as peculiaridades do caso concreto. O problema é que este sistema confere ampla liberdade ao magistrado, condicionando a natureza hedionda do delito à interpretação do magistrado, o que gera insegurança jurídica.

c) *Sistema misto*: neste sistema, em vez de haver um rol taxativo, o legislador traz um conceito amplo de crime hediondo, cabendo ao magistrado fazer o enquadramento à luz das peculiaridades do caso concreto.

Neste último sistema, Alberto Zacharias Toron propõe a criação da chamada "cláusula salvatória", permitindo que o magistrado afastasse a natureza hedionda de um crime, embora estivesse previsto no rol taxativo previsto na lei penal. Por óbvio, o contrário não seria possível, ou seja, não se poderia atribuir o caráter hediondo a uma infração que não constasse do rol, sob pena de ofensa ao princípio da legalidade (LIMA, 2014, p. 29).

Adotando-se a "cláusula salvatória", o juiz poderia afastar, pelas peculiaridades do caso concreto, a aplicação do caráter hediondo, por exemplo, do crime descrito no art. 273 do Código Penal.

Referências:

- TORON, Alberto Zacharias. Crimes hediondos: o mito da repressão penal. São Paulo: RT, 1996, p. 98. *Apud*. LIMA, Renato Brasileiro de. *Legislação criminal especial comentada*. 2. ed. Salvador: JusPodivm, 2014.

1.14 O que preconiza a **teoria da cegueira deliberada ("willful blindness")**?

Também conhecida como "doutrina da evitação da consciência" ou "doutrina do ato de ignorância consciente" (*conscious avoidance doctrine*), "doutrina da cegueira intencional" (*willful blindness doctrine*) ou "teoria das instruções da avestruz" (*ostrich instructions*).

A teoria da cegueira delibada, em apertada síntese, *preconiza que, se o agente tinha conhecimento da elevada possibilidade de que os bens, dinheiros ou valores eram provenientes de infração penal e agiu de forma indiferente, deverá ser responsabilizado pelo crime em questão a título de dolo eventual.*

Tal teoria aplica-se na lei de lavagem de capitais para permitir a punição do agente que alega não ter consciência da origem ilícita dos bens, quando tenha, voluntariamente, procurado evitar a consciência quanto à ilicitude da origem.

A aplicação de tal teoria é importante no contexto da Lei 9.613/1998, pelo fato de o crime de lavagem de capitais prever como elementar a prática de infração penal antecedente. Dessa forma, se o agente não conhece a procedência criminosa dos bens, não terá agido com dolo de lavagem, acarretando, assim, a atipicidade da conduta, pois a lei não incrimina a modalidade culposa.

Sabendo disso, é comum que a pessoa que opera o esquema de lavagem de capitais alegue que não sabia da origem ilícita dos valores, evitando a consciência da procedência espúria.

> são três os requisitos para equiparar a cegueira deliberada ao dolo eventual: a) é essencial que o agente crie consciente e voluntariamente barreiras ao conhecimento, com a intenção de deixar de tomar contato com a atividade ilícita, caso ela ocorra; b) o agente deve representar que a criação das barreiras de conhecimento facilitará a prática de atos infracionais penais sem sua ciência; c) são imprescindíveis elementos concretos que gerem na mente do autor a dúvida razoável sobre a ilicitude do objeto sobre o qual realizará suas atividades (BADARÓ, In: LIMA, 2014, p. 320).

Nos Estados Unidos da América encontra-se o interessante precedente *United States versus J.*, no qual o indivíduo foi flagrado quando retornava do México transportando maconha em um compartimento secreto do veículo. Embora tenha alegado não possuir conhecimento de que a droga estava no carro, a Corte concluiu que o acusado evitara, de forma deliberada, o conhecimento do armazenamento da droga para afastar a responsabilização criminal.

No Brasil, referida teoria foi aplicada pelo Juiz Federal Danilo Fontenelle Sampaio para condenar dois empresários, proprietários de uma concessionária, pelo crime de lavagem de dinheiro, por receberem a quantia de R$ 980.000,00 (novecentos e oitenta mil reais), em notas de cinquenta reais, acondicionadas em sacos de náilon, na aquisição de onze veículos, sem questionar a origem dos valores (que eram provenientes do furto ao Banco Central de Fortaleza/CE)[3].

Posteriormente, o Tribunal Regional Federal da 5.ª Região reformou a sentença condenatória, absolvendo-os[4].

Referências:

- LIMA, Renato Brasileiro de. *Legislação criminal especial comentada*. 2. ed. Salvador: JusPodivm, 2014.

1.15 O que é **lavagem em cadeia?**

Lavagem de capitais em cadeia corresponde à lavagem da lavagem, ou seja, nesse caso, o crime de lavagem de capitais figurará como crime antecedente a outro delito da mesma natureza.

Considerando as alterações promovidas pela Lei 12.683/2012, toda e qualquer infração penal poderá figurar como crime antecedente da lavagem de capitais, permitindo-se, assim, a lavagem da lavagem (lavagem em cadeia).

> Considerando que, por força da Lei 12.683/2012, toda e qualquer infração penal poderá figurar como antecedente da lavagem de capitais, conclui-se que passa a ser possível a lavagem da lavagem (lavagem em cadeia). A título de exemplo, basta imaginar a ocultação ou dissimulação de bens provenientes de anterior infração antecedente de lavagem de capitais (*v.g.*, lavagem de capitais do rendimento de aplicação financeira oriunda de anterior crime de lavagem). Nesse caso, como a lavagem de capitais inicial tem como elementar uma infração penal antecedente, a comprovação da materialidade da lavagem anterior somente será possível com a identificação da infração penal que a antecedeu (LIMA, 2015, p. 331).

---

3 Processo Criminal 2005.81.00.0014586-0.

4 TRF, 2.ª Turma, ACR 5.520/CE, Rel. Des. Federal Rogério Fialho Moreira, j. 09.09.2008.

Referências:

- LIMA, Renato Brasileiro de. *Legislação criminal especial comentada*. 3. ed. Salvador: JusPodivm, 2015.

1.16 O que é a **reserva de autolavagem** ou "self-laundering"?

A *reserva de autolavagem* encontra-se prevista no art. 6.º, item 2, "e", da Convenção de Palermo, *permitindo que os Estados afastassem a responsabilização pela lavagem de capital, caso fosse praticada pelo autor do crime antecedente*, nos seguintes termos: "Se assim o exigirem os princípios fundamentais do direito interno de um Estado-Parte, poderá estabelecer-se que as infrações enunciadas no parágrafo 1 do presente Artigo não sejam aplicáveis às pessoas que tenham cometido a infração principal".

Dessa forma, há países em que o autor da infração antecedente não poderá ser responsabilizado pelo crime de lavagem, em virtude da adoção do direito interno da reserva (*selflaundering*) contida no art. 6.º, item 2, "e", da Convenção supracitada.

No Brasil, não há no direito interno tal vedação, o que demonstra ser possível a responsabilização do autor do crime precedente pelo delito de lavagem de capitais.

Parcela da doutrina pátria entende não ser possível a punição do autor do crime antecedente em concurso material com o crime de lavagem.

Referido entendimento é refutado por Renato Brasileiro por dois motivos. Em primeiro lugar, porque não há no direito nacional a chamada reserva de autolavagem. Em segundo lugar, porque não é possível falar em absorção do crime de lavagem, por força da aplicação do princípio da consunção, pois:

> a ocultação do produto da infração antecedente pelo seu autor configura lesão autônoma, contra sujeito passivo distinto, através de conduta não compreendida como consequência natural e necessária da primeira. De mais a mais, o bem jurídico tutelado pela Lei 9.613/1998 é, em regra, distinto daquele afetado pela infração penal antecedente, e esta distinção acaba por autorizar a punição de ambas as condutas delituosas em concurso material, sem que se possa falar em *bis in idem* (LIMA, 2015, p. 297).

Existem precedentes no Supremo Tribunal Federal (HC 92.279[5]) e no Superior Tribunal de Justiça (REsp 1.234.097/PR[6]) no sentido de que o crime de lavagem de capital não constitui mero exaurimento do crime anterior.

Referências:

- LIMA, Renato Brasileiro de. *Legislação criminal especial comentada*. 2. ed. Salvador: JusPodivm, 2015.

1.17 No que consiste a **inversão do ônus da prova na Lei de Lavagem de Capitais?**

A inversão do ônus da prova na Lei de Lavagem de Capitais representa uma alteração da carga probatória entre as partes, pois, para a acusação, bastarão indícios suficientes da infração penal para que o juiz decrete as medidas assecuratórias de bens, dinheiros ou valores do investigado ou acusado, por outro lado, para a defesa, será necessário comprovar a licitude dos bens, dinheiros ou valores apreendidos, para conseguir sua liberação, exigindo-se, assim, prova plena, com juízo de certeza, para que se proceda à restituição do patrimônio no curso da investigação ou da ação penal.

Tal inversão não ofende a regra probatória que emana do princípio da presunção de inocência. Situação diversa ocorrerá no momento da sentença, pois, para o perdimento dos bens, o ônus probatório torna a recair sobre a acusação, que deverá demonstrar cabalmente a ilicitude da origem dos bens apreendidos, sob pena de desoneração da constrição, com a consequente restituição.

Em suma, para a procedência do pedido de restituição dos bens formulado antes da sentença condenatória, o ônus probatório recai sobre a defesa, que deverá comprovar a licitude da origem do patrimônio. Por

5 Por fim, como se sabe, a lavagem de dinheiro é crime autônomo, não se constituindo em mero exaurimento do crime antecedente. Assim, não há *bis in idem* ou litispendência entre os processos instaurados contra o paciente (HC 92.279, *DJe* 19.09.2008).

6 "*III – Não há que se falar em pós-fato impunível, mas em condutas autônomas, caracterizadoras de lavagem de dinheiro, por ter o agente alcançado as vantagens que perseguia com o cometimento do crime. Isso porque, conforme entendimento doutrinário, a lavagem de dinheiro, assim como a receptação é, por definição um crime derivado, acessório ou parasitário, pressupõe a ocorrência de um delito anterior. IV – É próprio da lavagem de dinheiro, como também da receptação (Código Penal, art. 180) e do favorecimento real (Código Penal, art. 349), que estejam consubstanciados em atos que garantam ou levem ao proveito do resultado do crime anterior, mas recebam punição autônoma.* V – Conforme a opção do legislador brasileiro, pode o autor do crime antecedente, responder por lavagem de dinheiro, dada à diversidade dos bens jurídicos atingidos e à autonomia deste delito".

outro lado, quando da sentença condenatória, o ônus da prova quanto à demonstração da ilicitude recairá sobre o Ministério Público.

Saliente-se, por fim, que a proibição de adotar a inversão do ônus probatório na sentença condenatória constava da Exposição de Motivos da redação original da Lei 9.613/1998, que preconizava:

> Na orientação do projeto, tais medidas cautelares se justificam para muito além das hipóteses rotineiras já previstas pelo sistema processual em vigor. Sendo assim, além de ampliar o prazo para o início da ação penal, *o projeto inverte o ônus da prova relativamente à licitude de bens, direitos ou valores que tenham sido objeto da busca e apreensão ou do sequestro* (art. 4.º). Essa inversão encontra-se prevista na Convenção de Viena (art. 5.º, n.º 7) e foi objeto de previsão no direito argentino (art. 25, Lei 23.737/1989). 67. *Observe-se que essa inversão do ônus da prova circunscreve-se, à apreensão ou ao sequestro dos bens, direitos ou valores. Não se estende ela ao perdimento dos mesmos, que somente se dará com a condenação* (art. 7.º, I). Na medida em que fosse exigida, para só a apreensão ou o sequestro, a prova da origem ilícita dos bens, direitos ou valores, estariam inviabilizadas as providências, em face da virtual impossibilidade, nessa fase, de tal prova (Disponível em: <http://www.coaf.fazenda.gov.br/backup/legislacao-e--normas/legislacao-1/Exposicao%20de%20Motivos%20Lei%209613.pdf>).

Referências:

- LIMA, Renato Brasileiro de. *Legislação criminal especial comentada*. 2. ed. Salvador: JusPodivm, 2014.

1.18 O que é **justa causa duplicada**?

O art. 2.º, § 1.º, da Lei 9.613/1998 preconiza que a "denúncia será instruída com indícios suficientes da existência da infração penal antecedente, sendo puníveis os fatos previstos nesta Lei, ainda que desconhecido ou isento de pena o autor, ou extinta a punibilidade da infração penal antecedente".

Surge, nesse contexto normativo, a denominada justa causa duplicada.

A justa causa para a propositura da ação penal impõe que a inicial deverá vir acompanhada de elementos informativos aptos a demonstrar a verossimilhança da acusação deduzida em juízo, ou seja, deve haver um suporte probatório mínimo a amparar a acusação penal.

No caso dos crimes tipificados pela Lei 9.613/1998, a denúncia deverá estar instruída não apenas com indícios suficientes da prática da lavagem de capitais, mas também referentes à infração penal antecedente.

Eis a razão de falar-se em *justa causa duplicada, pois, para o oferecimento da exordial, é necessário que existam indícios suficientes do crime antecedente e da lavagem de capitais.*

> “em se tratando de crimes de lavagem de capitais, não basta demonstrar a presença de lastro probatório quanto à ocultação de bens, direitos ou valores, sendo indispensável que a denúncia também esteja instruída com suporte probatório, demonstrando que tais valores são provenientes, direta ou indiretamente, de infração penal (LIMA, 2014, p. 374).”

Referências:

- LIMA, Renato Brasileiro. *Legislação criminal especial comentada*. 2. ed. Salvador: JusPodivm, 2014.

1.19 O que se entende por **crimes de colarinho branco e de colarinho azul** ou **crimes de rua**?

Os “crimes de colarinho azul”, também conhecidos como crimes de rua, *são aqueles delitos praticados, em regra, por pessoas desfavorecidas, em locais supervisionados pelo Estado, sendo assim reprimidos pelos órgãos de controle, uma vez que não possuem requintes em sua preparação e execução* (MARÇAL, 2015, p. 87).

A expressão colarinho azul faz menção aos uniformes utilizados pelos operários norte-americanos no início do século XX (*blue-collars*), contrapondo-se aos crimes de colarinho branco[7].

---

7 Registre-se que ***Ferrando Mantovani denomina de delinquência do colarinho azul fatos que não são típicos, ou seja, não estão previstos como crime pelo ordenamento jurídico***. Entretanto, “a lesão causada por esses fatos a valores fundamentais das comunidades, dão aos mesmos uma profunda conotação antissocial, e provocam uma generalizada reprovação. Exemplo desses fatos são os altos proventos votados pelos Parlamentos em benefício dos próprios legisladores, em países onde os salários em geral, e a renda per capita, são manisfestamente baixos. O referido Mestre de Florença dá como espécie da criminalidade do colarinho azul certos com-

Os "crimes de colarinho branco" (*white collar crime*) são aqueles *perpetrados por pessoas que desfrutam de elevada condição socioeconômica, movimentando grande volume de recursos*, como ocorre nos crimes contra o sistema financeiro nacional e a ordem econômica, bem como a lavagem de dinheiro.

A expressão colarinho branco foi idealizada em 1939 pelo sociólogo americano Edwin Sutherland, sendo que a terminologia faz menção ao colarinho das camisas dos executivos, uma vez que tais crimes são praticados pelas camadas mais altas da sociedade.

Saliente-se, ainda, que a criminalidade dos colarinhos não é uma exclusividade do direito norte-americano. Luis Luisi exorta que o penalista russo Kolakowski denominou de *crimes do colarinho vermelho* a delinquência comum em países que adotaram o regime socialista, designando, assim, a criminalidade dos burocratas que se corrompiam no exercício do poder, fato que impedia que se atingisse a distribuição justa da riqueza (LUISI, 2003, p. 404-405).

Nesse contexto, os crimes de colarinho vermelho seriam os crimes de colarinho branco praticados em países que adotaram o regime socialista.

No entanto, popularizou-se nos cursos preparatórios que a expressão *crimes do colarinho vermelho refere-se a criminalidade associada a organizações de extrema-esquerda*, conceito mais amplo do que o defendido por Luisi.

Por fim, há uma tentativa de estender a criminalidade dos colarinhos além dos conceitos tradicionais, o que é feito sem nenhum rigor científico, sendo totalmente incorreto confundir criminalidade dos colarinhos com cifras da criminalidade. Dessa forma, orientamos o leitor a se atentar para as cifras da criminalidade (ver item 1.25), pois novas classificações estarão ligadas aqueles conceitos.

Neste cenário, com as observações críticas anteriormente dispostas, poderíamos falar sem rigor científico, por exemplo, em:

Crimes do colarinho amarelo: crimes praticados por funcionários públicos que não chegam ao conhecimento dos órgãos estatais devido ao temor de represálias. Ex.: abuso de autoridade, tortura, corrupção passiva e concussão.

Crimes do colarinho verde: crimes contra o meio ambiente.

Crimes do colarinho rosa: crimes de homofobia.

---

portamentos corporativos, sentidos e censurados pela maior parte dos cidadãos como antissociais e desestabilizantes, realizados não raramente sob o escudo formal de mal entendidas liberdades sindicais e de direitos dos marginalizados, tais como o grevismo indiscriminado e selvagem, a danificação das instalações, etc." (LUISI, 2003, p. 404).

Referências:

- CUNHA, Rogério Sanches. *Manual de direito penal*: parte geral. 3. ed. Salvador: JusPodivm, 2015.
- LUISI, Luis. A criminalidade dos colarinhos. *Direito e democracia*. Canoas: ULBRA, 2000.
- MARÇAL, Vinícius; MASSON, Cleber. *Crime organizado*. São Paulo: Método, 2015.
- MASSON, Cleber. *Direito penal esquematizado*: parte geral. 8. ed. São Paulo: Método, 2014. vol. 1.

1.20 No que consiste a **"red notice"** ou **difusão vermelha**? O que é **difusão amarela, azul, verde, negra, laranja, roxa e branca**?

A globalização provocou uma mudança na criminalidade contemporânea, conferindo-lhe caráter transnacional, sendo comum a necessidade da prisão de um nacional que se encontra no estrangeiro ou de uma pessoa que se encontra no território nacional, sendo procurado no exterior.

Para possibilitar a cooperação entre os diversos países, foi criada a Interpol (Organização Internacional de Polícia Internacional), que representa uma polícia internacional formada por várias polícias nacionais interligadas, auxiliando a persecução penal transnacional.

Para auxiliar as autoridades locais no cumprimento dos mandados de prisão expedidos por países estrangeiros, criou-se a *red notice* ou difusão vermelha.

Red notice ou difusão vermelha é o instrumento utilizado pela Interpol com a finalidade de auxiliar as autoridades no cumprimento dos mandados de prisão de pessoas que se encontram no estrangeiro, ou daqueles que, estando no território nacional, são procurados no estrangeiro. Constituem verdadeiros mandados de capturas internacionais divulgados nos Estados-membros da Organização (cento e oitenta e oito).

Em suma, as difusões vermelhas (*red notices*) são "registros utilizados pela Organização de Polícia Internacional (Interpol) para divulgar entre os Estados-membros a existência de mandados de prisão em aberto, expedidos por autoridades competentes nacionais ou por tribunais penais internacionais, no curso de procedimentos criminais" (ARAS, 2011).

Difusão vermelha a ser executada no exterior: a Instrução Normativa 1, de 10 de fevereiro de 2010, da Corregedoria Nacional de Justiça, determina aos juízes criminais brasileiros que, "ao expedirem mandados de prisão, tendo ciência própria ou por suspeita, referência, indicação, ou declaração de qualquer interessado ou agente público, que a pessoa a ser presa está fora do país, vai sair dele ou pode se encontrar no exterior, devem remeter o instrumento ao Superintendente Regional da Polícia Federal (SR/DPF) do respectivo Estado, a fim de que se providencie sua inclusão no sistema informático da Interpol como uma *red notice*. Essa medida deve ser adotada apenas nos casos de prisão preventiva ou prisão decorrente de sentença condenatória com trânsito em julgado. Com o mandado em mãos, a Interpol emitirá a notícia de sua existência para todos os 188 (cento e oitenta e oito) países-membros da organização internacional, objetivando a localização e eventual captura da pessoa procurada. Caso ocorra o cumprimento da difusão no estrangeiro, caberá ao Brasil enviar a formalização do pedido de extradição do preso" (LIMA, 2015, p. 873).

Difusão vermelha a ser cumprida no Brasil: diferente do que ocorre no estrangeiro, onde a difusão vermelha, por si só, é suficiente para que seja efetivada a prisão da pessoa procurada, no Brasil, o Supremo Tribunal Federal entende ser necessária prévia ordem escrita de juiz integrante do Poder Judiciário brasileiro. Dessarte, caso a pessoa esteja no território nacional, ainda que seu nome conste na Interpol como procurada em razão de "red notice", deve ser proposto pedido de extradição no Pretório Excelso, para que o relator determine a prisão preventiva para fins de extradição.

> "entendimento acabou sendo consolidado pela Lei 12.878/2013, que conferiu nova redação aos arts. 80, 81 e 82, do Estatuto do Estrangeiro. Consoante disposto na nova redação do art. 82, § 2.º, da Lei 6.815/1980, o pedido de prisão cautelar do estrangeiro para fins de extradição poderá ser apresentado ao Ministério da Justiça por meio da Organização Internacional de Polícia Criminal (Interpol), devidamente instruído com a documentação comprobatória da existência de ordem de prisão proferida por estrangeiro. Após exame da presença dos pressupostos formais de admissibilidade, o Ministro da Justiça deverá representar ao Supremo Tribunal Federal no sentido da decretação da prisão cautelar (Lei 6.815/1980, art. 82, *caput*, com redação dada pela Lei 12.878/2013) (LIMA, 2015, p. 873)."

Portanto, a execução do mandado de prisão estrangeiro, sem pedido prévio de extradição e prisão preventiva decretada, caracteriza constrangimento ilegal.

Há muitas críticas doutrinárias a essa posição, já que essa interpretação é manifestamente incompatível com o princípio da cooperação internacional que rege a República Federativa do Brasil nas relações internacionais (CF, art. 4.º, IX), bem como contraria o princípio da justiça penal internacional (cf. LIMA, 2015, p. 873).

ATENÇÃO

Além da *red notice*, a Interpol possui ainda outros tipos de difusões no âmbito de atribuições da polícia internacional, sendo eles:

a) *yellow notice* (difusão amarela): destina-se à localização de pessoas desaparecidas e também para ajudar na identificação de pessoas que não conseguem, por si sós, ser identificadas;

b) *blue notice* (difusão azul): tem por objetivo coletar o maior número possível de informações sobre a identidade da pessoa, localização ou atividades relacionadas ao crime;

c) *black notice* (difusão negra): destina-se a conseguir informações acerca de corpos não identificados;

d) *green notice* (difusão verde): visa fornecer avisos e serviços de inteligência sobre pessoas que cometeram crimes e tendem a repeti-los em outros países;

e) *orange notice* (difusão laranja): destina-se a alertar sobre riscos iminentes à segurança pública em eventos;

f) *purple notice* (difusão roxa): tem por objetivo fornecer informações sobre métodos, *modus operandi* e aparelhamento de criminosos;

g) *white notices* (difusão branca): destina-se à localização de bens culturais.

Referências:

- ARAS, Vladimir. *A difusão vermelha no Brasil*. Disponível em: <http:f/blogdovladimir.wordpress.com/2010/02/2 1/a-difusa o-vermelha/>. Acesso em: 13 maio 2011.
- LIMA, Renato Brasileiro de. *Manual de processo penal*. 3. ed. Salvador: JusPodivm, 2015.

1.21 O que é **garantismo penal integral?**

A expressão "garantismo penal integral" foi cunhada por Douglas Fischer para demonstrar que o garantismo à luz da hermenêutica constitucional, com seus consectários reflexos no Direito Penal e Processual Penal, tutela não apenas os direitos individuais dos acusados, investigados ou processados na esfera criminal, devendo valorar todos os direitos e deveres previstos na Constituição Federal.

Isso porque os direitos fundamentais não preveem apenas uma proibição de intervenção (proibição de excesso, *übermassverbot*), mas também uma vedação à omissão (proibição da proteção deficiente, proibição da proteção insuficiente, *untermassverbot*).

Dessa forma, *o garantismo penal integral ou proporcional é aquele que assegura os direitos do acusado, não permitindo violações arbitrárias, desnecessárias ou desproporcionais, e, por outro lado, assegura a tutela de outros bens jurídicos relevantes para a sociedade*, em consonância com as duas vertentes do princípio da proporcionalidade, incluindo a proibição do excesso (*übermassverbot*) e a proibição da proteção deficiente (proibição da ineficiência, proibição da proteção insuficiente e *untermassverbot*).

O garantismo divide-se em:

a) *Garantismo negativo*: visa frear o poder punitivo do Estado, ou seja, refere-se à proibição de excesso. Trata-se de um modelo normativo que obedece à estrita legalidade voltado a minimizar a violência e maximizar a liberdade, impondo limites à função punitiva do Estado.

b) *Garantismo positivo*: visa fomentar a eficiente intervenção estatal, ou seja, refere-se à proibição da intervenção estatal insuficiente (deficiente), bem como evitar a impunidade. Assegura a proteção aos bens jurídicos de alta relevância social.

Referências:

- FISCHER, Douglas. Garantismo penal integral (e não o garantismo hiperbólico monocular) e o princípio da proporcionalidade: breves anotações de compreensão e aproximação dos seus ideais. *Revista de Doutrina da 4.ª Região*, Porto Alegre, n. 28, mar. 2009.
- FISCHER, Douglas. O que é garantismo (penal) integral. *Garantismo penal integral*: questões penais e processuais, criminalidade moderna e aplicação do modelo garantista no Brasil. 3. ed. São Paulo: Atlas, 2015.

1.22 O que preconiza a **teoria da reiteração não cumulativa de conduta de gêneros distintos**?

A teoria da reiteração não cumulativa de condutas de gêneros distintos preconiza que a contumácia de infrações penais que não têm o patrimônio como bem jurídico tutelado não pode ser valorada como fator impeditivo do reconhecimento do princípio da insignificância, uma vez que não há periculosidade social da ação, com lesão jurídica expressiva à propriedade alheia.

De acordo com o Supremo Tribunal Federal, para aplicação do princípio da insignificância, devem estar presentes alguns *requisitos de ordem objetiva*, sendo eles:

a) mínima ofensividade da conduta;
b) ausência de periculosidade social da ação;
c) reduzido grau de reprovabilidade do comportamento;
d) inexpressividade da lesão jurídica.

Além dos requisitos de ordem objetiva, o Superior Tribunal de Justiça exige também *requisitos subjetivos*, sendo eles:

a) extensão do dano – importância do objeto material para a vítima, situação econômica da vítima, valor sentimental referente ao bem;
b) circunstâncias e resultado do crime para determinar se houve lesão significante;
c) condições pessoais da vítima (idosa, analfabeta, deficiente físico etc.);
d) condições pessoais do agente.

Dentre as condições pessoais do agente, destaque-se a habitualidade criminosa como fator impeditivo do reconhecimento da insignificância, conforme decisão do Superior Tribunal de Justiça:

> Asseverou-se não ser possível reconhecer como reduzido o grau de reprovabilidade na conduta do agente que, de forma reiterada e habitual, comete vários delitos. Ponderou-se que, de fato, a lei seria inócua se tolerada a reiteração do mesmo delito, seguidas vezes, em frações que, isoladamente, não superassem certo valor tido por insignificante, mas o excedesse na soma. Concluiu-se, ademais, que, qualquer entendimento contrário seria um verdadeiro incentivo ao descumprimento da norma legal, mormente tendo em conta aqueles que fazem da criminalidade um meio de vida (HC 150.236/DF, 5.ª Turma, Rel. Min. Laurita Vaz, j. 06.12.2011, *Informativo* 489).

Quanto ao conceito de habitualidade a ser considerado para a aplicação do princípio da insignificância, podem-se apresentar três situações diversas, conforme observa o Prof. Luiz Flávio Gomes:

a) *Multirreincidência ou reiteração cumulativa*: ocorre quando o agente pratica reiteradas condutas que, consideradas globalmente, não podem ser reputadas insignificantes, afastando a aplicação do caráter bagatelar das infrações penais. Ex.: empregado que subtrai pequenos valores e bens diariamente que, considerados individualmente, seriam insignificantes, mas que, com a reiteração, acabam lesando gravemente o bem jurídico.

b) *Multirreincidência ou reiteração não cumulativa*: ocorre quando o agente pratica diversos fatos insignificantes, mas de forma não cumulativa, ou seja, as infrações penais são praticadas contra vítimas diversas, de forma desconectada no tempo.

c) *Fato único cometido por agente reincidente*: defende-se que, tratando-se de fato único, não se poderia negar a aplicação da insignificância, ainda que o agente seja reincidente, uma vez que, para essa posição, a aplicação do referido princípio deve ser regida por critérios meramente objetivos.

Quando estivermos diante da reiteração de infrações penais cujo bem tutelado não é o patrimônio, não deverá ser valorada para aplicação do princípio da insignificância.

Colhe-se da jurisprudência do Superior Tribunal de Justiça:

> *Habeas corpus*. Penal. Furto. Princípio da insignificância. Incidência. Valor dos bens subtraídos. Inexpressividade da lesão. Contumácia de infrações penais cujo bem jurídico tutelado não é o patrimônio. Desconsideração. Ordem concedida.
>
> 1. Segundo a jurisprudência do Supremo Tribunal Federal, para se caracterizar hipótese de aplicação do denominado "princípio da insignificância" e, assim, afastar a recriminação penal, é indispensável que a conduta do agente seja marcada por ofensividade mínima ao bem jurídico tutelado, reduzido grau de reprovabilidade, inexpressividade da lesão e nenhuma periculosidade social.
>
> 2. Nesse sentido, a aferição da insignificância como requisito negativo da tipicidade envolve um juízo de tipicidade conglobante, muito mais abrangente que a simples expressão do resultado da conduta. Importa investigar o desvalor da ação criminosa em seu sentido amplo, de modo a impedir que, a pretexto da insignificância apenas do resultado material, acabe desvirtuado o objetivo a que visou o legislador quando formulou a tipificação legal. Assim, há de se considerar que "a insignificância só pode surgir à luz da finalidade geral que dá sentido à ordem normativa" (Zaffaroni), levando

em conta também que o próprio legislador já considerou hipóteses de irrelevância penal, por ele erigidas, não para excluir a tipicidade, mas para mitigar a pena ou a persecução penal.

3. Trata-se de furto de um engradado que continha vinte e três garrafas vazias de cerveja e seis cascos de refrigerante, também vazios, bens que foram avaliados em R$ 16,00 e restituídos à vítima. Consideradas tais circunstâncias, é inegável a presença dos vetores que autorizam a incidência do princípio da insignificância.

4. *À luz da teoria da reiteração não cumulativa de condutas de gêneros distintos, a contumácia de infrações penais que não têm o patrimônio como bem jurídico tutelado pela norma penal não pode ser valorada, porque ausente a séria lesão à propriedade alheia (socialmente considerada), como fator impeditivo do princípio da insignificância.*

5. Ordem concedida para restabelecer a sentença de primeiro grau, na parte em que reconheceu a aplicação do princípio da insignificância e absolveu o paciente pelo delito de furto (STF, HC 114.723/MG, 2.ª Turma, Rel. Min. Teori Zavascki, j. 26.08.2014, *DJe*-222, divulg. 11.11.2014, public. 12.11.2014). (sem grifos no original)

Referências:

- MASSON, Cleber. *Direito penal esquematizado*: parte geral. 8. ed. São Paulo: Método, 2014. vol. 1.
- GOMES, Luiz Flávio; INFANTE, Christiane de O. Parisi. *Réu reincidente e princípio da insignificância: âmbito de (in)aplicabilidade*. Disponível em: <http://www.lfg.com.br>.

1.23 O que preconiza a teoria das margens no Direito Penal?

Como é cediço, em regra, o legislador, ao incriminar uma conduta, estabelece patamares mínimo e máximo, permitindo, assim, ao julgador certa discricionariedade ao aplicar a reprimenda cabível ao caso, em virtude de suas peculiaridades. Tal técnica legislativa corrobora o princípio constitucional da individualização da pena.

A teoria das margens no Direito Penal preconiza que a aplicação da pena é uma atividade judicial, discricionária e vinculada, ou seja, deverá o juiz aplicar a pena ao infrator da norma, mas, na escolha da reprimenda cabível, encontrará limites nos patamares fixados pelo legislador, assim, só poderá fixar a pena dentro das margens impostas no tipo penal incriminador.

Ensina Cleber Masson que a aplicação da pena trata-se de:

> *ato discricionário juridicamente vinculado*. O juiz está preso aos parâmetros que a lei estabelece. Dentro deles poderá fazer as suas opções, para chegar a uma aplicação justa da pena, atento às exigências da espécie concreta, isto é, às suas singularidades, às suas nuanças objetivas e principalmente à pessoa a quem a sanção se destina. É o que se convencionou chamar de *teoria das margens*, ou seja, limites mínimo e máximo para a dosimetria da pena. Todavia, é forçoso reconhecer estar habitualmente presente nesta atividade do julgador um coeficiente criador, e mesmo irracional, em que, inclusive inconscientemente, se projetam a personalidade e as concepções da vida e do mundo do juiz (MASSON, 2014, p. 659).

Referências:

- MASSON, Cleber. *Direito penal esquematizado*: parte geral. 8. ed. São Paulo: Método, 2014. vol. 1.

1.24 O que significa **garantismo hiperbólico monocular**?

A expressão "garantismo penal integral" foi cunhada por Douglas Fischer para demonstrar que o garantismo à luz da hermenêutica constitucional, com seus consectários reflexos no Direito Penal e Processual Penal, tutela não apenas os direitos individuais dos investigados ou processados na esfera criminal, devendo valorar todos os direitos e deveres previstos na Constituição Federal.

Isso porque os direitos fundamentais não preveem apenas uma proibição de intervenção (proibição de excesso), mas também uma vedação à omissão (proibição da proteção deficiente).

Dessa forma, o garantismo penal integral ou proporcional (binocular) é aquele que assegura os direitos do acusado, não permitindo violações arbitrárias, desnecessárias ou desproporcionais, e, por outro lado, assegura a tutela de outros bens jurídicos relevantes para a sociedade, em consonância com as duas vertentes do princípio da proporcionalidade, incluindo a proibição do excesso e a proibição da proteção deficiente (proibição da ineficiência).

O garantismo divide-se, assim, em: a) *garantismo negativo*: visa frear o poder punitivo do Estado, ou seja, refere-se à proibição de excesso. Trata-se de um modelo normativo que obedece à estrita legalidade voltado a minimizar a violência e maximizar a liberdade, impondo limites à função punitiva do Estado; b) *garantismo positivo*: visa fomentar a eficiente intervenção estatal, ou seja, refere-se à proibição da intervenção estatal insuficiente (deficiente), bem como evitar a impunidade. Assegura a proteção aos bens jurídicos de alta relevância social.

Tecidos os conceitos, Douglas Fischer aborda sobre o *garantismo hiperbólico*:

> Qualquer pretensão à prevalência indiscriminada de *direitos fundamentos individuais* implica – ao menos para nós – uma teoria que denominamos de *garantismo (penal) monocular:* evidencia-se desproporcionalmente (hiperbólico) e de forma *isolada* (monocular) a necessidade de proteção *apenas dos direitos fundamentais individuais* dos cidadãos, o que, como visto, *nunca foi e não é* o propósito do *garantismo (penal) integral* (FISCHER, 2015, p. 74).

Em suma, *o garantismo hiperbólico* (aplicado de maneira ampliada e desproporcional) *monocular* (tutela apenas os direitos fundamentais do investigado/processado, desconsiderando-se o interesse coletivo) *contrapõe-se ao garantismo penal integral*, que resguarda os direitos fundamentais afetos à coletividade.

Na segunda fase do 59.º concurso de Ingresso do Ministério Público do Estado de Goiás, realizado em 8 de julho de 2016, indagou-se aos candidatos qual a diferença entre garantismo monocular e binocular.

Referências:

- FISCHER, Douglas. Garantismo penal integral (e não o garantismo hiperbólico monocular) e o princípio da proporcionalidade: breves anotações de compreensão e aproximação dos seus ideais. *Revista de Doutrina da 4.ª Região*, Porto Alegre, n. 28, mar. 2009.
- FISCHER, Douglas. O que é garantismo (penal) integral. *Garantismo penal integral*: questões penais e processuais, criminalidade moderna e aplicação do modelo garantista no Brasil. 3. ed. São Paulo: Atlas, 2015.

1.25 Em que consistem as **cifras da criminalidade**? O que se entende pelas **cifras negra, dourada, cinza, amarela, verde, azul e rosa**?

A expressão "cifras da criminalidade" é comumente utilizada para designar os crimes que não chegam ao conhecimento das autoridades. Tradicionalmente, se falava apenas nas cifras negra e dourada da criminalidade, porém hoje a doutrina cita as cifras cinza, azul, amarela, verde e rosa.

Considerando a pertinência para os concursos públicos, em apertada síntese, pode-se dizer:

Cifra negra, oculta ou escura: zona obscura que abrange a quantidade de crimes que não chegam ao conhecimento das autoridades. Termo genérico que abrange todas as demais cifras.

Cifra dourada: trata da criminalidade de colarinho branco, abrangendo a prática de crimes próprios do alto escalão da sociedade, que lesam toda a coletividade. Ex.: crimes contra o sistema financeiro, a ordem econômica e tributária.

Cifra cinza: designa as ocorrências registradas perante os órgãos policiais, mas que não chegam à fase judicial, seja pela não elucidação da autoria delitiva ou pela possibilidade de composição civil, transação, renúncia ou retratação do ofendido.

Cifra amarela: designa os crimes praticados por funcionários públicos que não chegam ao conhecimento dos órgãos estatais devido ao temor de represálias. Ex.: abuso de autoridade, tortura, corrupção passiva e concussão.

Cifra verde: abrange os crimes contra o meio ambiente que não chegam ao conhecimento dos órgãos estatais.

Cifra azul: designa os crimes econômicos praticados por pessoas menos favorecidas.

Cifra rosa: terminologia referente aos crimes de homofobia que não chegam ao conhecimento dos órgãos estatais.

1.26 O que são os **elementos migratórios** no processo penal?

Os elementos migratórios no processo penal são os elementos informativos extraídos do inquérito policial e que poderão servir de fundamento para eventual sentença condenatória. Recebem tal denominação pelo fato de esses elementos informativos migrarem do inquérito para o processo penal, permitindo que o juiz os utilize como fundamento de sua decisão.

> Art. 155. O juiz formará sua convicção pela livre apreciação da prova produzida em contraditório judicial, não podendo fundamentar sua decisão exclusivamente nos elementos informativos colhidos na investigação, *ressalvadas as provas cautelares, não repetíveis e antecipadas*. (sem grifos no original)

De acordo com o nosso ordenamento jurídico, existem três elementos migratórios no processo penal:

a) *Prova não repetível*: "é aquela que, uma vez produzida, não tem como ser novamente coletada ou produzida, em virtude do desaparecimento, destruição ou perecimento da fonte probatória" (LIMA, 2015, p. 573). Cite-se como exemplo o exame pericial realizado imediatamente após a prática do crime, que não poderá ser realizado novamente devido à dispersão dos vestígios.

b) *Provas cautelares*: "são aquelas em que há um risco de desaparecimento do objeto da prova em razão do decurso do tempo, em relação às quais o contraditório será diferido" (LIMA, 2015, p. 573). Cite-se como exemplo a interceptação telefônica, medida investigativa *inaudita altera parte*, somente permitindo o contraditório diferido, postergado ou adiado.

c) *Incidente de produção antecipada de prova*: "são aquelas produzidas com a observância do contraditório real, perante a autoridade judicial, em momento processual distinto daquele legalmente previsto, ou até mesmo antes do início do processo, em virtude de situação de urgência e relevância" (LIMA, 2015, p. 574). Cite-se como exemplo o depoimento *ad perpetuam rei memoriam*, previsto no art. 225 do CPP.

Referências:

- LIMA, Renato Brasileiro de. *Legislação criminal especial comentada*. 2. ed. Salvador: JusPodivm, 2015.

1.27 O que se entende por "fermo" ou "fermo di indiziati di reati"?

O termo fermo *ou* fermo di indiziati di reati *indica a prisão temporária na Itália.*

O art. 13 da Constituição italiana preconiza que:

> A liberdade pessoal é inviolável.
>
> Não se admite forma alguma de detenção, de inspeção ou de busca pessoal, nem qualquer outra restrição à liberdade pessoal senão por ato fundamentado da autoridade judicial, nos casos e nos termos da lei.
>
> Em casos excepcionais de necessidade e urgência, taxativamente indicados na lei, a autoridade de segurança poderá adotar providências provisórias, que devem ser comunicadas dentro de quarenta e oito horas à autoridade judicial e, se esta não as validar nas quarenta e oito horas seguintes, considerar-se-ão revogadas e destituídas de efeito.

A regra 32 da Lei Delegada Italiana estabelece que:

> além dos casos de flagrante, é poder-dever da polícia judiciária prender e do Ministério Público resolver sobre o *fermo* em relação àquele contra quem há fortes indícios de prática de delitos graves, quando há fundado perigo de fuga; obrigação da polícia judiciária de colocar à disposição do Ministério Público, o mais rápido, e dentro de vinte e quatro horas do *fermo*, as pessoas presas (FERNANDES, 1992, p. 23).

A regra 34 do mesmo diploma, por sua vez, estabelece:

> a obrigação do Ministério Público de determinar a imediata liberação do preso quando não subsistam as condições legais para o *fermo*; a faculdade do Ministério Público de interrogar o preso, com o direito do defensor de assistir ao interrogatório; obrigação do Ministério Público de pôr à disposição do juiz, para a decisão sobre a convalidação, o preso dentro de quarenta e oito horas do *fermo*; obrigação do juiz de decidir nas sucessivas

> quarenta e oito horas, ouvido o preso, sobre a convalidação ou não do *fermo* e sobre sua eventual conversão em uma outra medida coercitiva prevista; garantia de assistência de advogado no juízo de convalidação. O *fermo* foi tratado nos artigos 384 a 391 do atual Código de Processo Penal italiano (FERNANDES, 1992, p. 23).

Por fim, saliente-se que, tanto no Brasil como na Itália, o *fermo* e a prisão temporária são espécies de prisão cautelar e somente podem ser decretadas em relação aos crimes expressamente fixados. No entanto, o *fermo* na Itália é imposto, em regra, pelo Ministério Público e, excepcionalmente, pela autoridade policial. Já a temporária sempre será decretada por uma autoridade judiciária.

Referências:

- FERNANDES, Antônio Scarance. Prisão temporária e "fermo": estudo comparativo. *Justitia*, São Paulo, 54 (157), jan.-mar. 1992.

1.28 O que é **troca de dolo** ou **mudança de objeto do dolo**?

A troca de dolo ocorre quando, no curso da realização do crime, o agente muda o objeto do dolo, sendo, em regra, irrelevante para o Direito Penal.

Ensina Juarez Cirino dos Santos:

> A *troca de dolo*, que pode ocorrer no curso da realização do tipo, constitui geralmente situação de *mudança de objeto do dolo* (A derruba a jovem B, no parque, para roubar-lhe o relógio, mas prefere subtrair o valioso colar de pérolas, descoberto durante o fato) não há mudança no plano de fato, apenas troca de objeto do dolo, em geral irrelevante. A situação seria relevante se a troca de objeto representasse mudança no plano do fato capaz de descaracterizar o dolo (no exemplo citado, enfeitiçado pela beleza do rosto da vítima, o autor decide subtrair-lhe a carteira de identidade para admirar, depois, a fotografia dela): a mudança no plano do fato, como desistência voluntária do roubo tentado, desfaz o dolo de roubo, subsistindo, apenas, o constrangimento ilegal (SANTOS, 2008, p. 161).

Referências:

- SANTOS, Juarez Cirino dos. *Direito penal*: parte geral. 3. ed. Curitiba: Lumen Juris, 2008.

1.29 O que se compreende pela **teoria do cenário da bomba-relógio**?

Trata-se de um questionamento acerca da proibição absoluta da utilização da tortura como mecanismo de investigação.

O exemplo hipotético que deu nome à teoria é o seguinte: imaginemos que um terrorista, envolvido num ataque iminente a milhares de pessoas, seja capturado pelas autoridades, recusando-se a revelar o local onde a bomba está localizada. Constatando-se que ele não colaborará, surge o dilema: preservar sua integridade física, permitindo a morte de milhares, ou relativizar a proibição da tortura diante deste cenário?

De origem norte-americana, *essa teoria preconiza que a proibição da utilização da tortura deverá ser relativizada, permitindo-se a realização dos interrogatórios duros, mediante tortura, uma vez que os direitos fundamentais não são absolutos.*

A doutrina critica de forma veemente os postulados dessa teoria, pois, embora aparentemente formulada para aplicação em casos excepcionalíssimos, a relativização da vedação da tortura abriria caminho para a legitimação de mecanismos bárbaros e brutais de investigação, o que é moralmente injustificável.

Referências:

- ARANTES, Maria Auxiliadora de Almeida Cunha. *Pelo fim absoluto da tortura em qualquer circunstância*. Disponível em: <http://pfdc.pgr.mpf.mp.br/atuacao-e-conteudos-de-apoio/publicacoes/tortura/artigos/pelo%20fim%20absoluto%20da%20tortura...%20maria%20auxiliadora.pdf>.
- *Desativando o cenário da bomba-relógio*. Disponível em: <http://www.mpgo.mp.br/portal/system/resources/W1siZiIsIjIwMTMvMDQvMTkvMTRfMzhfMTBfNzMzX0RIc2F0aXZhbmRvX29fQ2VuXHUwMGUxcmlvX2RhX0JvbWJhX3JlbFx1MDBmM2dpby5wZGYiXV0/Desativando%20o%20Cen%C3%A1rio%20da%20Bomba-rel%C3%B3gio.pdf>.

1.30 O que preconiza a **teoria significativa da ação**?

Trata-se de teoria criada por Vives Antón, fundada na filosofia da linguagem de Wittgenstein e na teoria da ação comunicativa de Habermas, conferindo uma nova interpretação e fixando um novo paradigma para o conceito de conduta penalmente relevante.

Para esta teoria, só haverá ação humana relevante para o Direito Penal se esta puder ser relacionada a determinado tipo penal, pois somente com a reunião dos elementos exigidos pelo tipo penal é que teremos o significado jurídico do que denominamos crime. Dessa forma, "a concepção *significativa da ação,* que constitui um dos pressupostos fundamentais desta orientação, sustenta que os fatos humanos somente podem ser compreendidos por meio das normas, ou seja, o seu *significado* existe somente em virtude das *normas*, e não é prévio a elas; por isso mesmo é que se fala em *tipo de ação*, em vez de falar simplesmente em ação ou omissão ou até mesmo em ação típica" (BITENCOURT, 2012, 2.4).

Segundo Paulo César Busato, "de um lado, Vives Antón, partindo de uma análise da filosofia da linguagem de Wittgenstein e da teoria da ação comunicativa de Habermas, chegou a um conceito significativo de ação identificando-a, como veremos em seguida, com o 'sentido de um substrato normativo'". Sob outra perspectiva – prossegue Busato –, "conectada com o desenvolvimento de um aspecto dogmático das lições de Welzel, George Fletcher também alcançou um conceito que se pode denominar 'significativo' de ação, ainda que ele prefira a denominação 'intersubjetivo'. De qualquer modo, o próprio Fletcher identificou os pontos comuns entre sua proposta e a proposta de Vives, o que nos permite a conclusão de que trata-se (*sic*) de concepções bastante coincidentes" (BITENCOURT, 2012, 2.4).

Prossegue Cezar Roberto Bitencourt:

> O *conceito significativo de ação*, na ótica de seus ardorosos defensores como Vives Antón, Zugaldía Espinar e Paulo César Busato, identifica-se melhor com um moderno Direito Penal, respondendo aos anseios de uma nova dogmática e respeitando os direitos e garantias fundamentais do ser humano.
>
> (...)
>
> Por tudo isso, atualmente o *conceito de ação* (conduta ou comportamento) resume-se na ideia de *conduta típica*, isto é, não há um conceito geral de ação, mas tantos conceitos de ação como espécies de condutas relevantes

(típicas) para o Direito Penal, segundo as diversas características com as que são descritas normativamente. Em outros termos, não se acredita que existam ações como se se tratasse de objetos, e que seu conceito pode ser formulado como uma ideia prévia, superior e comum às normas, capaz de abranger todas as espécies de ações: quer dizer, *não existem ações prévias às normas*, de modo que se possa dizer que exista a ação de matar, se previamente não existir uma norma que defina matar como conduta relevante para o Direito Penal. Assim, não existe a ação do "xeque-mate" se antes não houver as regras do jogo de xadrez; não existe a *ação de impedimento* (na linguagem futebolística), sem que antes exista uma norma regulamentar que defina o que é *impedimento*. Concluindo, primeiro são as normas (regras) que definem o que entendemos socialmente por esta ou aquela ação. A partir daí, segundo essas regras, podemos identificar que matar constitui um homicídio, que subtrair coisa alheia móvel tipifica o crime de furto ou que determinados comportamentos *significam* ou possuem um sentido jurídico, social e cultural que chamamos crime de homicídio, de corrupção, de prevaricação etc., ou, na linguagem desportiva, atacar o rei inimigo sem deixar-lhe saída é "xeque-mate" ou posicionar-se adiante dos zagueiros adversários, antes do lançamento, é impedimento" (BITENCOURT, 2012, 2.4).

Trata-se de questão extremamente complexa cobrada na prova dissertativa do 57.º Concurso do Ministério Público do Estado de Goiás, podendo o espelho de prova ser conferido no link: <http://www2.mp.go.gov.br/coliseu/concursos/mostrar_concurso/7>.

Referências:

- BITENCOURT, Cezar Roberto. *Tratado de direito penal*: parte geral. 17. ed. São Paulo: Saraiva, 2012.

1.31 O que se entende por **ambicídio**?

Ambicídio ou suicídio a dois corresponde ao pacto de morte, que ocorre quando duas pessoas celebram o acordo de se matar. Caso um dos pactuantes, ou ambos, sobreviva, as consequências jurídicas dependerão das peculiaridades do caso concreto.

1.ª Hipótese: o sobrevivente praticou atos de execução que ocasionaram a morte da vítima. Responderá por homicídio.

2.ª Hipótese: o sobrevivente prestou auxílio para o suicídio do outro. Responderá pelo crime descrito no art. 122 do Código Penal (auxílio ao suicídio).

3.ª Hipótese: ambos praticam atos de execução, por exemplo, atirando um contra o outro. Caso sobrevivam, responderão por tentativa de homicídio.

4.ª Hipótese: ambos prestam auxílio mutuamente e os dois sobrevivem, resultando em lesões corporais de natureza grave. Responderão pelo crime descrito no art. 122 do Código Penal.

5.ª Hipótese: os atos de execução foram praticados por apenas um deles (ex.: abriu a torneira do gás para que morressem asfixiados), mas os dois sobreviveram. O autor dos atos executórios responderá por homicídio tentado e o outro pelo crime descrito no art. 122 do Código Penal, desde que o executor sofra lesão corporal grave.

Referências:

- MASSON, Cleber. *Direito penal esquematizado*: parte especial, arts. 121 a 212. 6. ed. São Paulo: Método, 2014. vol. 2.

1.32 O que são **crimes de catálogo**?

Segundo Cleber Masson, a classificação dos chamados crimes de catálogo surgiu em Portugal, e *está relacionada com as infrações penais que permitem a interceptação telefônica, para fins de investigação ou instrução processual.*

A expressão ganhou notoriedade no Brasil após ser utilizada na ementa do acórdão do HC 100.524, da relatoria do Ministro Joaquim Barbosa:

> *Habeas corpus*. Afastamento dos sigilos bancário e fiscal. Medida cautelar deferida judicialmente. Regularidade. "Prova encontrada". Licitude. Precedentes. Ordem denegada. Não se verifica, no caso, qualquer ilicitude na quebra dos sigilos bancário e fiscal do ora paciente, haja vista que tais medidas foram regularmente deferidas pela autoridade judicial competente. "É lícita a utilização de informações obtidas por intermédio de interceptação telefônica para se apurar delito diverso daquele que deu ensejo a essa diligência, (...) sendo incontestável o reconhecimento da licitude da prova encontrada quando o fato desvelado fortuitamente se encontre entre os chamados 'crimes de catálogo' – isto é, entre aqueles para a investigação dos quais se permite autorizar a interceptação telefônica", o que efetivamente é o caso dos autos (AI 761.706/SP, rel. min. Cármen Lúcia, *DJE* 161, divulgado em 26.08.2009). Ordem denegada (STF, HC 100.524/PR, 2.ª Turma, Rel. Min. Joaquim Barbosa, j. 27.03.2012, *DJe*-102, divulg. 24.05.2012, public. 25.05.2012). (sem grifo no original)

Referências:

- MASSON, Cleber. *Direito penal esquematizado*: parte geral. 8. ed. São Paulo: Método, 2014. vol. 1.

1.33 O que são **crimes parasitários, de fusão** ou **crime ameba**?

Tais terminologias referem-se ao crime acessório, ou seja, são aqueles que dependem da prática de um crime anterior, tais como receptação, favorecimento real e pessoal e lavagem de dinheiro.

1.34 O que são **crimes obstáculos**?

O crime obstáculo é aquele no qual o legislador opta por incriminar, de maneira autônoma, atos que constituiriam a fase preparatória de outros crimes, tais como: associação criminosa (art. 288 do CP) e petrechos para falsificação de moeda (art. 291 do CP).

A terminologia está no sentido de que tais delitos representam um óbice à prática de um delito mais grave.

Referências:

- MARÇAL, Vinícius; MASSON, Cleber. *Crime organizado*. São Paulo: Método, 2015.
- MASSON, Cleber. *Direito penal esquematizado*: parte geral. 8. ed. São Paulo: Método, 2014. vol. 1.

1.35 O que se entende por **crime de conduta infungível**?

Crime de mão-própria, também conhecido como crime de atuação pessoal ou de conduta infungível, é aquele que exige uma qualidade especial do sujeito ativo, ou seja, somente podem ser praticados pelo sujeito expressamente previsto pelo tipo penal incriminador. Ex.: falso testemunho (art. 342 do CP).

Apenas para facilitar a compreensão, deve-se lembrar que infungível é aquilo que não pode ser substituído por outra coisa de mesma espécie, qualidade, quantidade e valor. Ou seja, crime infungível somente pode ser praticado pelo sujeito descrito na norma penal, não admitindo a substituição.

Referências:

- LIMA, Renato Brasileiro de. *Legislação criminal especial comentada*. 3. ed. Salvador: JusPodivm, 2015.
- MASSON, Cleber. *Direito penal esquematizado*: parte geral. 8. ed. São Paulo: Método, 2014. vol. 1.

1.36 O que é **delito liliputiano?**

Liliputiano é um adjetivo utilizado para qualificar aquilo que é extremamente pequeno.

A expressão "delito liliputiano" *refere-se às contravenções penais, também denominadas de "crime vagabundo" ou "crime anão".*

Referida terminologia é relativa ao personagem "Liliputе", o habitante de uma ilha imaginária do romance *Viagens de Gulliver*, do escritor inglês Jonathan Swift (1667-1745), onde os habitantes medem apenas seis polegadas.

Evitar as expressões "crime liliputiano", "crime anão" e "crime vagabundo" é importante, pois, na verdade, não há crime, uma vez que o Brasil adota o sistema dualista (binário) diferenciando os crimes das contravenções penais.

Preconiza o art. 1.º da Lei de Introdução ao Código Penal: "Considera-se crime a infração penal que a lei comina pena de reclusão ou de detenção, quer isoladamente, quer alternativa ou cumulativamente com a pena de multa; contravenção, a infração penal a que a lei comina, isoladamente, pena de prisão simples ou de multa, ou ambas, alternativa ou cumulativamente".

Referências:

- MASSON, Cleber. *Direito penal esquematizado*: parte geral. 8. ed. São Paulo: Método, 2014. vol. 1.

1.37 O que se entende por **crime praticado em presença do inimigo?**

Trata-se de previsão normativa constante do art. 25 do Código Penal Militar, que preconiza: *"Diz-se crime praticado em presença do inimigo, quando o fato ocorre em zona de efetivas operações militares, ou na iminência ou em situação de hostilidade".*

Esclarece Guilherme de Souza Nucci que tal norma somente se aplica em tempo de guerra, sendo desnecessária sua previsão, pois os tipos penais incriminadores são suficientes para definir as condutas em tempo de guerra, sendo indiferente onde se concretizará a infração penal.

No entanto, ousamos discordar. A regra esculpida no art. 25 do CPM tem natureza de norma penal explicativa, tendo por finalidade explicitar o conteúdo de outras normas, afastando, assim, dúvidas quanto ao conteúdo de determinado elemento do tipo penal.

É o que ocorre no conceito de funcionário público (art. 327 do Código Penal).

O mesmo ocorre na explicitação do que se entende por crime praticado em presença do inimigo, pois tal norma explicativa aclara o sentido dos crimes de ato prejudicial à eficiência da tropa (art. 361), cobardia qualificada (art. 364), fuga em presença do inimigo (art. 365), motim, revolta ou conspiração qualificado (art. 368, parágrafo único), incitamento em presença do inimigo (art. 371), descumprimento do dever militar (art. 374), recusa de obediência ou oposição (art. 387), violência contra superior ou militar de serviço (art. 389), abandono de posto (art. 390), deserção em presença do inimigo (art. 392), amotinamento de prisioneiros (art. 396), homicídio simples (art. 400), lesão leve (art. 403), todos do Código Penal Militar.

Referências:

- NUCCI, Guilherme de Souza. *Código Penal Militar comentado*. 2. ed. Rio de Janeiro: Forense, 2014.

1.38 O que são **crimes parcelares**?

São os crimes da mesma espécie para efeito de reconhecimento da continuidade delitiva.

Preconiza o art. 71 do Código Penal: "Quando o agente, mediante mais de uma ação ou omissão, pratica *dois ou mais crimes da mesma espécie* e, pelas condições de tempo, lugar, maneira de execução e outras semelhantes, *devem os subsequentes ser havidos como continuação do primeiro*, aplica-se-lhe a pena de um só dos crimes, se idênticas, ou a mais grave, se diversas, aumentada, em qualquer caso, de um sexto a dois terços".

Tendo o Código Penal adotado, quanto ao crime continuado, a teoria da ficção jurídica, os diversos crimes parcelares serão considerados como mera continuação do primeiro, evitando-se a aplicação do sistema do cúmulo material.

A terminologia, embora não muito usual, é antiga no Superior Tribunal de Justiça, consoante julgamento a seguir transcrito:

> Penal. Prescrição. Sonegação fiscal. Crime continuado. Consoante o disposto na Súmula 497/STF, bem como em inúmeros precedentes desta Corte, quando se tratar de crime continuado, a prescrição regula-se pela pena imposta na sentença, não se computando o acréscimo decorrente da continuação. "No crime continuado, se os *crimes parcelares*, isoladamente considerados, não estão prescritos, deve ser aplicado o acréscimo pela continuidade, segundo a regra que se extrai da combinação do art. 71 com o art. 119 do CP. Donde a impossibilidade de cogitar da prescrição somente desse acréscimo (Precedentes)". Recurso conhecido e provido (STJ, REsp 231.254/RS, 1999/0084467-0, 5.ª Turma, Rel. Min. José Arnaldo da Fonseca, j. 17.12.2002, *DJ* 17.02.2003, p. 318). (sem grifos no original)

Saliente-se, por fim, que os crimes parcelares, para efeito de reconhecimento da continuidade delitiva, deverão estar tipificados no mesmo dispositivo legal (consumados ou tentados, seja na forma simples, privilegiada ou qualificada), consoante posição consolidada no Superior Tribunal de Justiça, embora exista posição minoritária na doutrina e na jurisprudência em viés contrário (MASSON, 2014, p. 766).

Referências:

- MASSON, Cleber. *Direito penal esquematizado*: parte geral. 8. ed. São Paulo: Método, 2014. vol. 1.

1.39 O que são os **delitos de olvido**?

Trata-se de expressão derivada do verbo olvidar, traduzindo a ideia de perder a memória, deslembrar, esquecer-se.

Dessa forma, *os delitos de olvido são os delitos de esquecimento, ou seja, corresponde ao crime omissivo impróprio na forma culposa, sendo a culpa nesta hipótese inconsciente.*

Ensina Bitencourt que, ao lado dos crimes omissivos, há também o chamado:

> *comissivo por omissão* ou *omissivo impróprio*, no qual o *dever de agir* é para *evitar um resultado concreto*. Nesses crimes, o agente não tem simplesmente a obrigação de agir, mas a *obrigação de agir para evitar um resultado*, isto é, deve agir com a *finalidade* de impedir a ocorrência de determinado evento. Nos crimes *comissivos por omissão* há, na verdade, *um crime material*, isto é, um crime de resultado. São elementos dessa modalidade de omissão, segundo o art. 13, § 2.º, do nosso Código Penal: a) a abstenção da atividade que a norma impõe; b) a superveniência do resultado típico em decorrência da omissão; c) a existência da situação geradora do dever jurídico de agir (figura do garantidor) (BITENCOURT, 2012, Capítulo XV, item 3).

Os crimes omissivos impróprios são também conhecidos como espúrios ou comissivos por omissão, sendo que o tipo penal contém em sua descrição uma conduta positiva, mas a omissão do agente que descumpre o dever jurídico de agir provocará a produção do resultado naturalístico.

Cite-se como exemplo do delito de olvido o genitor que, por ato culposo, esquece seu filho dentro do carro, acarretando sua morte. Cabia-lhe o dever jurídico de impedir o resultado, mas, por um ato omissivo, cometeu o crime de homicídio.

Referências:

- BITENCOURT, Cezar Roberto. *Tratado de direito penal*: parte geral. 17. ed. rev. São Paulo: Saraiva, 2012.

1.40 O que é **abigeato**?

O termo abigeato refere-se ao furto de gado. Tal expressão deriva do latim "*abigeátus,us* 'roubo de gado'" (*Dicionário Houaiss da Língua Portuguesa.* São Paulo: Objetiva, 2009).

1.41 O que são **crimes mutilados de dois atos**?

Também conhecidos como tipos imperfeitos de dois atos, *designam os delitos em que o agente pratica uma conduta, com a finalidade de obter um benefício posterior.* Ex.: falsificação de documento para o cometimento de um estelionato.

A finalidade do agente far-se-á presente por meio das conjunções *para, a fim de, com o fim de*, indicando finalidades transcendentes do tipo.

Referências:

- CAPEZ, Fernando. *Curso de direito penal*. 21. ed. São Paulo: Saraiva, 2014. vol. 1.
- MASSON, Cleber. *Direito penal esquematizado*: parte geral. 8. ed. São Paulo: Método, 2014. vol. 1.

1.42 Qual a diferença entre **crime de espaço mínimo, máximo e plurilocal?**

Crime de espaço mínimo é aquele em que tanto a conduta quanto o resultado ocorrem na mesma localidade.

Crime de espaço máximo, também denominado crime à distância, é aquele em que a conduta é praticada em um país e o resultado ocorre em outro. Tendo o Brasil adotado a teoria mista ou da ubiquidade (art. 6.º do CP), serão competentes tanto a Justiça do local da ação, quanto a do resultado.

O crime plurilocal é aquele em que a conduta ocorre num local e o resultado noutro, mas ambas as comarcas situadas dentro do território nacional, sendo que a competência será determinada nos termos do art. 70 do Código de Processo Penal (visão do Código de Processo Penal).

Porém, indaga-se: A doutrina concorda com a escolha da teoria do resultado pelo Código de Processo Penal?

A resposta é *negativa*, ou seja, a doutrina *não concorda*, e, capitaneando a doutrina nessa toada, Eugenio Pacelli e Douglas Fischer lecionam que:

> *(...) o local no qual se consuma o crime nem sempre é favorável à produção da prova, se outro tiver sido o lugar da ação ou dos atos de execução. A testemunha ocular da prática de um crime, de modo geral, reside ou tem domicílio naquele local. Assim, se a vítima for deslocada para outra cidade, a fim de receber cuidados médicos, não resta dúvida de que a instrução criminal, e, por isso, a ação penal, deveriam ter curso no local onde se praticou a ação e não onde ocorreu o resultado* (PACELLI e FISCHER, 2012, p. 156).

Na mesma esteira, Guilherme de Souza Nucci ensina que:

> *(...) é justamente no local da ação que se encontram as melhores provas (testemunhas, perícia etc.), pouco interessando onde se dá a morte da vítima. Para efeito de condução de uma mais apurada fase probatória, não teria cabimento desprezar-se o foro do lugar onde a ação desenvolveu-se somente para acolher a teoria do resultado. Exemplo de ilogicidade seria o autor ter dado vários tiros ou produzido toda a série de atos executórios para ceifar a vida de alguém em determinada cidade, mas, unicamente pelo fato da vítima ter-se tratado em hospital de Comarca diversa, onde faleceu, deslocar-se o foro competente para esta última. As provas teriam que ser coletadas por precatória, o que empobreceria a formação do convencimento do juiz (NUCCI, 2008, p. 210).*

Em sintonia com entendimento doutrinário é o entendimento do Superior Tribunal de Justiça e do Supremo Tribunal Federal. Vejamos o precedente da Corte de Cidadania, primeiramente:

> (...) Nos termos do art. 70 do CPP, a competência para o processamento e julgamento da causa, será, de regra, determinada pelo lugar em que se consumou a infração.
>
> 2. Todavia, *a jurisprudência tem admitido exceções a essa regra*, nas hipóteses em que o resultado morte ocorrer em lugar diverso daquele onde se iniciaram os atos executórios, *determinando-se que a competência poderá ser do local onde os atos foram inicialmente praticados.*
>
> 3. Tendo *em vista a necessidade de se facilitar a apuração dos fatos e a produção de provas, bem como garantir que o processo possa atingir à sua finalidade primordial, qual seja, a busca da verdade real, a competência pode ser fixada no local de início dos atos executórios.* (...) (STJ, HC 95.853/RJ, 6.ª Turma, Rel. Min. Og Fernandes, j. 11.09.2012).

Comungando do mesmo entendimento, o Supremo Tribunal Federal posicionou-se no sentido de que o juízo competente nessas situações seria o do local onde se deu a conduta (STF, RHC 116.200/RJ, 1.ª Turma, Rel. Min. Dias Toffoli, j. 13.08.2013).

Enfim, o assunto é fundamental e de grande incidência em provas de concursos públicos.

Referências:

- AZEVEDO, Marcelo André de; SALIM, Alexandre. *Direito penal*: parte geral. 4. ed. Salvador: JusPodivm, 2014. vol. 1. (Coleção Sinopses para Concursos)
- BRASIL. STF, RHC 116.200/RJ, 1.ª Turma, Rel. Min. Dias Toffoli, j. 13.08.2013.
- BRASIL. STJ, HC 95.853/RJ, 6.ª Turma, Rel. Min. Og Fernandes, j. 11.09.2012.
- NUCCI, Guilherme de Souza. *Código de Processo Penal comentado*. 8. ed. São Paulo: RT, 2008.
- PACELLI, Eugênio; FISCHER, Douglas. *Comentários ao Código de Processo Penal e sua jurisprudência*. São Paulo: Atlas, 2012.

1.43 O que são **crimes com sujeito passivo em massa?**

Crime com sujeito passivo em massa é aquele praticado contra sujeitos indeterminados, sendo também conhecidos como crimes vagos, uma vez que possuem como vítima um ente destituído de personalidade jurídica.

Referências:

- MASSON, Cleber. *Direito penal esquematizado*: parte geral. 8. ed. São Paulo: Método, 2014. vol. 1.

1.44 O que são **ações em curto-circuito?**

As ações em curto-circuito são *reações primitivas do ser humano, nas quais, após um estímulo externo, faz surgir à superfície, de improviso, reações momentâneas e impulsivas, bem como reações explosivas.*

Para a maioria da doutrina pode ser considerada conduta para fins penais, pois nesses casos há o elemento volitivo que estimula a conduta criminosa.

São exemplos, rotineiramente, citados pela doutrina: a) reações explosivas que seguem ao encarceramento do indivíduo; b) após "A" zombar "B", este reage repentinamente desferindo socos contra o provocador.

Referências:

- MASSON, Cleber. *Direito penal esquematizado*: parte geral. 8. ed. São Paulo: Método, 2014. vol. 1.
- NUCCI, Guilherme de Souza. *Manual de direito penal*. 10. ed. Rio de Janeiro: Forense, 2014.

1.45 O que se entende por **crime anão crescido**?

Esta expressão designa as contravenções penais com pena máxima superior a dois anos de prisão simples.

1.46 Qual a diferença entre **ponte de ouro, ponte de prata em sentido estrito** e **ponte de prata qualificada (ponte de diamante)**?

A *ponte de ouro* deriva do pensamento de Franz von Liszt e ocorre quando a lei, por considerações de política criminal, estabelece um tratamento mais favorável em face da voluntária não produção do resultado, ou seja, na ponte de ouro evita-se a consumação do crime. É o que ocorre na desistência voluntária e no arrependimento eficaz.

Já a *ponte de prata em sentido estrito* refere-se aos institutos que atuam após a consumação da infração penal, trazendo um tratamento penal mais benéfico ao agente. Ex.: arrependimento posterior.

A *ponte de prata qualificada (ponte de diamante)*, segundo o professor Luiz Flávio Gomes, refere-se a institutos penais que, depois da consumação do crime, podem chegar até a eliminar a responsabilidade penal do agente. É o que ocorre, por exemplo, na delação premiada na Lei 12.850/2013, que poderá conduzir até o perdão judicial.

Referências:

- GOMES, Luiz Flávio. *Delação premiada: ponte de ouro e ponte de prata*. Disponível em: <http://professorlfg.jusbrasil.com.br/artigos/182676003/delacao-premiada--ponte-de-ouro-e-ponte-de-prata>.

1.47 O que significa **decadência imprópria**?

Decadência corresponde à perda do direito de propor a ação penal privada ou de oferecer representação pelo não exercício no prazo legal. Referido instituto atinge o direito de punir do Estado de maneira indireta, pois, operada a decadência, não haverá possibilidade de dar início ao devido processo legal.

A decadência imprópria relaciona-se ao oferecimento da queixa-crime na ação penal privada subsidiária da pública, a qual também se sujeita ao prazo decadencial de seis meses, a contar do dia em que se esgotar o prazo para o oferecimento da denúncia. Ocorre que, nesse caso, a decadência não irá produzir a extinção da punibilidade, razão pela qual é denominada pela doutrina como decadência imprópria.

Em suma, ocorrerá a decadência, mas esta não produzirá seus efeitos típicos.

> Além disso, como essa ação penal, em sua essência, é de natureza pública, a decadência do direito de ação penal privada subsidiária da pública não irá produzir a extinção da punibilidade, sendo, por isso, chamada de decadência imprópria. Portanto, ainda que tenha havido a decadência do direito de queixa subsidiária, o Ministério Público continua podendo propor a ação penal pública em relação ao referido fato delituoso, logicamente desde que não tenha se operado a prescrição ou outra causa extintiva da punibilidade (LIMA, 2015, p. 254).

Referências:

- LIMA, Renato Brasileiro de. *Legislação criminal especial comentada*. 3. ed. Salvador: JusPodivm, 2015.

1.48 O que é **laxismo penal?**

Segundo o *Dicionário Houaiss*, laxismo significa a tendência consistente em relaxar as interdições estipuladas pela moral cristã e, por extensão de sentido, abrange também a ausência de restrições morais, tolerância excessiva, permissividade.

Dessa forma, *laxismo penal nada mais é do que toda e qualquer benevolência penal conferida pelo magistrado em descompasso com a gravidade do caso e com a periculosidade do agente, ignorando a prevenção geral e especial da pena.*

Os professores Ricardo Dip e Volney Correa Leite de Moraes Junior conceituam laxismo penal "como sendo a tendência em se propor soluções absolutórias mesmo quando essas mesmas evidências presentes no processo apontem em direção oposta, ou a aplicação de punições benevolentes, desproporcionada à gravidade e circunstâncias do fato e à periculosidade do agente, sob o pretexto de que o agente seja vítima do esgarçamento do tecido social ou de relações familiares deterioradas, sujeitando-se à reprimenda simbólica ao desconsiderar o livre-arbítrio na etiologia do fenômeno trangressivo" (DIP e MORAES JUNIOR, 2002, p. 16).

Referências:

- DIP, Ricardo; MORAES JUNIOR, Volney Correa Leite de. *Crime e castigo*: reflexões politicamente incorretas. Campinas: Millennium, 2002.

1.49 O que preconiza a regra do "three strikes laws"?

Trata-se de expressão oriunda do baseball, popular esporte nos Estados Unidos da América. Trata-se de regra básica que preconiza que o rebatedor possui três tentativas para rebater a bola, sob pena de eliminação. Cada chance perdida é denominada de *strike*, com três *strikes* o rebatedor estará fora do jogo.

Nos Estados Unidos da América, em alusão a essa regra, existem defensores do modelo *three strikes and you're out*, ou seja, a terceira condenação definitiva leva à exclusão social do indivíduo, impondo-se a pena de prisão perpétua.

Dessa forma, pela *regra do* three strikes and you are out *o sujeito que cometer uma terceira infração penal, ainda que de escassa gravidade, depois de dois crimes graves, deverá ser punido com pena de prisão perpétua ou de reclusão mínima por vinte e cinco anos.*

A aplicação da teoria da *three strikes laws* parte do pressuposto de que alguns criminosos não são passíveis de reabilitação, dessa forma, ao sofrerem a terceira condenação, estariam excluídos do convívio social ou neutralizados por um longo período de encarceramento.

Parcela da doutrina registra que referida teoria contrapõe-se ao Estado Democrático de Direito, uma vez que tal regra situa-se na chamada terceira velocidade do Direito Penal, amoldando-se aos postulados do Direito penal do inimigo.

Além disso, há severa crítica ao *populismo penal midiático,* em notória evidência nos Estados Unidos, país onde as leis sofrem forte influência de ações de *marketing,* visando gerar empatia e justificar as severas práticas punitivas, sendo comum adotarem-se nomes de vítimas para as leis (ex.:

Megan's Law) ou fazer alusão aos jogos de maior preferência nacional, como ocorre com a *Three Strikes Law.*

Referências:

- GOMES, Luiz Flávio. *Populismo penal midiático*: caso mensalão, mídia disruptiva e direito penal crítico. São Paulo: Saraiva, 2013.
- MASSON, Cleber. *Direito penal esquematizado*: parte geral. 8. ed. São Paulo: Método, 2014. vol. 1.

1.50 O que preconiza a **teoria da normalidade das circunstâncias concomitantes**?

A teoria da normalidade das circunstâncias concomitantes preconiza que, *para que se possa considerar alguém culpado do cometimento de uma infração penal, é necessário que esta tenha sido praticada em condições e circunstâncias normais, pois, do contrário, não será possível exigir do sujeito conduta diversa da que efetivamente praticou.*

Referida teoria ensejou a inserção de mais um requisito à culpabilidade, qual seja, o da exigibilidade de conduta diversa, o que fez com que a culpabilidade psicológica se tornasse psicológica-normativa.

Essa teoria preparou o ambiente dogmático para a definitiva migração do dolo e da culpa para a tipicidade, sepultando o dogma naturalista (CAPEZ, 2011, p. 144).

Referências:

- CAPEZ, Fernando. *Curso de direito penal*: parte geral. 15. ed. São Paulo: Saraiva, 2011.

1.51 No que consiste a **antecipação do julgamento da pretensão punitiva** no processo penal?

Com a reforma do Código de Processo Penal, promovida pela Lei 11.719/2008, o magistrado passou a realizar um duplo juízo de admissibilidade da acusação, sendo que num primeiro momento as condições da ação servirão para ensejar o recebimento ou rejeição da denúncia (art. 395, II, do CPP) e, posteriormente, poderão conduzir a absolvição sumária do acusado (art. 397 do CPP).

Após a reforma, o juízo de admissibilidade foi distendido, gerando dupla análise judicial, passível de conduzir a absolvição do acusado.

Após a resposta à acusação (art. 396-A do CPP), o juiz deverá absolver o acusado quando verificar: a) existência manifesta de causa excludente da ilicitude do fato; b) existência manifesta de causa excludente da culpabilidade do agente, salvo inimputabilidade; c) que o fato narrado evidentemente não constitui crime; ou d) extinta a punibilidade do agente.

Quando ocorrer a absolvição sumária do acusado, preconiza a doutrina que estaremos diante de uma verdadeira antecipação do julgamento da pretensão punitiva.

Referências:

- CRUZ, Rogério Schietti Machado. O juízo de admissibilidade após a reforma processual de 2008. *Garantismo penal integral*: questões penais e processuais, criminalidade moderna e aplicação do modelo garantista no Brasil. 3. ed. São Paulo: Atlas, 2015.

1.52 O que preconiza a **teoria da causa madura**? É possível aplicá-la no processo penal?

Preconiza o art. 515, § 3.º, do CPC que, nos casos de extinção do processo sem julgamento do mérito (art. 267), o tribunal pode julgar desde logo a lide, se a causa versar questão exclusivamente de direito e estiver em condições de imediato julgamento.

A essa possibilidade a doutrina denominou de "teoria da causa madura", pois as hipóteses que permitem ao Tribunal julgar, desde logo, a lide referem-se aos casos em que o processo já se encontra pronto, apto, maduro para o julgamento de mérito.

Embora haja doutrina minoritária em sentido contrário, o entendimento do Superior Tribunal de Justiça é de que essa regra não afronta o princípio da ampla defesa.

Trata-se de regra pertencente à teoria geral dos recursos, aplicando-se a todo e qualquer recurso, embora haja resistência a essa posição por parte dos Tribunais Superiores.

Saliente-se que a teoria da causa madura continua sendo aplicada após o advento do NCPC, que, em seu art. 1.013, § 3.º, ampliou as hipóteses acerca de sua aplicação:

> § 3.º Se o processo estiver em condições de imediato julgamento, o tribunal deve decidir desde logo o mérito quando:
>
> I - reformar sentença fundada no art. 485 (sem resolução do mérito);
>
> II - decretar a nulidade da sentença por não ser ela congruente com os limites do pedido ou da causa de pedir;
>
> III - constatar a omissão no exame de um dos pedidos, hipótese em que poderá julgá-lo;
>
> IV - decretar a nulidade de sentença por falta de fundamentação.

No âmbito do processo penal, a doutrina aponta para a aplicação da teoria da causa madura em diversas hipóteses, dentre as quais se destacam:

a) *Ilicitude da prova*: caso a única prova em que se fundou a condenação do réu seja considerada ilícita, deverá o Tribunal, ao julgar o recurso defensivo, desconsiderá-la e, na ausência de outros elementos probatórios, aplicar a teoria da causa madura para absolver o réu, em homenagem aos princípios da celeridade, economia processual e *favor rei*.

b) *Nulidade do processo*: ao apreciar o recurso da acusação, não poderá o Tribunal reconhecer nulidade que não tenha sido arguida. Ocorre que, se a nulidade for favorável ao réu, porém o feito estiver em condições de julgamento, poderá o Tribunal apreciar o mérito, para, aplicando a teoria da causa madura, absolver o réu. Ou seja, em vez de declarar o processo nulo, o órgão colegiado absolve o réu, tendo em vista o processo já estar suficientemente instruído.

c) *Prescrição*: outra hipótese de aplicação da referida teoria dá-se quanto à prescrição. O réu recorre após ser condenado, requerendo sua absolvição. O Tribunal, ao apreciar o recurso, constata a ocorrência da prescrição. No entanto, há nos autos provas da inocência do réu. Nessa circunstância, poderá o Tribunal aplicar a teoria da causa madura para absolver o recorrente. Isso porque o princípio do *favor libertatis* ou *favor rei* conduzirá o órgão colegiado a declarar a inocência do acusado, adotando-se a solução mais favorável ao acusado.

Referências:

- NEVES, Daniel Amorim Assumpção. *Manual de direito processual civil*: volume único. 6. ed. São Paulo: Método, 2014.
- RANGEL, Paulo. *Direito processual penal*. 18. ed. Rio de Janeiro: Lumen Juris, 2011.

1.53 No que consiste a **criptoimputação**?

Trata-se de termo criado pela doutrina para denominar a situação de grave deficiência na narração do fato imputado, faltando os elementos mínimos que permitam a identificação do crime imputado ao réu com todos os seus elementos e circunstâncias.

A *criptoimputação* gera a denúncia genérica, ou seja, a imputação de vários fatos típicos sem delimitação da conduta com todas as suas circunstâncias vulnera os princípios do contraditório e da ampla defesa, bem como contrapõe-se aos preceitos da Convenção Americana de Direitos Humanos, gerando dificuldade ao exercício do direito de defesa.

A denúncia ou queixa conterá a exposição do fato criminoso, com todas as suas circunstâncias, a qualificação do acusado ou esclarecimentos pelos quais se possa identificá-lo, bem como a classificação do crime, sob pena de rejeição da exordial (art. 41 c/c art. 395, I, ambos do CPP).

A criptoimputação (derivada de um modelo kafkiano de processo) gerará a rejeição da denúncia genérica, por não cumprir os requisitos previstos no art. 41 do Código de Processo Penal.

Se uma denúncia que não contenha os elementos mínimos referentes ao fato imputado for recebida, caberá ao juiz absolver sumariamente o réu (art. 397, III, do CPP).

Dessa forma, cabe ao Promotor de Justiça descrever, com precisão, todos os elementos estruturais que compõem o tipo penal (exposição do fato criminoso, com todas as suas circunstâncias, e a classificação do crime), em homenagem ao princípio do contraditório e da ampla defesa.

Tal tema foi cobrado na prova do 57.º Concurso de Ingresso no Ministério Público do Estado de Goiás: O que se entende por criptoimputação? Qual(ais) a(s) sua(s) consequência(s) para o processo penal? Como deve agir o Promotor de Justiça a fim de evitá-la?

1.54 O que é o **dolo direto de terceiro grau**?

Ensinam Marcelo André de Azevedo e Alexandre Salim a existência do dolo direto de terceiro grau, também denominado de dolo de dupla consequência necessária.

Consignam os autores que o dolo direto de terceiro grau:

> É a consciência e vontade de produzir um resultado como consequência necessária do efeito colateral necessário da conduta. Trata-se da inevitável violação de bem jurídico em decorrência do resultado colateral produzido a título de dolo direto de segundo grau. Percebe-se que a existência de dolo direto de terceiro grau pressupõe a existência de dolo direto de segundo grau.
>
> Exemplo: o agente, para matar seu inimigo (fim proposto), coloca uma bomba no avião em que ele se encontra, vindo a matar, além de seu inimigo (dolo direto de primeiro grau), todos os demais que estavam a bordo como consequência necessária do meio escolhido (dolo direto de segundo grau). Entretanto, uma das pessoas a bordo estava grávida, de sorte que da sua morte decorreu necessariamente o aborto (dolo direto de terceiro grau). Em resumo, a morte da gestante é um efeito colateral necessário da conduta. Por sua vez, o aborto é o resultado como consequência necessária do efeito colateral necessário da conduta. No exemplo, o agente deve ter consciência da gravidez para responder pelo resultado (AZEVEDO, 201, p. 202).

Referências:

- AZEVEDO, Marcelo André de; SALIM, Alexandre. *Direito penal*: parte geral. 4. ed. Salvador: JusPodivm, 2014. vol. 1. (Coleção Sinopses para Concursos)

1.55 O que se entende por **dolo colorido**?

Essa questão foi cobrada na prova do Ministério Público do Estado de Minas Gerais.

O dolo colorido *nada mais é do que o* dolo normativo, *ou seja, é o dolo que, na teoria clássica (causal ou mecanicista), integrava a culpabilidade.*

Para a teoria clássica, a culpabilidade era composta pela imputabilidade, dolo ou culpa e exigibilidade de conduta diversa. Nesse período, o dolo abrangia a consciência da ilicitude do fato, sendo denominado dolo normativo.

O ordenamento penal nacional adotou a teoria finalista, sendo o dolo natural, composto pela vontade e consciência.

Portanto, pode-se afirmar que o dolo "Normativo, híbrido ou colorido, não integra o tipo, mas sim a culpabilidade. Para os seguidores deste posicionamento doutrinário, o reconhecimento do dolo demandaria da identificação de três elementos: vontade, consciência e discernimento quanto a ilicitude do resultado que pode ser alcançado" (MORAES, 2015).

Saliente-se, ainda, que o *dolo normativo* é também chamado de *híbrido, cinzento, colorido ou cromático.* Por outro lado, o *dolo natural* é também conhecido como *dolo neutro ou acromático.*

Referências:

- MORAES, Geovane. *O que é dolo colorido?* Disponível em: <http://www.armador.com.br/wp-posts/o-que-e-dolo-colorido>.

1.56 O que é **tipo anormal**?

O tipo normal é constituído apenas por elementos de ordem objetiva. *O tipo anormal, por sua vez, é constituído por elementos subjetivos e/ou normativos.*

Os elementos que compõem o tipo penal podem ser de quatro espécies distintas:

a) *elementos objetivos* ou *descritivos* são as circunstâncias da conduta que podem ser constatadas por qualquer pessoa, exprimindo um *juízo de certeza*;

b) *elementos normativos* são aqueles para cuja compreensão necessita-se de interpretação valorativa, isto é, carecem de um *juízo de valor* pelo destinatário da norma, dividindo-se em normativos jurídicos (conceitos próprios do Direito) e normativos culturais, morais ou extrajurídicos (conceitos de outras disciplinas);

c) *elementos subjetivos* relacionam-se à *esfera anímica do agente*;

d) *elementos modais* relacionam-se a determinadas condições específicas de tempo, modo de execução ou local, indispensáveis para a caracterização do crime.

Ressalte-se que, para os adeptos do finalismo penal, todo tipo é anormal, pois "dolo (elemento subjetivo) e culpa (elemento normativo) compõem a estrutura da conduta, a qual integra o fato típico, e, consequentemente, o tipo penal" (MASSON, 2014, p. 273).

Referências:

- MASSON, Cleber. *Direito penal esquematizado*: parte geral. 8. ed. São Paulo: Método, 2014. vol. 1.

1.57 No que consiste o **tipo penal incompleto**?

O instituto da tentativa também é conhecido como crime imperfeito, *conatus*, tipo manco, truncado, carente ou imperfeito.

A expressão crime incompleto é utilizada por Zaffaroni.

Portanto, crime incompleto ou tipo penal incompleto refere-se a tentativa, pois nesta hipótese há um delito incompleto, de uma tipicidade subjetiva completa, com um defeito na tipicidade objetiva (ZAFFARONI e PIERANGELI, 1997), sendo necessária a utilização de uma norma de extensão temporal da figura típica para adequação típica indireta.

Referências:

- CAPEZ, Fernando. *Curso de direito penal*. 21. ed. São Paulo: Saraiva, 2014. vol. 1.
- ZAFFARONI, Eugenio Raúl; PIERANGELLI, José Henrique. *Manual de direito penal brasileiro*. São Paulo: RT, 1997.

1.58 O que é o **tipo incongruente**?

Os tipos penais que descrevem crimes formais são chamados de incongruentes, "uma vez que neles há um descompasso entre a finalidade pretendida pelo agente (quer receber o resgate) e a exigência típica (o tipo se contenta com a mera realização do sequestro com essa finalidade). Deste modo, o sujeito ativo pretende mais do que a lei exige, sendo tal incongruência denominada tipicidade incongruente" (CAPEZ, 2011, p. 177).

Referências:

- CAPEZ, Fernando. *Curso de direito penal*: parte geral. 15. ed. São Paulo: Saraiva, 2011. vol. 1.

1.59 O que é o **tipo manco, truncado ou carente**?

Segundo Alberto Silva Franco, a tentativa *"se caracteriza por ser um tipo manco, truncado, carente. Se, de um lado, exige o tipo subjetivo completo correspondente à fase consumativa, de outro, não realiza plenamente o tipo objetivo.* O dolo, próprio do crime consumado, deve iluminar, na tentativa, todos os elementos objetivos do tipo. Mas a figura criminosa não chega a ser preenchida, por inteiro, sob o ângulo do tipo objetivo. Bem por isso, Zaffaroni e Pierangeli observaram que a tentativa 'é um delito incompleto, de uma tipicidade subjetiva completa, com um defeito na tipicidade objetiva'" (FRANCO, In: CAPEZ, 2011, p. 266) (sem grifos no original).

Referências:

- FRANCO, Alberto Silva. *Código Penal e sua interpretação jurisprudencial*. 5. ed. São Paulo: RT, 1995, p. 152.
- CAPEZ, Fernando. *Curso de direito penal*. 15. ed. São Paulo: Saraiva, 2011.

1.60 O que é **homicídio "proditorium"**?

Segundo Cleber Masson, o homicídio qualificado pela traição também é conhecido como *homicidium proditorium*.

Referências:

- SILVEIRA, Euclides Custódio da. *Direito penal*. Crimes contra a pessoa. São Paulo: Max Limonad, 1959. p. 79.
- MASSON, Cleber. *Direito penal esquematizado*: parte especial, arts. 121 a 212. 5. ed. São Paulo: Método, 2013. vol. 2.

1.61 Qual a diferença entre **eutanásia, suicídio assistido, ortotanásia, distanásia** e **mistanásia**?

Eutanásia (sentido estrito): também conhecida como homicídio piedoso, consensual, caridoso, compassivo ou médico. *Corresponde ao modo comissivo de suprimir a vida de pessoa acometida de grave doença, já em estágio avançado e sem perspectiva de cura ou recuperação.*

O termo eutanásia tem origem do grego "eu-thanatos", o que literalmente significa "boa morte". Durante muito tempo divergência sobre a extensão do conceito fora travada, gerando várias acepções a abarcar tanto as formas ativas quanto omissivas de supressão da vida. Atualmente, a posição majoritária utiliza tal terminologia para designar o ato do profissional médico que põe termo à vida humana daquele que se encontra acometido por doença incurável, visando evitar um sofrimento extremo.

No Brasil, a eutanásia é capitulada como crime de homicídio doloso, devendo ser enquadrada como homicídio privilegiado.

Suicídio assistido: também conhecido como autoeutanásia, *ocorre quando o paciente tira a própria vida, sendo auxiliado por terceiro.* Essa colaboração pode se dar por meio de informações ou disponibilizando meios ou condições necessárias para o ato.

Visando auxiliar seus pacientes, o médico norte-americano Dr. Jack Kevorkian, vulgo *Dr. Morte*, desenvolveu a máquina da morte, equipamento que, ao ser acionado pelo paciente, injetava uma substância anestésica que causava inconsciência e em seguida uma dose letal de cloreto de potássio, que provocava a morte da pessoa. Estima-se que cento e trinta pacientes fizeram uso dessa máquina no decorrer dos anos 1990.

Em 1999, Kevorkian enfrentou um julgamento por acusações de homicídio em vez de suicídio assistido. Thomas Youk estava morrendo e não tinha condições de administrar as drogas, o que teve que ser feito por Kervokian.

O médico documentou a morte de seu paciente em vídeo, que foi ao ar num dos programas de maior audiência da televisão americana. Kevorkian foi denunciado por homicídio qualificado e condenado pelo júri por homicídio simples a 25 anos de prisão, com direito a liberdade condicional a partir de 2007 devido à sua idade avançada.

Ortotanásia: é também conhecida como eutanásia omissiva, moral ou terapêutica. A origem etimológica vem do grego "orthos" (correto) e "thanatos" (morte).

Corresponde à eutanásia na forma omissiva, ocorrendo quando o médico não adota as providências indispensáveis para prolongar a vida do paciente, acometido de doença terminal, incurável e irreversível à luz da medicina, passando a emprestar-lhe apenas os cuidados paliativos para que morra com dignidade.

A ortotanásia corresponde a "um meio-termo entre a morte acelerada e a agonia prolongada; não se desiste antes do tempo, mas também não se submete a pessoa a um encarniçamento terapêutico" (MARINELI).

A origem do termo ortotanásia é atribuída ao professor Jacques Roskam (Universidade de Liege, Bélgica). Em 1950, Roskam, ao discursar no Primeiro Congresso Internacional de Gerontologia, afirmou que, entre encurtar a vida humana através da eutanásia e a sua prolongação pela obstinação terapêutica (distanásia), existiria um meio-termo, que compreenderia uma morte correta, justa, ou seja, uma morte ocorrida no seu tempo oportuno (MARINELI).

Distanásia: é a morte lenta, vagarosa e sofrida, prolongada pelos recursos médicos. Ocorre quando os pacientes são mantidos vivos por meio de aparelhos, sem qualquer chance de sobrevida, caso os aparelhos sejam desligados.

Caracteriza-se pelo excesso de medidas terapêuticas, que infligem dor à pessoa que se encontra em estado irreversível. É o prolongamento artificial da vida do paciente, sem que haja qualquer perspectiva de cura, sendo fruto apenas da obstinação terapêutica e do tratamento fútil.

Mistanásia: também conhecida como morte miserável ou eutanásia social, *corresponde a morte antecipada de uma pessoa em virtude da ausência de estrutura estatal, da maldade humana ou da má prática da medicina,* decorrendo assim de condutas omissivas e comissivas (MARINELI).

> No Brasil, de modo geral, a forma mais comum de mistanásia omissiva encontra expressão na ausência do Estado na seara da saúde, caracterizada pelo deficiente sistema de atendimento ambulatorial e de emergência, bem como no despreparo de profissionais da área. A ausência ou a precariedade de serviços de atendimento médico, em muitos lugares, levam pessoas com deficiências físicas ou mentais ou com doenças que poderiam ser tratadas, a morrerem antes da hora, padecendo, enquanto vivem, de dores e sofrimentos em princípio evitáveis.
>
> Já a denominada mistanásia comissiva ou ativa, de importância histórica, decorre diretamente da maldade humana, em tratar o indivíduo como se coisa fosse. Aqui, a pessoa é vítima de extermínio ou, mesmo, é submetido a experiências, como se fosse cobaia (MARINELI).

Referências:

- MARINELI, Marcelo Romão. *A declaração de vontade do paciente terminal: as diretivas antecipadas de vontade à luz da Resolução 1.995/2012 do Conselho Federal de Medicina*. Disponível em: <http://www.ambito-juridico.com.br/site/?n_link=revista_artigos_leitura&artigo_id=13832&revista_caderno=7>.
- MASSON, Cleber. *Direito penal esquematizado*: parte especial, arts. 121 a 212. 5. ed. São Paulo: Método, 2013. vol. 2.

1.62 No que consiste a **morte branca**?

O termo morte branca refere-se à eutanásia, a morte piedosa, caridosa, consensual, compassiva ou médica. A eutanásia é um fenômeno antigo na história da humanidade, havendo registros de sua prática entre os gregos, para fins de eugenia.

Durante a Idade Média tal prática também era comum para evitar a proliferação de doenças.

Entre os celtas o costume impunha uma obrigação sagrada ao filho de administrar a "morte branca" ao pai velho e doente. A mesma prática é encontrada entre os silvícolas no Brasil.

Etimologicamente, a eutanásia costuma ser definida como "boa morte" (eu = boa; thánatos = morte).

Referências:

- MARCÃO, Renato. *Eutanásia e ortotanásia no anteprojeto de Código Penal brasileiro*. Disponível em: <http://www.buscalegis.ufsc.br/revistas/files/anexos/30979-33726-1-PB.pdf>.

1.63 O que se compreende por **homicídio procustiano** e **homicídio teseuniano?**

Homicídio procustiano é sinônimo de homicídio praticado mediante traição, dissimulação ou emprego de meio cruel.

Homicídio teseuniano é sinônimo de homicídio praticado por vingança.

A explicação para tal terminologia encontra-se na mitologia grega. Procusto era um personagem mitológico que habitava as montanhas de Elêusis, convidando os viajantes que encontrava pelo caminho para que repousassem em sua casa, oferecendo uma cama de ferro, que tinha seu exato tamanho, para que se deitassem.

Procusto observava o hóspede e, se ele fosse menor que a cama, amarrava seus membros e os esticava até produzir a morte do viajante. Caso a vítima fosse maior que o leito, Procusto a esticava até ter o tamanho da cama. Em ambos os casos, a vítima era morta sob o pretexto de adequá-la ao tamanho do leito.

No entanto, uma vítima nunca se ajustava exatamente ao tamanho do leito de Procusto, porque, secretamente, tinha duas camas de tamanhos diferentes.

Ao assim agir, Procusto aproveita-se do repouso da vítima para facilitar a prática do homicídio.

Procusto seguiu com seu reinado de terror até ser capturado por Teseu, herói ateniense, que prendeu Procusto ao próprio leito e cortou-lhe a cabeça e os pés, concedendo-lhe, assim, o mesmo suplício que impunha aos seus hóspedes.

Em virtude disso, os doutrinadores clássicos passaram a utilizar a terminologia homicídio procustiano para designar o homicídio qualificado pelo emprego de traição, dissimulação ou meio cruel.

Já homicídio teseuniano passou a ser empregado para designar o homicídio praticado por vingança.

Saliente-se, por fim, que a figura mitológica de Procusto representa a intolerância em relação a nossos semelhantes por meio da constante imposição de padrões eticamente aceitáveis.

Referências:

- MÉNARD, René. *Mitologia greco-romana.* 5. ed. São Paulo: Opus, 1997.
- MORAES, Geovane. *Vocês sabem o que é homicídio procustiano? E o que é homicídio teseuniano?* Disponível em: <http://www.armador.com.br/wordpress/voces-sabem-o-que-e-homicidio-procustiano-e-o-que-e-homicidio-teseuniano/>.

1.64 O que se entende por "nomorreia" penal?

Também conhecida como *pan-penalismo* ou *nomomania, compreende a proliferação de normas penais como mecanismo de controle social por parte do Poder Público, visando atender a interesses políticos.*

Ressalte-se que o termo nomorreia não é reconhecido pelo vocabulário ortográfico da Língua Portuguesa, sendo expressão criada pela doutrina mediante a junção da expressão grega *nomos* (no sentido de norma, lei ou regra) ao sufixo latino *rhoea* (fluxo contínuo), representando, assim, o fluxo contínuo a gerar a proliferação de leis penais.

Por outro lado, numa análise etimológica do *pan-penalismo*, verifica-se que a expressão deriva do prefixo grego *pan* [que corresponde a tudo, todo ou totalidade (HOUAISS, 1979, p. 619)], em que jungida à expressão "penalismo", na acepção de relativo ao Direito Penal para classificar o ramo do direito que trata da tipificação de crimes e das penas aplicáveis a esses crimes, formam o significado: tudo, todo ou totalidade penal (máximo penal).

Na doutrina brasileira, o conceito foi utilizado pela primeira vez por Nilo Batista (1997, p. 151) para *"atribuir-se a um Estado mínimo o controle social máximo sobre os excluídos".*

A terminologia *nomorreia*, *pan-penalismo* ou *nomomania* (até mesmo *neopunitivismo e hipertrofia penal [guardando suas acepções em outras óticas]*) apresenta-se ao lado da corrente do minimalismo penal (corrente que critica o maximalismo penal - corrente última esta mais próxima do tema abordado).

Em torno do tema tratado, encontra-se um parâmetro teórico na manifestação de Luiz Luisi, analisando o bojo de obras raras:

> Carl Joseph Anton Mittermaier, em trabalho datado de 1819 *já enfatizava ser um dos erros fundamentais da legislação penal de seu tempo, a excessiva extensão dessa legislação, e a convicção dominante entre os legisladores que a coação penal era o único meio para "combater qualquer força hostil que se pusesse em contradição com a ordem jurídica"*. Entendia, ainda, o eminente penalista tedesco que a criação de um número avultado de crimes era uma das formas em que se manifestavam a decadência não só do direito criminal, mas da totalidade da ordem jurídica. Em obra aparecida em 1855, o magistrado e criminalista toscano Giuseppe Puccioni, comentando o Código Penal da Toscana de 1853, falava em "delitos de mínima importância política" e na "ameaça de pena aflitiva de prisão a levíssimas lesões pessoais e a simples injúria". Se sustentava que a ampliação da área do direito criminal levaria a duas induvidosas consequências: a primeira é de que os Tribunais se achariam sobrecarregados, retardando a administração da justiça punitiva; e a Segunda é de um agravamento das finanças públicas sobre quem recai o encargo de manutenção dessa ingente massa de condenados. Francesco Carrara em monografia datada de julho de 1883 - "Un nuovo delito" - falava da *"nomomania ou nomorreia" penal*. A praga de seu tempo - escrevia o Mestre de Pisa - está em ter esquecido o sábio aforisma da Jurisprudência romana, mínima *non cura praetor*. Franz Von Listz, por sua vez em 1896, em seu "Lehrbuch", enfatiza que a legislação de seu tempo fazia "um uso excessivo da arma da pena", e que oportuno seria considerar se não seria aconselhável acolher de novo a velha máxima mínima *non cura praetor*. Reinhart Franck, em artigo aparecido em 1898, usa, pela primeira vez a expressão "hipertrofia penal", salientando que o uso da pena tem sido abusiva, e por isso perdeu parte de seu crédito, e, portanto, de sua força intimidadora, já que o corpo social deixa de reagir do mesmo modo que o organismo humano não reage mais a um remédio administrado abusivamente (LUISI, 1991, p. 27-28).

Referências:

- BATISTA, Nilo. 1997. A violência do estado e os aparelhos policiais. *Discursos Sediciosos*, Rio de Janeiro: Instituto Carioca de Criminologia, ano 2, n. 4.

- HOUAISS, Antônio. *Pequeno dicionário enciclopédico Koogan Larousse*. Rio de Janeiro: Larousse do Brasil, 1979.
- LUISI, Luiz. *Os princípios constitucionais penais*. Porto Alegre: Sergio Antonio Fabris, 1991.

1.65 O que são **aparte livre** (consentido ou facultativo) e **aparte judicial** (regulamentado, legal ou obrigatório)?

O aparte é uma interrupção, breve e oportuna, do orador para indagação ou esclarecimento, pertinente à matéria submetida a debate.

No Tribunal do Júri, no dizer de Espínola Filho, os apartes são o tempero dos debates, não sendo causa de nulidade caso não causem prejuízo ao direito de defesa (TJSP, Ap. , Rel. Corrêa Dias, *RJTJSP* 144/495).

A doutrina aponta a existência de dois tipos de apartes no Tribunal do Júri:

a) *Aparte livre, consentido ou facultativo*: *consiste em uma concessão da parte que estiver fazendo uso da palavra.* Não há proibição legal na solicitação do aparte, tampouco em sua concessão, uma vez que tal procedimento homenageia os princípios da verdade real e da lealdade entre as partes.

Ensina Edilson Mougenot Bonfim que:

> o aparte, por vezes é tão inevitável quanto a resposta do aparteado. Por isso, também se diz "debates do Júri" e não meras alegações das partes, visto que estas se reduziriam a compartimentos oratórios estanques, às quais a *visita oral* do opositor seria sempre proibida. Há, na dinâmica do Júri, situações variadas, quando dos debates, nas quais o aparte direto, rápido, não somente contribui para aclarar pontos obscuros e devolver a atenção dos jurados ao julgamento da causa, como o próprio aparteado por vezes agradece a proveitosa interrupção. Assim, aparte é tanto uma anuência ou elogio quanto pedido de esclarecimento em ponto dúbio, contradição breve a uma afirmativa dada, uma rápida *retortio argumenti,* podendo ser, enfim, mesmo a presença de espírito que, fugaz, revela em poucas palavras um sofisma alheio (BONFIM, 2012).

Apenas quando a parte se exceder no debate, criando um discurso paralelo, é que caberá ao juiz presidente restabelecer a ordem (art. 497 do CPP).

b) *Aparte regulamentado, legal ou obrigatório*: *encontra-se previsto no art. 497, XII, do CPP*, que preconiza competir ao juiz presidente "regulamentar, durante os debates, a intervenção de uma das partes, quando a outra estiver com a palavra, podendo conceder até 3 (três) minutos para cada aparte requerido, que serão acrescidos ao tempo desta última".

Durante os debates pode surgir a necessidade do aparte, podendo o aparteante solicitar diretamente à parte ou requerê-lo ao juiz presidente. É desta última hipótese que trata o novo "aparte regulamentado" disciplinado pelo art. 497, XII, do CPP.

Referências:

- BONFIM, Edilson Mougenot. *Código de Processo Penal anotado*. 4. ed. São Paulo: Saraiva, 2012.

1.66 O que é **Direito Penal quântico**?

O Direito Penal quântico é aquele que não se contenta com a mera relação de causalidade (relação física de causa e efeito), contendo, ainda, elementos indeterminados, tais como o nexo normativo e a tipicidade material, a serem aferidos pelos operadores do direito diante da análise do caso subjacente aos autos.

Dessa maneira, o Direito Penal quântico se caracteriza pela existência de uma imprecisão no direito que se afasta da dogmática penal e se aproxima da política criminal. Com isso, há uma nítida exigência da tipicidade material, afastando da esfera penal condutas socialmente aceitas e que não tragam uma carga mínima de lesão ao bem jurídico, estando, assim, o direito penal quântico atrelado aos postulados da teoria da imputação objetiva.

Afinal, qual é a relação dessa teoria com a física?

A Física Quântica surge para buscar explicação da natureza naquilo que ela tem de menor. Desse modo, tudo que fosse maior que um átomo estava sujeito às leis da física clássica. Entretanto, a partir do instante em que se passou a analisar tamanhos menores que um átomo, as regras da física clássica não conseguiam mais explicar, deixando de ter utilidade, exigindo a necessidade de criar outras leis para lidar com essa realidade, uma física totalmente inovadora, que ficou foi cunhada de Física Quântica.

Cabe sublinhar que a física quântica não é intuitiva e traz imensas partes de sua construção teórica que parecem não exprimir a verdade. Exemplifica-se a assertiva anterior no que toca à dualidade onda-partícula, em que diz que partículas se comportam ora como partículas, ora como ondas (aqui está a imprecisão utilizada como parâmetro no direito penal, incluindo a imputação objetiva).

O idealizador dessa teoria foi o professor Goffredo da Silva Telles. Em simples palavras, para ele, trata-se de um daqueles enfoques do direito que permitem uma verdadeira superação de conceitos, preconceitos, dogmas e doutrinas, com sobreposição da superficialidade da maioria dos entendimentos que o pensamento jurídico formula. Essa concepção instiga o jurista a questionar estruturas inelutáveis até então e que, por concepções históricas, quando pensam encontrar o caminho da Justiça, na verdade, delas se afastam, repudiando singelas possibilidades de acertos que, em tema de vida social, são coisas que naturalmente povoam e preenchem todo o sentido da vida e do justo, bem como os anseios de paz.

Goffredo da Silva Telles expõe uma ideia de justiça fundamentada não só na lei ou jurisprudência, mas, sobretudo, no direito social, fático e pragmático: "O direito, na sua maior parte, não deve ser procurado nem na lei, nem na jurisprudência, nem na doutrina, mas na própria sociedade" (TELLES JR., 2004, p. 466).

Por derradeiro e em conclusão ao tema, o Direito Penal quântico se agarra à Teoria da Imputação Objetiva e serve para enriquecê-la em suas bases estruturais, porquanto se apartam do alcance do direito penal as condutas socialmente aceitas (condutas ou riscos permitidos e aprovados).

Referências:

- GONDIM, Reno Feitosa. *Epistemologia quântica & direito penal* – fundamentos para uma teoria da imputação objetiva do direito penal. Curitiba: Juruá, 2005.
- TELLES JR., Godofredo. *A criação do direito*. 8. ed. São Paulo: Ed. Juarez de Oliveira, 2004.

1.67 No que consistem o **Direito Penal subterrâneo** e o **Direito Penal paralelo?**

Segundo Zaffaroni, sistema penal, em sentido estrito, corresponde ao controle social punitivo institucionalizado, abrangendo as agências formais de controle, tais como o legislador, público, polícia, juízes, promotores e agentes penitenciários.

Em sentido amplo, teríamos o sistema penal paralelo (Direito Penal paralelo), que é exercido por agências que não fazem parte do controle punitivo formal, mas que, da mesma forma, exercem tal poder.

Dessa forma, dentro do sistema penal o próprio direito penal ocuparia um lugar limitado.

Os sistemas penais paralelos aplicam punições extremamente severas, mais graves que as impostas pelas agências que compõem o controle institucionalizado na esfera penal (punitivo), tais como: banimento de atletas pelas federações esportivas em caso de *doping*, sanções administrativas que inviabilizam empreendimentos e multas de elevado valor.

Em suma, o *sistema penal paralelo é aquele exercido por agências que não fazem parte do sistema punitivo formal, mas que exercem poder punitivo.*

Já *o direito penal subterrâneo é o exercido pelas agências que compõem o sistema punitivo formal do Estado, mas que passam a atuar de forma arbitrária, à margem da lei, contando, muitas vezes, com a complacência dos demais órgãos que compõem o sistema punitivo.*

Nesta atuação subterrânea, as agências de controle institucionalizam a pena de morte, desaparecimentos, torturas, sequestros, entre outros delitos.

Tal fenômeno é uma manifestação da ineficácia dos órgãos estatais e do controle social, já que muitas vezes a população manifesta-se de forma favorável aos abusos cometidos, conferindo legitimidade social a tais atos lamentáveis, vendo naquele que infringe a lei um salvador, um protetor, sob o discurso de que tais pessoas são necessárias para corrigir eventuais injustiças e distorções do sistema.

Registre-se que, gradativamente, a concepção social tem mudado, passando a população a demonstrar intolerância com os abusos cometidos.

Referências:

- ZAFFARONI, Eugenio Raul; PIERANGELI, José Henrique. *Manual de direito penal brasileiro*. 7. ed. São Paulo: RT, 2007. vol. 1.

1.68 O que se entende por **Direito Penal simbólico** ou **função simbólica do Direito Penal?**

O Direito Penal simbólico é aquele norteado com finalidade meramente aparente, sem produção de resultados efetivos, tendo a função de conferir uma sensação de proteção da ordem pública aos membros da coletividade.

É comum que, a cada crime que cause comoção social, seja pela violência com que é praticado, seja por alguma característica da vítima (parentes, crianças, artistas etc.), o Congresso Nacional, ao ser pressionado, reaja editando novos tipos penais e/ou majorando a pena (Direito Penal de emergência), provocando a famigerada inflação legislativa.

Tal produção legislativa gera a justificativa para os representantes do povo, estando intimamente ligado ao discurso populista punitivista, que sustenta a produção de leis penais cada vez mais severas, emitindo mensagens imediatas de cunho eleitoral (imediatistas) sem que haja qualquer alteração para a solução das causas subjacentes ao crime cometido.

Quanto aos cidadãos, há uma impressão, equivocada, de que os órgãos de persecução penal mantêm a criminalidade sob controle por meio da hipertrofia do Direito Penal.

Ensina Cleber Masson que a função penal simbólica do Direito Penal:

> manifesta-se, comumente, no *direito penal do terror,* que se verifica com a *inflação legislativa (Direito Penal de emergência),* criando-se exageradamente figuras penais desnecessárias, ou então com o aumento desproporcional e injustificado das penas para os casos pontuais *(hipertrofia do Direito Penal)* (MASSON, 2014, p. 11).

Referências:

- GOMES, Luiz Flávio. *Populismo penal midiático*: caso mensalão, mídia disruptiva e direito penal crítico. São Paulo: Saraiva, 2013.
- MASSON, Cleber. *Direito penal esquematizado*: parte geral. 8. ed. São Paulo: Método, 2014. vol. 1.

1.69 No que consistem o **Direito Penal objetivo** e o **Direito Penal subjetivo**?

Direito Penal objetivo corresponde ao conjunto das leis penais em vigor, ao passo que *o Direito Penal subjetivo compreende o direito de punir do Estado* (ius puniendi), o que advém da violação do conteúdo da norma penal incriminadora.

Referências:

- MASSON, Cleber. *Direito penal esquematizado*: parte geral. 8. ed. São Paulo: Método, 2014. vol. 1.

1.70 No que consistem o **Direito Penal substantivo (material)** e o **Direito Penal adjetivo (formal)**?

Trata-se de expressões em desuso, mas que ainda podem ser cobradas em concursos públicos.

O *Direito Penal substantivo* também é chamado de Direito Penal material, referindo-se às leis penais em vigor.

Por outro lado, o *Direito Penal adjetivo,* também denominado de formal, refere-se ao *Direito Processual Penal,* ou seja, às leis processuais penais em vigor.

Referências:

- MASSON, Cleber. *Direito penal esquematizado*: parte geral. 8. ed. São Paulo: Método, 2014. vol. 1.

1.71 O que se entende por **Direito Penal comum** e **Direito Penal especial**?

Segundo Mirabete, *Direito Penal comum* é aquele que se aplica a todas as pessoas e aos delitos em geral. Já o *Direito Penal especial* é aquele dirigido a uma classe de pessoas, de acordo com alguma peculiaridade ou circunstância, ou a certos delitos em particular. Assim, seria comum o Código Penal e as leis extravagantes, ao passo que seriam especiais o Código Penal Militar, a Lei do Impeachment do Presidente da República e dos prefeitos (MIRABETE, 2002, p. 26).

No entanto, essa classificação não encontra amparo na lei, podendo-se falar em Direito Penal comum em relação ao Código Penal e em legislação penal especial (Direito Penal especial) no que tange às demais normas incriminadoras previstas fora do Código Penal (legislação extravagante).

Referências:

- MIRABETE, Julio Fabbrini. *Manual de direito penal*: parte geral. 18. ed. São Paulo: Atlas, 2002.

1.72 O que são os chamados **interrogatórios duros**?

O termo *Verschärfte Vernehmung* ou interrogatório duro foi criado por Müller, em 1937, para representar as diversas técnicas de tortura utilizadas contra os comunistas, marxistas, terroristas, sabotadores, membros da resistência, indivíduos antissociais etc. (MACINTYRE, Bem. Jogo Duplo Londres - Lisboa - Berlim: a verdadeira história dos espiões do Dia D passou por Lisboa. Dom Quixote).

Os interrogatórios duros ainda são utilizados sob o pretexto de razões de segurança de Estado. *Trata-se de modalidade de interrogatório realizado sob tortura.* Cite-se, como exemplo, os interrogatórios realizados na prisão de Guantámano, onde os presos eram privados de sono, submetidos a afogamentos simulados, baixas temperaturas, sob a chancela do governo norte-americano (LIMA, 2014, p. 639).

Tais interrogatórios preenchem todos os elementos constitutivos da tortura, segundo os parâmetros fixados pela Corte Interamericana de Direitos Humanos (FOLEY, p. 11):

a) ato intencional;
b) cause severos sofrimentos físicos ou mentais;
c) cometido com determinado fim ou propósito.

Referências:

- BRASILEIRO, Renato. *Manual de processo penal.* 2. ed. Salvador: JusPodivm, 2014.
- FOLEY, Conor. *Combate à tortura*: manual para magistrados e membros do Ministério Público.

1.73 O que é **testemunho anônimo**?

Segundo Cleber Masson e Vinícius Marçal, o testemunho anônimo é *"aquele em que a parte não tem conhecimento dos dados qualificados do depoente"* (MARÇAL, 2015, p. 145).

A Lei 12.850/2013 (Lei do Crime Organizado) estabeleceu no art. 5.º, II, que o colaborador tem o direito de "ter nome, qualificação, imagem e demais informações pessoais preservados", incriminando, inclusive, a conduta de "revelar a identidade, fotografar ou filmar o colaborador, sem sua prévia autorização por escrito" (art. 18).

Nesse cenário surge a seguinte indagação: Como compatibilizar o direito do colaborador de ter seu nome, qualificação e imagem preservados, com as garantias do contraditório e ampla defesa?

Como proceder ao depoimento do colaborador em juízo em relação aos demais réus da ação penal? Seria possível a oitiva do colaborador como testemunha anônima?

Encontramos duas correntes na doutrina:

a) A primeira corrente capitaneada por Renato Brasileiro de Lima preconiza que o colaborador deve ser ouvido como testemunha anônima, mantendo sua verdadeira identidade em sigilo, pois, caso "seja necessária a oitiva do colaborador no curso do processo judicial, não temos dúvida em afirmar que sua verdadeira identidade deve ser mantida em sigilo. (...). Em síntese, se, porventura, surgir a necessidade de sua oitiva, o colaborador deve ser ouvido como testemunha anônima. Afinal, não faria sentido guardar o sigilo da operação durante o curso de sua execução para após sua conclusão, revelar aos acusados a verdadeira identidade civil e física do colaborador" (LIMA, 2014, p. 536-537).
b) Em sentido oposto, encontram-se os ensinamentos de Guilherme de Souza Nucci: "quanto à preservação do nome, qualificação, imagem e outras informações pessoais, sem dúvida, possui caráter absoluto no tocante ao público em geral, particularmente em relação à mídia. Porém, jamais poderá ficar oculto da defesa dos outros corréus, criando-se um testemunho secreto, sem qualquer identidade. O princípio constitucional da ampla defesa veda o sigilo extremado de provas, permitindo o acesso dos defensores a qualquer meio constante dos autos (...) Em todo caso, a defesa dos outros acusados pode conhecer a sua identidade, contraditá-los e dirigir-lhes perguntas" (NUCCI, 2014, p. 732).

Prepondera o entendimento de que não se pode negar ao defensor do corréu o direito de conhecer a identidade do colaborador, tendo essa tese sido adotada pelo Supremo Tribunal Federal (HC 90.321, de 25.09.2008) e pelas Mesas de Processo Penal da Faculdade de Direito da USP – Súmula 675 (MARÇAL, 2015, p. 146).

Referências:

- LIMA, Renato Brasileiro de. *Legislação criminal especial comentada*. 2. ed. Salvador: JusPodivm, 2014.
- MARÇAL, Vinícius; MASSON, Cleber. *Crime organizado*. São Paulo: Método, 2015.

1.74 O que é **testemunho oculto?**

O *testemunho oculto ocorre quando o depoente não mantém contato visual com os demais corréus, mas sua identidade é conhecida.* Não se deve confundir testemunho oculto com testemunho anônimo.

Cabe considerar que o direito de o réu presenciar a colheita da prova contra ele produzida em juízo (direito ao confronto) não possui natureza absoluta. Devendo ser sopesado com o direito do colaborador à vida e à segurança, cuja proteção é incumbência do Estado.

Em virtude disso, a Lei 12.850/2013 assegura ao colaborador o direito de "participar das audiências sem contato visual com os outros acusados" (art. 5.º, IV).

Referências:

- LIMA, Renato Brasileiro de. *Legislação criminal especial comentada*. 2. ed. Salvador: JusPodivm, 2014.
- MARÇAL, Vinícius; MASSON, Cleber. *Crime organizado*. São Paulo: Método, 2015.

1.75 O que é **testemunha de viveiro?**

Tal expressão foi criada por Roberto Lyra e é utilizada reiteradamente pelo Prof. Edilson Mougenot Bonfim para designar a *testemunha "criada na estufa da imaginação criminosa do delinquente, para servi-lo ao sabor de sua necessidade"* (BONFIM, 2014, p. 155).

Essa terminologia refere-se à testemunha que é criada, cultivada pela defesa, sem ser citada durante o inquérito, sem ser arrolada para depor na primeira fase do procedimento dos crimes dolosos contra a vida, surgindo apenas para depor em Plenário, onde apresentará fatos inverídicos, fantasiosos, uma vez que foi criada para servir ao réu.

A modalidade desse testemunho visa gerar dúvida nos juízes leigos, uma vez que, em regra, a testemunha de viveiro é um mentiroso habilidoso, que sustentará, com convicção, fatos inverídicos, tentando desacreditar a tese acusatória.

Referências:

- BONFIM, Edilson Mougenot. *No Tribunal do Júri*: crimes emblemáticos, grandes julgamentos. São Paulo: Saraiva, 2014.

1.76 O que se entende por **testemunhas abonatórias ou de beatificação**?

Também conhecidas como testemunhas de antecedentes, são as pessoas que depõem sobre a conduta do acusado.

Sob o ponto de vista objetivo, não se trata propriamente de um testemunho, pois seu teor, em regra, não possui nenhuma correlação com o fato apreciado pelo Poder Judiciário.

No entanto, essas declarações poderão ser importantíssimas na primeira fase da dosimetria da pena, conforme ensina Guilherme de Souza Nucci:

> Embora creiamos que, muitas das chamadas testemunhas de antecedentes, de fato, não poderiam nem ter o rótulo de *testemunhas*, porque prestam depoimentos orquestrados e dissociados da realidade, entendemos que nem toda prova testemunhal se volta à avaliação da materialidade e da autoria, pois, para a fixação da pena, exige o art. 59 do Código Penal a avaliação do juiz, em cada caso concreto, da personalidade, da conduta social, dos motivos, do comportamento da vítima, dentre outros fatores subjetivos, dizendo respeito a tais depoimentos. Como saber se o acusado é bom pai ou bom marido, sem ouvir seus familiares e conhecidos? Como atestar ter ou não o réu boa conduta social, sem ouvir pessoas do seu bairro ou do seu ambiente de trabalho? Enfim, o que existe é prova malfeita, mas a responsabilidade por tal situação é dos profissionais do direito (juízes, promotores e advogados), que compactuam com tais falaciosos depoimentos, e não da legislação (NUCCI, 2015, item 10.20).

Referências:

- NUCCI, Guilherme de Souza. *Manual de processo penal e execução penal*. 11. ed. Rio de Janeiro: Forense, 2014.

1.77 O que é a **chamada de corréu**?

A confissão delatória, também conhecida como delação ou chamada de corréu, *ocorre quando o acusado, durante seu interrogatório, confessa seu envolvimento e aponta uma terceira pessoa que também concorreu para a prática do crime.*

Trata-se de meio de prova atípico, pois não está regulamentado pelo Código de Processo Penal, possuindo valor probatório, desde que harmônico com os demais elementos probatórios coligidos durante a instrução processual.

Saliente-se que a confissão delatória, por si só, não possui força bastante para conduzir a condenação, mas, desde que coerente com as demais provas, poderá concorrer para alicerçar o decreto condenatório.

A indagação que se faz quanto a esse tema é a seguinte: Ocorrendo a confissão delatória e estando o advogado do corréu delatado presente na oralidade, deverá o juiz conceder a ele o direito a fazer perguntas ao delator (AVENA, 2014, item 8.12.6). Na doutrina encontramos duas correntes:

- *Primeira corrente:* não deve o juiz permitir que o advogado do delatado faça perguntas ao interrogado, configurando constrangimento ilegal e violação ao direito ao silêncio. Essa linha de pensamento foi vencedora no âmbito do STJ por ocasião do julgamento do HC 42.780/PR (*DJ* 12.02.2007).
- *Segunda corrente:* para outros autores, quando o réu delatar outrem, agirá, neste aspecto, como testemunha, permitindo-se, assim, à defesa formular perguntas. Nesse sentido, encontram-se os ensinamentos de Fernando da Costa Tourinho Filho e Guilherme de Souza Nucci (NUCCI, 2004, p. 411).

A segunda corrente foi adotada pelo Supremo Tribunal Federal, que preconiza:

> *Habeas corpus*. Constitucional. Processual penal. *Direito de reperguntas pelo defensor do réu aos demais corréus.* Possibilidade. Inteligência do art. 188 do CPP. Nulidade absoluta. Efetivo prejuízo não demonstrado. Necessidade. (...).
>
> II – *O indeferimento de reperguntas pelo defensor de um dos réus aos demais corréus ofende os princípios constitucionais da ampla defesa, do contraditório e da isonomia, gerando nulidade absoluta.* Precedentes.
>
> III – Contudo, o entendimento desta Corte também é no sentido de que, para o reconhecimento de eventual nulidade, ainda que absoluta, faz-se necessária a demonstração do efetivo prejuízo, o que não ocorre na espécie. Precedentes (STF, HC 101.648/ES, *DJ* 09.02.2011).

Referências:

- AVENA, Norberto Cláudio Pâncaro. *Processo penal*: esquematizado. 6. ed. São Paulo: Método, 2014.
- NUCCI, Guilherme de Souza. *Código de Processo Penal comentado*. 3. ed. São Paulo: RT, 2004.

1.78 O que é **testemunha da coroa**?

A expressão testemunha da coroa refere-se ao testemunho prestado em virtude do acordo de delação premiada. Tal instituto já era encontrado no direito anglo-saxão (*crown witness*) e foi amplamente utilizado nos Estados Unidos da América (*plea bargain*) no combate ao crime organizado (LIMA, 2014, p. 108).

Por outro lado, para alguns doutrinadores, testemunha da coroa é o agente infiltrado que obtém informações privilegiadas sobre determinado crime (tais como organização criminosa ou tráfico de entorpecentes).

Referências:

- LIMA, Renato Brasileiro de. *Legislação criminal especial comentada*. 2. ed. Salvador: JusPodivm, 2014.

1.79 Qual a diferença entre **infiltração "light cover"** e **infiltração "deep cover"**?

Segundo Cleber Masson e Vinícius Marçal, a doutrina norte-americana divide as operações de infiltração policial em dois grupos (MARÇAL, 2015, p. 224-225):

a) *Light cover*: são infiltrações mais brandas que perduram por, no máximo, seis meses, não requerem grande planejamento, e tampouco mudança de identidade ou perda de contato do agente infiltrado com seus familiares. Subdivide-se em *decoy operation, pseudo-achat, pseudo-vente, flash-roll, livrasion surveillée* e *livraison contrôlée*.

b) *Deep cover*: perduram por prazo superior a seis meses e requerem profunda imersão do agente infiltrado na organização criminosa, carecem de planejamento, com apoio logístico ao infiltrado, gerando a utilização de identidade falsa e perda de contato com os familiares. Subdivide-se em *sting operation, honey-pot operation* e *infiltration de réseaux ou de groupes.*

Referências:

- MARÇAL, Vinícius; MASSON, Cleber. *Crime organizado.* São Paulo: Método, 2015.

1.80 No que consistem a **colaboração caluniosa** e a **colaboração inverídica ou fraudulenta?**

O art. 19 da Lei 12.850/2013 tipifica o crime de colaboração caluniosa ou inverídica nos seguintes termos: "Imputar falsamente, sob pretexto de colaboração com a Justiça, a prática de infração penal a pessoa que sabe ser inocente, ou revelar informações sobre a estrutura de organização criminosa que sabe inverídicas".

Dessarte, referido delito pode ser cometido de duas formas:

a) *Colaboração caluniosa*: consiste em imputar falsamente, sob pretexto de colaboração com a Justiça, a prática de infração penal (crime ou contravenção) a pessoa que sabe ser inocente.
b) *Colaboração inverídica ou fraudulenta*: tipifica-se quando o colaborador revela informações sobre a estrutura de organização criminosa que sabe inverídicas.

Referências:

- MARÇAL, Vinícius; MASSON, Cleber. *Crime organizado.* São Paulo: Método, 2015.

1.81 O que se entende por **erro de subsunção?**

O erro de subsunção é aquele que recai sobre o enquadramento típico de uma conduta, ocasionando interpretações jurídicas errôneas, ou seja, o sujeito ativo equivoca-se quanto ao sentido jurídico de seu comportamento.

A princípio, pouco importa que o autor creia que sua conduta é típica de um ou outro tipo, bastando que ocorra a valoração paralela na esfera do profano, sendo irrelevante o erro de subsunção.

O erro de subsunção não exclui o dolo, nem a culpa, tampouco isenta o agente da pena. O agente responderá pelo crime, podendo ter a pena atenuada conforme preceitua o art. 66 do Código Penal.

No entanto, registram Zaffaroni e Pierangeli:

> Sem embargo, pode haver casos em que este erro, sendo invencível, possibilite apenas a compreensão de um injusto menor, como, por exemplo, quando existir jurisprudência obrigatória para os tribunais inferiores, na hipótese de uma pessoa praticar um delito que a jurisprudência pacífica e remansosa considerava tipificada no tipo básico, mas que, no dia seguinte, o considera qualificado por modificar o seu entendimento anterior. É óbvio que o sujeito, por maior que fosse a sua diligência, não teria possibilidade de compreender outra juridicidade que não a correspondente à magnitude do injusto básico. Neste caso, o "erro de subsunção" é relevante, porque determina uma menor culpabilidade. A lei exige que o autor tenha podido entender a ilicitude do ato, eximindo de pena aquele que, por erro invencível, não teve essa possibilidade. É lógico supor, mediante a introdução de uma analogia *in bonam partem*, imposta pela necessidade de salvar a racionalidade do direito (...) que *quando o autor só pode compreender uma magnitude de injusto menor do que aquele que efetivamente cometeu, a pena não pode exceder a prevista para o injusto, cuja magnitude pode compreender.* Por conseguinte, nestes casos em que o "erro de subsunção" é um erro invencível de proibição, que não resulta na exclusão de possibilidade de compreensão da antijuridicidade, mas só permitir a compreensão de um grau menor de injusto, impõe-se aplicar a pena correspondente ao injusto, em cuja antijuridicidade acreditou incorrer o autor e não no do injusto realmente cometido (ZAFFARONI, 2007, p. 555-556).

O erro de subsunção não se confunde com o erro de tipo (falsa percepção da realidade) e, tampouco, com o erro de proibição (erro sobre a ilicitude do comportamento).

Referências:

- ZAFFARONI, Eugenio Raúl; PIERANGELI, José Henrique. *Manual de direito penal brasileiro*: parte geral. São Paulo: RT, 2007. vol. 1.

1.82 O que se entende por **erro culturalmente condicionado?**

O erro culturalmente condicionado ocorrerá quando o agente, por uma concepção errônea da causalidade em virtude de seu condicionamento cultural, agir amparado num erro de tipo ou de proibição, afastando a incidência da norma penal.

O condicionamento cultural de um indivíduo poderá dar lugar a um erro de proibição ou a uma série distinta de erros (ZAFFARONI, 2007, p. 554).

Para Zaffaroni, não se pode sustentar que o silvícola seja inimputável ou semi-imputável, sob pena de adotarmos uma pretensão etnocentrista e aceitarmos que a civilização industrial encontra-se em posição de superioridade, apta a se sobrepor a todas as demais manifestações culturais alheias.

Valhamo-nos das palavras do autor:

> "os membros da cultura Ahuca, no oriente equatoriano, têm a convicção de que o homem branco sempre os matará quando os ver, de modo que devem adiantar-se a esta ação, o que é encarado como um ato de defesa. Em tal caso, nos encontraremos diante de um erro de proibição culturalmente condicionado, mas que constituirá uma justificação putativa e não um erro de compreensão.
>
> Por uma concepção errônea de causalidade (...) é muito comum nas culturas africanas, requerendo mortes particularmente cruéis para esconjurar "bruxos". Aqui também teremos um caso de defesa putativa baseada em erro sobre a concepção da causalidade.
>
> Esses erros sobre a causalidade podem dar lugar a erros de tipo: aqueles que submetem um homem a certos tratamentos com fins curativos, em particular na crença de que é indispensável prescrever-lhe pancadas para "livrá-lo do diabo", podem causar a morte do paciente assim "tratado", mas não será uma conduta dolosa de homicídio, porque media um erro de tipo (erro sobre a causalidade) (ZAFFARONI, 2007, p. 554)."

Referências:

- ZAFFARONI, Eugenio Raúl; PIERANGELI, José Henrique. *Manual de direito penal brasileiro*: parte geral. São Paulo: RT, 2007. vol. 1.

1.83 O que se entende por **descriminante em branco**?

Tal tema foi objeto de questão na segunda fase do concurso de ingresso no cargo de Delegado de Polícia no Estado do Paraná.

Ocorre a chamada descriminante em branco quando o conteúdo da norma permissiva (excludentes de ilicitude) se extrai de outra norma jurídica, ou seja, de outra lei, ato da Administração Pública (decreto, regulamento, instrução, portaria etc.) ou, ainda, em casos excepcionais, da própria jurisprudência (Súmula Vinculante).

Nesses casos, a doutrina aplica o mesmo tratamento jurídico da norma penal em branco.

Referências:

- CUNHA, Rogério Sanches. *Manual de direito penal*: parte geral. 3. ed. Salvador: JusPodivm, 2015.

1.84 O que é exercício regular de direito "pro magistratu"?

Entende-se por exercício regular de direito pro magistratu as ações do cidadão que são permitidas e incentivadas pelo ordenamento jurídico, nos casos em que o Estado não pode fazer-se presente para tutelar um bem jurídico ou preservar a ordem pública.

O exercício regular do direito *pro magistratu*[8] como espécie do exercício regular de direito do Direito Penal em que o cidadão está autorizado a agir, vez que o Estado não está presente em todo lugar e a todo instante para proteger o indivíduo, exige alguns requisitos:

1.º) Indispensabilidade (impossibilidade de recurso útil aos meios coercitivos e normais para evitar a lesão);

2.º) Proporcionalidade, alertando que, se não observar, poderá ocorrer excesso;

3.º) Conhecimento ou ciência da situação de fato justificante (subjetivo).

---

8 Na Alemanha, onde o Código Penal não as menciona, a doutrina tem de relacionar uma longa série de causas de exclusão da ilicitude: legítima defesa, estado de necessidade justificante, consentimento e consentimento presumido do lesionado, o emprego de coação estatal, obediência hierárquica, direito de correção, o atuar *pro magistratu* e o risco permitido. Como se pode constatar nas obras de JESCHECK, Hans Heinrich. *Tratado de derecho penal*. Trad. S. Mir Puig e F. Muñoz Conde. Barcelona: Bosch, 1981. vol. 1, p. 439-558; JAKOBS, Günther. *Derecho penal*. Parte general. Fundamentos y teoría de la imputación. Trad. Joachin Cuello Contreras e Jose Luis Serrano Gonçalves de Murillo. Madrid: Marcial Pons, 1997. p. 454-564; e ROXIN, Claus. *Derecho penal*. Fundamentos. La estructura de la teoría del delito. Trad. Diego Manuel Luzón Peña. Madrid: Civitas, 2000. p. 605-788.

Nessa vertente, Juarez Cirino dos Santos discorre sobre a doutrina moderna, que reconhece dois grupos de hipóteses como situações de justificação do exercício regular do direito:

> Atuação *pro magistratu*. A atuação *pro magistratu compreende situações em que o cidadão é autorizado a agir porque a autoridade não pode atuar em tempo, como as hipóteses de prisão em flagrante e de autoajuda*. A prisão em flagrante realizada pelo cidadão comum requer determinados requisitos, sem os quais não pode ser efetuada: a) certeza ou forte suspeita de autoria; b) fato típico e antijurídico – exclui ações preparatórias e justificadas; c) suspeita de fuga – no caso concreto, um juízo de probabilidade problemático, mas normal em hipóteses de crimes graves e clandestinos –, ou impossibilidade de identificação, como falta ou recusa de apresentação de documento, exceto hipóteses de conhecimento da identidade pessoal. A autoajuda parece melhor definível como hipótese de exercício regular de direito, e compreende ações diretas sobre pessoas (prender, eliminar a resistência) ou coisas (tomar, destruir), fora dos casos de legítima defesa ou de prisão em flagrante: após o furto, o proprietário encontra o autor de posse da coisa furtada, prende-o e recupera a posse da coisa. Direito de castigo. O direito de castigo tem por objeto a educação de crianças no âmbito da família, compete exclusivamente aos titulares do poder familiar em relação aos filhos, mas não se estende aos filhos alheios – embora possa ser exercido, dentro de limites estritos, por professores e educadores no âmbito da escola, com o consentimento expresso ou presumido dos responsáveis (SANTOS, 2012, p. 255-256).

O exemplo mais citado pela doutrina é a possibilidade de qualquer pessoa do povo prender quem quer que seja encontrado em flagrante delito (art. 301 do CPP) (RODRIGUES, 2012, p. 113) e as hipóteses de penhor legal. Além destes, ainda se tem o exemplo do desforço imediato na proteção da posse, em que o agente já perdeu a posse, porquanto, se tivesse perdendo a posse seria legítima defesa; e do direito de castigo (correção ou educação), que corresponde ao dever de educação, no exercício do poder familiar ou exercício da tutela educacional, desde que em todas as situações o agir esteja em conformidade com a proporcionalidade e a razoabilidade.

Referências:

- RODRIGUES, Cristiano. *Direito penal*: parte geral. Niterói: Impetus, 2012.
- SANTOS, Juarez Cirino dos. *Direito penal* – parte geral. 5. ed. Florianópolis: Conceito Editorial, 2012.

1.85 O que se entende por **sentenças ou decisões suicidas?**

Segundo Norberto Avena, sentenças ou decisões suicidas *"são aquelas em que o dispositivo (ou conclusão) não se coaduna com a fundamentação, sendo nulas caso não corrigidas mediante oportuna oposição de embargos declaratórios"* (AVENA, 2014, item 13.1, "d").

Os embargos, nesta hipótese, terão caráter infringente e se destinarão à correção de erros conclusivos decorrentes da contradição (art. 382 do CPP).

Referências:

- AVENA, Norberto Cláudio Pâncaro. *Processo penal*: esquematizado. 6. ed. São Paulo: Método, 2014.

1.86 O que se entende por **sentenças ou decisões brancas?**

É a sentença ou decisão do magistrado que envia ao Tribunal a decisão de um ponto controvertido de direito internacional. Essa modalidade de sentença ou decisão branca não existe no Brasil, porquanto colide e vai na contramão do princípio da indeclinabilidade da jurisdição.

Nesse viés, Joaquim Leitão Júnior conceitua que sentença ou decisão branca é "(...) a sentença do juiz que remete ao Tribunal a decisão de um ponto controvertido sobre direito internacional. Não existe no Brasil, pois afronta indiscutivelmente o princípio da indeclinabilidade da jurisdição" (LEITÃO JÚNIOR, 2010).

Referências:

- LEITÃO JÚNIOR, Joaquim. *O que se entende por sentença branca?* Disponível em: <http://lfg.jusbrasil.com.br/noticias/2026254/o-que-se-entende-por-sentenca-branca-joaquim-leitao-junior>. Acesso em: 21 abr. 2016.

1.87 O que se entende por **sentenças ou decisões autofágicas?**

Segundo Renato Brasileiro, *"são aquelas em que há o reconhecimento da imputação, mas o juiz acaba por declarar extinta a punibilidade, a exemplo do que ocorre com o perdão judicial"* (LIMA, 2015, p. 1.479).

Também conhecido como *efeito autofágico da sentença penal*, Fernando Capez diz que se dá quando ocorre a decisão que, "estatuindo uma pena que permite a decretação da prescrição retroativa, traz em seu interior um elemento que conduzirá à sua própria destruição, ficando, desde logo, com todos os seus efeitos afetados pela causa extintiva da punibilidade, já que *tempus omnia solvit*" (CAPEZ, 2014, item 19.4.5).

Referências:

- CAPEZ, Fernando. *Curso de processo penal*. 21. ed. São Paulo: Saraiva, 2014.
- LIMA, Renato Brasileiro de. *Manual de processo penal*. 3. ed. Salvador: JusPodivm, 2015.

1.88 O que se entende por **sentenças ou decisões vazias**?

É a sentença que não contém a necessária motivação, ou seja, despida de qualquer fundamentação.

Na prática, a sentença vazia será maculada por nulidade absoluta, pois contraria o art. 93, IX, da CF/1988, *in verbis*:

> "todos os julgamentos dos órgãos do Poder Judiciário serão públicos, e *fundamentadas todas as decisões*, sob pena de nulidade, podendo a lei limitar a presença, em determinados atos, às próprias partes e a seus advogados, ou somente a estes, em casos nos quais a preservação do direito à intimidade do interessado no sigilo não prejudique o interesse público à informação."

Segundo Norberto Avena, as decisões vazias "são aquelas que não incorporam a necessária fundamentação, infringindo o art. 93, IX, da CF e o art. 381, III e IV, do CPP. Trata-se de pronunciamentos absolutamente nulos, sem a possibilidade de correção ou saneamento" (AVENA, 2014, item 13.1, "d").

Referências:

- AVENA, Norberto Cláudio Pâncaro. *Processo penal*: esquematizado. 6. ed. São Paulo: Método, 2014.

1.89 Quais são as principais teorias existentes sobre a passagem dos atos preparatórios aos executórios?

O *iter criminis* se divide em duas fases, sendo uma interna e outra externa. Na fase interna temos a cogitação, a deliberação e a resolução pela prática do delito. Na fase externa encontram-se a manifestação, a preparação, a execução, a consumação e o exaurimento do delito.

Os atos preparatórios começam a materializar a perseguição ao alvo idealizado, mas é somente com os atos executórios que ocorre a realização da conduta pela prática de atos idôneos para chegar ao resultado.

Quanto aos critérios para a verificação da passagem da preparação para a execução do crime, comumente, a doutrina aponta a existência de duas teorias a respeito do tema:

a) *Subjetiva*: não existe tal passagem, o importante é a vontade criminosa exteriorizada, que está presente tanto na preparação quanto na execução do crime, gerando em ambos os casos a punição do agente. Observe-se que o Código Soviético, adotando o critério da periculosidade social do agente, equipara a preparação à tentativa, submetendo-as à mesma pena.
b) *Objetiva*: o início da execução é constituído de atos que iniciam a concretização do tipo penal. Trata-se da teoria adotada pelo Código Penal e sustentada pela doutrina pátria, dividindo-se em três correntes: I. *objetivo-formal*: ato executório é aquele que constitui parte do núcleo do tipo, constituído pelo verbo (predominante); II. *objetivo-material*: atos executórios não são apenas os que constituem o núcleo do tipo, mas também os imediatamente anteriores ao início da ação típica, valendo-se o juiz do critério do terceiro observador; III. *objetivo-individual*: atos executórios não são apenas os que dão início à ação típica, mas também os praticados anteriormente, desde que se tenha prova do plano concreto do autor.

Isso é o que consta nos manuais de Direito Penal. No entanto, Nelson Hungria aponta a existência de treze teorias que procuram distinguir os atos preparatórios dos executórios, uma vez que ainda não se encontrou um método infalível para distingui-los devido a situações fronteiriças, sendo estas:

1. *Teoria cronológica (remonta a práticas medievais)*: leva em conta a maior ou menor proximidade temporal entre o ato e o resultado querido. Os atos próximos são atos de tentativa, os remotos são preparatórios;

2. *Teoria da univocidade (inicialmente defendida por Carrara)*: a univocidade de direção para o crime é o primeiro caráter indispensável nos atos externos aptos a gerar a tentativa. Enquanto o ato externo puder ser relacionado tanto a um crime quanto a um fato inocente, não haverá tentativa;
3. *Teoria do ataque à esfera jurídica da vítima (Carrara a adotou em substituição à teoria da univocidade)*: são atos preparatórios enquanto se exaurem no sujeito ativo, e executivos quando invadem a esfera jurídica do sujeito passivo;
4. *Teoria da causalidade inerte ou operante (Impallomeni)*: há mera preparação se a causalidade criminosa está inerte, e o começo da execução quando a causalidade é posta em movimento para o fim criminoso;
5. *Teoria do começo da violação da norma (Manzini, Massari)*: o ponto de transição da preparação para a execução se encontra no momento em que a conduta do agente inicia a violação concreta de determinada norma penal. Dessa forma, atos preparatórios são elementos causais meramente potenciais, ao passo que os atos executivos são elementos causais efetivos;
6. *Teoria de Rossi*: quando o agente pode dizer "não quero começar", está na fase da preparação; quando, ao contrário, diz "quero cessar", seus atos já são executórios;
7. *Teoria casuística de Zacharie*: são atos preparatórios os que têm por objetivo impedir a descoberta do crime e assegurar ao agente o proveito que espera conseguir; aqueles que servem ao agente para assegurar a possibilidade de execução (ladrão envenena o cão de guarda) e seu momento adequado (ladrão se informa sobre o dia em que o proprietário viajará); aquisição dos meios para a prática do crime; atos que se destinam a colocar o agente em posição de realizar imediatamente o crime. Por outro lado, são atos executórios aqueles que consistem na aplicação dos meios para a execução do crime (agente injeta o veneno na comida da vítima); os que fazem parte integrante da própria execução do delito;
8. *Teoria fundada na pretendida diferença entre causa e condição (Binding)*: atos executórios são causa do crime, enquanto o ato preparatório é simples condição;
9. *Teoria da avaliação subjetiva (Otto)*: atos preparatórios revelam uma vontade possível (vontade indecisa), já os atos executórios, uma vontade exteriorizada (vontade resoluta). Hälschner trata da maior ou menor intensidade da vontade criminosa para separar os atos preparatórios dos executórios;

10. *Teoria do perigo*: há execução quando o bem jurídico corre efetivo perigo (*pericolo corso* de Carrara) ou sofre risco atual (Vannini);
11. *Teoria de von Bar*: a diferença entre atos preparatórios e executórios somente é possível a partir da psicologia experimental. O ato será executório quando revelar ou fizer imediatamente perceber um crime planejado e quando, concomitantemente, se admitir que o agente, a não ser por obstáculos inesperados, continuaria até o último ato de execução;
12. *Teoria objetivo-formal*: ato executivo é somente aquele que já constitui uma parte real do fato incriminado pela lei (núcleo do tipo), conforme exposto acima;
13. *Teoria da hostilidade ao bem jurídico (Mayer)*: atos executórios são aqueles que atacam o bem jurídico (o primeiro ato de ataque é o início da execução), já os atos preparatórios não representam ataques ao bem jurídico tutelado.

Salienta Hungria que nenhuma dessas teorias é suficiente para resolver todos os casos, mas todas possuem o seu *quid* de verdade, adotando, por fim, a teoria da hostilidade ao bem jurídico.

Cite-se, ainda, a *teoria sintomática*, caracterizada pela escolha positiva que se contenta com a manifestada *periculosidade subjetiva*.

Tais teorias poderão, eventualmente, enriquecer sua prova dissertativa ou a arguição oral, demonstrando um conhecimento que transpõe o senso comum, todavia, não procure decorá-las, pois não são cobradas em concursos com frequência pelo fato de terem sido superadas.

Referências:

- HUNGRIA, Nelson; FRAGOSO, Heleno Cláudio. *Comentários ao Código Penal:* arts. 11 ao 27. 6. ed. Rio de Janeiro: Forense, 1983. vol. I, t. II.
- NUCCI, Guilherme de Souza. *Manual de direito penal*. 10. ed. Rio de Janeiro: Forense, 2014.

1.90 Quais são as principais teorias a respeito da **relação de causalidade**?

Preconiza o art. 13 do Código Penal: "O resultado, de que depende a existência do crime, somente é imputável a quem lhe deu causa. Considera-se causa a ação ou omissão sem a qual o resultado não teria ocorrido".

Denomina-se nexo causal o vínculo estabelecido entre a conduta do agente e o resultado por ela gerado.

Para apurar se alguma circunstância fática é causa do crime utiliza-se o *juízo hipotético de eliminação desenvolvido em 1894 pelo sueco Thyrén*, ou seja, subtrai-se o fato do contexto e, se ainda assim o resultado se produzisse, não seria ele causa do resultado.

Várias teorias foram construídas acerca do nexo de causalidade; dentre elas, as mais difundidas são a teoria da equivalência dos antecedentes causais, a teoria da causalidade adequada e a teoria da imputação objetiva.

a) *Teoria da equivalência das condições (teoria da equivalência dos antecedentes causais ou teoria da condição simples ou generalizadora)*: qualquer das condições que compõem a totalidade dos antecedentes é causa do resultado. Para esta teoria, toda e qualquer conduta, por ação ou omissão, que de algum modo contribua para a produção do resultado, deverá ser considerada sua causa. *É a teoria adotada pelo Código Penal Brasileiro.*

   Também é conhecida como teoria da *conditio sine qua non,* oriunda do pensamento filosófico de Stuart Mill. A teoria da equivalência remonta a Stuart Mill, mas foi *Von Buri* quem a formulou no campo do direito penal.

   Saliente-se que, para evitar o *regressus ad infinitum*, a responsabilidade penal exige além do mero nexo causal, nexo normativo.

b) *Teoria da causalidade adequada (teoria das condições qualificadas)*: um determinado resultado somente será produto da ação humana quando esta tiver sido idônea ao gerar o resultado (adotada no caso das causas supervenientes relativamente independentes). Atribui-se a origem desta teoria ao filósofo Von Kries. Também defendida por Von Bar, preconiza que causa é a condição idônea e adequada a determinar o fenômeno.

c) *Teoria da imputação objetiva*: somente será imputada ao agente a prática de um resultado delituoso quando o seu comportamento tiver criado um risco não tolerado, nem permitido, ao bem jurídico. Exige, assim, a criação ou incremento de um perigo juridicamente intolerável e não permitido ao bem jurídico protegido, bem como a concretização desse perigo em resultado típico (teoria abordada em item próprio).

Saliente-se que, além dessas teorias difundidas no Brasil, Nelson Hungria aponta a existência de outras onze teorias sobre o tema, sendo elas:

1. *Teoria da eficiência (Birkmeyer, Stoppato)*: causa é a condição mais eficaz, é a força que produz um fato;
2. *Teoria da causa próxima (Bacon)*: distingue entre causa (causa imediata) e condição (causa remota);
3. *Teoria da causa decisiva (Körler)*: causa é o elemento dinâmico que decide a espécie do efeito. Os elementos estáticos são simples condições;
4. *Teoria do equilíbrio (Binding)*: causa é a força última que produz o evento, rompendo o equilíbrio entre os elementos positivos e negativos;
5. *Teoria da condição insubstituível (Müller)*: só é causa a condição indispensável em relação ao evento;
6. *Teoria do movimento atual (Horn)*: causa é o movimento atual em contraposição ao estado inerte;
7. *Teoria da causa humana exclusiva (Antolisei)*: para a existência do nexo de causalidade é necessário que o agente, por meio de uma ação ou omissão, tenha posto em ato uma condição do evento e que a produção deste tenha se verificado;
8. *Teoria da causa relevante para o direito penal (Müller e Mezger)*: só é juridicamente relevante para o direito penal a causa idônea (diversamente da teoria da causalidade adequada de Von Kries, a idoneidade não é necessária para a existência do nexo causal, mas para a relevância jurídico-penal);
9. *Teoria da causa típica (Beling)*: para tal teoria, não existe um problema na causalidade, mas sim no enquadramento do fato no tipo penal. Para Beling, a teoria da causalidade não pertence à teoria da ação, mas à do conteúdo de fato do crime;
10. *Teoria da tipicidade condicional (Ranieri)*: há nexo causal quando entre uma determinada conduta típica e um determinado evento existir uma relação que tenha as características de sucessão, necessidade e uniformidade;
11. *Teoria da condição perigosa (Grispigni)*: a conduta será causa do evento não apenas quando lhe é condição, mas também quando, apreciada anteriormente, constitua um perigo à superveniência do evento.

Não se preocupe em decorar essas teorias, pois o mais é importante é compreendê-las. Certamente poderão enriquecer sua prova dissertativa ou a arguição oral, demonstrando um conhecimento que transpõe o senso comum, entretanto, não são cobradas em concursos com frequência pelo fato de terem sido superadas.

Referências:

- HUNGRIA, Nelson; FRAGOSO, Heleno Cláudio. *Comentários ao Código Penal*: arts. 11 ao 27. 6. ed. Rio de Janeiro: Forense, 1983. vol. I, t. II.
- NUCCI, Guilherme de Souza. *Manual de direito penal*. 10. ed. Rio de Janeiro: Forense, 2014.

1.91 O que é **flagrante urdido**?

O flagrante urdido é também conhecido como flagrante forjado, maquinado ou fabricado, ocorre quando particulares, policiais ou outros agentes públicos forjam as provas de um crime existente ou inexistente. Teremos o flagrante forjado, por exemplo, quando policiais "plantam" provas na casa de um conhecido traficante para comprovar a materialidade delitiva.

Referências:

- CAPEZ, Fernando. *Curso de direito penal*. 21. ed. São Paulo: Saraiva, 2014. vol. 1.

1.92 O que se compreende por **tentativa supersticiosa**?

Também conhecida como tentativa irreal, ocorre quando o agente acredita numa ação típica não realizável, sequer gerando risco de lesão ao bem jurídico tutelado.

A tentativa supersticiosa gerará o crime impossível em razão do caráter putativo do delito. O exemplo citado comumente é o "despacho de macumba" para matar o inimigo.

A tentativa supersticiosa não se confunde com a tentativa inidônea. Ambas geram o crime impossível, mas a inidônea somente é verificável após a realização do ato, ao passo que a supersticiosa é verificada de plano, uma vez que é incapaz de lesar ou colocar em risco o bem jurídico protegido pela norma penal.

Referências:

- GOMES, Luiz Flávio. *O que se entende por tentativa supersticiosa*. Disponível em: <http://professorlfg.jusbrasil.com.br/artigos/121923373/o-que-se-entende-por-tentativa-supersticiosa>.

1.93 O que se entende por **furto híbrido ou misto**?

O furto híbrido ou misto refere-se ao furto privilegiado-qualificado.

Tradicionalmente, tanto na doutrina quanto na jurisprudência não se admitia a figura do furto privilegiado-qualificado. Essa primeira posição funda-se, principalmente, na posição topográfica do art. 155 do Código Penal, uma vez que, pela posição do privilégio (§ 2.º), somente incidiria no furto simples (*caput*) e noturno (§ 1.º).

Estando as qualificadoras nos §§ 4.º e 5.º, o legislador demonstrou que sua intenção era evitar a figura do furto privilegiado-qualificado. Referida posição também se amparava em questões de política criminal, pois a gravidade da figura qualificada seria incompatível com os benefícios outorgados pela lei penal para o furto privilegiado.

A posição atual do Supremo Tribunal Federal e do Superior Tribunal de Justiça é admitir a figura do furto misto, estando tal matéria sumulada pelo Tribunal da Cidadania:

> *Súmula 511* – É possível o reconhecimento do privilégio previsto no § 2.º do art. 155 do CP nos casos de crime de furto qualificado, se estiverem presentes a primariedade do agente, o pequeno valor da coisa e a qualificadora for de ordem objetiva.

Referências:

- MASSON, Cleber. *Direito penal esquematizado*: parte especial, arts. 121 a 212. 5. ed. São Paulo: Método, 2013. vol. 2.

1.94 O que se entende por **norma penal em branco ao revés, invertida ou ao avesso**?

A norma penal em branco ao avesso é aquela em que o preceito primário é completo, mas o preceito secundário carece de complemento normativo.

Por óbvio, nesta hipótese o complemento normativo deve derivar da lei, sob pena de lesão ao princípio da reserva legal.

No ordenamento jurídico nacional podemos citar como exemplo de lei penal em branco ao avesso a Lei 2.889/1956, que tipifica o crime de genocídio, pois tal norma não tratou das penas, fazendo expressa referência a outras leis penais.

Importante não confundir lei penal em branco ao avesso com o crime remetido, que é aquele que faz menção a outro tipo penal, como ocorre no art. 304 do Código Penal, que trata do crime de uso de documento falso.

Referências:

- MASSON, Cleber. *Direito penal esquematizado*: parte geral. 8. ed. São Paulo: Método, 2014. vol. 1.

1.95 O que se entende pelo **princípio da continuidade típico-normativa?**

O princípio da continuidade normativa, também chamado de princípio da continuidade típico-normativo, aplica-se quando ocorre a revogação do tipo penal, operando-se a alteração topográfica (geográfica) dos elementos para outro tipo penal, sem que haja motivos para se cogitar da abolitio criminis.

Cite-se como exemplo a migração dos elementos do crime de atentado violento ao pudor (art. 214) para o crime de estupro (art. 213), posse sexual mediante fraude para violência sexual mediante fraude (art. 215), rapto (art. 219) para o crime de sequestro ou cárcere privado qualificado pela privação da liberdade com fins libidinosos (art. 148, § 1.º, V), em virtude das alterações promovidas no Código Penal pela Lei 12.015/2006.

Referências:

- MASSON, Cleber. *Direito penal esquematizado*: parte especial, arts. 213 a 359-H. 4. ed. São Paulo: Método, 2014. vol. 3.

1.96 O que se entende por **soldado de reserva**?

Por força do princípio da subsidiariedade, a lei primária (principal) afasta a aplicação de lei subsidiária (geral). A norma subsidiária é aquela que descreve um grau de menor violação do bem jurídico (fato menos amplo e de menor gravidade) que se encontra compreendido num outro tipo penal como fase de execução do crime mais grave (*lex primaria derogat legi subsidiarie*).

Nesta hipótese, a norma primária prevalece sobre a subsidiária, que passa a funcionar como um *soldado de reserva*, na expressão cunhada por Nelson Hungria.

Referências:

- MASSON, Cleber. *Direito penal esquematizado*: parte geral. 8. ed. São Paulo: Método, 2014. vol. 1.

1.97 O que preconiza a **teoria agnóstica da pena**?

Essa teoria tem como fundamento modelos ideais de estado de polícia (exercício do poder vertical e autoritário e pela distribuição de justiça substancialista) e de estado de direito (exercício de poder horizontal/ democrático e pela distribuição de justiça procedimental da maioria).

Para a teoria agnóstica da pena, existe uma negativa quanto ao cumprimento das funções declaradas ou manifestas da pena criminal, expressas no discurso oficial de retribuição e prevenção (geral e especial).

Para os seguidores dessa linha de pensamento, a pena está apenas cumprindo o papel degenerador da neutralização, já que empiricamente comprovada a impossibilidade de ressocialização do apenado. É, assim, uma teoria agnóstica das funções reais da pena criminal, porque renuncia ao conhecimento dos objetivos ocultos da pena.

Ensina Juarez Cirino que o:

> “objetivo de conter o poder punitivo do *estado de polícia* intrínseco em todo *estado de direito*, proposto pela teoria *negativa/agnóstica* da pena criminal - promovida pela inteligência criativa de Eugênio Raúl Zaffaroni e Nilo Batista, comprometidos com a democratização da sistema punitivo na periferia do sistema político-econômico globalizado -, justifica a teoria *negativa/agnóstica* da pena criminal como teoria crítica, humanista e democrática do Direito Penal, credenciada para influenciar projetos de política criminal e a prática jurídico-penal na América Latina. Afinal, definir pena como *ato de poder político*, atribuir à pena o mesmo fundamento jurídico da *guerra* e rejeitar como *falsas* as funções *manifestas* ou *declaradas* da pena criminal significa ruptura radical e definitiva com o discurso de *lei e ordem* do poder punitivo (SANTOS, 2008, p. 474).”

Referências:

- SANTOS, Juarez Cirino dos. *Direito penal*: parte geral. 3. ed. Curitiba: Lumen Juris, 2008.

1.98 No que consiste o **efeito prodrômico ou podrômico da sentença** no processo penal?

O efeito prodrômico vincula-se à proibição da reformatio in pejus indireta, ou seja, quando só o réu apela, sua situação não pode ser agravada na nova decisão, nem mesmo em se tratando de Tribunal do Júri.

Na seara penal, o efeito prodrômico da sentença estabelece que a sentença, ainda que proferida por juiz incompetente, limita o teto da pena aplicada em caso de reforma da decisão decorrente de recurso exclusivo do acusado - o princípio da *non reformatio in pejus*.

Segundo Luiz Flávio Gomes:

> "Ao julgar o HC 114.729, a Quinta Turma do Tribunal da Cidadania reafirmou um dos mais elementares princípios regentes dos recursos penais: proibição da *reformatio in pejus* indireta. O princípio da *non reformatio in pejus*, também chamado de efeito prodrômico da sentença (alguns autores usam também a palavra podrômico), impõe que em recurso exclusivo da defesa não se possa agravar a situação do acusado. Trata-se de princípio expresso no Código de Processo Penal: Art. 617. O tribunal, câmara ou turma atenderá nas suas decisões ao disposto nos arts. 383, 386 e 387, no que for aplicável, *não podendo, porém, ser agravada a pena, quando somente o réu houver apelado da sentença* (GOMES, 2010). (sem grifos no original)"

Referências:

- GOMES, Luiz Flávio. *"Data venia": "Reformatio in pejus" indireta. Efeito prodrômico da sentença.* Disponível em: <http://ww3.lfg.com.br/public_html/article.php?story=20101110154801827>.

1.99 O que são as **leis térmicas da criminalidade**?

O crime acompanha o homem desde as primeiras aglomerações humanas, este, por sua vez, sempre estabeleceu regras objetivando proporcionar o convívio social.

Diante do fenômeno delitivo surgiram diversas explicações para sua ocorrência, calcadas em fatores biológicos, psicológicos e sociológicos.

As leis térmicas da criminalidade foram desenvolvidas por Adolphe Quetelet, autor pertencente à Escola Sociológica.

Em 1835, Quetelet escreveu a obra *Física Social*, fundada em três princípios: a) o delito é um fenômeno social; b) os delitos se cometem ano após ano com total precisão; c) diversos fatores influenciam na prática do crime (miséria, clima, analfabetismo etc.).

Com fulcro nesses princípios, Quetelet criou as chamadas "Leis Térmicas" da criminalidade: I - no inverno se cometem mais delitos contra a propriedade; II - no verão se cometem mais crimes contra a pessoa, devido à efervescência das paixões provocada pelo aquecimento; III - os delitos sexuais são mais comuns na primavera, em virtude da exacerbação da atividade sexual.

1.100 O que preconiza a **teoria de levar a sério**?

A *teoria de levar a sério (*Ernstnahmetheorie*)* é acolhida de forma majoritária na jurisprudência e doutrina alemã contemporânea, para diferenciar o dolo eventual da imprudência consciente.

A diferenciação entre dolo eventual e imprudência consciente é tarefa árdua e representa um dos pontos mais sensíveis e controversos do Direito Penal, uma vez que se fundamenta em dimensões intelectivas e emocionais do autor do fato, ou seja, "dolo eventual constitui decisão pela possível lesão ao bem jurídico protegido no tipo, e a imprudência consciente representa leviana confiança na exclusão do resultado de lesão, mas a determinação das identidades e das diferenças entre dolo *eventual* e imprudência *consciente* requer a utilização de critérios mais precisos" (SANTOS, 2008, p. 142).

Os modelos úteis para diferenciação do dolo eventual para a imprudência consciente emanam dos *projetos de reforma penal alemã, sendo que no projeto oficial o "dolo eventual é definido como conformação do autor com a realização do tipo legal representada como possível; no projeto alternativo o dolo eventual consiste na aceitação da realização de uma situação típica representada seriamente como possível"* (SANTOS, 2008, p. 142).

Juarez Cirino Santos assevera que:

> a) o *dolo eventual* se caracteriza, no nível intelectual por *levar a sério a possível* produção do resultado típico e, no nível da atitude emocional, por *conformar-se* com a eventual produção desse resultado - às vezes com variação para as situações respectivas de *contar com* o resultado típico *possível*, cuja eventual produção o autor *aceita*; b) a *imprudência consciente* se caracteriza, no nível intelectual, pela representação da *possível* produção do resultado típico e, no nível da atitude emocional, pela *leviana confiança* na ausência ou evitação desse resultado, por força da habilidade, atenção, cuidado etc. na realização concreta da ação (SANTOS, 2008, p. 142).

Dessa forma, quem se conforma (aceita) não pode, simultaneamente, confiar em sua evitação (dolo eventual), ao passo que quem confia na evitação do resultado típico não poderá, ao mesmo tempo, aceitar sua produção (imprudência consciente).

O caso citado pela doutrina é oriundo da jurisprudência alemã (caso *Lederriemenfall de 1955 – BGHSt 7/365*) e retrata a seguinte situação: "X" e "Y" pretendem roubar "Z". Para tanto, decidem impossibilitar a resistência da vítima amarrando seu pescoço com um cinto de couro para que venha a desmaiar e cessar a resistência. No entanto, considerando que o emprego desse meio geraria grave risco de morte à vítima, passam a um plano alternativo que é aplicar um golpe na cabeça de "C" com um saco de areia, provocando sua inconsciência. O plano é inviabilizado com o rompimento do saco de areia, motivo pelo qual os agentes retomam o plano original e amarram o pescoço da vítima com o cinto de couro. Ao retirar o cinto, a vítima não reage e os autores do fato tentam, sem êxito, reanimá-la.

Nesta hipótese, discute-se se a conduta seria tipificada como dolo eventual ou imprudência consciente. Aplicando-se o critério de resolução do caso, conhecido como *teoria (ou critério) de levar a sério*, chega-se à conclusão de que, ao retomar o plano inicial, os agentes assumiram o risco e não se importaram com sua ocorrência, conduzindo à condenação pelo dolo eventual.

Nas palavras de Juarez Cirino dos Santos:

> "Do ponto de vista intelectual, X e Y *levam a sério* a possível produção do resultado típico e, inicialmente, no nível emocional (pela alteração da forma concreta de ação), *confiam* na evitação do resultado representado como possível, o que exclui a *conformação* com (ou *aceitação de*) sua eventual produção; mas, o retorno ao plano original indica mudança dessa atitude emocional, mostrando *conformação* com o (ou *aceitação do*) resultado típico previsto como possível (ainda que indesejável ou desagradável, como revela o esforço de reanimação da vítima), com lógica exclusão da atitude primitiva de *confiança* na evitação do resultado: se os autores executam o plano, apesar de *levarem a sério* a possibilidade do resultado típico, então *conformam-se* com (ou *aceitam*) sua eventual produção, decidindo-se pela possível lesão do bem jurídico, que marca o dolo eventual (SANTOS, 2008)."

Tal questão foi objeto de indagação na prova objetiva do 58.º Concurso de ingresso ao cargo de Promotor de Justiça Substituto do Estado de Goiás:

Sobre a celeuma ainda existente entre os critérios de diferenciação de dolo eventual e imprudência consciente, indique a alternativa correta:

a) A literatura contemporânea, no setor dos efeitos secundários típicos representados como possíveis, pontifica que a diferenciação entre dolo eventual e imprudência consciente se opera apenas "no nível intelectual", havendo coincidência entre ambos "no nível da atitude emocional". Dessarte, o dolo eventual se caracteriza, no nível intelectual, por levar a sério a possível produção do resultado típico e, no nível da atitude emocional, pela leviana confiança na ausência ou evitação desse resultado; por sua vez, a imprudência consciente se caracteriza, no nível intelectual, pela representação da possível produção do resultado típico e, no nível da atitude emocional, pela profana crença na ausência ou evitação desse resultado.

b) Conforme a doutrina, a busca por critérios mais seguros de diferenciação de dolo eventual e imprudência consciente nunca produziu resultados efetivos. Em razão disso, ganha força nos debates acadêmicos (inclusive na Alemanha) e judiciais as teorias unificadoras (igualitárias), sendo a maior expoente destas a *teoria de levar a sério* a possível produção do resultado típico.

c) Atente-se para o caso-paradigma da jurisprudência alemã acerca do ponto: "X e Y decidem praticar roubo contra Z, apertando um cinto de couro no pescoço da vítima para fazê-la desmaiar e cessar a resistência, mas a representação da possível morte de Z com o emprego desse meio leva à substituição do cinto por um pequeno saco de areia, em tecido de pano e forma cilíndrica, com que pretendem golpear a cabeça de Z, com o mesmo objetivo. Na execução do plano alternativo, rompe-se o saco de areia e, por isso, os autores retomam o plano original, afivelando o cinto de couro no pescoço da vítima, que cessa a resistência e permite a subtração dos valores. Então, desafivelam o cinto e tentam reanimar a vítima, sem êxito: ela está morta". Ao estudar o caso (*Lederriemenfall*), a doutrina nacional concorda com o desfecho de seu julgamento e reconhece, na hipótese, a imprudência consciente em razão de duas circunstâncias, a saber: a) a confiança na evitação do resultado representada pela troca do cinto de couro pelo saco de pano; b) a não conformação com o resultado típico, revelada pelo sincero esforço de reanimação da vítima.

d) A *teoria da não comprovada vontade de evitação do resultado* (também conhecida como *teoria da objetivação da vontade de evitação do resultado*), desenvolvida por Armin Kaufmann em bases finalistas, coloca o dolo eventual e a imprudência consciente na dependência da ativação de contrafatores para evitar o resultado representado como possível.

Gabarito: "D".

Saliente-se, por fim, que essa diferenciação é de extrema importância para a tipificação dos crimes de lavagem de dinheiro, nas hipóteses em que o operador dos ativos alega que não tinha plena consciência de que estes eram oriundos de crimes. Nessa hipótese, como não existem crimes culposos previstos na Lei 9.613/1998, somente caberia o dolo eventual.

Referências:

- SANTOS, Juarez Cirino dos. *Direito penal*: parte geral. 3. ed. Curitiba: Lumen Juris, 2008.

1.101 O que preconiza a **teoria do consentimento**?

Dentre as teorias que utilizam a vontade como critério diferenciador entre dolo eventual e imprudência inconsciente, encontram-se a *teoria do consentimento (ou da aprovação)*, a teoria da indiferença e a teoria da vontade de evitação não comprovada.

A teoria do consentimento foi elaborada por Mezger e define dolo eventual como a aprovação do resultado típico previsto como possível, que deverá agradar o autor. Dessa forma, segundo Juarez Cirino dos Santos, "não age como dolo eventual o médico que realiza intervenção cirúrgica indicada pela experiência profissional, mas *leva a sério* a possibilidade de morte do paciente, ou alguém que atira para salvar o amigo vítima de agressão e *leva a sério* a possibilidade de atingir o amigo" (SANTOS, 2008, p. 142).

Esta teoria foi reelaborada por Baumann/Weber e Maurach/ZIPF, "atribuindo à aprovação do resultado o sentido de *inclusão* deste na vontade do autor" (SANTOS, 2008, p. 142).

Referências:

- SANTOS, Juarez Cirino dos. *Direito penal*: parte geral. 3. ed. Curitiba: Lumen Juris, 2008.

1.102 O que preconiza a **teoria da indiferença**?

Dentre as teorias que utilizam a vontade como critério diferenciador entre dolo eventual e imprudência inconsciente, encontram-se a teoria do consentimento (ou da aprovação), a *teoria da indiferença* e a teoria da vontade de evitação não comprovada.

Desenvolvida por Engisch, identifica o dolo eventual pela indiferença do autor quanto aos possíveis resultados colaterais típicos, excluindo-se os resultados indesejados, marcados pela expectativa de ausência (SANTOS, 2008, p. 142).

Referências:

- SANTOS, Juarez Cirino dos. *Direito penal*: parte geral. 3. ed. Curitiba: Lumen Juris, 2008.

1.103 O que preconiza a **teoria da objetivação da vontade de evitação do resultado**?

Trata-se de teoria desenvolvida por Armin Kaufmann, também denominada teoria da não comprovada vontade de evitação do resultado.

Referida teoria, com bases finalistas, estabelece a diferença entre imprudência consciente e dolo eventual com base na ativação de contrafatores para evitação do resultado representado como possível.

Nesse cenário, estaríamos diante da imprudência consciente, se o autor ativa contrafatores, e do dolo eventual, se não ativa contrafatores para evitação do resultado.

De acordo com essa teoria, a diferença entre o dolo eventual e a culpa consciente dar-se-ia pela comprovação da ativação de contrafatores para evitar o resultado.

No caso da culpa consciente, o autor toma medidas (ativa contrafatores) no sentido de evitar o resultado e, na hipótese do dolo eventual, esses contrafatores não são ativados.

A crítica que se faz a essa teoria é que a não ativação dos contrafatores pode ocasionar, na visão do penalista Juarez Cirino dos Santos, uma "leviandade humana de confiar na própria estrela e, por outro lado, a ativa de contrafatores não significa, necessariamente, confiança na evitação do resultado típico – como mostra, por exemplo, o caso do cinto de couro, em que os autores se esforçam, concretamente para evitar o resultado" (SANTOS, 2008, p. 146).

Referências:

- SANTOS, Juarez Cirino dos. *Direito penal*: parte geral. 3. ed. Curitiba: Lumen Juris, 2008.

1.104 No que consiste a **teoria da possibilidade**?

Fundada em critérios que trabalham com a *representação*, reduz a diferença entre dolo e imprudência "ao *conhecimento* da probabilidade da ocorrência do resultado, eliminado a categoria jurídica da imprudência consciente, porque toda imprudência seria *imprudência consciente:* a mera *representação* da possibilidade do resultado típico já constituiria *dolo*, porque uma tal representação deveria *inibir* a realização da ação; a *não representação* dessa possibilidade constituiria *imprudência* (inconsciente)" (SANTOS, 2008, p. 147).

Referências:

- SANTOS, Juarez Cirino dos. *Direito penal*: parte geral. 3. ed. Curitiba: Lumen Juris, 2008.

1.105 No que consiste a **teoria da probabilidade**?

Fundada em critérios que trabalham com a representação, define dolo eventual como a *representação de um perigo concreto para o bem jurídico* (JOERDEN), *pela consciência de um* quantum *de fatores causais* produtor de *sério risco do resultado* (Schumann), ou como *conhecimento de um perigo qualificado para o bem jurídico* (Puppe) (SANTOS, 2008, p. 147).

Referências:

- SANTOS, Juarez Cirino dos. *Direito penal*: parte geral. 3. ed. Curitiba: Lumen Juris, 2008.

1.106 No que consiste a **teoria do risco de Frisch**?

Para parte da doutrina, seria uma variante da teoria da possibilidade. Essa teoria, segundo Juarez Cirino dos Santos, "define dolo pelo *conhecimento* da conduta típica, excluindo do objeto do dolo o resultado típico porque a ação de *conhecer* não pode ter por objeto realidades *ainda* existentes no momento da ação; não obstante trabalha com o critério de *tomar a sério* e de *confiar na evitação do* resultado típico para distinguir a *decisão pela possível lesão do bem jurídico* (dolo eventual) da mera imprudência consciente" (SANTOS, 2008, p. 148).

Referências:

- SANTOS, Juarez Cirino dos. *Direito penal*: parte geral. 3. ed. Curitiba: Lumen Juris, 2008.

1.107 No que consiste a **teoria do perigo desprotegido de Herzberg?**

Sendo uma das variantes da teoria da probabilidade, retira o elemento volitivo do conteúdo do dolo e fundamenta a distinção entre dolo eventual e imprudência consciente no perigo ocasionado ao bem jurídico, sendo este classificado como perigo desprotegido, protegido e desprotegido distante.

Para esta teoria, o perigo desprotegido configura dolo eventual, sendo caracterizado pela dependência de meros fatores de sorte-azar. É o que ocorre no caso da roleta-russa, em que há um risco de proporção de 1 para 5, bem como na hipótese de prática de sexo com meninas com possível idade inferior a 14 anos.

O perigo protegido configura imprudência consciente, sendo caracterizado segundo Juarez Cirino dos Santos "pela evitação do possível resultado mediante cuidado ou atenção do *autor*, da *vítima potencial*, ou de *terceiro*" (SANTOS, 2008, p. 149).

Como exemplos de perigo protegido, Juarez Cirino explica:

> "configura imprudência consciente, com homicídio imprudente em hipóteses de resultado morte, nos seguintes exemplos: o inexperiente servente de pedreiro cai de andaime de prédio em construção, onde subira por ordem do mestre de obras, sem usar qualquer dispositivo de segurança; o professor permite aos alunos nadarem em rio perigoso, apesar da placa de advertência do perigo e aluno morre afogado (SANTOS, 2008, p. 149)."

O perigo desprotegido distante se assemelha ao perigo protegido, excluindo o dolo. Prossegue Juarez Cirino dos Santos dizendo que "a noção de *perigo desprotegido* pretende fundamentar uma construção objetiva da teoria subjetiva de *levar a sério* o perigo: trata-se de *reconhecer um perigo digno de ser levado a sério*, e não de *levar a sério um perigo reconhecido*" (SANTOS, 2008, p. 149-150).

Referências:

- SANTOS, Juarez Cirino dos. *Direito penal*: parte geral. 3. ed. Curitiba: Lumen Juris, 2008.

1.108 No que consistem as **teorias igualitárias**?

Preconizam a unificação do dolo eventual e da imprudência consciente em uma terceira categoria, situada entre o dolo e a imprudência (SANTOS, 2008, p. 150).

Referências:

- SANTOS, Juarez Cirino dos. *Direito penal*: parte geral. 3. ed. Curitiba: Lumen Juris, 2008.

1.109 O que se entende por **citação circunduta** no direito processual penal?

Tal terminologia deriva do verbo circundutar, que expressa a ação de julgar nulo ou inexistente.

Dessa forma, é fácil concluir que a *citação circunduta é aquela eivada de vício e impassível de convalidação, portanto, independe da comprovação do prejuízo.*

Fernando Capez diz sobre o assunto que:

> A falta ou defeito da citação é causa de nulidade absoluta, que não pode ser convalidada e, assim, independe de alegação da prova de prejuízo, que é presumido. Nula é qualquer citação que contém vício insanável por haver induzido o citando a erro que culmina em sua revelia. O ato pelo qual se julga nula ou de nenhuma eficácia a citação é chamado de "circundução"; quando anulada diz-se que há "citação circunduta" (CAPEZ, 2014, item 20.4.16).

Referências:

- CAPEZ, Fernando. *Curso de processo penal*. 21. ed. São Paulo: Saraiva, 2014.

1.110 O que é **desindiciamento coacto**?

Indiciamento consiste na imputação formal, realizada pela autoridade policial, de acordo com a sua convicção, da conduta delitiva a determinada pessoa, apontando-a como autora da infração penal.

Renato Brasileiro de Lima conceitua o indiciamento da seguinte forma:

> O indiciamento é o ato resultante das investigações policiais por meio do qual alguém é apontado como provável autor de um fato delituoso. Cuida-se, pois, de ato privativo do Delegado de Polícia que, para tanto, deverá fundamentar-se em elementos de informação que ministrem certeza quanto à materialidade e indícios razoáveis de autoria. Portanto, se a atribuição para efetuar o indiciamento é privativa da autoridade policial (Lei 12.830/2013, art. 2.º, § 6.º), não se afigura possível que o juiz, o Ministério Público ou uma Comissão Parlamentar de Inquérito requisitem ao delegado de polícia o indiciamento de determinada pessoa[9] (BRASILEIRO, 2015, p. 146).

O indiciamento deve amparar-se em elementos informativos, pois gerará notório constrangimento ao indiciado.

Por sua vez, sobre o *desindiciamento*, Renato Brasileiro de Lima expõe que:

> **2.5. Desindiciamento**
>
> Ausente qualquer elemento de informação quanto ao envolvimento do agente na prática delituosa, a jurisprudência tem admitido a possibilidade de impetração de *habeas corpus* a fim de sanar o constrangimento ilegal daí decorrente, buscando-se o desindiciamento: "O indiciamento configura constrangimento quando a autoridade policial, sem elementos mínimos de materialidade delitiva, lavra o termo respectivo e nega ao investigado o direito de ser ouvido e de apresentar documentos"[10] (BRASILEIRO, 2015, p. 146).

---

9 No sentido de que não cabe ao juiz determinar à autoridade policial o indiciamento formal de investigados: STF, HC 115.015/SP, 2.ª Turma, Rel. Min. Teori Zavascki, j. 27.08.2013; STJ, RHC 47.984/SP, 5.ª Turma, Rel. Min. Jorge Mussi, j. 04.11.2014.

10 STJ, HC 43.599/SP, 6.ª Turma, Rel. Paulo Medina, j. 09.12.2005, *DJe* 04.08.2008.

No caso de ilegalidade no indiciamento, poderá o indiciado impetrar ordem de *habeas corpus* para trancar o inquérito policial, em virtude da manifesta ilegalidade (ausência de elementos entre outros fundamentos). *Deferida ou concedida a ordem pelo Tribunal, ocorrerá o desindiciamento coacto.*

Referências:

- LIMA, Renato Brasileiro. *Manual de processo penal*. Volume único. 3. ed. rev., atual. e ampl. Salvador: JusPodivm, 2015.

1.111 O que é a **ação penal pública subsidiária da pública**?

A ação penal pública subsidiária da pública ocorrerá quando, em razão da inércia do órgão de execução do Ministério Público, a titularidade da ação (que já era pública) passa a outro órgão (também público).

Eis a razão da terminologia ação penal *pública* subsidiária da *pública*.

Cabe perquirir se há hipóteses previstas em nosso ordenamento jurídico e em quais situações o fenômeno ocorrerá.

Para os autores que adotam referida classificação, a referida modalidade de ação penal encontra-se prevista em três situações:

a) *Art. 2.º, § 2.º, do Decreto-lei 201/1967.* Versando sobre crimes praticados por prefeitos, preceitua o dispositivo que, "se as previdências para a abertura do inquérito policial ou instauração da ação penal não forem atendidas pela autoridade policial ou pelo Ministério Público estadual, poderão ser requeridas ao Procurador-Geral da República". Parcela significativa da doutrina entende que esse dispositivo não foi recepcionado pela Constituição Federal de 1988, uma vez que permite uma indevida ingerência do Ministério Público Federal no âmbito das atribuições próprias dos Ministérios Públicos Estaduais, violando a autonomia dos Estados (AVENA, 2014).

b) *Art. 357, §§ 3.º e 4.º, da Lei 4.737/1965 (Código Eleitoral).* Estabelece a lei eleitoral que, "se o órgão do Ministério Público não oferecer a denúncia no prazo legal representará contra ele a autoridade judiciária, sem prejuízo da apuração da responsabilidade penal", e que, ocorrendo tal hipótese, "o juiz solicitará ao Procurador Regional a designação de outro promotor, que, no mesmo prazo, oferecerá a denúncia" (AVENA, 2014). Embora tais dispositivos encontrem-se em vigor, não se trata de modificação de titularidade, sendo apenas a denúncia oferecida por outro órgão de execução do Ministério Público.

c) Parte da doutrina também enquadra nessa classificação o *incidente de deslocamento de competência*, anunciado no art. 109, § 5.º, da Carta da República, pois o deslocamento de competência fundamenta-se na grave violação de direitos humanos em corolário da inação ou deficiência dos órgãos Estaduais a fim de assegurar o cumprimento de tratados de direitos humanos dos quais o Brasil seja parte (GONDIM).

Ressalte-se apenas que, para que ocorra o incidente de deslocamento de competência, segundo o Superior Tribunal de Justiça (decisão proferida no IDC 2), é necessário o preenchimento dos seguintes pressupostos:

- existência de grave violação a direitos humanos;
- risco de responsabilização internacional decorrente do descumprimento de obrigações jurídicas assumidas em tratados internacionais;
- incapacidade das instâncias e autoridades locais em oferecer respostas efetivas.

Referências:

- AVENA, Norberto. *Processo penal*: esquematizado. 6. ed. Rio de Janeiro: Forense; São Paulo: Método, 2014.
- GONDIM, Márcio. *Você sabe o que é ação penal pública subsidiária da pública?* Disponível em: <http://blog.ebeji.com.br/voce-sabe-o-que-e-acao-penal-publica--subsidiaria-da-publica/>.

1.112 O que é **"conatus"**?

O termo latino "cōnātus" vem do verbo "cōnor", que é traduzido como "tentar", "procurar". No âmbito do Direito Penal, designa o instituto da tentativa.

Saliente-se que *a tentativa é também denominada como conatus, crime imperfeito ou crime incompleto* (MASSON, 2014, p. 342).

Na prova discursiva do concurso de Delegado de Polícia de Minas Gerais indagou-se se era cabível o *conatus* no crime de latrocínio. Muitos candidatos, extremamente preparados, não lograram êxito na segunda etapa, devido a não conhecer referida terminologia.

Referências:

- MASSON, Cleber. *Direito penal esquematizado*: parte geral. 8. ed. São Paulo: Método, 2014. vol. 1.

1.113 No que consiste o **estouro de urna**?

Ocorre o estouro de urna quando não se formar o Conselho de Sentença no Plenário do Tribunal do Júri por não se alcançar o número de 7 (sete) jurados, necessários para a sessão de julgamento.

Visando evitar o estouro de urna, em 2008 o Código de Processo Penal sofreu alterações, promovidas pela Lei 11.689, aumentando de 21 (vinte e um) para 25 (vinte e cinco) os jurados convocados para a reunião periódica (ordinária) ou extraordinária.

Além da ausência dos jurados convocados, as recusas motivadas ou imotivadas (peremptórias) também podem causar o estouro de urna (BRASILEIRO, 2015, p. 1.378-1.379).

Ressalte-se que a instalação da sessão de julgamento sem o número mínimo legal de jurados gera nulidade do julgamento, consoante o disposto no art. 564, III, "i", do Código de Processo Penal.

Referências:

- LIMA, Renato Brasileiro. *Manual de processo penal*. Volume único. 3. ed. rev., atual. e ampl. Salvador: JusPodivm, 2015.

1.114 No que consiste a **resipiscência** no Direito Penal?

Resipiscência é sinônimo de arrependimento eficaz, ou seja, ocorre quando o agente, depois de praticados todos os atos executórios necessários à consumação do delito, desenvolve nova conduta, impedindo a ocorrência do resultado naturalístico.

Preconiza o art. 15 do Código Penal: "O agente que, voluntariamente, desiste de prosseguir na execução ou impede que o resultado se produza, só responde pelos atos já praticados".

Referências:

- JESUS, Damásio E. de. *Direito penal*. Parte geral. 28. ed. São Paulo: Saraiva, 2006.
- MASSON, Cleber. *Direito penal esquematizado*: parte geral. 8. ed. São Paulo: Método, 2014. vol. 1.

1.115 O que se entende por **crime de vitriolagem?**

Crime de vitriolagem é aquele perpetrado mediante arremesso de ácido sulfúrico contra a vítima, com o objetivo de lhe causar lesões corporais deformantes da pele e dos tecidos subjacentes.

Caracteriza, portanto, crime de lesão corporal gravíssima, pela deformidade permanente (art. 129, § 2.º, IV, do CP: "Art. 129. Ofender a integridade corporal ou a saúde de outrem: (...) § 2.º Se resulta: (...) IV – deformidade permanente").

A expressão vitriolagem deriva de vitríolo, denominação substituída genericamente por *sulfatos* e especificamente por ácido *sulfúrico*.

Referências:

- NUCCI, Guilherme de Souza. *Manual de direito penal*. 10. ed. Rio de Janeiro: Forense, 2014.

1.116 Sob o ponto de vista analítico, como se define o crime no **sistema quintupartido**?

O crime sob o aspecto analítico, também chamado de formal ou dogmático, é conceituado de acordo com os elementos que o compõem.

Encontramos na doutrina a conceituação do delito por meio de quatro sistemas, sendo eles: *bipartido, tripartido, quadripartido e quintupartido.*

Sistema bipartido: alguns autores entendem que o crime é um *fato típico e ilícito,* sendo a culpabilidade mero pressuposto de aplicação da pena. Nesse sentido: René Ariel Dotti, Damásio E. de Jesus e Julio Fabbrini Mirabete.

Sistema tripartido: para outros autores, o crime seria composto pelo *fato típico, ilicitude e culpabilidade.* Adotam esse entendimento Nelson Hungria, Aníbal Bruno, E. Magalhães Noronha, Francisco de Assis Toledo, Cezar Roberto Bitencourt e Luiz Regis Prado.

Sistema quatripartido: Basileu Garcia sustentava que o crime seria composto por quatro elementos, sendo eles: *fato típico, ilicitude, culpabilidade e punibilidade.*

Sistema quintupartido: outra corrente doutrinária que sustenta que o delito é composto por cinco elementos: *conduta, tipicidade, antijuridicidade, culpabilidade e punibilidade.* O que diferencia essa posição é que a conduta ganha autonomia, saindo do âmbito da tipicidade.

Por fim, destaca-se que esse tema foi cobrado na prova dissertativa no concurso para Delegado de Polícia do Estado do Paraná.

1.117 O que significa a expressão **carrapato penal**?

Esta expressão começou a aparecer em alguns concursos, portanto, vamos analisar as diversas acepções da terminologia e sua utilização pela doutrina.

Encontramos três utilizações diversas para a terminologia.

A primeira e mais intuitiva reação é vincular essa nomenclatura ao crime acessório ou parasitário, já que este se vincula ao crime principal como um parasita, razão pela qual a doutrina o denomina como *crimes acessório, de fusão, parasitário ou ameba.*

Uma segunda corrente *vincula o termo carrapato penal ao caráter ultrativo da norma penal benéfica ao acusado:* "a ultratividade significa a possibilidade de uma lei se aplicar a um fato cometido durante a sua vigência, mesmo após a sua revogação (a lei adere ao fato como se fosse um carrapato, acompanhando-o para sempre, mesmo após a sua morte)" (CAPEZ, 2014, p. 63).

A terceira corrente *utiliza esse termo no que tange à extraterritorialidade da Lei penal brasileira.* Considerando a vedação constitucional de extradição do brasileiro nato, se este cometer um crime no estrangeiro e retornar ao Brasil, deverá o nacional ser submetido à jurisdição brasileira para ser julgado pelos fatos cometidos fora do Brasil.

Nesta última hipótese, a lei penal nacional funcionaria como um carrapato, aderindo ao cidadão brasileiro e o acompanhando como um indesejado companheiro de viagem.

Dessa forma, nesta última acepção, se um brasileiro cometer um crime além das nossas fronteiras e voltar ao Brasil, o Código Penal nacional lhe será aplicado.

Recomendamos muito cuidado com essa expressão, devendo seu conteúdo ser revelado de acordo com o contexto em que for utilizada.

Referências:

- CAPEZ, Fernando. *Curso de direito penal.* 21. ed. São Paulo: Saraiva, 2014. vol. 1.

1.118 O que se entende por **tendência de "vorverlagerung"**?

A tendência de volverlagerung é uma forma de criminalização antecipada da conduta em razão do perigo abstrato aos interesses tutelados.

Tal instituto se aplica aos crimes ambientais como uma antecipação da barreira penal, visando salvaguardar o meio ambiente, ou seja, por meio dessa tendência antecipa-se a tutela penal almejando evitar um risco maior ao bem jurídico protegido pela norma.

A expressão alemã *volverlagerung* significa *deslocamento para frente*, e, fazendo-se um *link* com a terminologia *tendência de volverlagerung*, se teria uma *tendência de deslocamento para frente* de uma ação relevante para o Direito Penal em forma de antecipação da tutela penal.

Outra terminologia alemã que designa similitude e é correlata ao vocábulo é a expressão *vorfeldkriminalisierung* (criminalização no âmbito prévio).

O assunto está ligado à *antecipação da tutela penal*, sendo que essa última terminologia (*antecipação da tutela penal*) foi cobrada na prova discursiva do concurso de Delegado de Polícia de Goiás. Significa a antecipação da criminalização penal de atos preparatórios, crimes de perigo abstratos[11] (*abstrakte Gefährdungsdelikte*), crimes de mera conduta (mera atividade ou *schlichte Tätigkeitsdelikte*[12]), punição da tentativa, entre outros, para proteger os bens jurídicos - evitando ou ao menos inibindo pela coação abstrata de o legislador evitar que a conduta de fato venha se materializar com repercussões substanciais.

Alice Bianchini, sobre a punição dos atos preparatórios, enfatiza que a: "antecipação de tutela penal, por meio da criminalização de atos preparatórios, comumente conhecidos como crimes-obstáculos, possui caráter excepcional e só se justifica quando se estiver diante de bens de categoria muito elevada e, ainda assim, desde que a descrição realizada na conduta típica seja inequívoca. Este tipo de punição visa a prevenir ações indubitavelmente lesivas ou perigosas, mediante a punição dos atos idôneos para comissão de outros crimes" (BIANCHINI, 2002, p. 73).

---

11 De acordo com Wessels/Beulke, "os *delitos de perigo abstrato* baseiam-se, ao contrário, na presunção legal de que determinados tipos de conduta, em geral, são perigosos para o objeto de proteção (...). A perigosidade da ação não é aqui um elemento do tipo, mas apenas a razão para existência da proibição, de modo que o julgador, normalmente, não tem de provar se uma colocação em perigo ocorreu ou não no caso concreto" (WESSELS e BEULKE, 2009, § 1.º, Rn 29, p. 8).

12 Expressão correlata no idioma alemão.

Referente aos novos tipos de perigo abstrato, vale a pena transcrever opinião dos professores Luiz Flávio Gomes e Alice Bianchini da seguinte forma: "para que todo o planeta não corra riscos (ou não espere que aconteçam catástrofes anunciadas), inclusive os inerentes ao processo de globalização, o correto seria valer-se intensivamente do direito penal (com toda sua carga simbólica)" (GOMES e BIANCHINI, 2002, p. 119).

Enfim, o assunto merece atenção redobrada dos candidatos, inclusive com aprofundamento no tema.

Referências:

- BIANCHINI, Alice. *Pressupostos materiais mínimos da tutela penal*. São Paulo: RT, 2002. vol. 7. (As Ciências Criminais no Século XXI)
- GOMES, Luis Flávio; BIANCHINI, Alice. *O direito penal na era da globalização*. São Paulo: RT, 2002. vol. 10. (As Ciências Criminais no Século XXI)
- SANTOS, Carla Maia dos. *As antecipações de tutela penal como decisões político-criminais adequadas*. Disponível em: <http://ww3.lfg.com.br/public_html/article.php?story=20091015145103386>. Acesso em: 22 abr. 2016.

1.119 O que se entende pela **teoria do tanto vale**?

Também conhecida como princípio da fungibilidade dos recursos ou teoria do recurso indiferente, *impõe que a interposição de um recurso equivocado não impedirá seu conhecimento desde que não haja erro grosseiro, não se evidencie má-fé do recorrente e seja apresentado no prazo legal.*

> Art. 579. Salvo a hipótese de má-fé, a parte não será prejudicada pela interposição de um recurso por outro.
>
> Parágrafo único. Se o juiz, desde logo, reconhecer a impropriedade do recurso interposto pela parte, mandará processá-lo de acordo com o rito do recurso cabível.

1.120 Quais são as principais teorias acerca das **limitações à prova ilícita por derivação** (exceções às **"exclusionary rules"**)?

Por força da teoria dos frutos da árvore envenenada, as provas derivadas da ilícita são por ela contaminadas, devendo ser excluídas do processo.

No entanto, a própria Suprema Corte norte-americana passou a atenuar o rigor imposto à ilicitude por derivação, desenvolvendo as exceções às *exclusionary rules*, sendo elas:

1. Teoria da fonte independente (*independent source*);
2. Teoria da descoberta inevitável (*inevitable discovery*);
3. Teoria dos vícios sanados, da tinta diluída ou limitação da mancha purgada (*purged taint*);
4. Exceções da boa-fé;
5. Teoria da proporcionalidade (*balancing test*);
6. Teoria da destruição da mentira do imputado;
7. Teoria do risco;
8. Teoria da doutrina da visão aberta (*plain view doctrine*);
9. Teoria da renúncia do interessado;
10. Limitação da infração constitucional alheia.

Teoria da fonte independente (*independent source*): de acordo com esta teoria, "se o órgão da persecução penal demonstrar que obteve, legitimamente, novos elementos de informação a partir de uma fonte autônoma de prova, que não guarde qualquer relação de dependência, nem decorra da prova originariamente ilícita, com esta não mantendo vínculo causal, tais dados probatórios são admissíveis, porque não contaminados pela mácula da ilicitude originária" (LIMA, 2015, p. 615). Ou seja, havendo duas fontes, uma lícita e outra ilícita, a prova será admitida como válida. Tal exceção foi acolhida pelo art. 157, § 1.º, do Código de Processo Penal. A origem dessa teoria encontra-se no precedente Bynum *v.* U. S. de 1960.

Teoria da descoberta inevitável (*inevitable discovery*): também conhecida como exceção da fonte hipotética independente, caso se demonstre que a prova derivada da ilícita seria produzida de qualquer modo, independentemente da prova ilícita originária, tal prova deve ser considerada válida. Tem origem no direito norte-americano no precedente Nix *v.* Williams-Williams II de 1984. No Brasil, tem sido adotada pelo Superior Tribunal de Justiça. Parcela da doutrina defende que tal teoria foi prevista no art. 157, § 2.º, do CPP (LIMA, 2015, p. 616-617).

Teoria dos vícios sanados, da tinta diluída, do nexo causal atenuado ou limitação da mancha purgada (*purged taint*): segundo esta, "não se aplica a teoria da prova ilícita por derivação se o nexo causal entre a prova primária e a secundária for atenuado em virtude do decurso do tempo, de circunstâncias supervenientes na cadeia probatória, da menor relevância da ilegalidade ou da vontade de um dos envolvidos em colaborar com a persecução criminal. Nesse caso, apesar de já ter havido a contaminação de um determinado meio de prova em face da ilicitude ou ilegalidade da situação que o gerou, um acontecimento futuro expurga, afasta, elide esse vício, permitindo-se, assim, o aproveitamento da prova inicialmente contaminada" (LIMA, 2015, p. 618).

Tem origem no direito norte-americano no precedente Wong Sun *v.* US de 1963. No Brasil, parcela da doutrina defende que esta teoria foi adotada pelo art. 157, § 1.º, do CPP.

Exceções da boa-fé (good faith exception): preconiza que "a vedação às provas ilícitas visa inibir, dissuadir, e desestimular violações aos direitos fundamentais, não seria possível dizer que a prova seria ilícita quando, com base em um mandado de busca e apreensão ilegal expedido por um juiz neutro e imparcial, mas posteriormente considerado como não fundado em indícios necessários para sua expedição, o agente, desconhecendo tal ilicitude e havendo motivos razoáveis para acreditar na sua validade, obtém provas decorrentes do cumprimento do mandado, tendo convicção de que agia dentro da legalidade" (LIMA, 2015, p. 619). Encontra sua origem na Suprema Corte norte-americana no precedente US *v.* Leon de 1984.

Teoria da proporcionalidade (balancing test): por esta teoria, deverá o magistrado realizar um juízo de ponderação entre os diversos valores assegurados pela Constituição, tendo em conta a intensidade e a quantidade da violação ao direito fundamental e o dano que poderá advir caso a prova não seja admitida. No entanto, referida teoria não tem sido utilizada pelos tribunais para afastar a ilicitude por derivação. Infelizmente, a doutrina e a jurisprudência somente admitem a aplicação do princípio da proporcionalidade para permitir a utilização da prova ilícita em benefício do acusado.

Teoria da destruição da mentira do imputado: "pela limitação da destruição da mentira do imputado, a prova ilícita, conquanto não seja idônea para comprovar a culpabilidade do acusado, pode ser valorada no sentido de demonstrar que o autor do fato delituoso está mentindo" (LIMA, 2015, p. 621). Foi desenvolvida pela Suprema Corte norte-americana no caso Walder *v.* US em 1954. Não há precedente do STF ou do STJ sobre a aplicação desta teoria.

Teoria do risco: com base nesta teoria, busca-se conferir validade à prova obtida mediante violação ao direito à intimidade, com a utilização de escutas telefônicas, filmagens ou fotografias clandestinas, argumentando-se que, se a pessoa faz espontaneamente revelação a respeito de sua participação em eventos ilícitos, assume o risco de a declaração ser documentada por outrem.

Sua principal aplicação ocorre no caso da pessoa que deveria guardar sigilo profissional, mas que acaba por revelar espontaneamente o delito a terceiro que não tem o dever legal de guardar o segredo, assumindo, assim, o risco de que o assunto esteja sendo registrado e que o trato seja descumprido, sendo irrelevante a circunstância de não ter conhecimento concreto de que, no momento, estão sendo tiradas fotografias, procedidas escutas ou filmagens (cf. LIMA, 2015, p. 620). Há aplicação pelo STF que tem reconhecido a validade da gravação de uma conversa por um dos interlocutores sem o conhecimento do outro.

Teoria da doutrina da visão aberta (*plain view doctrine*): no sistema norte-americano, uma investigação em local protegido pela inviolabilidade domiciliar somente será válida se fundada em ordem judicial, mesmo se tratando de crime permanente, portanto, em flagrante delito. Para atenuar o rigor da necessidade de autorização judicial no cumprimento de buscas domiciliares, surgiu na Suprema Corte a doutrina da visão aberta, segundo a qual "deverá ser considerada legítima a apreensão de elementos probatórios do fato investigado ou mesmo de outro crime, quando, a despeito de não se tratar da finalidade gizada no mandado de busca e apreensão, no momento da realização da diligência, o objeto ou documento é encontrado por se encontrar à plena vista do agente policial" (LIMA, 2015, p. 621). A teoria do encontro fortuito de provas (serendipidade) será tratada em item próprio.

Teoria da limitação da renúncia do interessado: no sistema americano, ainda que haja consentimento do morador, exige-se autorização judicial para que seja considerada válida busca e apreensão domiciliar. Diante disso, surgiu a discussão quanto à possibilidade de o consentimento da pessoa afastar eventual nulidade da diligência realizada sem prévia autorização judicial. Atualmente, tanto a doutrina quanto a jurisprudência têm aceitado essa tese, desde que o consentimento da pessoa seja dado de forma prévia, expressa, livre, comprovada e indubitável (LIMA, 2015, p. 624).

Limitação da infração constitucional alheia: de acordo com esta teoria, somente aquele que teve seu direito fundamental violado é que poderá solicitar o reconhecimento da ilicitude. "Assim, caso o direito fundamental violado quando da obtenção da prova refira-se à pessoa distinta do acusado, a prova deve ser considerada válida" (LIMA, 2015, p. 624). Referida teoria não tem acolhida no ordenamento pátrio.

Limitação da infração constitucional por pessoas que não fazem parte do órgão policial: no sistema norte-americano, "a prova somente deve ser reputada ilícita quando a ilegalidade tiver sido praticada diretamente pelo agente policial. Por conseguinte, não há falar em ilicitude se a ilegalidade tiver sido produzida por outros agentes dos organismos estatais ou ainda por particulares ou autoridades estrangeiras" (LIMA, 2015, p. 624). Referida teoria não tem acolhida no ordenamento pátrio.

Em virtude do propósito desta obra, realizamos uma síntese de cada teoria para que o candidato tenha uma noção, ainda que superficial, do que preconiza cada um delas. Neste ponto, recomendamos a leitura da obra do professor Renato Brasileiro de Lima (Capítulo Teoria Geral das Provas) para aprofundamento do tema.

Referido tema foi objeto de indagação na prova dissertativa do 58.º Concurso de ingresso no Ministério Público do Estado de Goiás:

> Questão 2 (valor: 2 pontos)
>
> Limitações à prova ilícita por derivação (exceções às *exclusionary rules*). Conceitue as teorias abaixo relacionadas e discorra sobre sua aplicabilidade no ordenamento jurídico brasileiro:
>
> a) teoria da fonte independente (*independent source*);
>
> b) teoria do descobrimento inevitável (*inevitable discovery*);
>
> c) teoria dos vícios sanados, da tinta diluída ou limitação da mancha purgada (*purged taint*);
>
> d) teoria da proporcionalidade (*balancing test*);
>
> e) teoria da destruição da mentira do imputado;
>
> f) teoria do risco;
>
> g) teoria da doutrina da visão aberta (*plain view doctrine*);
>
> h) teoria da renúncia do interessado.

Referências:

- LIMA, Renato Brasileiro de. *Legislação criminal especial comentada*. 3. ed. Salvador: JusPodivm, 2015.

1.121 O que preconiza a **teoria da serendipidade**?

Segundo Luiz Flávio Gomes, "essa estranha palavra (como nos informa Ethevaldo Siqueira – *O Estado de S. Paulo* de 15.02.2009, p. B10) significa *'algo como sair em busca de uma coisa e descobrir outra (ou outras), às vezes até mais interessante e valiosa'*. Vem do inglês *serendipity* (de acordo com o *Dicionário Houaiss*), onde tem o sentido de descobrir coisas por acaso. *Serendip* era o antigo nome da ilha do Ceilão (atual Sri Lanka). A palavra foi cunhada em 1754 pelo escritor inglês Horace Walpole, no conto de fadas *Os três príncipes de Serendip*, que sempre faziam descobertas de coisas que não procuravam" (sem grifos no original).

A doutrina utiliza, ainda, as terminologias encontro fortuito (hallazgos fortuitos), achados ocasionais, descubrimientos casuales, descubrimientos acidentales ou Zufallsfunden (GOMES, 2009).

A principal questão no que tange ao encontro fortuito de provas é perquirir acerca da validade dos elementos coligidos. Tem predominado na doutrina que as provas serão válidas desde que haja conexão entre a prova encontrada e o crime investigado.

Dessa forma, é "válida a prova se se descobre 'fato delitivo conexo com o investigado', mas desde que de responsabilidade do mesmo sujeito passivo. Logo, se o fato não é conexo ou se versa sobre outra pessoa, não vale a prova. Cuida-se de prova nula. Mas isso não significa que a descoberta não tenha nenhum valor: vale como fonte de prova, é dizer, a partir dela pode-se desenvolver nova investigação. Vale, em suma, como uma *notitia criminis*. Nada impede a abertura de uma nova investigação, até mesmo nova interceptação, mas independente" (GOMES, 2009).

Com base na conexão, a doutrina aponta a existência da:

a) *Serendipidade de primeiro grau* (o fato está na mesma situação histórica de vida do delito investigado – *historischen Lebenssachverhalt*). Nessa hipótese, a prova será válida e deverá ser analisada pelo juiz (GOMES, 2009).
b) *Serendipidade de segundo grau* (fatos que não estão na mesma situação histórica de vida do delito investigado). A prova produzida, nesse caso, não pode ser valorada pelo juiz, valendo apenas como *notitia criminis* (GOMES, 2009).

A doutrina fala ainda em (MARÇAL, 2016, p. 251):

a) *Serendipidade objetiva*: quando surge indício de outro fato criminoso, originariamente não investigado.
b) *Serendipidade subjetiva*: quando surge notícia do envolvimento de outra pessoa, por vezes detentora de foro privilegiado.

Diante dessa classificação, indaga-se: *Se não houver conexão entre o fato descoberto e o investigado, a prova poderá ser utilizada?*

No que tange à serendipidade de segundo grau, embora Luiz Flávio Gomes defenda que, não havendo conexão, a prova não poderá ser utilizada, valendo apenas como notícia crime, reputo que razão assiste aos autores Cleber Masson e Vinícius Marçal, que preconizam: "*não se deve exigir a demonstração de conexão entre o fato investigado e aquele descoberto*, a uma, porque a própria Lei 9.296/1996 não a exige; a duas, pois o Estado não pode se quedar inerte diante da ciência de um crime que vai ser praticado; e, a três, tendo em vista que se por um lado o Estado, por seus órgãos investigatórios, violou a intimidade de alguém, o fez com respaldo constitucional e legal, motivo pelo qual a prova se consolidou lítica" (MARÇAL, 2016, p. 253-254).

No mesmo sentido encontra-se a decisão oriunda do Superior Tribunal de Justiça, da lavra do Ministro João Otávio de Noronha na Ação Penal 690/TO:

> *A "serendipidade" não pode ser interpretada como ilegal ou inconstitucional simplesmente porque o objeto da interceptação não era o fato posteriormente descoberto.* Claro que, no caso, deve-se abrir novo procedimento específico, como aconteceu neste episódio, mas não entender como nula *tout court* a prova obtida ao acaso. Corrobora esse entendimento o acórdão desta Corte Especial da relatoria do Ministro Teori Zavascki nos EDcl na APn 425/ES, Corte Especial, sessão de 21.06.2007.
>
> (...)
>
> Aqui, *opto pela orientação do STJ, como exposta* (cf., ainda, HC 197.044/SP, rel. Min. Sebastião Reis Júnior, *DJe* 23.09.2014; HC 187.189/SP, rel. Min. Og Fernandes, *DJe* 2308.2013), *e da maioria da doutrina* (por todos: Fernando Capez, *Curso de direito penal*, 4 v., 9. ed., 2014, p. 491), ou seja, que *a prova é admitida para pessoas ou crimes diversos daquele originalmente perseguido, ainda que não conexos ou continentes, desde que a interceptação seja legal.*

Na mesma direção, há precedente no Supremo Tribunal Federal no sentido de que o encontro fortuito de prova durante as interceptações telefônicas configura prova lícita por derivação (STF, HC 120.379, Min. Luiz Fux) (MARÇAL, 2016, p. 254). Eis o trecho do voto do relator Min. Luiz Fux:

> Verifica-se, na hipótese, a ocorrência de prova lícita por derivação, é dizer, a obtenção de prova referente a outro fato criminoso em razão de interceptação telefônica licitamente deferida por autoridade judicial competente. Nesse ponto, o Supremo Tribunal Federal entende que a prova obtida em diligência de interceptação telefônica licitamente deferida aproveita-se, ainda que o segundo crime seja punido com detenção.

No que diz respeito à *serendipidade subjetiva*, as indagações que surgem são: Uma vez interceptados diálogos envolvendo pessoas detentoras de foro por prerrogativa de função, a prova será válida? O processo deverá ser remetido ao tribunal competente? A quem compete decidir se o caso será de competência do tribunal?

Em recente julgado, o Superior Tribunal de Justiça tratou do tema dos *achados ocasionais* no contexto das interceptações telefônicas, conforme decisão publicada no Informativo 575:

> Direito processual penal. Interceptação telefônica e envio à instância especial de diálogo envolvendo terceiro não investigado detentor de prerrogativa de foro. *Durante interceptação telefônica deferida em primeiro grau de jurisdição, a captação fortuita de diálogos mantidos por autoridade com prerrogativa de foro não impõe, por si só, a remessa imediata dos autos ao Tribunal competente para processar e julgar a referida autoridade, sem que antes se avalie a idoneidade e a suficiência dos dados colhidos para se firmar o convencimento acerca do possível envolvimento do detentor de prerrogativa de foro com a prática de crime*. De fato, uma simples conversa, um encontro casual ou mesmo sinais claros de amizade e contatos frequentes de indivíduo sob investigação com uma autoridade pública não pode, por si só, redundar na conclusão de que esta última participaria do esquema criminoso objeto da investigação. Nem mesmo a referência a favores pessoais, a contatos com terceiros, a negociações suspeitas implica, *de per si*, a inarredável conclusão de que se está diante de práticas criminosas merecedoras de imediata apuração, notadamente quando um dos interlocutores integra um dos Poderes da República e, portanto, pode ter sua honorabilidade e imagem pública manchadas pela simples notícia de que está sob investigação. Isto é: aquilo que se imagina ser uma prerrogativa e uma proteção ao agente político, a depender da situação, pode converter-se em precipitada conclusão tendenciosa e nefasta ao patrimônio moral da autoridade. Dito de modo mais específico, *a simples captação de diálogos de quem detém foro especial com alguém que está sendo investigado por práticas ilícitas não pode conduzir, tão logo surjam conversas suspeitas, à conclusão de que a referida autoridade é participante da atividade criminosa investigada ou de outro delito qualquer, sendo mister um mínimo de avaliação quanto à idoneidade e à suficiência de dados para desencadear o procedimento esperado da autoridade judiciária responsável pela investigação*. Em verdade, há de se ter certo cuidado para não se extraírem conclusões precipitadas ante a escuta fortuita de conversas. Em certos casos, a existência de proximidade espúria da autoridade pública com as pessoas investigadas somente vai ganhando contornos na medida em que a investigação se aprofunda, sem que seja possível ao magistrado delimitar, *incontinenti*, a ocorrência dessa relação. Isso se justifica pela própria natureza da interceptação telefônica, que, ao monitorar diretamente

> a comunicação verbal entre pessoas, necessariamente acaba por envolver terceiros, em regra não investigados, no campo de sua abrangência. E, somente com a continuidade por determinado período das interceptações, afigura-se concreta a possibilidade de serem alcançados resultados mais concludentes sobre o conteúdo das conversas interceptadas, uma vez que apenas os olhos de um observador futuro - munido do conjunto de informações já coletadas, de modo que permitam a análise conjunta e organizada de todas as conversas - podem enxergar, com clareza e foco preciso, o que um apressado e contemporâneo observador, provido de diálogos desconexos e linearmente apresentados, terá dificuldades para perceber. Nessa linha intelectiva, a remessa imediata de toda e qualquer investigação em que noticiada a possível prática delitiva de detentor de prerrogativa de foro ao órgão jurisdicional competente não só pode implicar prejuízo à investigação de fatos de particular e notório interesse público, como também representar sobrecarga acentuada aos tribunais, a par de, eventualmente, engendrar prematuras suspeitas sobre pessoa cujas honorabilidade e respeitabilidade perante a opinião pública são determinantes para a continuidade e o êxito de sua carreira. De outro lado, não tem sido hábito dos tribunais pátrios extrair conclusões tão rígidas de atrasos de atos processuais expressamente previstos em lei, inclusive aqueles para os quais se prevejam prazos para sua prática. Ao contrário, até mesmo quando há desrespeito aos prazos procedimentais em processos envolvendo réus presos, é consolidado o entendimento jurisprudencial no sentido de não ser reconhecido o constrangimento ilegal, ante critérios de razoabilidade, sobretudo quando se cuida de processos ou investigações com particular complexidade, envolvendo vários réus ou investigados. Portanto, é possível afirmar que, tão somente em um claro contexto fático do qual se possa com segurança depreender, a partir dos diálogos dos investigados com pessoa detentora de foro especial, que há indícios concretos de envolvimento dessa pessoa com a prática de crime(s), será imperativo o envio dos elementos de informação ao tribunal competente. De mais a mais, a lei não estabelece prazo peremptório para o envio dos elementos de prova obtidos por meio da interceptação telefônica (HC 307.152/GO, Rel. Min. Sebastião Reis Júnior, Rel. para acórdão Min. Rogerio Schietti Cruz, j. 19.11.2015, *DJe* 15.12.2015). (sem grifos no original)

Por derradeiro, tamanha é a importância do tema que já foi objeto de indagação da prova discursiva do concurso de Delegado da Polícia Judiciária Civil de Goiás e de outros concursos.

Certamente, o presente tema será objeto de questionamentos nos próximos concursos devido à interceptação das ligações do ex-Presidente Luis Inácio Lula da Silva, no bojo da Investigação da "Lava-Jato", onde foram captadas conversas com a também ex-Presidente da República e outras autoridades com foro por prerrogativa de função.

Tal fato ganhou repercussão nacional, tendo o Ministro Teori Zavascki, na Medida Cautelar interposta na Reclamação 23.457, determinado a remessa dos autos ao Supremo Tribunal Federal:

> Medida Cautelar na Reclamação 23.457 Paraná. Relator Min. Teori Zavascki
>
> 1. Trata-se de reclamação, com pedido liminar, ajuizado pela Presidente da República, em face de decisão proferida pelo juízo da 13.ª Vara Federal da Subseção Judiciária de Curitiba, nos autos de "Pedido de Quebra de Sigilo de Dados e/ou Telefônicos 5006205-98.2016.4.04.7000/PR". Em linhas gerais, alega-se que houve usurpação de competência do Supremo Tribunal Federal, pois: a) no curso de interceptação telefônica deferida pelo juízo reclamado, tendo como investigado principal Luiz Inácio Lula da Silva, foram captadas conversas mantidas com a Presidente da República; b) o magistrado de primeira instância, "ao constatar a presença de conversas de autoridade com prerrogativa de foro, como é o caso da Presidenta da República, (...) deveria encaminhar essas conversas interceptadas para o órgão jurisdicional competente, o Supremo Tribunal Federal", nos termos do art. 102, I, *b*, da Constituição da República; (c) "a decisão de divulgar as conversas da Presidenta - ainda que encontradas fortuitamente na interceptação - não poderia ter sido prolatada em primeiro grau de jurisdição, por vício de incompetência absoluta" e d) "a comunicação envolvendo a Presidenta da República é uma questão de segurança nacional (Lei 7.170/1983), e as prerrogativas de seu cargo estão protegidas pela Constituição". Postulou, liminarmente, a suspensão imediata dos efeitos da decisão proferida em 16.03.2016 no dito procedimento e, ao final, seja anulada a decisão reclamada, determinando-se a remessa dos autos ao Supremo Tribunal Federal.
>
> (...)
>
> 4. *É certo que eventual encontro de indícios de envolvimento de autoridade detentora de foro especial durante atos instrutórios subsequentes, por si só, não resulta em violação de competência desta Suprema Corte, já que apurados sob o crivo de autoridade judiciária que até então, por decisão da Corte, não violava competência de foro superior* (RHC 120.379, Relator(a): Min. Luiz Fux, Primeira Turma, *DJe* 24.10.2014; AI 626.214-AgR, Relator(a): Min. Joaquim Barbosa, Segunda Turma, *DJe* 08.10.2010; HC 83.515, Relator(a): Min. Nelson Jobim, Tribunal Pleno, *DJ* 04.03.2005; Rcl 19.138 AgR, Relator(a): Min. Teori Zavascki, *DJe* 18.03.2015 e Rcl 19.135 AgR, Relator(a): Min. Teori Zavascki, *DJe* 03.08.2015; Inq 4.130-QO, Relator(a): Min. Dias Toffoli, Tribunal Pleno, julgado em 23.09.2015).
>
> (...)
>
> 7. *Enfatiza-se que, segundo reiterada jurisprudência desta Corte, cabe apenas ao Supremo Tribunal Federal, e não a qualquer outro juízo, decidir sobre a cisão de investigações envolvendo autoridade com prerrogativa de foro na Corte, promovendo, ele próprio, deliberação a respeito do cabimento e dos contornos do referido desmembramento* (Rcl 1.121, Relator(a): Min. Ilmar Galvão, Tribunal Pleno, julgado em 04.05.2000, *DJ* 16.06.2000,

> pp-00032, *Ement.* vol-01995-01, pp-00033; Rcl 7.913 AgR, Relator(a): Min. Dias Toffoli, Tribunal Pleno, julgado em 12.05.2011, *DJe*-173, divulg. 08.09.2011, public. 09.09.2011, *Ement.* vol-02583-01, pp-00066). *No caso em exame, não tendo havido prévia decisão desta Corte sobre a cisão ou não da investigação ou da ação relativamente aos fatos indicados, envolvendo autoridades com prerrogativa de foro no Supremo Tribunal Federal, fica delineada, nesse juízo de cognição sumária, quando menos, a concreta probabilidade de violação da competência prevista no art. 102, I,* b, *da Constituição da República.*
>
> 8. *Diante da relevância dos fundamentos da reclamação, é de se deferir a liminar pleiteada, para que esta Suprema Corte, tendo à sua disposição o inteiro teor das investigações promovidas, possa, no exercício de sua competência constitucional, decidir acerca do cabimento ou não do seu desmembramento, bem como sobre a legitimidade ou não dos atos até agora praticados.*
>
> (...)
>
> 12. Ante o exposto, nos termos dos arts. 158 do RISTF e 989, II, do Código de Processo Civil, defiro a liminar para determinar a suspensão e a remessa a esta Corte do mencionado "Pedido de Quebra de Sigilo de Dados e/ou Telefônicos 5006205-98.2016.4.04.7000/PR" e demais procedimentos relacionados, neles incluídos o "processo 5006617-29.2016.4.04.7000 e conexos" (referidos em ato de 21.03.2016), bem assim quaisquer outros aparelhados com o conteúdo da interceptação em tela, ficando determinada também a sustação dos efeitos da decisão que autorizou a divulgação das conversações telefônicas interceptadas.
>
> Brasília, 22 de março de 2016.

À guisa de uma conclusão, colaciono os ensinamentos dos autores Cleber Masson e Vinícius Marçal:

> Se o encontro fortuito alcançar autoridade detentora de foro por prerrogativa de função de modo a indicar a *participação ativa* nos fatos sob investigação, "*as escutas devem ser cessadas* e, em face da unidade processual, os autos devem ser encaminhados integralmente à instância superior para reinício, no grau prevalente, do procedimento criminal"[13] (...) (remessa imediata).
>
> (...)
>
> Recebidos os autos, apenas ao foro superior será dado decidir sobre a conveniência de eventual *desmembramento*, a fim de devolver à instância

13 SALGADO, Daniel Resende. Considerações acerca dos conhecimentos ao acaso a partir das interceptações telefônicas e o foro por prerrogativa de função no STF – análise dogmática e dos precedentes da Suprema Corte. In: SALGADO, Daniel Resende; QUEIROZ, Ronaldo Pinheiro de (orgs.). *A prova no enfrentamento à macrocriminalidade*. Salvador: JusPodivm, 2015. p. 314 e 326.

originária o processamento dos investigados sem foro especial e manter no juízo prevalente o agente com foro privilegiado.

Observe-se, por curial, que, se a participação ativa de agente público com foro privilegiado nos fatos originariamente apurados faz cessar as diligências investigatórias e impõe a remessa imediata dos atos à instância competente, o mesmo não se pode dizer de *meras citações*" (MARÇAL, 2016, p. 254-255).

Referências:

- GOMES, Luiz Flávio. *Natureza jurídica da serendipidade nas interceptações telefônicas*. Disponível em: <http://www.lfg.com.br>.
- LIMA, Renato Brasileiro de. *Legislação criminal especial comentada*. 3. ed. Salvador: JusPodivm, 2015.
- MASSON, Cleber; MARÇAL, Vinícius. *Crime organizado*. 2. ed. São Paulo: Método, 2016.

1.122 O que preconiza a **teoria da tipicidade conglobante**?

De acordo com essa teoria, *para que uma conduta seja crime é necessário que seja proibida pelo ordenamento jurídico globalmente considerado.*

Dessa forma, se o direito permite a conduta, não poderia, ao mesmo tempo, capitulá-la como crime. Além de gerar insegurança jurídica, seria uma incoerência da ordem jurídica vigente fomentar e incentivar uma conduta e ao mesmo tempo incriminá-la.

Nesse contexto, todo fato típico deve ser antinormativo, exigindo, assim, tipicidade legal (correspondência formal) mais tipicidade conglobada (anormalidade da conduta).

A terminologia conglobante significa que a conduta deve ser contrária ao ordenamento jurídico em geral, ou seja, considerado de forma conglobada.

Partindo da premissa de que o tipo penal não pode incriminar uma conduta permitida pelo direito, o exercício regular do direito e o estrito cumprimento do dever legal deixam de ser considerados como causa de exclusão da ilicitude, sendo entendidos como causa excludente da tipicidade penal.

Referências:

- CAPEZ, Fernando. *Curso de direito penal*. 21. ed. São Paulo: Saraiva, 2014. vol. 1.
- NUCCI, Guilherme de Souza. *Manual de direito penal*. 10. ed. Rio de Janeiro: Forense, 2014.

1.123 O que se entende por **torres de vigias** ou **"gatekeepers"**?

Para que a persecução penal funcione de forma eficiente na apuração da lavagem de capitais, é necessária a interação entre três subsistemas: "a) prevenção: composto pelos denominados sujeitos obrigados (Lei 9.613/1998, art. 9.º) e pelos órgãos de inteligência financeira, especialmente o Conselho de Controle de Atividades Financeiras (COAF); b) repressão ou persecução: composto pela Polícia e pelo Ministério Público; c) recuperação de ativos: tarefa desempenhada pelo Ministério Público e por órgãos do Poder Executivo, notadamente o Departamento de Recuperação de Ativos e Cooperação Jurídica Internacional (DRCI)" (LIMA, 2015, p. 470).

Considerando que a lavagem de capital envolve a movimentação de bens, valores ou direitos, a Lei 9.613/1998 estabeleceu mecanismos de controle dos registros de operações consideradas suspeitas, que deverão ser comunicadas ao Conselho de Controle de Atividades Financeiras (COAF) por pessoas físicas ou jurídicas, nos termos do art. 9.º do referido diploma.

Dessa forma, para Renato Brasileiro de Lima, a repressão à lavagem de capitais impõe a cooperação entre o:

> "setor público (polícia, Ministério Público, unidades de inteligência financeira) e o setor privado. Neste sistema que a doutrina denomina de *twin track fight, pessoas físicas ou jurídicas que atuam em campos sensíveis à lavagem de capitais, que exerçam atividades em setores tradicionalmente utilizados pelos lavadores (bancos, corretoras de imóveis, contadores etc.), são caracterizados como gatekeepers, como torres de vigia, pois atuam ou têm acesso aos caminhos e trilhas por meio dos quais flui o dinheiro obtido com crimes ou contravenções penais* (LIMA, 2015, p. 471). (sem grifos no original)"

Referências:

- LIMA, Renato Brasileiro de. *Legislação criminal especial comentada*. 3. ed. Salvador: JusPodivm, 2015.

1.124 No que consiste o "**smurfing**" na Lei de Lavagem de Capitais?

A lavagem de dinheiro envolve, em regra, três etapas:

a) *Colocação* (*placement*): consiste na introdução dos valores ilícitos no sistema financeiro, visando dificultar a vinculação do agente com o resultado da prática do crime antecedente. Dentre as técnicas utilizadas nessa etapa, destaca-se o *smurfing, correspondendo ao fracionamento da quantia a ser lavada em pequenos valores para escapar do controle das instituições financeiras.*

A expressão *smurfing* encontra origem na franquia de mídia "Les Schtroumpfs", *Os Smurfs* (no Brasil) ou *Os Estrumpfes* (em Portugal), criada pelo belga Pierre Culliford, conhecido pelo nome artístico Peyo. A série refere-se a criaturas azuis humanoides de pequena estatura, daí a analogia com o *smurfing* na lavagem de capitais.

b) *Dissimulação ou mascaramento* (*layering*): são realizadas diversas operações econômicas, comerciais e financeiras para encobrir a origem ilícita dos valores.

c) *Integração* (*integration*): os valores são formalmente incorporados ao sistema econômico, com aparência de licitude.

Referências:

- LIMA, Renato Brasileiro de. *Legislação criminal especial comentada*. 3. ed. Salvador: JusPodivm, 2015.

1.125 No que consiste a **valoração paralela na esfera do profano**?

Esta questão causou comoção há alguns anos no concurso do Ministério Público do Estado do Maranhão, pois na época os manuais não tratavam dessa temática. Embora a matéria hoje seja abordada em quase todos os manuais de Direito Penal, trata-se de terminologia exótica. Passemos à sua análise.

A culpabilidade é o juízo de reprovação social incidente sobre o fato e seu autor, ou seja, é o juízo de censura, de reprovabilidade.

O Código Penal adotou a teoria limitada, sendo a culpabilidade composta pela imputabilidade, potencial consciência da ilicitude e exigibilidade de conduta diversa.

Nesse contexto, *a valoração paralela na esfera do profano relaciona-se a potencial consciência da ilicitude.* Profano se refere ao leigo, mundano, àquele que é estranho ao mundo do direito, portanto, desconhece a extensão dos preceitos legais.

Dessa maneira, embora sua conduta seja típica e ilícita, pode ocorrer, de acordo com seus valores sociais, morais, éticos e culturais, de não ter condições de sofrer o juízo de reprovação social, afastando-se, assim, sua culpabilidade.

A valoração paralela na esfera do profano impõe ao magistrado aferir se o agente tinha possibilidade de compreender o caráter ilícito de sua conduta.

A valoração paralela na esfera do profano implica um juízo axiomático, realizado de forma paralela ao conhecimento técnico-jurídico, pelo homem leigo (profano), produzindo, assim, o conhecimento do injusto, ou seja, a consciência profana, não técnico-jurídica, que é suficiente para indicar ao agente leigo que sua conduta é errada (COELHO, 2011).

Referências:

- COELHO, Pedro. *Valoração paralela na esfera do profano*. Disponível em: <http://blog.ebeji.com.br/httpblog-ebeji-com-brvaloracao-paralela-na-esfera-do-profano/#_ftn3>.
- MASSON, Cleber. *Direito penal esquematizado*: parte geral. 8. ed. São Paulo: Método, 2014. vol. 1.

1.126 O que são **crimes de plástico**?

Trata-se de questão cobrada na prova dissertativa cobrada no concurso de ingresso do Ministério Público do Estado de Mato Grosso do Sul.

Os crimes de plástico se contrapõem aos crimes naturais.

São *chamados de crimes naturais as condutas que são incriminadas, em regra, independente de condições de tempo e lugar, do momento histórico ou do ordenamento jurídico* (ex.: furto, roubo e estupro).

Os *crimes de plástico, por sua vez, consistem nas condutas que são incriminadas apenas em determinadas condições de tempo e lugar, refletindo o estágio em que a sociedade se encontra* (ex.: crimes contra a ordem tributária, econômica e financeira, crimes contra o meio ambiente, crimes cibernéticos etc.).

Essa terminologia encontra-se na obra *História do direito penal - crime natural e crime de plástico*, lançada em 2005 pelo Dr. Maximiliano Roberto Ernesto Führer, jurista e Promotor de Justiça do Estado de São Paulo.

Referências:

- COELHO, Pedro. *O que são "crimes de plástico"?* Disponível em: <http://blog.ebeji.com.br/o-que-sao-crimes-de-plastico>.
- MASSON, Cleber. *Direito penal esquematizado*: parte geral. 8. ed. São Paulo: Método, 2014. vol. 1.
- MORAES, Geovane. *O que são crimes de plástico?* Disponível em: <http://www.armador.com.br/wp-posts/o-que-sao-crimes-de-plastico>.

1.127 No que consiste a **infração bagatelar imprópria?**

Ao contrário da infração bagatelar própria, a infração bagatelar imprópria nasce relevante ao Direito Penal, uma vez que existe um efetivo desvalor da conduta e do resultado, mas depois se verifica que a incidência de qualquer pena no caso concreto apresentar-se-ia completamente desconectada e irrelevante.

De acordo com o Supremo Tribunal Federal, para aplicação do princípio da insignificância, também conhecido como princípio da bagatela, devem estar presentes alguns *requisitos de ordem objetiva*, sendo eles:

a) mínima ofensividade da conduta;
b) ausência de periculosidade social da ação;
c) reduzido grau de reprovabilidade do comportamento;
d) inexpressividade da lesão jurídica.

Além dos requisitos de ordem objetiva, o Superior Tribunal de Justiça exige também *requisitos subjetivos*, sendo eles:

a) extensão do dano - importância do objeto material para a vítima, situação econômica da vítima, valor sentimental referente ao bem;
b) circunstâncias e resultado do crime para determinar se houve lesão significante;
c) condições pessoais da vítima (idosa, analfabeta, deficiente físico etc.);
d) condições pessoais do agente.

De acordo com o princípio da bagatela imprópria, embora esteja tipificada a infração penal, não sendo o caso de aplicação do princípio da insignificância própria, a aplicação da reprimenda pode ser reputada desnecessária e inoportuna.

> A análise da pertinência da bagatela imprópria há de ser realizada, obrigatoriamente, na situação fática, e jamais no plano abstrato. Nesse contexto, o fato real deve ser confrontado com um princípio basilar do Direito Penal, qual seja, o da *necessidade da pena*, consagrado no art. 59, *caput*, do Código Penal. O juiz, levando em conta as circunstâncias simultâneas e posteriores ao fato típico e ilícito cometido por agente culpável, deixa de aplicar a pena, pois falta interesse para tanto. Exemplo: "A" cometeu o crime furto privilegiado (CP, art. 155, § 2.º). Dois anos depois do fato, sem ter ainda se verificado a prescrição, nota-se que ele não apresentou nenhum outro deslize em seu comportamento, razão pela qual a pena quiçá revele-se prescindível para atender às finalidades do Direito Penal (MASSON, 2014, p. 37).

Em reconhecimento da importância do instituto e de seus efeitos práticos no âmbito penal, impende trazer a lume as falas do professor Luiz Flávio Gomes:

> O fato em apreço amolda-se, claramente, às circunstâncias exigidas para a aplicação do *princípio da irrelevância penal do fato*, que cuida de *infração bagatelar imprópria* (aquela que nasce relevante para o Direito penal - porque há desvalor da conduta e desvalor do resultado, mas depois se verifica que a incidência de qualquer pena no caso concreto apresenta-se totalmente desnecessária). Não se pode confundir o princípio da insignificância com o princípio da irrelevância penal do fato: aquele está para a infração bagatelar própria assim como este está para a infração bagatelar imprópria. Cada princípio tem seu específico âmbito de incidência (cf. L. F. GOMES, *Princípio da insignificância*, RT). O da irrelevância penal do fato está estreitamente coligado com o princípio da desnecessidade da pena. *Assim, ao "furto" de dez reais deve ser aplicado o princípio da insignificância (porque o fato nasce irrelevante). Ao "roubo" de dez reais, já que estão em jogo bens jurídicos sumamente importantes, como a integridade física, aplica-se o princípio da irrelevância penal do fato (se presentes os seus requisitos).*

Impõe frisar que o substrato legal do reconhecimento dos delitos de bagatela imprópria está hospedado no art. 59 do Código Penal Brasileiro:

> Art. 59. O juiz, atendendo à culpabilidade, aos antecedentes, à conduta social, à personalidade do agente, aos motivos, às circunstâncias e consequências do crime, bem como ao comportamento da vítima, *estabelecerá, conforme seja necessário e suficiente para reprovação e prevenção do crime*: (...).

O princípio da irrelevância penal do fato está interligado com o princípio da desnecessidade da pena.

A terminologia *princípio da bagatela imprópria* também recebe as seguintes nomenclaturas: *infração bagatelar imprópria, princípio da (des) necessidade da pena ou princípio da irrelevância penal do fato.*

Em órbita jurisprudencial, cita precedente do Superior Tribunal de Justiça que, embora tenha reconhecido o princípio, não abraçou a tese no caso concreto. Vejamos:

> Penal. *Habeas corpus*. Cárcere privado. Violência doméstica. *Princípio da bagatela imprópria. Irrelevância penal do fato.* Ação penal pública incondicionada. Ausência de requisitos subjetivos positivos. Maus antecedentes. Reconhecimento da desnecessidade da pena. Impossibilidade. Ordem denegada.
>
> *1. O reconhecimento do princípio da bagatela imprópria permite que o julgador, mesmo diante de um fato típico, deixe de aplicar a pena em razão desta ter se tornado desnecessária, diante da verificação de determinados requisitos.*
>
> 2. No vertente caso, o Tribunal *a quo reconheceu a incidência do princípio da bagatela imprópria quanto ao crime de lesão corporal*, tendo em vista que este se processa mediante ação penal pública condicionada. (...). IV. Ademais, o paciente não reúne requisitos subjetivos positivos, pois foi condenado anteriormente por outros delitos igualmente graves, *o que não permite o reconhecimento da desnecessidade da pena*. V. Ordem denegada, nos termos do voto do Relator (HC 222.093/MS, 5.ª Turma, Rel. Min. Gilson Dipp, j. 07.08.2012, *DJe* 14.08.2012).

Ressalte-se, por fim, que o princípio da bagatela imprópria não tem previsão legal no ordenamento jurídico nacional, permitindo-se o afastamento da pena apenas nos casos em que se admite o perdão judicial.

Referências:

- BRASIL. STJ, HC 222.093/MS, 5.ª Turma, Rel. Min. Gilson Dipp, j. 07.08.2012, *DJe* 14.08.2012.
- GOMES, Luiz Flávio; SOUSA, Áurea Maria Ferraz de. *Roubo, insignificância e princípio da irrelevância penal do fato.* Disponível em: <http://www.lfg.com.br: http://lfg.jusbrasil.com.br/noticias/2270246/artigo-do-dia-roubo-insignificancia-e-principio--da-irrelevancia-penal-do-fato>. Acesso em: 22 abr. 2016.
- MASSON, Cleber. *Direito penal esquematizado*: parte geral. 8. ed. São Paulo: Método, 2014. vol. 1.

1.128 Existe diferença entre **feminicídio** e **femicídio**?

A Lei 13.104/2015 trouxe a previsão do feminicídio como qualificadora do crime de homicídio, inserindo-o ainda no rol de crimes hediondos.

Feminicídio é o homicídio doloso perpetrado em desfavor de mulher por razões da condição de sexo feminino, seja no âmbito de violência doméstica e familiar, seja menosprezando ou discriminando a condição de mulher.

O femicídio é o homicídio contra a mulher, já o feminicídio é o homicídio praticado em desfavor de mulher por razões de gênero.

Márcio André Lopes Cavalcante trata da tipificação do feminicídio em diversas situações, sendo estas (CAVALCANTE, 2015):

Mulher que mata sua companheira homoafetiva: pode haver feminicídio.

Homem que mata seu companheiro homoafetivo: não haverá feminicídio.

Vítima homossexual (sexo biológico masculino): não haverá feminicídio.

Vítima travesti (sexo biológico masculino): não haverá feminicídio.

Transexual que realizou cirurgia de transgenitalização (neovagina) e já obteve a alteração do registro civil, passando a ser considerada mulher para todos os fins de direito: não haverá feminicídio, pois, do ponto de vista genético, continua sendo pessoa do sexo masculino.

No § 2.º-A do art. 121 foi inserida uma norma explicativa visando esclarecer o significado da expressão "razões de condição do sexo feminino". Vejamos:

> § 2.º-A Considera-se que há "razões de condição de sexo feminino" quando o crime envolve:
>
> I - violência doméstica e familiar;
>
> II - menosprezo ou discriminação à condição de mulher.

Referido tema foi objeto de indagação na segunda fase do concurso do Ministério Público do Distrito Federal:

> 6) Em 10.03.2015, "Marlene", deputada federal licenciada para ocupar cargo de secretária de Estado no Governo do Distrito Federal, matou, por esgorjamento, causado após utilização única do instrumento do crime, sua companheira "Emilinha", com quem convivia amorosamente, sob o mesmo teto. "Marlene" atuou impelida pelo fato de não gostar que a vítima trabalhasse à noite em um bar, estabelecimento comercial frequentado por outros potenciais parceiros sexuais, alegando que seu lugar no lar era o de dona de casa. "Marlene" era bem mais forte fisicamente do que a mirrada "Emilinha". O delito foi praticado em local situado na Circunscrição Judiciária de Taguatinga/DF, onde há Tribunal do Júri e também Vara de Violência Doméstica contra a Mulher. A ideia da prática do crime foi apresentada por "Lupicínio", então assessor de "Marlene", que sugeriu até mesmo o tipo de instrumento a ser empregado para o crime, comprando-o e entregando-o a "Marlene". Diante disso: *a) diferencie femicídio de feminicídio*; b) defina esgorjamento, bem como o tipo de ferida ou lesão que o caracteriza, apresentando exemplos de instrumentos capazes de produzi-lo; c) faça, de forma fundamentada, o enquadramento típico - que constaria em eventual denúncia - da conduta de "Marlene"; e d) analise, de forma fundamentada, a competência para o julgamento dos réus. Máximo: 30 linhas (Valor: 10 pontos). (sem grifos no original)

Referências:

- CAVALCANTE, Márcio André Lopes. *Comentários ao tipo penal do feminicídio (art. 121, § 2.º, VI, do CP)*. Disponível em: <http://www.dizerodireito.com.br/2015/03/comentarios-ao-tipo-penal-do.html>. Acesso em: 22 abr. 2016.

1.129 O que se entende por **espiritualização, dinamização, desmaterialização ou liquefação dos bens jurídicos** tutelados pelo Direito Penal?

Tradicionalmente, o ordenamento jurídico penal destinava-se à tutela da pessoa natural, por meio da defesa da vida, integridade física, liberdade do patrimônio, liberdade sexual etc.

No entanto, com o passar do tempo, os bens jurídicos objetos de tutela pelo ordenamento adquiriram novos contornos, abrangendo interesses mais abstratos, antecipando a intervenção da lei ao momento que precede o dano, incriminando-se os crimes de perigo. Além disso, interesses de caráter coletivo e difuso passaram a ser protegidos pelo Direito Penal, transcendendo a tutela individualizada. Nesse contexto, surge a defesa da ordem econômica, do meio ambiente, das relações de consumo e do sistema financeiro.

Tal fenômeno tem sido denominado pela doutrina como *espiritualização, dinamização, desmaterialização ou liquefação do bem jurídico.*

> Com a evolução dos tempos, e visando a antecipação da tutela penal, pois assim mostrou-se possível a prevenção de lesões às pessoas, o Direito Penal passou a também se preocupar com momentos anteriores ao dano, incriminando condutas limitadas à causação do perigo (crimes de perigo concreto e abstrato), ou seja, à exposição de bens jurídicos - notadamente de natureza transindividual - à probabilidade de dano. Exemplificativamente, surgiram crimes ambientais, pois é sabido que a manutenção do meio ambiente sadio e equilibrado é imprescindível à boa qualidade de vida, e do interesse das presentes e futuras gerações, nos moldes do art. 225, *caput*, da Constituição Federal.
>
> A crescente incursão pela seara dos interesses metaindividuais e dos crimes de perigo, especialmente os de índole abstrata - definidos como os delitos em que a lei presume, de forma absoluta, a situação de risco ao bem jurídico penalmente tutelado –, tem sido chamada de *espiritualização, desmaterialização* ou *liquefação* de bens jurídicos no Direito Penal (MASSON, 2014, item 2.2.14.2).

Referências:

- MASSON, Cleber. *Direito penal esquematizado*: parte geral. 8. ed. São Paulo: Método, 2014. vol. 1.

1.130 No que consiste o "**stalking**"?

O stalking é uma forma de violência na qual o sujeito, de forma não consentida, invade a privacidade da vítima, reiterando a mesma ação de forma incessante, podendo caracterizar os crimes de ameaça, constrangimento ilegal ou até mesmo a contravenção penal de perturbação do sossego, a depender das peculiaridades do caso concreto.

Segundo Nestor Sampaio Penteado Filho: "*stalking* é uma modalidade de assédio moral mais grave, notadamente porque se reveste de ilicitude penal. Geralmente ocasiona invasão de privacidade da vítima; reiteração de atos; danos emocionais; danos a sua reputação; mudança de modo de vida e restrição ao direito de ir e vir. Exemplos: ligações no celular, ramalhetes de flores, mensagens amorosas, e-mails indesejáveis, espera na saída do trabalho etc." (PENTEADO FILHO, 2012, p. 142).

Saliente-se que o *stalking* é a forma mais grave de assédio moral, ganhando conotações criminais.

Existem outras espécies de assédio moral que não terão repercussão na esfera penal. Saliente-se, ainda, que o *assédio moral* também é conhecido como *mobbing* (Alemanha) ou *harcèlement moral* (França), correspondendo ao terrorismo psicológico imposto à vítima, sendo tema estudado na criminologia, manifestando-se nos ambientes de trabalho, escolar ou, ainda, no seio de um relacionamento familiar.

No âmbito escolar, esse desejo intencional de maltratar determinada pessoa recebe o nome de *bullying*, citando-se como exemplos: os apelidos pejorativos, a perseguição incessante em virtude de atributos físicos ou intelectuais, entre outras formas.

Referências:

- PENTEADO FILHO, Nestor Sampaio. *Manual esquemático de criminologia*. 2. ed. São Paulo: Saraiva, 2012.

1.131 O que são **leis de luta ou de combate**?

As leis de luta ou de combate são decorrentes do Direito Penal do Inimigo e correspondem às normas que relativizam os direitos e garantias dos acusados. Referidas normas, em regra, são editadas após situações traumáticas vivenciadas pela coletividade, sendo *"leis de ocasião"*.

A doutrina cita como exemplos a Lei dos Crimes Hediondos, a Lei do Crime Organizado e o Regime Disciplinar Diferenciado.

> A relativização das garantias resta assegurada através de instrumentos legislativos, ora denominadas leis de luta ou de combate. Como exemplo, Damásio cita a lei dos crimes hediondos, a lei dos crimes organizados, a incomunicabilidade de presos, o Regime Disciplinar Diferenciado – RDD, dentre outras normas que, de algum modo, mitigam dados princípios e garantias.
>
> As referidas leis são comumente observadas em situações pós-traumáticas experimentadas pela sociedade. É que devido à comoção e o inevitável clamor público, o legislativo edita normas rigorosas visando atacar um delito em especial, razão pela qual, alguns doutrinadores chamam de "leis de ocasião" (LYRA JUNIOR e RODRIGUES).

Referências:

- LYRA JUNIOR, Richard Paes; RODRIGUES, Lincoln Almeida. *Direito penal do inimigo, esse desconhecido*. Disponível em: <http://www.idecrim.com.br/index.php/artigos/127-direito-penal-do-inimigo-esse-desconhecido>. Acesso em: 13 abr. 2016.

1.132 O que é **clichê fônico**?

Trata-se de gíria empregada no meio policial para designar o reconhecimento fonográfico do investigado ou acusado. Corresponde, assim, ao reconhecimento da pessoa através de sua voz, baseando-se nas particularidades desta.

Esse reconhecimento levará em consideração a pronúncia de determinadas palavras, consoantes e vogais, abrangendo o modo de falar, gírias utilizadas e o sotaque regional. Tais elementos conduzem ao clichê fônico, ou seja, ao reconhecimento auditivo do suspeito.

Saliente-se, por fim, que o reconhecimento fonográfico (clichê fônico) não se confunde com o exame pericial de verificação de locutor, no qual o perito irá atestar a autenticidade da voz.

1.133 O que se entende por **Direito Penal demagogo**?

Corresponde ao Direito Penal promocional, utilizado com fins políticos. *Ocorre quando o governante pretende fazer política utilizando o*

Direito Penal, relegando ao esquecimento o princípio da intervenção mínima, emprega a lei penal como um mecanismo para implementar seus próprios interesses. Ou seja, é a utilização do Direito Penal não como mecanismo de controle, mas sim de transformação social (CUNHA, 2015, p. 38).

Referências:

- CUNHA, Rogério Sanches. *Manual de direito penal*: parte geral. 3. ed. Salvador: JusPodivm, 2015.

1.134 No que consiste a **teoria da armadilha** (doutrina do **"entrapment defense"**)?

A teoria da armadilha refere-se ao flagrante provocado pelo agente de polícia, ou seja, trata-se do crime induzido pelo policial, o que conduzirá, no Brasil, a nulidade da prova.

Saliente-se que, de acordo com a Súmula 145 do STF, "não há crime, quando a preparação do flagrante pela polícia torna impossível a sua consumação", desse modo, existirá um crime apenas na aparência, pois não pode o agente chegar a consumar o delito, vez que estaremos diante do crime impossível.

Eduardo Araújo da Silva ensina que na *"jurisprudência norte-americana,* entretanto, o conceito de provocação policial não é interpretado com tanta rigidez, *adotando os tribunais a doutrina do entrapment defense, segundo a qual é lícita a prática de facilidades pelo policial para a prática de um crime,* o que não se confunde com a iniciativa de fazer nascer no suspeito a vontade para a prática do crime, até então inexistente. Exige-se, na prática, a consideração sobre o desígnio criminoso do acusado: se não foi originário da ação policial, havendo predisposição para delinquir, suportará a condenação criminal. *Segundo o entendimento da Suprema Corte, mesmo demonstrado que houve incitação policial para a prática do delito, se a acusação conseguir provar que havia prévia disposição para tanto, o acusado responderá pelo crime praticado"* (SILVA, 2014, p. 101, In: MARÇAL, 2015, p. 213). (sem grifos no original)

Essa questão foi cobrada na prova oral do 58.º Concurso de Ingresso do Ministério Público do Estado de Goiás.

Referências:

- MARÇAL, Vinícius; MASSON, Cleber. *Crime organizado*. São Paulo: Método, 2015.

1.135 No que consiste o **interrogatório sub-reptício**?

O interrogatório sub-reptício ocorre quando há gravação clandestina de conversa informal com o preso, hipótese em que este não consente com a gravação ambiental, e tampouco é advertido de seu direito de permanecer em silêncio.

Nessa hipótese, a gravação ambiental será considerada ilícita.

No entanto, situação diversa ocorre quando os policiais filmam a consumação da prática delitiva (oferecimento de propina após a prisão por outro delito), bem como quando, por meio de conversa informal gravada, o sujeito presta informações que incriminam terceiras pessoas e não a si próprio. Nesses dois casos, a prova será considerada lícita.

Referências:

- LIMA, Renato Brasileiro de. *Legislação criminal especial comentada*. 2. ed. Salvador: JusPodivm, 2014.
- MARÇAL, Vinícius; MASSON, Cleber. *Crime organizado*. São Paulo: Método, 2015.

1.136 O que se entende por **doutrina dos sete critérios** da valoração da duração indevida do processo? Nesse contexto, o que preconiza a regra dos três critérios?

Em relação à duração do processo, o art. 5.º, LXXVIII, da Constituição Federal, segundo Aury Lopes Jr., adotou a *"doutrina do não prazo"*, o que levou os tribunais nacionais a adotar quatro referenciais para delimitação de eventual excesso na instrução:

- complexidade do caso;
- atividade processual do interessado;
- conduta das autoridades judiciárias;
- princípio da razoabilidade.

A chamada *"doutrina dos sete critérios"* foi desenvolvida quando do julgamento do caso "Wemhoff" (1968), mas acabou sendo superada pela *regra dos três critérios:* a) a complexidade do caso; b) a atividade processual do interessado; e c) a conduta das autoridades judiciárias.

Colhem-se da obra de Aury Lopes Jr. os seguintes ensinamentos:

Foi no caso "Wemhoff" (STEDH de 27.06.1968) que se deu o primeiro passo na direção da definição de certos critérios para a valoração da "duração indevida", através do que se convencionou chamar de "doutrina dos sete critérios". Para valorar a situação, a Comissão sugeriu que a razoabilidade da prisão cautelar (e consequente dilação indevida do processo) fosse aferida considerando-se:

a) a duração da prisão cautelar;

b) a duração da prisão cautelar em relação à natureza do delito, à pena fixada e à provável pena a ser aplicada em caso de condenação;

c) os efeitos pessoais que o imputado sofreu, tanto de ordem material como moral ou outros;

d) a influência da conduta do imputado em relação à demora do processo;

e) as dificuldades para a investigação do caso (complexidade dos fatos, quantidade de testemunhas e réus, dificuldades probatórias etc.);

f) a maneira como a investigação foi conduzida;

g) a conduta das autoridades judiciais.

Tratava-se de critérios que deveriam ser apreciados em conjunto, com valor e importância relativos, admitindo-se, inclusive, que um deles fosse decisivo na aferição do excesso de prazo.

Mas a doutrina dos sete critérios não restou expressamente acolhida pelo TEDH como referencial decisivo, mas tampouco foi completamente descartada, tendo sido utilizada pela Comissão em diversos casos posteriores e servido de inspiração para um referencial mais enxuto: a *teoria dos três critérios básicos;* a saber:

a) a complexidade do caso;

b) a atividade processual do interessado (imputado);

c) a conduta das autoridades judiciárias.

Esses três critérios têm sido sistematicamente invocados, tanto pelo TEDH, como também pela Corte Americana de Direitos Humanos. Ainda que mais delimitados, não são menos discricionários (LOPES JR., 2014, p. 191). (sem grifos no original)

Referências:

- LOPES JR., Aury. *Direito processual penal*. 11. ed. São Paulo: Saraiva, 2014.
- MARÇAL, Vinícius; MASSON, Cleber. *Crime organizado*. São Paulo: Método, 2015.

1.137 O que são as **velocidades do Direito Penal**?

O tema "velocidades" do Direito Penal é tratado pelo professor *Jesus-Maria Silva Sanchez*, que o divide em:

a) *Primeira velocidade*: utiliza preferencialmente a pena privativa de liberdade.

b) *Segunda velocidade*: incorpora duas tendências, quais sejam: a flexibilização proporcional de determinadas garantias penais e processuais aliada à adoção das medidas alternativas à prisão.

c) *Terceira velocidade – Direito Penal do Inimigo*: utiliza-se a pena privativa de liberdade, mas permite a flexibilização de garantias materiais e processuais.

d) *Quarta velocidade – neopunitivismo:* relaciona-se com o Direito Penal Internacional caracterizado pelo alto nível de incidência política e pela seletividade, com elevado desrespeito às regras básicas do Poder Punitivo. O neopunitivismo destaca como um movimento afeto ao pan-penalismo, buscando o aumento do arsenal punitivo estatal, inclusive de forma mais severa que o Direito Penal do Inimigo.

Referências:

- MASSON, Cleber. *Direito penal esquematizado*: parte geral. 8. ed. São Paulo: Método, 2014. vol. 1.

1.138 No que consiste o **Direito Penal do Inimigo**?

O Direito Penal do Inimigo corresponde a uma teoria desenvolvida pelo Professor *Günther Jakobs*, que preconiza, basicamente, a divisão do Direito Penal em: direito penal do cidadão e direito penal do inimigo.

Compreende-se por cidadão o indivíduo que até pode praticar crimes de forma isolada em sua vida, mas que respeita a estrutura do Estado. Nesse caso, aplicar-se-ia o direito penal do cidadão, ou seja, o direito penal tal como o conhecemos repleto de direitos e garantias.

A transição da figura do cidadão para o inimigo dar-se-ia através das seguintes etapas: prática de crimes graves; torna-se reincidente; torna-se um criminoso habitual, começa a fazer do crime o seu meio de vida; passa a integrar uma organização criminosa; e, por fim, vira terrorista.

Essa teoria foi criada na década de 1980 e permaneceu silente até a queda das Torres Gêmeas em 2001.

O direito penal do inimigo é um direito de guerra e, dessa forma, o Estado não é obrigado a obedecer a regras preestabelecidas, o importante é vencer o inimigo.

Para cumprir tal objetivo, segundo Jakobs, será permitida a flexibilização ou até mesmo a eliminação de direitos e garantias, permitindo-se, por exemplo, a utilização da tortura como meio de obtenção de provas.

Segundo Guilherme de Souza Nucci:

> *Direito penal do inimigo:* é um modelo de direito penal, cuja finalidade é detectar e separar, dentre os cidadãos, aqueles que devem ser considerados os *inimigos* (terroristas, autores de crimes sexuais violentos, criminosos organizados, dentre outros). Estes não merecem do Estado as mesmas garantias humanas fundamentais, pois, como regra, não respeitam os direitos individuais dos membros da sociedade civilizada. As punições devem ser severas e, se necessário, desproporcionais à gravidade do delito. O mais importante é segregar aqueles que estão em constante *guerra* contra o Estado (NUCCI, 2014, Capítulo XXI).

Referências:

- MASSON, Cleber. *Direito penal esquematizado*: parte geral. 8. ed. São Paulo: Método, 2014. vol. 1.
- NUCCI, Guilherme de Souza. *Manual de direito penal*. 10. ed. Rio de Janeiro: Forense, 2014.

1.139 Em que consiste o **dolo enantiomórfico**?

O denominado dolo enantiomórfico ocorre quando ambas as partes agem dolosamente, um visando causar prejuízo ao outro, utilizando meios contrários à boa-fé. Trata-se do conhecido dolo recíproco, compensado ou bilateral.

André Teixeira, sobre o tema, ensina que "(...) o Dolo Enantiomórfico, também conhecido como dolo compensado, nada mais é do que um dolo recíproco (ou bilateral), ou seja, é aquele em que AMBAS as partes agem dolosamente, um tentando prejudicar o outro mediante o emprego de artifícios ardilosos. Em regra, a solução para questões assim será a compensação total das condutas movidas pela má-fé, não cabendo sequer qualquer indenização a título de perdas e danos (pois compensar-se-ão), tampouco a anulação do negócio (ficando tudo como está)" (TEIXEIRA, 2013, p. 1).

No Direito Penal o tema ganha relevância no crime de estelionato, cabendo perquirir se há tipificação do estelionato no caso de torpeza bilateral.

Nelson Hungria entendia que o Direito Penal não tutela a má-fé da vítima, sendo o fato atípico.

No entanto, a maioria da doutrina e a jurisprudência dos Tribunais Superiores encontram-se em sentido oposto.

Ensina Cleber Masson que os argumentos pela existência do crime são os seguintes:

> a) não se pode ignorar a má-fé do agente que utilizou a fraude e obteve a vantagem ilícita em prejuízo alheio, nem o fato de a vítima ter sido ludibriada, e, reflexamente, ter suportado prejuízo econômico;
>
> b) a boa-fé da vítima não é elementar do tipo contido no art. 171, *caput*, do Código Penal; e
>
> c) a reparação civil do dano interessa somente à vítima, enquanto a punição do estelionatário interessa a toda a coletividade (MASSON, 2014, 2.9.1.15).

Referências:

- MASSON, Cleber. *Direito penal esquematizado*: parte especial, arts. 121 a 212. 6. ed. São Paulo: Método, 2014. vol. 2.
- TEIXEIRA, André. *O que vem a ser dolo enantiomórfico??* Disponível em: <http://www.artedosconcursos.com/2013/01/o-que-vem-ser-dolo-enantiomorfico.html>. Acesso em: 16 abr. 2016.

1.140 O que preconiza a **teoria das janelas quebradas?**

A teoria das janelas quebradas (*Broken Windows Theory*) fundamenta-se num experimento no campo da psicologia social, conduzido nos Estados Unidos pelo professor Phillip Zimbardo da Universidade Stanford, em 1969.

Dois automóveis idênticos foram abandonados em vias públicas, sendo um no violento bairro do Bronx, em Nova York, e outro em Palo Alto, bairro rico situado na Califórnia, para analisar se a cultura e a realidade social heterogênea influenciariam no resultado.

No Bronx o carro foi rapidamente destruído pela ação de vândalos, que subtraíram seus componentes. Já em Palo Alto o veículo permaneceu intacto, fato que indicaria, nesse primeiro estágio, que a pobreza é fator determinante da prática dos crimes.

Todavia, num segundo estágio, os pesquisadores resolveram quebrar um dos vidros no automóvel situado em Palo Alto, o que ocasionou um processo idêntico àquele do Bronx, sendo o veículo rapidamente destruído.

Tal alteração demonstrou que a mola propulsora do crime não é a pobreza, mas, sim, a sensação de impunidade, pois o vidro danificado do automóvel transmite o sentimento de despreocupação com as regras elementares de civilidade e convivência.

James Q. Wilson e George L. Kelling, em 1982, desenvolveram a *teoria das janelas quebradas* (*broken windows theory*), que *preconiza que a maior incidência dos crimes ocorre nos locais em que a desordem é mais acentuada*. "*Com efeito, quando se quebra a janela de uma casa e nada se faz, implicitamente se estimula a destruição do imóvel como um todo. De igual modo, se uma comunidade demonstra sinais de deterioração e isto parece não importar a ninguém, ali a criminalidade irá se instalar.* Nesse sentido, se são cometidos 'pequenos' delitos (lesões corporais leves, furtos etc.), sem a imposição de sanções adequadas pelo Estado, abre-se espaço para o cometimento de crimes mais graves, tais como: homicídios, roubos, latrocínios e tráfico de drogas" (MASSON, 2014, item 32.11). (sem grifos no original)

> A teoria das janelas quebradas foi inicialmente aplicada na década de 1980 no metrô de Nova York, que havia se convertido no ponto mais perigoso da cidade, mediante o combate às pequenas infrações, a exemplo das pichações deteriorando as paredes e os vagões, sujeira nas estações, consumo de álcool pelos usuários e não pagamento de passagens. A estratégia foi certeira e eficaz, e em pouco tempo constatou-se profunda melhora, convertendo-se o metrô em local limpo e seguro.
>
> Em 1994, Rudolph Giuliani, então prefeito de Nova York, acolhendo as premissas da teoria das janelas quebradas e a experiência do metrô, implantou a política de "*tolerância zero*", com a finalidade de vedar qualquer violação da lei, independentemente do seu grau. Os adeptos dessa linha de pensamento destacam que não se trata de tolerância zero no tocante à pessoa do responsável pelo delito, mas em relação ao próprio delito (MASSON, 2014, item 32.11).

Referências:

- MASSON, Cleber. *Direito penal esquematizado*: parte geral. 8. ed. São Paulo: Método, 2014. vol. 1.

1.141 O que se compreende por **barriga de aluguel** no contexto das interceptações telefônicas?

No relatório final da CPI das Escutas Telefônicas, o deputado Nelson Pellegrino (PT-BA) sugeriu que fosse incluído na legislação um dispositivo exigindo que o juiz fundamentasse a interceptação de cada uma das linhas, evitando, assim, a interceptação de homônimos e as "barrigas de aluguel".

As "barrigas de aluguel", no contexto das interceptações telefônicas, consistem na inclusão de números de telefones de pessoas estranhas à investigação, para apuração de fato diverso daquele apontado na motivação do pedido e/ou representação de interceptação telefônica.

Consta do referido relatório: "Com o necessário zelo, cautela e rigor por parte das autoridades, muitas mazelas poderão ser evitadas, tais como a interceptação de homônimos, e as 'barrigas de aluguel', em que números de telefones de pessoas estranhas à investigação são inseridos no pedido feito à autoridade judicial, que atuando sem a devida cautela e zelo, autoriza a medida. O resultado: violações à intimidade e privacidade de cidadãos brasileiros, com graves consequências para sua vida particular e de sua família".

Referências:

- *Policial é demitida por incluir telefone em grampo*. Disponível em: <http://www.conjur.com.br/2013-out-01/policial-demitida-incluir-telefone-interesse-particular-grampo>.

1.142 No que consiste a **interceptação de prospecção**?

A interceptação de comunicações telefônicas é uma medida de caráter subsidiário, só podendo ocorrer quando a prova não puder ser realizada por outros meios disponíveis (art. 2.º, II, da Lei 9.296/1996), vedando-se a chamada interceptação de prospecção.

A interceptação de prospecção é aquela realizada para descobrir se determinada pessoa está envolvida na prática de alguma infração penal, ou seja, destina-se a sondar ou averiguar.

Parte de meras conjecturas, permitindo uma invasão indevida na intimidade do cidadão, procedimento que afronta o preceito legal, além de afrontar preceito constitucional, haja vista que, sopesando os valores em conflito (segurança pública *x* intimidade), tal procedimento destoa da razoabilidade ao permitir que qualquer pessoa seja interceptada, sem nenhum fato ou indício que possa legitimar tal medida.

Como ensina Luiz Flávio Gomes:

> não existe interceptação telefônica pré-delitual, fundada em mera conjectura ou periculosidade (de uma situação ou de uma pessoa). Não é possível interceptação telefônica para verificar se determinada pessoa, contra a qual inexiste qualquer indício, está ou não cometendo algum crime. É absolutamente defesa a chamada interceptação de prospecção, desconectada da realização de um fato delituoso, sobre o qual ainda não se conta com indícios suficientes. No nosso *ius positum*, em suma, só se admite a interceptação pós-delitual (...). A interceptação, em suma, destina-se a provar um delito que já está sendo investigado, não a comprovar que o agente está ou não delinquindo (GOMES, 2015, p. 200).

Referências:

- GOMES, Luiz Flavio. *Legislação criminal especial*. São Paulo: RT, 2009. p. 347.
- MARÇAL, Vinicius; MASSON, Cleber. *Crime organizado*. São Paulo: Método, 2015.

1.143 No Direito Penal, o que são **corpos errantes em busca de alma?**

Os "corpos errantes em busca da alma" no Direito Penal são as normas penais em branco. Existem de forma física no universo jurídico, mas não são aplicadas em vista da incompletude. A lei penal em branco ou norma penal em branco também é denominada de lei ou norma cega ou aberta, em que o preceito primário necessita de complementação por outra lei ou ato da Administração

Pública. O preceito primário, que descreve o tipo penal, está incompleto; já o preceito secundário está completo.

Segundo Cleber Masson, "para Franz von Liszt, leis penais em branco são como 'corpos errantes em busca de alma'. Existem fisicamente no universo jurídico, mas não podem ser aplicadas em razão de sua incompletude. A lei penal em branco é também denominada de cega ou aberta, e pode ser definida como a espécie de lei penal cuja definição da conduta criminosa reclama complementação, seja por outra lei, seja por ato da Administração Pública. O seu preceito secundário é completo, o que não se verifica no tocante ao primário, carente de implementação" (MASSON, 2015, p. 163).

Referências:

- MASSON, Cleber. *Direito penal esquematizado*: parte geral. 9. ed. São Paulo: Método, 2015. vol. 1.

1.144 **Terminologias** diversas referentes a **homicídios**

Existem inúmeras terminologias consagradas pela língua portuguesa referentes aos diversos tipos de assassinatos.

Embora haja termos absurdos que jamais seriam cobrados em concursos, é importante conhecê-los.

Por tais motivos, apresentamos o seguinte rol:

- *Conjucídio*: é ato de assassinato de um cônjuge cometido pelo outro cônjuge.
- *Femicídio*: é o homicídio contra mulher. Já feminicídio, como dito anteriormente, é o homicídio praticado em desfavor de mulher por razões de gênero.
- *Feminicídio*: é o homicídio doloso perpetrado em desfavor de mulher por razões da condição de sexo feminino, seja no âmbito de violência doméstica e familiar, seja menosprezando ou discriminando a condição de mulher.
- *Filicídio*: ato de matar o próprio filho.
- *Fratricídio*: ato de matar o próprio irmão.
- *Gnaticídio*: ato de matar o próprio filho (forma menos usada de filicídio).
- *Infanticídio*: ato de matar criança(s).

- *Magnicídio – o "assassinato de uma pessoa ilustre"*: assassinato de grande homem, de pessoa ilustre. Quem pratica esse assassinato é o *magnicida*.
- *Mariticídio*: ato de matar o próprio marido.
- *Matricídio*: ato de matar a própria mãe.
- *Parricídio*: ato de matar o pai, a mãe ou qualquer dos ascendentes.
- *Presidenticídio*: ato de assassinar o Presidente.
- *Regicídio*: ato de matar rei ou rainha.
- *Sororicídio*: ato de matar a própria irmã.
- *Tiranicídio*: assassinato de um tirano.
- *Uxoricídio*: ato de matar a própria esposa.

Referências:

- *Aulete Digital*. Disponível em: <http://www.aulete.com.br/magnic%C3%ADdio>. Acesso em: 24 abr. 2016.
- CAVALCANTE, Márcio André Lopes. *Comentários ao tipo penal do feminicídio (art. 121, § 2.º, VI, do CP)*. Disponível em: <http://www.dizerodireito.com.br/2015/03/comentarios-ao-tipo-penal-do.html>. Acesso em: 22 abr. 2016.
- *Dicionário Priberam da Língua Portuguesa* [em linha], 2008-2013. Disponível em: <http://www.priberam.pt/dlpo/presidentic%c3%addio>. Acesso em: 24 abr. 2016.
- *Feminicídio, deicídio, fordicídio e os vários tipos de assassinato*. Disponível em: <https://dicionarioegramatica.com.br/tag/gnaticidio/>. Acesso em: 24 abr. 2016.

1.145 O que é **biandria** na seara jurídica?

O prefixo do latim "bi" significa dois. Já o prefixo do grego "andros" corresponde a homem. Dessa forma, no contexto jurídico, a junção desses termos significa ***o crime cometido pela mulher que se casa com dois homens simultaneamente***.

> *BIANDRIA – Casamento de uma mulher com dois homens simultaneamente (1) (...)* O hibridismo de BIANDRIA talvez se deva à analogia com BIGAMIA, também híbrido. Ora, o bi, ideia de dois, é prefixo latino, e o radical, tanto de bigamia, quanto de biandria, é grego: γαμος e ανηρ – ανδρος, respectivamente. Como se trata de termo técnico, erudito, por isso mesmo de uso restrito, melhor seria a formação regular, ou seja, expressar a ideia de dois através do prefixo grego διϛ e formar DIANDRIA, muito pouco usado,

porque a preferência é pelo genérico BIGAMIA. Quanto a este, é preferível deixar o hibridismo como está, já consagrado, e que jamais cederia lugar para DIGAMIA. O rendimento enfim do termo BIANDRIA (*bi*, latim dois e *andros*, grego homem) é praticamente zero. O hibridismo não tem curso, pelo que sequer chega a arranhar a norma gramatical. Interessante é que se criou do gênero bigamia o específico único biandria (casamento de uma mulher com dois homens simultaneamente), sem a oposição biginia, de γυνη - αίχος (mulher), para designar especialmente o casamento de um homem com duas mulheres simultaneamente). O certo que se trata de artificialismo que não se vingou. O casamento simultâneo, tanto de uma mulher com dois homens, quanto de um homem com duas mulheres, vai para a vala comum da BIGAMIA[14] (BERNARDES, 2010, p. 1).

Referências:

- BERNARDES, Pedro Junqueira. *Termos jurídicos - sentido etimológico II*. Disponível em: <http://pedrojunqueirabernardes.blogspot.com.br/2010/05/termos-juridicos--sentido-etimologico-ii.html>. Acesso em: 26 abr. 2016.
- PIRAGIBE, Humberto Magalhães; MALTA, Christóvão Piragibe Tostes. *Dicionário jurídico*. 4. ed. Rio de Janeiro: Ed. Trabalhistas.

1.146 O que é **bínubo** na seara jurídica?

O bínubo na seara jurídica corresponde à pessoa que se casa duas vezes, sendo o segundo casamento realizado quando já extinto o primeiro.

(...) 2 - *Bínubo - "Pessoa que se casa duas vezes, sendo o segundo matrimônio contraído quando já extinto o primeiro"*. Segundo De Plácido e Silva, é aplicado para significar o fato de um novo casamento, ou casamento sucessivo, ou seja, para indicar a pessoa que se casou duas vezes[15].

Rigorosamente não significa "pessoa que se casa duas vezes", (Piragibe) e nem "o fato de um novo casamento", De Plácido e Silva. Significa casado pela segunda vez, pois o vocábulo não deriva de "*bis*, dois, e *nubere*, casar". Deriva de *bis*, dois e *nubus* ou *nuptus*, particípio de *nubo*, de valor adjetivo, casado. Curiosa é a etimologia da palavra. É a mesma de nuvem. *Nubes*, *nubis*, significa nuvem, sombra, infortúnio. Em grego é *nephele*.

14 PIRAGIBE, Humberto Magalhães; MALTA, Christóvão Piragibe Tostes. *Dicionário jurídico*. 4. ed. Rio de Janeiro: Ed. Trabalhistas.

15 SILVA, De Plácido e. *Vocabulário jurídico*. 15. ed. Rio de Janeiro: Forense, 1998.

> Da mesma raiz, pois, de *nubes, nubis* (nuvem), o latim possui o verbo *nubo, nubis, nupsi, nuptum, nubere*, com o sentido de cobrir com o véu, velar, cobrir, como cobrem as nuvens, casar, em relação às mulheres. A translação, segundo Arraes, proveio do fato de usarem as noivas o véu. Ainda de acordo com o mesmo filólogo, ocorreu o mesmo com o grego, onde *nephéle* é nuvem, e *nymphe* é noiva. *Nympheuma*, casamento e *nympheuomai*, casar.
>
> A raiz é bem representada: núpcias – casamento; conúbio – casamento; núbil – casadoura, que está em idade de casar; nubiloso – nebuloso; nubente – que é noivo ou noiva etc. (BERNARDES, 2010, p. 1). (sem grifos no original)

Referências:

- BERNARDES, Pedro Junqueira. *Termos jurídicos – sentido etimológico II*. Disponível em: <http://pedrojunqueirabernardes.blogspot.com.br/2010/05/termos-juridicos--sentido-etimologico-ii.html>. Acesso em: 26 abr. 2016.
- PIRAGIBE, Humberto Magalhães; MALTA, Christóvão Piragibe Tostes. *Dicionário jurídico*. 4. ed. Rio de Janeiro: Ed. Trabalhistas.

1.147 O que é o **furto por efração** ou **efração no furto**?

O art. 155, § 4.º, I, do Código Penal brasileiro prevê a figura do *furto por efração* (ou *efração no furto*), que nada mais é *do que o furto que se qualifica pelo rompimento ou destruição de obstáculo*, ou seja, por arrombamento. A propósito, confira o aludido dispositivo legal citado *in verbis*:

> Art. 155. Subtrair, para si ou para outrem, coisa alheia móvel:
>
> Pena – reclusão, de um a quatro anos, e multa.
>
> Furto qualificado
>
> § 4.º A pena é de reclusão de dois a oito anos, e multa, se o crime é cometido:
>
> *I – com destruição ou rompimento de obstáculo à subtração da coisa*; (grifo nosso)

Assim, *efração* é o furto que se qualifica pelo rompimento ou destruição de obstáculo – o arrombamento.

Referências:

- DELLAZARI, Douglas. *O furto é qualificado quando há efração?* Disponível em: <http://websta.me/n/direitoforadeserie> e <http://websta.me/p/1188604113204029583_2336531545>. Acesso em: 26 abr. 2016.

1.148 O que preconiza a **teoria da coculpabilidade** (co-culpabilidade) e a **coculpabilidade às avessas** no Direito Penal?

A teoria da coculpabilidade (co-culpabilidade) preconiza que ao Estado deve ser imputada a corresponsabilidade pelo cometimento de determinadas infrações penais praticadas pelo indivíduo que possui autodeterminação de menor alcance, diante das circunstâncias do caso concreto, principalmente no que se refere a condições sociais e econômicas, o que enseja menor reprovação social.

Dito de outra maneira, o conceito de coculpabilidade no Direito Penal vem sendo interpretado no sentido de que pessoas com baixo nível educacional, social, cultural e econômico e aquisitivo devem receber amenização da pena ao cometerem crimes, uma vez que o Estado teria uma parcela de responsabilidade em vista desse indivíduo, porquanto não propiciou situação diversa. O resultado prático é que o indivíduo, nesse caso, deve ter a pena atenuada.

O fundamento para tanto, na acepção de uma corrente, estaria no art. 59 do Código Penal, e, para outra corrente, estaria no art. 66 do Código Penal, que autoriza ao juiz, por meio da chamada pela doutrina de atenuante inominada, atenuar a pena por situação relevante. A propósito, veja o art. 66 do diploma legal: "Art. 66. A pena poderá ser ainda atenuada em razão de circunstância relevante, anterior ou posterior ao crime, embora não prevista expressamente em lei".

Por outro lado, a *teoria da coculpabilidade às avessas* é extraída com a inversão do sentido da teoria da coculpabilidade, como o próprio nome sugere (às avessas).

Desse turno, a pessoa de alto nível social, educacional, cultural e econômico, portadora de ensino superior, em eventual prática de infração penal, deveria ter sua culpabilidade com maior reprovabilidade social, em vista de uma pessoa de baixo nível cultural e econômico. Aqui o resultado prático é que o indivíduo, nesse caso, deveria ter a pena agravada ou aumentada e um tratamento de política criminal mais gravoso.

A teoria da coculpabilidade às avessas (coculpabilidade às avessas) é dividida em duas perspectivas.

Nesse sentido, Eduardo Bernardini Gonçallo leciona que:

> Desta forma, a *coculpabilidade às avessas* se divide em duas perspectivas:
>
> 1.ª - *É o abrandamento da aplicação da pena* nos crimes praticados por pessoas de alto poder socioeconômico, como é o caso da extinção da punibilidade pelo pagamento da dívida nos crimes contra a ordem tributária, previstos na Lei 8.137/1990, *quando na verdade, essas mesmas pessoas deveriam sofrer um maior rigor na aplicação da pena, porquanto tiveram maiores oportunidades perante a sociedade.*
>
> 2.ª - *É a criação pelo Estado de leis que incriminem as condutas passíveis de estarem sujeitas somente as pessoas de menor capacidade socioeconômica*, como é caso da vadiagem e mendicância, já mencionadas acima (GONÇALLO, 2015, p. 1).

Grégore Moura assim explica a coculpabilidade às avessas: "A corresponsabilidade estatal no cometimento de determinados delitos varia de acordo com as condições socioeconômicas e culturais do agente (inclusão social em sentido amplo). Quanto menor esta (inclusão social) maior aquela (corresponsabilidade estatal). Tomando por base o outro lado da moeda, teríamos: quanto melhor as condições socioeconômicas e culturais do agente, menor a corresponsabilidade do estado; logo maior a reprovação social" (MOURA, 2006, p. 46).

A teoria da coculpabilidade às avessas surge como uma crítica acerca do abrandamento à sanção de infrações penais perpetradas por pessoas com alto poder econômico, educacional, social e cultural, como no caso dos "crimes de colarinho branco" (crimes contra a ordem econômica e tributária). Para essas situações, no Brasil se prevê apenas a extinção da punibilidade pelo pagamento da dívida nos crimes contra a ordem tributária. Nota-se que essa situação colide com o que se pretende alcançar por meio da teoria da coculpabilidade, pois, em vez de se lançar tratamento mais rigoroso às pessoas de maior poder aquisitivo, beneficia o criminoso melhor dotado economicamente.

O Superior Tribunal de Justiça[16] já foi chamado para decidir sobre o princípio da coculpabilidade e, na ocasião, refutou a tese, sob o

16 "*Habeas corpus*. Tráfico de drogas. Condenação. Apelação julgada. Pretensões de absolvição e desclassificação. Via inadequada. Exame aprofundado das provas. *Teoria da coculpabili-*

argumento de que a tese alicerçada de que o Estado teria contribuição para o indivíduo na prática delitiva não serviria para isentá-lo de responsabilidade penal ou para o Estado ser, de alguma maneira, condescendente ao criminoso, como condição de verdadeiro prêmio para agentes que não assumem a sua responsabilidade social e fazem da criminalidade um meio de vida.

A teoria da coculpabilidade recebe algumas críticas, como: atribuir que a criminalidade tem origem na pobreza (o que não é verdade); reforçar o papel seletivo do Direito Penal e marginalização do indivíduo, entre outras.

Eugenio Raul Zaffaroni[17] prefere a terminologia teoria da vulnerabilidade. Para Zaffaroni, o indivíduo vulnerável que não possui educação, cultura ou estrutura familiar e é marginalizado é que deve sofrer uma repressão penal mais amena com atenuante.

Por fim, em verdade, a chamada coculpabilidade é uma dimensão do próprio conceito de culpabilidade enquanto circunstância legal a atenuar ou agravar a pena.

Referências:

- BRASIL. STJ, HC 187.132/MG 2010/0185087-8, Rel. Min. Maria Thereza de Assis Moura, Data de publicação: 18.02.2013.
- GONÇALLO, Eduardo Bernardini. *Coculpabilidade às avessas*. Disponível em: <https://jus.com.br/artigos/36869/coculpabilidade-as-avessas>. Acesso em: 25 abr. 2016.
- MOURA, Grégore. *Do princípio da co-culpablidade*. Niterói: Impetus, 2006.
- QUEIROZ, Paulo. *Co-culpabilidade?* Disponível em: <http://www.pauloqueiroz.net/co-culpabilidade/>. Acesso em: 25 abr. 2016.

---

dade do Estado. Não configuração. Ordem denegada. 1. Hipótese em que as instâncias originárias examinaram, com profundidade, os elementos de convicção produzidos nos autos da ação penal, concluindo pela condenação do paciente. Inviável atender a pretensão defensiva, de absolvição ou desclassificação da conduta, nesta via estreita do *mandamus*, em que vedado o revolvimento fático-probatório. 2. O Superior Tribunal de Justiça não tem admitido a aplicação da teoria da *coculpabilidade do Estado* como justificativa para a prática de delitos. Ademais, conforme ressaltou a Corte estadual, sequer restou demonstrado ter sido o paciente prejudicado por suas condições sociais. 3. *Habeas corpus* denegado" (STJ, HC 187.132/MG 2010/0185087-8, Rel. Min. Maria Thereza de Assis Moura, Data de publicação: 18.02.2013).

17 GOMES, Luiz Flávio. *O que se entende por teoria da vulnerabilidade?* Disponível em: <http://professorlfg.jusbrasil.com.br/artigos/121923492/o-que-se-entende-por-teoria-da-vulnerabilidade>. Acesso em: 25 abr. 2016.

1.149 O que é **culpa temerária**?

A culpa temerária é espécie da culpa excessivamente intensa, ou seja, corresponde à graduação do delito culposo e se dá quando o desvio de dever objetivo de cuidado é verdadeiramente imenso, assumindo grandes proporções significativas.

Trata-se de uma ação perigosa e de resultado com margem alta de probabilidade de ocorrer, em razão da conduta a ser adotada. Assim, há culpa temerária quando o desvio do dever objetivo de cuidado assume proporções de dimensões significativas.

Na verdade, a *culpa temerária* é terminologia equivalente à *culpa gravíssima* ou a *culpa elevada, significativa, excessivamente intensa, excessivamente imensa, negligência grosseira ou excessivamente acentuada*.

A promotora de justiça Selma Pereira de Santana sustenta que:

> "Na evolução da dogmática jurídico-penal, ainda que existam aqueles que considerem dispensável a graduação da culpa, e outros, até, que a condenem, vários critérios foram e são utilizados para configurar e delimitar praticamente a culpa temerária, que corresponde ao conceito clássico de culpa lata.
>
> *A culpa temerária representa um tipo de culpa substancialmente elevado, determinante de uma moldura penal agravada. É indispensável que se esteja perante uma ação particularmente perigosa e de um resultado de verificação altamente provável à luz da conduta adotada, mas que se tem de alcançar, ainda, a prova autônoma de que o agente, não omitindo a conduta, revelou uma atitude particularmente censurável de leviandade ou de descuido perante o comando jurídico-penal* (SANTANA, 2010, p. 1)."

A doutrina lusitana (portuguesa) denomina a *culpa temerária* de *negligência grosseira*. O instituto da culpa temerária já foi inserido por legislações alienígenas como de Portugal, Espanha, Itália e Alemanha.

No Brasil, o tema ainda é pouco tratado, pois, com a reforma da Parte Geral do Código Penal, promovida pela Lei 7.209/1984, o legislador substituiu as antigas expressões "intensidade do dolo" e "graus da culpa" pela circunstância judicial da culpabilidade, compreendendo o juízo de reprovação social imposto ao fato e ao seu autor.

Antes da reforma o art. 42 do Código Penal preconizava:

> *Fixação da pena*
>
> Art. 42. Compete ao juiz, atendendo aos antecedentes e à personalidade do agente, à *intensidade do dolo ou grau da culpa*, aos motivos, às circunstâncias e consequências do crime:
>
> I - determinar a pena aplicável, dentre as cominadas alternativamente;
>
> II - fixar, dentro dos limites legais, a quantidade da pena aplicável.

Após a Reforma Penal de 1984 não existe mais graduação de culpa no direito penal brasileiro, pouco importando se a culpa é levíssima, leve ou grave. Em todos os casos há punição, devendo as peculiaridades do caso concreto ser valoradas na culpabilidade, circunstância judicial prevista no art. 59 do Código Penal.

> Art. 59. O juiz, atendendo à *culpabilidade*, aos antecedentes, à conduta social, à personalidade do agente, aos motivos, às circunstâncias e consequências do crime, bem como ao comportamento da vítima, estabelecerá, conforme seja necessário e suficiente para reprovação e prevenção do crime:
>
> I - as penas aplicáveis dentre as cominadas;
>
> II - a quantidade de pena aplicável, dentro dos limites previstos;
>
> III - o regime inicial de cumprimento da pena privativa de liberdade;
>
> IV - a substituição da pena privativa da liberdade aplicada, por outra espécie de pena, se cabível.

Referências:

- GOMES, Luiz Flávio. *Crimes no trânsito: culpa temerária e eficientismo penal.* Disponível em: <http://institutoavantebrasil.com.br/crimes-no-transito-culpa-temeraria-e-eficientismo-penal/>. Acesso em: 23 abr. 2016.
- NUCCI, Guilherme de Souza. *Manual de direito penal.* 10. ed. Rio de Janeiro: Forense, 2014.
- SANTANA, Selma Pereira de. *Penal - a culpa temerária.* Carta Forense. Disponível em: <http://www.cartaforense.com.br/conteudo/artigos/a-culpa-temeraria/5327>. Acesso em: 23 abr. 2016.

1.150 O que é **crime jabuticaba**?

Até antes da Segunda Guerra Mundial, a tortura não era alvo de atenção, assim, não havia a preocupação mundial pela tortura, todavia, após a Segunda Guerra nasce um sentimento de repúdio à tortura, o que foi um campo fértil para Tratados e Convenções Internacionais a repudiando.

No Brasil, cercado por esse espírito, a Constituição da República Federativa do Brasil de 1988 inaugurou, em seu art. 5.º, III, o repúdio à tortura. Diga-se de passagem que é uma das poucas garantias constitucionais absolutas para a maioria da doutrina.

Em linguagem simplista, tortura é a imposição de dor física ou psicológica apenas por prazer, crueldade. Pode ser entendida também como uma forma de intimidação ou meio utilizado para obtenção de uma confissão ou alguma informação importante.

Ressalte-se que a lei de tortura no Brasil não define o que é tortura, mas diz quais comportamentos constituem o crime de tortura.

Alberto Silva Franco tece duras críticas em alguns aspectos da Lei de Tortura, sendo a mais grave o fato de no novo diploma legal o tipo da tortura não ter sido estruturado "como crime próprio – aquele que requer, no sujeito ativo, uma determinada qualidade – mas sim, como crime comum, isto é, aquele que pode ser executado por qualquer pessoa" (FRANCO, 1997, p. 58).

Assim, o tratamento da tortura como crime comum só ocorre no Brasil, por isso Alberto Silva Franco usa o termo "jabuticaba" – uma vez que essa fruta somente existe no Brasil –, em forma de comparar essa fruta com o tratamento da tortura como crime comum (que pode ser praticado por qualquer pessoa e não apenas por agentes estatais).

Desse modo, no Brasil, o crime de tortura destoou da tortura dos Tratados Internacionais, uma vez que tratou a tortura como crime comum (praticado por qualquer pessoa), não se exigindo qualidade de representante estatal, por isso é "crime jabuticaba ou crime de jabuticaba", *uma vez que essa fruta só tem no Brasil, assim como o tratamento da tortura como crime comum.*

Em outras palavras, o Brasil é o único país que trata o aludido crime como comum, diferente do que ocorre em outros países, onde é considerado como crime próprio.

Essa pergunta foi realizada na prova oral de Delegado de Polícia Federal, por isso, para os críticos de terminologias exóticas e excêntricas, fica o alerta de que o importante é ampliar os conhecimentos e estar preparado para enfrentar questões dessa envergadura.

Referências:

- FRANCO, Alberto Silva. Tortura: breves anotações sobre a Lei n. 9.455/97. *Revista Brasileira de Ciências Criminais*, São Paulo, n. 19, jul.-set. 1997.

1.151 O que é **norma penal em branco de fundo constitucional**?

As normas penais em branco possuem diversas classificações e, dentre elas, nos interessa a norma penal em branco de fundo constitucional.

A norma penal em branco de fundo constitucional é aquela em que o complemento do preceito primário encontra-se em norma constitucional. O exemplo encontrado na doutrina é sobre o crime de abandono intelectual, definido no art. 246 do Código Penal, pois o conceito de "instrução primária" é encontrado e localizado no art. 208, I, da Constituição da República Federativa do Brasil.

Ao tratar da norma penal em branco de fundo constitucional, Cleber Masson diz que:

> a) Lei penal em branco em sentido lato ou homogênea: o complemento tem a mesma natureza jurídica e provém do mesmo órgão que elaborou a lei penal incriminadora. Veja-se o art. 169, parágrafo único, I, do Código Penal, complementado pelo Código Civil, pois lá está a definição de tesouro (art. 1.264). Além disso, tanto a lei civil como a penal têm como fonte de produção o Poder Legislativo federal (CF, art. 22, inc. I). Pode ser homovitelina, quando a lei incriminadora e seu complemento (outra lei) encontram-se no mesmo diploma legislativo, ou heterovitelina, se estiverem alocadas em diplomas diversos.
>
> b) Lei penal em branco em sentido estrito ou heterogênea: o complemento tem natureza jurídica diversa e emana de órgão distinto daquele que elaborou a lei penal incriminadora. É o caso dos crimes previstos na Lei 11.343/2006 – Lei de Drogas –, editada pelo Poder Legislativo federal, mas complementada por portaria da Agência Nacional de Vigilância Sanitária (Portaria SVS/MS 344/1998), pertencente ao Poder Executivo, pois nela está a relação das drogas.
>
> Veja-se também o julgado do Superior Tribunal de Justiça:
>
> O art. 1.º, I, da Lei 8.176/1991, ao proibir o comércio de combustíveis "em desacordo com as normas estabelecidas na forma da lei", é norma penal em

> branco em sentido estrito, porque não exige a complementação mediante lei formal, podendo sê-lo por normas administrativas infralegais, estas, sim, estabelecidas "na forma da lei".
>
> c) Lei penal em branco inversa ou ao avesso: o preceito primário é completo, mas o secundário reclama complementação. Nesse caso, o complemento deve ser obrigatoriamente uma lei, sob pena de violação ao princípio da reserva legal. Exemplos dessa espécie de lei penal em branco são encontrados nos artigos 1.º a 3.º da Lei 2.889/1956, relativos ao crime de genocídio.
>
> d) *Lei penal em branco de fundo constitucional: o complemento do preceito primário constitui-se em norma constitucional. É o que se verifica no crime de abandono intelectual, definido no art. 246 do Código Penal, pois o conceito de "instrução primária" encontra-se no art. 208, inc. I, da Constituição Federal* (MASSON, 2015, p. 163). (sem grifos no original)

A norma penal em branco de fundo constitucional é também chamada de lei penal em branco de fundo constitucional.

Referências:

- MASSON, Cleber. *Direito penal esquematizado*: parte geral. 9. ed. São Paulo: Método, 2015. vol. 1.

1.152 O que é **sicário** no Direito Penal?

O sicário é o executor (homicida) do homicídio perpetrado em face da vítima, mediante pagamento do mandante àquele – executor (sicário).

O penalista Rogério Sanches Cunha, sobre o *sicário*, elucida que:

> 
>
> 2.3.2.1 Mediante paga ou promessa de recompensa ou por outro motivo torpe
>
> Prevê o inciso I o homicídio praticado por motivo torpe, isto é, quando a razão do delito for vil, ignóbil, repugnante e abjeta.
> O clássico exemplo está estampado logo na primeira parte do inciso em comento, com o *homicídio mercenário ou por mandato remunerado*. Aqui o executor pratica o crime movido pela ganância do lucro, é dizer, em troca de alguma recompensa prévia ou expectativa do seu recebimento (matador profissional ou *sicário*) (CUNHA, 2015, p. 53). (sem grifos no original)

Portanto, o *sicário* é o executor no *homicídio mercenário ou por mandato remunerado*, ou seja, cometido mediante paga ou promessa de recompensa (art. 121, § 2.º, I[18], do Código Penal).

A terminologia sicário já foi empregada pelo Supremo Tribunal Federal, consoante se visualiza na ementa a seguir:

> Prisão preventiva. *Crime de homicídio praticado por sicário contratado e pago pelo mandante*. Indícios suficientes da coautoria, devidamente demonstrados no despacho que decretou a prisão preventiva, os quais, por si, justificam a medida cautelar. "Habeas corpus" indeferido. Recurso a que se nega provimento (STF, RHC 60.908/SP, 1.ª Turma, Min. Soares Muñoz, j. 03.05.1983, *DJ* 20.05.1983, p. 7053, *Ement.* vol-01295-01, p. 186).

Adiante, anota-se que há divergência na doutrina se a qualificadora em tela é simples circunstância, com aplicação limitada ao executor do crime (o homicida que mata em vista da remuneração), ou se será aplicada também ao mandante, configurando elementar objetiva.

Prevalece a segunda corrente pelo menos na esfera jurisprudencial dos Tribunais Superiores. Nesta senda, o Superior Tribunal de Justiça decidiu que:

> *Habeas corpus*. Homicídio mediante paga. Exclusão de qualificadoras. Inviabilidade. Paga ou promessa de recompensa. Comunicabilidade. Recurso que impossibilitou a defesa da vítima. Revolvimento do conjunto fático-probatório. Impossibilidade.
>
> 1. *No homicídio mercenário, a qualificadora da paga ou promessa de recompensa é elementar do tipo qualificado e se estende ao mandante e ao executor.*
>
> 2. Para se excluir a qualificadora do recurso que impossibilitou a defesa da vítima é indispensável o revolvimento do material fático-probatório, o que é vedado na via do *habeas corpus*.
>
> 3. Ordem denegada (STJ, HC 99.144/RJ, Rel. Min. Og Fernandes, j. 04.11.2008).

---

18 "Art. 121. Matar alguém:

Homicídio qualificado

§ 2.º Se o homicídio é cometido:

I – mediante paga ou promessa de recompensa ou por outro motivo torpe".

Cite-se ainda mais precedentes nessa direção: STF: HC 71.582/MG, *DJ* 09.06.1995; STJ: HC 56.825/RJ, *DJ* 19.03.1997, e REsp 658.512/GO, *DJ* 07.04.2008.

Destaca-se também que a natureza da paga ou promessa de recompensa é extremamente discutida se o *homicídio mediante paga ou promessa de recompensa (excluindo aqui por outro motivo torpe)* reclamaria apenas vantagem econômica ou se poderia ser outro tipo de vantagem que não a econômica (como, por exemplo, promessa de casamento com a própria pessoa instigadora ou com terceira)? Em resposta à indagação, prevalece o entendimento de que a recompensa deve ter natureza econômica.

Por fim, outras terminologias empregadas para designar *sicário* são as seguintes: *matador de aluguel, matador de recompensa, matador profissional*, entre outras.

Referências:

- BRASIL. STF, RHC 60.908/SP, 1.ª Turma, Min. Soares Muñoz, j. 03.05.1983, *DJ* 20.05.1983, p. 7.053, *Ement*. vol-01295-01, p. 186.
- BRASIL. STJ, HC 56.825/RJ, *DJ* 19.03.1997, e REsp 658.512/GO, *DJ* 07.04.2008. HC 99.144/RJ, Rel. Min. Og Fernandes, j. 04.11.2008.
- CUNHA, Rogério Sanches. *Manual de direito penal*. Parte especial (arts. 121 ao 361). Volume único. 7. ed. rev., atual. e ampl. Salvador: JusPodivm, 2015.
- GUIMARÃES, Leonardo. *O que significa o termo sicário?* Disponível em: <http://leo-guima13.blogspot.com.br/2011/09/o-que-significa-o-termo-sicario.html>. Acesso em: 25 abr. 2016.

1.153 O que se entende por **vítima primária, secundária e terciária?**

A *vítima primária* é aquela que sofre diretamente as consequências da infração penal. É a vítima atingida materialmente pela ótica do Direito Penal (a pessoa que tem o bem jurídico atingido ou posto em risco pela conduta do agente criminoso).

A *vítima secundária* é a dupla vitimização da vítima, ou seja, é a vítima atingida tanto pela ação da infração penal diretamente, como pela má atuação dos órgãos encarregados da persecução penal (Polícia Judiciária, Ministério Público e Poder Judiciário).

A *vítima terciária* é o meliante (autor do crime) que sofre alguma violência no decorrer da persecução penal, como tortura.

Na Criminologia, Edson Luz Knippel assevera que as vítimas são divididas da seguinte forma:

> *Espécies de vítima.*
>
> *a) primária:* sofre diretamente as consequências da prática da infração penal. É chamada vítima material do Direito Penal (titular do bem jurídico atingido ou exposto a risco pela prática do crime).
>
> *b) secundária:* trata-se da hipótese de dupla vitimização. Além de ser atingida diretamente pela prática do crime, também sofre com a má-atuação dos órgãos do poder estatal, tais como Polícia Judiciária, Ministério Público e Magistratura.
>
> *c) terciária:* trata-se do autor do crime, que sofre algum tipo de violência durante a persecução penal (KNIPPEL, 2010, p. 495).

O assunto é relevante e já caiu em várias provas de concursos.

Referências:

- KNIPPEL, Edson Luz *et al.* Criminologia. In: GONZAGA, Alvaro de Azevedo; ROQUE, Nathaly Campitelli (coord.). *Vade Mecum Humanístico*. São Paulo: RT, 2010.

1.154 O que é o "labelling approach"?

O labelling approach é o etiquetamento social do indivíduo criminoso e está ligado à seletividade no sistema penal.

O *labelling approach* surge nos Estados Unidos e esse novo paradigma trazido pelo tema tem por objeto de análise o sistema penal e o fenômeno de controle.

Cesar Herrero leciona que, "para o *labelling approach*, a delinquência, o crime, não é um fenômeno ontológico, mas sim definitorial. É dizer, que não existe tanto a criminalidade quanto a incriminação. Uma incriminação não obediente a critérios objetivos (de proteção ao verdadeiro bem comum) senão dependente de critérios de grupo, parciais, discriminadores e dirigidos contra os que estão longe do êxito, do dinheiro e do poder" (HERRERO, 1997, p. 299).

Raíssa Zago Leite da Silva discorre acerca do *labelling approach*:

Edwin M. Lemert[19], um autor muito relevante para o *Labelling Approach*, destaca que são dois os tipos de desvios existentes: o primário e o secundário.

Com isso, ele estabelece que o desvio primário ocorre por fator sociais, culturais ou psicológicos. O indivíduo delinque por circunstâncias sociais, como observamos no paradigma da reação social. Já o desvio secundário é consequência da incriminação, da estigmatização, da reação social negativa a respeito daquele *outsider*. Os efeitos psicológicos causados pela rotulação são tão danosos ao indivíduo que ele se torna marginalizado e excluído da sociedade. Ele passa a entrar na carreira criminosa. Sobre a consequência do desvio primário e o desencadeamento no desvio secundário, vale transcrever o pensamento de *Shecaira*:[20] "Quando os outros decidem que determinada pessoa é *non grata*, perigosa, não confiável, moralmente repugnante, eles tomarão contra tal pessoa atitudes normalmente desagradáveis, que não seriam adotadas com qualquer um. São atitudes a demonstrar a rejeição e a humilhação nos contatos interpessoais e que trazem a pessoa estigmatizada para um controle que restringirá sua liberdade. É ainda estigmatizador, porque acaba por desencadear a chamada desviação secundária e as carreiras criminais".

Baratta[21] escreve a respeito do desvio secundário, quando cita *Lemert* em seu livro: "(...) sobre o desvio secundário e sobre carreiras criminosas, põem-se em dúvida o princípio do fim ou da prevenção e, em particular, a concepção reeducativa da pena. Na verdade esses resultados mostram que a intervenção do sistema penal, especialmente as penas detentivas, antes de terem um efeito reeducativo sobre o delinquente determinam, na maioria dos casos, uma consolidação da identidade desviante do condenado e o seu ingresso em uma verdadeira e própria carreira criminosa. (...) pode-se observar, as teorias do *labelling* baseadas sobre a distinção entre desvio primário e desvio secundário, não deixaram de considerar a estigmatização ocasionada pelo desvio primário também como uma causa, que tem seus efeitos específicos na identidade social e na autodefinição das pessoas objeto de reação social (...)".

Com isso, podemos observar que, além do efeito do desvio primário trazido pelas instâncias de controle sob o indivíduo marginalizado, o desvio secundário somente afirma essa marginalização, fazendo com que o agente infrator, excluído da sociedade pela pena privativa de liberdade, consolide seu *status* de criminoso que o perseguirá além dos muros da prisão.

---

19 *Apud* BARATTA, Alessandro. *Criminologia crítica e crítica do direito penal*: introdução à sociologia do direito penal. 3. ed. Rio de Janeiro: Revan, 2002. p. 89.

20 SHECAIRA, Sérgio Salomão. *Criminologia*. São Paulo: RT, 2004. p. 291.

21 BARATTA, Alessandro. *Criminologia crítica e crítica do direito penal*: introdução à sociologia do direito penal. 3. ed. Rio de Janeiro: Revan, 2002. p. 90-91.

> Esse *status* de criminoso influenciará a vida do indivíduo, que poderá não ter outra forma de sobreviver em sociedade senão dentro do crime, pois, em decorrência do rótulo, esse agente dificilmente conseguirá se reposicionar na sociedade, por já ter sido um "desviante" (SILVA, 2015, p. 1).

O argentino Eugenio Raúl Zaffaroni, em observação acerca do *labelling approach*, afirma que "estes estereótipos permitem a catalogação dos criminosos que combinam com a imagem que corresponde à descrição fabricada, deixando de fora outros tipos de delinquentes (delinquência de colarinho branco, dourada, de trânsito etc.)" (ZAFFARONI, 1991, p. 130).

Os órgãos de controle, tanto informais, quanto formais, abordados no *labelling approach*, estigmatizam o indivíduo que não se insere na sociedade, impondo a ele que se torne um desviante, o que traz graves consequências à vida daquele que recebeu o rótulo – o etiquetamento.

Segundo Molina, os principais postulados do "labeling approach" são:

> 1) Interativismo simbólico e construtivismo social: (...)
>
> 2) Introspecção simpatética como técnica de aproximação à realidade criminal: (...)
>
> 3) Natureza definidora do delito: (...)
>
> 4) Caráter constitutivo do controle social: (...)
>
> 5) Seletividade e discriminatoriedade do controle social: (...)
>
> 6) Efeito criminógeno da pena: (...)
>
> 7) Paradigma de controle: (...).

Ressalte-se que há duas tendências no *labelling approach*: uma radical e uma moderada[22].

Por fim, a terminologia *labelling approach* é também denominada de "teoria do *labelling approach*", "teoria interacional da infração" e "teoria da reação social".

---

22 A seleção tomamos a MOLINA, Antonio García-Pablos de. *Criminología*: una introducción a sus fundamentos teóricos para juristas. Valencia: Tirant lo Blanch, 1996, p. 229, que faz a seguinte observação: "Ainda que o enfoque *labelling* tenha se consolidado como modelo teórico na década de setenta, cabe considerar antecedentes do mesmo a obra de MEAD (1917), THOMAS (1923), TANNENBAUM (1938) e LEMERT (1951). Algumas investigações empíricas também seguiram os postulados interacionistas: assim, os de OPP; PETERS Y PEUKERT, na Alemanha; e as de LEMERT (1976), NETTER (1978), TITTLE (1974), WELLFORD (1975), PATERNOSTER-IOVANI (1984) etc.".

Referências:

- BARATTA, Alessandro. *Criminologia crítica e crítica do direito penal*: introdução à sociologia do direito penal. 3. ed. Rio de Janeiro: Revan, 2002.
- HERRERO, César Herrero. *Criminologia*: parte general y especial. Madrid: Dykinson, 1997.
- MOLINA, Antonio García-Pablos de. *Criminología*: una introducción a sus fundamentos teóricos para juristas. Valencia: Tirant lo Blanch, 1996.
- SILVA, Raíssa Zago Leite da. *Labelling approach*: o etiquetamento social relacionado à seletividade do sistema penal e ao ciclo da criminalização. Instituto Brasileiro de Ciências Criminais (IBCCRIM). *Revista Liberdades*, n. 18, jan.-abr. 2015. Disponível em: <https://www.ibccrim.org.br/revista_liberdades_artigo/225-Artigo>. Acesso em: 26 abr. 2016.
- SHECAIRA, Sérgio Salomão. *Criminologia*. São Paulo: RT, 2004.
- ZAFFARONI, Eugenio Raúl. *Em busca das penas perdidas*: a perda de legitimidade do sistema penal. Rio de Janeiro: Revan, 1991.

1.155 O que é "strepitus judicii"?

Strepitus judicii *consiste no escândalo provocado pela propositura da ação penal, principalmente nos processos penais relativos aos crimes contra a dignidade sexual.*

Douglas Dellazari anuncia que "*strepitus judicii* é o escândalo provocado pela propositura da ação, notadamente nos processos penais relativos aos crimes contra a dignidade sexual. Latim; 1. Barulho judicial; 2. Escândalo causado pela divulgação de fato que consta de um processo; 3. Publicidade ou excessiva exposição de determinado fato em decorrência da existência de uma ação" (DELLAZARI, 2015, p. 1).

Bruno Baqueiro Rios explica, acerca do *strepitus judicii*, que:

> (...) Passemos agora a analisar o polêmico *strepitus judici*, ou, o escândalo do processo.
>
> *Há casos em que a publicidade do crime, proporcionada pela instauração do processo, acaba sendo tão gravosa para o ofendido, que ele pode preferir o sigilo a ver a punição do infrator.* Nesses casos, a vítima tem a exclusividade da ação penal, para decidir se quer ver seu agressor punido ou não. Diante desses fatos cabe um questionamento; nesses casos, o instituto da representação não atenderia aos objetivos da ação penal privada?
>
> Ao responder essa pergunta afirmativamente, boa parte da doutrina, assim com nós mesmos, discorda também desta razão de existência da ação penal

privada. Até porque, se a vítima quiser acompanhar o processo de perto, pode fazê-lo como assistente, que, segundo o Código de Processo Penal, pode propor meios de prova, requerer reperguntas às testemunhas, aditar as alegações finais, participar do debate oral, arrazoar recursos interpostos pelo Ministério Público ou por ele mesmo, e contra-arrazoar os interpostos pela defesa.

Geralmente, os chamados "crimes sexuais" são os maiores exemplos de possíveis causadores de gravames à vítima, com a exposição do fato através do processo. Nesses casos, não se pode exigir que a vítima, totalmente fragilizada, compareça a audiências, interrogatórios ou se submeta a exames constrangedores, participando ativamente do processo como titular da ação penal. Mesmo nesses casos, o Estado deve tomar a frente da ação penal em busca de uma persecução penal eficaz, até porque, inúmeras vezes a vítima não procura a justiça por medo de sofrer retaliações e os crimes acabam aumentando a chamada "cifra negra".

Se tais situações fossem casos de ação penal pública condicionada haveria a proteção à intimidade da vítima, porque a ela caberia representar pelo início da ação e ainda a desoneraria quanto aos trâmites do processo e também das despesas processuais. No mesmo sentido: "Somos que o instituto da representação já atenderia aos ponderáveis interesses que se busca tutelar através da ação privada" (JARDIM, 2003, p. 85). (sem grifos no original)

Referências:

- DELLAZARI, Douglas. *Você conhece a expressão "strepitus judicii"?* Disponível em: <http://websta.me/n/direitoforadeserie> e <http://www.pikore.com/m/1166906830813145741_2336531545>. Acesso em: 26 abr. 2016.
- RIOS, Bruno Baqueiro. *Críticas à ação penal privada*. Disponível em: <http://www.direitonet.com.br/artigos/exibir/3039/Criticas-a-acao-penal-privada>. Acesso em: 26 abr. 2016.

1.156 O que é "homicidium ex-insidiis"?

O *homicidium ex-insidiis* é a terminologia que se confere ao *homicídio qualificado pela emboscada (ou tocaia).*

Na emboscada (ou tocaia), o agente, de maneira escondida, fica aguardando a passagem da vítima pelo local para matá-la.

Euclides Custódio da Silveira diz que o homicídio qualificado pela emboscada é também conhecido como *homicidium ex-insidiis* ("agguato", dos italianos, ou "guet-apens", dos franceses) (SILVEIRA, 1959, p. 79).

Na mesma direção, Cleber Masson, sobre o tema, afirma que: "Emboscada é a tocaia. O agente aguarda escondido, em determinado local, a passagem da vítima, para matá-la quando ali passar. A emboscada pode ser praticada tanto em área urbana como em área rural. O homicídio por ela qualificado é também conhecido como *homicidium ex-insidiis* ('agguato', dos italianos, ou 'guet-apens', dos franceses)" (MASSON, 2015, p. 56).

Referências:

- MASSON, Cleber. *Direito penal esquematizado*: parte especial. 7. ed. São Paulo: Método, 2015. vol. 2.
- SILVEIRA, Euclides Custódio da. *Direito penal*. Crimes contra a pessoa. São Paulo: Max Limonad, 1959.

1.157 O que foram os **homicídios ou assassinatos Tylenol?**

Trata-se de um caso de assassinatos em série que causou grande impacto na sociedade norte-americana. Após uma série de mortes misteriosas em Chicago, entre os dias 29 de setembro e 4 de outubro de 1982, concluiu-se que Mary Kellerman, três membros da família Janus e Greg Blagg haviam utilizado o medicamento Tylenol extraforte, falecendo minutos após o uso. Realizados os exames laboratoriais, constatou-se que as cápsulas estavam contaminadas com cianureto mortal.

O medicamento foi recolhido das prateleiras nos Estados Unidos da América, Canadá, Grã-Bretanha, Noruega, Itália, Filipinas e Coreia do Sul. Após inspeção nas fábricas, concluiu-se que as medidas de segurança utilizadas no processo de fabricação eram impermeáveis e as possibilidades de contaminação interna estavam na casa de uma em um milhão.

A polícia concluiu que o medicamento contaminado foi comprado ou roubado, perfurado para a introjecção do veneno pelo assassino e depois introduzido de forma sub-reptícia nas prateleiras das lojas, onde foi adquirido por inúmeras vítimas.

A repercussão desse caso na sociedade americana gerou mudanças, exigindo-se que os medicamentos patenteados tivessem embalagens mais seguras. Outra medida implementada contra o envenenamento foi o *caplet* – cápsula mais sólida que não pode ser aberta e contaminada.

Até hoje o caso permanece em aberto, tendo-se comprovado sete mortes por envenenamento pelo uso do Tylenol contaminado.

Referências:

- NEWTON, Michael. *A enciclopédia de Seria Killers*: um estudo de um deprimente fenômeno criminoso, dos "anjos da morte" ao matador do "Zodíaco". São Paulo: Madras, 2014.

1.158 Em que consiste a **busca exploratória** na seara processual penal?

A busca exploratória consiste na permissão conferida, por meio de ordem judicial, aos agentes policiais ou executores para realizarem diligência sem qualquer arrecadação ou apreensão de elementos informativos considerados pertinentes para as investigações. Essa modalidade inovadora de diligência exploratória mira apenas efetuar o registro dos elementos no ambiente ou promover a instalação de equipamentos de captação ambiental, de forma discreta, para melhor avaliação quanto à deflagração da operação.

O ingresso e exploração na busca domiciliar exploratória do local deve ser delineado pela ausência de publicidade e sigilo total (com a redundância necessária), sem incidir a inteligência do art. 245 do Código de Processo Penal, que disciplina o procedimento de busca que determina a ciência ao morador do teor do mandado judicial.

Maurício Manica Gössling ensina que a "(...) busca exploratória possibilita que os agentes executores do mandado realizem a diligência secretamente, sem a publicidade típica deste ato. Em investigações de grande complexidade, que normalmente perduram por vários meses, pode haver a necessidade da realização de uma busca quando a operação ainda não está 'madura', em estágio inadequado para o desencadeamento de ações ostensivas. Aí entra a busca exploratória, pois permite a execução da diligência de forma velada, sem o risco de jogar por terra o sigilo da investigação em andamento" (GÖSSLING, 2008, p. 30).

O delegado de polícia Márcio Adriano Anselmo, sobre busca exploratória no processo penal, explica que:

> (...) A partir de fundamentação no artigo 2.º, IV, da Lei 9.034/1995, cujo texto dispunha que "em qualquer fase de persecução criminal são permitidos, sem prejuízo dos já previstos em lei, os seguintes procedimentos de investigação e formação de provas: (...) IV – a captação e a interceptação ambiental de sinais eletromagnéticos, óticos ou acústicos, e o seu registro e análise, mediante circunstanciada autorização judicial", foi autorizado o

> ingresso sigiloso da autoridade policial, durante a noite, a fim que procedesse ao registro e análise de sinais obtidos no escritório do investigado, mediante duas modalidades de diligências: primeiro, a busca exploratória, em que se diligenciou a fim de identificar elementos de prova no local, efetuando-se os devidos registros; segundo, para instalação de equipamentos de captação de sinais acústicos. "(...) Trata-se, portanto, de uma inovação no instituto da busca domiciliar, em que o agente ingressa no local, mas, sem qualquer arrecadação ou apreensão de elementos considerados pertinentes, apenas efetua o registro dos mesmos. Por imperativo óbvio, tal ingresso e exploração do local deve ser marcado pela ausência de publicidade e absoluto sigilo, sem a aplicação do artigo 245 do Código de Processo Penal, que estabelece o procedimento da busca, determinando a ciência ao morador do teor do mandado judicial".

O instituto da busca exploratória foi implementado na denominada Operação Policial Hurricane – Inquérito 2.424 (STF), em investigação que visava desarticular organização criminosa envolvendo magistrados (dentre eles um ministro do Superior Tribunal de Justiça), um Procurador Regional da República e um advogado, na suposta prática dos crimes de quadrilha, corrupção passiva e prevaricação. Nessa medida da busca exploratória, foi autorizado o ingresso em escritório de advocacia, no período noturno, visando o registro de informações úteis, além da instalação de equipamento de captação ambiental.

No julgamento mencionado *supra* o Supremo Tribunal Federal decidiu que:

> (...) 8. Prova. Criminal. *Escuta ambiental e exploração de local.* Captação de sinais óticos e acústicos. Escritório de advocacia. Ingresso da autoridade policial, no período noturno, para instalação de equipamento. Medidas autorizadas por decisão judicial. Invasão de domicílio. Não caracterização. Suspeita grave da prática de crime por advogado, no escritório, sob pretexto de exercício da profissão. Situação não acobertada pela inviolabilidade constitucional. Inteligência do art. 5.º, X e XI, da CF, art. 150, § 4.º, III, do CP, e art. 7.º, II, da Lei 8.906/1994. Preliminar rejeitada. Votos vencidos. Não opera a inviolabilidade do escritório de advocacia, quando o próprio advogado seja suspeito da prática de crime, sobretudo concebido e consumado no âmbito desse local de trabalho, sob pretexto de exercício da profissão. (...) (STF, Inq. 2.424/RJ, Tribunal Pleno, Rel. Min. Cezar Peluso, *DJ* 26.03.2010).

Adiante, no Informativo 529 do Supremo Tribunal Federal, sobre o mesmo inquérito policial foram delineados os fundamentos sobre a busca exploratória esposados aqui:

> "Prosseguindo, rejeitou-se a preliminar de ilicitude da prova de escuta ambiental, por ausência de procedimento previsto em lei. Sustentava a defesa que a Lei 9.034/1995 não teria traçado normas procedimentais para a execução da escuta ambiental, razão pela qual a medida não poderia ser adotada no curso das investigações. Entendeu-se não proceder a alegação, tendo em vista que a Lei 10.217/2001 deu nova redação aos artigos 1.º e 2.º da Lei 9.034/1995, definindo e regulando meios de prova e procedimentos investigatórios que versem sobre ilícitos decorrentes de ações praticadas por quadrilha ou bando ou organizações ou associações criminosas de qualquer tipo. Salientou-se o disposto nesse art. 2.º, na redação dada pela Lei 10.217/2001 ("Em qualquer fase de persecução criminal são permitidos, sem prejuízo dos já previstos em lei, os seguintes procedimentos de investigação e formação de provas: (...) IV – a captação e a interceptação ambiental de sinais eletromagnéticos, óticos ou acústicos, e o seu registro e análise, mediante circunstanciada autorização judicial;"), e concluiu-se pela licitude da escuta realizada, já que para obtenção de dados por meio dessas formas excepcionais seria apenas necessária circunstanciada autorização judicial, o que se dera no caso. *Asseverou-se, ademais, que a escuta ambiental não se sujeita, por motivos óbvios, aos mesmos limites de busca domiciliar, sob pena de frustração da medida, e que, não havendo disposição legal que imponha disciplina diversa, basta a sua legalidade a circunstanciada autorização judicial.*
>
> Afastou-se, de igual modo, a preliminar de ilicitude das provas obtidas mediante instalação de equipamento de captação acústica e acesso a documentos no ambiente de trabalho do último acusado, porque, para tanto, a autoridade adentrara o local três vezes durante o recesso e de madrugada. *Esclareceu-se que o relator, de fato, teria autorizado, com base no art. 2.º, IV, da Lei 9.034/1995, o ingresso sigiloso da autoridade policial no escritório do acusado, para instalação dos referidos equipamentos de captação de sinais acústicos, e, posteriormente, determinara a realização de exploração do local, para registro e análise de sinais ópticos.* Observou-se, de início, que tais medidas não poderiam jamais ser realizadas com publicidade alguma, sob pena de intuitiva frustração, o que ocorreria caso fossem praticadas durante o dia, mediante apresentação de mandado judicial. Afirmou-se que a Constituição, no seu art. 5.º, X e XI, garante a inviolabilidade da intimidade e do domicílio dos cidadãos, sendo equiparados a domicílio, para fins dessa inviolabilidade, os escritórios de advocacia, locais não abertos ao público, e onde se exerce profissão (CP, art. 150, § 4.º, III), e que o art. 7.º, II, da Lei 8.906/1994 expressamente assegura ao advogado a inviolabilidade do seu escritório, ou local de trabalho, de seus arquivos e

dados, de sua correspondência, e de suas comunicações, inclusive telefônicas ou afins, salvo caso de busca ou apreensão determinada por magistrado e acompanhada de representante da OAB. *Considerou-se, entretanto, que tal inviolabilidade cederia lugar à tutela constitucional de raiz, instância e alcance superiores quando o próprio advogado seja suspeito da prática de crime concebido e consumado, sobretudo no âmbito do seu escritório, sob pretexto de exercício da profissão. Aduziu-se que o sigilo do advogado não existe para protegê-lo quando cometa crime, mas proteger seu cliente, que tem direito à ampla defesa, não sendo admissível que a inviolabilidade transforme o escritório no único reduto inexpugnável de criminalidade.* Enfatizou-se que os interesses e valores jurídicos, que não têm caráter absoluto, representados pela inviolabilidade do domicílio e pelo poder-dever de punir do Estado, devem ser ponderados e conciliados à luz da proporcionalidade quando em conflito prático segundo os princípios da concordância. Não obstante a equiparação legal da oficina de trabalho com o domicílio, julgou-se ser preciso recompor a *ratio* constitucional e indagar, para efeito de colisão e aplicação do princípio da concordância prática, qual o direito, interesse ou valor jurídico tutelado por essa previsão. *Tendo em vista ser tal previsão tendente à tutela da intimidade, da privatividade e da dignidade da pessoa humana, considerou-se ser, no mínimo, duvidosa, a equiparação entre escritório vazio com domicílio* stricto sensu, *que pressupõe a presença de pessoas que o habitem.* De toda forma, concluiu-se que as medidas determinadas foram de todo lícitas por encontrarem suporte normativo explícito e guardarem precisa justificação lógico-jurídico constitucional, já que a restrição consequente não aniquilou o núcleo do direito fundamental e está, segundo os enunciados em que desdobra o princípio da proporcionalidade, amparada na necessidade da promoção de fins legítimos de ordem pública. Vencidos os Ministros Marco Aurélio, Celso de Mello e Eros Grau, que acolhiam a preliminar, ao fundamento de que a invasão do escritório profissional, que é equiparado à casa, no período noturno estaria em confronto com o previsto no art. 5.º, XI, da CF.

No exame da diligência de busca exploratória, a Corte Suprema relativizou os dispositivos que disciplinavam a busca domiciliar durante o dia, assim como a inviolabilidade do escritório de advocacia. O cerne da discussão, entre outras questões, também teve como tema central o ingresso em escritório, equiparado ao domicílio para fins legais em período noturno, assim como a disciplina de captação, ambientação ou interceptação ambiental, que fogem ao objeto do presente trabalho.

Houve autorização pelo Ministro Relator Cezar Peluso, no inquérito *supra*, para ingresso e registro de elementos de prova ali identificados, sem a apreensão de qualquer objeto, postergando-se a medida. Essa busca seria a meramente exploratória, em que ficou evidenciado que a diligência não poderia ser feita pelo procedimento normal de busca, durante o dia, com a apresentação de mandado, mas, sim, sem qualquer publicidade, sob pena de frustrar a medida.

Por derradeiro, no comentado julgamento, a Corte considerou válidas as provas obtidas, que culminaram com a respectiva ação penal, sob o fundamento de que o direito à inviolabilidade do domicílio não seria absoluto, e, no caso, o escritório, equiparado ao domicílio, poderia ter sua inviolabilidade autorizada judicialmente para fins da realização da medida.

No mundo contemporâneo, os mecanismos de registros digitais são extremamente formidáveis e úteis em sede de investigação policial, quer sejam realizados por meio de fotografias, filmagens, captação de imagens, sons ou mesmo por *scanners* portáteis, entre outros, porquanto esses dispositivos permitem a busca exploratória do local mediante o procedimento de ingressar de maneira sigilosa e discreta em determinado ambiente, explorando-o.

Ademais, na busca exploratória efetuam-se diligências com os registros de documentos identificados, com lavratura posterior de um auto circunstanciado detalhado de todos os elementos informativos (ou de prova) porventura identificados no local, sobretudo fazendo-se acompanhar de vídeos e filmagens do ambiente, a fim de garantir um possível contraditório diferido dos elementos encontrados.

O Tribunal Regional Federal da 3.ª Região também enfrentou a busca exploratória (devassa exploratória) em que a Corte refutou a tese defensiva que mirava acoimar de ilegal o ato de busca exploratória:

> Penal e processo penal. Corrupção passiva. Artigo 317 do Código Penal. Criação de novas varas. Redistribuição do feito. Incompetência não verificada. Desnecessidade de observância ao rito do artigo 514 do CPP. Súmula 330 do STJ. Nulidade em razão da ausência de juntada da integralidade do inquérito policial e do material de mídia e áudio, de realização de perícia e degravação. Pedido de desentranhamento de documentos apócrifos. *Nulidade em razão da alegada devassa exploratória* e da ilegalidade das interceptações, fundadas em denúncia anônima. Preliminares rejeitadas. Corrupção passiva. Autoria e materialidade delitiva demonstradas. Nexo entre o ato oficial e a atribuição funcional demonstrado. Crime formal. Pena de multa elevada. Apelação da defesa desprovida. Parcialmente provida a da acusação.
>
> (...)
>
> 8. *A preliminar de nulidade em razão da alegada devassa exploratória e da ilegalidade das interceptações foi afastada, eis que o presente caso se*

> *refere a operação policial fundamentada em fatos objetivos e as interceptações telefônicas foram autorizadas judicialmente.*
>
> 9. A materialidade delitiva restou demonstrada através do resultado da busca e apreensão na residência do réu, sendo apreendidos carimbos de uso exclusivo dos agentes de fiscalização migratória, diversos outros documentos internos do Departamento da Polícia Federal e numerário estrangeiro de valor elevado cuja origem lícita não foi comprovada, e por meio de interceptação telefônica.
>
> (...) Parcialmente provido o recurso ministerial para elevar a pena de multa" (TRF-3.ª Reg., Apelação Criminal 2005.61.19.006482-0/SP, Des. Federal José Lunardelli).

Referências:

- ANSELMO, Márcio Adriano. *Academia de Polícia – Busca exploratória: quando é preciso adequar os institutos*. Disponível em: <http://www.conjur.com.br/2016-jun-28/busca-exploratoria-quando-preciso-adequar-institutos>. Acesso em: 2 jul. 2016.
- BRASIL. Operação Policial Hurricane no Inquérito 2.424 (STF). Rel. Min. Cezar Peluso, 19 e 20.11.2008. (Inq-2.424). Disponível em: <http://www.stf.jus.br/arquivo/informativo/documento/informativo529.htm>. Acesso em: 20 jun. 2016.
- BRASIL. TRF-3.ª Reg., Apelação Criminal 2005.61.19.006482-0/SP, Des. Federal José Lunardelli.
- GÖSSLING, Maurício Manica. *Projeto de lei sobre a repressão ao crime organizado – críticas e sugestões*. Brasília, v. 1, n. 2, p. 13-36, jul.-dez. 2008. Disponível em: <file:///C:/Users/cliente/Downloads/71-220-1-PB.pdf>. Acesso em: 2 jul. 2016.

1.159 O que vem a ser o **crime de hermenêutica**?

O crime de hermenêutica corresponde à responsabilização, administrativa ou penal, imposta a um magistrado pelas suas "rebeldias", ou seja, por externar posições jurídicas que se contrapõem aos preceitos legais, agindo de acordo com sua consciência no campo hermenêutico.

Referida expressão foi cunhada por Rui Barbosa. Verdadeiramente, pelo contexto em que foi empregada a terminologia, era uma crítica de conduta impositiva que impedia a liberdade de decidir do julgador, ainda que contrário ao texto legal, quando, na verdade, o magistrado seria livre para decidir de acordo com sua convicção.

Historicamente, a nomenclatura surgiu da conduta de um magistrado que negou aplicação à lei vigente à época no Rio Grande do Sul que afastava a recusa de jurado pela defesa e o segredo do voto dos membros do Tribunal do Júri, por entender que a previsão seria inconstitucional.

O ano em que ocorreram os fatos era 1896 e os governantes do Rio Grande do Sul, em razão da aludida decisão judicial, representaram o magistrado pelo hipotético de crime de prevaricação, previsto no art. 207, § 1.º, do Código Penal de 1890, com as agravantes previstas no art. 39, §§ 2.º e 4.º, do mesmo diploma legal.

Após o trâmite da ação penal, o magistrado foi condenado pelo Tribunal de Justiça do Rio Grande do Sul, mas por conduta diversa, prevista no art. 226 daquele Código Penal, que punia "Exceder os limites das funções próprias do emprego", ocasião em que a sentença o condenou a 9 (nove) meses de afastamento de suas funções.

Perante o Supremo Tribunal Federal, o jurista Rui Barbosa, em sua sustentação oral, argumentara que não seria possível a aplicação de pena ao juiz por suposto "crime de hermenêutica", ou seja, o magistrado não poderia ser incriminado por negar aplicação de dispositivo legal que entendia inconstitucional por ferir dispositivos insculpidos na Constituição Federal.

O Supremo Tribunal Federal, por unanimidade, julgou procedente a pretensão na revisão criminal que o réu-juiz ofertara e o absolveu, por entender que seria lícito a este não aplicar a lei local sob o argumento de inconstitucionalidade desta.

Como se percebe, essa passagem histórica é de suma importância para refletirmos melhor sobre o papel da hermenêutica como elemento que torna possível a atividade essencial do juiz: interpretar as normas jurídicas no momento de sua aplicação ao caso concreto.

Desse modo, o pano de fundo e de levante contra o crime discorrido era a possível amordaça que se imporia ao magistrado no exercício da judicatura se negasse aplicação de uma lei, vez que aquele deveria seguir uma única linha – a da lei –, tirando-lhe o direito de interpretar os comandos legais e colocando, ao mesmo tempo, no plano de decidir de forma linear e uniforme como um verdadeiro burocrata de automação da lei nas decisões judiciais.

No contexto mais antigo da época em que foi tratado, o crime de hermenêutico dizia respeito apenas ao aspecto criminal.

Entretanto, num passado mais recente, o Ministro Luiz Fux, quando pertencia ainda ao Superior Tribunal de Justiça, no julgamento de uma representação em âmbito administrativo dirigida contra uma desembargadora do Tribunal Regional Federal (TRF) da 3.ª Região, citou que o magistrado não poderia ser coagido ou punido por suas decisões e, agindo dentro dos limites legais, teria ampla autonomia na prestação jurisdicional, destacando, ainda, as palavras de Rui Barbosa sobre a crítica aos chamados "crimes de hermenêutica". Com essa fundamentação, a Corte Especial do Superior Tribunal de Justiça decidiu arquivar a representação por unanimidade.

Rui Barbosa, sobre o crime de hermenêutica, ponderou que:

> Para fazer do magistrado uma impotência equivalente, criaram a novidade da doutrina, que inventou para o Juiz os crimes de hermenêutica, responsabilizando-o penalmente pelas rebeldias da sua consciência ao padrão oficial no entendimento dos textos. Esta hipérbole do absurdo não tem linhagem conhecida: nasceu entre nós por geração espontânea. E, se passar, fará da toga a mais humilde das profissões servis, estabelecendo, para o aplicador judicial das leis, uma subalternidade constantemente ameaçada pelos oráculos da ortodoxia cortes (BARBOSA, p. 228, XX).

Luiz Fernando Cabeda, tecendo comentários sobre o crime de hermenêutica, ponderou que:

> (...) Foi então lembrado texto muito antigo, contudo célebre, de Ruy Barbosa a respeito do que este chamou – e isso ficou consolidado – "crime de hermenêutica". (A notícia a respeito do processo foi divulgada pelo *ConJur* de 19.06.2007)
>
> O texto de Ruy fazia parte da defesa que ele patrocinou do juiz de Direito do Rio Grande do Sul Alcides de Mendonça Lima (pai do conhecido processualista de mesmo nome), o qual havia negado aplicação, por inconstitucionalidade, a uma lei estadual que dispunha sobre o voto aberto nos julgamentos do Juri e exigia motivação para a recusa à escolha de jurados.
>
> A defesa, como dito, desde então se tornou célebre e foi publicada em panfleto (vendido mesmo nas ruas) sob o título "O Jury e a Responsabilidade Penal dos Juízes". Ela sustentava a impossibilidade de aplicar pena a magistrados em virtude de seu entendimento interpretativo da lei, ou seja, em razão da hermenêutica, ainda quando a punição viesse a ser decretada no âmbito do tribunal a que o juiz estivesse vinculado e mesmo que a imposição da lei inquinada de inconstitucional fosse pretendida e promovida pelo chefe de Estado (CABEDA, 2016, p. 1).

Ademais, o art. 41 da Lei Orgânica da Magistratura pretende conferir autonomia intelectual e independência ao juiz para que seja vedado, sob todas as luzes, o denominado crime de hermenêutica.

Por derradeiro, nessa linha, o Superior Tribunal de Justiça decidiu que "O magistrado não pode ser censurado penalmente pela prática de atos jurisdicionais" (STJ, APn 441/SP, Rel. Min. Peçanha Martins).

Referências:

- ALENCAR, Luiz Carlos Fontes de. A lição de Rui: crime de hermenêutica, a hipérbole do absurdo. *Revista de Direito Renovar*, v. 16, p. 31-36, jan.-abr. 2000.
- BARBOSA, Rui. *Obras completas de Rui Barbosa.* vol. XXIII, t. III.
- BRASIL. STJ, APn 441/SP, Rel. Min. Peçanha Martins.
- CABEDA, Luiz Fernando. Responsabilidade de juiz por desrespeito a foro por prerrogativa de função: o retorno do crime de hermenêutica. *Revista Jus Navigandi*, Teresina, ano 21, n. 4.662, abr. 2016. Disponível em: <https://jus.com.br/artigos/47985>. Acesso em: 30 jun. 2016.
- *Escolas hermenêuticas – modernidade*. Disponível em: <http://linguagemjuridicaefilosofiadodireito.blogspot.com.br/>. Acesso em: 2 jul. 2016.
- Instituto Brasileiro de Altos Estudos de Direito Público. *Magistratura: inexistência de "crime de hermenêutica"*. Disponível em: <http://www.altosestudos.com.br/?p=42216>. Acesso em: 2 jul. 2016.
- ZOULK, Ailton. O que vem a ser o denominado crime de hermenêutica #jogoduro #souadelantefocado. Aula exibida no periscope em 03.03.2016. Disponível em: <https://www.youtube.com/watch?v=bvvVe07u6ck>. Acesso em: 2 jul. 2016.

1.160 Em que consiste o **"whistleblowing"** no Direito Penal?

A terminologia "whistleblowing" é de origem inglesa e, numa tradução literal, significa "soprar ou tocar o apito". Já em português, o vocábulo utilizado como sinônimo de "whistleblowing" é denúncia.

Sob o aspecto conceitual na seara penal, o(a) *"whistleblowing" é instituto jurídico para auxiliar na prevenção de ilícitos penais e na descoberta de ilícitos penais societários, contra o sistema financeiro, contra o consumidor, contra o meio ambiente ou contra a Administração Pública, que transformam cidadãos em verdadeiros informantes, em prol do Estado e das empresas, a depender da hipótese.*

Na verdade, o(a) "whistleblowing" é um mecanismo de denúncias inserido no contexto das organizações criminosas e tem sido considerado pelos especialistas e profissionais um dos mais eficazes instrumentos para tanto.

Acerca do tema, o Procurador da República, Rodrigo de Grandis, assevera conceitualmente que: "(...) o *whistleblowing* representa, ao mesmo tempo, uma ferramenta de prevenção e um mecanismo de descobrimento de comportamentos criminosos vinculados, principalmente, ao ambiente empresarial, como fraudes em licitações, corrupção, crimes contra o sistema financeiro nacional, contra o consumidor, contra o meio ambiente etc." (GRANDIS, 2015, p. 1).

No mesmo sentido, Paulo Fernando Bandeira refere que "[o] *whistleblowing* reporta-se ao dever (moral, não impositivo) que impende sobre todos os agentes que interagem na esfera de uma sociedade (estando na primeira linha os respectivos trabalhadores) de informar/denunciar as irregularidades de que venham a ter conhecimento na gestão dessa sociedade" (BANDEIRA, 2005, p. 1).

Outrossim, a doutrina ensina as informações confidenciais ou secretas, para serem classificadas como *whistleblowing*, têm de possuir as seguintes características: os denunciantes/informantes revelam as informações de livre vontade; com altruísmo (sem qualquer interesse pessoal); e/ou por causa do seu compromisso com o interesse público e o bem público; e, finalmente, a denúncia deve ser feita de boa-fé.

Adiante, a denúncia em sede do(a) "whistleblowing" se classifica em denúncia identificada (quando um colaborador que denunciou práticas inapropriadas usa o seu verdadeiro nome ou, de alguma outra forma, fornece informações que possam identificá-lo) e em denúncia anônima quando não se identifica o denunciante. Também se classifica em denúncia interna (parte de pessoa integrante da empresa ou não) e denúncia externa (pessoa de fora).

O indivíduo informante ou denunciante recebe o nome de "whistleblower". O jurista Luiz Flávio Gomes esclarece que:

> "O *whistleblower* é inocente (em princípio), não participou do crime e se dispõe a denunciar conduta imprópria numa empresa ou num órgão público. É legal e moralmente irretocável sua conduta. A Lei Anticorrupção estimula a existência desses canais de denúncia, que atuam como medidas preventivas ou reparatórias de condutas irregulares dentro das empresas. O problema: de quais garantias ele desfrutaria? Teria alguma recompensa pelo seu ato? Na Inglaterra há lei de proteção contra represálias ao denunciador (Barry Wolfe, Valor 17/3/15). Ele não pode ser demitido. Nos EUA o estatuto do *whistlebower* vai mais adiante: quem denuncia uma irregularidade à SEC (órgão encarregado de apurar crimes de corrupção nas

> grandes corporações) pode receber recompensa em dinheiro (até 30% do valor da multa). É uma forma de suavizar as graves consequências (para o denunciador) decorrentes da "deduragem" (GOMES, 2015, p. 1).

De outra banda, vale destacar que o instituto do(a) *whistleblowing* se distingue da delação premiada. Veja as palavras do jurista Luiz Flávio Gomes, mais uma vez sobre a discussão:

> (...) Chama-se *delator externo* (em inglês, *whistleblower* - literalmente apitador) quem deseja prestar informações sobre o que sabe a respeito de crimes ocorridos dentro de uma empresa ou de uma repartição pública. O Brasil jamais deixará de ser um país deploravelmente subdesenvolvido enquanto não aprimorar seriamente seus mecanismos de controle da corrupção, especialmente a promovida por meio do crime organizado. Necessitamos de um estatuto jurídico para a *whistleblowing*, que consiste no ato de delatar um crime sem dele ter participado. Nisso o *whistleblowing* se distingue da delação premiada, que acontece como fonte de provas em um processo criminal, recebendo o delator (dos seus comparsas) "prêmios" pela sua colaboração com a Justiça. Esse delator não é inocente. Ao contrário, é duplamente reprovável: faz parte de um grupo criminoso e, além disso, trai seus companheiros no empreendimento criminoso (GOMES, 2015, p. 1).

No Brasil ainda não se tem formalmente o instituto da "whistleblowing".

Por fim, o agente "whistleblower", na "whistleblowing", não integra e nem está envolvido na organização criminosa, mas tão somente é um sabedor de informações relevantíssimas, quer sejam decorrentes do seu ofício, quer sejam por motivos casuais episódicos.

Referências:

- BANDEIRA, Paulo Fernando. *A revisão das recomendações da CMVM sobre o Governo das sociedades cotadas [em linha]*. 2005. Disponível em: <http://www.cgov.pt/index.php?option=com_content&task=view&id=328&Itemid=21>. Acesso em: 3 jul. 2016.
- GOMES, Luiz Flávio. *República dos delatores (mas falta a lei do Whistleblower)*. Disponível em: <http://luizflaviogomes.com/republica-dos-delatores-mas-falta-a-lei-do-whistleblower/>. Acesso em: 3 jul. 2016.

- GRANDIS, Rodrigo de. Whistleblowing *e direito penal*. Disponível em: <http://jota.uol.com.br/coluna-rodrigo-de-grandis>. Acesso em: 3 jul. 2016.

1.161 O que vem a ser **crime de sedição?**

O crime de sedição é o crime dirigido contra a segurança nacional, contra o Estado, contra o regime de governo.

O dicionário Houaiss traz o significado no vernáculo: "O substantivo feminino sedição está registrado no Dicionário Houaiss com o significado de 'sublevação contra qualquer autoridade constituída, revolta, motim; crime contra a segurança do Estado'. Por extensão de sentido, o mesmo dicionário registra o substantivo em apreço como sendo 'perturbação da ordem pública, desordem, reação, rebuliço'.

> Uma rebelião é um processo político-militar em que um grupo de indivíduos decide não mais acatar ordens ou a autoridade de um poder constituído. Para haver uma rebelião, é preciso que antes haja necessariamente um poder contra o qual se rebelar. Em Política, as rebeliões são geralmente tratadas como contestações subversivas da ordem vigente, a princípio ilegítimas, e não ganham legitimidade até conseguirem derrotar o poder constituído. (...) A definição de sedição no dicionário de Português é *crime contra a segurança do Estado; sublevação, revolta, motim. Perturbação da ordem pública* (Disponível em: <http://dicionarioportugues.org/pt/sedição>. Acesso em: 2 jul. 2016).

Atualmente, há quem defenda timidamente que o crime de sedição no Brasil estaria elencado no art. 16 da Lei de Segurança Nacional (Lei 7.170/1983), embora não traga exatamente o *nomen iuris* de sedição (ZOULK, 2016).

Entretanto, esse fato delitivo está sendo tratado no anteprojeto do Novo Código Penal, que revoga toda a Lei de Segurança Nacional. O anteprojeto fixa de forma expressa o *nomen iuris* de sedição.

Registre-se que esse delito está previsto tanto em regimes autoritários como em democráticos, sempre com a intenção de preservar a higidez do sistema político vigente de um Estado.

O Procurador de Justiça Marco Antonio de Barros assevera que:

> (...) sob o *nomem iuris* de *sedição*, o Anteprojeto descreve o seguinte tipo penal: *constituir ou tentar constituir grupo civil ou militar, ou dele participar para o fim de promover, mediante violência ou grave ameaça, a alteração da estrutura do Estado democrático ou da ordem constitucional estabelecida* A pena prevista é de reclusão, de 2 a 8 anos, além da pena correspondente à violência. O *crime de sedição*, assim redigido, é uma construção nova que não encontra disposição idêntica na Lei de Segurança Nacional, sendo que de acordo com o § 1.º do art. 408, do Anteprojeto, incorre na mesma pena quem: I - com idêntico objetivo, importa, fabrica, prepara, guarda, mantém em depósito, compra, vende, cede, detém, distribui, transporta, remete ou usa armas proibidas, substâncias explosivas, radioativas ou próprias para a produção de gases tóxicos ou asfixiantes; II - mediante violência ou grave ameaça, impede, dificulta ou torna impossível o regular funcionamento de qualquer dos Poderes da União, dos Estados ou de Distrito Federal; III - mediante violência ou grave ameaça, impede a realização de eleições para cargos públicos; IV - mediante violência ou grave ameaça, executa diretamente atos dirigidos para substituir o governo constitucionalmente constituído, para derrogar, suspender ou modificar total ou parcialmente a Constituição, para alterar a forma republicana e federativa ou para destituir o chefe de Governo de suas prerrogativas; V - pratica atentado à vida, à integridade corporal, à liberdade ou ao patrimônio de outrem, para a obtenção de fundos à constituição ou manutenção de grupo armado ou organização política destinados a alterar a estrutura do Estado democrático, a forma republicana ou a ordem constitucional; VI - apodera-se ou exerce o controle de aeronave em voo, mediante violência, grave ameaça, fraude, ou depois de ter, de qualquer modo, reduzido a tripulação à impossibilidade de resistência (BARROS, p. 8-9, X).

Jesus Cristo de Nazaré foi acusado e condenado pelo crime de sedição numa passagem bíblica, pois os governantes achavam que Ele estava ameaçando a relação de mando entre eles e os governados com a pregação de um novo regime (Reino de Deus). Nessa esteira, o autor Nacir Sales assevera que: "(...) tipo penal da sedição era exatamente um crime de estado, um crime contra a ordem romana: a instigação da desordem pública contra o poder dominante. A *pax romana* se protegia neste tipo penal. E o Sinédrio, buscando cortejar a corte dominadora, terminou por condenar Jesus pelo crime de sedição".

Por fim, o *crime de sedição* não pode ser confundido com o *crime de sedução*, que foi revogado (abolido do nosso ordenamento jurídico).

Referências:

- BARROS, Marco Antonio de. *A Lei de Segurança Nacional e a Legislação Penal Militar*. Disponível em: <http://www.justitia.com.br/artigos/4714cb.pdf>. Acesso em: 2 jul. 2016.
- *CiberDúvidas*. Disponível em: <https://ciberduvidas.iscte-iul.pt/consultorio/perguntas/o-significado-de-sedicao/33107>. Acesso em: 2 jul. 2016.
- *Dicionário Português*. Disponível em: <http://dicionarioportugues.org/pt/sedição>. Acesso em: 2 jul. 2016.
- SALES, Nacir. *O julgamento do julgamento de Jesus*. Disponível em: <http://umadvogado.blogspot.com.br/2013/03/o-julgamento-do-julgamento-de-jesus.html>. Acesso em: 2 jul. 2016.
- ZOULK, Ailton. O que vem a ser o denominado crime de sedição (não confundir [*sic*] com sedução) parte 1. Aula ministrada no periscope em 21.03.2016. Disponível em: <https://www.youtube.com/watch?v=AOZigT_GuA8>. Acesso em: 2 jul. 2016.
- ZOULK, Ailton. O que vem a ser crime de sedição (não confunda com sedução) – parte final. Aula ministrada no periscope em 21.03.2016. Disponível em: <https://www.youtube.com/watch?v=37js9JeK_0E>. Acesso em: 2 jul. 2016.

1.162 O que é **sentença dupla** na esfera penal?

Sentença dupla é a sentença que, além de impor numa eventual condenação os efeitos da pena em si (efeitos principais e secundários) previstos na lei penal, ainda impõe ao condenado as mazelas do sistema prisional, ou seja, o condenado receberia uma espécie de sentença dupla (sentença de dupla punição).

Acerca do assunto, o desembargador do Tribunal de Justiça de Mato Grosso do Sul, Dr. Ruy Celso Barbosa Florence, em comentário sobre a *sentença dupla*, enfatizou que:

> Em 7 de janeiro de 2014, o reconhecido jornalista Janio de Freitas publicou na coluna que mantém na Folha de São Paulo, irrepreensível artigo intitulado *Sentença Dupla, fazendo expressa referência às desumanas condições dos presídios brasileiros, onde, segundo o colunista, sentenciados cumprem não só as penas a que foram condenados pela Justiça, mas "outra condenação, implícita na primeira e não declarada"*. Contextualizando o tema, o articulista põe no centro da sua argumentação os casos do Presídio de Pedrinhas, no Maranhão, no qual durante o ano de 2013, ocorreram 59 mortes, com 14 decapitações de presos por outros presos, e do Presídio Central de Porto Alegre, que recentemente foi objeto de notificação da Comissão Interamericana de Direitos Humanos ao Brasil, em razão das "monstruosidades ali impostas aos presos". O artigo de Janio, com clareza e simplicidade de escrita, própria de um jornalista experiente, chama atenção não só pela análise crítica e precisa sobre o assunto, mas também pela "sincronicidade", no sentido que Carl Jung deu ao termo, que guarda com o pensamento de Eugenio Raul Zaffaroni sobre a medida das penas. (...) Em uma de suas teorias, amplamente difundidas no Brasil, Zaffaroni trata da medida das penas criminais, intitulando um ensaio de sua autoria de "Las penas crueles y la doble punición" (La medida del castigo, el deber de compensacion por penas ilegales, p. 355-376). Muito interessante, e aqui reside a "sincronicidade" anteriormente referida, pois o sentido do termo *"doble punicion"* utilizado por Zaffaroni na abordagem jurídica da matéria *é o mesmo de "dupla sentença" de que lançou mão o jornalista brasileiro em sua análise e opinião. Ambos se referem ao fato dos encarcerados, normalmente, não cumprirem simplesmente as penas que lhes foram impostas judicialmente. Muito além disso, sofrem dentro dos presídios outras penas arbitrárias, executadas de forma imediata, que são cruéis, desumanas e degradantes* (FLORENCE, 2014, p. 1).

O argentino Eugenio Raúl Zaffaroni denominou a *sentença dupla* como "doble punicion" (expressão que, traduzida para nosso vernáculo, corresponderia a *dupla punição* ou *punição dupla*, sem perder o significado semântico, em nosso entender).

Por fim, segundo o penalista argentino, as *sentenças duplas* "constituem uma dupla punição: uma ilegal e outra legal". Desse modo, o que se extrai de suas lições, diante da *sentença dupla*, é que haveria uma dupla punição pelo Estado, sendo uma formal (legal) e outra ilegal (ocultada/escamoteada/disfarçada pelo estado prático do sistema prisional, ignorado relutantemente pelo Poder Executivo).

Referências:

- FLORENCE, Ruy Celso Barbosa. Sentença dupla. *Revista Justiça & Cidadania*, n. 64, 2014. Disponível em: <http://tjms.jus.br/webfiles/producao/GP/artigos/20140528175654.pdf>. Acesso em: 4 jul. 2016.
- ZAFFARONI, Raul Eugenio e outros. *La medida del castigo*: el deber de compensacion por penas ilegales. Buenos Aires: Ediar, 2012.

1.163 No que consiste a **teoria da perda de uma chance probatória** na colaboração premiada?

A perda de uma chance consiste num ato ilícito, que ocasiona a outrem a *perda de uma oportunidade séria, real e provável de obter uma vantagem ou de evitar um prejuízo.*

Ressalte-se que, para a aplicação da teoria da perda de uma chance, é necessário que esta seja real e séria no campo da probabilidade, de modo que proporcione ao lesado efetivas condições pessoais de concorrer à situação futura esperada.

Feitos esses prolegômenos, passemos à análise da aplicação da supracitada teoria na seara processual, tratando, exclusivamente, de sua aplicação para obtenção dos benefícios da colaboração premiada, na hipótese em que o acordo não surtir efeitos em virtude da ação ou omissão estatal em resguardar o sigilo das informações, comprometendo sua eficácia.

Luiz Flávio Gomes trata da teoria da perda de uma chance probatória na Lei 12.850/2013 e afirma que, "tendo o colaborador prestado informações relevantes em razão do acordo de colaboração premiada devidamente homologado, mas o Ministério Público, o delegado de polícia ou o próprio Judiciário ou seus respectivos serventuários deixarem vazar o conteúdo do acordo e com isso gerar a ineficácia do pacto, poderá o colaborador, a depender das informações prestadas, pedir a concessão proporcional dos prêmios pactuados, isso em razão da incidência da *teoria da perda de uma chance probatória*" (GOMES, 2015, In: MARÇAL, 2016, p. 173).

Vinícius Marçal e Cleber Masson posicionam-se de forma contrária, pois a obtenção dos prêmios depende da eficácia da colaboração em alcançar um dos resultados previstos no art. 4.º da Lei 12.850/2013, não havendo amparo legal para referida exceção (MARÇAL, 2016, p. 173).

Referências:

- CAVALCANTE, Márcio André Lopes. *Teoria da perda de uma chance*. Disponível em: <http://www.dizerodireito.com.br/2013/07/teoria-da-perda-de-uma-chance.html>. Acesso em: 9 abr. 2016.
- FIGUEIREDO, Luciano L.; FIGUEIREDO, Roberto L. *Direito civil*. Obrigações e responsabilidade civil. 4. ed. rev., atual. e ampl. Salvador: JusPodivm, 2015. (Coleção Sinopses para Concursos)
- MASSON, Cleber; MARÇAL, Vinícius. *Crime organizado*. 2. ed. São Paulo: Método, 2016.
- ROSA, Alexandre Morais da. *Teoria da perda de uma chance probatória pode ser aplicada ao processo penal*. Disponível em: <http://www.conjur.com.br/2014-jun-20/teoria-perda-chance-probatoria-aplicada-processo-penal>.

1.164 No que consistem as **entregas limpa, suja e interdição**?

O conceito de ação controlada encontra-se no art. 8.º da Lei 12.850/2013, que preconiza: "Consiste a ação controlada em retardar a intervenção policial ou administrativa relativa à ação praticada por organização criminosa ou a ela vinculada, desde que mantida sob observação e acompanhamento para que a medida legal se concretize no momento mais eficaz à formação de provas e obtenção de informações", sendo um meio para obtenção de provas.

A ação controlada ocasionará o denominado *flagrante postergado, diferido, retardado ou prorrogado*.

Segundo Vinícius Marçal e Cleber Masson, a ação controlada também é denominada de entrega controlada, sendo, doutrinariamente, dividida em (MARÇAL, 2016, p. 217):

a) *Entrega vigiada limpa (ou com substituição)*: o conteúdo da remessa ilícita é trocado antes de ser entregue ao destinatário final, evitando o extravio da mercadoria ilícita.
b) *Entrega vigiada suja (ou com acompanhamento)*: a encomenda segue sem troca do conteúdo, realizando-se o monitoramento, chegando ao destino final sem alteração do conteúdo.
c) *Entrega vigiada interdição*: é uma espécie *sui generis*, pois a encomenda, contendo objetos ilícitos, é apreendida antes de chegar ao destinatário, ou seja, ocorre a interdição na entrega, desde que os objetivos de identificação dos envolvidos e des-

mantelamento da quadrilha sejam atingidos (Convenção de Palermo, art. 20, item 4).

Referências:

- MASSON, Cleber; MARÇAL, Vinícius. *Crime organizado*. 2. ed. São Paulo: Método, 2016.

1.165 No que consiste o **direito penal do autor às avessas?**

O Direito Penal deve descrever fatos e lhe cominar as respectivas penas, ou seja, caberá a este ramo do Direito a punição dos comportamentos inadequados que ofendam os valores mais importantes para a manutenção da coesão do tecido social.

Neste cenário, doutrina e jurisprudência repudiam o chamado Direito Penal do autor, uma vez que ninguém poderá ser punido por seu estilo de vida, por suas concepções ou ideologias.

Sintetizando o *princípio da responsabilidade pelo fato*, Capez assevera que: "o direito penal não se presta a punir pensamentos, ideias, ideologias, nem o modo de ser das pessoas, mas, ao contrário, fatos devidamente exteriorizados no mundo concreto e objetivamente descritos e identificados em tipos legais" (CAPEZ, 2011, p. 44).

Nesse contexto, o que seria o chamado *Direito Penal do autor às avessas*?

A Lei 12.850/2013, ao tipificar o crime organizado por natureza, estabelece que: "Art. 2.º Promover, constituir, financiar ou integrar, pessoalmente ou por interposta pessoa, organização criminosa. Pena – reclusão, de 3 (três) a 8 (oito) anos, e multa, sem prejuízo das penas correspondentes às demais infrações penais praticadas".

O § 1.º do art. 1.º, por sua vez, define organização criminosa como "a associação de 4 (quatro) ou mais pessoas estruturalmente ordenada e caracterizada pela divisão de tarefas, ainda que informalmente, com objetivo de obter, direta ou indiretamente, vantagem de qualquer natureza, mediante a prática de infrações penais cujas penas máximas sejam superiores a 4 (quatro) anos, ou que sejam de caráter transnacional".

Dessa forma, os empresários que utilizam a estrutura empresarial para o cometimento de crimes poderão ser responsabilizados pela prática do crime descrito no art. 2.º do referido diploma legal, sem prejuízo das penas impostas pelas demais infrações penais praticadas.

Com a aplicação dos preceitos da Lei 12.850/2013, pela primeira vez presenciamos grandes empresários sendo encarcerados, em virtude dos crimes cometidos por meio da estrutura empresarial (crimes de colarinho branco).

No anseio de evitar a responsabilidade penal pelos crimes perpetrados pelos empresários, parcela da doutrina passou a sustentar que: "*os empresários somente podem ser considerados membros de uma organização criminosa quando o principal método de obtenção de vantagens por eles perseguidos seja o cometimento de infrações penais*. Assim, apenas se poderia cogitar de uma organização criminosa formatada por empresários, quando estes fizessem do crime 'seu modo de vida', e não quando suas atividades principais fossem praticadas licitamente" (MARÇAL, 2016, p. 40) (sem grifos no original).

A posição doutrinária supradescrita encontra-se maculada "com a nódoa de um direito penal do autor às avessas" (MARÇAL, 2016, p. 40), ou seja, leva em consideração as condições sociais peculiares dessa clientela, para afastar a incidência da repressão penal, esquecendo-se que o que importa para o direito penal é o fato perpetrado pelo agente.

Referências:

- CAPEZ, Fernando. *Curso de direito penal*. 15. ed. São Paulo: Saraiva, 2011. vol. 1.
- MASSON, Cleber; MARÇAL, Vinícius. *Crime organizado*. 2. ed. São Paulo: Método, 2016.

1.166 No que consiste o **direito probatório de 3.ª geração ("distinguishing"** utilizado pelo STJ – acesso a conversas gravadas no WhatsApp)?

Efetivada a prisão em flagrante de uma pessoa, questiona-se a licitude do comportamento dos policiais ao realizar busca exploratória em eventual aparelho de telefonia celular apreendido, consultando imagens, registros de ligações efetuadas e recebidas, bem como o acesso a aplicativos de comunicação, tais como WhatsApp, Telegram, Kik, Skype, SnapChat, Facebook Messenger, GoSMS Pro, Im+, WeChat. BBM, Viber, entre outros.

A questão é altamente complexa, uma vez que as mensagens armazenadas nesses aplicativos podem ser apagadas de maneira remota. Dessa forma, a necessidade de prévia ordem judicial para legitimar o acesso a referidos aplicativos poderá conduzir à perda dos elementos informativos que os órgãos de persecução penal necessitavam para repressão de práticas delitivas.

O debate quanto aos limites impostos pela ordem constitucional à obtenção das provas em respeito à expectativa de privacidade é pautado pela análise do uso da tecnologia e seu poder de penetração na intimidade do indivíduo.

Esses questionamentos estão ligados ao denominado direito probatório de terceira geração. Por essas razões, a terceira geração do direito probatório foi ventilada pelo Ministro Rogério Schietti no julgamento do HC 51.531, ao tratar do acesso direto por policiais aos aplicativos instalados em aparelhos de telefonia celular apreendidos.

No referido voto, o Ministro promoveu a distinção entre o caso subjacente ao *Habeas Corpus* e o precedente do STF (HC 91.867/PA de 20.09.2012), reputando lícita a análise, logo após a prisão em flagrante, dos últimos registros telefônicos armazenados nos aparelhos de telefonia celular apreendidos, sem a necessidade de autorização judicial.

No HC 51.531, de 09.05.2016, a 6.ª Turma do STJ entendeu ser ilícita "a devassa de dados, bem como das conversas de WhatsApp, obtidas diretamente pela polícia em celular apreendido no flagrante, sem prévia autorização judicial".

O Min. Rogério Schietti apontou o *distinguishing*[23] *em relação ao HC 91.867*, afastando o precedente do STF.

A decisão do STF (HC 91.867/PA) versava sobre o acesso ao registro de chamadas telefônicas efetuadas e recebidas. De tal forma, no precedente da Suprema Corte as autoridades policiais não tiveram acesso às conversas mantidas entre os investigados.

23 O *distinguishing* é a distinção do caso fático concreto, em vista do precedente fixado para a não incidência deste último, com a permissão de fixação de entendimento diverso do precedente paradigma.

Eis o trecho do HC 91.867, que sintetiza o objeto do *writ*:

> Suposta ilegalidade decorrente do fato de os policiais, após a prisão em flagrante do corréu, terem realizado a análise dos últimos registros telefônicos dos dois aparelhos celulares apreendidos. Não ocorrência. 2.2 *Não se confundem comunicação telefônica e registros telefônicos, que recebem, inclusive, proteção jurídica distinta*. Não se pode interpretar a cláusula do artigo 5.º, XII, da CF, no sentido de proteção aos dados enquanto registro, depósito registral. *A proteção constitucional é da comunicação de dados e não dos dados*. 2.3 Art. 6.º do CPP: dever da autoridade policial de proceder à coleta do material comprobatório da prática da infração penal. *Ao proceder à pesquisa na agenda eletrônica dos aparelhos devidamente apreendidos, meio material indireto de prova, a autoridade policial, cumprindo o seu mister, buscou, unicamente, colher elementos de informação hábeis a esclarecer a autoria e a materialidade do delito*.

Conforme esclarecem Vinícius Marçal e Cleber Masson, "fixadas estas distinções, considerou-se que os atuais *smartphones* são dotados de aplicativos de comunicação em tempo real, razão pela qual a invasão direta ao aparelho de telefonia celular de pessoa presa em flagrante possibilitaria à autoridade policial o acesso a inúmeros aplicativos de comunicação *on-line*, todos com as mesmas funcionalidades de envio e recebimento de mensagens, fotos, vídeos e documentos em tempo real" (MARÇAL, 2016, p. 240).

O Min. Nefi Cordeiro salientou que nas "conversas mantidas pelo programa WhatsApp, que é forma de comunicação escrita, imediata, entre interlocutores, tem-se efetiva interceptação inautorizada de comunicações. É situação similar às conversas mantidas por *e-mail*, onde para o acesso tem-se igualmente exigido a prévia ordem judicial".

Por fim, o Min. Rogério Schietti salientou que a "doutrina nomeia o chamado *direito probatório de terceira geração*, que trata de 'provas invasivas, altamente tecnológicas, que permitem alcançar conhecimentos e resultados inatingíveis pelos sentidos e pelas técnicas tradicionais'".

Conclui, assim, que, diante do direito probatório de terceira geração, "o precedente do HC 91.867/PA não é mais adequado para analisar a vulnerabilidade da intimidade dos cidadãos na hipótese da apreensão de um aparelho de telefonia celular em uma prisão em flagrante".

No entanto, da leitura do acórdão exsurge uma pergunta inevitável: se existe um direito probatório de terceira geração, quais seriam os direitos probatórios de primeira e segunda geração?

Devido aos limites do presente trabalho, remetemos os leitores ao artigo de nossa autoria publicado no sítio do GEN Jurídico[24].

Em apertada síntese, quanto às limitações da atuação estatal em razão da proteção à intimidade, estabelecemos a seguinte classificação:

Direito probatório de 1.ª geração: a proteção constitucional aplicava-se apenas a áreas tangíveis e demarcáveis, exigindo a entrada, o ingresso e a violação de um espaço privado ou particular, com abrangência apenas de coisas, objetos e lugares. Segundo a Suprema Corte dos EUA, a correta interpretação constitucional não permitiria alargá-la além do conceito de pessoas, casas, papéis e pertences, para proibir escutar ou observar. Na primeira geração a captação da imagem e da voz, incluindo-se a realizada por meio da interceptação telefônica, não era protegida constitucionalmente – *Teoria proprietária ou trespass theory* (Precedente *Olmstead v. United States de 1928*).

Direito probatório de 2.ª geração: o âmbito de proteção constitucional foi ampliado de coisas, lugares e pertences para pessoas e suas expectativas de privacidade. A teoria proprietária, estabelecida no precedente *Olmstead v. United States*, foi superada, e o âmbito de proteção constitucional foi migrado de coisas, lugares e pertences para pessoas e suas expectativas de privacidade, sedimentando o entendimento de que a 4.ª Emenda estende sua proteção à gravação de declarações orais – *Teoria da proteção constitucional integral* (Precedente *Katz v. United States de 1967*).

Direito probatório de 3.ª geração: abrange as provas tecnológicas, altamente invasivas, que permitem ao Governo alcançar conhecimentos e resultados que transcendem aqueles que seriam obtidos pelos sentidos e técnicas tradicionais. A partir do precedente *Kyllo v. United States*, fixou-se o entendimento de que o avanço da tecnologia sobre a materialidade das coisas não pode limitar o escopo e a abrangência da proteção constitucional outorgada às pessoas. Assim, a interpretação da 4.ª Emenda, ao aludir a coisas, pertences, papéis e lugares, deveria sofrer uma atualização interpretativa, para além da doutrina *Katz. O precedente Kyllo alerta que, devido*

---

24 BIFFE JUNIOR, João; LEITÃO JUNIOR, Joaquim. *O acesso pela polícia a conversas gravadas no Whatsapp e as gerações probatórias decorrentes das limitações à atuação estatal.* Disponível em: <http://genjuridico.com.br/2016/08/12/o-acesso-pela-policia-a-conversas-gravadas-no-whatsapp-e-as-geracoes-probatorias-decorrentes-das-limitacoes-a-atuacao-estatal/>.

ao poder devassador, imprevisível e penetrante da tecnologia, sua utilização, se ainda não pertencer ao uso geral do público, dependerá da análise de uma autoridade judiciária (Precedente *Kyllo v. United States de 2001*).

Após a análise da evolução da matéria perante a Suprema Corte norte-americana e a luz das decisões do Supremo Tribunal Federal (HC 91.867/PA de 20.09.2012) e do Superior Tribunal de Justiça (HC 51.531 de 09.05.2016), entendemos que, em regra, os policiais não poderão, sem prévia autorização judicial, realizar a busca exploratória no telefone celular apreendido, em virtude da expectativa de privacidade quanto aos arquivos armazenados, consoante posicionamento do Superior Tribunal de Justiça.

Referências:

- BRASIL. STF, HC 91.867/PA, 2.ª Turma, j. 24.04.2012.
- BRASIL. STJ, RHC 51.531/RO, 6.ª Turma, j. 20.04.2016.
- DI PAOLO, Gabriella. *Tecnologie del controllo e prova penale*: l'esperienza statunitense e spunti per la comparazione. Padova: Cedam, 2008.
- KNIJNIK, Danilo. A trilogia Olmstead-Katz-Kyllo: o art. 5.º da Constituição Federal do século XXI. *Revista da Escola da Magistratura do TRF da 4.ª Região*, Porto Alegre, ano 2, n. 4, 2016.
- MARÇAL, Vinícius; MASSON, Cleber. *Crime organizado*. 2. ed. São Paulo: Método, 2016.

1.167 O que é a **síndrome da gaiola de ouro ou dourada** no Direito Penal?

A Síndrome da Gaiola de Ouro ou Dourada situa-se no contexto da violência doméstica e familiar contra a mulher (violência de gênero), explicando as peculiaridades dos relacionamentos de mulheres que se encontram no ápice da pirâmide social e que, em razão do alto *status* social, não conseguem deixar o relacionamento.

Tal síndrome se manifesta quando o agressor passa a encarar a mulher inserida na alta sociedade como um enfeite ou mero adorno para um relacionamento de fachada, aprisionando-a de forma sutil numa gaiola de ouro, impedindo-a, assim, de seguir seu próprio destino, de ditar os rumos da própria vida.

Trata-se de uma forma de violência psicológica contra a mulher, mas que está fora daquelas estatísticas de violência doméstica ocorrida na linha da pobreza, da linha marginalizada. Essa síndrome reserva-se à violência de âmbito doméstico dirigida a uma vítima *sui generis* que, apesar de ser alvo de toda sorte e grau de violência, acaba refém da luxúria, da boa vida e do *status* da "high society", preferindo se submeter a violência e fingir um relacionamento de sucesso para prestigiar seus anseios e o ego social.

O agressor, por desfrutar de uma posição social que lhe confere fama e poder, estabelece uma relação de aprisionamento e dependência de sua parceira, estabelecendo regras e normas que guiaram a vida de seu consorte, a ponto de criar um verdadeiro *cativeiro emocional, como uma "gaiola de ouro"* (em alusão ao padrão financeiro, que permitiria, na consciência do agressor e da vítima, essa submissão).

Em artigo escrito sobre o tema, Daniela Neves comenta que:

> (...) Com o tempo, perceberão que caíram em uma armadilha, pois aquilo que parecia um ninho se torna uma gaiola, uma prisão e a vítima um verdadeiro "sequestrado emocional".
>
> Sequestrado emocional? Quem usou pela primeira vez essa expressão foi o psiquiatra e psicoterapeuta Carl Jung, discípulo dissidente de Freud e criador da Psicologia Analítica. Jung utilizou a expressão para designar aquelas pessoas que, por diversos motivos de fraqueza emocional, se atiravam a relacionamentos com pessoas aparentemente mais poderosas e que poderiam lhes dar a proteção que seu ego frágil precisava. Estas pessoas poderosas, no entanto, estabelecem relações de aprisionamento e dependência de seus parceiros que, ditando-lhes regras e normas de vida, chegam a criar um verdadeiro cativeiro, uma "gaiola de ouro" em que a vítima não consegue seguir rumos próprios em sua vida (NEVES, 2008, p. 1).

O recente caso envolvendo a famosa atriz Luiza Brunet trouxe referido tema à discussão. Embora, no caso em vertente, a vítima tenha rompido o ciclo da violência e comunicado os fatos às autoridades após um mês das agressões, tempo relativamente curto quando comparado com a grande maioria dos casos, em que as vítimas suportam as agressões por anos até conseguir pôr fim ao silêncio.

Nathali Macedo, em severa crítica ao modelo patriarcal e à coisificação da mulher, comentando as agressões sofridas por Luiza Brunet e as declarações de seu companheiro, o empresário Lírio Albino Parisotto, asseverou que:

> Um homem rico precisa de seu bibelô, de um símbolo sexual que ratifique que ele é, de fato, afortunado. Ter uma mulher dentro dos padrões, desejada pela maioria dos homens – e, consequentemente, objetificada – é parte da estranha e cruel etiqueta da alta sociedade masculina.
>
> Você se tornou um homem rico? Agarre a sua Barbie, compre-a, domestique-a e, por fim, exiba-a.
>
> O relacionamento entre um homem que é símbolo de riqueza e uma mulher que é símbolo de beleza não pode deixar de ser problemático, porque o "amor", afinal, é ofuscado pelas convenções sociais que colocam a mulher como parte do *status* do qual necessita este homem e vice-versa (somemos isto à cultura patriarcal que ainda trata a violência doméstica como um crime menos grave e que quase nunca passa de uma suposição).
>
> Para um homem rico, relacionar-se com uma mulher bela não é um mero acontecimento, é uma escolha que guarda muitas razões. Tanto que há, inclusive, um site de "relacionamentos" (eu o chamaria de um site facilitador de abusos) que conecta mulheres jovens e belas a homens milionários (sim, esse é o slogan): é o Diamond Club, que convence mulheres jovens e cheias de vida de que ter um homem rico é sempre uma boa ideia, porque, afinal, a riqueza está ligada à boa educação, que, por sua vez, está ligada à não violência.
>
> (...)
>
> A violência contra Luiza começou, portanto, exatamente onde começa a violência sofrida por cada mulher fora das estatísticas de pobreza: quando a sociedade passou a encará-la como um enfeite, como uma mulher de fina estirpe que merecia e tinha por obrigação um companheiro dentro dos padrões estéticos e materiais, aprisionando-a, sutil e cruelmente, numa *gaiola de ouro*. (sem grifos no original)

Por fim, saliente-se que referida síndrome também já foi aplicada ao âmbito trabalhista e vínculo funcional do servidor para com o Estado, onde Otavio Luiz Rodrigues Junior observa que, "(...) pelo Estado excessivamente protetivo, que acostuma os homens com sua mão bondosa, quando, na verdade, os escraviza em uma gaiola de ouro" (RODRIGUES JUNIOR, 2014, p. 66).

Referências:

- *Luiza Brunet foi rápida ao tratar de agressões, dizem especialistas*. Disponível em: <http://www1.folha.uol.com.br/cotidiano/2016/07/1790008-luiza-brunet-foi-rapida-ao-tratar-de-agressoes-dizem-especialistas.shtml>.

- MACEDO, Nathalí. *Luiza Brunet e a síndrome da gaiola de ouro*. Disponível em: <http://www.diariodocentrodomundo.com.br/luiza-brunet-e-a-sindrome-da-gaiola-de-ouro-por-nathali-macedo/>.
- NEVES, Daniela. *Ciúme atrai a infidelidade Comportamento*. Pesquisa recente sugere que o ciúme pode ser o começo do fim de um relacionamento. Disponível em: <http://www.reclamando.com.br/?system=news&action=read&id=4239&eid=142>. Acesso em: 9 jul. 2016.
- RODRIGUES JUNIOR, Otavio Luiz. *Estatuto epistemológico do direito civil contemporâneo na tradição de* civil law *em face do neoconstitucionalismo e dos princípios*. Disponível em: <http://www.direitocontemporaneo.com/wp-content/uploads/2014/01/Estatuto-epistemol%C3%B3gico-do-Direito-civil-contempor%C3%A2neo-na-tradi%C3%A7%C3%A3o-de-civil-law-em-face-do-neoconstitucionalismo-e-dos-princ%C3%ADpios.pdf>. Acesso em: 9 jul. 2016.

1.168 No que consiste a **causalidade hipotética às avessas?**

Preconiza o art. 13 do Código Penal que o "resultado, de que depende a existência do crime, somente é imputável a quem lhe deu causa. Considera-se causa a ação ou omissão sem a qual o resultado não teria ocorrido".

Para se apurar se determinada circunstância fática pode ser considerada causa, ou seja, se de alguma forma contribuiu para a produção do resultado, utilizamos o *juízo hipotético de eliminação de Tryren*. Por tal critério, subtraímos determinado fato do contexto e analisamos se o resultado ainda assim se produziria, e se mesmo assim o resultado se apresentasse, tal fato não seria causa.

A doutrina denominou esse juízo de abstração de causalidade hipotética.

E o que seria a causalidade hipotética às avessas?

Na Lei 12.850/2013 (Lei do Crime Organizado – LCO) um dos pressupostos para a incidência dos prêmios é que da colaboração resulte a prevenção de infrações penais decorrentes das atividades da organização criminosa.

Para analisar se o colaborador faz jus aos prêmios acordados, deve-se analisar se o acordo preveniu a prática de novas infrações penais pela organização criminosa, valendo-se aqui de *um juízo hipotético às avessas, invertido, ao contrário*, ou seja, indaga-se: caso não tenha sido celebrado o acordo, outros crimes teriam sido praticados pela organização criminosa? Houve prevenção à prática de novos delitos?

Nesse cenário, Vinícius Marçal e Cleber Masson (fazendo menção à obra de Bitencourt e Busato) destacam que: "A fim de viabilizar a aferição dessa necessária relação de causa (colaboração) e efeito (prevenção), o ideal é que se realize um juízo de '*causalidade hipotética*, nos mesmos padrões que se faz com as imputações de crimes omissivos, porém, *às avessas*. Ou seja, a verificação de que, caso não houvesse determinada intervenção derivada da colaboração, um resultado delitivo teria sido produzido'" (MARÇAL, 2016, p. 164).

Referências:

- MASSON, Cleber; MARÇAL, Vinícius. *Crime organizado*. 2. ed. São Paulo: Método, 2016.

1.169 O que significa a regra da **corroboração cruzada** na colaboração premiada?

A colaboração é um meio especial de obtenção de provas, previsto no art. 3.º, I, da Lei 12.850/2013.

O legislador estabeleceu uma restrição quanto ao valor probatório do acordo de colaboração, preconizando no art. 4.º, § 16, que "nenhuma sentença condenatória será proferida com fundamento apenas nas declarações de agente colaborador", consagrando um regime de prova legal negativa (MARÇAL, 2016, p. 187).

Isso significa que a mera declaração do colaborador não poderá conduzir, por si só, a um decreto condenatório, sendo necessária a existência de outros elementos probatórios que a corroborem.

Por tal motivo, a doutrina estabeleceu a chamada *regra da corroboração na colaboração premiada*, que obriga o colaborador a trazer aos autos elementos informativos que corroborem as declarações prestadas.

Todavia, a lei não estabelece quais seriam esses outros elementos informativos hábeis a corroborar a colaboração. Diante desse silêncio do legislador, indaga-se: *Seria possível que o elemento de informação que confirme uma colaboração premiada seja outra colaboração, efetuada por delator diverso?*

A doutrina denominou essa possibilidade (colaboração corroborando outra colaboração) de *regra da corroboração cruzada ou recíproca*.

Em síntese, *a regra da corroboração cruzada permite que o elemento de confirmação de uma colaboração premiada seja outra colaboração, efetuada por delator diverso,* ou seja, a condenação do delatado poderia se amparar em mais de uma declaração, prestadas por colaboradores distintos, desde que harmônicas e recíprocas, não se exigindo a confirmação por fontes extrínsecas (MARÇAL, 2016, p. 188-189).

Saliente-se, por fim, que a *decisão monocrática prolatada pelo Min. Celso de Melo (Informativo 800)* preconiza que "*o Estado não poderá utilizar-se da denominada 'colaboração recíproca ou cruzada'*, ou seja, não poderá impor condenação ao réu pelo fato de contra este existir, unicamente, depoimento do agente colaborador que tenha sido confirmado, tão somente, por outros delatores" (MARÇAL, 2016, p. 190).

Referências:

- MASSON, Cleber; MARÇAL, Vinícius. *Crime organizado*. 2. ed. São Paulo: Método, 2016.

2

DIREITO CONSTITUCIONAL, ADMINISTRATIVO E ELEITORAL

2.1 O que é o inconcebível fenômeno da **"fossilização da Constituição"** diante do efeito vinculante para o Legislativo?

O fenômeno da "fossilização da Constituição" ocorreria se o Poder Legislativo, na sua função típica (legislar), fosse atingido pelos efeitos vinculantes produzidos nas ações diretas de inconstitucionalidade ou ações declaratórias de constitucionalidade.

De acordo com a jurisprudência do Supremo Tribunal Federal, o Poder Legislativo, em sua atividade-fim, não é atingido pelos efeitos vinculantes em Ação Direta de Inconstitucionalidade e Ação Declaratória de Constitucionalidade, sob pena de engessar e petrificar sua atividade legislativa com violação da independência dos poderes (art. 2.º da CF/1988), gerando o fenômeno da fossilização da Constituição. Entretanto, frisa-se que o efeito vinculante, por outro lado, se estende à atividade-meio (administrativa) do Poder Legislativo.

> (...) conforme veremos e já analisamos em outro estudo, *o efeito vinculante em ADI e ADC, na linha de interpretação dada pelo STF, não atinge o Poder Legislativo, produzindo eficácia contra todos e efeito vinculante, relativamente aos demais órgãos do Poder Judiciário e à Administração Pública direta e indireta, nas esferas federal, estadual e municipal.* Ao analisar a possibilidade de vinculação também para o Legislativo, o Ministro Cezar Peluso indica, com precisão, que essa possível interpretação (diversa da literalidade constitucional) significaria o "inconcebível fenômeno da fossilização da Constituição". O Legislativo, assim, poderá, inclusive, legislar em sentido diverso da decisão dada pelo STF, ou mesmo contrário a ela, sob

pena, em sendo vedada essa atividade, de significar inegável *petrificação* da evolução social. Isso porque o valor *segurança jurídica*, materializado com a ampliação dos efeitos *erga omnes* e *vinculante*, sacrificaria o valor *justiça da decisão*, já que impediria a constante atualização das Constituições e dos textos normativos por obra do Poder Legislativo. O mesmo entendimento poderá ser adotado, também, para o efeito vinculante da súmula, que, em realidade, possui idêntica significação prática em relação ao efeito vinculante do controle concentrado de constitucionalidade. Entendimento diverso manifestou o Ministro Peluso: "... comprometeria a relação de equilíbrio entre o tribunal constitucional e o legislador, reduzindo este a papel subalterno perante o poder incontrolável daquele, com evidente prejuízo do espaço democrático-representativo da legitimidade política do órgão legislativo" (Rcl 2.617, Inf. 386/STF) (LENZA, 2012, p. 312-313).

Referências:

- LENZA, Pedro. *Direito constitucional esquematizado*. 16. ed. São Paulo: Saraiva, 2012.

2.2 O que é "obiter dicta" *ou* "obter dicta"?

Segundo Pedro Lenza, *obiter dicta* ou *obter dicta* "*são comentários laterais, de passagem, que não influem na decisão. Portanto, não vinculam para fora do processo. (...) Obter dictum ('coisa dita de passagem') são comentários laterais, que não influem na decisão, sendo perfeitamente dispensáveis*" (LENZA, 2012, p. 306).

As terminologias *obiter dicta* ou *obter dicta* têm como plural a expressão *obiter dictum.*

Referências:

- LENZA, Pedro. *Direito constitucional esquematizado*. 16. ed. São Paulo: Saraiva, 2012.

2.3 O que é **inconstitucionalidade circunstancial**?

A *inconstitucionalidade circunstancial ocorre quando um enunciado normativo, em regra, válido, ao ser aplicado em determinadas circunstâncias, produz uma norma inconstitucional. Em outras palavras, a inconstitucionalidade circunstancial*[1] *se dá quando determinada norma, embora seja válida, quando confrontada com uma situação específica, torna-se inconstitucional em decorrência do seu contexto particular.*

Pedro Lenza tece comentário sobre a *inconstitucionalidade circunstancial*:

> (...) O tema agora é diferente do analisado no item anterior. *Busca-se, diante de uma lei formalmente constitucional, identificar que, circunstancialmente, a sua aplicação caracterizaria uma inconstitucionalidade, que poderíamos até chamar de axiológica.*
>
> Trata-se daquilo que foi denominado pela doutrina "inconstitucionalidade circunstancial" e, por que não, fazendo um paralelo não muito rígido com o tema anterior, de uma "lei ainda inconstitucional" em determinadas situações (enquanto persistirem certas circunstâncias).
>
> Como bem anota Barcellos, *trata-se da declaração de inconstitucionalidade da norma produzida pela incidência da regra sobre uma determinada situação específica... É possível cogitar de situações nas quais um enunciado normativo, válido em tese e na maior parte de suas incidências, ao ser confrontado com determinadas circunstâncias concretas, produz uma norma inconstitucional.* Lembre-se que, em função da complexidade dos efeitos que se pretendam produzir e/ou da multiplicidade de circunstâncias de fato sobre as quais incidem, também as *regras* podem justificar diferentes condutas que, por sua vez, vão dar conteúdo a normas diversas. Cada uma dessas normas opera em um ambiente fático próprio e poderá ser confrontada com um conjunto específico de outras incidências normativas, justificadas por enunciados diversos. Por isso, não é de estranhar que *determinadas normas possam ser inconstitucionais em função desse seu contexto particular, a despeito da validade geral do enunciado do qual derivam* (LENZA, 2012, p. 311-312).

Referências:

- LENZA, Pedro. *Direito constitucional esquematizado*. 16. ed. São Paulo: Saraiva, 2012.

1 A "inconstitucionalidade circunstancial" já foi enfrentada pelo STF no julgamento da ADI 223. Atualmente, a aludida inconstitucionalidade está sendo objeto da ADI 4.068.

2.4 O que é lei **"ainda constitucional"**, ou **"inconstitucionalidade progressiva"**, ou **"declaração de constitucionalidade de norma em trânsito para a inconstitucionalidade"**?

A lei "ainda constitucional", ou "inconstitucionalidade progressiva", ou "declaração de constitucionalidade de norma em trânsito para a inconstitucionalidade", *é a lei que é constitucional enquanto perdurar determinada circunstância, porém, quando essa circunstância de fato não mais se verificar, essa norma (sem rigor técnico) será tida por inconstitucional.*

Em comentários sobre o tema, Pedro Lenza acrescenta que:

> (...) *A questão do "prazo em dobro" para a Defensoria Pública no processo penal – rejeição de inconstitucionalidade "rebus sic stantibus".*
>
> Nos termos dos arts. 44, I, 89, I, e 128, I, da LC 80/1994, é prerrogativa dos membros da Defensoria Pública receber *intimação pessoal* em qualquer processo e grau de jurisdição, contando-se-lhes em *dobro todos os prazos.*[2]
>
> Em relação ao *processo civil*, a regra não sofreu qualquer repreensão por parte do STF, até porque há equivalente para o MP e Fazenda Pública, nos termos do art. 188 do CPC.
>
> Contudo, no tocante ao *processo penal*, na medida em que o MP não goza dessa prerrogativa de prazo em dobro, questionou-se se, de fato, a regra poderia ser estabelecida para a Defensoria Pública quando atua como defensora de acusação formulada pelo MP, especialmente em relação ao princípio da isonomia e do devido processo legal.
>
> O STF, ao analisar o tema do *prazo em dobro para o processo penal*, entendeu que referida regra é constitucional até que a Defensoria Pública efetivamente se instale. Assim, o prazo em dobro para o processo penal só valerá enquanto a Defensoria Pública ainda não estiver eficazmente organizada. Quando isso se verificar, a regra tornar-se-á *inconstitucional*. Trata-se, portanto, de *norma em trânsito para a inconstitucionalidade*.
>
> Nesse sentido, confira o precedente *HC 70.514*, j. 23.03.1994: Ementa: Direito Constitucional e *Processual Penal*. Defensores Públicos: prazo em dobro para interposição de recursos (§ 5.º do art. 1.º da Lei 1.060, de 05.02.1950, acrescentado pela Lei 7.871, de 08.11.1989). Constitucionalidade. 'Habeas Corpus'. Nulidades. Intimação pessoal dos Defensores Públicos e prazo em dobro para interposição de recursos. 1. Não é de ser reconhecida a inconstitucionalidade do § 5.º do art. 1.º da Lei 1.060, de 05.02.1950, acrescentado pela Lei 7.871, de 08.11.1989, no ponto em que confere *prazo em dobro*, para recurso, às Defensorias Públicas, *ao menos até que sua organização,*

2 Em relação ao rito específico dos Juizados, confira regras apresentadas no item 12.6.6.6.

> *nos Estados, alcance o nível de organização do respectivo Ministério Público, que é a parte adversa, como órgão de acusação, no processo da ação penal pública*... (grifamos). Interessante, também, o voto do Ministro Moreira Alves, que pedimos vênia para transcrever: "a única justificativa que encontro para esse tratamento desigual em favor da Defensoria Pública em face do Ministério Público é a de caráter temporário: a circunstância de as Defensorias Públicas ainda não estarem, por sua recente implantação, devidamente aparelhadas como se acha o Ministério Público. Por isso, para casos como este, parece-me deva adotar-se a construção da Corte Constitucional alemã no sentido de considerar que uma lei, em virtude das circunstâncias de fato, pode vir a ser inconstitucional, não o sendo, porém, enquanto essas circunstâncias de fato não se apresentarem com a intensidade necessária para que se tornem inconstitucionais. Assim, *a lei em causa será constitucional enquanto a Defensoria Pública, concretamente, não estiver organizada com a estrutura que lhe possibilite atuar em posição de igualdade com o Ministério Público, tornando-se inconstitucional, porém, quando essa circunstância de fato não mais se verificar*" (grifamos) (LENZA, 2012, p. 309-310).

As terminologias lei "ainda constitucional", ou "inconstitucionalidade progressiva", ou "declaração de constitucionalidade de norma em trânsito para a inconstitucionalidade" também possuem como sinônimo a expressão "rejeição de inconstitucionalidade *rebus sic stantibus*".

Referências:

- LENZA, Pedro. *Direito constitucional esquematizado*. 16. ed. São Paulo: Saraiva, 2012.

2.5 O que é **jurisprudência defensiva**?

Jurisprudência defensiva é a criação de entraves e pretextos para impedir a chegada e o conhecimento dos recursos que são dirigidos aos Tribunais.

Segundo ensinam Zulmar Duarte de Oliveira Junior, Andre Vasconcelos Roque, Fernando da Fonseca Gajardoni e Luiz Dellore:

> *(...) jurisprudência defensiva consiste, grosso modo, em um conjunto de entendimentos – na maioria das vezes sem qualquer amparo legal – destinados a obstaculizar o exame do mérito dos recursos, principalmente de direito estrito (no processo civil, Recursos Extraordinário e Especial)*

> *em virtude da rigidez excessiva em relação aos requisitos de admissibilidade recursal.* Criticada por ampla doutrina, a jurisprudência defensiva vinha encontrando abrigo, em maior ou menor medida, no Supremo Tribunal Federal e no Superior Tribunal de Justiça, com base em fundamentos puramente pragmáticos: o excessivo número de recursos aportados ano após ano nos tribunais de cúpula.

Em prosseguimento sobre a denominada jurisprudência defensiva, na qual se criam requisitos recursais não previstos na Constituição ou nas leis, citem-se as seguintes considerações de José Miguel Medina:

> Os tribunais superiores têm a grande função de apontar o rumo correto a ser seguido na interpretação e aplicação da Constituição e da lei federal. Devem, pois, ser tomados como exemplos do cuidado com que a norma jurídica deve ser interpretada e aplicada. *A criação de requisitos recursais à margem da lei definitivamente não corresponde ao papel que deve ser desempenhado pelos tribunais. Esse, a meu ver, é o maior problema da jurisprudência defensiva.* Os tribunais – e, no que respeita ao tema, especialmente os tribunais superiores – devem atuar com retidão, ao aplicar a lei. *A criação de "entraves e pretextos" não previstos na norma jurídica "para impedir a chegada e o conhecimento de recursos"* mancha a imagem daqueles tribunais que deveriam servir de guias na interpretação da própria lei (MEDINA, 2013). (sem grifos no original)

Referências:

- MEDINA, José Miguel Garcia. *Pelo fim da jurisprudência defensiva: uma utopia?* Disponível em: <http://www.conjur.com.br/2013-jul-29/processo-fim-jurisprudencia--defensiva-utopia>. Acesso em: 23 abr. 2016.
- OLIVEIRA JUNIOR, Zulmar Duarte De; ROQUE, Andre Vasconcelos; GAJARDONI, Fernando da Fonseca; e DELLORE, Luiz. Ajuste e aperfeiçoamento - A jurisprudência defensiva ainda pulsa no novo CPC. Disponível em: <http://www.conjur.com.br/2013-set-06/jurisprudencia-defensiva-ainda-pulsa-codigo-processo-civil>. Acesso em: 19 mar. 2016.

2.6 O que é **"ratio decidendi"**?

A ratio decidendi é a razão de decidir, as justificativas que levaram ao resultado, ou seja, corresponde ao fundamento ou à essência da tese jurídica empregada para decidir.

Luiz Guilherme Marinoni elucida que "a *ratio decidendi*, no *common law*, é extraída ou elaborada a partir dos elementos da decisão, isto é, da fundamentação, do dispositivo e do relatório". Portanto, não se confunde com a coisa julgada material descrita no dispositivo, que dá segurança jurídica às partes, nem com a fundamentação; é uma regra extraída da interpretação de um conteúdo mais amplo, que abarca todas as informações de fato e direito da decisão, de modo que "(...) não é de estranhar que a *ratio decidendi* nunca tenha sido ligada às decisões favoráveis à parte vencida (...), ou mesmo às decisões favoráveis ao vencedor, mas que não são necessárias para se chegar à solução do caso" (MARINONI, 2011, p. 245).

Segundo Luiz Renato Ferreira da Silva, a *Teoria de Wambaugh* ou *teste de inversão* disciplina que a *ratio decidendi* é a regra geral sem a qual o caso teria sido decidido de outra maneira (SILVA, 1996, p. 51). Contudo, quando o caso em análise possuir dois fundamentos que, isoladamente, conduzam à mesma solução, o teste de inversão faria com que as proposições sempre fossem *obiter dicta* (MARINONI, 2011, p. 224-225).

Adiante, a *teoria dos fatos materiais*, defendida por Goodhart, propõe que a *ratio decidendi* seja determinada começando de maneira negativa, excluindo-se o que ela não *é*, e depois identificando os fatos tratados pelo juiz como materiais ou fundamentais, "(...) que são considerados imprescindíveis para que se possa decidir um caso e cuja presença caracteriza aquela situação e outras futuras" (SILVA, 1996, p. 51).

Thomas da Rosa Bustamante, ao construir uma teoria sobre precedentes judiciais, argumenta que a *ratio decidendi* é obtida por meio de "(...) uma elucidação das premissas normativas tomadas como etapas de justificação de uma decisão judicial" (BUSTAMANTE, 2011, p. 277).

Ele ainda adverte que, para o precedente ser utilizado como parâmetro para casos futuros, as premissas devem ser compostas por enunciados gerais e universais, de forma que "(...) os conceitos e normas gerais empregados na justificação de um caso *X* puderem também ser empregados na solução do caso *Y* e de todos os demais que se apresentem como semelhantes nos aspectos considerados relevantes pelas normas adscritas na enunciação das razões ou fundamentos da decisão tomada no caso *X*" (BUSTAMANTE, 2012, p. 275).

A *ratio decidendi* tem como expressões equivalentes a *razão de decidir* e a *essência da tese jurídica.*

Referências:

- BUSTAMANTE, Thomas da Rosa. *Teoria do precedente judicial*: a justificação e a aplicação de regras jurisprudenciais. São Paulo: Noeses, 2011.

- MARINONI, Luiz Guilherme. *Precedentes obrigatórios*. São Paulo: RT, 2011.
- SILVA, Luis Renato Ferreira da. A regra do precedente no direito inglês. *Revista de Direito Civil*, ano 20, n. 75, jan.-mar. 1996.

2.7 **Teoria da inconstitucionalidade** por "arrastamento" ou "atração", ou "inconstitucionalidade consequente de preceitos não impugnados", ou "inconstitucionalidade consequencial" ou "inconstitucionalidade consequente ou derivada"

A inconstitucionalidade por arrastamento ocorrerá quando, em virtude da declaração de inconstitucionalidade de uma norma, outras normas dela dependentes sejam alcançadas pela declaração de inconstitucionalidade, assegurando a coerência do ordenamento jurídico. É o que ocorre com o decreto que regulamenta os preceitos da norma eivada de inconstitucionalidade.

Pedro Lenza aduz que:

> "esse importante tema aparece intimamente ligado aos limites objetivos da coisa julgada e à produção dos efeitos *erga omnes*. Pela referida teoria da inconstitucionalidade por "arrastamento" ou "atração" ou "inconstitucionalidade consequente de preceitos não impugnados", *se em determinado processo de controle concentrado de constitucionalidade for julgada inconstitucional a norma principal, em futuro processo, outra norma dependente daquela que foi declarada inconstitucional em processo anterior – tendo em vista a relação de instrumentalidade que entre elas existe – também estará eivada pelo vício de inconstitucionalidade "consequente", ou por "arrastamento" ou "atração"*. Naturalmente, essa técnica da declaração de inconstitucionalidade por arrastamento pode ser aplicada tanto em processos distintos como em um mesmo processo, situação que vem sendo verificada com mais frequência. Ou seja, já na própria decisão, o STF define quais normas são atingidas, e no dispositivo, por "arrastamento", também reconhece a *invalidade* das normas que estão "contaminadas".
>
> Essa contaminação ou perda de validade pode ser reconhecida, também, em relação a decreto que se fundava em lei declarada inconstitucional. Então, o STF vem falando em inconstitucionalidade por arrastamento do decreto que se fundava na lei (cf., por exemplo, ADI 2.995/PE, Rel. Min. Celso de Mello, 13.12.2006).
>
> Nesse sentido, como anotam Vicente Paulo e Marcelo Alexandrino, *"com efeito, se as normas legais guardam interconexão e mantêm, entre si, vínculo*

> *de dependência jurídica, formando-se uma incindível unidade estrutural, não poderá o Poder Judiciário proclamar a inconstitucionalidade de apenas algumas das disposições, mantendo as outras no ordenamento jurídico, sob pena de redundar na desagregação do próprio sistema normativo a que se acham incorporadas".*
>
> Trata-se, sem dúvida, de exceção à regra de que o juiz deve ater-se aos limites da lide fixados na exordial, especialmente em razão da correlação, conexão ou interdependência dos dispositivos legais e do caráter político do controle de constitucionalidade realizado pelo STF (LENZA, 2012, p. 307-308). (sem grifos no original)

Referências:

- LENZA, Pedro. *Direito constitucional esquematizado*. 16. ed. São Paulo: Saraiva, 2012.

2.8 Em que consiste a **teoria da transcendência dos motivos determinantes** (efeitos irradiantes ou transbordantes)?

A transcendência dos motivos determinantes, também chamada de efeitos irradiantes ou transbordantes dos motivos determinantes, *impõe que os fundamentos determinantes da decisão também gerem efeitos vinculantes*. Saliente-se que, em regra, apenas a parte dispositiva geraria tais efeitos.

Pedro Lenza afirma que:

> o STF vinha atribuindo efeito vinculante não somente ao dispositivo da sentença, mas, também, aos *fundamentos determinantes da decisão. Falava-se, então, em transcendência dos motivos determinantes, ou efeitos irradiantes ou transbordantes dos motivos determinantes*. Há de se observar, contudo, a distinção entre *ratio decidendi* e *obter dictum*. *Obter dictum* ("coisa dita de passagem") são comentários laterais, que não influem na decisão, sendo perfeitamente dispensáveis. Portanto, aceita a "teoria do transbordamento", não se falaria em irradiação de *obter dictum*, com efeito vinculante, para fora do processo. Por outro lado, a *ratio decidendi* é a fundamentação essencial que ensejou aquele determinado resultado da ação. Nessa hipótese, aceita a "teoria dos efeitos irradiantes", a "razão da decisão" passaria a vincular outros julgamentos.

> Como exemplo, no julgamento da ADI 3.345/DF, que declarou constitucional a Resolução do TSE que reduziu o número de vereadores de todo o País, o STF entendeu que a Suprema Corte conferiu "... efeito transcendente aos próprios motivos determinantes que deram suporte ao julgamento plenário do RE 197.917". Sobre a *transcendência dos motivos determinantes*, cf. Rcl 2.986 MC/SE (*Inf. 379/STF*) e Rcl 2.475 (*Inf. 335/STF*), com os comentários já feitos em relação ao controle difuso (cf. *item 6.6.5*).
>
> *Cuidado:* no julgamento da *Rcl 10.604* (08.09.2010), o STF *afastou* a técnica do *transbordamento dos motivos determinantes*. Em referido julgado, há referência à questão de ordem na *Rcl 4.219*, na qual se sinaliza a manifestação de 6 Ministros *contra* a teoria da transcendência (referido acórdão ainda não foi publicado e, assim, não tivemos acesso à decisão – *matéria pendente*). Parece que se trata de verdadeira *jurisprudência defensiva*, no sentido de se evitar o número crescente de reclamações (LENZA, 2012, p. 306).

Por fim, destaca-se que, atualmente, o Supremo não tem admitido a transcendência dos motivos determinantes, conforme decisão a seguir:

> Para o cabimento de reclamação é indispensável a relação de pertinência estrita entre o ato reclamado e o parâmetro de controle. Com base nessa orientação, o Plenário, em conclusão de julgamento e por maioria, reputou improcedente pedido formulado em reclamação. No caso, empresa pública estadual impugnava decisão que, nos autos de reclamação trabalhista, deferira pleito de tutela antecipada e mantivera trabalhadores aposentados pelo Regime Geral de Previdência – RGPS como empregados da ora reclamante. Segundo a decisão questionada, a aposentadoria concedida aos empregados não seria causa de extinção do contrato de emprego, nem implicaria acumulação de proventos vedada por lei. A reclamante aduzia a impossibilidade de acumulação de proventos de aposentadoria com salários. Apontava afronta ao que decidido pelo STF nos autos da ADI 1.770/DF (*DJU* de 1.º.12.2006), ocasião em que declarada a inconstitucionalidade do § 1.º do art. 453 da CLT ("§ 1.º Na aposentadoria espontânea de empregados das empresas públicas e sociedades de economia mista é permitida sua readmissão desde que atendidos aos requisitos constantes do art. 37, inciso XVI, da Constituição, e condicionada à prestação de concurso público") – v. Informativo 575. O Colegiado entendeu que o ato reclamado não aplicara o referido preceito legal. Não fora determinado aos empregados públicos que se submetessem a novo concurso, para readmissão após a aposentadoria, condicionada a readmissão ao atendimento dos requisitos do art. 37, XVI, da CF. Ao contrário, fora respeitada a autoridade do acórdão paradigma, ao considerar que a aposentadoria não extingue o contrato de trabalho. *A parte reclamante pretenderia dar efeito vinculante*

> *a um dos fundamentos do voto condutor daquele acórdão, qual seja, o da impossibilidade de cumulação de vencimentos e proventos. Entretanto, a jurisprudência do STF é firme quanto ao não cabimento de reclamação fundada na transcendência dos motivos determinantes do acórdão com efeito vinculante.* (...). Não se poderia, em sede de reclamação, avançar para cassar uma decisão judicial, por ela haver desrespeitado entendimento não exposto no paradigma apontado, para assentar-se ser essa a conclusão correta sobre a matéria. Desse modo, não é possível o uso da reclamação como sucedâneo de recurso. Ressaltou que os precedentes do Tribunal seriam nesse mesmo sentido, tendo em conta a necessidade de pertinência estrita. Vencidos os Ministros Ellen Gracie (relatora) e Ayres Britto, que julgavam procedente o pedido (Rcl 8.168/SC, Rel. orig. Min. Ellen Gracie, Red. p/ o acórdão Min. Edson Fachin, 19.11.2015). (sem grifos no original).

Referências:

- LENZA, Pedro. *Direito constitucional esquematizado*. 16. ed. São Paulo: Saraiva, 2012.

2.9 Em que consiste a **derrotabilidade** ("defeseability")? É possível aplicar a derrotabilidade das regras no Brasil?

A derrotabilidade ("defeseability") consiste na superação da lei, de forma justificada e casuística, diante de um caso ímpar que reclama uma análise que encontra resposta fora do texto legal para se buscar o valor da justiça.

Na jurisprudência brasileira, é raro encontrar um julgado que aluda à derrotabilidade ("defeseability") das regras. Um dos poucos Tribunais que expressamente fez menção ao fenômeno foi o Tribunal Regional Federal da 1.ª Região, embora a aplicação do instituto tenha sido empregada de forma descontextualizada e com certa confusão em vista do controle de constitucionalidade. Cita-se a ementa de julgado do Tribunal Regional Federal da 1.ª Região sobre o tema derrotabilidade ("defeseability"):

> Embargos de declaração. Transferência de estudante dependente de empregado de sociedade de economia mista. Inexistência, no local de destino, de instituição congênere. "*Derrotabilidade*" da vedação contida no artigo 99 da Lei 8.112/1990. Aplicação da parte final da Súmula 43 desta Corte. 1. A alegação de que à vista do disposto no artigo 173, § 1.º, II, da

> Constituição, os empregados de sociedade de economia mista e de empresas públicas que exploram atividade econômica não poderiam ser equiparados, para o fim da transferência deles e de seus dependentes, não tem, com a devida vênia, forte relevância jurídica, uma vez que o objetivo da norma constitucional não é restringir os direitos dos empregados daquelas pessoas jurídicas, mas sim não permitir que elas possam competir com as empresas privadas, usufruindo vantagens não aplicáveis a estas. 2. Por outro lado, o disposto na parte final da Súmula 43 da jurisprudência predominante desta Corte ("A transferência compulsória para instituição de ensino congênere a que se refere o art. 99 da Lei 8.112/1990, somente poderá ser efetivada de estabelecimento público para público ou de privado para privado, salvo a inexistência, no local de destino, de instituição de ensino da mesma natureza") não atenta contra a decisão do Plenário da Suprema Corte que, ao julgar a ADI 3.324/DF, relator Ministro Marco Aurélio (Carta Magna, art. 102, § 2.º), uma vez que nesse caso (inexistência no local de destino de instituição da mesma natureza), a vedação em causa é *"derrotável"*, porquanto o legislador, ao editar o dispositivo em referência, não considerou essa circunstância em sua formulação normativa, de forma que o princípio do direito constitucional à educação (Carta Magna, art. 205), bem como o de que as normas restritivas devem ser interpretadas restritivamente *"derrotam"* a vedação contida no referido dispositivo legal. 3. Embargos de declaração não providos (TRF-1.ª Reg., EDAMS 00055488020014013500, Juiz Federal Leão Aparecido Alves (conv.), *DJe* 18.04.2005). (sem grifos no original)

Em outra ocasião, o Tribunal Regional Federal da 1.ª Região, mais uma vez, empregou a terminologia derrotabilidade ("defeseability"):

> Benefício de prestação continuada. LOAS. Renda per capita. Necessidade de se contrapor a regra legal em face de todas as circunstâncias do caso. Antinomia em abstrato vs. Antinomia em concreto. "*Derrotabilidade*" do § 3.º do art. 20 da Lei 8.724/1993. 1. Embora o STF já tenha reconhecido a constitucionalidade em tese do § 3.º do art. 20 da Lei 8.724/1993, o requisito da renda mensal per capita inferior a 1/4 do salário mínimo, consideradas todas as circunstâncias do caso, pode *apresentar antinomia concreta em face de algum princípio constitucional ou regra implícita deste decorrente.*
>
> 2. *O reconhecimento dessa antinomia concreta gera a "derrotabilidade"* (defeasibility) *da regra legal, mas não viola a autoridade da decisão do STF proferida na ADI 1.232/DF.*
>
> 3. Quando se resolve uma antinomia em abstrato, considera-se a norma desprezada para todas as demais hipóteses em que a norma se aplicaria (...) (TRF-1.ª Reg., JEF 2005.35007164388, Goiânia, Rel. Juiz Juliano Taveira Bernardes). (sem grifos no original)

No que diz respeito ao Supremo Tribunal Federal, giza consignar que ele já derrotara norma sob todos os pretextos, mas ainda não empregou a terminologia da derrotabilidade (*defeasibility*) (LENZA, 2012, p. 151).

Como se pode observar, é possível a aplicação da derrotabilidade ("defeseability") no Brasil, desde que sejam observados os requisitos e pressupostos para tanto, recordando-se que o maior obstáculo à derrotabilidade das regras é a dificuldade de discernir o que é uma exceção implícita e aquilo que deve ser considerado como um silêncio eloquente por parte do legislador, porquanto interpretação distante disso pode ocasionar o erro por parte do intérprete e aplicador da lei.

A terminologia derrotabilidade ("defeseability") tem como sinônimos os termos superabilidade ou derrogabilidade.

> (...) Derrotabilidade (*defeasibility*). De modo geral, conforme estabelece Humberto Ávila, existem várias justificativas para a obediência às regras, destacando-se: *"eliminação da controvérsia e da incerteza, e dos custos morais a elas associados"; eliminação ou redução da "... arbitrariedade que pode potencialmente surgir no caso de aplicação direta de valores morais"; busca para se "evitar problemas de coordenação, deliberação e conhecimento".* No tocante à coordenação, sem a regra, haveria o risco de cada indivíduo querer defender o seu ponto de vista. Em relação à deliberação, inexistindo solução predefinida em determinada regra, observar-se-ia um aumento de custos para soluções casuísticas e individuais. Finalmente, a falta de regra poderia produzir soluções por pessoas que não têm o conhecimento técnico de determinada matéria ou área. (...) A ideia de *derrotabilidade* (Ávila se refere a ela como *superabilidade*), historicamente, vem sendo atribuída a Hart, na seguinte passagem: "quando o estudante aprende que na lei inglesa existem condições positivas exigidas para a existência de um contrato válido, ele ainda tem que aprender o que pode derrotar a reivindicação de que há um contrato válido, mesmo quando todas essas condições são satisfeitas", daí por que "o estudante tem ainda que aprender o que pode seguir as palavras 'a menos que', as quais devem acompanhar a indicação dessas condições". Nesse sentido, Ávila, *reconhecendo que as regras não são superáveis com facilidade, propõe algumas condições necessárias, destacando-se: requisitos materiais (ou de conteúdo):* a superação da regra pelo caso individual não pode prejudicar a concretização dos valores inerentes à regra. E explica o autor: "... *há casos em que a decisão individualizada, ainda que incompatível com a hipótese da regra geral, não prejudica nem a promoção da finalidade subjacente à regra, nem a segurança jurídica que suporta as regras, em virtude da pouca probabilidade de reaparecimento frequente de situação similar, por dificuldade de ocorrência ou comprovação"; requisitos procedimentais (ou de forma)*: a superação de uma regra deve ter *a) justificativa condizente –*

devendo haver a "... demonstração de incompatibilidade entre a hipótese da regra e sua finalidade subjacente. É preciso apontar a discrepância entre aquilo que a hipótese da regra estabelece e o que sua finalidade exige". E, ainda, a "... demonstração de que o afastamento da regra não provocará expressiva insegurança jurídica". Em outras palavras, a justiça individual não poderá afetar substancialmente a justiça geral; *b) fundamentação condizente* - as razões de superação da regra devem ser exteriorizadas, para que, assim, possam ser controladas. "A fundamentação deve ser escrita, juridicamente fundamentada e logicamente estruturada"; *c) comprovação condizente* - "... não sendo necessárias, notórias nem presumidas, a ausência do aumento excessivo das controvérsias, da incerteza e da arbitrariedade e a inexistência de problemas de coordenação, altos custos de deliberação e graves problemas de conhecimento devem ser comprovadas por meios de provas adequados, como documentos, perícias ou estatísticas. A mera alegação não pode ser suficiente para superar uma regra". Analisando os requisitos propostos por Ávila para a eventual *superação das regras*, concordamos com a crítica apontada por Vasconcellos, no tocante aos requisitos materiais, no sentido de que se poderia pensar em certa "universalização/generalização das decisões baseadas na *derrotabilidade*", e não que esta generalização pudesse gerar a sugerida insegurança. Conforme aponta Vasconcellos, "... *o requisito material* mais importante da *derrotabilidade* é a coerência do julgador ou órgão durante a decisão. (...). Em nome da coerência, o processo de inserção da exceção no interior da regra impõe o fenômeno da universalização, a partir do qual a decisão singular se torna paradigmática, referência e modelo às ulteriores (posteriores, acrescente-se) decisões de casos similares" (LENZA, 2012, p. 149-151). (sem grifos no original)

Referências:

- LENZA, Pedro. *Direito constitucional esquematizado*. 16. ed. São Paulo: Saraiva, 2012.

2.10 O que é **"signaling"** ou **"sinalização"** na seara dos precedentes obrigatórios?

Segundo Melvin Aron Eisenberg[3], o *signaling é uma "técnica pela qual o juiz segue um precedente, mas avisa que este não é mais confiável"* (EISENBERG, 1998, p. 123).

3 "*Signaling* is a technique by which a court follows a precedent but puts the profession on notice that the precedent is no longer reliable. By the use of this technique, a court paves the way for overruling a doctrine it believes would otherwise have to be preserved because of justified reliance" (EISENBERG, 1998, p. 123).

Em outras palavras, o *signaling* é um aviso ou um sinal que o Tribunal emite da iminência de um *overruling* (superação de precedente) por meio da revogação, revisão ou modificação de precedente, ou seja, o Tribunal anuncia que vai superar o precedente existente até então sobre certa matéria (que não mais corresponderia ou que não estaria mais ajustado ao bom direito).

Lembra-se que em um paralelo, o *overruling é a superação (revisão, revogação ou modificação) de um precedente, afastando sua aplicação (do precedente) no caso concreto.*

Assim, com o *signaling* não haverá surpresa às partes e aos demais jurisdicionados que se respaldam na jurisprudência, uma vez que na própria *ratio decidendi* da decisão (acórdão) o Tribunal sinaliza que o seu posicionamento firmado sobre a matéria (que não é mais confiável por alguma razão de Direito, entre outras circunstâncias) está prestes a ser revogado e modificado.

De outro lado, vale assinalar que o *signaling* é uma forma de prestigiar a segurança jurídica e a justa expectativa que o jurisdicionado cria e deposita confiança diante da jurisprudência consolidada daquele Tribunal.

Referências:

- EISENBERG, Melvin Aron. *The nature of the common law*. Cambridge: Harvard University Press, 1998.

2.11 O que é o "overruling"?

O overruling *é a superação de um precedente, com afastamento de sua aplicação.*

Para Fredie Didier Junior e Leonardo Carneiro Cunha, "**overruling** é a técnica através da qual um precedente perde a sua força vinculante e é substituído (*overruled*) por um outro precedente" (DIDIER JR. e CUNHA, 2012, p. 405).

Em outras palavras, o *overruling*, além de afastar a aplicação do precedente ao caso concreto, objetiva infirmar a validade da regra paradigma, assim, "(...) as razões que o justificam devem ser ainda mais fortes que as que seriam suficientes para o *distinguished*" (BUSTAMANTE, 2012, p. 388).

A revisão (*overruling*) do precedente pode ocorrer, segundo Teresa Arruda Wambier, "(...) quando se detecta a necessidade de mudança, ou porque (a) se considera agora a norma errada; ou porque (b) se considera agora a norma errada, embora ela não estivesse errada quando foi criada" (WAMBIER, 2009, p. 135-136).

Conforme ensinamentos da doutrina de Luiz Henrique Volpe Camargo, o *overruling* pode ter *retrospective effects* (efeitos pretéritos) ou *prospective effects* (efeitos para o futuro). Quando se atribui efeitos pretéritos (*ex tunc*), o jurisdicionado é julgado com base em regra nova, inexistente quando agiu ou se omitiu de maneira indevida, sendo surpreendido com novo padrão de conduta (CAMARGO, 2012, p. 569).

Por outro lado, quando se aplica o *overruling* com efeitos prospectivos, o novo entendimento vigerá da data da decisão para frente (*ex nunc*), ou de outro marco temporal futuro (*pro futuro*), estabelecido pelo tribunal (CAMARGO, 2012, p. 570).

Dentro dessa perspectiva, destaca-se que há duas técnicas de superação (*overturning*): *overruling* e *overrinding*.

Segundo a doutrina, o precedente, para ser superado, precisa: a) estar obsoleto e desfigurado; b) estar absolutamente injusto e/ou incorreto; c) e revelar-se inexequível na prática, ou seja, quando se afigura genericamente *bad law* (um mal direito).

Essa revogação, revisão, modificação ou superação pode se dar de forma explícita ou implícita.

Por derradeiro, o *overruling* possui como expressão equivalente a terminologia cunhada por *revirement*.

Referências:

- BUSTAMANTE, Thomas da Rosa. *Teoria do precedente judicial*: a justificação e a aplicação de regras jurisprudenciais. São Paulo: Noeses, 2012.
- CAMARGO, Luiz Henrique Volpe. A força dos precedentes no moderno processo civil brasileiro. In: WAMBIER, Teresa Arruda Alvim (coord.). *Direito jurisprudencial*. São Paulo: RT, 2012.
- DIDIER JR., Fredie; CUNHA, Leonardo Carneiro. *Curso de direito processual civil*. Meios de impugnação às decisões judicias e processos nos tribunais. 10. ed. Salvador: JusPodivm, 2012. vol. 3.
- WAMBIER, Teresa Arruda Alvim. Estabilidade e adaptabilidade como objetivos do direito: *civil law e common law*. *Revista de Processo*, ano 34, v. 172, jun. 2009.

2.12 O que é "antecipatory overruling"?

Luiz Guilherme Marinoni recomenda: "entenda-se por 'antecipatory overruling' a atuação antecipatória das Cortes de Apelação estadunidenses em relação ao *overruling* dos precedentes da Suprema Corte. Trata-se, em outros termos, de fenômeno identificado como antecipação a provável revogação de precedente por parte da Suprema Corte" (MARINONI, 2010, p. 403).

Referências:

- MARINONI, Luiz Guilherme. *Precedentes obrigatórios*. São Paulo: RT, 2010.

2.13 O que é teoria do "prospective overruling"?

O "prospective overruling" ou "sunbursting" ["queimadura do sol"] *é a modificação de regra prospectiva dentro do precedente, incidindo apenas para o futuro.*

Dito de outra forma, o "prospective overruling" ou "sunbursting" é técnica que tenta compatibilizar a necessidade de mudança de um precedente e a proteção da confiança depositada nesse mesmo precedente.

Osvaldo Luiz Palu, ao tratar dos *graus de retroatividade das sentenças de inconstitucionalidade*, observa que:

> (...) a doutrina e jurisprudência norte-americanas têm as respostas nas técnicas, *v.g.*, da *prospective overruling e limited retrospectivity*; justamente no país que estabeleceu a regra da nulidade absoluta da lei inconstitucional e da eficácia *ex tunc* dos julgamentos vem agora a técnica, sobretudo da *limited prospectivity*, a dispor que a sentença é aplicável somente aos processos iniciados após a decisão, inclusive afetando o processo que originou a questão; já a *prospectivity overruling*, ou *pure prospectivity*, exclui toda a retroatividade, não se aplicando ao processo de origem. Evidentemente, em um sistema que depende dos casos concretos (*cases*) para a declaração de inconstitucionalidade, a técnica da *pure prospectivity* gerou perplexidades, ainda que a declaração possa valer para casos concretos futuros (PALU, 1999).

Ronny Charles Lopes de Torres e Fernando Ferreira Baltar Neto asseveram que "prospective overruling" ou "sunbursting" ocorre "quando o interesse público justificar a alteração motivada do entendimento administrativo, hipótese em que seria possível a adoção da teoria denominada 'prospective overruling', segundo a qual a alteração de orientação jurídica deve ser aplicada apenas para os casos futuros" (TORRES, 2015, p. 36).

A expressão "prospective overruling" tem como sinônimo a terminologia *pure prospectivity.*

Por outro lado, alerta-se que a produção de efeitos do "prospective overruling" é somente para casos futuros, mas, como exceção ao caso que originou a revogação, é denominado de *limited prospectivity* e está dentro das demais modulações ou técnicas do "prospective overruling".

Referências:

- PALU, Osvaldo Luiz. *Controle de constitucionalidade:* conceitos, sistemas e efeitos. São Paulo: RT, 1999.
- TORRES, Ronny Charles Lopes de, Ronny; NETO BALTAR, Fernando Ferreira. *Direito administrativo*. 5. ed. rev. e atual. Salvador: JusPodivm, 2015. (Coleção Sinopses para Concursos)

2.14 Em que consiste o instituto **"overriding"** na órbita dos precedentes obrigatórios?

O overriding é a limitação ou superação parcial do precedente.

Para Luiz Guilherme Marinoni, "o *overriding* apenas limita ou restringe a incidência do precedente, aproximando-se, neste sentido, de uma revogação parcial. Mas no *overriding* não há propriamente revogação, nem mesmo parcial, do precedente, embora o resultado da decisão com ele tomada não seja compatível com a totalidade do precedente" (MARINONI, 2010, p. 347).

O *overriding* possui como sinônimo a expressão *modifyng*[4].

Referências:

- MARINONI, Luiz Guilherme. *Precedentes obrigatórios*. São Paulo: RT, 2010.

---

4 Francisco Rosito utiliza outra nomenclatura, *modifyng* da espécie *narrowing* (ROSITO, Francisco. *Teoria dos precedentes judiciais*: racionalidade da tutela jurisdicional. Curitiba: Juruá, 2012. p. 300 e 303-304).

2.15 Em que consiste a **"transformation"** dentro dos precedentes judiciais?

A *transformation* possui como sinônimo a expressão *modifyng*[5] e *trata-se de técnica de superação do precedente que admite o equívoco na tese até então sustentada, mas não aceita que o Tribunal tenha cometido alguma impropriedade ao julgar os casos anteriores* (MARINONI, 2013, p. 343).

Nas exatas palavras de Luiz Guilherme Marinoni sobre a *transformation*:

> (...) se a distinção entre *overruling* e *transformation* é mais formal do que substancial, surge ao menos a curiosidade de indagar o motivo pelo qual a Corte pode preferir a *transformation* em relação ao *overruling*. Eisenberg alude à doutrina de Peter Western para demonstrar que tanto a *transformation* quanto o *overruling* admitem equívoco no raciocínio ou na fundamentação das decisões anteriores, mas apenas o *overruling* aceita ter havido erro de julgamento. A *transformation admite equívoco na tese então sustentada, mas não aceita que a Corte tenha cometido impropriedade ao julgar o caso anterior*. O *overruling* constitui confissão de que não apenas a tese está equivocada, mas também de que Corte errou ao decidir em favor de uma das partes e não da outra. A *transformation, por sua vez, não aceita a ideia de que a decisão deveria ter sido favorável ao autor e não ao réu ou vice-versa.*
>
> (...)
>
> outra situação, que não se confunde com o *distinguishing* nem com o *overruling*, é chamada de *"transformation". Trata-se de hipótese em que a Corte não realiza o* overruling, *nem muito menos o* distinguishing *do caso sob julgamento para deixar de aplicar o precedente* (MARINONI, 2013, p. 343).

Referências:

- MARINONI, Luiz Guilherme. *Precedentes obrigatórios*. 3. ed. São Paulo: RT, 2013.

2.16 O que é **contrabando legislativo** ou **caldas da lei**?

O contrabando legislativo ou caldas da lei é inserção ou inclusão de matéria estranha, inexistente ou sem pertinência temática, de forma clandestina e obscura, nos projetos de lei no apagar das luzes. Dito de outra maneira, contrabando legislativo

5 Francisco Rosito trata do *transformation* sob outra nomenclatura, *modifyng* da espécie *narrowing* (ROSITO, Francisco. *Teoria dos precedentes judiciais*: racionalidade da tutela jurisdicional. Curitiba: Juruá, 2012. p. 303).

ou caldas da lei *é a inclusão de matéria legislativa diversa da tratada originalmente no corpo do projeto de lei*, na surdina, na sombra do processo legislativo-constitucional.

Juliano Taveira Bernardes e Olavo Augusto Vianna Alves Ferreira ensinam sobre o contrabando legislativo ou caldas da lei que:

> *é inadmissível a apresentação de emendas parlamentares que versem sobre matéria estranha àquela tratada na medida provisória submetida à deliberação* (§ 4.º do art. 4.º da Resolução do Congresso Nacional 1/2002). Contudo, *na prática, essa proibição não é observada pelos parlamentares, que costumam inserir os chamados "contrabandos legislativos" nos projetos de conversão em lei de medidas provisórias* (BERNARDES, 2015, p. 453). (sem grifos no original)

Prelecionam Marcelo Novelino e André Fellet *apud* Marco Aurélio Marrafon e Ilton Norberto Robl Filho, acerca do contrabando legislativo ou caldas da lei, que:

> Ao analisar o processo legislativo em sentido sociológico, observa-se que há grande liberdade e liberalidade do Congresso Nacional em emendar o texto original de uma MP posta pelo Presidente da República *e incluir a regulação de temas inexistentes no texto original da MP – o "contrabando legislativo".*
>
> *Essa ampla liberdade concede grande poder para a maioria do Congresso Nacional, que vota os "excertos legislativos" de maneira rápida e sem discussão, criando um novo espaço de intervenção majoritária nesse processo.* Com isso, vozes dissidentes são emudecidas e as regras e os princípios constitucionais são desrespeitados, vilipendiando, assim, o modelo de democracia pluralista.
>
> Outro agravante de relevo, já há muito denunciado no Senado Federal, diz respeito ao esgotamento de todo o tempo de tramitação do PLV [Projeto de Lei de Conversão de Medida Provisória] na Câmara dos Deputados. Desse modo, o PLV *entra em regime de urgência e trava as discussões existentes na Casa Alta do Congresso Nacional, fazendo com que a maioria simplesmente aprove essas emendas sem pertinência temática.* Sabe-se que o controle do tempo no processo legislativo é prática corriqueira. Contudo, não é admissível que temas relevantes, que deveriam ser intensamente discutidos pelos parlamentares, passem por uma tramitação ultra célere no Congresso Nacional, impossibilitando um maior debate democrático (MARRAFON, 2013, p. 238-239).

O Supremo Tribunal Federal, ao julgar a ADI 5.127/DF, declarou a inconstitucionalidade da prática de contrabando legislativo, todavia declarou que o art. 79 da Lei 12.249/2010, mesmo que seja fruto dessa prática vedada no ordenamento jurídico, não deveria ser declarado inconstitucional. Modulando os efeitos da decisão, a Suprema Corte impôs o entendimento de que o contrabando legislativo ou caldas da lei deveria valer para as próximas medidas provisórias que forem convertidas em lei, senão vejamos:

> É *incompatível com a Constituição a apresentação de emendas sem relação de pertinência temática com medida provisória submetida a sua apreciação.* Essa a conclusão do Plenário - com efeitos "ex nunc" e imediata cientificação do Poder Legislativo - que, por maioria, julgou improcedente pedido formulado em ação direta ajuizada em face do art. 76 da Lei 12.249/2010, *inserido mediante emenda parlamentar em projeto de conversão de medida provisória em lei, a versar sobre objeto distinto daquele originalmente veiculado no texto apresentado à conversão.* (...) O Plenário, no que concerne à possibilidade de, em processo legislativo de conversão de medida provisória em lei, ser apresentada emenda parlamentar com conteúdo temático distinto daquele objeto da medida provisória, consignou que esta seria espécie normativa primária, de caráter excepcional, sujeita a condição resolutiva e de competência exclusiva do Presidente da República (CF, artigos 59, V; e 62, § 3.º). Como espécie normativa de competência exclusiva do Presidente da República e excepcional, *não seria possível tratar de temas diversos daqueles fixados como relevantes e urgentes.* Uma vez estabelecido o tema relevante e urgente, toda e qualquer emenda parlamentar em projeto de conversão de medida provisória em lei se limitaria e circunscreveria ao tema definido como urgente e relevante. Assim, seria possível emenda parlamentar ao projeto de conversão, desde que observada a devida pertinência lógico-temática. De outro lado, editada a medida provisória, competiria ao Legislativo realizar o seu controle. Esse controle seria político e jurídico, pois diria respeito à urgência e relevância exigidas constitucionalmente. O Colegiado frisou que o uso hipertrofiado da medida provisória, instrumento excepcional, deturparia o processo legislativo, gerando distorções ilegítimas. Nessa quadra, *a prática das emendas parlamentares no processo de conversão de medida provisória em lei com conteúdo temático distinto apresentaria fortes complexidades democráticas.* O Legislativo, no procedimento de conversão, poderia aprovar emendas aditivas, modificativas ou supressivas. Por outro lado, o fato de a Constituição não ter expressamente disposto no art. 62 a impossibilidade de se transbordar a temática da medida provisória não significaria que o exercício da faculdade de emendar pelo Congresso fosse incondicionado.
>
> O Tribunal reputou que, *quando uma medida provisória, ao ser convertida em lei, passa a tratar de diversos temas inicialmente não previstos, o seu*

> *papel de regulação da vida comum estaria enfraquecido do ponto de vista da legitimidade democrática. Com essa prática, se geraria insegurança.* Um processo legislativo democrático, público e transparente deveria primar por uma uniformidade temática que o tornasse sempre mais acessível, pelos outros poderes e pelo povo. Esse entendimento não significaria fortalecimento do Executivo, tendo em vista a importante função de controle do Legislativo no que diz respeito aos pressupostos autorizadores de medida provisória. Ademais, também não implicaria, necessariamente, o reconhecimento da inconstitucionalidade de todas as leis de conversão promulgadas até o presente julgamento, inclusive a lei objeto desta ação. Isso se daria por duas razões: em primeiro lugar, seria a primeira oportunidade de a Corte enfrentar o tema, e compreensão diversa subtrairia a possibilidade de diálogo entre os diversos ramos do Estado sobre a matéria. Em segundo lugar, essa prática alusiva à conversão de medidas provisórias estaria arraigada, a resultar em diversas normas produzidas de acordo com o procedimento. Assim, a decisão da Corte não poderia provocar insegurança jurídica, de modo que estariam preservadas as leis fruto de conversão de medida provisória, no que diz respeito à inconstitucionalidade formal. O Ministro Roberto Barroso *acrescentou que o entendimento pela inconstitucionalidade das emendas parlamentares sem pertinência temática com a medida provisória decorreria de nova interpretação da Constituição quanto a esse costume, à luz do fato de que a prática seria reiterada há muito tempo.* O Ministro Teori Zavascki frisou a LC 95/1998, a tratar da técnica de formulação das leis, segundo a qual a necessidade de pertinência temática estaria prevista. O Ministro Gilmar Mendes enfatizou a necessidade de se sinalizar ao Congresso Nacional que essa prática, muito embora mantidos os atos praticados até o momento, não poderia se repetir doravante. Vencidos os Ministros Rosa Weber (relatora), Marco Aurélio e Ricardo Lewandowski (Presidente), que julgavam o pedido procedente; e o Ministro Dias Toffoli, que julgava o pleito improcedente em maior extensão, por considerar que não caberia ao STF avaliar a pertinência temática entre a medida provisória e a emenda, o que seria de competência do Congresso Nacional (STF, Plenário, ADI 5.127/DF, Rel. orig. Min. Rosa Weber, Red. p/ o acórdão Min. Edson Fachin, j. 15.10.2015 (Info 803)). (sem grifos no original)

As terminologias *contrabando legislativo ou caldas da lei* ainda recebem como sinônimos as expressões correlatas de *emendas árvores de natal ou jabuti (ou medidas provisórias árvores de natal ou jabuti).*

Referências:

- BERNARDES, Juliano Taveira; FERREIRA, Olavo Augusto Vianna Alves. *Direito constitucional*. 4. ed. rev., ampl. e atual. Salvador: JusPodivm, 2015. t. II. (Coleção Sinopses para Concursos)

- MARRAFON, Marco Aurélio; ROBL FILHO, Ilton Norberto. Controle de constitucionalidade no projeto de lei de conversão de medida provisória em face dos "contrabandos legislativos": salvaguarda o Estado Democrático de Direito. In: NOVELINO, Marcelo; FELLET, André (orgs.). *Constitucionalismo e democracia*. Salvador: JusPodivm, 2013.

2.17 Em que consiste o **"distinguishing"**?

O distinguishing é a distinção do caso fático concreto, em vista do precedente fixado para a não incidência deste último, com a permissão de fixação de entendimento diverso do precedente paradigma.

Teresa Arruda Alvim Wambier dispõe sobre o que vem a ser o instituto do *distinguish* ao dizer que "é uma técnica, típica do *common law*, consistente em não se aplicar o precedente quando o caso a ser decidido apresenta uma peculiaridade, que autoriza o afastamento da *rule* e que a decisão seja tomada independentemente daquela" (ANDREWS, 2009, p. 17-18).

Dito de outra forma, *o distinguishing* é o ato de comparar as premissas fáticas com o precedente em si e constatar disparidade para afastamento da aplicação obrigatória do precedente.

Luiz Guilherme Marinoni adverte que o "(...) poder para fazer o *distinguishing* está longe de significar sinal aberto para o juiz desobedecer a precedentes que não lhe convêm". O processualista sustenta que a existência de fatos diferentes não enseja a inaplicabilidade imediata do precedente; o juiz deve "(...) argumentar para demonstrar que a distinção é material, e que, portanto, há justificativa para não se aplicar o precedente" (MARINONI, 2011, p. 328).

O *distinguishing*, na visão de Thomas da Rosa Bustamante, tem incidência no momento da aplicação do precedente "(1) ou se estabelece uma *exceção* anteriormente não reconhecida – na hipótese de se concluir que o fato *sub judice* pode ser subsumido na moldura do precedente judicial citado; ou (2) se utiliza o argumento *contrario* para fixar uma interpretação restritiva da *ratio decidendi* do precedente invocado na hipótese de se concluir que o fato *sub judice* não pode ser subsumido no precedente" (BUSTAMANTE, 2012, p. 473).

Luiz Guilherme Marinoni cita duas modalidades de *distinguishing*: afirma que, numa primeira visão, o *distinguishing* é uma declaração negativa, ou seja, declara, depois de efetuada uma distinção fática convincente, que "(...) o direito evidenciado no precedente não deve regular o caso sob julgamento" (MARINONI, 2011, p. 329).

Na outra hipótese, o *distinguishing* atua sobre casos cujos fatos estão presentes no precedente, mas aos quais se somam novas circunstâncias, provocando, consequentemente, pequenas correções na hipótese de incidência (MARINONI, 2011, p. 329-330).

Referências:

- ANDREWS, Neil. *O moderno processo civil brasileiro*: formas judiciais e alternativas de resolução de conflitos na Inglaterra. Orientação e revisão da tradução de Teresa Arruda Alvim Wambier. São Paulo: RT, 2009.
- BUSTAMANTE, Thomas da Rosa. *Teoria do precedente judicial*: a justificação e a aplicação de regras jurisprudenciais. São Paulo: Noeses, 2012.
- MARINONI, Luiz Guilherme. *Precedentes obrigatórios*. São Paulo: RT, 2011.

2.18 Em que consiste a **Constituição plástica**?

O termo Constituição plástica possui duas acepções.

Num primeiro sentido, a Constituição de 1988 seria plástica por permitir o preenchimento das regras constitucionais pelo legislador ordinário. Tal entendimento é sustentado por Raul Machado Horta, para quem a Constituição plástica "é aquela que apresenta uma mobilidade, projetando a sua força normativa na realidade social, política, econômica e cultural do Estado. Qualifica-se de plástico porquanto revela maleabilidade. Maleabilidade porque permite a adequação de suas normas às situações concretas do cotidiano. Tanto as cartas rígidas como as flexíveis podem ser plásticas (...). O 'quid' caracterizador da plasticidade é a adaptação das normas constitucionais às oscilações da opinião pública, ao fluir dos fatos sociais e às mudanças sub-reptícias na realidade dos ordenamentos jurídicos" (BULOS, 2014, p. 107).

Segundo Uadi Lammêgo Bulos, as Constituições plásticas pretendem coincidir o dever-ser de seus preceitos com a realidade social que lhes subjaz (BULOS, 2014, p. 107).

A segunda acepção do termo é defendida por Pinto Ferreira, para quem Constituição plástica é sinônimo de Constituição flexível (LENZA, 2012, 2.3.6).

Referências:

- BULOS, Uadi Lammêgo. *Curso de direito constitucional*. 8. ed. São Paulo: Saraiva, 2014.
- LENZA, Pedro. *Direito constitucional esquematizado*. 16. ed. São Paulo: Saraiva, 2012.

2.19 Em que consiste o fenômeno da **crise da lei**?

O fenômeno chamado "crise da lei" *consiste na incapacidade de o Poder Legislativo acompanhar tempestivamente as mudanças nas relações sociais.* Por isso, tem-se permitido atualmente a atuação, em inúmeras áreas, do direito de entidades reguladoras, para desenvolver o conteúdo das normas gerais e abstratas do Poder Legislativo. Isso é importante, principalmente em relação ao grande conhecimento técnico dessas agências.

Francesco Carnelutti, sobre o fenômeno chamado "crise da lei", assevera que "a crise do direito não é apenas, mas é principalmente crise da lei; e a crise da lei decorre de um fenômeno de inflação. O mecanismo do direito sofre de uma hipertensão cada dia mais grave. O comandado deve obedecer sem saber efetivamente o que lhe é comandado" (CARNELUTTI, 1973, p. 278).

Referências:

- CARNELUTTI, Francesco. Crise da arte e crise do direito. Trad. e notas João Baptista Villela. *Kriterion*, Belo Horizonte, 20 (67), 1973.
- GOUVEIA, Mila. *Deslegalização: conceito e jurisprudência do STF*. Disponível em: <http://blog.editorajuspodivm.com.br/post/112039767809/deslegaliza%C3%A7%-C3%A3o-conceito-e-jurisprud%C3%AAncia-do-stf>. Acesso em: 5 mar. 2016.

2.20 Em que consiste a **inflação legislativa** ou **crise legislativa**?

A inflação legislativa ou crise legislativa consiste na expansão do processo legiferante, visando à produção de leis em excesso. Em outras palavras, é o aumento significativo de multiplicação da produção de leis em sentido amplo.

Manoel Gonçalves Ferreira Filho acentua que "a multiplicação das leis é hoje fenômeno universal e inegável. Com segurança pode-se dizer que nunca se fizeram tantas leis em tão pouco tempo" (FERREIRA FILHO, 1999, p. 12-14).

Referências:

- FERREIRA FILHO, Manoel Gonçalves. *Do processo legislativo*. 5. ed. São Paulo: Saraiva, 2002.

- FERREIRA FILHO, Manoel Gonçalves. *Estado de Direito e Constituição*. 2. ed. rev. e ampl. São Paulo: Saraiva, 1999.
- SILVA, Matheus Passos (coord.); SILVA, Márcio Alves da. *A inflação legislativa a partir da Constituição Federal de 1988*. Brasília: Vestnik, 2014.

2.21 O que é **Constituição Biomédica, Constituição Biológica** ou **Bioconstituições?**

As *Constituições Biomédicas, Biológicas ou Bioconstituições são "aquelas que consagram normas assecuratórias da identidade genética do ser humano, visando reger o processo de criação, desenvolvimento e utilização de novas tecnologias científicas. Visam assegurar a dignidade humana, salvaguardando biodireitos e biobens"* (BULOS, 2014, p. 105-106).

O defensor dessa concepção é João Carlos Simões Gonçalves Loureiro.

Referências:

- BULOS, Uadi Lammêgo. *Curso de direito constitucional*. 8. ed. São Paulo: Saraiva, 2014.

2.22 Em que consiste a **Teoria da Katchanga** ou do **Jogo Real da Katchanga?**

De início, saliente-se que não se trata de uma teoria, mas de uma adaptação alegórica da teoria de Alexy (Alexy à brasileira). *Segundo esse pensamento, já que ninguém sabe ao certo as regras do jogo, quem dá as cartas define quem irá ganhar, sem explicar os motivos.*

A alusão é feita a um hipotético jogo de cartas, em que um dos participantes convida outros dois para aprender um novo jogo chamado "Katchanga", sendo que as regras seriam explicadas durante a partida. No meio do jogo, aquele que dita as regras vence simplesmente baixando as cartas na mesa e bradando "Katchanga", sem explicar os motivos, fato que se repete por outras vezes.

Vendo esse procedimento, um dos outros participantes precede-o e grita "Katchanga", baixando suas cartas, certo de que venceria a partida, momento em que aquele que ditava as regras interrompe-o, dizendo: "Nada disso, eu tenho uma Katchanga Real".

Na história hipotética fica evidente que inexistiam regras prévias, sendo estas criadas pelo próprio forasteiro, conforme sua conveniência. Assim, em virtude da sua vitória calcada na regra surpresa e de improviso criada por ele, levava todo o dinheiro da aposta, encerrando-se ali o jogo para os demais jogadores (STRECK, 2012).

Desse modo, transportando essa explicação para o mundo do Direito, *a "teoria da Katchanga" ou do jogo real da Katchanga ocorreria na seleção pelos operadores do Direito, de quais princípios listados aplicariam em determinado caso concreto e de perceptível arbitrariedade quando da relativização ou ponderação dos direitos envolvidos.*

A "teoria da Katchanga" *consiste num conceito livre de autorização para o uso indiscriminado da lista de princípios e direitos fundamentais previstos na Constituição, sendo desautorizado todo um sistema de lógica e objetividade fundamentativa para adotar decisões arbitrárias, sem maiores preocupações com o regramento como um todo e com a fundamentação detalhada e objetiva, focado apenas na resolução do direito e na hábil solução dos conflitos por meio de um decisionismo apressado* (FERNANDES, 2013).

Trata-se, assim, de uma crítica a essa característica do neoconstitucionalismo, à ampliação da aplicação principiológica e à discricionariedade judicial.

De mais a mais, o assunto também discute o método de ponderação de Robert Alexy, que acabou por sistematizar, pelos aplicadores do Direito no Brasil, uma "ponderação à brasileira".

Essa teoria (Teoria da Katchanga ou do Jogo Real da Katchanga) se deve ao professor chamado Luis Alberto Warat.

Referências:

- FERNANDES, Gustavo Miquelin. *Explicando a Katchanga*. Disponível em: <http://gustavomiquelinfernandes.blogspot.com.br/2013/05/explicando-katchanga.html>. Acesso em: 4 mar. 2016.
- STRECK, Luiz Lenio. *A estória da "Katchanga Real"*. Disponível em: <http://professormedina.com/2012/02/28/a-estoria-da-katchanga-real-por-lenio-streck/>. Acesso em: 4 mar. 2016.
- STRECK, Luiz Lenio. *A Katchanga e o bullying interpretativo no Brasil*. Disponível em: <http://www.conjur.com.br/2012-jun-28/senso-incomum-katchanga-bullying-interpretativo-brasil>. Acesso em: 4 mar. 2016.

2.23 Em que consiste a **Constituição em Branco ("Blanko-Verfassung")**?

Uadi Lammêgo Bulos define a Constituição em Branco (*Blanko-Verfassung*) como *"aquela que não consagra limitações explícitas ao poder de reforma constitucional. O processo de sua mudança subordina à discricionariedade dos órgãos revisores, que, por si próprios, ficam encarregados de estabelecer as regras para a propositura de emendas ou revisões constitucionais"* (BULOS, 2014, p. 107).

O defensor dessa concepção é Siegenthaler.

Por fim, segundo Uadi Lammêgo Bulos, as Constituições fixas foram exemplos de cartas ou Constituições em branco (BULOS, 2014, p. 107).

Referências:

- BULOS, Uadi Lammêgo. *Curso de direito constitucional*. 8. ed. São Paulo: Saraiva, 2014.

2.24 O que é **Constituição culturalista ou cultural**?

Constituição culturalista ou cultural é a Constituição advinda das transformações culturais de um povo.

Nesse sentido, Uadi Lammêgo Bulos anuncia que *Constituição culturalista* ou *cultural* é *"produto do fato cultural. Nesse sentido, seria apropriado falarmos numa constituição cultural, formada pelo conjunto de normas constitucionais referentes à educação, ao ensino, ao desporto, as quais visam tutelar, em sentido amplo, o direito à cultura"* (BULOS, 2014, p. 105).

Referências:

- BULOS, Uadi Lammêgo. *Curso de direito constitucional*. 8. ed. São Paulo: Saraiva, 2014.

2.25 O que é **Constituição institucionalista**?

A *Constituição institucionalista*, segundo Uadi Lammêgo Bulos, *"é a expressão das ideias fortes e duradouras, dos fins políticos, com vistas a cumprir programas de ordem social"* (BULOS, 2014, p. 105).

Cita-se o exemplo da Constituição-balanço, em que, a cada passo da evolução socialista, existiria a necessidade de uma nova Constituição para atender os anseios sociais.

Segundo Uadi Lammêgo Bulos, em sua obra supracitada, essa visão lembra a acepção sociológica. Os defensores dessa concepção são os autores do quilate de Santi Romano, Maurice Hauriou, Georges Renard e Constantino Mortatis.

Referências:

- BULOS, Uadi Lammêgo. *Curso de direito constitucional*. 8. ed. São Paulo: Saraiva, 2014.

2.26 O que é **Constituição oral?**

A *Constituição oral*, nos dizeres de Bulos, é *"aquela em que o chefe supremo de um povo reclama, de viva voz, o conjunto de normas que deverão reger a vida em comunidade"* (BULOS, 2014, p. 108).

O defensor dessa concepção é Gasnier-Duparc.

Referências:

- BULOS, Uadi Lammêgo. *Curso de direito constitucional*. 8. ed. São Paulo: Saraiva, 2014.

2.27 O que é **Constituição suave?**

A *Constituição suave*, para Gustav Zagrebelsky (ou Gustavo Zagrebelsky), é *"aquela que não contém exageros. Ao exprimir o pluralismo social, político e econômico da sociedade, não consagra preceitos impossíveis de ser vividos na prática. Tem ambição de ser realizadas"* (ZAGREBELSKY, 1984, p. 10 e ss.).

Segundo Uadi Lammêgo Bulos, *"as constituições suaves não fazem promessas com suporte na demagogia política, pois são despretensiosas"* (BULOS, 2014, p. 106).

O defensor dessa concepção é Gustav Zagrebelsky.

Por fim, cabe lembrar que Marcelo Novelino e parte da doutrina empregam como sinônimo de *Constituição suave* a denominada *Constituição dútil* (NOVELINO, 2009, p. 106).

Referências:

- BULOS, Uadi Lammêgo. *Curso de direito constitucional*. 8. ed. São Paulo: Saraiva, 2014.
- NOVELINO, Marcelo. *Direito constitucional*. 3. ed. São Paulo: Método, 2009.
- ZAGREBELSKY, Gustav. *Il diritto mite*. Torino: Einaudi, 1984.

2.28 O que é **Constituição moldura**?

A *Constituição moldura* é, para Marcelo Novelino, *"utilizada metaforicamente para designar a constituição que serve apenas como limite à atuação legislativa. A lei fundamental atua como uma espécie de moldura dentro da qual o legislador pode atuar, preenchendo-a conforme a oportunidade política. À jurisdição constitucional caberia apenas controlar 'se' (não 'como') o legislador atuou dentro da moldura constitucionalmente estabelecida"* (NOVELINO, 2009, p. 106).

Referências:

- NOVELINO, Marcelo. *Direito constitucional*. 3. ed. São Paulo: Método, 2009.

2.29 O que é **Constituição estruturalista**?

A *Constituição estruturalista*, conforme ensinamentos de Bulos, *"é o resultado das estruturas, servindo para equilibrar as relações políticas e o processo de transformação da sociedade"* (BULOS, 2014, p. 105).

Francisco Campos prega que a *"constituição não seria apenas certo número de preceitos cristalizados em artigos e parágrafos, e sim uma unidade estrutural, um conjunto orgânico e sistemático de caráter normativo sob inspiração de um pensamento diretor"* (CAMPOS, 1956, p. 63 e ss.).

A lição *supra* de Francisco Campos seria também uma definição da Constituição estruturalista.

O defensor dessa concepção é Spagna Musso.

Referências:

- BULOS, Uadi Lammêgo. *Curso de direito constitucional*. 8. ed. São Paulo: Saraiva, 2014.
- CAMPOS, Francisco. *Direito constitucional*. Rio de Janeiro: Forense, 1956. vol. 2.

2.30 O que é **Constituição instrumental?**

A *Constituição instrumental*, para Uadi Lammêgo Bulos, *"é aquela em que suas normas equivalem a leis processuais. Seu objetivo é definir competências, para limitar a ação dos Poderes Públicos"* (BULOS, 2014, p. 108).

O defensor dessa concepção é W. Hennis.

Traduz-se como sinônimo de *Constituição instrumental* as terminologias *Constituição como Instrumento de Governo, Constituição formal ou processual*.

Por fim, segundo Uadi Lammêgo Bulos, grande parte dos constitucionalistas da atualidade não admite essa ideia de Constituição.

Referências:

- BULOS, Uadi Lammêgo. *Curso de direito constitucional*. 8. ed. São Paulo: Saraiva, 2014.

2.31 O que é **Constituição marxista?**

A Constituição marxista "é o produto da supraestrutura ideológica, condicionada pela infraestrutura econômica" (BULOS, 2014, p. 105).

Cita-se o exemplo da Constituição-balanço, que também serve nesse caso, em que, a cada passo da evolução socialista, existiria a necessidade de uma nova Constituição para atender os anseios sociais.

O defensor dessa concepção é Karl Marx.

Referências:

- BULOS, Uadi Lammêgo. *Curso de direito constitucional*. 8. ed. São Paulo: Saraiva, 2014.

2.32 O que é **Constituição empresarial?**

Sérgio Sérvulo da Cunha anuncia que *"espécie de Constituição programática é a Constituição empresarial. Nos anos dourados de expansão mercantilista, criavam-se empresas com objetivo de explorar os recursos extrativos de determinado território, dominado política, econômica e militarmente"* (CUNHA, p. 77).

Por meio de regimentos e alvarás, as Constituições empresariais definiam as prerrogativas e as tarefas a serem desempenhadas pela população colonial.

Por fim, acrescenta-se que esse tipo de Constituição é inexistente na atualidade.

Referências:

- CUNHA, Sérgio Sérvulo da. *Fundamentos de direito constitucional*. São Paulo: Saraiva, 2004.

2.33 O que é **eficácia diagonal dos direitos fundamentais?**

A ideia da eficácia diagonal dos direitos fundamentais é uma terminologia que foi cunhada e desenvolvida pelo jurista chileno Sergio Gamonal Contreras.

Eficácia diagonal dos direitos fundamentais é a eficácia irradiada dos direitos fundamentais na proteção das relações entre particulares, mormente caracterizadas pelo desequilíbrio ou desproporcionalidade fática diante da hipossuficiência (CONTRERAS, 2011).

A relação laboral/trabalhista é caracterizada pela presença de partes materialmente desiguais diante da subordinação, uma vez que o trabalhador, em regra, é hipossuficiente, portanto, econômica e socialmente mais frágil que o empregador. Nesse contexto, a eficácia diagonal se evidencia no princípio da proteção do empregado, que impõe ao ordenamento trabalhista a previsão legal de garantias compensatórias da hipossuficiência do obreiro na discussão.

O professor Rodrigo Padilha preconiza que *"a eficácia diagonal, por sua vez, se aplica à relação empregado-empregador que, apesar de ser uma relação privada, não é, propriamente uma relação entre iguais, uma vez que na maioria das vezes deve existir subordinação para configurar a relação de emprego. Surge daí, portanto, a eficácia diagonal, que diz respeito à forma como o trabalhador deve, no seio da empresa, em sua relação de trabalho, ter respeitados os seus direitos fundamentais"* (PADILHA, 2014, p. 255).

A eficácia diagonal dos direitos fundamentais também se observa na relação consumerista, em virtude de o consumidor ser a parte mais frágil na relação e nos direitos humanos perante o Direito Internacional.

Referências:

- CONTRERAS, Sergio Gamonal. *Cidadania na empresa e eficácia diagonal dos direitos fundamentais*. Trad. Jorge Alberto Araujo. São Paulo: LTr, 2011.
- PADILHA, Rodrigo. *Direito constitucional*. 4. ed. São Paulo: Método, 2014.

2.34 O que se entende por **"recall"** no Direito Constitucional?

Segundo Vinicius Cordeiro, *"o recall é o instituto de direito político, de caráter constitucional ou não, possibilitando que parte do corpo eleitoral de um ente político (País ou a União Federal, Estados, Províncias, Distritos ou Municípios) convoque uma consulta popular para revogar o mandato popular antes conferido"* (CORDEIRO, 2005).

O constitucionalista Paulo Bonavides assevera que *recall "é a forma de revogação individual. Capacita o eleitorado a destituir funcionários, cujo comportamento, por qualquer motivo, não lhe esteja agradando"* (BONAVIDES, 1978, p. 352).

Outra conceituação colacionada é a de que o *recall* consiste em "forma de poder político exercido pelo povo para revogar a eleição de um Deputado ou Senador estadual, para destituir um funcionário eleito ou ainda para reformar uma decisão judicial sobre a constitucionalidade de uma lei" (CORDEIRO, 2005, p. 1).

Em outras palavras, o princípio do *recall* ou *recall* não distancia muito do "impeachment", que está consagrado na esmagadora maioria das constituições presidencialistas. Nesse sentido, o recall *seria até mais democrático do que o "impeachment", pois é decidido diretamente pelos eleitores e não através de seus representantes.*

ATENÇÃO

A terminologia *recall* já foi objeto de prova objetiva da Defensoria Pública de Minas Gerais, detalhe este que demonstra a importância do tema para concurso público.

Referências:

- BONAVIDES, Paulo. *Ciência política*. 4. ed. Rio de Janeiro: Forense, 1978.
- CORDEIRO, Vinicius. *O controle dos mandatos populares pelo Legislativo no direito brasileiro*. Disponível em: <http://jus.com.br/revista/texto/7200/o-controle-dos-mandatos-populares-pelo-legislativo-no-direito-brasileiro#ixzz2OYzix4JI>. Acesso em: 25 mar. 2013.

2.35 O que vem a ser uma **Constituição dirigente**?

A *Constituição dirigente* é aquela que visa, *"como o próprio nome indica, dirigir a ação governamental do Estado. Propõe que se adote um programa de conformação da sociedade, no sentido de estabelecer uma direção política permanente. Significa que o texto constitucional seria uma lei material, para preordenar programas a serem realizados, objetivos e princípios de transformação econômica e social"* (BULOS, 2014, p. 109).

O expoente dessa concepção é o português José Joaquim Gomes Canotilho.

Referências:

- BULOS, Uadi Lammêgo. *Curso de direito constitucional*. 8. ed. São Paulo: Saraiva, 2014.

2.36 O que são **heteroconstituições**?

As *heteroconstituições*, nos dizeres de Uadi Lammêgo Bulos, *"são constituições decretadas de fora do Estado que irão reger. São incomuns, mas podem concretizar-se na vida constitucional dos Estados"* (BULOS, 2014, p. 124).

Referências:

- BULOS, Uadi Lammêgo. *Curso de direito constitucional*. 8. ed. São Paulo: Saraiva, 2014.

2.37 O que é **transconstitucionalismo**?

Transconstitucionalismo "é fenômeno pelo qual diversas ordens jurídicas de um mesmo Estado, ou de Estados diferentes, se entrelaçam para resolver problemas constitucionais" (BULOS, 2014, p. 90).

Referências:

- BULOS, Uadi Lammêgo. *Curso de direito constitucional*. 8. ed. São Paulo: Saraiva, 2014.

2.38 O que é o **princípio do congelamento do grau hierárquico**? O que é **princípio do "contrarius actus"**?

O princípio do congelamento do grau hierárquico significa que uma norma legislativa só pode ser alterada por outra norma legislativa de mesmo grau hierárquico. Logo, o princípio do congelamento do grau hierárquico seria sinônimo do princípio do paralelismo das formas, simetria, correlação das formas, dentre outros (TJSP, Apelação 10056664920138260053/SP, Data de publicação: 10.12.2014).

Cumpre ressaltar que esse assunto está relacionado com a deslegalização, que nada mais é do que o fenômeno que mitiga o princípio do congelamento do grau normativo. Assim, ocorre o *descongelamento do grau normativo*.

José Joaquim Gomes Canotilho leciona que "este princípio não impede, rigorosamente, a possibilidade de deslegalização ou de degradação do grau hierárquico. Neste caso, uma lei, sem entrar na regulamentação da matéria, rebaixa formalmente o seu grau normativo, permitindo que essa matéria possa vir a ser modificada por regulamentos. A deslegalização encontra limites constitucionais nas matérias constitucionalmente reservadas à lei. Sempre que exista uma reserva material-constitucional de lei, a lei ou o decreto-lei não poderão limitar-se a entregar aos regulamentos a disciplina jurídica da matéria constitucionalmente reservada à lei" (CANOTILHO, 1991, p. 927).

José Joaquim Gomes Canotilho, acerca do princípio do congelamento do grau hierárquico, leciona que "os princípios da tipicidade e da preeminência da lei justificam logicamente o *princípio do congelamento do grau hierárquico: uma norma legislativa nova, substitutiva, modificativa ou revogatória de outra deve ter uma hierarquia normativa pelo menos igual à da norma que se pretende alterar, revogar, modificar ou substituir*" (CANOTILHO, 1991, p. 927) (sem grifos no original).

Essa Lei, para García de Enterría, trabalha a ideia da lei de deslegalização como *contrarius actus* da anterior lei de regulação material:

> *mediante o princípio do contrarius actus, quando uma matéria está regulada por determinada lei se produz o que chamamos de congelamento do grau hierárquico normativo que regula a matéria, de modo que apenas por outra lei contrária poderá ser inovada dita regulação. Uma lei de deslegalização opera como contrarius actus da anterior lei de regulação material,* porém, não para inovar diretamente esta regulação, mas para degradar formalmente o grau hierárquico da mesma de modo que, a partir de então, possa vir a ser regulada por simples regulamentos. Deste modo, simples regulamentos poderão inovar e, portanto, revogar leis formais anteriores, operação que, obviamente, não seria possível se não existisse previamente a lei degradadora (ENTERRÍA, 1998, p. 220-221). (sem grifos no original)

Referências:

- BARROS, Vinícius Alexandre Fortes de. *Princípio do congelamento do grau hierárquico e princípio do* contrarius actus. Disponível em: <http://iudexsapiens.blogspot.com.br/2015/11/principio-do-congelamento-do-grau.html>. Acesso em: 5 mar. 2016.
- BRASIL. TJSP, Apelação 10056664920138260053/SP, Data de publicação: 10.12.2014.
- CANOTILHO, José Joaquim Gomes. *Direito constitucional*. Coimbra: Almedina, 1991.
- ENTERRÍA, Eduardo Garcia de. *Legislacion delegada, potestad reglamentareia y control judicial*. 3. ed. Madrid: Civitas, 1998.

2.39 O que é o **fenômeno da deslegalização** ou da **delegificação**?

Figueiredo Moreira Neto diz que o fenômeno de deslegalização ou delegificação consiste na "*retirada, pelo próprio legislador, de certas matérias, do domínio da lei (domaine de la loi) passando-as ao domínio do regulamento (domaine de l'ordonnance)*" (MOREIRA NETO, 2007, p. 218).

Eduardo García de Enterría conceitua a delegificação ou deslegalização como:

> *a operação efetuada por uma lei que, sem entrar na regulação material do tema, até então regulado por uma lei anterior, abre tal tema à disponibilidade do poder regulamentar da Administração.* Mediante o princípio do *contrarius actus*, quando uma matéria está regulada por determinada lei se produz o que chamamos de "congelamento do grau hierárquico" normativo que regula a matéria, de modo que apenas por outra lei contrária poderá ser inovada dita regulação. Uma lei de deslegalização opera como *contrarius actus* da anterior lei de regulação material, porém, não para inovar diretamente esta regulação, mas para degradar formalmente o grau hierárquico da mesma de modo que, a partir de então, possa vir a ser regulada por simples regulamentos. Deste modo, simples regulamentos poderão inovar e, portanto, revogar leis formais anteriores, operação que, obviamente, não seria possível se não existisse previamente a lei degradadora (ENTERRÍA, 1998, p. 220-221). (sem grifos no original)

A terminologia foi expressamente mencionada pela Ministra Cármen Lúcia durante o julgamento da ADI(ADIn) 4.568/DF (Informativo 650), quando o Plenário da Corte Suprema analisava a possibilidade de uma norma permitir reajuste e aumento do salário mínimo por via de Decreto, mesmo a Constituição fazendo alusão expressamente de que apenas a lei é que poderia reajustar o salário mínimo.

Nesse julgamento, estava-se examinando a *possibilidade de deslegalização do reajuste e do aumento do salário mínimo*, que até então vinha sendo feito por lei. No caso apresentado do julgamento, a Lei 12.382 fixou o valor do salário nacional para 2011 em R$ 545,00. Por sua vez, o art. 3.º da aludida lei constava que esse valor seria reajustado e aumentado por meio de decreto do Poder Executivo entre os anos de 2012 e 2015.

O argumento calcado pela inconstitucionalidade na ação proposta foi no sentido de que essa norma estaria contrariando o art. 7.º, IV, da CF (que determina que o salário mínimo será fixado por lei).

Entretanto, o Plenário do Supremo Tribunal Federal não acolheu a pretensão mirada e julgou improcedente a ADI(ADIn) 4.568/DF (Informativo 650), sufragando o entendimento de que a lei era constitucional.

Referências:

- BRASIL. STF, ADI(ADIn) 4.568/DF (Informativo 650), Rel. Min. Cármen Lúcia, j. 05.04.2011, *DJe*-073, divulg. 15.04.2011, public. 18.04.2011.

- ENTERRÍA, Eduardo Garcia de. *Legislacion delegada, potestad reglamentareia y control judicial*. 3. ed. Madrid: Civitas, 1998.
- MOREIRA NETO, Diogo de Figueiredo. Agências reguladoras. *Mutações do direito administrativo*. Rio de Janeiro: Renovar, 2007.

2.40 O que é **controle de evidência ("Evidenzkontrolle")**?

Controle de evidência (*Evidenzkontrolle*) *consiste no mandamento dirigido ao legislador na elaboração da lei, que deverá usar meios idôneos e adequados, devendo buscar bases empíricas, de pesquisas, dados e tudo aquilo que está ao alcance da ciência para justificar sua decisão de produzir a lei, sob pena de inconstitucionalidade, por fugir da razoabilidade e proporcionalidade.*

A terminologia tem origem alemã e foi empregada pelo Min. Gilmar Mendes em seu voto quando do julgamento do art. 28 da Lei de Drogas e em outro julgamento do *Habeas Corpus* 102.087/MG (STF, Recurso Extraordinário 635.659/SP, Plenário, íntegra do voto do Min. Gilmar Ferreira Mendes, Data do voto: 20.08.2015. O julgamento pende de julgamento ainda).

Esse modelo exigente de controle de constitucionalidade das leis em matéria penal é baseado em níveis de intensidade. Assim, o controle de evidência integra, juntamente com outros dois, os três níveis ou graus de intensidade do controle de constitucionalidade de leis, consoante as diretrizes elaboradas pela doutrina e jurisprudência constitucional alemã. Os *outros dois níveis ou graus são: a) controle de sustentabilidade ou justificabilidade (Vertretbarkeitskontrolle); b) controle material de intensidade (intensivierten inhaltlichen Kontrolle)* (STF, HC 102.087/MG, 2.ª Turma, íntegra do voto do Min. Gilmar Ferreira Mendes, Rel. Min. Celso de Melo, Red. do acórdão Min. Gilmar Mendes; Paciente: Renato de Sales Pereira; Impetrante: Defensoria Pública da União; Coator: Superior Tribunal de Justiça; j. 28.02.2012, p. 69).

Esses níveis ou graus de intensidade são oriundos do famoso caso *Mitbestimmungsgesetz* (1978 *BVerfGE* 50, 290), em que a Corte Constitucional Alemã distinguiu os seguintes graus de intensidade no controle de constitucionalidade das leis (íntegra do voto do Min. Gilmar Ferreira Mendes).

Referências:

- BRASIL. STF, HC 102.087/MG, 2.ª Turma, íntegra do voto do Min. Gilmar Ferreira Mendes, Rel. Min. Celso de Melo, Red. do acórdão Min. Gilmar Mendes. Paciente: Renato de Sales Pereira; Impetrante: Defensoria Pública da União; Coator: Superior Tribunal de Justiça; j. 28.02.2012.

- BRASIL. STF, Recurso Extraordinário 635.659/SP, Plenário, íntegra do voto do Min. Gilmar Ferreira Mendes, Data do voto: 20.08.2015. O julgamento pende de julgamento ainda.

2.41 O que é **controle material de intensidade ("intensivierten inhaltlichen Kontrolle")**?

O controle material de intensidade ou intensivo (intensivierten inhaltlichen Kontrolle), nos dizeres do voto do Min. Gilmar Ferreira Mendes, *aplica-se "às intervenções legislativas que, por afetarem intensamente bens jurídicos de extraordinária importância, como a vida e a liberdade individual, devem ser submetidas a um controle mais rígido por parte do Tribunal, com base no princípio da proporcionalidade em sentido estrito. Assim, quando esteja evidente a grave afetação de bens jurídicos fundamentais de suma relevância, poderá o Tribunal desconsiderar as avaliações e valorações fáticas realizadas pelo legislador para então fiscalizar se a intervenção no direito fundamental em causa está devidamente justificada por razões de extraordinária importância"* (TSE, Recurso Especial Eleitoral 7735688-67/GO, Rel. Min. Dias Toffoli, íntegra do voto do Min. Gilmar Ferreira Mendes, *DJe* 05.10.2015, p. 18).

Prossegue o Min. Gilmar Ferreira Mendes em seu voto, acerca do controle material intensivo (*intensivierten inhaltlichen Kontrolle*):

> (...) Nesse terceiro nível, portanto, o Tribunal *examina se a medida legislativa interventiva em dado bem jurídico é necessariamente obrigatória, do ponto de vista da Constituição, para a proteção de outros bens jurídicos igualmente relevantes*. O controle é mais rígido, pois o Tribunal adentra o próprio exame da ponderação de bens e valores realizada pelo legislador. Assim, no exercício do *controle material intensivo, o Tribunal verifica se a medida penal – que* prima facie *constitui uma intervenção em direitos fundamentais – mantém uma relação de proporcionalidade com as metas fixadas pela política criminal, destinadas, ao fim e ao cabo, à promoção da segurança e da incolumidade públicas, enfim, da paz social* (TSE, Recurso Especial Eleitoral 7735688-67/GO, Rel. Min. Dias Toffoli, íntegra do voto do Min. Gilmar Ferreira Mendes, *DJe* 05.10.2015, p. 19). (sem grifos no original)

Em outras palavras, o Tribunal deve sempre levar em consideração que a Carta Política Fundamental confere ao legislador ampla margem de ação para eleger os bens jurídicos penais e avaliar as medidas adequadas e necessárias para a efetiva proteção desses bens por meio de edição de lei. Entretanto, uma vez que se ateste que as medidas legislativas adotadas excedam os limites impostos pela Constituição, que poderão ser verificados com base no princípio da proporcionalidade como proibição de excesso (*Übermassverbot*) e como proibição de proteção deficiente (*Untermassverbot*), deverá o Tribunal exercer um rígido controle sobre a atividade legislativa, declarando a inconstitucionalidade de leis transgressoras de princípios constitucionais (STF, HC 102.087/MG, 2.ª Turma, íntegra do voto do Min. Gilmar Ferreira Mendes, Rel. Min. Celso de Melo, Red. do acórdão Min. Gilmar Mendes. Paciente: Renato de Sales Pereira; Impetrante: Defensoria Pública da União; Coator: Superior Tribunal de Justiça; j. 28.02.2012, p. 69).

Referências:

- BRASIL. STF, HC 102.087/MG, 2.ª Turma, íntegra do voto do Min. Gilmar Ferreira Mendes, Rel. Min. Celso de Melo, Red. do acórdão Min. Gilmar Mendes. Paciente: Renato de Sales Pereira; Impetrante: Defensoria Pública da União; Coator: Superior Tribunal de Justiça; j. 28.02.2012.
- BRASIL. TSE, Recurso Especial Eleitoral 7735688-67/GO, Rel. Min. Dias Toffoli, íntegra do voto do Min. Gilmar Ferreira Mendes, Data do voto: 20.08.2015.

2.42 O que é uma **subconstituição** ou **constituições subconstitucionais**?

Subconstituição ou constituições subconstitucionais "é o excesso de temas constitucionalizados. (...) Podem ser definidas como um conjunto de normas que, mesmo elevadas formalmente ao patamar constitucional, não o são, pois que limitadas nos seus objetivos. Demonstram preocupações momentâneas, interesses esporádicos, próprios do tempo em que foram elaboradas. Em geral, as subconstituições não servem para o futuro, pois já nascem divorciadas do sentido de estabilidade e perpetuidade que deve encampar o ato de feitura dos documentos supremos que pretendem ser duradouros" (BULOS, 2014, p. 111).

O expoente dessa concepção é Hild Kruger. Em resumo, para Hild Kruger, uma Constituição só deve ocupar-se daquilo que interesse para a sociedade como um todo, sem particularizações e detalhamentos inúteis (BULOS, 2014, p. 111).

Referências:

- BULOS, Uadi Lammêgo. *Curso de direito constitucional*. 8. ed. São Paulo: Saraiva, 2014.

2.43 Em que consiste a **constituição.com ("crowdsourcing")**?

A constituição.com (crowdsourcing) *"é aquela cujo projeto com a opinião maciça dos usuários da internet, que, por meio de sites de relacionamentos, externam seu pensamento a respeito dos temas a serem constitucionalizados.* Desse modo, pelo sugestivo nome *'constituição.com' os governos aproveitam as redes sociais de internet para escreverem novas cartas constitucionais para seus respectivos Estados.* Foi a Islândia que, pioneiramente, no ano de 2011, fez uma 'constituição.com' (*crowdsourcing*)" (BULOS, 2014, p. 112).

ATENÇÃO

O "crowdsourced constitution" é sinônimo da expressão *supra* e se implementa pela participação popular por meio da internet ("crowdsourcing"), em um processo constituinte bastante interessante de "terceirização para a multidão" (Disponível em: <http://edemocracia.camara.gov.br>).

Referências:

- BULOS, Uadi Lammêgo. *Curso de direito constitucional*. 8. ed. São Paulo: Saraiva, 2014.

2.44 Qual é a definição de **Constituição compromissória**?

A Constituição compromissória *"é aquela que reflete a pluralidade das forças políticas e sociais. Típica da sociedade plural e complexa em que vivemos, ela é fruto de conflitos profundos (deep conflict), da barganha, do jogo de interesses, do tom persuasivo do discurso político. O procedimento constituinte de elaboração das constituições compromissórias é tumultuado pelas correntes convergentes e divergentes de pensamento, mas que ao fim encontram o consenso (compromisso constitucional)"* (BULOS, 2014, p. 106).

O defensor dessa concepção é Paolo Barile.

Por fim, segundo Uadi Lammêgo Bulos, a Constituição de 1988 e a Constituição de Portugal de 1976 seriam exemplos de cartas compromissórias.

Referências:

- BULOS, Uadi Lammêgo. *Curso de direito constitucional*. 8. ed. São Paulo: Saraiva, 2014.

2.45 Em que consiste a **autocontenção judicial?**

A *autocontenção judicial, autorrestrição* ou *self restraint é o oposto do ativismo judicial, refletindo a postura do Judiciário, que evita aplicar os preceitos constitucionais diretamente, aguardando a atuação do legislador ordinário, bem como afasta qualquer possibilidade de interferência do Judiciário na condução das políticas públicas, revelando postura conservadora na aplicação nas normas jurídicas.*

Dimitri Dimoules pondera que:

> (...) *doutrina da autocontenção adota uma concepção modesta do papel do Judiciário que impede intervenções em matérias politicamente controvertidas, tentando não transformar as Cortes em instância que permitirá aos derrotados da luta política anular a vitória da maioria, em nome de considerações subjetivas sobre as "melhores" soluções.* Nos EUA, tradicionalmente, os tribunais se consideravam guardiões da letra da Constituição e não árbitros do confronto político. Essa posição mudou no decorrer do século XX, tendo adotado os tribunais em vários casos a postura que muitos doutrinadores apelidam de ativismo judicial (DIMOULES, 2013). (sem grifos no original)

Sobre a doutrina de autocontenção judicial, Luís Roberto Barroso assinala que:

> (...) oposto do ativismo é a autocontenção judicial, conduta pela qual o Judiciário procura reduzir sua interferência nas ações dos outros Poderes. Por essa linha, juízes e tribunais (i) evitam aplicar diretamente a Constituição a situações que não estejam no seu âmbito de incidência expressa, aguardando o pronunciamento do legislador ordinário; (ii) utilizam critérios rígidos e conservadores para a declaração de inconstitucionalidade de leis e atos normativos; e (iii) abstêm-se de interferir na definição das políticas públicas. Até o advento da Constituição de 1988, essa era a inequívoca linha de atuação do Judiciário no Brasil. A principal diferença metodológica entre as duas posições está em que, em princípio, o ativismo judicial procura extrair o máximo das potencialidades do texto constitucional, sem contudo invadir o campo da criação livre do Direito. A autocontenção, por sua vez, restringe o espaço de incidência da Constituição em favor das instâncias tipicamente políticas (BARROSO, 2008, p. 1).

Por fim, compete frisar que a autocontenção judicial é uma postura de oposição ao ativismo judicial e possui como fundamento, dentre outros, o acatamento das decisões do Executivo e interpretação estrita das normas postas, como pontua mais uma vez Luís Roberto Barroso:

> paradoxalmente, nos últimos anos, a prática constitucional americana tem percorrido trajetória inversa. Discursos à direita e à esquerda têm procurado restringir o papel da jurisdição constitucional e valorizar o papel do Poder Legislativo. Em curioso processo, vozes representativas têm pregado abertamente a adoção da supremacia do Legislativo e da lei, o que corresponde, em última análise, ao modelo europeu anterior à 2.ª Guerra. Como decorrência, o discurso do momento é a favor da interpretação constitucional estrita e contrário ao ativismo judicial. Aliás, em diferentes momentos, a impressão de um observador externo é de que se desenvolveu uma modalidade de ativismo contrária aos direitos civis. De parte isto, a partidarização manifestada em algumas decisões e a volta da religião ao espaço público também parecem afastar o direito constitucional americano do modelo que encantou o mundo (BARROSO, 2013, p. 45).

Referências:

- BARROSO, Luís Roberto. *A americanização do direito constitucional e seus paradoxos: teoria e jurisprudência constitucional no mundo contemporâneo*. Disponível em: <http://www.luisrobertobarroso.com.br/wp-content/themes/LRB/pdf/a_americanizacao_do_direito_constitucional_e_seus_paradoxos.pdf>. Acesso em: 24 nov. 2013.
- BARROSO, Luís Roberto. *Judicialização, ativismo judicial e legitimidade democrática*. Disponível em: <http://www.conjur.com.br/2008-dez-22/judicializacao_ativismo_legitimidade_democratica>. Acesso em: 24 nov. 2013.
- DIMOULES, Dimitri. *Ativismo e autocontenção judicial no controle de constitucionalidade*. Disponível em: <http://www.academia.edu/1618915/Ativismo_e_autocontecao_judicial>. Acesso em: 11 dez. 2013.

2.46 Em que consiste a **teoria da "Judicial Deference", "Chevron Deference"** ou **"Chevron Doctrine"**?

A teoria da "Judicial Deference", "Chevron Deference" ou "Chevron Doctrine", segundo o professor Eduardo Fortunato Bim, consiste numa "(...) *teoria que evita a utilização abusiva do Judiciário é a da judicial deference ou Chevron doctrine. A Suprema Corte estadunidense, em Chevron v. NRDC (Chevron U.S.A., Inc. v. Natural Resources Defense Council, Inc*

– 1983), entendeu que a Administração Pública detém primazia na interpretação dos conceitos indeterminados das leis a ela dirigidas, somente podendo intervir o Judiciário em casos teratológicos. Porque o Judiciário deveria respeitar, em regra, a exegese do Executivo, a doutrina estabelecida no caso Chevron ficou conhecida como judicial deference, Chevron deference ou Chevron doctrine" (BIM).

Conforme o professor Eduardo Fortunato Bim, a deferência judicial remete "ao livre juízo da Administração a interpretação que esta se digne a fazer dos conceitos ambíguos, imprecisos ou indeterminados das Leis" (ENTERRÍA, 1996, p. 31).

Prossegue o autor dizendo que, segundo o *Justice Stevens*, o primeiro passo (*first step*) para a aplicação da doutrina Chevron seria a ambiguidade da lei. Se a lei contiver vaguidade ou indefinição, haverá espaço para que seu sentido dúbio seja precisado. O segundo passo da doutrina Chevron seria a razoabilidade da regulamentação legal.

O autor, em continuidade às suas explanações, traz que:

> a Suprema Corte chegou a afirmar que a doutrina Chevron não seria afetada nem mesmo pela ausência de contemporaneidade da norma regulamentada, no caso maior do que 100 anos[6], ou pela revelação da necessidade de regulação pelo litígio atual sobre o alcance da norma[7], incluindo o próprio processo na Suprema Corte[8], o que poderia indicar a necessidade de regulamentação pelo Executivo. E arrematou um dos aspectos mais polêmicos da *judicial deference*: o de que a existência de interpretação diferente no passado não é sinal de que a nova regulamentação seria inválida ("Of course the mere fact an agency interpretation contradicts a prior agency position is not fatal"), desde que não haja mudança súbita e inexplicável ou que não considere a confiança legítima gerada na interpretação anterior. O campo perfeito para a aplicação da *doutrina Chevron reside exatamente na questão científica ou técnica, uma vez que por diversos motivos são intermináveis as disputas entre cientistas e/ou metodologias científicas, bem como as alterações de decisões embasadas nessa dinâmica. Salvo em casos nos quais a escolha regulamentar ou do caso concreto seja desarrazoada, deve prevalecer a decisão administrativa, até mesmo pelo campo discricionário/político reservado à Administração* (BIM). (sem grifos no original)

6 "The 100-year delay makes no difference... But neither antiquity nor contemporaneity with the statute is a condition of validity".

7 "That it was litigation which disclosed the need for the regulation is irrelevant".

8 "Nor does matter that the regulation was prompted by litigation, including this very suit".

O autor finaliza transcrevendo que "por isso um ponto fundamental da *doutrina Chevron é o de que por ela não se averigua qual é a melhor interpretação do significado da norma, mas apenas uma razoável, vedando--se leituras arbitrárias.* Como magistralmente a Suprema Corte estadunidense asseverou em Smiley v. Citibank (South Dakota) (1996), depois de se reconhecer o primeiro passo (*first step*): a pergunta diante de nós não é se isso representa a melhor interpretação da lei, mas se isso representa uma interpretação razoável" (BIM).

O tema guarda relação com o princípio da deferência, o subprincípio da deferência, o princípio da deferência técnico-administrativa, sendo que este princípio (com suas expressões correlatas) é desdobramento da "Deference", "Chevron Deference" ou "Chevron Doctrine".

Referências:

- BIM, Eduardo Fortunato. *Divergências científicas e metodológicas no direito público e no ambiental*. Disponível em: <http://www2.senado.leg.br/bdsf/bitstream/handle/id/496561/000940650.pdf?sequence=1>. Acesso em: 13 mar. 2016.
- ENTERRÍA, Eduardo García de. Uma nota sobre el interés general como concepto jurídico indeterminado. *Revista do Tribunal Regional Federal da 4.ª Região*, Porto Alegre, ano 7, n. 25, 1996.

2.47 O que é **silêncio administrativo?**

Silêncio administrativo é a omissão da Administração sobre ato que deveria enfrentar. Somente surtirá efeitos na seara administrativa se a lei fizer essa previsão.

Segundo ensinamentos de Leandro Bortoleto, silêncio administrativo *"é a omissão da Administração Pública em se manifestar quando deveria fazê-lo. Essa inércia administrativa não pode ser considerada manifestação de vontade da Administração Pública e, por isso, o silêncio administrativo não é ato administrativo, mas sim um fato administrativo"* (BORTOLETO, 2015, p. 375).

No que toca aos eventuais efeitos, ensina o autor que irá depender do que a lei impõe diante do silêncio e se a manifestação seria de natureza vinculada ou discricionária, pois, *"se a lei previu a omissão, deve ser observada a disciplina legal, ou seja, a lei define se o silêncio importa deferimento ou indeferimento. O mais comum todavia, é a omissão legal sobre a omissão administrativa, ou seja, hipótese em que a lei nada dispõe sobre a consequência de nada ter sido feito"* (BORTOLETO, 2015, p. 376).

Dessa forma, a omissão da Administração pode gerar tanto a aprovação quanto a rejeição da pretensão, dependendo do que constar da norma que regulamenta o caso, pois, se a lei estabelece que o decurso do prazo com a inércia da Administração conduzirá à aprovação da pretensão, o silêncio gerará a aceitação tácita. Por outro lado, pode a lei determinar que a falta de manifestação gerará rejeição tácita do requerimento (MAZZA, 2016, 4.7).

Referências:

- BORTOLETO, Leandro. *Direito administrativo para os concursos de analista*. 4. ed. Salvador: JusPodivm, 2015. (Coleção Tribunais e MPU)
- MAZZA, Alexandre. *Manual de direito administrativo*. 6. ed. São Paulo: Saraiva, 2016.

2.48 Qual a natureza jurídica da **retrocessão na desapropriação**?

Há 2 (duas) correntes sobre a natureza jurídica da retrocessão na desapropriação.

Para o Supremo Tribunal Federal, a retrocessão teria natureza de *direito real* (STF, *RT* 620/221).

Já para parte da doutrina capitaneada por Hely Lopes Meirelles, "a retrocessão é, pois, uma *obrigação pessoal* de devolver o bem ao expropriado, e não um instituto invalidatório da desapropriação, nem um direito real inerente ao bem. Daí o consequente entendimento de que a retrocessão só é devida ao antigo proprietário, mas não a seus herdeiros, sucessores e cessionários" (MEIRELLES, 2007, p. 624) (sem grifos no original).

ATENÇÃO

Para as Bancas de concurso público, o assunto poderá ser cobrado de *"acordo com a doutrina"* ou de *"acordo com a jurisprudência"*. Assim, recomenda-se o devido cuidado ao candidato na questão.

Parcela da doutrina diverge da jurisprudência do Supremo Tribunal Federal (MEIRELLES, 2007, p. 624).

Referências:

- MEIRELLES, Hely Lopes. *Direito administrativo brasileiro*. 33. ed. São Paulo: Malheiros, 2007.

2.49 O que vem a ser **retrocessão no instituto da desapropriação**?

Para Dirley da Cunha Júnior, o *direito de retrocessão "(...) é aquele que assiste ao proprietário do bem de exigi-lo de volta caso o mesmo não tenha o destino declarado na desapropriação.* Surge quando ocorre a tredestinação do bem, ou seja, seu *desvio de finalidade.* Contudo, cumpre sublinhar que só haverá a retrocessão quando a tredestinação importar em desvio de finalidade que consistir em traspassar o bem de finalidade pública para finalidade particular (distintamente do que ocorre nos atos administrativos em geral, pois o desvio de finalidade pública, mesmo que para outra finalidade pública, gera a nulidade do ato). Na desapropriação, a situação é bem diversa, uma vez que a mesma só será anulada se houver desvio de interesse público para interesse particular *(tredestinação ilícita).* Em outras palavras, se o imóvel for empregado para uma finalidade pública, ainda que não a especificada originariamente, não há direito de retrocessão, ocorrendo na hipótese a chamada *tredestinação lícita*" (CUNHA, 2015, p. 442-443) (sem grifos no original).

Segundo Hely Lopes Meirelles, *a retrocessão "(...) é a obrigação que se impõe ao expropriante de oferecer o bem ao expropriado, mediante a devolução do valor da indenização, quando não lhe der o destino declarado no ato expropriatório (CC, art. 519)"* (MEIRELLES, 2007, p. 62).

A retrocessão, no instituto da desapropriação, também é denominada *reversão* ou *reaquisição.*

Referências:

- CUNHA, Dirley da. *Curso de direito administrativo*. 14. ed. Salvador: JusPodivm, 2015.
- MEIRELLES, Hely Lopes. *Direito administrativo brasileiro*. 33. ed. São Paulo: Malheiros, 2007.

2.50 O que vem a ser **causa dentro dos requisitos do ato administrativo**?

Conforme lição do administrativista Celso Antônio Bandeira de Mello, *causa* "não é sinônimo de motivo. *Causa é a correlação lógica entre motivo do ato administrativo e seu conteúdo, em vista da finalidade pública. É a correlação lógica entre motivo e o conteúdo do ato, em função da finalidade pública"* (MELLO, 2010, p. 393-412) (sem grifos no original).

Referências:

- MELLO, Celso Antônio Bandeira de. *Curso de direito administrativo*. 27. ed. São Paulo: Malheiros, 2010.

2.51 Dentro dos requisitos do ato administrativo, o que vem a ser **motivo e móvel**?

Para Celso Antônio Bandeira de Mello, "*motivo é a situação objetiva, real, empírica; é a realidade objetiva, externa do agente; móvel é a representação subjetiva, psicológica, interna do agente; móvel é a vontade do agente*" (MELLO, 2010, p. 393-412) (sem grifos no original).

Referências:

- MELLO, Celso Antônio Bandeira de. *Curso de direito administrativo*. 27. ed. São Paulo: Malheiros, 2010.

2.52 Em que consiste a **desapropriação indireta** ou **apossamento administrativo**?

Para Dirley da Cunha Júnior, a desapropriação indireta ou apossamento administrativo é "(...) *a que se realiza sem o atendimento das formalidades legais. Não passa de um esbulho estatal e ocorre quando o Poder Público interfere na propriedade e lá pratica atos de domínio, sem prévia ação ou prévio título. Por se tratar de ato ilícito, suscita direito de defesa por meio de ações possessórias e até de desforço* incontinenti" (CUNHA, 2015, p. 441).

O vocábulo "desapropriação" é tradicionalmente tratado como sinônimo de "expropriação".

Referências:

- CUNHA, Dirley da Cunha. *Curso de direito administrativo*. 14. ed. Salvador: JusPodivm, 2015.

2.53 O que são **efeitos reflexos** no Direito Administrativo?

Os efeitos reflexos no Direito Administrativo são "(...) *aqueles que repercutem perante terceiros não contemplados pelo ato, isto é, atingem pessoas estranhas à relação jurídica que se trava entre a Administração e o sujeito passivo do ato como acontece, v.g., no ato de desapropriação, cujo ato tem efeito de retirar a propriedade do seu titular (efeito típico), o locatário do imóvel desapropriado (terceiro) acaba sendo atingido em razão da necessidade da rescisão do contrato de locação, que consiste efeito atípico reflexo do ato de desapropriação*" (CUNHA, 2015, p. 109).

Esses efeitos reflexos decorrem dos efeitos atípicos do ato administrativo, em que se tem, ainda, os efeitos prodrômicos ou preliminares dentro dessa classificação.

Referências:

- CUNHA, Dirley da. *Curso de direito administrativo*. 14. ed. Salvador: JusPodivm, 2015.

2.54 O que é **tredestinação lícita** e **tredestinação ilícita** no Direito Administrativo?

A tredestinação ocorrerá quando houver a destinação de um bem expropriado a finalidade diversa daquela que motivou a prática do ato.

Marcelo Alexandrino diz que:

> (...) *tredestinação é a destinação desconforme com o plano inicialmente previsto no ato expropriatório.* Na tredestinação, o Poder Público desiste dos fins da desapropriação e transfere a terceiro o bem desapropriado ou pratica desvio de finalidade, permitindo que terceiro se beneficie de sua utilização. *Seria o caso de o Poder Público desapropriar certa área para a construção de uma escola e, de fato, ao invés de efetivar esse fim administrativo, conceder permissão para que certa empresa utilize tal área para outros fins. Nesse caso, temos a tredestinação ilícita*, resultante de desvio de finalidade, em que a desapropriação deve ser considerada nula, com a reintegração do bem ao ex-proprietário. A doutrina aponta, também, a

> hipótese de *tredestinação lícita, em que, mantida a finalidade de interesse público, o Poder Público expropriante dá ao bem desapropriado destino diverso daquele inicialmente planejado. É o caso, por exemplo, de o Estado desapropriar uma área para a construção de uma escola e, dado o interesse público superveniente, vir a construir no local um hospital.* Conforme já deixou assente o Superior Tribunal de Justiça "se ao bem expropriado for dada destinação que atende ao interesse público, ainda que diversa da inicialmente prevista no decreto expropriatório, não há desvio de finalidade" (REsp 968.414/SP, Rel. Min. Denise Anuda, 11.09.2007). Nessa hipótese, não há que se falar em ilicitude (ALEXANDRINO, 2015, p. 1.087-1.088). (sem grifos no original)

Como se observa acima, a tredestinação se divide em lícita e ilícita. *A tredestinação lícita ocorre quando a Administração dá destinação outra que não a planejada quando da expropriação, porém mantém o atendimento ao interesse público.* Assim, o motivo continua sendo o interesse público, mas, como ensina Carvalho Filho, o "aspecto específico" dentro desse interesse público é diferente. Logo, não se vislumbra ilicitude, porque o fim especial foi diferente, porém o motivo que deu ensejo à expropriação (interesse público) permanece (CARVALHO FILHO, 2005).

Já a tredestinação ilícita é traduzida na verdadeira desistência da expropriação e dá ensejo à retrocessão. Ou seja, quando a Administração pratica desvio de finalidade ou, ainda, transmite o bem a terceiros (quando não é possível). Não há a manutenção do interesse público, o qual motivou a expropriação. Vale ressaltar que a demora na utilização do bem não significa tredestinação (ZERBES).

Referências:

- ALEXANDRINO, Marcelo; PAULO, Vicente. *Direito administrativo descomplicado*. 23. ed. São Paulo: Método, 2015.
- CARVALHO FILHO, José dos Santos. *Manual de direito administrativo*. 12. ed. Rio de Janeiro: Lumen Juris, 2005.
- ZERBES, Marcelo Inda. *Desapropriação e aspectos gerais da intervenção do Estado na propriedade privada*. Disponível em: <http://jus2.uol.com.br/doutrina/texto.asp?id=9394&p=3>. Acesso em: 9 maio 2008.

2.55 Em que consiste o **direito de extensão na desapropriação?**

O direito de extensão confere ao proprietário do bem expropriado o poder de exigir que o ente expropriante inclua na desapropriação a fração do bem não abrangida pela expropriação, mas que, em razão dela, se tornou inútil ou de difícil utilização.

> (...) *direito de extensão é aquele em virtude do qual o expropriado pode exigir que a desapropriação compreenda a parte do bem expropriando que não foi incluída no ato declaratório, em razão da inutilidade desta fração remanescente.* Ocorre, assim, quando o Poder Público desapropria somente parte do bem, tornando a parte não expropriada imprestável. O particular poderá exigir que a desapropriação se estenda ao restante da propriedade. Esse direito existe desde 1903, em face do Decreto 4.956. Relativamente à desapropriação para fins de reforma agrária, o art. 4.º da Lei Complementar 11.076/1993 prevê expressamente que, proposta a desapropriação parcial, o expropriado poderá requerer, na contestação, a desapropriação de todo o imóvel, quando a área remanescente ficar reduzida a superfície inferior à da pequena propriedade rural ou prejudicada substancialmente em suas condições de exploração econômica, caso seja o seu valor inferior ao da parte desapropriada (CUNHA, 2015, p. 444). (sem grifos no original)
>
> "o *direito de extensão é o que assiste ao proprietário de exigir que na desapropriação se inclua a parte restante do bem expropriado, que se tornou inútil ou de difícil utilização.* Tal direito está expressamente reconhecido no art. 12 do Dec. Federal 4.956/2003" (MEIRELLES, 2007). (sem grifos no original)

Referências:

- CUNHA, Dirley da. *Curso de direito administrativo*. 14. ed. Salvador: JusPodivm, 2015.
- MEIRELLES, Hely Lopes. *Direito administrativo brasileiro*. 33. ed. atual. São Paulo: Malheiros, 2007.

2.56 O que são **efeitos prodrômicos ou preliminares** no Direito Administrativo?

O efeito prodrômico ou preliminar é um dos efeitos atípicos do ato administrativo, correspondendo aos efeitos desencadeados com a prática do ato que perdurarão enquanto persistir a situação de pendência, conforme se extrai das lições de Dirley da Cunha Júnior:

> (...) aqueles desencadeados durante o período que vai da edição do ato até a deflagração de seus efeitos típicos, existindo enquanto permanente a situação de pendência do ato. Os atos que dependem de controle, por exemplo, produzem o efeito de importar para o órgão controlador o dever de realizar a fiscalização emitindo o ato de controle, sendo este o efeito preliminar (CUNHA, 2015, p. 109).

Esses efeitos prodrômicos ou preliminares decorrem dos efeitos atípicos do ato administrativo.

Referências:

- CUNHA, Dirley da. *Curso de direito administrativo*. 14. ed. Salvador: JusPodivm, 2015.

2.57 O que é **conceito legal inelástico** de improbidade administrativa?

O conceito legal inelástico de improbidade administrativa ou conceito inelástico de improbidade administrativa traduz a concepção de que *a análise da tipificação dos atos de improbidade administrativa não é aberto, não se permitindo ao intérprete conferir demasiada elasticidade para contemplar hipóteses não abarcadas pela lei de regência da improbidade. O conceito não é elástico, ou seja, não admite ampliação para abranger a situação não contemplada pela lei. Assim, os atos de improbidade administrativa devem ser contra a Administração Pública e não em face de ato contra particulares.*

A propósito, veja a ementa do acórdão do Superior Tribunal de Justiça sobre o conceito legal inelástico de improbidade administrativa:

(...) considerando o *inelástico conceito de improbidade*, vê-se que *o referencial da Lei 8.429/1992 é o ato do agente público frente à coisa pública a que foi chamado a administrar.* Logo, somente se classificam como atos de improbidade administrativa as *condutas de servidores públicos que causam vilipêndio aos cofres públicos ou promovem o enriquecimento ilícito do próprio agente ou de terceiros, efeitos inocorrentes na hipótese.* Assim, sem pretender realizar um transverso enquadramento legal, mas apenas descortinar uma correta exegese, verifica-se que a previsão do art. 4.º, "h", da Lei 4.898/1965, segundo o qual constitui abuso de autoridade "o ato lesivo da honra ou do patrimônio de pessoa natural ou jurídica, quando praticado com abuso ou desvio de poder ou sem competência legal", está muito mais próxima do caso – por regular o direito de representação do cidadão frente a autoridades que, no exercício de suas funções, cometerem abusos (art. 1.º) –, de modo que não há falar-se em incidência da Lei de Improbidade Administrativa. (...) (REsp 1.558.038/PE, Rel. Min. Napoleão Nunes Maia Filho, j. 27.10.2015, *DJe* 09.11.2015, Informativo 573 do STJ). (sem grifos no original)

Direito administrativo. Improbidade administrativa e conduta direcionada a particular.

Não ensejam o reconhecimento de ato de improbidade administrativa (Lei 8.429/1992) eventuais abusos perpetrados por agentes públicos durante abordagem policial, caso os ofendidos pela conduta sejam particulares que não estavam no exercício de função pública. O fato de a probidade ser atributo de toda atuação do agente público pode suscitar o equívoco interpretativo de que qualquer falta por ele praticada, por si só, representaria quebra desse atributo e, com isso, o sujeitaria às sanções da Lei 8.429/1992. Contudo, o conceito jurídico de ato de improbidade administrativa, por ser circulante no ambiente do direito sancionador, não é daqueles que a doutrina chama de elásticos, isto é, daqueles que podem ser ampliados para abranger situações que não tenham sido contempladas no momento da sua definição. Dessa forma, considerando o inelástico conceito de improbidade, vê-se que *o referencial da Lei 8.429/1992 é o ato do agente público frente à coisa pública a que foi chamado a administrar*. Logo, somente se classificam como atos de improbidade administrativa as *condutas de servidores públicos que causam vilipêndio aos cofres públicos ou promovem o enriquecimento ilícito do próprio agente ou de terceiros, efeitos inocorrentes na hipótese*. Assim, sem pretender realizar um transverso enquadramento legal, mas apenas descortinar uma correta exegese, verifica-se que a previsão do art. 4.º, "h", da Lei 4.898/1965, segundo o qual constitui abuso de autoridade "o ato lesivo da honra ou do patrimônio de pessoa natural ou jurídica, quando praticado com abuso ou desvio de poder ou sem competência legal", está muito mais próxima do caso – por regular o direito de representação do cidadão frente a autoridades que, no exercício de suas funções, cometerem abusos (art. 1.º) –, de modo que não há falar-se em incidência da Lei de Improbidade Administrativa (REsp 1.558.038/PE, Rel. Min. Napoleão Nunes Maia Filho, j. 27.10.2015, *DJe* 09.11.2015, Informativo 573 do STJ). (sem grifos no original)

Porém, em recente decisão publicada, o Superior Tribunal de Justiça inovou no entendimento acima, e entendeu que a Lei de Improbidade Administrativa aplicaria perfeitamente ao agente público que no exercício da função perpetrasse atos contra particulares-vítimas (no caso, policiais que torturam particular-vítima custodiado no interior da Delegacia), porque não são atos voltados apenas a particulares, mas sim à própria Administração Pública e à segurança pública, ferindo suas bases de legitimidade e respeitabilidade, e ao próprio Estado Democrático de Direito (STJ, REsp 1.177.910/SE, Rel. Min. Herman Benjamin, j. 26.08.2015).

Referências:

- BRASIL. STJ, REsp 1.558.038/PE, Rel. Min. Napoleão Nunes Maia Filho, j. 27.10.2015, *DJe* 09.11.2015, Informativo 573 do STJ.

2.58 O que é **licitação "carona"** ou **efeito carona**?

O ente público, quando realiza licitação para registro de preços junto a seus cadastros, formaliza sua possibilidade de aquisição de bens necessários para suas atividades rotineiras. Assim, na *licitação carona ou efeito carona a doutrina contempla a possibilidade de que outro ente público utilize-se de tal procedimento para aquisição dos bens já licitados, pegando "carona" no procedimento do ente licitante, o que justifica a terminologia em voga.*

O instituto do *Sistema de Registro de Preços* que possibilita a *licitação carona, efeito carona ou adesão* está previsto no art. 15 da Lei de Licitação, e foi regulamentado pelos Decretos Regulamentadores 3.931/2001 e 4.342/2002, sendo extensivo não só a compras, mas a serviços e obras. Por fim, mais recentemente, o novo Decreto Federal 7.892/2013 veio disciplinar o instituto.

A licitação carona exige a concordância do licitante originário e respeito aos limites quantitativos inicialmente estipulados.

Ademais, entende a doutrina majoritária pela impossibilidade de a União utilizar-se de procedimentos licitatórios realizados por Estados e Municípios.

Há doutrina que entende também que a *criação da adesão (carona)* por Decreto é *inconstitucional*, uma vez que a contratação "através da adesão (carona) gera uma hipótese de contratação direta, motivo pelo qual só poderia ser legitimamente constituída através de Lei federal" (BALTAR NETO e CHARLES, 2015, p. 335).

Entretanto, mesmo para a doutrina que critica o efeito "carona" ou de adesão, registra-se que se tem permitido a adoção dessa prática nas licitações realizadas segundo as regras do Sistema de Registro de Preços (BALTAR NETO e CHARLES, 2015, p. 336).

Fernando Ferreira Baltar Neto e Ronny Charles Lopes de Torres ainda chamam a atenção para alguns detalhes:

> O órgão gerenciador somente poderá autorizar adesão à ata após a primeira aquisição ou contratação por órgão integrante da ata, exceto quando, justificadamente, não houver previsão no edital para aquisição ou contratação pelo órgão gerenciador. No âmbito federal, o Advogado-Geral da União expediu Orientação Normativa 21/2009, alterada no dia 14.12.2011, com a seguinte redação: "É vedada aos órgãos públicos federais a adesão à ata de registro de preços quando a licitação tiver sido realizada pela administração pública estadual, municipal ou do Distrito Federal, bem como por entidades paraestatais". Por outro lado, de acordo com expressa previsão do artigo 61 da Portaria Interministerial MPOG/MF/CGU 507/2011, as entidades privadas sem fins lucrativos podem utilizar o sistema de registro de preços dos entes federados, nas contratações de bens, obras e serviços (BALTAR NETO e CHARLES, 2015, p. 337).

ATENÇÃO

Cumpre ressaltar que essa prática no *Sistema de Registro de Preços* é considerada legal pelo Tribunal de Contas da União (Acórdão 665/2008), embora criticada por parte da doutrina, que a considera ilegal e inconstitucional por permitir contratações ilimitadas e com possíveis violações aos princípios que norteiam a licitação (TCU, Tomada de Contas Simplificada, Acórdão 665/2008/PR, Plenário (012.908/2003-5), Rel. Min. Augusto Sherman, Brasília, *DOU* 18.04.2008. Disponível em <http://www.tcu.gov.br>. Acesso em: 17 mar. 2009).

No âmbito da jurisprudência, a maioria dos Tribunais manifesta-se no sentido de admissão à adesão a ata de registro de preços por órgão que não tenha participado da licitação (STJ, Recurso Ordinário em Mandado de Segurança 15.647, 25.03.2003, Rel. Min. Eliana Calmon).

No sítio eletrônico Resposta Final (direcionado à preparação de provas de concursos públicos) colhem-se as seguintes lições sobre licitação "carona" ou efeito carona:

> A resposta deve passar, primeiramente, pela análise do procedimento de licitação para registro de preços. Trata-se de forma de licitação em que o poder público licita com a finalidade de registrar preços para o caso de eventual contratação posterior. Acontece quando a administração entende que um bem ou serviço é adquirido com muita frequência e, por isso, tem interesse em deixar um registro, no órgão, com o eventual fornecedor deste bem ou serviço.
>
> Esta ata de registro de preços terá validade de 01 ano (período orçamentário), devendo ser realizado novo processo licitatório após este lapso temporal. Durante este período, a proposta selecionada fica à disposição da Administração, que poderá adquirir o bem selecionado quantas vezes precisar, desde que não ultrapasse o quantitativo licitado (ex.: a Administração pode licitar a compra de 100 canetas esferográficas, estabelecendo o preço de aquisição em R$ 1,00 cada caneta. Durante este período de 01 ano, ela poderá adquirir quantas canetas quiser, pelo preço licitado, desde que não ultrapassado o limite licitado de 100 canetas).
>
> Pois bem, dito isso, a doutrina entende ser possível que um ente da federação ingresse na ata realizada em licitação prévia por outro ente (em analogia a uma "carona"), aproveitando os preços por ele já licitados, desde que presentes dois requisitos:
>
> a) consentimento do ente federado que licitou;
>
> b) respeito ao limite máximo de bens licitados (ex.: ambos os entes – o licitante e o "carona" –, na soma de suas aquisições, não poderão ultrapassar o limite de bens que foi licitado. Neste exemplo, as 100 canetas esferográficas) (Disponível em: <http://www.respostafinal.com.br/>. Acesso em: 8 mar. 2016).

Enfim, em curtas palavras, é o panorama que o candidato aspirante a uma vaga em concurso público necessita sobre o tema.

Referências:

- BALTAR NETO, Fernando Ferreira; TORRES, Ronny Charles Lopes de. *Direito administrativo*. 5. ed. rev. e atual. Salvador: JusPodivm, 2015. (Coleção Sinopses para Concursos)
- BRASIL. STJ, Recurso Ordinário em Mandado de Segurança 15.647, 25.03.2003, Rel. Min. Eliana Calmon.
- BRASIL. TCU, Tomada de Contas Simplificada, Acórdão 665/2008/PR, Plenário (012.908/2003-5), Rel. Min. Augusto Sherman, Brasília, *DOU* 18.04.2008. Disponível em: <http://www.tcu.gov.br>. Acesso em: 17 mar. 2009.
- CARVALHO, Matheus. *Manual de direito administrativo*. Salvador: JusPodivm. 2015.
- Site Resposta Final. *Licitação "Carona". O que é isso?* Disponível em: <http://www.respostafinal.com.br/>. Acesso em: 8 mar. 2016.

2.59 O que é o **princípio da deferência** no Direito Administrativo?

Pelo *princípio da deferência, o Poder Judiciário não pode substituir a interpretação razoável da agência reguladora pela sua interpretação judicial, uma vez que se trata de matéria técnica, onde, em princípio, a agência reguladora teria melhor capacidade técnica de tratar sobre o tema.*

Para melhor ilustrar a incidência prática do princípio da deferência no Direito Administrativo, convém mencionar decisão emanada pelo Superior Tribunal de Justiça, em que citou expressamente o princípio em tela:

> Processual civil e administrativo. Ofensa ao art. 535 do CPC. Inexistência. Violação ao art. 267, § 3.º, do CPC. Inocorrência. Prestação de serviço público. Telecomunicações. Interconexão. Valor de uso de rede móvel (VU-M). Diversas arbitragens administrativas levadas a cabo pela Anatel. Decisão arbitral proferida em conflito entre partes diferentes, mas com o mesmo objeto. *Matéria de alto grau de discricionariedade técnica. Extensão da decisão administrativa às hipóteses que envolvem outras operadoras de telefonia.* Dever do Judiciário. *Princípios da deferência técnico-administrativa, da eficiência e da isonomia. Evitação de distorções concorrenciais.* Revisão da extensão da liminar deferida no presente caso (BRASIL. STJ, REsp 1.171.688, Rel. Mauro Campbell Marques. Disponível em: <https://ww2.stj.jus.br/processo/revista/documento/mediado/?componente=ATC&sequencial=10502654&n um _registro=200902425347&data=20100623&tipo=5&formato=PDF>. Acesso em: 13 mar. 2016). (sem grifos no original)

Assim, o Poder Judiciário, ao trazer à baila o princípio da deferência, subprincípio da deferência técnico-administrativa, admite que a Agência (ou Agências) está(ão) em melhores condições de solucionar(em) as lides referentes aos casos sob sua tutela. Desse modo, o Judiciário decide as demandas prestando "deferência" às Agências Reguladoras.

Na doutrina, Alexandre Santos Aragão diz que princípio da deferência no direito Administrativo *"sobretudo em matérias técnicas e nas quais houve um eficiente debate em consultas e audiências públicas, o Judiciário tem buscado preservar a decisão da agência, desde que razoável. O judiciário não pode substituir a interpretação razoável da agência reguladora pela sua, por que também seja plausível. Trata-se do Princípio da Deferência do Poder Judiciário para com as decisões administrativas"* (ARAGÃO, 2003, p. 442).

Por fim, o princípio em voga é chamado também de subprincípio da deferência, no entanto, a referência de que se tem notícia no Superior Tribunal de Justiça é do "princípio da deferência técnico-administrativa", sendo uma expressão correlata (ALMEIDA PINTO, 2014).

Referências:

- ALMEIDA PINTO, Livia Maria de. *Subprincípio da deferência nos Tribunais Superiores*. Disponível em: <http://www.emerj.rj.gov.br/paginas/trabalhos_conclusao/2semestre2014/trabalhos_22014/LiviaMariadeAlmeidaPinto.pdf>. Acesso em: 13 mar. 2016.

- ARAGÃO, Alexandre Santos de. *Agências reguladoras e a evolução do direito administrativo econômico*. 2. ed. Rio de Janeiro: Forense, 2003.

2.60 O que é **licitação verde, princípio da licitação verde** ou **princípio da licitação sustentável**?

Licitação verde, princípio da licitação verde ou princípio da licitação sustentável impõe que o processo licitatório deve estar em consonância com o desenvolvimento nacional sustentável, de preferência aquelas propostas que preservem o meio ambiente, gerando o menor impacto possível.

> (...) o processo licitatório deve colaborar com o desenvolvimento nacional sustentável, em seus diversos aspectos. E mais como aponta Irene Patrícia Nohara, as expressões licitação sustentável e compras verdes referem-se a política pública de uso da licitação para garantir ou promover o desenvolvimento sustentável, devendo haver a inserção nos editais de licitação de fatores como o menor impacto do ciclo de produção do produto, descarte menos oneroso ao meio ambiente, maior vida útil, menor custo de manutenção, origem ambientalmente regular dos recursos utilizados etc. (BORTOLETO, 2015, p. 456).

Destaca-se, por oportuno, que a licitação verde encontra-se assentada na expressão "promoção de desenvolvimento nacional sustentável", inserida no *caput* do art. 3.º da Lei de Licitações, conforme transcrição: "Art. 3.º A licitação destina-se a garantir a observância do princípio constitucional da isonomia, a seleção da proposta mais vantajosa para a administração e a *promoção do desenvolvimento nacional sustentável* e será processada e julgada em estrita conformidade com os princípios básicos da legalidade, da impessoalidade, da moralidade, da igualdade, da publicidade, da probidade administrativa, da vinculação ao instrumento convocatório, do julgamento objetivo e dos que lhes são correlatos" (Redação dada pela Lei 12.349, de 2010) (sem grifos no original).

Na interpretação do dispositivo legal acima se percebe que o legislador ordinário, numa iniciativa plausível, elegeu preferência às propostas que propiciem a preservação do meio ambiente. Para que isso ocorra, segundo os ditames da lei, os instrumentos convocatórios deverão ter a previsão da exigência da busca de uma maior sustentabilidade ambiental, harmonizando o desenvolvimento social e econômico com a defesa do meio ambiente ecologicamente equilibrado. Esse artigo foi regulamentado pelo Decreto Presidencial 7.746/2012, de leitura obrigatória para concurso público.

Referências:

- BORTOLETO, Leandro. *Direito administrativo para os concursos de analista*. 4. ed. Salvador: JusPodivm, 2015. (Coleção Tribunais e MPU)

2.61 O que é **licitação fracassada**?

Ocorrerá a licitação fracassada quando aparecerem interessados, no entanto, todos forem inabilitados ou desclassificados no certame.

Nas palavras de Dirley da Cunha, a licitação fracassada ocorrerá na situação "(...) em que aparecem interessados, mas nenhum é selecionado, em decorrência da inabilitação ou da desclassificação. Nesta última hipótese a dispensa não é possível" (CUNHA, 2015, p. 472).

Referências:

- CUNHA, Dirley da. *Curso de direito administrativo*. 14. ed. Salvador: JusPodivm, 2015.

2.62 O que é **licitação deserta**?

Licitação deserta é hipótese "(...) *para a qual não se apresentou nenhum interessado. Não se confunde com a licitação fracassada, em que aparecem interessados, mas nenhum é selecionado, em decorrência da inabilitação ou da desclassificação.* Nesta última hipótese a dispensa não é possível" (CUNHA, 2015, p. 472) (sem grifos no original).

Referências:

- CUNHA, Dirley da. *Curso de direito administrativo*. 14. ed. Salvador: JusPodivm, 2015.

2.63 O que é **licitação dispensável**?

Licitação dispensável é "(...) *aquela em virtude da qual a Administração, mesmo ocorrendo a hipótese legal que autorize a dispensa da licitação, goza da liberdade de deliberar pela sua realização ou não (art. 24, I a XXX)*" (CUNHA, 2015, p. 468) (sem grifos no original).

Referências:

- CUNHA, Dirley da. *Curso de direito administrativo*. 14. ed. Salvador: JusPodivm, 2015.

2.64 O que é **licitação dispensada**?

Licitação dispensada é "(...) *aquela que a própria lei declarou-a como tal, de modo que não há discricionariedade administrativa de decidir se realiza ou não a licitação (art. 17, I e II). Aqui, configurada a hipótese legal, a Administração está obrigada a dispensar a licitação, por determinação da própria lei*" (CUNHA, 2015, p. 467-468).

Referências:

- CUNHA, Dirley da. *Curso de direito administrativo*. 14. ed. Salvador: JusPodivm, 2015.

2.65 O que é **cláusula de exceção do contrato não cumprido** ou **"exceptio non adimpleti contractus"** no Direito Administrativo?

Conforme lição de Leandro Bortoleto, cláusula de exceção do contrato não cumprido ou "exceptio non adimpleti contractus" "(...) na esfera privada, se um dos contratantes não cumpre o pactuado o outro pode recursar a cumprir o que lhe cabe, conforme o art. 477 do Código Civil. Por exemplo, caso determinado serviço não seja prestado, não haverá o pagamento. É a chamada exceção do contrato não cumprido (*exceptio non adimpleti contractus*). Todavia, nos contratos administrativos, essa regra não é aplicada integralmente, em razão dos princípios da continuidade dos serviços públicos e da supremacia do interesse público. É possível a exceção do contrato não cumprido, mas de forma mitigada" (BORTOLETO, 2015, p. 552).

O art. 78, XV, da Lei de Licitação traz a hipótese de rescisão do contrato em caso de atraso superior a 90 (noventa) dias. Para a doutrina, a exceção comentada é aplicável aos contratos administrativos, mas só ocorre após os 90 dias e, por isso, não seria cláusula exorbitante, uma vez que também estaria prevista nos contratos privados (BORTOLETO, 2015, p. 552).

ATENÇÃO

Para as bancas de concurso público, o assunto poderá ser co- brado com expressões correlatas como: *inoponibilidade* (que não pode ser oposta) *da exceção* ou como *restrição à exceção do contrato não cumprido* (essa terminologia seria a mais correta). Ademais, em qualquer caso, a exceção seria exemplo de cláusula exorbitante.

A doutrina diverge sobre exemplo de cláusula exorbitante (BORTOLETO, 2015, p. 553).

Referências:

- BORTOLETO, Leandro. *Direito administrativo para os concursos de analista*. 4. ed. Salvador: JusPodivm, 2015. (Coleção Tribunais e MPU)

2.66 Em que consiste o instituto da **desapropriação por zona** ou **desapropriação extensiva**?

Nas lições de Marcelo Alexandrino e Vicente Paulo, "(...) ocorre a assim chamada *'desapropriação por zona'* (ou *'desapropriação extensiva') quando o poder público expropria uma extensão de área maior do que a estritamente necessária para a realização de uma obra ou serviço, com a inclusão de áreas adjacentes que ficam reservadas para uma das finalidades seguintes: a) ulterior continuação do desenvolvimento da obra ou do serviço – isto é, desapropria-se uma área maior do que aquela que inicialmente será de fato utilizada, a fim de possibilitar, em momento posterior, a ampliação da abrangência da atividade estatal (obra ou serviço); ou b) para serem alienadas depois que, em decorrência da obra ou do serviço, ocorrer a sua valorização"* (ALEXANDRINO, 2015, p. 1.085-1.086).

Referências:

- ALEXANDRINO, Marcelo; PAULO, Vicente. *Direito administrativo descomplicado*. 23. ed. São Paulo: Método, 2015.

2.67 O que é **ato enunciativo** no Direito Administrativo?

Atos enunciativos *"são atos pelos quais a Administração Pública certifica ou atesta um fato ou emite uma opinião sobre determinado assunto. Não há manifestação de vontade e são atos administrativos apenas em sentido formal. São exemplos, a certidão, o atestado e o parecer"* (BORTOLETO, 2015, p. 386).

Referências:

- BORTOLETO, Leandro. *Direito administrativo para os concursos de analista*. 4. ed. Salvador: JusPodivm, 2015. (Coleção Tribunais e MPU)

2.68 O que significa **acomodação razoável** (adaptação razoável) e **ônus indevido**?

Preliminarmente, registre-se que o tema foi cobrado na prova dissertativa do concurso do Ministério Público de Mato Grosso (2014), quando se indagou: "Qual o significado e quais as implicações do princípio da acomodação razoável?".

A acomodação razoável significa acomodar, ajustar, adaptar determinada situação de uma pessoa a fim de que esta tenha suas particularidades respeitadas (em prestígio ao princípio da dignidade da pessoa humana), sem onerar e pesar para o responsável pela acomodação. O ônus indevido significa justamente que a medida não seja gravosa e nem onerosa para o responsável. Por isso, se justifica a junção de acomodação razoável (adaptação razoável) e ônus indevido.

Letícia de Campos Velho Martel (MARTEL, 2011, p. 1) observa que *acomodação razoável* acontece nos mais diversos cenários – escolas, universidades, cursos de capacitação, acesso e progressão no emprego – e poderá ser requerida também nos processos de obtenção de certificações, qualificações, progressões. Caso não se respeite essa singularidade, há risco de formação ou manutenção de um círculo vicioso de exclusão das pessoas com deficiência, entre outros temas.

Destaca-se que a terminologia *acomodação razoável* originou-se nos Estados Unidos da América, quando da aprovação do *Equal Employment Opportunity Act* de 1972 (USA, 1972), com o escopo de combater a discriminação no mercado de trabalho (1999. Supreme Court. British Columbia [Public Service Employee Relations Commission] v. BCGSEU, 3 S.C.R. 3. Disponível em: <http://csc.lexum.umontreal.ca/en/1999/1999scr3-3/1999scr3-3.html>. Acesso em: 11 out. 2010).

O emprego do termo foi genuinamente aplicado no campo da discriminação religiosa, exigindo ao empregador comprovar que não estaria apto a acomodar razoavelmente as práticas religiosas de seus empregados sem um ônus indevido.

A doutrina cita também o Canadá como um dos berços da *acomodação razoável*.

Letícia de Campos Velho Martel (MARTEL, 2011, p. 1), sobre a *acomodação razoável* e o *ônus indevido* no direito estadunidense como exemplo nítido de um "judicial backlash" (KRIEGER, 2003, p. 340; MALHOTRA, 2007, p. 9), insere dois casos em que há vestígios da acomodação razoável, sem que, evidentemente, ela seja mencionada:

a) no primeiro caso Yoder, a Suprema Corte americana decidiu favoravelmente às famílias pertencentes à comunidade religiosa "Amish", que se recusaram a enviar seus filhos para a "high school", violando as leis estaduais que instituíam a obrigatoriedade escolar até os 16 anos de idade. Assim, embora pese a alegação do Estado sobre a necessidade de educação universal de crianças e adolescentes, a maioria da Corte acomodou os interesses em jogo, excepcionando a lei geral para permitir que a comunidade educasse os adolescentes (USA, Wisconsin *v.* Yoder, 1972);
b) em *Sherbert v. Verner* a Corte decidiu que a denegação do seguro desemprego obliterava indevidamente a manifestação das convicções religiosas de uma sabatista que recusara ofertas de emprego que lhe exigiam labor aos sábados, dia de descanso e culto, no qual é vedado o trabalho aos membros da sua denominação. Acomodou, pois, os interesses de agremiação religiosa a enunciado normativo geral, excepcionando-o (USA, Sherbert *v.* Verner, 1963; MARTEL, 2007, p. 33).

Nota-se que os precedentes americanos, embora anteriores à adoção legislativa da acomodação razoável, estavam impregnados do seu espírito. O tema recebe tratamento de forma diversa pela Corte dos Estados Unidos e do Canadá.

Em primeiro lugar, a Corte canadense tornou claro que o vocábulo razoável, ligado à acomodação, deveria ser concebido como dependente da prova de ônus indevido, isto é, em havendo ônus indevido, a acomodação tornar-se-ia não razoável. Dessarte, enquanto nos EUA a acomodação pode ser considerada não razoável em si, mesmo que os ônus sejam mínimos, no Canadá a acomodação deixará de ser razoável se e somente houver prova de que causará ônus indevido a quem deve acomodar (MALHOTRA, 2007, p. 12).

Em segundo lugar, a Corte canadense estabeleceu seis fatores a serem considerados na aferição do ônus indevido no ambiente de trabalho: (a) custos financeiros; (b) impacto em acordos coletivos conquistados pelos trabalhadores; (c) questões relativas à disposição e ao ânimo do empregado para o trabalho; (d) permutabilidade da estrutura material de trabalho e da organização dos trabalhadores; (e) porte do empregador; (f) segurança. Em situações concretas, analisa-se o peso que será conferido a cada um dos fatores (CANADA, Central Alberta Dairy Pool *v.* Alberta, 1990).

Em terceiro lugar, a Corte canadense não restringiu o leque de sujeitos passivos do dever de acomodar. A Suprema Corte dos EUA foi refratária à inclusão de outros sujeitos além dos diretamente expressos nos enunciados normativos, especialmente pessoas de direito privado. No Canadá, partícipes dos processos de discriminação, ainda que adversa e não intencional, como sindicatos e condomínios residenciais, foram reputados sujeitos passivos do dever de acomodar ou de deveres assemelhados (CANADA, Central Okanagan School District No. 23 v. Renaud, 1992; CANADA, Syndicat Northcrest *v.* Amselem, 2004).

O destinatário da demanda tem o dever de oferecer propostas razoáveis, que, se realmente o forem, o demandante tem o dever de facilitar e contribuir para a sua implementação. Segundo a Corte: "discriminação no ambiente de trabalho é uma questão que respeita a todos" (CANADA, Central Okanagan School District No. 23 *v.* Renaud, 1992). Então, em quarto lugar, percebe-se que a busca pela acomodação razoável traduz-se em um processo de diálogo multilateral, participativo e inclusivo.

A autora (WADDINGTON, 2008, p. 323-326) conclui que há três abordagens sobre a palavra razoável e sua interação com o ônus indevido: (a) a acomodação será razoável se não impuser dificuldades ou custos excessivos para quem detém o dever de acomodar. É usual que a leitura venha acompanhada de um teste mais rigoroso, o ônus desproporcional. Assim, uma acomodação poderá ser reputada não razoável sem que sequer seja aplicado o padrão do ônus. Ou, muito raramente e até difícil de conceber, poderá ser razoável e implicar em ônus indevido; (b) a acomodação será razoável se for efetiva, ou seja, colocar o indivíduo que a solicitou em condições de realizar as atividades que deram origem ao pedido. Como defesa, o sujeito passivo da acomodação pode alegar o ônus indevido ou desproporcional; (c) a acomodação será razoável se for efetiva para o titular do direito e não impuser inconvenientes ou custos excessivos ao sujeito passivo (WADDINGTON, 2008, p. 339). Em face da diversidade de interpretações, Waddington (2008, p. 339-340) conclui que caberá ao Tribunal de Justiça Europeu (TJE) lapidar e determinar a interpretação, homogeneizando as leituras e aplicações.

Sublinha-se, por oportuno, que a *acomodação do razoável* é aplicada ainda que isso importe maiores dispêndios de recursos e o enxerto, em normas jurídicas, de cláusulas de exceção (bem como a expressa previsão de devido procedimento jurídico para se pleitear o deferimento de uma exceção a determinada restrição de liberdade), por intermédio das quais se possam atenuar situações de desigualdade e vulnerabilidade sociais. Entretanto, deve ser analisado o *ônus indevido* ao responsável, porquanto é elemento relevante à discussão.

Como conclusões, Letícia de Campos Velho Martel (MARTEL, 2011, p. 1) realça que:

> *(a) adaptação razoável é conceito que modifica o conteúdo jurídico da discriminação, que passa a ser configurada caso não haja oferta de adaptação razoável até o limite do ônus indevido;*
>
> *(b) as pessoas com deficiência, à luz do modelo social combinado a elementos do biomédico, são titulares de um direito fundamental à adaptação razoável até o limite do ônus indevido nos mais diversos ambientes. Outros sujeitos poderão titularizar o direito fundamental à adaptação razoável, até o limite do ônus indevido, passo de inclusão que deve ser analisado caso a caso;*
>
> *(c) adaptação compreende modificações, ajustes, amoldamentos e mesmo flexibilizações no ambiente material e normativo no qual é pleiteada, mediante emprego dos mais diversos mecanismos;*
>
> *(d) razoável é a adaptação eficaz para o indivíduo ou grupo, incluindo-se na ideia de eficácia a prevenção e a eliminação da segregação, da humilhação e da estigmatização;*
>
> *(e) a adaptação razoável há de ser produto de um processo de diálogo entre os envolvidos;*

> *(f) a defesa à adaptação razoável é o ônus indevido. Em essência, o ônus será indevido quando: (g.1) adotar uma adaptação obliterar exageradamente o objetivo da medida geral, ensejando riscos à segurança, saúde, bem-estar etc.; (g.2) no balanceamento de custos e benefícios, a adaptação mostrar-se demasiadamente custosa. Frisa-se que a análise de custos e benefícios não se restringe aos elementos econômicos, nem se esgota nos sujeitos ativo e passivo especificamente implicados.*

A terminologia *acomodação do razoável* possui expressões correlatas como *princípio da acomodação razoável* (*reasonable accomodation*), *adaptação razoável* e *ajustamento razoável*.

O assunto guarda relação com políticas públicas ou institucionais, bem como com medidas administrativas direcionadas à consecução de ações afirmativas nas searas públicas e privadas (em especial, as que guardam nexo com os direitos sociais, econômicos e culturais e as que, objetivando promover uma finalidade legítima, possam, como efeito colateral indesejado, mas real, interferir de forma excessiva no espectro das liberdades públicas e, ao fazê-lo, reforçam fatores de exclusão social).

A discussão visa encerrar em seu conteúdo preceitos que potencializem o acolhimento público e privado da diversidade humana de segmentos historicamente marginalizados (a exemplo de portadores de deficiência física e vítimas de discriminação de gênero ou de preconceito étnico, racial, religioso ou cultural).

Referências:

- CANADÁ. 1990. Supreme Court. Central Alberta Dairy Pool v. Alberta (Human Rights Commission), 2 S.C.R. 489. Disponível em: <http://csc.lexum.umontreal.ca/en/1990/1990scr2-489/1990scr2-489.html>. Acesso em: 11 out. 2010.
- CANADÁ. 1992. Supreme Court. Central Okanagan School District No. 23 v. Renaud, 2 S.C.R. 970. Disponível em: <http://csc.lexum.umontreal.ca/en/1992/1992scr-2-970/1992scr2-970.html>. Acesso em: 11 out. 2010.
- CANADÁ. 1999. Supreme Court. British Columbia [Public Service Employee Relations Commission] v. BCGSEU, 3 S.C.R. 3. Disponível em: <http://csc.lexum.umontreal.ca/en/1999/1999scr3-3/1999scr3-3.html>. Acesso em: 11 out. 2010.
- KRIEGER, L. H. Sociolegal backlash. In: KRIEGER, L. H. (ed.). *Backlash against the ADA*: reinterpreting disabilities rights. Michigan: Michigan University, 2003.
- MALHOTRA, R. The legal genealogy of the duty to accommodate american and canadian workers with disabilities: a comparative perspective. *Washington University Journal of Law & Policy*, v. 23, 2007.

- MARTEL, Letícia de Campos Velho. *Adaptação razoável: o novo conceito sob as lentes de uma gramática constitucional inclusiva*. Disponível em: <http://www.conectas.org/pt/acoes/sur/edicao/14/1000400-adaptacao-razoavel-o-novo-conceito-sob-as-lentes-de-uma-gramatica-constitucional-inclusiva>. Acesso em: 2 abr. 2016.
- WADDINGTON, L. When it is reasonable for Europeans to be confused: understanding a when disability accommodation is "reasonable" from a comparative perspective. *Comparative Labor Law & Policy Journal*, v. 29, n. 3, 2008.
- USA. 1963. United States Supreme Court. Sherbert v. Verner. 374 U.S. 398. Disponível em: <http://www.law.cornell.edu/supct/html/historics/USSC_CR_0374_0398_ZO.html>. Acesso em: dez. 2010.
- USA. 1972. Equal Employment Opportunity Act. Disponível em: <http://www.eeoc.gov/laws/statutes/titlevii.cfm>. Acesso em: 12 fev. 2011.
- USA. 1972. United States Supreme Court. Wisconsin v. Yoder. 406 U.S. 205 (1972). Disponível em: <http://caselaw.1p.findlaw.com/scripts/getcase.p1.court=us&vol=406&invol=205>. Acesso em: 23 maio 2001.
- USA. 1995. United States Court of Appeals, Seventh Circuit. Vande Zande v. Wisconsin Dep't of Admin., 94-1884, nº. Disponível em: <http://caselaw.findlaw.com/us-7th-circuit/1372073.html>. Acesso em: 10 out. 2010.

2.69 O que são as **políticas públicas**?

Política pública é tema que deve ser tratado com acuidade, principalmente pelo fato de junto de si trazer assuntos correlatos e em voga com a intervenção do Poder Judiciário nas concretizações de direitos. Nesta diretiva, Easton (1953, p. 130) considera *"uma política (policy) uma teia de decisões que alocam valor"*.

Por seu turno, segundo Heclo (1972, p. 84-85), o conceito de política (*policy*) não é *"autoevidente"*. Ele sugere que *"uma política pode ser considerada como um curso de uma ação ou inação (ou 'não ação'), mais do que decisões ou ações específicas"*.

Dito de outra maneira, para Cristovam (2005, p. 1), as políticas públicas podem ser compreendidas como *"(...) o conjunto de planos e programas de ação governamental voltados à intervenção no domínio social, por meio dos quais são traçadas as diretrizes e metas a serem fomentadas pelo Estado, sobretudo na implementação dos objetivos e direitos fundamentais dispostos na Constituição"*.

Em confirmação, Carvalho Filho *apud* Fortini, Esteves e Dias ensina que *"políticas públicas, por conseguinte, são as diretrizes, estratégias, prioridades e ações que constituem as metas perseguidas pelos órgãos públicos, em resposta às demandas políticas, sociais e econômicas e para atender aos anseios oriundos das coletividades"* (FORTINI; ESTEVES; DIAS, 2008, p. 110-111).

A implementação de políticas públicas está umbilicalmente ligada aos deveres do Estado, não podendo dele dissociar (FORTINI; ESTEVES; DIAS, 2008).

Por fim, as políticas públicas devem ser tratadas no trabalho como ações ou posturas afirmativas em outros setores não implementadas pelo Estado - numa acepção ampla, a fim de abranger todos os entes federativos e órgãos, ou implementadas de maneira aquém do desejado, na gestão pública.

Referências:

- CRISTÓVAM, José Sérgio da Silva. Breves considerações sobre o conceito de políticas públicas e seu controle jurisdicional. *Jus Navigandi*, Teresina, a. 9, n. 797, 8 set. 2005. Disponível em: <http://jus2.uol.com.br/doutrina/texto.asp?id=7254>. Acesso em: 27 dez. 2012.
- EASTON, D. *The political system.* New York: Willey, 1953.
- FORTINI, Cristiana; ESTEVES, Júlio César dos Santos; DIAS, Maria Tereza Fonseca (org.). *Políticas públicas*: possibilidades e limites. Belo Horizonte: Fórum, 2008.
- HECLO, H. Review article: policy analysis. *British Journal of Political Science*, 1972.

2.70 No que consiste o **desacordo moral razoável?**

Desacordo moral razoável é aquele que tem lugar diante da ausência de consenso entre posições racionalmente defensáveis.

Nesse contexto do *desacordo moral razoável*, o Estado deve abster-se de entrar especificamente em tópicos morais que dividam as doutrinas compreensivas.

O desacordo moral razoável é constituído pela ausência de consenso em questões cujas posições, que apontam para soluções diversas, são construídas por processos razoáveis.

Razoáveis os desacordos no sentido de serem produtos de procedimentos da razão. As posições sustentadas podem ser morais, filosóficas e até religiosas, o que não retira o seu caráter de razoáveis, uma vez que são construídas por argumentos partilhados ou que poderiam ser partilhados pelos membros que participam ou são atingidos pela discussão.

Luís Roberto Barroso, ao se posicionar sobre a questão, em artigo de sua autoria, apontou que tal polêmica se insere no que a filosofia chama de desacordo moral razoável. O constitucionalista ensina que *"o desacordo moral razoável é aquele que tem lugar diante da ausência de consenso entre posições racionalmente defensáveis"* (BARROSO, 2008, p. 180).

José dos Santos Carvalho Filho pondera que "(...) *desacordos morais razoáveis são constituídos pela inexistência de consenso sobre tópicos polêmicos cujas soluções antagônicas são construídas como produtos de procedimento racional. Em outros termos, são posições diversas e constitucionalmente legítimas que coexistem no seio da sociedade. Questões como reprodução assistida e interrupção voluntária da gestação bem evidenciam esses desacordos, na medida em que há valores constitucionais igualmente relevantes em conflito, que legitimariam tanto as teses favoráveis a essas intervenções como as que visam a coibir essas práticas"* (CARVALHO FILHO, 2015, p. 1).

Referências:

- BARROSO, Luís Roberto. Gestação de fetos anencefálicos e pesquisas com células tronco: dois temas acerca da vida e da dignidade na Constituição. In: NOVELINO, Marcelo (org.). *Leituras complementares de direito constitucional*: direitos humanos e direitos fundamentais. 3. ed. Salvador: JusPodivm, 2008.
- CARVALHO FILHO, José dos Santos. *Tratamento social de transexuais não gera desacordo moral razoável*. Disponível em: <http://www.conjur.com.br/2015-dez-12/observatorio-constitucional-tratamento-social-transexuais-nao-gera-desacordo-moral-razoavel>. Acesso em: 8 abr. 2016.

2.71 Em que consiste a **Constituição como estatuto do poder?**

Segundo Uadi Lammêgo Bulos, a *Constituição como estatuto do poder "equivale a um mecanismo para legitimar o poder soberano, segundo certa ideia de direito, prevalecente no seio da sociedade. De acordo com essa tese, o texto c onstitucional, enquanto estatuto do poder, é o pressuposto lógico do próprio Estado de Direito, servindo para balizar a conduta de governantes, verdadeiros prepostos da sociedade política, e a conduta dos governadores, os quais devem submeter-se ao poder de direito, juridicizado e racionalizado por meio de normas constitucionais"* (BULOS, 2014, p. 109).

Em outras palavras, a Constituição como estatuto do poder revela fonte hercúlea no meio social para o próprio poder exercido pelo Estado que serve para dirigir os governantes e nortear a conduta dos governadores na condução do Governo que se submete ao estatuto do poder.

O defensor dessa concepção é Georges Burdeau.

Referências:

- BULOS, Uadi Lammêgo. *Curso de direito constitucional*. 8. ed. São Paulo: Saraiva, 2014.

2.72 Em que consiste a **judicialização**?

A judicialização consiste num modelo de Constituição e de sistema de controle de constitucionalidade abrangente adotados no Brasil que permitem que discussões amplas de alcance político, social e moral sejam trazidas sob a forma de ações judiciais e sejam apreciadas e deliberadas pelo Poder Judiciário. A judicialização não decorre da vontade do Poder Judiciário, mas da vontade emanada pelo constituinte.

Luís Roberto Barroso afirma que a "judicialização significa que algumas questões de larga repercussão política ou social estão sendo decididas por órgãos do Poder Judiciário, e não pelas instâncias políticas tradicionais: o Congresso Nacional e o Poder Executivo – em cujo âmbito se encontram o Presidente da República, seus ministérios e a administração pública em geral. Como intuitivo, a judicialização envolve uma transferência de poder para juízes e tribunais, com alterações significativas na linguagem, na argumentação e no modo de participação da sociedade. O fenômeno tem causas múltiplas. Algumas delas expressam uma tendência mundial; outras estão diretamente relacionadas ao modelo institucional brasileiro. A seguir, uma tentativa de sistematização da matéria" (BARROSO, 2008, p. 3).

Para Luís Roberto Barroso, a "(...) judicialização, no contexto brasileiro, é um fato, uma circunstância que decorre do modelo constitucional que se adotou, e não um exercício deliberado de vontade política. Em todos os casos referidos acima, o Judiciário decidiu porque era o que lhe cabia fazer, sem alternativa" (BARROSO, 2008, p. 6).

A *judicialização* é um fato e circunstância, enquanto o *ativismo* é uma atitude.

Referências:

- BARROSO, Luís Roberto. *Judicialização, ativismo judicial e legitimidade democrática*. Disponível em: <http://www.oab.org.br/editora/revista/users/revista/1235066670174218181901.pdf>.

2.73 Em que consistem as **escolhas trágicas**?

As escolhas trágicas são as dificuldades entre a vontade de concretizar os direitos sociais e fundamentais de uma parte e, de outro lado, a dificuldade governamental de viabilizar recursos e alocação orçamentária diante dos parcos recursos financeiros para tanto (implementação dos direitos sociais e fundamentais).

O tema das *escolhas trágicas* tem ligação com a reserva do possível, políticas públicas, ativismo judicial e judicialização, entre outros temas correlatos.

Nesse sentido, como anotam Vicente Paulo e Marcelo Alexandrino sobre as *escolhas trágicas*, *"a doutrina constitucionalista e o próprio Poder Judiciário reconhecem perfeitamente que decisões como essas envolvem amiúde um dilema de muito difícil solução, sobretudo quando se trata de determinar ao Estado que custeie tratamentos médicos extremamente dispendiosos e de reduzidas chances de sucesso. Nessas situações, afirma-se que o Judiciário enfrenta as chamadas 'escolhas trágicas' (tragic choices), expressão empregada com o escopo de traduzir a tensão dialética existente entre o desejo de atender um pedido de concretização de direito social (muitas vezes, de alto custo), de um lado, e as dificuldades governamentais de viabilizar a alocação racional dos seus escassos recursos financeiros, de outro"* (ALEXANDRINO e VICENTE, 2015, p. 261).

A terminologia *escolhas trágicas* tem como sinônimo "tragic choices".

Referências:

- ALEXANDRINO, Marcelo; VICENTE, Paulo. *Direito constitucional descomplicado*. 14. ed. rev., atual. e ampl. São Paulo: Método, 2015.

2.74 Em que consiste o **ativismo judicial**?

O *ativismo judicial* significa uma postura mais ativa do Poder Judiciário na implementação de direitos, diante do descumprimento de direitos e garantias previstas pelo poder público. Em outras palavras, o ativismo judicial é uma postura do intérprete, um modo proativo e expansivo de interpretar a Constituição, potencializando o sentido e alcance de suas normas, para ir além do legislador ordinário. O ativismo judicial é necessário quando os poderes públicos se omitem e está ligado à separação dos poderes.

Segundo Luís Roberto Barroso, *"o ativismo judicial é uma atitude, a escolha de um modo específico e proativo de interpretar a Constituição, expandindo o seu sentido e alcance"* (BARROSO, 2008, p. 6).

Para Vanice Regina Lírio do Valle, o *ativismo judicial "consiste na atuação positiva do Poder Judiciário frente ao cumprimento de direitos omitidos pelo poder estatal e na atuação de ausência normativa por parte do Poder Legislativo"* (VALLE, 2009, p. 21).

Por derradeiro, acrescenta-se que o oposto ao ativismo é a *autocontenção judicial (ou autorrestrição* ou *"self restraint")*, postura pela qual o Poder Judiciário procura reduzir sua interferência nas ações dos outros Poderes.

Referências:

- BARROSO, Luís Roberto. *Judicialização, ativismo judicial e legitimidade democrática*. Disponível em: <http://www.oab.org.br/editora/revista/users/revista/1235066670174218181901.pdf>.
- VALLE, Vanice Regina Lírio do (org.). *Ativismo jurisprudencial e o Supremo Tribunal Federal*. Laboratório de análise jurisprudencial do STF. Curitiba: Juruá, 2009.

2.75 Em que consiste o chamado **"Estado de Coisas Inconstitucional"**?

O Estado de Coisas Inconstitucional consiste em uma situação de violações generalizadas e sistêmicas dos direitos fundamentais do indivíduo, ocasionado pela inação, conivência e persistência do poder público em manter a situação, em que somente uma modificação radical é capaz de impor nova realidade e sair do estado inconstitucional das coisas.

Nesse sentido, Márcio André Lopes Cavalcante explica, diante do Estado de Coisas Inconstitucional, que "ocorre quando verifica-se a existência de um quadro de violação generalizada e sistêmica de direitos fundamentais, causado pela inércia ou incapacidade reiterada e persistente das autoridades públicas em modificar a conjuntura, de modo que apenas transformações estruturais da atuação do Poder Público e a atuação de uma pluralidade de autoridades podem alterar a situação inconstitucional" (CAVALCANTE, 2015, p. 1).

Por sua vez, Carlos Alexandre de Azevedo Campos assevera, sobre o conceito de Estado de Coisas Inconstitucional, que:

(...) Quando declara o Estado de Coisas Inconstitucional, a corte afirma existir quadro insuportável de violação massiva de direitos fundamentais, decorrente de atos comissivos e omissivos praticados por diferentes autoridades públicas, agravado pela inércia continuada dessas mesmas autoridades, de modo que apenas transformações estruturais da atuação do Poder Público podem modificar a situação inconstitucional. Ante a gravidade excepcional do quadro, a corte se afirma legitimada a interferir na formulação e implementação de políticas públicas e em alocações de recursos orçamentários e a coordenar as medidas concretas necessárias para superação do estado de inconstitucionalidade.

Em síntese, são três os pressupostos do Estado de Coisas Inconstitucional:

- *a constatação de um quadro não simplesmente de proteção deficiente, e sim de violação massiva, generalizada e sistemática de direitos fundamentais, que afeta a um número amplo de pessoas;*
- *a falta de coordenação entre medidas legislativas, administrativas, orçamentárias e até judiciais, verdadeira "falha estatal estrutural", que gera tanto a violação sistemática dos direitos, quanto a perpetuação e agravamento da situação;*
- *a superação dessas violações de direitos exige a expedição de remédios e ordens dirigidas não apenas a um órgão, e sim a uma pluralidade destes – são necessárias mudanças estruturais, novas políticas públicas ou o ajuste das existentes, alocação de recursos etc.*

Importante assinalar que, ante o reconhecimento da complexidade da situação, a corte não mais se dirige a resolver problemas particulares, a assegurar direitos específicos de demandantes, e sim a proteger a dimensão objetiva dos direitos fundamentais em jogo.[9] A corte se encontra diante da figura do "litígio estrutural", que é caracterizado pelo alcance a número amplo de pessoas, a várias entidades e por implicar ordens de execução complexa. Para enfrentar litígio da espécie, juízes constitucionais acabam fixando "remédios estruturais", voltados ao redimensionamento dos ciclos de formulação e execução de políticas públicas, o que não seria possível por meio de decisões mais ortodoxas.

Ao adotar tais remédios, cortes cumprem dois objetivos principais: superar bloqueios políticos e institucionais, e aumentar a deliberação e o diálogo sobre causas e soluções do Estado de Coisas Inconstitucional. Cortes engajam em uma espécie de ativismo judicial estrutural[10], justificado, no entanto, pela presença de bloqueios políticos e institucionais. O Estado de Coisas

---

9 HERNÁNDEZ, Clara Inés Vargas. La garantía de la dimensión objetiva de los derechos fundamentales y labor del juez constitucional colombiano em sede de acción de tutela: el llamado "estado de cosas inconstitucional". *Revista del Centro de Estudios Constitucionales*, Chile: Universidad de Talca, ano 1, n. 1, 2003, p. 225.

10 Sobre o conceito de "ativismo judicial estrutural", cf. CAMPOS, Carlos Alexandre de Azevedo. *Dimensões do ativismo judicial do STF*. Rio de Janeiro: Forense, 2014. p. 314-322.

Inconstitucional é sempre o resultado de situações concretas de paralisia parlamentar ou administrativa sobre determinadas matérias. Nesse cenário de falhas estruturais e omissões legislativas e administrativas, a atuação ativista das cortes acaba sendo o único meio, ainda que longe do ideal em uma democracia, para superar os desacordos políticos e institucionais, a falta de coordenação entre órgãos públicos, temores de custos políticos, *legislative blindspots*, sub-representação de grupos sociais minoritários ou marginalizados.

Não é possível alcançar esses objetivos, necessário para superação do quadro de inconstitucionalidades, por meio dos instrumentos tradicionais de jurisdição constitucional. Sem embargo, são a dramaticidade e a complexidade da situação que justificam ou mesmo impõem a heterodoxia dos remédios judiciais. No entanto, as cortes devem ser cientes das próprias limitações. Devem saber que não podem resolver o quadro atuando isoladamente, e que de nada adiantará proferirem decisões impossíveis de serem cumpridas. Cortes devem adotar ordens flexíveis e monitorar a sua execução, em vez de adotar ordens rígidas e se afastar da fase de implementação das medidas. Em vez de supremacia judicial, as cortes devem abrir e manter o diálogo com as demais instituições em torno das melhores soluções. O ativismo judicial é estrutural, mas pode e deve ser dialógico.[11]

A adoção de uma posição ou outra foi o divisor entre o fracasso e o sucesso nos dois casos mais paradigmáticos que a Corte Constitucional colombiana enfrentou: o do sistema carcerário e o do deslocamento forçado de pessoas. No primeiro caso, a corte adotou posição de "supremacia judicial" e fracassou. No segundo, porque partiu para o diálogo institucional, acabou promovendo vantagens democráticas e ganhos de efetividade prática de suas decisões, contribuindo realmente para melhoria da situação (CAMPOS, 2015, p. 1). (sem grifos no original)

Referências:

- CAMPOS, Carlos Alexandre de Azevedo. *O Estado de Coisas Inconstitucional e o litígio estrutural*. Disponível em: <http://www.conjur.com.br/2015-set-01/carlos-campos-estado-coisas-inconstitucional-litigio-estrutural>. Acesso em: 30 mar. 2016.
- CAVALCANTE, Márcio André Lopes. *Entenda a decisão do STF sobre o sistema carcerário brasileiro e o Estado de Coisas Inconstitucional*. Disponível em: <http://www.dizerodireito.com.br/2015/09/entenda-decisao-do-stf-sobre-o-sistema.html>. Acesso em: 31 mar. 2016.

11 Sobre o ativismo judicial estrutural dialógico praticado nos casos de estado de coisas inconstitucional, cf. CAMPOS, Carlos Alexandre de Azevedo. *Da inconstitucionalidade por omissão ao Estado de Coisas Inconstitucional*. 2015 (No prelo).

2.76 Em que consiste a **teoria da reserva do possível**?

A reserva do possível significa que o Estado não consegue materialmente prover todas as necessidades sociais, pois todo direito possui um custo.

Regina Maria Macedo Neri Ferrari salienta, sobre a reserva do possível, que: *"Aqui é que se resolve a reserva do possível, isto é, o direito à saúde como corolário do direito à vida, ao direito a uma vida digna, não pode padecer, sob o argumento da falta de recursos, pois, nesse caso, haveria a caracterização da aplicação de uma pena de morte, sem processo e sem possibilidade de defesa. Portanto, no que tange ao direito à saúde, cabe reconhecer um verdadeiro direito subjetivo público positivo e individual a prestações materiais, deduzidos diretamente da Constituição, ainda que limitado ao mínimo necessário à proteção da vida humana"* (FERRARI, 2001, p. 236).

Marcelo Alexandrino e Paulo Vicente (2015, p. 258-259) explicam que:

> *A problemática da concretização dos direitos sociais: reserva do possível, garantia do mínimo existencial e implementação de políticas públicas pelo Poder Judiciário*
>
> Os direitos sociais, por exigirem disponibilidade financeira do Estado para sua efetiva concretização, estão sujeitos à denominada cláusula de reserva do financeiramente possível, ou, simplesmente, reserva do possível. Essa cláusula, ou princípio implícito, tem como consequência o reconhecimento de que os direitos sociais assegurados na Constituição devem, sim, ser efetivados pelo Poder Público, mas na medida exata em que isso seja possível.
>
> É importante entender que esse princípio não significa um "salvo conduto" para o Estado deixar de cumprir suas obrigações sob uma alegação genérica de que "não existem recursos suficientes". A não efetivação, ou efetivação apenas parcial, de direitos constitucionalmente assegurados somente se justifica se, em cada caso, for possível demonstrar a impossibilidade financeira (ou econômica) de sua concretização pelo Estado.
>
> (...)
>
> De outro lado, temos o princípio da garantia do mínimo existencial, também postulado implícito na Constituição Federal de 1988, que atua como um limite à cláusula da reserva do financeiramente possível. Objetivamente, significa dizer que a dificuldade estatal decorrente da limitação dos recursos financeiros disponíveis (reserva do financeiramente possível) não afasta o dever do Estado de garantir, em termos de direitos sociais, um mínimo necessário para a existência digna da população (garantia do mínimo existencial). Corolário direto do princípio da dignidade da pessoa

> humana, o postulado constitucional (implícito) da garantia do mínimo existencial não permite que o Estado negue - nem mesmo sob a invocação da insuficiência de recursos financeiros - o direito a prestações sociais mínimas, capazes de assegurar, à pessoa, condições adequadas de existência digna, com acesso efetivo ao direito geral de liberdade e, também, a prestações positivas estatais viabilizadoras da plena fruição de direitos sociais básicos, tais como o direito à educação, o direito à proteção integral da criança e do adolescente, o direito à saúde, o direito à assistência social, o direito à moradia, o direito à alimentação e o direito à segurança. Sabe-se, ademais, que no âmbito das funções institucionais do Poder Judiciário não se inclui - em homenagem ao postulado da separação de Poderes - a atribuição de formular e implementar políticas públicas, função típica dos Poderes Legislativo e Executivo. Não obstante, o STF tem reiterado em seus julgados que o caráter programático das normas sociais inscritas no texto da Carta Política não autoriza o Poder Público a invocar de forma irresponsável a "reserva do possível", fraudando justas expectativas nele depositadas pela coletividade. Assim, a cláusula da "reserva do possível" não pode ser invocada levianamente pelo Estado com o intuito de exonerar-se do cumprimento de suas obrigações constitucionais, salvo quando possa ser objetivamente demonstrado que inexiste disponibilidade financeira do Estado para tomar efetivas as prestações positivas dele reclamadas, ou que falta razoabilidade à pretensão individual ou coletiva deduzida em face do Poder Público. ”

Essa teoria surgiu na Alemanha. Na análise de Ingo Wolfgang Sarlet (2001, p. 265), o Tribunal alemão entendeu que *"(...) a prestação reclamada deve corresponder ao que o indivíduo pode razoavelmente exigir da sociedade, de tal sorte que, mesmo em dispondo o estado de recursos e tendo poder de disposição, não se pode falar em uma obrigação de prestar algo que não se mantenha nos limites do razoável".*

A grosso modo, a teoria da reserva do possível não se refere direta e unicamente à existência de recursos materiais suficientes para a concretização do direito social, mas à razoabilidade da pretensão deduzida com vistas a sua efetivação. Deve-se ter prudência na condução dessa análise para não levar a absurdos.

Contudo, não foi essa a interpretação e transposição que se fez de tal teoria em solo pátrio, onde se procurou, segundo Ingo Wolfgang Sarlet, cunhar uma teoria da reserva do financeiramente possível, na medida em que se considerou como limite absoluto à efetivação de direitos fundamentais sociais *"(i) a suficiência de recursos públicos e (ii) a previsão orçamentária da respectiva despesa"* (SARLET, 2001, p. 265).

Adiante, prosseguindo em suas explanações, Ingo Wolfgang Sarlet (2001, p. 286) assinala:

> *Sustenta-se, por exemplo, inclusive entre nós, que a efetivação destes direitos fundamentais encontra-se na dependência da efetiva disponibilidade de recursos por parte do Estado, que, além disso, deve dispor do poder jurídico, isto é, da capacidade jurídica de dispor. Ressalta-se, outrossim, que constitui tarefa cometida precipuamente ao legislador ordinário a de decidir sobre a aplicação e destinação de recursos públicos, inclusive no que tange às prioridades na esfera das políticas públicas, com reflexos diretos na questão orçamentária, razão pela qual também se alega tratar-se de um problema eminentemente competencial. Para os que defendem esse ponto de vista, a outorga ao Poder Judiciário da função de concretizar os direitos sociais mesmo à revelia do legislador, implicaria afronta ao princípio da separação dos poderes e, por conseguinte, ao postulado do Estado de Direito.*

Com essas premissas é que se sustenta a teoria da reserva do possível, ou seja, o Estado não consegue dentro de suas reservas tudo o que cria como direitos. É dentro do campo da possibilidade que a teoria da reserva do possível trabalha.

Obviamente, na doutrina existe divergência sobre a temática, porquanto há doutrinador que fala que no Brasil não se poderia aplicar a teoria da reserva do possível.

Com a moderna teoria dos direitos fundamentais, o entendimento doutrinário e jurisprudencial foi alterado. Doutrinariamente, nas palavras de Paulo Bonavides (2003, p. 584): "*Com a queda do positivismo e o advento da teoria material da Constituição, o centro de gravidade dos estudos constitucionais, que dantes ficava na parte organizacional da Lei Magna – separação de poderes e distribuição de competências, enquanto forma jurídica de neutralidade aparente, típica do constitucionalismo do Estado liberal – se transportou para a parte substantiva, de fundo e conteúdo, que entende com os direitos fundamentais e as garantias processuais da liberdade, sob a égide do Estado social*".

Passou-se a assumir, pois, nas hipóteses de direitos fundamentais – sejam eles direitos de defesa ou direitos a prestações –, a possibilidade de intervenção do Poder Judiciário na implementação de políticas públicas. Em verdade, não se trata de definição de políticas públicas, mas de simples respeito à Constituição para alguns, não deixando de ser, ao mesmo tempo, a efetivação de políticas públicas.

Nesse embate jurídico, a doutrina moderna não leva em conta a dimensão econômica dos custos necessários à implementação dos ditos direitos negativos.

Na direção das abordagens, Ingo Wolfgang Sarlet (2001, p. 263) salienta que os *"direitos de defesa - precipuamente dirigidos a uma conduta omissiva - podem, em princípio, ser considerados destituídos desta dimensão econômica, na medida em que o objeto de sua proteção (vida, intimidade, liberdades etc.) pode ser assegurado juridicamente, independentemente das circunstâncias econômicas".*

Para os direitos de defesa (1.ª dimensão), não haveria necessidade de custos. Entretanto, a despeito dos registros acima, é imperioso trazer a lume que os custos econômicos não se limitam apenas aos direitos de segunda dimensão, de caráter prestacional, mas a todos os direitos fundamentais. Essa característica foi ressaltada em trabalho dos Professores Stephen Holmes e Cass Sunstein, na obra "The Cost of Rights: Why Liberty Depends on Taxes".

Como menciona o professor Nabais (2006): "Do ponto de vista do seu suporte financeiro, bem podemos dizer que os clássicos direitos e liberdades, os ditos direitos negativos, são, afinal de contas, tão positivos como os outros, como os ditos direitos positivos. Pois, a menos que tais direitos e liberdades não passem de promessas piedosas, a sua realização e a sua proteção pelas autoridades públicas exigem recursos financeiros".

Por outro lado, existe outra corrente que insiste ser aplicável a teoria da reserva do possível. Segundo Bonavides (2003, p. 564), os direitos de segunda geração: "(...) passaram primeiro por um ciclo de baixa normatividade ou tiveram sua eficácia duvidosa, em virtude de sua própria natureza de direitos que exigem do Estado determinadas prestações materiais nem sempre resgatáveis por exiguidade, carência ou limitação essencial de recursos".

A seguinte decisão do Superior Tribunal de Justiça exprime tal evolução:

> (...) 4. Releva notar que uma Constituição Federal é fruto da vontade política nacional, erigida mediante consulta das expectativas e das possibilidades do que se vai consagrar, por isso que cogentes e eficazes suas promessas, sob pena de restarem vãs e frias enquanto letras mortas no papel. Ressoa inconcebível que direitos consagrados em normas menores como Circulares, Portarias, Medidas Provisórias, Leis Ordinárias tenham eficácia imediata e os direitos consagrados constitucionalmente, inspirados nos

> mais altos valores éticos e morais da nação sejam relegados a segundo plano. Prometendo o Estado o direito à saúde, cumpre adimpli-lo, porquanto a vontade política e constitucional, para utilizarmos a expressão de Konrad Hesse, foi no sentido da erradicação da miséria que assola o país. O direito à saúde da criança e do adolescente é consagrado em regra com normatividade mais do que suficiente, porquanto se define pelo dever, indicando o sujeito passivo, *in casu*, o Estado.
>
> (...)
>
> 6. A determinação judicial desse dever pelo Estado, não encerra suposta ingerência do judiciário na esfera da administração. Deveras, não há discricionariedade do administrador frente aos direitos consagrados, quiçá constitucionalmente. Nesse campo a atividade é vinculada sem admissão de qualquer exegese que vise afastar a garantia pétrea.
>
> (...)
>
> 8. Afastada a tese descabida da discricionariedade, a única dúvida que se poderia suscitar resvalaria na natureza da norma ora sob enfoque, se programática ou definidora de direitos. Muito embora a matéria seja, somente nesse particular, constitucional, porém sem importância, revela-se essa categorização, tendo em vista a explicitude do ECA, inequívoca se revela a normatividade suficiente à promessa constitucional, a ensejar a acionabilidade do direito consagrado no preceito educacional.
>
> 9. As meras diretrizes traçadas pelas políticas públicas não são ainda direitos senão promessas de *lege ferenda*, encartando-se na esfera insindicável pelo Poder Judiciário, qual a da oportunidade de sua implementação.
>
> 10. Diversa é a hipótese segundo a qual a Constituição Federal consagra um direito e a norma infraconstitucional o explicita, impondo-se ao judiciário torná-lo realidade, ainda que para isso, resulte obrigação de fazer, com repercussão na esfera orçamentária. (...) (STJ, REsp 577.836/SC, 1.ª Turma, Rel. Min. Luiz Fux, *DJ* 28.02.2005).

Como assinalou Barcellos (2002, p. 237), *"na ausência de um estudo mais aprofundado, a reserva do possível funcionou muitas vezes como o mote mágico, porque assustador e desconhecido, que impedia qualquer avanço na sindicabilidade dos direitos sociais"*.

Na atualidade, especialmente em virtude de posicionamento preponderante da jurisprudência, a teoria da reserva do financeiramente possível tem sido afastada como panaceia apta a afastar a obrigatoriedade de efetivação dos direitos fundamentais sociais pelo Estado.

As decisões têm exigido não a mera alegação de inexistência de recursos, mas a comprovação de ausência de recursos, também denominada exaustão orçamentária. Nesse sentido, paradigmática foi a seguinte decisão proferida pelo Supremo Tribunal Federal:

> (...) É que a realização dos direitos econômicos, sociais e culturais – além de caracterizar-se pela gradualidade de seu processo de concretização – depende, em grande medida, de um inescapável vínculo financeiro subordinado às possibilidades orçamentárias do Estado, de tal modo que, comprovada, objetivamente, a incapacidade econômico-financeira da pessoa estatal, desta não se poderá razoavelmente exigir, considerada a limitação material referida, a imediata efetivação do comando fundado no texto da Carta Política.
>
> Não se mostrará lícito, no entanto, ao Poder Público, em tal hipótese – mediante indevida manipulação de sua atividade financeira e/ou político-administrativa – criar obstáculo artificial que revele o ilegítimo, arbitrário e censurável propósito de fraudar, de frustrar e de inviabilizar o estabelecimento e a preservação, em favor da pessoa e dos cidadãos, de condições materiais mínimas de existência. Cumpre advertir, desse modo, que a cláusula da "reserva do possível" – ressalvada a ocorrência de justo motivo objetivamente aferível – não pode ser invocada, pelo Estado, com a finalidade de exonerar-se do cumprimento de suas obrigações constitucionais, notadamente quando, dessa conduta governamental negativa, puder resultar nulificação ou, até mesmo, aniquilação de direitos constitucionais impregnados de um sentido de essencial fundamentalidade. (...) (STF, ADPF 45 MC/DF, Rel. Min. Celso de Mello, *DJU* 04.05.2004).

Referências:

- ALEXANDRINO, Marcelo; VICENTE, Paulo. *Direito constitucional descomplicado*. 14. ed. rev., atual. e ampl. São Paulo: Método, 2015.
- BARCELLOS, Ana Paula. *A eficácia jurídica dos princípios constitucionais*. O princípio da dignidade da pessoa humana. Rio de Janeiro: Renovar, 2002.
- BONAVIDES, Paulo. *Curso de direito constitucional*. 13. ed. São Paulo: Malheiros, 2003.
- BRASIL. STF, ADPF 45 MC/DF, Rel. Min. Celso de Mello, *DJU* 04.05.2004.
- BRASIL. STJ, REsp 577.836/SC, 1.ª Turma, Rel. Min. Luiz Fux, *DJ* 28.02.2005.
- FERRARI, Regina Maria Macedo Neri. *Normas constitucionais programáticas*. Normatividade, operatividade e efetividade. São Paulo: RT, 2001.
- NABAIS, José Casalta. *A face oculta dos direitos fundamentais: os deveres e os custos dos direitos*. Disponível em: <http://www.agu.gov.br/Publicacoes/Artigos/05042002JoseCasalta Afaceocultadireitos_01.pdf>. Acesso em: 25 out. 2012.
- SARLET, Ingo Wolfgang. *A eficácia dos direitos fundamentais*. 2. ed. Porto Alegre: Livraria do Advogado, 2001.

2.77 O que é a **teoria do reforço da democracia**?

A teoria do reforço da democracia preconiza que o papel principal de uma Suprema Corte Constitucional deve ser o de tutelar e proteger os direitos que agem em prol do funcionamento saudável da democracia quanto aos grupos em situações de risco, em decorrência da insuficiência do processo democrático. O agir do Tribunal deve evitar ao máximo interferência no mérito político.

Marcelo Novelino (2012, p. 170-171) cita em sua obra a "teoria do reforço da democracia" com a seguinte conceituação:

> A teoria proposta por Jhon Hart ELY, em sua célebre obra "Democracy and distrut", baseia-se na noção de *reforço da democracia (democracy-reinforcerment)*, motivo pelo qual optamos por esta denominação para designá-la. *Nesta concepção, o papel principal da Corte Constitucional deve ser o de proteger tanto os direitos que atuam como pré-condições para o bom funcionamento da democracia quanto os grupos em situações de risco decorrentes da insuficiência do processo democrático. Cabe a esses Tribunais fiscalizar a participação regular de todos no processo político, adotando uma postura mais ativa apenas nos casos de eventual desvirtuamento do processo democrático. Vale dizer, a preocupação da "judicial review" deve se limitar apenas à participação no processo democrático, sem interferência no mérito das escolhas políticas (...).* (sem grifos no original)

O Poder Judiciário, por intermédio da Corte Constitucional Suprema, teria um papel de reforço à democracia.

Por fim, a terminologia "teoria do reforço da democracia" é conhecida como "democracy-reinforcerment".

Referências:

- NOVELINO, Marcelo. *Direito constitucional*. 6. ed. São Paulo: Método, 2012.

2.78 O que é **constitucionalismo do porvir**?

O constitucionalismo do porvir ou *do futuro visa aperfeiçoar um conjunto de ideias avaliadas a longo prazo.* É a esperança de dias melhores da evolução humana.

Uadi Lammêgo Bulos define que o "constitucionalismo do porvir ou do futuro proporcionará o aperfeiçoamento de um conjunto de ideias que foram avalidas ao longo do tempo. Sua concepção parte da esperança de dias melhores, numa etapa vindoura da evolução humana. Espera-se que a constituição do futuro propicie o ponto de equilíbrio entre as concepções hauridas do constitucionalismo moderno e os excessos do constitucionalismo contemporâneo" (BULOS, 2014, p. 97-98).

Alguns valores que estariam ligados ao constitucionalismo do porvir ou constitucionalismo do futuro são: veracidade, solidariedade, continuidade, participatividade, integracionalidade, universalidade.

Referências:

- BULOS, Uadi Lammêgo. *Curso de direito constitucional*. 8. ed. São Paulo: Saraiva, 2014.

2.79 O que é **Constituição jurisnaturalista**?

Constituição jurisnaturalista é a constituição advinda dos princípios do direito natural, mormente os referentes aos direitos humanos.

Nesse sentido, Uadi Lammêgo Bulos anuncia que *Constituição jurisnaturalista* é a "concebida à luz dos princípios do direito natural, principalmente no que concerne aos direitos humanos fundamentais. Quer dizer, o *habeas corpus*, o mandado de segurança, o direito à intimidade, dentre tantos outros direitos fundamentais, encontrariam sua justificativa no jurisnaturalismo" (BULOS, 2014, p. 104).

Seu defensor é Victor Cathrein.

Referências:

- BULOS, Uadi Lammêgo. *Curso de direito constitucional*. 8. ed. São Paulo: Saraiva, 2014.

2.80 O que é **Constituição positivista**?

Constituição positivista corresponde ao arcabouço de normas decorrentes do poder do Estado.

Nesse sentido, Uadi Lammêgo Bulos apregoa que Constituição positivista é o "conjunto de normas emanadas do poder do Estado. Afirmam que basta recorrer ao Direito Constitucional posto pela ação do homem para sabermos o conceito de constituição. Acreditam, pois, que para compreendermos o que é uma constituição não precisamos buscar fatores sociais, políticos, econômicos, culturais, éticos, religiosos (critérios metanormativos). O Sentido positivista de constituição aproxima-se, de certa maneira, da concepção normativa de Hans Kelsen" (BULOS, 2014, p. 104).

Seus defensores são Laband e Jellinek.

Referências:

- BULOS, Uadi Lammêgo. *Curso de direito constitucional*. 8. ed. São Paulo: Saraiva, 2014.

2.81 O que é **leitura moral da Constituição?**

Marcelo Novelino (2012, p. 177-178) cita em sua obra o conceito de leitura moral da Constituição como a "premissa utilizada na construção da leitura moral é a inegável influência exercida pelas convicções subjetivas de moralidade política sobre as opiniões constitucionais dos juízes. Diante desta constatação que parece ser óbvia, '*a leitura moral encoraja jurista e juízes a interpretar uma constituição abstrata à luz de sua concepção de justiça*'. Segundo Dworkin, na medida em que é abertamente reconhecida, identificada e defendida de forma honesta, esta influência de convicções morais não deve ser considerada maléfica[12]. A *leitura moral* não dirige a toda e qualquer interpretação constitucional. Em diversas passagens de sua obra, Dworkin *deixa claro que sua proposta interpretativa se dirige especificamente àqueles dispositivos 'formulados numa linguagem extremamente ampla e abstrata' ('especialmente abstratos' ou vazados na linguagem dos 'princípios morais') considerando que fazem referência a princípios morais de decência e justiça*. Esclarece, ainda, que sua proposta interpretativa não se destina à solução de todos os tipos de casos, mas tão somente às hipóteses nas quais o juiz se encontra diante de uma questão constitucional 'nova ou controversa'"[13].

---

12 DWORKIN, Ronald. *O direito da liberdade*: a leitura moral da Constituição norte-americana, p. 56-57-58.

13 Para as demais questões institucionais sobre as quais a leitura moral não se aplica, Dworkin propõe, no lugar de um critério procedimental, a utilização de um "cálculo de resultados", de acordo com o qual a estrutura mais adequada será aquela capaz de melhor assegurar o respeito às condições democráticas (*O direito da liberdade*: a leitura moral da Constituição norte-americana, p. 11 e 52).

Destaca-se que há elementos políticos e morais, cujos valores devem nortear a interpretação das normas. Nesse contexto, é inevitável que a leitura política deve se pautar e respeitar os parâmetros jurídicos.

Sergio Fernando Moro, na discussão, cita os possíveis conflitos daí decorrentes:

> O fato é que não é viável a interpretação da Constituição sem o recurso a elementos que se encontram fora do texto, o que autoriza atividade criativa por parte do juiz constitucional. Com efeito, normas de elevada abstração, como a que garante a liberdade de expressão ou o princípio da igualdade, presentes tanto na Constituição norte-americana como na brasileira, não podem ser interpretadas sem o recurso à doutrina política subjacente ao texto constitucional. Para a atribuição de sentido determinado a esses dispositivos é inevitável o recurso a alguma espécie de argumentação moral, como é reconhecido por boa parte da doutrina e da jurisprudência norte-americanas. Dworkin, entre outros, defende, conforme adiante se verá, a leitura moral (*moral reading*) de tais dispositivos. Obviamente, tal entendimento tem implicações sérias no que se refere ao postulado positivista de separação estrita entre moral e direito (MORO, 2004, p. 54).

De acordo com Ronald Dworkin: *"A leitura moral propõe que nós todos - juízes, advogados, cidadãos - interpretemos e apliquemos essas normas abstratas segundo o entendimento de que elas invocam princípios morais acerca da decência política e da justiça"* (*apud* MORO, 2004, p. 54).

Desse modo, a leitura moral que se almeja não se baseia em uma absoluta discricionariedade dirigida ao intérprete e aplicador das normas, mas sim tendo em consideração que as pautas morais contidas no texto constitucional precisam ser conformadas à vida real e concretizadas para as pessoas reais.

Na lição de Manoel Messias Peixinho: "A interpretação deve ser consistente em sua metodologia, libertária em sua proposta de concretização e revolucionária em seus efeitos práticos, consagrando os princípios fundamentais como expressão absoluta da vontade do poder constituinte" (PEIXINHO, 2003).

Existe uma liberdade para a interpretação da Constituição, respeitados os princípios ou aspectos traçados por Luís Roberto Barroso (2004, p. 151-275), quais sejam, a sua supremacia, a presunção de constitucionalidade das leis e dos atos do Poder Público, a interpretação em harmonia com o texto constitucional e sem ofensa à sua unidade, o respeito à razoabilidade e à proporcionalidade e, finalmente, a efetividade que deve ser conferida à norma constitucional.

Por fim, a leitura moral da Constituição traduz que apenas por meio de uma interpretação libertadora, moderna e dinâmica, com observância às diretrizes axiológicas, morais e políticas que atendam às verdadeiras reivindicações, anseios, desejos e direitos da coletividade, especialmente daqueles que ainda se encontram, de uma forma ou de outra, excluídos, como se fossem cidadãos de segunda categoria, é que se tornará viável a eficácia jurídica e social das normas jurídicas, especialmente as constitucionais, não se olvidando o comprometimento com os direitos e garantias fundamentais, em especial os valores da dignidade, fraternidade, igualdade e liberdade, fundantes que são da ordem jurídica como um todo.

Referências:

- BARROSO, Luís Roberto. *Interpretação e aplicação da Constituição.* São Paulo: Saraiva, 2004.
- MORO, Sergio Fernando. *Jurisdição constitucional como democracia.* São Paulo: RT, 2004.
- NOVELINO, Marcelo. *Direito constitucional.* 6. ed. rev., atual. e ampl. São Paulo: Método, 2012.
- PEIXINHO, Manoel Messias. *A interpretação da Constituição e os princípios fundamentais*: elementos para uma hermenêutica constitucional renovada. Rio de Janeiro: Lumen Juris, 2003.

2.82 O que é **minimalismo** e **maximalismo** no Direito Constitucional?

O minimalismo no Direito Constitucional é empregado para se referir às decisões que procuram evitar regras gerais e teorias abstratas, focando somente no que for necessário para dirimir as discussões particulares.

O minimalismo serve para que os Tribunais não decidam questões sem relevância para o desate do litígio e, além disso, reduzem os encargos de decisões judiciais, riscos de erros judiciais, viabilidade de solução concreta e flexibilidade para decisões futuras e no pluralismo. A decisão no minimalismo é configurada pela superficialidade (*shallowness*) e estreiteza (*narrowness*).

Por sua vez, o maximalismo no Direito Constitucional consiste nas decisões que fixam regras gerais para o futuro e dão justificativas teóricas grandiosas para os resultados. Ademais, a decisão no maximalismo se configura pela profundidade (*depth*) e largura (*width*).

Marcelo Novelino (2012, p. 172) cita que o "minimalismo" é o *"termo utilizado para fazer referência a decisões que procuram evitar as regras gerais e abstratas, concentrando-se apenas no que é necessário para resolver litígios particulares. Uma decisão minimalista se caracteriza por sua superficialidade (shallowness) e estreiteza (narrowness)".*

O mesmo constitucionalista sustenta que o "maximalismo" é uma *"referência abreviada para decisões que estabelecem regras gerais para o futuro e que fornecem justificativas teoricamente ambiciosas para os resultados. Ao contrário das decisões minimalistas, as maximalistas se caracterizam por sua profundidade* (depth) *e largura* (width)*"* (NOVELINO, 2012, p. 173).

Por derradeiro, como não é a finalidade da obra, não se aprofundará em quais escolhas seriam melhores ou não, até porque depende de uma série de análises, remetendo o leitor à obra citada, com o objetivo de aprofundar sobre o assunto.

Referências:

- NOVELINO, Marcelo. *Direito constitucional.* 6. ed. São Paulo: Método, 2012.

2.83 O que é o **interpretativismo** no Direito Constitucional?

O interpretativismo no Direito Constitucional traduz uma corrente conservadora norte-americana, que preconiza que os juízes e Tribunais devem se nortear na interpretação constitucional de acordo com o entendimento original dos criadores da Constitucional ou da vontade do texto constitucional, por ser a diretriz almejada por aquela sociedade da época.

O *interpretativismo* é cunhado também de *textualista*, *originalista* ou *preservacionista*, embora, a rigor, sejam teorias diferenciadas. Outra expressão correlata para designar a mesma terminologia de *interpretativismo* é *strict constructionists*.

Essa corrente parte das seguintes premissas:

1) Respeito absoluto ao texto da Constituição e a vontade do constituinte originário.

2) Limitação ao conteúdo da constituição. O juiz tem a função apenas de aplicar a constituição, sem modificá-la.
3) Existe uma única resposta correta, que corresponde à vontade do constituinte originário. A ideia de discricionariedade é combatida pelos interpretativistas.

Marcelo Novelino (2012, p. 168-169), sobre o "interpretativismo", ensina que "a visão mais conservadora da interpretação constitucional costuma ser rotulada como textualista, originalista ou preservacionista, apesar de esses vocábulos, a rigor, designarem teorias distintas".

Os *originalistas ou preservacionistas sustentam que a interpretação constitucional dos juízes e Tribunais deve se nortear pelo entendimento original dos criadores da Constituição. É como se fosse seguir a "mens legislatoris".*

Por outro lado, a *textualista traduz uma vertente conservadora norte-americana de interpretação constitucional, pela qual os juízes e Tribunais deverão se nortear pelo entendimento da vontade do texto constitucional, por ser a diretriz almejada por aquela sociedade da época. De outro lado, aqui é como se fosse seguir a "mens legis".*

Por fim, essas posturas interpretativistas impedem, inibem ou restringem o espaço de ativismo judicial e a judicialização de políticas públicas, por exemplo.

Referências:

- NOVELINO, Marcelo. *Direito constitucional*. 6. ed. São Paulo: Método, 2012.

2.84 O que é o **não interpretativismo** no Direito Constitucional?

O não interpretativismo no Direito Constitucional traduz uma corrente oposta aos posicionamentos conservadores norte-americanos de interpretação constitucional. Preconiza que os juízes e Tribunais devem se nortear pelo entendimento de visão de Constituição de acordo com a geração atual e o seu modo, uma vez que o legislador constituinte não teria legitimidade para impor sua visão de Constituição à sociedade atual.

O *não interpretativismo* é cunhado também de *progressista ou de "board constructionists".*

Marcelo Novelino (2012, p. 170) cita em sua obra que o "não interpretativismo" é a postura que "os tribunais têm, não apenas a faculdade, mas o *dever de desenvolver e evoluir* o texto constitucional em função das exigências do presente. Cabe-lhes descobrir os valores consensuais existentes no meio social e projetá-los na tarefa interpretativa. Sagués observa que esta compreensão se associa ao chamado 'ativismo judicial', doutrina que confere ao Judiciário um protagonismo decisivo nas mudanças sociais e na incorporação de novos direitos constitucionais aos já existentes, partindo do pressuposto de que esse Poder, em geral, seria o mais habilitado à função de plasmar em normas os atuais valores da sociedade"[14].

Por fim, essas posturas não interpretativistas abrem espaço para o ativismo judicial e a judicialização de políticas públicas, por exemplo.

Referências:

- NOVELINO, Marcelo. *Direito constitucional*. 6. ed. rev., atual. e ampl. São Paulo: Método, 2012.

2.85 O que é **mínimo existencial**?

O mínimo existencial traduz o piso mínimo do essencial para o ser humano viver com dignidade.

Para Barcellos (2002, p. 245-246), o "mínimo existencial, como se vê, associado ao estabelecimento de prioridades orçamentárias, é capaz de conviver produtivamente com a reserva do possível".

A jurisprudência prefere empregar de forma mais usual a expressão *mínimo vital*, expressão equivalente à garantia ou ao princípio do mínimo existencial.

Realmente, não se pode negar que a doutrina possui certa dificuldade em estabelecer um conceito de mínimo existencial.

Isso porque o mínimo existencial seria uma confluência de valores ligados a necessidades sociais, e essas necessidades estariam sujeitas à variação, de acordo com cada contexto histórico.

O doutrinador Ricardo Lobo Torres (1995, p. 128) sustenta que:

---

14 SAGUÉS, Nesto Pedro. *La interpretación judicial de la constitución*. p. 75.

> Carece o mínimo existencial de conteúdo específico. Abrange qualquer direito, ainda que originariamente não fundamental (direito à saúde, à alimentação etc.), considerado em sua dimensão essencial e inalienável. Não é mensurável, por envolver mais aspectos de qualidade que de quantidade, o que torna difícil estremá-lo, em sua região periférica, do *máximo de utilidade* (*maximum welfare, Nutzenmaximierung*), que é princípio ligado à ideia de justiça e de redistribuição da riqueza social. Certamente esse mínimo existencial, "se o quisermos determinar precisamente, é uma incógnita muito variável".

Ricardo Torres (1995, p. 133) coloca que alguns "interesses fundamentais" compõem esse mínimo necessário à existência digna dos cidadãos, tais como: "Os direitos à alimentação, saúde e educação", os quais, "embora não sejam originariamente fundamentais, adquirem o *status* daqueles no que concerne à parcela mínima sem a qual o homem não sobrevive".

O constitucionalista português José Joaquim Gomes Canotilho *apud* Paulo Bonavides (2003, p. 470) afirma que: "(...) a não observância da garantia constitucional do mínimo existencial (direitos sociais), por parte dos poderes constituídos, torna o Estado 'infractor das obrigações jurídico-constitucionais impostas', tendo em vista que um 'rendimento mínimo garantido', 'prestações de assistência social básica' e 'subsídio ao desemprego' integram um *standard* mínimo de existência indispensável à fruição de qualquer direito".

Regina Maria Macedo Neri Ferrari salienta, sobre a reserva do possível, que: "Aqui é que se resolve a reserva do possível, isto é, o direito à saúde como corolário do direito à vida, ao direito a uma vida digna, não pode padecer, sob o argumento da falta de recursos, pois, nesse caso, haveria a caracterização da aplicação de uma pena de morte, sem processo e sem possibilidade de defesa. Portanto, no que tange ao direito à saúde, cabe reconhecer um verdadeiro direito subjetivo público positivo e individual a prestações materiais, deduzidos diretamente da Constituição, ainda que limitado ao mínimo necessário à proteção da vida humana" (FERRARI, 2001, p. 236).

Em continuidade aos argumentos, Gebran Neto (2001, p. 172-173) é incisivo em rejeitar o argumento da reserva do possível, quando os efeitos do não atendimento do direito fundamental em jogo puderem ser comparados aos da violação da proibição constitucional à pena de morte, portanto, severamente graves:

> É o que ocorre com o direito à amamentação dos filhos conferido às presidiárias, previsto no art. 5.º, L, da Carta Magna, ou ainda com o dever estatal de prestar assistência judiciária integral e gratuita aos que comprovem insuficiência de recursos. É patente o dever estatal de ofertar condições mínimas necessárias para que durante o período de amamentação as presidiárias mães permaneçam junto com seus filhos, ou mesmo para a prestação de assistência judiciária. Quanto a esses aspectos, sequer se podem levantar argumentos do tipo "reserva do possível", sob pena de negar o próprio direito e ferir tanto o seu núcleo essencial quanto a própria dignidade da pessoa humana, representada por esse direito jusfundamental de aplicabilidade imediata. A imperatividade desses direitos é tão forte quanto a da vedação de pena de morte ou da prisão perpétua (art. 5.º, XLVI), por exemplo.

Marcelo Alexandrino e Paulo Vicente (2015, p. 258-259) explicam que:

> *A problemática da concretização dos direitos sociais: reserva do possível, garantia do mínimo existencial e implementação de políticas públicas pelo Poder Judiciário*
>
> Os direitos sociais, por exigirem disponibilidade financeira do Estado para sua efetiva concretização, estão sujeitos à denominada cláusula de reserva do financeiramente possível, ou, simplesmente, reserva do possível. Essa cláusula, ou princípio implícito, tem como consequência o reconhecimento de que os direitos sociais assegurados na Constituição devem, sim, ser efetivados pelo Poder Público, mas na medida exata em que isso seja possível.
>
> É importante entender que esse princípio não significa um "salvo conduto" para o Estado deixar de cumprir suas obrigações sob uma alegação genérica de que "não existem recursos suficientes". A não efetivação, ou efetivação apenas parcial, de direitos constitucionalmente assegurados somente se justifica se, em cada caso, for possível demonstrar a impossibilidade financeira (ou econômica) de sua concretização pelo Estado.
>
> (...)
>
> De outro lado, temos o princípio da garantia do mínimo existencial, também postulado implícito na Constituição Federal de 1988, que atua como um limite à cláusula da reserva do financeiramente possível. Objetivamente, significa dizer que a dificuldade estatal decorrente da limitação dos recursos financeiros disponíveis (reserva do financeiramente possível) não afasta o dever do Estado de garantir, em termos de direitos sociais, um mínimo necessário para a existência digna da população (garantia do mínimo existencial). Corolário direto do princípio da dignidade da pessoa humana, o postulado constitucional (implícito) da garantia do mínimo

existencial não permite que o Estado negue - nem mesmo sob a invocação da insuficiência de recursos financeiros - o direito a prestações sociais mínimas, capazes de assegurar, à pessoa, condições adequadas de existência digna, com acesso efetivo ao direito geral de liberdade e, também, a prestações positivas estatais viabilizadoras da plena fruição de direitos sociais básicos, tais como o direito à educação, o direito à proteção integral da criança e do adolescente, o direito à saúde, o direito à assistência social, o direito à moradia, o direito à alimentação e o direito à segurança. Sabe-se, ademais, que no âmbito das funções institucionais do Poder Judiciário não se inclui - em homenagem ao postulado da separação de Poderes - a atribuição de formular e implementar políticas públicas, função típica dos Poderes Legislativo e Executivo. Não obstante, o STF tem reiterado em seus julgados que o caráter programático das normas sociais inscritas no texto da Carta Política não autoriza o Poder Público a invocar de forma irresponsável a "reserva do possível", fraudando justas expectativas nele depositadas pela coletividade. Assim, a cláusula da "reserva do possível" não pode ser invocada levianamente pelo Estado com o intuito de exonerar-se do cumprimento de suas obrigações constitucionais, salvo quando possa ser objetivamente demonstrado que inexiste disponibilidade financeira do Estado para tornar efetivas as prestações positivas dele reclamadas, ou que falta razoabilidade à pretensão individual ou coletiva deduzida em face do Poder Público.

O mínimo existencial é aquele necessário para atender às necessidades essenciais à dignidade dos indivíduos. O mínimo existencial não poderá ser objeto de ponderação quando contraposto à proteção de outros bens jurídicos, tais como os recursos financeiros, desse modo, a reserva do possível não poderia ser arguida pelos Poderes Públicos, quando lhes fosse pleiteada determinada prestação necessária à garantia do mínimo existencial do demandante.

Por fim, dentro do *mínimo existencial* existe a *dimensão positiva* e *negativa. A dimensão positiva diz respeito àquilo que cumpre o Estado assegurar mediante prestação material. Já a dimensão negativa se refere ao conjunto de garantias materiais para uma vida digna, no sentido de que o Estado não pode subtrair do cidadão.*

Referências:

- ALEXANDRINO, Marcelo; VICENTE, Paulo. *Direito constitucional descomplicado*. 14. ed. rev., atual. e ampl. São Paulo: Método, 2015.
- BARCELLOS, Ana Paula. *A eficácia jurídica dos princípios constitucionais*. O princípio da dignidade da pessoa humana. Rio de Janeiro: Renovar, 2002.

- BONAVIDES, Paulo. *Curso de direito constitucional*. 13. ed. São Paulo: Malheiros, 2003.
- FERRARI, Regina Maria Macedo Neri. *Normas constitucionais programáticas*. Normatividade, operatividade e efetividade. São Paulo: RT, 2001.
- GEBRAN NETO, João Pedro. *A aplicação imediata dos direitos e garantias individuais. A busca de uma exegese emancipatória*. Dissertação de Mestrado. Curitiba: Universidade Federal do Paraná, 2001.
- TORRES, Ricardo Lobo. *Os direitos humanos e a tributação*: imunidades e isonomia. Rio de Janeiro: Renovar, 1995.

2.86 O que é **realismo jurídico**[15]?

O realismo jurídico diz respeito a um avanço importante do Direito que supera uma perspectiva meramente formal da ciência jurídica, que deixava de fora intricados problemas, como, por exemplo, a questão da eficácia e da legitimidade do direito.

Thomas da Rosa de Bustamante diz que o:

> "realismo jurídico foi o movimento jusfilosófico extremamente cético em relação às normas jurídicas e à possibilidade de fundamentá-la ('o Direito é o que os juízes dizem ser') que teve seu auge na prática jurídica norte-americana entre as décadas de 1920 e 1950. (...) Apontando como o programa implícito do realismo jurídico o estudo objeto da lei como um instrumento para alcançar fins e no contexto de uma sociedade em mudança". Hessel Yntema destaca os pontos de partida deste movimento, dentre os quais estão: a noção de criação judicial de direito; a concepção do direito como um meio para alcançar fins sociais; a insistência no estudo objetivo dos problemas jurídicos; a desconfiança das normas jurídicas como descrições de como o direito funciona ou é realmente dirigido, e, particularmente, de sua confiabilidade como prognóstico de decisão; insistência sobre a necessidade de um estudo mais preciso das situações jurídicas ou decisões em categorias estritas (BUSTAMANTE, p. 341).

---

15 O realismo, sem qualquer adjetivação, é um sistema filosófico oposto ao idealismo. Eis o verbete da Enciclopédia do Advogado, p. 495, *in verbis*: "Sistema filosófico para o qual o mundo existe indiferentemente de nosso pensamento. Opõe-se ao idealismo, que nega a existência do mundo exterior ou que sustenta que nosso conhecimento do mundo é indireto, através da intermediação da nossa consciência. O realismo admite que nós conhecemos diretamente os objetos externos ao pensamento. Sistema filosófico que admite a existência objetiva das ideias ou coisas abstratas e gerais, isto é, dos chamados universais. Opõe-se ao nominalismo".

No realismo das artes no período entre guerras, é reproduzida uma definição de Brechtem em discussão com Lukacs que se aproxima sobre o assunto: "Realismo não é uma mera questão de forma (...). A realidade muda; para representá-la, os modos de representação também devem mudar" (FER, BATCHELOR, WOOD, 1998, p. 264). Essa conceituação acaba tendo correlação e proximidade com o conceito de realismo jurídico.

A bem da verdade, os realistas exortaram para a necessidade de verificar o que realmente acontece no seio da comunidade social, com vistas a superar o mito (para eles) do direito objetivamente existente e o dogmatismo hermético. Nesse passo, o realismo jurídico critica o formalismo jurídico, a tendência do Direito como ciência, o objetivismo, a utilização da lógica e a busca da certeza jurídica. Esse movimento discute o funcionamento do processo judicial e seu interesse está no Direito que é e não no Direito que deve ser, distinguindo, ainda, o Direito dos livros do Direito de ação.

O realismo jurídico entende o direito como aquilo que decidem juízes e tribunais, tendo em vista suas crenças, ideologias, idiossincrasias. Para os realistas, o Direito é aquilo que o juiz faz e não aquilo que ele diz que faz. Daí a insistência do realismo em realmente saber o que é o Direito e como os juízes chegam às suas decisões.

O realismo visa enfrentar temas difíceis, como o da decisão judicial e sua resposta única e certa, tema que vem sendo objeto de acesos debates entre os adeptos de Ronald Dworkin e Robert Alexy.

O realismo jurídico se desdobra em 5 (cinco) vertentes ou correntes:

Essa primeira corrente do realismo jurídico apoia a força do Direito no poder de personalidades mais importantes da sociedade. Essa corrente é denominada "Power and Economics in Society". Nessa corrente, o Direito é fruto de forças dominantes na sociedade, incluindo as forças econômicas. A decisão judicial seria resultado de influências políticas e de setores econômicos poderosos.

A segunda corrente do realismo jurídico estuda a "Persuasão e Características Individuais dos Juízes". Para a mencionada corrente, o Direito é aquilo que os Tribunais disseram em um dado momento. O Direito é totalmente influenciado pelo viés político, cultural e religioso dos juízes que interpretam o texto normativo. Para ilustrar essa corrente, o Juiz da Suprema Corte norte-americana Benjamin Cardozo acenou que o Juiz é um "legislador de toga".

A terceira corrente do realismo jurídico aduz que o Direito tem a finalidade de restaurar o "Bem-Estar social". Segundo o mesmo Juiz da Suprema

Corte Benjamin Cardozo, a interpretação do Direito deve sempre perseguir uma conclusão que incremente o bem-estar da sociedade em geral.

Uma quarta corrente de pensamento do realismo jurídico indica que o Direito deve ter um "Caráter Prático para Resultados Duradouros". Essa corrente indica que o Direito se resume a um modo pragmático de solução de disputas. Dessa maneira, o magistrado deve percorrer quatro caminhos. Num primeiro momento, o Juiz deve identificar os interesses e valores conflitantes no processo. Em segundo lugar, deve investigar a gama de possíveis resultados para aquele conflito em particular. Em terceiro, o magistrado deve avaliar as consequências de cada decisão judicial que pode ser tomada no caso, inclusive os efeitos práticos sobre outras pessoas que ostentam situação similar. Por fim, deve o Juiz escolher a alternativa de decisão que seja a mais durável e replicável para casos futuros.

Por sua vez, a quinta e última corrente do realismo jurídico é a do "Empiricismo Legal" ou "Direito Empírico". Na visão desta corrente, o Direito tem a finalidade de investigar como uma Corte decide os casos, bem como avaliar como casos futuros podem ser decididos em cada Corte. A corrente foi fortemente influenciada por filósofos do comportamento como Ivan Pavlov, médico russo que estudou a psicologia do comportamento.

Luiz Alberto Warat adverte que, no realismo, *"o juiz é divinizado como o legislador no formalismo. Contudo nenhum dos dois é protagonista principal da história. São personagens legendários com que nos identificamos e iludimos"* (1994, p. 57).

Referências:

- BUSTAMANTE, Thomas da Rosa de. *Uma teoria normativa do precedente judicial: o peso da jurisprudência na argumentação jurídica*. Tese de doutorado apresentada ao Departamento de Direito da Pontifícia Universidade Católica. Rio de Janeiro, 2007.
- *Realismo jurídico: tema importante em humanística*. Disponível em: <http://www.emagis.com.br/area-gratuita/artigos/realismo-juridico-tema-importante-em-humanistica/>. Acesso em: 8 abr. 2016.
- WARAT, Luiz Alberto. *Introdução geral ao direito*. Porto Alegre: Sergio Antonio Fabris Editor, 1994. vol. I.

2.87 O que é **supremacia constitucional**?

Em comentário sobre a magnitude da Constituição, José Afonso da Silva aponta que a supremacia constitucional tem como consequência a rigidez constitucional, que significa a maior dificuldade de modificação e alteração da Constituição em relação às demais normas do ordenamento jurídico.

Nas palavras do autor, a *supremacia constitucional "significa que a Constituição se coloca no vértice do sistema jurídico do país, a que confere validade, e que todos os poderes estatais são legítimos na medida em que ela os reconheça e na proporção por ela distribuídos. É, enfim, a lei suprema do Estado, pois é nela que se encontram a própria estrutura deste e a organização de seus órgãos; é nela que se acham as normas fundamentais de Estado, e só nisso se notará sua superioridade em relação às demais normas jurídicas"* (SILVA, 2006, p. 45).

Referências:

- SILVA, José Afonso da. *Curso de direito constitucional brasileiro*. 16. ed. São Paulo: Malheiros, 1999.

2.88 O que significa **pragmatismo jurídico** no Direito Constitucional?

O pragmatismo jurídico no Direito Constitucional é uma teoria normativa da decisão jurisdicional calcada na razoabilidade que visa o melhor resultado de cunho prático possível.

O pragmatismo jurídico no Direito Constitucional possui 3 (três) características essenciais: a) *antifundacionalismo*, que seria uma refutação de fundações últimas e definitivas (conceitos abstratos, dogmas e metafísica) para argumento de qualquer espécie; b) *contextualismo*, que demonstraria o papel da experiência humana no julgamento de proposições em sintonia com as necessidades sociais e humanas; e o c) *consequencialismo*, onde necessitaria que as proposições fossem testadas para projetar suas consequências e resultados possíveis para conduzir a busca de interpretações às melhores consequências práticas (empiricista ou experimentalista).

Acrescenta-se que o pragmatismo jurídico no Direito Constitucional não se reduz a uma aplicação simples e direta do pragmatismo filosófico.

O magistrado Richard Posner é reputado como um dos maiores expoentes do pragmatismo jurídico.

Marcelo Novelino (2012, p. 177) ensina que o *pragmatismo jurídico "pode ser definido como uma teoria normativa da decisão judicial voltada para o futuro (caráter prospectivo) que, pautada pela razoabilidade, busca os melhores resultados práticos dentro de um determinado contexto (contextualista), consideradas as consequências sistêmicas e específicas do caso concreto (consequências)"*[16].

Por fim, essas posturas dos pragmatismos jurídicos não se confundem com o formalismo jurídico e com o realismo jurídico.

Referências:

- NOVELINO, Marcelo. *Direito constitucional*. 6. ed. São Paulo: Método, 2012.

2.89 O que é **reelegibilidade**?

Reelegibilidade é a faculdade garantida ao titular de mandato eletivo a concorrer ao mesmo cargo eletivo que ocupa com ou sem necessidade de afastar ou desincompatibilizar.

Segundo Roberto Moreira de Almeida, a reelegibilidade "(...) é a faculdade assegurada a titular de mandato eletivo a concorrer ao mesmo cargo eletivo que já ocupa com ou sem necessidade de afastamento ou de desincompatibilização" (ALMEIDA, 2012, p. 107).

Referências:

- ALMEIDA, Roberto Moreira de. *Curso de direito eleitoral*. 6. ed. Salvador: JusPodivm, 2012.

2.90 O que se entende por **autodesincompatibilização**?

Entende-se *por autodesincompatibilização o afastamento ou a interrupção do exercício de um cargo, emprego ou função por determinada pessoa para permitir que postule a candidatura a cargo eletivo.*

Nas palavras de Roberto Moreira de Almeida, a autodesincompatibilização "é o afastamento da pessoa de determinado cargo, emprego ou função que ocupa com vistas a permitir que ela própria venha a pleitear determinado cargo eletivo" (ALMEIDA, 2012, p. 106).

Referências:

- ALMEIDA, Roberto Moreira de. *Curso de direito eleitoral*. 6. ed. Salvador: JusPodivm, 2012.

---

16 SAGUÉS, Nesto Pedro. *La interpretación judicial de la constitución*. p. 75.

2.91 O que se entende por **desincompatibilização?**

Entende-se por desincompatibilização o afastamento ou a interrupção do exercício de um cargo, emprego ou função para buscar a elegibilidade. Em outras palavras, a desincompatibilização é apartar-se do exercício de um cargo, emprego ou função com o objetivo de se tornar elegível.

Nas lições de Roberto Moreira de Almeida, a desincompatibilização "significa interromper ou afastar do exercício de um cargo, emprego ou função para se tornar elegível" (ALMEIDA, 2012, p. 105).

Referências:

- ALMEIDA, Roberto Moreira de. *Curso de direito eleitoral.* 6. ed. Salvador: JusPodivm, 2012.

2.92 O que se entende por **desincompatibilização definitiva?**

A desincompatibilização é o afastamento ou a interrupção do exercício de um cargo, emprego ou função para buscar a elegibilidade. Em outras palavras, a desincompatibilização é apartar-se do exercício de um cargo, emprego ou função com o objetivo de se tornar elegível.

Nesse contexto da abordagem, entende-se por *desincompatibilização definitiva o afastamento ou a interrupção definitiva do exercício de um cargo, emprego ou função, por meio de renúncia ou exoneração.*

Nas lições de Roberto Moreira de Almeida, a desincompatibilização definitiva consiste no fato de que, "para a chefia do Executivo e respectivos cargos ou funções de confiança (ministros ou secretários, por exemplo), a lei exige um afastamento definitivo (renúncia ou exoneração). É a chamada desincompatibilização definitiva" (ALMEIDA, 2012, p. 106).

Referências:

- ALMEIDA, Roberto Moreira de. *Curso de direito eleitoral.* 6. ed. Salvador: JusPodivm, 2012.

2.93 O que se entende por **desincompatibilização temporária?**

Primeiramente, por zelo ao debate, deve ser explanado que a desincompatibilização é o afastamento ou a interrupção do exercício de um cargo, emprego ou função para buscar a elegibilidade. Em outras palavras, a desincompatibilização é apartar-se do exercício de um cargo, emprego ou função com o objetivo de se tornar elegível.

Tecida a exposição e nesse contexto da abordagem, entende-se por *desincompatibilização temporária o afastamento ou a interrupção temporária ou provisória do exercício de um cargo, emprego ou função, por meio de licença. Nessa situação, para postular pela candidatura, o indivíduo não precisa renunciar ou exonerar de cargo, emprego ou função, limitando o seu afastamento por mera licença.*

Segundo o professor Roberto Moreira de Almeida, a desincompatibilização temporária "(...) dar-se-á nas hipóteses em que a lei a exigir do ocupante de cargo, emprego ou função apenas o seu afastamento provisório. Para ser candidato, o indivíduo não precisa renunciar, mas, tão somente, pedir licença" (ALMEIDA, 2012, p. 107).

Referências:

- ALMEIDA, Roberto Moreira de. *Curso de direito eleitoral*. 6. ed. Salvador: JusPodivm, 2012.

2.94 O que se entende por **heterodesincompatibilização**?

Entende-se por *heterodesincompatibilização o afastamento ou a interrupção do exercício de um cargo, emprego ou função por determinada pessoa para permitir que um terceiro, possivelmente um parente dele por consanguinidade ou afinidade, venha se candidatar.*

Nas lições de Roberto Moreira de Almeida, a heterodesincompatibilização "é o afastamento da pessoa de determinado cargo, emprego ou função que ocupa com vistas a permitir a candidatura de um terceiro, qual seja, um parente dele por consanguinidade ou afinidade" (ALMEIDA, 2012, p. 106).

Referências:

- ALMEIDA, Roberto Moreira de. *Curso de direito eleitoral*. 6. ed. Salvador: JusPodivm, 2012.

2.95 O que se entende por **inelegibilidade absoluta**?

A inelegibilidade diz respeito à falta de capacidade eleitoral passiva, em que a capacidade eleitoral passiva se refere ao direito de pleitear e concorrer mediante eleição certos mandatos políticos.

A inelegibilidade, de acordo com sua natureza, pode ser classificada como absoluta ou relativa.

Contextualizado o assunto, entende-se por *inelegibilidade absoluta as restrições de cunho legal e constitucional impostas ao indivíduo, em vista de qualquer cargo eletivo e para qualquer eleição.*

Diante do seu caráter excepcional, apenas a própria Constituição pode prescrever tais hipóteses, como, por exemplo, faz em relação aos inalistáveis (estrangeiros, conscritos e absolutamente incapazes) e aos analfabetos, em conformidade com o art. 14, 4.º, *ex vi*: CF/1988, Art. 14, 4.º - "São inelegíveis os inalistáveis e os analfabetos".

A inelegibilidade absoluta abrange qualquer cargo eletivo.

A inelegibilidade absoluta, nas lições de Roberto Moreira de Almeida, "se refere às vedações legais e constitucionais para qualquer eleição e para qualquer cargo [exemplo: Lívio é cidadão russo (há inelegibilidade absoluta, o fato de ser estrangeiro), pois não pode se candidatar a qualquer cargo eletivo em qualquer parte do território nacional]" (ALMEIDA, 2012, p. 105).

Referências:

- ALMEIDA, Roberto Moreira de. *Curso de direito eleitoral*. 6. ed. Salvador: JusPodivm, 2012.

2.96 O que se entende por **inelegibilidade cominada?**

A inelegibilidade cominada é a proveniente de sanção de ilícito que venha causar a inelegibilidade.

A inelegibilidade cominada, nas palavras de Roberto Moreira de Almeida, "é aquela decorrente de uma sanção por prática de uma conduta ilícita [exemplo: Mévio é condenado por prática de improbidade administrativa. Após o cumprimento da pena, há de ficar inelegível (suspensão dos direitos políticos) por um período de 8 (oito) anos (essa inelegibilidade é classificada como comunicada ou secundária por decorrer de uma sanção por prática de ato ilícito)]" (ALMEIDA, 2012, p. 104).

A inelegibilidade cominada ainda possui expressão ou terminologia correlata de *inelegibilidade secundária, sanção ou própria.*

Referências:

- ALMEIDA, Roberto Moreira de. *Curso de direito eleitoral*. 6. ed. Salvador: JusPodivm, 2012.

2.97 O que se entende por **inelegibilidade inata**?

Entende-se por inelegibilidade inata a que decorre de ausência de alguma ou de inúmeras condições de elegibilidade da própria pessoa que pretende se candidatar a um cargo eletivo.

A inelegibilidade inata, nas lições de Roberto Moreira de Almeida, "é aquela oriunda da falta de uma ou mais condições de elegibilidade da própria pessoa [exemplo: Tício é analfabeto (é carente de uma elegibilidade constitucional e, destarte, inelegível para qualquer eleição)]" (ALMEIDA, 2012, p. 104).

A inelegibilidade inata ainda possui expressão ou terminologia correlata de *inelegibilidade primária, implícita ou imprópria.*

Referências:

- ALMEIDA, Roberto Moreira de. *Curso de direito eleitoral*. 6. ed. Salvador: JusPodivm, 2012.

2.98 O que se entende por **inelegibilidade relativa**?

A inelegibilidade diz respeito à falta de capacidade eleitoral passiva, em que a capacidade eleitoral passiva se refere ao direito de pleitear e concorrer mediante eleição a certos mandatos políticos.

A inelegibilidade, de acordo com sua natureza, pode ser classificada como absoluta ou relativa.

Contextualizado o tema, entende-se por *inelegibilidade relativa as restrições de cunho legal e constitucional impostas a um indivíduo, em vista de uma determinada eleição.*

A inelegibilidade relativa em razão do cargo ou em virtude do parentesco está relacionada à chefia do Poder Executivo, podendo ser afastada mediante desincompatibilização (art. 14, §§ 6.º a 8.º, da Constituição Federal).

Além dessas hipóteses, a Carta Magna impõe restrições aos militares (art. 14, § 8.º) e determina a criação, por lei complementar, de outros casos de inelegibilidade, objetivando a proteção da probidade administrativa, da moralidade para exercício de mandato considerada vida pregressa do candidato, e da normalidade e legitimidade das eleições contra a influência do poder econômico ou o abuso do exercício de função, cargo ou emprego na administração direta ou indireta (art. 14, § 9.º, da CF/1988).

Igualmente, o art. 1.º da Lei Complementar 64/1990 estabelece as outras hipóteses de inelegibilidade relativa.

A inelegibilidade relativa não abrange todo e qualquer cargo eletivo, pois irá depender da situação em concreto e da eleição em disputa. Adiante, a inelegibilidade relativa é de 3 (três) espécies, a saber: *funcional, reflexa ou por parentesco e legal.*

A inelegibilidade relativa, nas lições de Roberto Moreira de Almeida, "se refere às vedações legais e constitucionais ao indivíduo para uma determinada eleição [exemplo: Thélio é Presidente da República. Não poderá ser candidato a Governador do Estado de Alagoas em razão de não ter se desicompatibilizado da Presidência da República no prazo legal (seis meses). Há inelegibilidade para aquela eleição estadual, mas, tratando-se de primeiro mandato, poderá Thélio ser candidato à reeleição" (ALMEIDA, 2012, p. 105).

Referências:

- ALMEIDA, Roberto Moreira de. *Curso de direito eleitoral*. 6. ed. Salvador: JusPodivm, 2012.

2.99 O que significa **apátrida** ou **"heimatlos"**?

Apátrida ou "heimatlos" é o indivíduo que não possui nacionalidade. Em outras palavras, designa aquele que não é titular de nenhum Estado.

Segundo o professor Roberto Moreira de Almeida, acerca do tema "(...) apátrida ou (*heimatlos*). Chama-se apátrida o indivíduo que não possui nacionalidade" (ALMEIDA, 2012, p. 69).

As terminologias apátrida ou "heimatlos" possuem expressões sinônimas de *sem pátria ou apólidos.*

Referências:

- ALMEIDA, Roberto Moreira de. *Curso de direito eleitoral.* 6. ed. Salvador: JusPodivm, 2012.

2.100 O que significa **polipátrida**?

Polipátrida é o indivíduo que possui duas ou mais nacionalidades. Em outras palavras, é a pessoa considerada nacional por mais de um Estado ou com mutinacionalidade ou pluralismo de nacionalidade.

Segundo o professor Roberto Moreira de Almeida, acerca do tema "(...) polipátrida. Consiste na pessoa detentora de duas ou mais nacionalidades" (ALMEIDA, 2012, p. 69).

A terminologia em voga possui como expressões sinônimas *mutinacionalidade, pluralismo de nacionalidade ou multinacionalização.*

Referências:

- ALMEIDA, Roberto Moreira de. *Curso de direito eleitoral.* 6. ed. Salvador: JusPodivm, 2012.

2.101 O que significa **bipartidarismo**?

Bipartidarismo significa a existência tão somente de 2 (dois) partidos políticos no sistema partidário. Aqui se teria o partido de situação na governabilidade e outro de oposição.

Segundo o professor Roberto Moreira de Almeida, "(...) é o sistema que permite a existência de apenas dois partidos políticos: um situação e outro oposição" (ALMEIDA, 2012, p. 166).

A doutrina cita como exemplo a história recente do regime militar em que funcionavam apenas dois partidos, sendo eles a Aliança Renovadora Nacional (ARENA) e o Movimento Democrático Brasileiro (MDB).

Referências:

- ALMEIDA, Roberto Moreira de. *Curso de direito eleitoral.* 6. ed. Salvador: JusPodivm, 2012.

2.102 O que significa **pluripartidarismo, multipartidarismo ou polipartidarismo?**

Pluripartidarismo, multipartidarismo ou polipartidarismo significa a existência de inúmeros partidos políticos no sistema partidário, em conformidade com as correntes ideológicas existentes.

Segundo o professor Roberto Moreira de Almeida, "(...) pluripartidarismo, multipartidarismo ou polipartidarismo é sistema que permite a presença de tantos partidos quanto forem as correntes de opinião existentes. De fato, desde que atendidos certos princípios constitucionais e legais, podem ser criadas várias agremiações partidárias" (ALMEIDA, 2012, p. 166).

Referências:

- ALMEIDA, Roberto Moreira de. *Curso de direito eleitoral*. 6. ed. Salvador: JusPodivm, 2012.

2.103 O que significa **monopartidarismo?**

Monopartidarismo significa a existência um único partido político no sistema partidário.

A doutrina sustenta que o monopartidarismo está em decadência no mundo. Segundo o professor Roberto Moreira de Almeida, "(...) é o sistema partidário que só admite a presença de um único partido político" (ALMEIDA, 2012, p. 166).

Referências:

- ALMEIDA, Roberto Moreira de. *Curso de direito eleitoral*. 6. ed. Salvador: JusPodivm, 2012.

2.104 O que significa **batimento nacional eleitoral?**

O batimento nacional eleitoral significa a sistemática de cruzamento de dados do cadastro eleitoral nacional de eleitores diante do alistamento, transferência ou revisão, com o objetivo de evitar duplicidades, pluralidades de inscrições e fraudes.

O professor Roberto Moreira de Almeida, acerca do tema batimento nacional eleitoral, ensina que "qualquer pedido de alistamento, transferência ou revisão é submetido ao batimento nacional pelo TSE. Com esse cruzamento de dados do cadastro eleitoral nacional, evita-se a ocorrência de duplicidades ou de pluralidades de inscrições eleitorais" (ALMEIDA, 2012, p. 295).

Referências:

- ALMEIDA, Roberto Moreira de. *Curso de direito eleitoral*. 6. ed. Salvador: JusPodivm, 2012.

2.105 O que vem a ser **candidatura nata**?

A candidatura nata era uma previsão trazida pelo § 1.º do art. 8.º da Lei das Eleições, que permitia aos titulares de mandato eletivo o direito líquido e certo de participar das eleições sem submeter seus nomes às convenções partidárias.

O professor Roberto Moreira de Almeida, acerca do tema candidatura nata, ensina que: "A Lei das Eleições previa o instituto da candidatura nata (...). Os titulares de mandato eletivo (Deputados e Vereadores), destarte, não precisavam submeter seus nomes à convenção partidária, pois tinham direito líquido e certo, expressamente previsto em lei, de participar da eleição" (ALMEIDA, 2012, p. 331).

Destaca-se que o Supremo Tribunal Federal, no ventre da Ação Direta de Inconstitucionalidade 2.530-9, concedeu liminar para afastar a vigência do § 1.º do art. 8.º da Lei das Eleições, sob o argumento de o dispositivo afrontar a autonomia do partido político.

Portanto, atualmente, o dispositivo está suspenso até o julgamento do mérito.

Referências:

- ALMEIDA, Roberto Moreira de. *Curso de direito eleitoral*. 6. ed. Salvador: JusPodivm, 2012.

2.106 O que vem a ser **direito de antena**?

O direito de antena vem a ser a exteriorização da propaganda eleitoral e da propaganda partidária, por meio do rádio e da televisão, assegurados por lei aos partidos políticos, sem encargo ou ônus.

O professor Roberto Moreira de Almeida, acerca do tema direito de antena, ensina que: "A propaganda eleitoral e da propaganda partidária, veiculadas por intermédio do rádio e da televisão constituem a forma de exteriorização do que se regulamentou chamar por 'direito de antena'. Com efeito, a lei assegura o acesso, sem ônus, pelas agremiações partidárias, dos aludidos veículos de comunicação de massa" (ALMEIDA, 2012, p. 372).

Referências:

- ALMEIDA, Roberto Moreira de. *Curso de direito eleitoral*. 6. ed. Salvador: JusPodivm, 2012.

2.107 O que vem a ser o **Título Net**?

O Título Net permite o serviço de alistamento, transferência ou revisão por meio da rede mundial de computadores, em que os cidadãos iniciam as postulações dos serviços pela internet, bem como atualizam "on-line" as obrigações eleitorais. Na sequência, após efetuarem o requerimento virtual, devem se dirigir ao Cartório Eleitoral ou ao Posto de Atendimento, portando os documentos exigidos, para conclusão dos serviços e eventual finalização dos serviços e recebimento do título.

O professor Roberto Moreira de Almeida, acerca do tema Título Net, ensina que: "A Justiça Eleitoral está a disponibilizar, desde o dia 6 de julho de 2009, os serviços de alistamento, transferência ou revisão por meio da rede mundial de computadores. É o Título Net. Permite aos cidadãos iniciarem, pela internet, a postulação pelos aludidos serviços, bem como atualização 'on-line' das obrigações eleitorais. Após efetuar o requerimento no meio virtual, o eleitor deverá comparecer ao Cartório Eleitoral ou ao Posto de Atendimento, munido da documentação exigida, para concluir os serviços e, eventualmente, receber o título" (ALMEIDA, 2012, p. 299).

Referências:

- ALMEIDA, Roberto Moreira de. *Curso de direito eleitoral*. 6. ed. Salvador: JusPodivm, 2012.

2.108 O que vêm a ser **teoria da própria conta e risco** e **teoria dos votos engavetados** no processo eleitoral?

A teoria da própria conta e risco é a situação em que o pretenso candidato vem a concorrer e disputar uma eleição na condição de "sub judice" por alguma impugnação ou indeferimento do seu registro de candidatura, sob sua conta e risco numa eventual derrota na batalha judicial.

A campanha eleitoral do candidato se dá por sua conta e risco, sendo que, até a solução judicial, os votos ficarão engavetados e não serão contabilizados.

Por consequência, com a teoria da própria conta e risco, os *votos dados ao candidato que vem a concorrer e disputar uma eleição na condição de "sub judice" ficarão engavetados e não serão contabilizados para os efeitos legais até que se dirima definitivamente sua batalha judicial.* Na totalização dos votos aparecerá a votação zerada ou candidato com voto zero. A computação dos votos será realizada de forma apartada e aguardará a palavra final do Poder Judiciário. A isso se denominou de *teoria dos votos engavetados no processo eleitoral.*

O raciocínio acima serve para as eleições majoritárias e proporcionais, com a ressalva de uma particularidade nesta última (eleições proporcionais) em que o candidato que não esteja com seu registro "sub judice" na data das eleições e que posteriormente tem seu registro cassado, pois, para as eleições proporcionais, os votos dados ao candidato que vem a concorrer e disputar uma eleição "sub judice" serão contabilizados em prol da legenda, segundo o princípio "in dubio pro voto". Esse raciocínio não deve ser aplicado às eleições majoritárias, em vista do princípio da unicidade das chapas (nesta direção, conferir precedente do Superior Tribunal Eleitoral no Ac. 3.291, de 15.09.2009).

Nesse sentido, Jaime Barreiros Neto explica que: *"Situação diferente, no entanto, dar-se-á quando candidato a eleição proporcional que não esteja com seu registro sub judice na data da eleição tenha, posteriormente à mesma, seu registro cassado, caso em que o voto deverá ser computado para a legenda, em obediência ao princípio in dubio pro voto. Tal regra não deve ser considerada válida para as eleições majoritárias (presidente da república, governadores, prefeitos e senadores), para as quais vige o princípio da unidade das chapas"* (BARREIROS NETO, 2014, p. 201).

As Leis 12.034/2009 e 12.891/2013 trouxeram regulamentações e modificações substanciais à Lei 9.504/1997 sobre a situação discutida.

O professor Roberto Moreira de Almeida, acerca do tema *teoria da própria conta e risco e teoria dos votos engavetados no processo eleitoral*, ensina que:

> O art. 16-A da Lei de Eleições, incluído pela Lei 12.034/2009, autorizou que o candidato que teve o seu registro de candidatura impugnado (candidato "sub judice"), enquanto estiver sob essa condição, faça jus a todos os atos relativos à campanha eleitoral, inclusive utilizar o horário eleitoral gratuito no rádio e na televisão e ter seu nome mantido na urna eletrônica. A sua permanência na campanha, vê-se, dá-se por sua "conta e risco". Com efeito, a validade dos votos atribuídos a esse candidato ficará condicionado ao deferimento do seu pedido de registro perante a Justiça Eleitoral. No momento da apuração, a computação dos votos a ele atribuídos deve ser realizada em separado (os votos ficarão "engavetados", daí o nome da teoria) e não são contabilizados para qualquer fim (na totalização aparece votação zerada ou candidato com voto zero) até que a Justiça Eleitoral julgue o respectivo pedido de registro. Vindo a ser deferido, mesmo que posteriormente à data da eleição, os votos dados devem ser "desengavetados" e contabilizados normalmente ao candidato até então "sub judice", inclusive, se for o caso, realizando-se um novo cálculo para o quociente eleitoral e quociente partidário. Por outro lado, vindo a ser indeferido o pedido de registro de candidatura, os votos serão definitivamente descartados. A teoria "da própria conta e risco" e dos "votos engavetados" não se aplicam, contudo por ausência de previsão legal quando da interposição de AIME ou RCD, mas apenas quando do ajuizamento da AIRC (ALMEIDA, 2012, p. 484).

Abre-se uma observação importante para o fato de que o Supremo Tribunal Federal, ao adotar o entendimento de não aplicar a Lei Complementar 135/2010 (Lei da Ficha Limpa) às eleições de 2010, trouxe fortes repercussões jurídicas ao tema, determinando o desengavetamento dos votos dados ao Senador Cassio Cunha Lima (Paraíba), ao Senador João Alberto Rodrigues Capiberibe e sua esposa deputada federal Janete Capiberibe (ambos do Amapá).

Referências:

- ALMEIDA, Roberto Moreira de. *Curso de direito eleitoral*. 6. ed. Salvador: JusPodivm, 2012.
- BARREIROS NETO, Jaime. *Direito eleitoral*. 4. ed. Salvador: JusPodivm, 2014. vol. 40. (Coleção Sinopses para Concursos)

2.109 O que vem a ser **zerésima**?

A zerésima é o documento emitido pela urna eletrônica antes de iniciar a votação, que comprova não existir até o momento nenhum voto na urna.

O professor Roberto Moreira de Almeida, acerca do tema zerésima, ensina que: "Antes de se permitir que o primeiro eleitor venha a votar, o presidente da Mesa Receptora deverá providenciar a emissão da zerésima, isto é, um documento emitido pela urna eletrônica comprobatório de que não consta nenhum voto nela inserido até aquele momento" (ALMEIDA, 2012, p. 476).

Referências:

- ALMEIDA, Roberto Moreira de. *Curso de direito eleitoral*. 6. ed. Salvador: JusPodivm, 2012.

2.110 O que vem a ser **ineligibilidade reflexa**?

As inelegibilidades relativas reflexas estão presentes no art. 14, § 7.º, da Constituição Federal e impedem que sejam eleitos parentes de ocupantes de cargos do Poder Executivo, no respectivo território, salvo se detentores de mandato anterior ou candidatos à reeleição.

A propósito, o art. 14, § 7.º, da Constituição Federal prescreve que:

> Art. 14 (...) § 7.º São inelegíveis, no território de jurisdição do titular, o cônjuge e os parentes consanguíneos ou afins, até o segundo grau ou por adoção, do Presidente da República, de Governador de Estado ou Território, do Distrito Federal, de Prefeito ou de quem os haja substituído dentro dos seis meses anteriores ao pleito, salvo se já titular de mandato eletivo e candidato à reeleição.

Inelegibilidade reflexa, segundo Marcos Ramayana, *"(...) refere-se ao princípio da contaminação de cônjuge, parentes, consanguíneos ou afins, até o segundo grau. Atinge o(a) companheiro(a), os casos de união estável, genros, sogras, cunhados, noras, filhos e netos. Estão excluídos dos reflexos impeditivos do ius honoroum (capacidade eleitoral passiva) os primos e tios. O art. 14, § 7.º, da CRFB disciplina a hipótese"* (RAMAYANA, 2012, p. 81).

Refere-se à inelegibilidade do cônjuge ou companheiro(a) e dos parentes consanguíneos ou afins, até o segundo grau ou por adoção, dos chefes do Poder Executivo Federal, Estadual e Municipal ou de quem os tenha sucedido ou substituído dentro dos seis meses anteriores à eleição, prevista no art. 14, § 7.º, da CF/1988.

Nesse sentido:

> Agravos regimentais no recurso extraordinário. Inelegibilidade. Artigo 14, 7.º, da Constituição do Brasil. 1. O artigo 14, 7.º, da Constituição do Brasil, deve ser interpretado de maneira a dar eficácia e efetividade aos postulados republicanos e democráticos da Constituição, evitando-se a perpetuidade ou alongada presença de familiares no poder. Agravos regimentais a que se nega provimento.
>
> A separação de fato entre o prefeito e sua mulher, no curso do mandato, não afasta a inelegibilidade da ex-cunhada (art. 14, § 7.º da Constituição Federal), ao cargo de vereadora do território da mesma circunscrição eleitoral do chefe do executivo. Precedentes do TSE (TSE, REsp 32.719).
>
> Recurso especial eleitoral. Pedido de registro de candidatura. Eleições 2008. Art. 14, § 7.º, da Constituição Federal. Inelegibilidade. Parentesco consaguíneo. Critério objetivo. Configuração de terceiro. Mandato consecutivo da mesma família. Deficiência do recurso. Súmula 284/STF. Não provimento.
>
> 1. *São inelegíveis o cônjuge e os parentes consanguíneos ou afins, até o segundo grau ou por adoção, do Presidente da Câmara Municipal que tenha substituído o Chefe do Poder Executivo no semestre anterior ao pleito, conforme decorre da interpretação do art. 14, § 7.º, da Constituição Federal.* In casu, *o recorrente é irmão do Presidente da Câmara que, interinamente, assumiu o cargo de prefeito nos seis meses anteriores ao pleito, sendo, pois, inelegível.*
>
> 2. O art. 14, § 7.º, da Constituição Federal é norma de natureza objetiva, não admite indagações subjetivas acerca da notória inimizade pessoal e política entre os parentes. (Precedentes: REsp 29.611/MA, de minha relatoria, *DJ* de 23.09.2008; Cta 12.653/DF, Rel. Min. Sepúlveda Pertence, *DJ* de 16.06.1992; RO 592/MA, Rel. Min. Raphael de Barros Monteiro Filho, publicado na sessão de 25.09.2002; RO 223/MA, Rel. Min. Maurício Corrêa, publicado na sessão de 09.09.1998; STF: RE 236.948/MA, Rel. Min. Octavio Gallotti, *DJ* de 31.08.2001). A hipótese de simulação ou fraude possui relevância apenas em relação ao parentesco por afinidade, pois implica a existência ou não do próprio parentesco, o que não é o caso dos autos, que versam sobre parentesco consanguíneo. (Precedente: Cta 12.653, Rel. Min. Sepúlveda Pertence, *DJ* de 16.06.1992). Não afasta a inelegibilidade do art. 14, § 7.º da Constituição Federal o fato de o parente ter substituído o titular do Poder Executivo por curto período de tempo. (Precedente: REsp 21.883/PR, Rel. para acórdão Min. Humberto Gomes de Barros, julgamento em 19.09.2004).
>
> 3. Ao irmão do recorrente, reeleito para o cargo de vereador no pleito de 2004, é assegurado o exercício da vereança em sua plenitude, o que inclui

a possibilidade de exercer a Presidência da respectiva Casa Legislativa e, por consequência, de substituir o prefeito, nos termos do art. 80 da Constituição Federal, aplicado na esfera municipal por força do princípio da simetria.

4. Recurso especial eleitoral não provido (TSE, REsp 34.243).

Recurso especial eleitoral. Eleições 2008. Inelegibilidade. Parentesco. Perpetuação no poder. Vedação constitucional. Provimento. Indeferimento do registro de candidatura.

1. *Artigo 14, §§ 5.º e 7.º da Constituição do Brasil. Deve prevalecer a finalidade da norma, que é evitar a perpetuação da mesma família no poder.*

2. A mesma família ocupou o cargo de Prefeito Municipal do Município de Estrela de Alagoas no período de 1997 a 2007. É impossível admitir-se que o elo de parentesco tenha se quebrado, sem nenhum mandato de intervalo, para que a candidata possa concorrer novamente ao cargo de Chefe do Poder Executivo Municipal.

3. Recurso provido para indeferir o registro da candidatura (TSE, REsp 32.528).

Agravo regimental. Recurso especial. Ausência de ataque aos fundamentos da decisão agravada.

1. O afastamento do irmão do agravado do cargo de Prefeito é fato incontroverso no acórdão recorrido, que se encontra em consonância com a jurisprudência desta Corte no sentido de "ser necessário o afastamento do titular do Poder Executivo, para que o cônjuge ou parente se candidate a cargos políticos na mesma área de jurisdição" (REsp 29.786, Rel. Min. Marcelo Ribeiro, publicado em sessão plenária de 23.09.2008) (TSE, REsp 29.800).

O tema possui alta incidência em concursos públicos e merece atenção.

Referências:

- RAMAYNA, Marcos. *Resumo de direito eleitoral*. 5. ed. rev. e atual. Niterói: Impetus, 2012.

2.111 O que vem a ser **nacionalidade originária potestativa**?

Nacionalidade originária potestativa é a hipótese em que a nacionalidade fica na dependência da manifestação da vontade de pessoa posteriormente, desde que observados os requisitos constitucionais (ter nascido no estrangeiro de pai brasileiro ou de mãe brasileira; vir a residir na República Federativa do Brasil e, em qualquer tempo após atingida a maioridade, optar pela nacionalidade brasileira).

Como é sabido, o Brasil adotou simultaneamente os critérios de *jus soli* e *jus sanguinis* e, além disso, previu a hipótese de nacionalidade originária potestativa.

Segundo Roberto Moreira de Almeida, "(...) acolheu uma hipótese outra em que a nacionalidade fica na dependência da manifestação da vontade da pessoa. Esse tipo, intitulado pela doutrina de nacionalidade originária potestativa, está contido na Constituição Federal, art. 12, inc. I, alínea 'c', parte final, com redação dada pela EC 54/2007, nos seguintes termos: são brasileiros natos os nascidos no estrangeiro de pai ou de mãe brasileira, desde que (...) venham a residir na República Federativa do Brasil e optem, em qualquer tempo, depois de atingida a maioridade pela nacionalidade brasileira. Esta, repita-se, é chamada de nacionalidade potestativa porque fica na dependência da vontade de o indivíduo nascido no exterior, mas filho de brasileiros, vir a residir no país e postular (requerer, daí o aspecto potestativo) para ser brasileiro nato" (ALMEIDA, 2012, p. 64).

Referências:

- ALMEIDA, Roberto Moreira de. *Curso de direito eleitoral*. 6. ed. Salvador: JusPodivm, 2012.

2.112 Constituição semântica

Constituição semântica é a constituição empregada apenas como ferramenta de limitação do poder, objetivando estabilizar e preservar a estrutura do poder político dominante.

Os constitucionalistas Juliano Taveira Bernardes e Olavo Augusto Vianna Alves Ferreira (2014, p. 83) afirmam sobre o assunto que a constituição semântica é "(...) modelo constitucional que, em vez de servir como mecanismo de limitação do poder estatal, visa apenas à estabilização e conservação da estrutura de dominação do poder político".

Referências:

- BERNARDES, Juliano Taveira; FERREIRA, Olavo Augusto Vianna Alves. *Direito constitucional*. 4. ed. Salvador: JusPodivm, 2014. t. I. (Coleção Sinopses para Concurso)

2.113 Em que consiste a **Constituição aberta?**

Constituição aberta é a constituição em que todos os segmentos sociais possuem abertura para interpretá-la, uma vez que o seu texto é aberto a todos aqueles que vivem sob sua égide. Na verdade, a Constituição aberta é a sociedade aberta dos intérpretes, porquanto nada mais normal e democrático permitir ao cidadão (e aos grupos sociais), que vive a realidade constitucional, o espaço de interpretar o texto constitucional, lembrando que essa permissão não retira da Corte Constitucional a palavra final sobre a interpretação da Carta Constitucional.

Nesse sentido, os constitucionalistas Juliano Taveira Bernardes e Olavo Augusto Vianna Alves Ferreira (2014, p. 83) afirmam que Constituição aberta (*open textures*) é o "(...) produto da interpretação constitucional que, feita por todos os grupos sociais para os quais a constituição é concebida e sem prejuízo da preponderância da interpretação feita pelo tribunal constitucional, ocorre a partir do alargamento da compreensão de quem devam ser os verdadeiros intérpretes das normas constitucionais (HÁBERLE). Ver item 8 do Capítulo VII".

Referências:

- BERNARDES, Juliano Taveira; FERREIRA, Olavo Augusto Vianna Alves. *Direito constitucional*. 4. ed. Salvador: JusPodivm, 2014. t. I. (Coleção Sinopses para Concurso)

2.114 Em que consiste a **Constituição negativa?**

A Constituição negativa objetiva criar uma espécie de bolha de proteção das liberdades do indivíduo perante o poder estatal.

Em outras palavras, a Constituição negativa é a constituição que traça em desfavor do Estado uma liberdade negativa, comportamental ou de impedimento, vedando ou restringindo algumas ações positivas do Estado perante os direitos e garantias fundamentais do indivíduo.

Dessa forma, esse tipo de constituição busca uma conduta negativa e de abstenção por parte do Estado, em garantia do indivíduo.

Nesse sentido, os constitucionalistas Juliano Taveira Bernardes e Olavo Augusto Vianna Alves Ferreira (2014, p. 84) afirmam que Constituição real é o "(...) modelo constitucional que cuida apenas da liberdade-negativa ou liberdade-impedimento, em oposição à autoridade estatal. Também chamada de constituição garantista".

Referências:

- BERNARDES, Juliano Taveira; FERREIRA, Olavo Augusto Vianna Alves. *Direito constitucional*. 4. ed. Salvador: JusPodivm, 2014. t. I. (Coleção Sinopses para Concurso)

2.115 Em que consiste a **Constituição nominal?**

A Constituição nominal padece de realidade de existência, porquanto o poder político não presta obediência ou não se adapta ou se conforma com os mandamentos constitucionais. Dessa forma, o processo político não é subserviente e nem prestigia a aplicação real e efetiva da Constituição, que, em termos práticos, não é aplicada, causando no espírito da comunidade efeitos nocivos e deletérios de sensação de desrespeito da vigência da ordem constitucional pelo poder político - onde o indigitado poder deveria dar exemplo fiel e seguir à risca a Lei Fundamental.

Nessa harmonia, os constitucionalistas Juliano Taveira Bernardes e Olavo Augusto Vianna Alves Ferreira (2014, p. 83) afirmam que a Constituição "(...) nominal: carente de realidade existencial. Apesar de ser juridicamente válida, o processo político a ela não se curva ou se adapta adequadamente. Não é aplicada efetivamente".

Essa terminologia é empregada segundo a classificação ontológica de Karl Loewenstein.

Referências:

- BERNARDES, Juliano Taveira; FERREIRA, Olavo Augusto Vianna Alves. *Direito constitucional*. 4. ed. Salvador: JusPodivm, 2014. t. I. (Coleção Sinopses para Concurso)

2.116 Em que consiste a **Constituição normativa**?

Constituição normativa consiste na ideia de que a interpretação constitucional deve dominar o processo político, impondo ao aludido poder político a adaptação e conformação aos mandamentos constitucionais. Dessa forma, se prestigia a aplicação real e efetiva da Constituição.

Nesse sentido, os constitucionalistas Juliano Taveira Bernardes e Olavo Augusto Vianna Alves Ferreira (2014, p. 82) afirmam que a Constituição normativa é "(...) aquela cujas normas dominam o processo político, pois são lealmente observadas por todos os interessados, fazendo com que o poder se adapte ao texto constitucional. A constituição é efetivamente aplicada".

Essa terminologia existe segundo a classificação ontológica de Karl Loewenstein e não se pode confundir com a expressão cunhada de *força normativa* por Konrad Hesse, embora estejam umbilicalmente interligadas e os conceitos também se aproximem demasiadamente.

Referências:

- BERNARDES, Juliano Taveira; FERREIRA, Olavo Augusto Vianna Alves. *Direito constitucional*. 4. ed. Salvador: JusPodivm, 2014. t. I. (Coleção Sinopses para Concurso)

2.117 Em que consiste a **Constituição viva**?

Constituição viva é a constituição escrita efetivamente aplicada na prática pelo poder político e demais poderes constituídos. Em outras palavras, é uma constituição na qual suas previsões abstratas ganham vida e estão calcadas na aplicação e na realidade prática.

Nessa direção, os constitucionalistas Juliano Taveira Bernardes e Olavo Augusto Vianna Alves Ferreira (2014, p. 84) afirmam o seguinte: "(...) constituição viva: modo pela qual a constituição escrita é concretamente interpretada e aplicada na realidade política".

Referências:

- BERNARDES, Juliano Taveira; FERREIRA, Olavo Augusto Vianna Alves. *Direito constitucional*. 4. ed. Salvador: JusPodivm, 2014. t. I. (Coleção Sinopses para Concurso)

2.118 O que é **critério de natureza "normogenética"** no Direito Constitucional?

José Joaquim Gomes Canotilho (1993, p. 1.086) traça os principais critérios utilizados para distinguir as regras e os princípios e, entre eles, traz o critério de natureza normogenética.

O critério de "natureza normogenética" impõe que *"os princípios constituem a razão da criação das regras jurídicas"* (CANOTILHO, 1993, p. 1.086). Em outras palavras, o critério de "natureza normogenética" traduz que *os princípios são o alicerce para a criação das regras jurídicas.*

Referências:

- CANOTILHO, José Joaquim Gomes. *Direito constitucional*. 6. ed. Coimbra: Almedina, 1993.

2.119 O que é a **teoria da "dupla reforma"** ou da **reforma em "dois tempos"**?

Teoria da "dupla reforma" ou da reforma em "dois tempos" é a possibilidade de se revogar, num primeiro momento, as limitações constitucionais existentes sobre determinado assunto e, num segundo momento, promover a alteração da Constituição sem qualquer observância ao texto constitucional anterior, por isso se fala em teoria da "dupla reforma" ou da reforma em "dois tempos".

Juliano Taveira Bernardes e Olavo Augusto Vianna Alves Ferreira (2014, p. 128-129) lecionam acerca da teoria da "dupla reforma" ou da reforma em "dois tempos":

> (...) *teoria concebida para contornar as limitações constitucionais ao poder de reforma, mediante duas operações subsequentes de alteração formal da constituição. Numa primeira operação, revogam-se ou excepcionam-se as limitações criadas pelo poder constituinte originário; numa segunda operação, altera-se a constituição, sem nenhum desrespeito ao texto já em vigor após a modificação anterior. O argumento básico em defesa da dupla revisão está em que são relativos, e não absolutos, os eventuais limites impostos ao poder constituinte derivado. As normas que regulam os limites materiais ao poder de reforma constitucional não deixam de ter a mesma hierarquia que as demais normas constitucionais.*

> *Daí, se inexistem normas constitucionais a proibi-la, a dupla revisão constitucional é juridicamente possível.* Na doutrina estrangeira, a dupla revisão é defendida por autores a entender que as regras do processo de revisão constitucional são suscetíveis de modificação como quaisquer outras normas; e também as normas que contemplem limites expressos não são lógica nem juridicamente necessárias, de modo que se podem revisá-las do mesmo modo que quaisquer outras normas. *Mas as normas que fixem tais limites devem ser cumpridas enquanto não forem alteradas. No Brasil, a possibilidade da dupla revisão é minoritária.* Os que a defendem afirmam inexistirem limites implícitos contra a alteração dos limites materiais explícitos, porque cláusulas implícitas "há por todos os gostos" (FERREIRA FILHO, 1995, p. 14 e segs.). Para outros, a dupla reforma é admissível, desde que não altere o caráter rígido da Constituição brasileira (MACHADO HORTA). *No entanto, a tese da dupla revisão é rejeitada pela esmagadora maioria da doutrina nacional, que a considera verdadeira fraude à autoridade do constituinte originário.*

Portanto, não se pode olvidar que a doutrina majoritária pátria acena para a impossibilidade do instituto, embora exista doutrina minoritária sustentando a possibilidade da teoria da "dupla reforma" ou da reforma em "dois tempos".

De outro lado, frisa-se que a teoria da "dupla reforma" ou da reforma em "dois tempos" tem como sinônimo a expressão dupla revisão.

Cumpre ressaltar, por fim, que o Supremo Tribunal Federal já apreciou a temática e, na ocasião, rejeitou a tese da teoria da "dupla reforma" ou da reforma em "dois tempos" ou da dupla revisão. A propósito, confiram-se as ementas de dois julgados em que não foi admitida a tese da teoria da "dupla reforma" ou da reforma em "dois tempos" ou da dupla revisão:

> (a) ao "Poder Legislativo, federal ou estadual, *não está aberta a via da introdução, no cenário jurídico, do instituto da revisão constitucional*" (STF - ADInMC 722/TO);
>
> (b) "Emenda ou revisão, como processos de mudança na Constituição, são manifestações do poder constituinte instituído e, por sua natureza, limitado. Está a 'revisão' prevista no art. 3.º do ADCT de 1988 sujeita aos limites estabelecidos no § 4.º e seus incisos do art. 60 da Constituição. O resultado do plebiscito de 21 de abril de 1933 não tornou sem objeto a revisão a que se refere o art. 3.º do ADCT. Após 5 de outubro de 1993, cabia ao Congresso Nacional *deliberar no sentido da oportunidade ou necessidade de proceder à aludida revisão constitucional, a ser feita uma só vez* (STF - ADInMC 981/PR)".

Referências:

- BERNARDES, Juliano Taveira; FERREIRA, Olavo Augusto Vianna Alves. *Direito constitucional*. 4. ed. Salvador: JusPodivm, 2014. t. I. (Coleção Sinopses para Concurso)

2.120 O que é **mutação constitucional?**

Mutação constitucional é a modificação informal do texto constitucional sem alterações por meio de revisões ou emendas. É a nova atribuição de sentidos ao texto constitucional sem alteração formal da Constituição.

Juliano Taveira Bernardes e Olavo Augusto Vianna Alves Ferreira (2014, p. 115) elucidam sobre a mutação constitucional que "*mutação constitucional é o ato ou efeito modificativo da constituição sem revisões formais do texto das disposições constitucionais. Trata-se do fenômeno a partir do qual as normas constitucionais se modificam sem revisões ou emendas textuais.* Diferentemente das reformas constitucionais, que são inovações nos enunciados linguísticos da constituição introduzidas mediante procedimentos formais de emendas, as *mutações constitucionais decorrem de processos informais de mudanças, a partir dos quais, independentemente de alterações textuais, atribuem-se novos sentidos à constituição.* Exatamente por serem informais as mutações constitucionais, ocorre de não se identificar com precisão o 'como' nem o 'quando' se implementam. Daí se atribuir a responsabilidade pelas mutações constitucionais a um *poder constituinte difuso*".

O assunto em tela está intimamente relacionado com o poder constituinte difuso.

Referências:

- BERNARDES, Juliano Taveira; FERREIRA, Olavo Augusto Vianna Alves. *Direito constitucional*. 4. ed. Salvador: JusPodivm, 2014. t. I. (Coleção Sinopses para Concurso)

2.121 O que é **Constituição real?**

Constituição real é a soma ou a união das forças sociais políticas que militam e atuam na materialização dos mandamentos constitucionais.

Nesse sentido, os constitucionalistas Juliano Taveira Bernardes e Olavo Augusto Vianna Alves Ferreira (2014, p. 83) afirmam que Constituição total é um "(...) conjunto de forças sociais politicamente atuantes na efetivação das regras constitucionais".

Referências:

- BERNARDES, Juliano Taveira; FERREIRA, Olavo Augusto Vianna Alves. *Direito constitucional*. 4. ed. Salvador: JusPodivm, 2014. t. I. (Coleção Sinopses para Concurso)

2.122 O que é **Constituição total**?

A Constituição total age de maneira integral e efetiva na organização social, política, econômica e jurídica de um Estado.

Nesse sentido, os constitucionalistas Juliano Taveira Bernardes e Olavo Augusto Vianna Alves Ferreira (2014, p. 83) afirmam que Constituição total é a "(...) constituição que opera a integral organização política, social, jurídica e econômica de um Estado".

Referências:

- BERNARDES, Juliano Taveira; FERREIRA, Olavo Augusto Vianna Alves. *Direito constitucional*. 4. ed. Salvador: JusPodivm, 2014. t. I. (Coleção Sinopses para Concurso)

2.123 O que é uma **decisão "manipuladora"**, **"manipulativa"** ou **"sentenze manipolative"**?

Decisão "manipuladora", "manipulativa" ou "sentenze manipolative" é aquela em que a Corte Constitucional não se limita a declarar a inconstitucionalidade de determinada norma (legislador negativo), indo além ao agir como legislador positivo, por intermédio de modificação do ordenamento jurídico, ao acrescentar ou substituir normas, a pretexto de conformá-las à Constituição.

Acerca do tema, os constitucionalistas Juliano Taveira Bernardes e Olavo Augusto Vianna Alves Ferreira (2014, p. 526) prescrevem que:

> 4.3. Novas tendências: incorporação de técnicas decisórias "manipulativas"
>
> Embora tímida e muitas vezes inadvertidamente, o *STF começa a adotar decisões que se enquadram na definição de sentenças manipuladoras ou manipulativas do direito italiano (sentenze "manipolative")*. Num sentido amplo, consideram-se manipuladoras as decisões em que o tribunal, no exercício do controle de constitucionalidade, não se limita a agir como "legislador negativo", pois a simples subtração da eficácia do ato inconstitucional

> mostra-se insuficiente para preservar a supremacia constitucional. Nesses casos, em vez de simplesmente reconhecer a inconstitucionalidade e invalidar o ato impugnado (*invalidação tout court*), para então eliminar a "vontade positiva" nele manifestada pelo legislador, o tribunal se vê obrigado a resolver problema mais complexo e que exige certa dose de "manipulação" do contexto normativo examinado. (...) *Num sentido amplo, incluem-se na definição de decisões manipulativas alguns tipos decisórios bastante conhecidos e utilizados no direito brasileiro, como as decisões declaratórias de inconstitucionalidade parcial (com redução de texto), as decisões declaratórias de inconstitucionalidade sem redução do texto, além da impropriamente utilizada declaração de inconstitucionalidade mediante "interpretação conforme a constituição". Isso porque, em tais decisões, o programa normativo do preceito impugnado não é simplesmente expurgado do sistema jurídico.* Apesar de aparentemente o órgão fiscalizador se limitar a reconhecer a invalidade de parte do conteúdo de significados presente no preceito atacado, essa redução normativa acaba por modificar a "vontade positiva" que originalmente se extraía do ato questionado, ainda que a pretexto de adequá-lo ou de conformá-lo aos ditames da constituição. Ao reconhecer a inconstitucionalidade do preceito "na parte em que ele inclui" alguma dimensão normativa, a decisão redutora imprime ao ato impugnado uma modificação de sentido que o torna substancialmente diverso do que era antes do processo de controle de constitucionalidade.

Academicamente, acrescenta-se que a terminologia sentença ou decisão "manipuladora", "manipulativa", "sentenze manipolative" também é denominada como "normativa" ou "intermédia".

Adiante, existem, como subespécies das decisões ou sentenças "manipuladoras" ou "normativas", as *sentenças/decisões "aditivas"* e *"substitutivas"*, valendo realçar que as *sentenças/decisões "aditivas"* são também denominadas de *"modificativas"*.

Exemplo de *decisão ou sentença aditiva* é o trazido pelo constitucionalista Dirley da Cunha Júnior (2014). Ele cita a hipótese de uma omissão por parte do legislador ter sido apenas um equívoco de apreciação das circunstâncias fáticas, sem que exista "o propósito deliberado de arbitrária e unilateralmente se favorecerem certas pessoas, ou grupos, ou situações, teremos, aí sim, uma inconstitucionalidade por omissão". Nesse caso, diante da possibilidade de ter ocorrido um "esquecimento" ou "equívoco" pelo Poder Legislativo, poderia o Poder Judiciário, em razão da parcial omissão inconstitucional, "corrigir o equívoco e estender a vantagem ao grupo involuntariamente esquecido". Já na situação de deliberada intenção do legislador em conceder, de forma arbitrária, vantagens só a certas pessoas ou grupos, defende que, nesse caso, deve ser reconhecida a inconstitucionalidade por ação, ressaltando que numa omissão parcial também há uma conduta positiva que pode ser classificada como inconstitucional.

No que se refere às *sentenças ou decisões "substitutivas"*, subespécie das decisões "manipuladoras" ou "normativas", ensinam Gilmar Ferreira Mendes, Inocêncio Mártires Coelho e Paulo Gustavo Gonet Branco (2009, p. 148): "(...) assim se consideram aquelas decisões em que a Corte declara a inconstitucionalidade de um preceito na parte em que expressa certa norma em lugar de outra, substancialmente distinta, que dele deveria constar para que fosse compatível com a Constituição. Atuando dessa forma, a Corte não apenas anula a norma impugnada, como também a substitui por outra, essencialmente diferente, criada pelo próprio tribunal, o que implica a produção heterônoma de atos legislativos (...)".

Por ocasião do julgamento da Ação de Descumprimento de Preceito Fundamental (ADPF) 54/DF, com o Relator Ministro Marco Aurélio, que cuidou do aborto de fetos anencéfalos, o Ministro Gilmar Mendes cuidou, em parte, de seu voto e citou as chamadas decisões manipulativas aditivas. Em vista da pertinência e para melhor contextualização, cita-se trechos do voto em referência:

> (...) No julgamento conjunto das ADIn 1.105 e 1.127, ambas de relatoria do Min. Marco Aurélio, o Tribunal, ao conferir interpretação conforme à Constituição a vários dispositivos do Estatuto da Advocacia (Lei 8.906/1994), acabou adicionando-lhes novo conteúdo normativo, convolando a decisão em verdadeira interpretação corretiva da lei.
>
> Em outros vários casos mais antigos, também é possível verificar que o Tribunal, a pretexto de dar interpretação conforme a Constituição a determinados dispositivos, acabou proferindo o que a doutrina constitucional, amparada na prática da Corte Constitucional italiana, *tem denominado de decisões manipulativas de efeitos aditivos.*
>
> *Sobre a evolução da Jurisdição Constitucional brasileira em tema de decisões manipulativas, o constitucionalista português Blanco de Morais fez a seguinte análise:*
>
> *"(...) o fato é que a Justiça Constitucional brasileira deu, onze anos volvidos sobre a aprovação da Constituição de 1988, um importante passo no plano da suavização do regime típico da nulidade com efeitos absolutos, através do alargamento dos efeitos manipulativos das decisões de inconstitucionalidade.*
>
> Sensivelmente, desde 2004 parecem também ter começado a emergir com maior pragnância decisões jurisdicionais com *efeitos aditivos.*

Tal parece ter sido o caso de uma acção directa de inconstitucionalidade, a ADIn 3.105, a qual se afigura como uma sentença demolitória com *efeitos aditivos*. Esta eliminou, com fundamento na violação do princípio da igualdade, uma norma restritiva que, de acordo com o entendimento do Relator, reduziria arbitrariamente para algumas pessoas pertencentes à classe dos servidores públicos, o alcance de um regime de imunidade tributária que a todos aproveitaria. Dessa eliminação resultou automaticamente a aplicação, aos referidos trabalhadores inactivos, de um regime de imunidade contributiva que abrangia as demais categorias de servidores públicos".

Assim, observe-se que, nesta ADPF 54, Rel. Min. Marco Aurélio, em que se discute a constitucionalidade da criminalização dos abortos de fetos anencéfalos, caso o Tribunal decida pela procedência da ação, dando interpretação conforme aos arts. 124 a 128 do Código Penal, invariavelmente proferirá uma típica *decisão manipulativa com eficácia aditiva.*

Ao rejeitar a questão de ordem levantada pelo Procurador-Geral da República, o Tribunal *admitiu a possibilidade de, ao julgar o mérito da ADPF 54, atuar como verdadeiro legislador positivo, acrescentando mais uma excludente de ilicitude – no caso de o feto padecer de anencefalia – ao crime de aborto. Isso quer dizer que, pelo menos segundo o meu voto, está rechaçado o argumento da autora, de atipicidade do fato.*

Acolho a hipótese de que a Corte criará, ao lado das já existentes (art. 128, I e II), uma nova hipótese de excludente de ilicitude do aborto.

Portanto, não se pode negar que o Supremo Tribunal Federal está a se livrar do vetusto dogma do legislador negativo e, *nesse passo, alia-se à mais progressiva linha jurisprudencial das decisões interpretativas com eficácia aditiva, já adotadas pelas principais Cortes Constitucionais europeias.* A assunção de uma atuação criativa pelo Tribunal poderá ser determinante para a solução de antigos problemas relacionados à inconstitucionalidade por omissão, que muitas vezes causa entraves para a efetivação de direitos e garantias fundamentais assegurados pelo texto constitucional.

Em verdade, é preciso deixar claro que a prolação de decisões interpretativas com efeitos aditivos não é algo novo na jurisprudência do STF. Poder-se-ia, inclusive, atestar que se trata apenas de uma nova nomenclatura, um novo (e mais adequado) termo técnico para representar formas de decisão que o Tribunal costuma tomar quando realiza a conhecida interpretação conforme a Constituição e, com isso, acaba por alterar, ainda que minimamente, os sentidos normativos do texto legal. Tornou-se algo corriqueiro mencionar a jurisprudência da Corte italiana sobre o tema para, num exercício de direito comparado, defender a "introdução" de novas técnicas de decisão no controle abstrato no Brasil.

Não obstante, atente-se para o fato de que os problemas solucionados pela Corte italiana por meio de sentenças aditivas são muitas vezes idênticos àqueles enfrentados pelo Supremo Tribunal Federal quando aplica a técnica da interpretação conforme a Constituição. Portanto, ainda que se queira denominar a decisão tomada nesta ADPF como interpretação conforme, *ela não deixará de ser, consoante a nomenclatura tecnicamente mais adequada, uma decisão interpretativa (manipulativa) com efeitos aditivos.*

É certo que a incidência de decisões com efeitos aditivos em matéria criminal não está livre de críticas. Parece sensato assumir todas as cautelas quando se trata de produzir decisões manipulativas sobre normas de caráter penal, tendo em vista os princípios da legalidade (e reserva de lei e reserva de Parlamento) e da tipicidade (cerrada) penal. A sentença aditiva *in malam partem* é extremamente reprovável, todavia, se proferida *in bonam partem*, abre-se uma brecha explorável para a prolação de decisão manipulativa que tenha efeito restritivo da norma penal, não ofensiva ao postulado da reserva de lei.

(...)

Porém, o fato de o âmbito normativo penal ser a área mais problemática de aplicação das decisões de efeitos aditivos não deve significar o seu completo rechaço nessa seara. No caso brasileiro – assim como ocorreu também na realidade italiana –, o controle da constitucionalidade da legislação penal pré-constitucional (como é o caso do Código Penal, de 1940) pode impor à Corte a necessidade de adoção de uma interpretação evolutiva atualizadora dessa legislação em face da ordem constitucional de 1988, exigindo uma decisão interpretativa com efeitos aditivos, que ocorrerá *in bonam partem*, no caso em exame.

(...)

Portanto, tal como vivenciado na realidade italiana, não seria incorreto considerar a possibilidade de que, também entre nós, o Supremo Tribunal Federal, ante a premente necessidade de atualização do conteúdo normativo do art. 128 do Código Penal de 1940, venha a prolatar uma decisão com efeitos aditivos para admitir que, além do aborto necessário (quando não há outro meio de salvar a vida da gestante) e do aborto no caso de gravidez resultante de estupro, não se deve punir o aborto praticado por médico, com o consentimento da gestante, se o feto padece de anencefalia.

Essa parece ser uma técnica viável de decisão, que de nenhuma maneira atenta contra os princípios da legalidade (e reserva de lei) estrita e da tipicidade penal. Faço, no entanto, uma imprescindível ressalva: *é que as decisões manipulativas de efeitos aditivos, como essa que se propõe, devem observar limites funcionais claros, isto é, elas devem submeter-se à liberdade de conformação do legislador, que poderá, a qualquer tempo, editar norma sobre o tema. Desse modo, é preciso reconhecer que a decisão desta Corte não impedirá o advento de legislação sobre o assunto, devendo antes servir de estímulo à atuação do legislador (...).*

”

No julgamento acima é válido informar que o Supremo Tribunal Federal (ADPF 54, Rel. Min. Marco Aurélio, Tribunal Pleno do STF), por maioria e nos termos do voto do Relator, julgou procedente a ação para declarar a inconstitucionalidade da interpretação segundo a qual a interrupção da gravidez de feto anencéfalo é conduta tipificada nos arts. 124, 126, 128, I e II, todos do Código Penal, contra os votos dos Senhores Ministros Gilmar Mendes e Celso de Mello que, julgando-a procedente, acrescentavam condições de diagnóstico de anencefalia especificadas pelo Ministro Celso de Mello, bem assim contra os votos dos Ministros Ricardo Lewandowski e Cezar Peluso, que a julgavam improcedente.

Referências:

- BERNARDES, Juliano Taveira; FERREIRA, Olavo Augusto Vianna Alves. *Direito constitucional*. 4. ed. Salvador: JusPodivm, 2014. t. I. (Coleção Sinopses para Concurso)
- BRASIL. STF, ADPF 54, Tribunal Pleno, Rel. Min. Marco Aurélio, j. 12.04.2012, *DJe*-080, divulg. 29.04.2013, publicado em 30.04.2013.
- CUNHA JÚNIOR, Dirley da. *Curso de direito constitucional*. 8. ed. Salvador: JusPodivm, 2014.
- MENDES, Gilmar Ferreira; COELHO, Inocêncio Mártires; BRANCO, Paulo Gustavo Gonet. *Curso de direito constitucional*. 4. ed. rev. e atual. São Paulo: Saraiva, 2009.

2.124 O que traduz os **"silêncios eloquentes" constitucionais**?

Os "silêncios eloquentes" constitucionais consistem no silêncio ou ausência de disposição intencional pelo legislador no texto constitucional. Em outras palavras, "silêncios eloquentes" constitucionais são os vazios normativos sobre determinado/específico assunto.

Desse modo, qualquer manobra interpretativa, mirando na colmatação, integração ou suprimento do vazio intencional deixado pelo legislador constituinte, é vedada, pois se tratou de algo proibitivo e intencional por meio do "silêncio eloquente", não podendo o intérprete agir como tal.

O intérprete deve ter cuidado nesta linha tênue da exegese para não invadir campo interpretativo que não lhe caberia, advertindo que, além de proibido, qualquer atividade legiferante materializada, via ato normativo, seria reputada como inválida.

Nesse diapasão, os constitucionalistas Juliano Taveira Bernardes e Olavo Augusto Vianna Alves Ferreira (2014, p. 223) ensinam que a tradução dos "silêncios eloquentes" constitucionais:

> *(...) são normas constitucionais proibitivas obtidas, a contrario sensu, de interpretações segundo as quais a simples ausência de disposição constitucional permissiva significa a proibição de determinada prática por parte dos órgãos constituídos, incluindo o próprio legislador infraconstitucional.* Exemplos: (a) embora a Constituição Federal tenha instituído imunidades especiais ao Presidente da República (§§ 3.º e 4.º do art. 86), silenciando-se quanto a outras autoridades, o STF entendeu que se trata de um "silêncio eloquente", pelo que mesmo constituições estaduais e a LODF estão proibidas de estender tais imunidades, seja aos próprios Governadores (v. ADIn 978/PB), seja a outras autoridades; (b) a despeito do vazio normativo sobre a matéria, o STF entende inválidas as constituições estaduais na parte em que atribuem aos tribunais de justiça competência para desempenhar controle abstrato da constitucionalidade de atos normativos municipais em face da Constituição Federal. Não se trata, portanto, de algum tipo de lacuna jurídica, senão de uma *norma implícita (proibitiva)* que se extrai da falta de disposição normativa a respeito de certa matéria. Exatamente por isso, detectado um "silêncio eloquente", consideram-se *inválidas* todas as *tentativas infraconstitucionais de preenchimento* (colmatagem) ou de integração do vazio deixado pelo constituinte. Exemplo: no RE 30.552/RE, por enxergar um silêncio eloquente no art. 114 da Constituição, a 1.ª Turma do STF reputou inviável o uso da analogia para incluir, na competência da justiça do Trabalho, as causas referentes ao recolhimento de contribuições estipuladas em convenção ou acordo coletivo de trabalho.

Referências:

- BERNARDES, Juliano Taveira; FERREIRA, Olavo Augusto Vianna Alves. *Direito constitucional*. 4. ed. Salvador: JusPodivm, 2014. t. I. (Coleção Sinopses para Concurso)

2.125 O que vem a ser **poder constituinte difuso**?

Poder constituinte difuso é o que realiza o papel de criação e transformação das normas constitucionais sem modificação formal do texto delineado na Constituição Federal.

O poder constituinte difuso não encontra nem previsão e nem é organizado na Lei Maior.

Juliano Taveira Bernardes e Olavo Augusto Vianna Alves Ferreira (2014, p. 113-114) asseveram sobre poder constituinte difuso que:

> (...) não obstante o pouco desenvolvimento na doutrina nacional acerca do assunto, o poder constituinte não se resume às espécies originária e derivada. Em estado de latência, igualmente se encontra o chamado *poder constituinte difuso*, o qual, embora não previsto nem organizado pela constituição, *realiza notável papel na criação e no desenvolvimento da eficácia de normas constitucionais, sem alteração formal de seu texto*. Manifesta-se geralmente quando os órgãos incumbidos de aplicar as normas constitucionais se deparam com imperfeições ou obscuridades, espaços vazios ou omissões deixados na constituição, *razão pela qual procuram corrigir esses defeitos por meio de expedientes não previstos formalmente pelo texto constitucional, tais como as convenções constitucionais e os costumes constitucionais* (cf. item 4.2.2 do Capítulo VI), bem assim as *mutações constitucionais* (cf. item 2.1 abaixo). *Por outro lado, as normas criadas informalmente pelo poder constituinte difuso sujeitam-se a controle de constitucionalidade, pois não se sobrepõem às estabelecidas pelo poder constituinte originário, obviamente, tampouco às formalmente instituídas pelo poder constituinte derivado.*

Referências:

- BERNARDES, Juliano Taveira; FERREIRA, Olavo Augusto Vianna Alves. *Direito constitucional*. 4. ed. Salvador: JusPodivm, 2014. t. I. (Coleção Sinopses para Concurso)

2.126 O que é **poliarquia?**

A poliarquia é um regime político mais amplo que a democracia, uma vez que permite maior participação e inclusão pública em assuntos da "polis". É uma democracia avançada em que materialmente se dá maior abertura participativa do povo e nas deliberações dos assuntos do Estado.

O americano Robert Dahl conceitua poliarquia da seguinte forma: *"A 'poliarquia' é uma democracia com alto grau de participação/inclusão e contestação pública. Em outras palavras, regimes 'substancialmente popularizados e liberalizados'"* (DAHL, 1997).

O direito ao voto também é universal e não existem restrições de gênero ou de expressão censitária para o exercício do sufrágio. Na percepção de Robert Dahl, na poliarquia o direito de concorrer a cargos públicos é aberto a todos, ou seja, é universal.

Ademais, nas poliarquias se confere ao processo eleitoral o direito de livre expressão quanto a questões relevantes para a sociedade. Não existem assuntos proibidos, porque tudo pode ser debatido amplamente. Outrossim, há possibilidade de que o eleitor busque fontes alternativas de informação.

A poliarquia designa um modelo de democracia procedimental.

Por fim, na poliarquia, como cita Arnaldo Sampaio Moraes Godoy, os grupos de interesse participam de forma organizada da disputa eleitoral e alcançam os vários meandros do poder, semelhante ao instituto da teoria da captura (do direito administrativo, em que traduz situações nas quais os regulados gerissem as agências reguladoras) ocorreria de um modo mais amplo na poliarquia, onde o governado é que controlaria o governo.

Referências:

- DAHL, Robert. Democratização e oposição pública. *Poliarquia*: participação e oposição. São Paulo: EdUsp, 1997.
- GODOY, Arnaldo Sampaio de Moraes. *Embargos culturais – o americano Robert Dahl e o conceito de poliarquia*. Disponível em: <http://www.conjur.com.br/2012-nov-18/embargos-culturais-ameircano-robert-dahl-conceito-poliarquia>. Acesso em: 15 abr. 2016.

2.127 Em que consiste a **metodologia "fuzzy"** ou **"fuzzysmo"** aplicada aos direitos à prestação?

A metodologia "fuzzy" ou "fuzzysmo" aplicada aos direitos à prestação consiste em se trabalhar com métodos vagos, indeterminados e confusos para aplicação dos direitos fundamentais (direitos de prestações).

Em outras palavras, a metodologia "fuzzy" ou "fuzzysmo" aplicada aos direitos à prestação foca em realidades sem bases concretas que servirão para orientar o Poder Judiciário quando da tomada de decisão sobre um caso concreto, porquanto os métodos são vagos, indeterminados e confusos.

A discussão referente à metodologia "fuzzy" ou "fuzzysmo" aplicada aos direitos à prestação é fundamental, porque é cediço que os recursos públicos são finitos, e uma demanda de altos valores no cumprimento de direitos fundamentais (direitos prestacionais) pode fazer com que outras pessoas na mesma situação ou em situações diversas, que façam *jus* ao direito, sejam tolhidas deste, criando-se uma violação às avessas do princípio da isonomia material.

Nessa harmonia, os constitucionalistas Juliano Taveira Bernardes e Olavo Augusto Vianna Alves Ferreira (2014, p. 83) afirmam, sobre a metodologia "fuzzy" ou "fuzzysmo" aplicada aos direitos à prestação, que:

> 25.2.4. Metodologia fuzzy aplicada aos direitos à prestação
>
> As ciências sociais são frequentemente criticadas por utilizarem metodologia "fuzzy" - métodos confusos, indeterminados e vagos - para tratar dos respectivos objetos de estudo. E, no âmbito da ciência jurídica, é sobretudo a teoria dos direitos fundamentais que recebe mais críticas dessa ordem. Segundo Canotilho[17] (2004, p. 100), "paira sobre a dogmática e teoria jurídica dos direitos econômicos, sociais e culturais a carga metodológica da 'vaguidez', 'indeterminação' e 'impressionismo' que a teoria da ciência vem apelidando, em termos caricaturais, sob a designação de 'fuzzysmo' ou 'metodologia fuzzy'". Ainda para Canotilho, ao "falarem de direitos económicos, sociais e culturais os juristas não sabem muitas vezes do que estão a falar" (2004, p. 124). Daí por que os constitucionalistas haveriam de "ter consciência dos seus limites e reconhecer com humildade que a constituição já não é o lugar do superdiscurso social" (2004, p. 125). De fato, embora admita as sérias dificuldades que envolvem a efetivação dos direitos a prestação, a doutrina jurídica não aponta soluções claras à questão. Em geral, não aceita mais o caráter "meramente" programático das normas definidoras de direitos a prestações, porém tampouco reconhece que delas surjam direitos subjetivos plenamente exigíveis em face do Estado. Fica-se, então, num desconfortável meio-termo, entre o caráter jurídico-vinculante das normas de direitos fundamentais a prestação e os obstáculos que lhe são contrapostos, como a reserva do financeiramente possível e a liberdade de conformação legislativa do conteúdo desses direitos fundamentais (BERNARDES e FERREIRA, 2014, p. 696-697).

Referências:

- BERNARDES, Juliano Taveira; FERREIRA, Olavo Augusto Vianna Alves. *Direito constitucional*. 4. ed. Salvador: JusPodivm, 2014. t. I. (Coleção Sinopses para Concurso)

2.128 Em que consiste a **Teoria dos Dois Corpos do Rei**?

Esta teoria utiliza uma metáfora da obra *Os Dois Corpos do Rei*, de Ernest Kantorowicz, para traçar um paralelo com a segurança jurídica sob

17 CANOTILHO, José Joaquim Gomes. *Estudos sobre direitos fundamentais*. Coimbra: Coimbra Ed., 2004.

a perspectiva jurisprudencial na busca da uniformidade, busca esta que parte *da formulação de acórdãos e ementas, até a exposição das razões de decidir, de modo que haja preocupação com toda a decisão e não apenas com seu dispositivo*. É esta última parte que nos interessa, ou seja, a decisão com os dois corpos (ou partes) que seria construída no litígio judicial, em que se teria, de um lado, a parte *indeterminada ou incerta*, e, de outro lado, a *parte das circunstâncias fáticas*, sem perder de vista o ideal da segurança jurídica (na ideia de verdade, legitimidade e perenidade).

Esses dois corpos numa só decisão (em metaforia com os dois corpos de um rei) são responsáveis por possíveis variáveis dos precedentes dos Tribunais Superiores, o que poderia sugerir aparente contradição em vista da insegurança jurídica, quando, na verdade, não se teria esse quadro, mas, sim, uma observância da segurança jurídica material[18-19], que estaria respaldada no direito material, e, por sua vez, daria ensejo à decisão diferente.

A decisão não se aparta do corpo com suas partes (de um lado a parte *indeterminada ou incerta*, e, de outro lado, a *parte das circunstâncias fáticas*) [partes que estão unidas], e, apesar de oscilações jurisprudenciais, *o ideal é perseguir na hipótese concreta e da grande complexidade da vida este equilíbrio*, sem deixar de buscar a garantia da segurança jurídica. Aqui se teria a Teoria dos Dois Corpos do Rei.

O Ministro do Supremo Tribunal Federal, Luiz Edson Fachin, expôs sobre a Teoria dos Dois Corpos do Rei, usando a história (Dois Corpos do Rei) como analogia para traçar a *segurança jurídica*, a *decisão com os dois corpos (ou partes)* e *as variáveis de resultados dos precedentes jurisprudenciais*:

> É conhecida a elaboração de Ernest Kantorowicz que desenvolveu a teoria dos dois corpos do rei. De um lado, o corpo natural, calcado nas efemeridades humanas, na visão conjuntural e contingente inerentes ao agir e pensar humano. De outro lado, revela-se o corpo místico e político do rei, engendrado na ideia de verdade, legitimidade e perenidade. Esse quadro buscado por Kantorowicz na tradição medieval, metaforicamente, *pode*

18 Para Auxiliadora da Silva Baldoino sobre segurança jurídica, "no aspecto formal, as preocupações voltam-se para temas como validade, processo legislativo, sistemática jurídica, conflitos de normas etc." (Auxiliadora da Silva Balduino *apud* MACIEL, José Fabio Rodrigues. *Teoria geral do direito*: segurança, valor, hermenêutica, princípios, sistema, p. 34).

Por outro lado, tem-se que "(...) a segurança jurídica material é vista como essência do direito (...), representa garantia ao indivíduo, dada dentro de um grau de certeza que se mostra no direito positivado" (MACIEL, José Fabio Rodrigues. *Teoria geral do direito*: segurança, valor, hermenêutica, princípios, sistema, p. 36).

19 MACIEL, José Fabio Rodrigues. *Teoria geral do direito*: segurança, valor, hermenêutica, princípios, sistema. São Paulo: Saraiva, 2004.

> *ser bem aplicado ao paradoxismo da segurança jurídica na contemporaneidade, nomeadamente nos litígios familiares. (...) Nesse contexto complexo se espera, sobretudo do STF e do STJ, a consolidação da unidade possível ao sistema jurídico, que perpassa desde a formulação de acórdãos e ementas, até a nítida exposição das razões de decidir, de modo que haja preocupação com toda a decisão e não apenas com seu dispositivo. Isso é essencial para a solidificação da segurança jurídica que se almeja. Neste influxo, há que se admitir igualmente que o sentido da segurança jurídica não se resume à garantia das legítimas expectativas das partes, mas também pressupõe a previsibilidade da incidência material da legalidade constitucional. Isto porque jurisprudência não é apenas resultado, mas, principalmente, método.*
>
> *Se na teorização de Kantorowicz os "dois corpos do rei" se encontram amalgamados, na superposição metafórica para o dilema da segurança jurídica não poderia ser diferente. O corpo contingencial e conjuntural da decisão não se separa do corpo perene e uno. Em suma, parece haver uma inconciliável contradição na pretensão de segurança jurídica. Contudo, o correto balancear desses dois corpos calcados na compreensão de segurança jurídica material pode fazer dessa aparente contradição o ritmo perfeito do andar jurisprudencial, que leva em conta o caso concreto e a hipercomplexidade da vida, sem deixar de perseguir, teleologicamente, a unidade e previsibilidade possível a fim de garantir a segurança. Sem dúvida, encontrar esse equilíbrio ideal não é tarefa fácil, mas é o horizonte que se faz necessário* (FACHIN, 2015, p. 1).

Referências:

- FACHIN, Luiz Edson. *Processo familiar – os "corpos do rei" e a segurança jurídica: o que esperar das cortes superiores?* Disponível em: <http://www.conjur.com.br/2015-abr-05/processo-familiar-corpos-rei-seguranca-juridica-esperar-cortes-superiores>. Acesso em: 13 abr. 2016.
- MACIEL, José Fabio Rodrigues. *Teoria geral do direito*: segurança, valor, hermenêutica, princípios, sistema. São Paulo: Saraiva, 2004.

2.129 Em que consiste o **Constitucionalismo "Whig" ou Termidoriano**?

O Constitucionalismo "Whig" ou Termidoriano corresponde ao processo de mudança do cenário político e constitucional de forma lenta e evolutiva, mas que se apresenta de modo revolucionário e radical.

A expressão "Constitucionalismo Whig" tem origem no partido Whig da Inglaterra, onde, até o século XVIII, existia o partido Tory (Tories, no plural). Os "Whigs" eram a burguesia urbana, liberal e favorável ao poder do Parlamento, enquanto os Tories eram a nobreza latifundiária, conservadora e favorável ao poder do Rei (PAZZINATO; SENISE, 2002, p. 89).

A terminologia *Constitucionalismo Termidoriano* remonta à origem na Revolução Francesa, quando o Comitê de Salvação Pública ordenou a execução de Robespierre, Saint-Just e de outros líderes jacobinos. Assim, com a Reação, encerrou-se a fase mais radical da Revolução e o golpe aconteceu do dia 27 para o dia 28 de julho de 1794 ou 9 Termidor, conforme o calendário adotado na Revolução Francesa. Com isso, se explica a expressão Constitucionalismo Termidoriano.

José Adércio Leite Sampaio, em ensaio sobre Constitucionalismo "Whig" ou Termidoriano, tece os seguintes comentários:

> O Constitucionalismo Termidoriano
>
> No pensamento constitucional, tende-se a chamar de constitucionalismo whig (ou para alguns termidoriano) o processo de mudança de regime político-constitucional lento e evolutivo, mais que revolucionário e radical. É o mote das chamadas transições constitucionais de nossos dias. Não é preciso derramamento de sangue para que haja mudanças, nascendo os regimes políticos gradualmente de dentro dos regimes caducos.
>
> O constitucionalismo evolutivo é visto por alguns como modelo de uma ideologia conservadora de mudanças sociais. Tanto por inspiração inglesa (fonte do constitucionalismo evolutivo dos whigs), quanto francesa (de onde vem a noção do termidorianismo). Trata-se de uma forma incompleta de percepção. Toda revolução termina em conservação. E todo constitucionalismo transporta um ingrediente do Termidor. Explico.
>
> Para os historiadores, a reação termidoriana é a fase de algumas revoluções em que o poder passa das mãos da liderança revolucionária e de um regime radical para grupos mais conservadores que adotam uma linha política que se distancia das propostas originais, chegando mesmo a retomar valores e premissas pré-revolucionários.
>
> A expressão tem origem na Revolução Francesa, quando o Comitê de Salvação Pública determinou a execução de Robespierre, Saint-Just e de outros líderes jacobinos. Com a Reação, pôs-se fim à fase mais radical da Revolução. O golpe aconteceu de 27 para 28 de julho de 1794 ou 9 Termidor, de acordo com o calendário adotado na Revolução. Daí a denominação.
>
> Quem ajudou a divulgar essa ideia foi Leon Trótsky. Em seu livro *A Revolução Traída*, Trótsky se refere à ascensão de Stalin ao poder como a reação termidoriana da Revolução soviética. As promessas do comunismo se converteram, segundo ele, na vontade despótica e burocrática de um homem (SAMPAIO, 2014).

Referências:

- PAZZINATO, Alceu L.; SENISE, Maria Helena V. *História moderna e contemporânea*. 14. ed. São Paulo: Ática, 2002.
- SAMPAIO, José Adércio Leite. *O constitucionalismo termidoriano*. Disponível em: <https://nayrontoledo.com.br/2014/03/11/o-que-e-constitucionalismo-whig-ou--termidoriano/>. Acesso em: 15 abr. 2016.
- SAMPAIO, José Adércio Leite. *As origens Whig da Constituição dos Estados Unidos*. Disponível em: Acesso em: 2 out. 2012.
- SAMPAIO, José Adércio Leite. *Constitucionalismo Whig*. Disponível em: Acesso em: 2 out. 2012.
- SAMPAIO, José Adércio Leite. Teorias constitucionais em perspectiva – em busca de uma constituição pluridimensional. In: SAMPAIO, José Adércio Leite (org.). *Crises e desafios da constituição*: perspectivas críticas da teoria e das práticas constitucionais brasileiras. Belo Horizonte: Del Rey, 2003.
- SAMPAIO, José Adércio Leite. *O constitucionalismo termidoriano*. Disponível em: Acesso em: 1.º out. 2012.
- SAMPAIO, José Adércio Leite. *O pensamento político Whig (recensão do livro de Ward)*. Disponível em: Acesso em: 2 out. 2012.

2.130 Em que consiste o **dilema do prisioneiro**?

O dilema do prisioneiro é um modelo teórico que buscou respaldo na Teoria dos Jogos em que se trabalha com estratégias. No caso, nenhum preso sabe qual a estratégia que o outro adotará e a Polícia, ao mesmo tempo, buscará elucidar os fatos dentro da sua estratégia. Por isso, denomina-se dilema do prisioneiro.

José Augusto Moreira de Carvalho explica de forma simplificada:

> O dilema do prisioneiro é um dos modelos teóricos sobre o qual se estruturou a moderna teoria dos jogos. Trata-se de um jogo simultâneo e não cooperativo. Eis a situação descrita neste dilema: dois delinquentes cometem um crime e são presos. Não tendo provas suficientes da participação de ambos, a polícia os coloca em salas separadas e faz a cada um deles, isoladamente, uma proposta. Por esta, se o primeiro concordar em confessar o crime e acusar o seu parceiro, poderá se livrar do cárcere e seu cúmplice ficará preso por quatro anos, de maneira que faz essa mesma proposta para o outro indiciado, sem que um saiba da proposta feita ao outro. Caso ambos confessem o crime, os dois ficarão presos por dois anos, pois a confissão de um não mais terá eficácia de acusar o comparsa; caso nenhum

> dos dois confesse, ambos ficarão presos por um ano, pois as provas que possuem os policiais só permitem provar um crime de menor potencial ofensivo (CARVALHO, 2007, p. 225).

Referências:

- CARVALHO, José Augusto Moreira de. Introdução à teoria dos jogos no Direito. *Revista de Direito Constitucional e Internacional*, São Paulo, v. 15, n. 132, p. 213-234, abr.-jun. 2007.

2.131 Em que consiste o **"Hate Speech"** ou o **Discurso do Ódio**?

O "Hate Speech" ou o Discurso do Ódio é toda forma de discurso que veicule discriminação, incitação da intolerância e do desrespeito dirigido às minorias.

Segundo Samantha Meyer-Pflug, o "Hate Speech" ou o Discurso do Ódio "(...) é todo ato que, de alguma forma, discrimine ou incite à discriminação, geralmente, destinada às minorias" (2009, p. 97-98).

Daniel Sarmento preleciona que o *hate speech* é um tema ligado ao limite da liberdade de expressão relacionado às *"manifestações de ódio, desprezo, ou intolerância contra determinados grupos, motivadas por preconceitos ligados à etnia, religião, gênero, deficiência física ou mental e orientação sexual, dentre outros fatores"* (SARMENTO, 2010, p. 208).

O discurso do ódio evidencia um perfil polêmico envolvendo a liberdade de expressão, podendo ser considerado uma apologia abstrata ao ódio, porquanto resume o desprezo e discriminação a determinados grupos. O discurso do ódio não se limita apenas à discriminação racial, mas vai além, abrangendo *religião, gênero, deficiência física ou mental e orientação sexual, dentre outros.*

O Supremo Tribunal Federal, em 17 de setembro de 2003, enfrentou o *Habeas Corpus* 82.424/RS, que tratava de uma ação penal por crime de discriminação racial proposta contra Siegfried Ellwanger, que, além de autor de livros de conteúdo caracterizado como antissemita, também era sócio da Revisão Editora Ltda., que publicou os livros. Em resumo, a Suprema Corte, por maioria, denegou a ordem no remédio constitucional em tela, não admitindo de início o discurso do ódio ou "hate speech", posicionamento histórico e de relevo na jurisprudência brasileira sobre o tema.

Referências:

- MEYER-PFLUG, Samantha Ribeiro. *Liberdade de expressão e discurso do ódio*. São Paulo: RT, 2009.
- SARMENTO, Daniel. *Livres e iguais, estudos de direito constitucional*. 2. tir. Rio de Janeiro: Lumen Juris, 2010.

2.132 O que é a **Teoria da Reserva do Impossível**?

A terminologia *reserva do impossível* foi cunhada pela primeira vez pelo Ministro Eros Grau, no julgamento da Ação Direta de Inconstitucionalidade 2.240/BA, em maio de 2007. A expressão chamou a atenção pela semelhança com a cláusula da reserva do possível. Veja-se, pois, de que foi que se cuidou naquela ocasião.

Cuidava-se de ação direta ajuizada pelo Partido dos Trabalhadores em face do Governo do Estado da Bahia e da Assembleia Legislativa do mesmo Estado. A ação tinha por objeto a declaração de inconstitucionalidade da Lei Estadual 7.619, de 30 de março de 2000, que criou o Município de Luis Eduardo Magalhães, em virtude de desmembramento dos distritos de Luis Eduardo Magalhães e Barreiras. Fundamentalmente, a criação do Município teria se dado em afronta ao art. 18, § 4.º, da Constituição da República, que, com redação determinada pela Emenda Constitucional 15/1996, prevê que a criação, a incorporação, a fusão e o desmembramento de município se dariam dentro de prazo previsto em lei complementar federal, a qual, contudo, ainda não foi editada.

Além disso, embora haja preceito na Constituição baiana fixando referido prazo, o dispositivo da constituição estadual teria sido revogado com a superveniência da EC 15/1996.

Ademais, ao contrário do que estabelece a Constituição Federal, apenas a população do Distrito de Luis Eduardo teria participado do plebiscito (e não toda a "população diretamente interessada", no caso, abrangendo, também, a de Barreiras), o que teria ocorrido, ainda, antes da publicação de estudo de viabilidade municipal (o qual deveria ser anterior ao plebiscito, por determinação constitucional).

Ao longo de todo o voto, enfatizou que o município foi criado de fato na ausência da lei complementar a que se reporta a Constituição, e aqui residiria o caráter excepcional do nascimento do município, ocorrido, na visão do Ministro, dentro de uma situação de exceção.

A situação de exceção, conforme Eros Grau, teria sido gerada em virtude da omissão congressual em editar a norma complementar ao art.

18, § 4.º, da Constituição. Num primeiro momento, o contexto de não lei, de ausência normativa, impediria que a decisão a respeito da criação do município fosse tomada. Em seguida, Eros Grau anota que a omissão legislativa configura violação a ordem constitucional, ao inviabilizar algo que a Constituição autoriza. Conclui, pois, que a exceção decorria justamente da violação.

A violação, segundo Grau, causa uma fissura no sistema, desviando-o da normalidade, causando, assim, uma zona de indiferença normativa, uma "situação excepcional não prevista pelo direito positivo, porém instalada pela força normativa dos fatos".

Saliente-se que a reserva do impossível não se trata do avesso, do oposto, da cláusula da reserva do possível. Ocorre que a reserva do impossível não guarda relação direta e objetiva com a limitação dos bens econômicos necessários ao atendimento das necessidades humanas e seu respectivo gerenciamento. Pelo contrário, no sentido de que também seria correto um uso restrito da expressão reserva do possível, competindo ao Estado a licitude de agir dentro das possibilidades fáticas então presentes.

A teoria da reserva do impossível consiste na impossibilidade de o Estado promover determinadas situações.

Trazendo a teoria para o contexto aqui empregado, as possibilidades fáticas em que se encontra o município não lhe possibilitam agir, *a reserva do impossível faz a mesma coisa: impõe ao Estado que deixe de agir (no caso, desconstituindo a lei estadual) por alguma razão (que também pode ser econômica, política ou jurídica).*

Nesse caminho, entendeu o Ministro Eros Graus que a declaração de nulidade da lei instituidora do Município de Luis Eduardo Magalhães poderia gerar o "caos" social, político e jurídico, sendo impossível desconstituir toda a estrutura já construída em torno daquele ente federativo.

Daí ter cunhado a expressão reserva do impossível para caracterizar essa situação: "(...) a anulação da decisão política de que resultou a criação do município avança sobre o que *poderíamos chamar de 'reserva do impossível', no sentido de não ser possível anularmos o fato dessa decisão política de caráter institucional sem agressão ao princípio federativo"* (STF, ADI 2.240/BA).

Ao abraçar esse entendimento, em uma ótica prospectiva, seria frontalmente contraditório ao Estado, que está em mora legislativa, em disciplinar a situação usando como argumento de combate a sua própria conduta que encetou a criação de município com a não observância.

Na reserva do impossível não se teria como anular ou desconstituir a decisão política institucional da criação do município baiano sem afrontar o desenho federativo.

Referências:

- BRASIL. STF, ADI 2.240/BA, Pleno, Rel. Min. Eros Grau, j. 09.05.2007, *DJe*-072, divulg. 02.08.2007, public. 03.08.2007, *DJ* 03.08.2007, p. 29, *Ement.* vol-02283-02, p. 279.

2.133 O que preconiza a **Teoria dos Jogos**?

A Teoria dos Jogos consiste num conjunto de instrumentos e de linguagem para descrever e prever o comportamento estratégico. Serve para modelar e estruturar o comportamento estratégico pelos agentes que compreendem que suas ações afetam as ações de outros agentes.

O objetivo da Teoria dos Jogos é determinar uma excelente estratégia de cada jogador. A estratégia é uma regra ou um plano de ação para o jogo. A estratégia ótima ou excelente para um jogador é aquela que maximiza seu "payoff" esperado. Os *payoffs* referem-se a todas as coisas que importam para o jogador, positiva ou negativamente, em qualquer período do jogo.

Quando dois (ou mais) indivíduos interagem e suas respectivas ações se baseiam naquilo que os outros esperam ou desejam, existe o que se denominou, há muito, de "comportamento estratégico".

A Teoria dos Jogos é matéria que, em face de suas propriedades matemáticas, possui inúmeras aplicações a questões sociais, políticas e econômicas. Ela confere fundamento matemático aos fenômenos sociais, decorrendo daí o grande interesse em sua utilização, inclusive pelo próprio Direito.

No campo do Direito, os estudiosos procuraram entender como normas legais interferem nesse comportamento estratégico, valendo-se de um instrumental econômico conhecido como "Teoria dos Jogos".

A Teoria dos Jogos foi desenvolvida no pós-Segunda Guerra Mundial por John von Neumann e Oliver Morgenstern, autores do famoso *Theory of Games and Economic Behavior*, publicado em 1944.

Todavia, a Teoria dos Jogos foi difundida e se tornou conhecida mundialmente graças aos estudos do ilustre professor John Nash, que, em 1994, coroou seu trabalho com o Prêmio Nobel da Economia.

A Teoria dos Jogos, em linguagem mais simples, consiste numa técnica pela qual é possível que o agente (ou jogador) constate qual é a melhor escolha a ser tomada quando este se encontra numa dada situação, pela qual a sua escolha deverá ser estratégica, mas tendo sempre em mente a base estratégica do outro agente.

José Augusto Moreira de Carvalho explica de forma simplificada: *"A teoria dos jogos é um método utilizado para representar e compreender as decisões tomadas por agentes que interagem entre si. Também é correto afirmar que, a partir dessa compreensão, constitui um meio para a adoção da melhor escolha nos casos de interação estratégica". "(...) instala-se um conflito de interesses, o que obriga a que cada participante do jogo escolha a melhor estratégia para si, mas considerando, também, a melhor estratégia para cada um dos demais jogadores"* (CARVALHO, 2009, p. 215).

Nesse sentido, como afirma Alecsandra Almeida (2006, p. 1), *"(...) através dessa teoria os jogadores se posicionam da melhor forma para obter o resultado desejado. O objetivo da teoria dos jogos é entender a lógica na hora da decisão e ajudar a responder se é possível haver colaboração entre os jogadores, em quais circunstâncias o mais racional é não colaborar e quais estratégias devem ser adotadas para garantir a colaboração entre os jogadores. A teoria dos jogos, por meio da matemática, equaciona os conflitos, onde o foco são as estratégias utilizadas pelos jogadores".*

A Teoria dos Jogos, como dito em linhas passadas, pode ter desdobramentos e variáveis nos demais ramos do Direito e em outras ciências.

Por fim, a Teoria dos Jogos que ganha variáveis vem sendo aplicada ao funcionamento da justiça, porquanto na órbita da defesa de interesses conflitantes muitas ações que tramitam no Poder Judiciário, de menor complexidade e que podem ser mediáveis, por meio do mecanismo oferecido pela Teoria dos Jogos, para se chegar a ganhos otimizados para as partes litigantes. Por consequência, isto poderá contribuir para a redução abrupta do volume de processos nos tribunais que dependem de sentenças dos juízes e que, na maioria das vezes, travam o funcionamento do sistema como um todo, ocasionando perdas para a economia, perdas na circulação de riqueza e perdas para toda a sociedade.

Referências:

- ALMEIDA, Alecsandra Neri de. *Teoria dos Jogos: as origens e os fundamentos da Teoria dos Jogos*. Disponível em: <http://www.diaadiaeducacao.pr.gov.br/diaadia/diadia/arquivos/File/conteudo/artigos_teses/MATEMATICA/Artigo_Alecsandra.pdf>. Acesso em: 20 set. 2010.
- CARVALHO, José Augusto Moreira de. Introdução à teoria dos jogos no direito. *Revista de Direito Constitucional e Internacional*, São Paulo, v. 15, n. 132, p. 213-234, abr.-jun. 2007.

2.134 O que é **cláusula "full bench"** ou **de reserva de plenário?**

A cláusula "full bench" ou de reserva de plenário impõe a observância do quórum de maioria absoluta quando efetuado o julgamento sobre a constitucionalidade ou a inconstitucionalidade da disposição ou da norma impugnada, quer se trate de ação direta de inconstitucionalidade ou de ação declaratória de constitucionalidade.

É um requisito ou regra em que, para que a lei ou ato normativo do Poder Público seja declarado inconstitucional, é necessário o voto da maioria dos membros do Tribunal. Em outras palavras, diante do julgamento sobre a constitucionalidade ou a inconstitucionalidade da disposição ou da norma impugnada - versando acerca de ação direta de inconstitucionalidade ou de ação declaratória de constitucionalidade –, se num ou noutro sentido se tiverem manifestado pelo menos seis Ministros, estará de acordo com cláusula "full bench" ou de reserva de plenário, porquanto é o quórum para tanto.

Frisa-se que há hipóteses em que a observância da cláusula da reserva de plenário ou da cláusula "full bench" não é necessária, tais como: reconhecimento da constitucionalidade (princípio da presunção de constitucionalidade das leis); interpretação conforme à Constituição; decisões proferidas por juízes singulares (por óbvio); decisões de turmas recursais dos juizados especiais; recepção de normas anteriores à Constituição.

O professor Marcelo Novelino leciona que:

> (...) A exigência, conhecida como cláusula de reserva de plenário, deve ser observada não apenas no controle difuso, mas também no concentrado, sendo que neste a Lei 9.868/1999 exigiu o *quorum* de maioria absoluta também para a hipótese de declaração de constitucionalidade[20]. (...) A observância da cláusula da reserva de plenário não é necessária na hipótese de reconhecimento da constitucionalidade (princípio da presunção de constitucionalidade das leis), inclusive em se tratando de interpretação conforme[21], e não se aplica às decisões de juízes singulares, das turmas

20 Lei 9.868/1999, art. 23: "Efetuado o julgamento, proclamar-se-á a constitucionalidade ou a inconstitucionalidade da disposição ou da norma impugnada se num ou noutro sentido se tiverem manifestado pelo menos seis Ministros, quer se trate de ação direta de inconstitucionalidade ou de ação declaratória de constitucionalidade".

21 STF, RE 460.971, Rel. Min. Sepúlveda Pertence (*DJ* 30.03.2007): "Controle incidente de neoconstitucionalidade: reserva de plenário (CF, art. 97). 'Interpretação que restringe a aplicação de uma

recursais dos juizados especiais[22], nem ao caso de não recepção de normas anteriores à Constituição[23]. A inobservância desta cláusula, salvo no caso das exceções supramencionadas, acarreta a nulidade absoluta da decisão proferida pelo órgão fracionário (NOVELINO, 2008, p. 173-174).

Referências:

- NOVELINO, Marcelo. *Teoria da Constituição e controle de constitucionalidade*. Salvador: JusPodivm, 2008.

2.135 O que é **expressão de desprezo** no Direito Constitucional?

A expressão de desprezo é o ato de desprezar a dignidade da pessoa humana, tratando-a como se fosse objeto. Em outras palavras, é a violação do dever de respeito à dignidade do ser humano, que não pode ser tratado como meio, mas sim como um fim em si mesmo.

O ser humano não pode ser tratado como *fórmula do objeto*. Um exemplo da expressão de desprezo é a do arremesso de anões, conforme dispõe Silma Mendes Berti:

"Uma empresa do ramo de entretenimento para juventude decidiu lançar nas discotecas em cidades da região metropolitana de Paris e do interior da França (...)" (BERTI, 2007, p. 1), uma competição para ver quem arremessa anões a uma maior distância. Assim, quem conseguisse arremessar o anão, que veste roupas de proteção, o mais distante possível em um tapete acolchoado, receberia o prêmio. Neste contexto, os anões se inscreveram voluntariamente mediante o recebimento de uma importância em dinheiro.

---

norma a alguns casos, mantendo-a com relação a outros, não se identifica com a declaração de inconstitucionalidade da norma que é a que se refere o art. 97 da Constituição'".

22 STF, RE (AgR) 453.744, voto do Min. Cezar Peluso (*DJ* 25.08.2006): "A regra chamada reserva do plenário para declaração de inconstitucionalidade (art. 97 da CF) não se aplica, deveras, às turmas recursais de Juizado Especial".

23 STF, AI (AgR) 582.280, voto do Min. Celso de Mello (*DJ* 06.11.2006): "... a incompatibilidade entre uma lei anterior (...) e uma Constituição posterior (...) resolve-se pela constatação de que se registrou, em tal situação, revogação pura e simples da espécie hierarquicamente inferior (...), não se verificando, por isso mesmo, hipótese de inconstitucionalidade (...). Isso significa que a discussão em torno da incidência, ou não, do postulado da recepção – precisamente por não envolver qualquer juízo de inconstitucionalidade (mas, sim, quando for o caso, o de simples revogação de diploma pré-constitucional) – dispensa, por tal motivo, a aplicação do princípio da reserva de Plenário (CF, art. 97), legitimando, por isso mesmo, a possibilidade de reconhecimento, por órgão fracionário do Tribunal, de que determinado ato estatal não foi recebido pela nova ordem constitucional...".

Na cidade Morsang-sur-Orge do interior francês, o Poder Executivo Municipal, fazendo uso do seu poder de polícia, interditou o evento, onde Silma Mendes Berti revela que:

"(...) fazendo valer sua condição legal, de guardião da ordem pública na órbita municipal. Do ponto vista legal, o ato de interdição teve por fundamento o Código dos Municípios. Por outro lado, a decisão administrativa do Prefeito se inspirou em uma norma de cunho supranacional, o art. 3.º da Convenção Europeia de Salvaguarda dos Direitos do Homem e das Liberdades Fundamentais" (BERTI, 2007, p. 1).

Diante dessa decisão da municipalidade, Carlos Affonso Pereira de Souza conta que um anão proibido de ser arremessado, em litisconsórcio com a casa noturna, recorreu da decisão ao Tribunal Administrativo de Versailles que anulou o ato do Prefeito, sob a alegação que:

"(...) a proibição baixada era ilegal, pois violava a sua liberdade de iniciativa. Por conta de sua baixa estatura, argumentou o anão, estava difícil conseguir um emprego na cidade. Dessa forma, ser lançado de um lado para outro na boate era o único emprego que ele havia obtido. E agora o Estado estava lhe retirando o seu próprio sustento" (SOUZA, 2010, p. 8).

Em desdobramento do recurso, o aludido caso acabou sendo submetido ao Conselho de Estado Francês, considerado o alto grau da jurisdição francesa, que acabou por anular a decisão do Tribunal Administrativo, por entender que a dignidade do anão estava acima da sua autonomia da vontade, ou seja, o arremesso de anão atentava contra a dignidade da pessoa humana.

Dando prosseguimento, Carlos Affonso Pereira de Souza finaliza que: "Na decisão de 27.10.1995, o Conselho de Estado francês pela primeira vez reconheceu a dignidade da pessoa humana como elemento integrante da 'ordem pública' e, consequentemente, declarou ser a prática do lançamento de anão uma atividade que atenta contra a dignidade da pessoa, não podendo, mesmo voluntariamente, ser exercida pela mesma" (SOUZA, 2010, p. 8).

Por fim, a expressão de desprezo encontra sua origem na doutrina alemã.

Referências:

- BERTI, Silma Mendes. Direitos da personalidade. *Âmbito Jurídico*, Rio Grande, 39, 31.03.2007 [Internet]. Disponível em: <http://www.ambito-juridico.com.br/site/index.php?n_link=revista_artigos_leitura&artigo_id=1718>. Acesso em: 27 nov. 2011.
- SOUZA, Carlos Affonso Pereira de. *Direito das pessoas e dos bens*. 3. ed. Rio de Janeiro: FGV Direito Rio, 2010.

2.136 O que é **plutocracia**?

A plutocracia (ploutos: riqueza; kratos: poder) diz respeito a um sistema político governado por um grupo de pessoas que detém grande poder econômico. Em outras palavras, é um governo formado por pessoas abastadas ou governo dos ricos. Dito de outra forma, plutocracia é o exercício do poder ou do governo pelas classes mais abastadas da sociedade. É a influência ou o poder do dinheiro ou o argentarismo.

A plutocracia é, segundo Alcimor Aguiar Rocha Neto: "A dominação da classe capitalista, detentora dos meios de produção, circulação e distribuição de riquezas, sobre a massa proletária, mediante um sistema político e jurídico, que assegura àquela classe o controle social e econômico".

Referências:

- ROCHA NETO, Alcimor Aguiar. *Democracia ou plutocracia?* Disponível em: <http://www.migalhas.com.br/dePeso/16,MI8128,71043-Democracia+ou+Plutocracia>. Acesso em: 13 abr. 2016.

2.137 O que é **Teoria do Limite dos Limites?**

A Teoria do Limite dos Limites parte da premissa de que nenhum direito deve ser considerado absoluto, assim, é possível a restrição aos direitos e garantias fundamentais por meio da Constituição ou lei infraconstitucional. Todavia, para tanto, devem ser atendidos todos os desdobramentos da teoria dos limites dos limites, que se materializa em obstáculos à atuação do legislador na restrição desses direitos, garantindo o efetivo exercício dos direitos fundamentais que fortalecem o Estado Democrático de Direito.

Os constitucionalistas Gilmar Mendes e Paulo Gonet explicam, referente aos limites dos limites (teoria do limites dos limites):

> **3. Os limites dos limites**
>
> **3.1. Considerações preliminares**
>
> Da análise dos direitos fundamentais pode-se extrair a conclusão direta de que direitos, liberdades, poderes e garantias são passíveis de limitação ou restrição. É preciso não perder de vista, porém, que tais restrições são limitadas.

> Cogita-se aqui dos chamados "limites dos limites" (Schranken-Schranken)[24], que balizam a ação do legislador quando restringe direitos individuais[25]. Esses limites, que decorrem da própria Constituição, referem-se tanto à necessidade de proteção de um núcleo essencial do direito fundamental quanto à clareza, determinação, generalidade e proporcionalidade das restrições irnpostas[26] (MENDES e COELHO, 2015, p. 211).

Para Jairo Gilberto Shaefer, a concepção da teoria dos limites dos limites está ligada ao princípio dos direitos fundamentais, desse modo, os princípios, como mandados de otimização, podem ser cumpridos em diferentes graus, em virtude de sua condição "prima facie" (SCHAEFER, 2001, p. 77).

Convém registrar que a expressão limites dos limites se difundiu na dogmática germânica sob a égide da Lei Fundamental de Bonn, expressão que objetivou designar os diversos obstáculos normativos que restringem a possibilidade do poder público de limitar os direitos fundamentais.

Há divergência acerca da proteção do núcleo essencial. Referente ao alcance do conteúdo essencial dos limites aos limites, a teoria relativa diz que o núcleo essencial deve ser verificado em cada caso, exigindo uma justificação, não podendo o conteúdo essencial ser definido de forma apriorística, mas somente após uma ponderação entre meios e fins com base no princípio da proporcionalidade. Por outro lado, na visão da teoria absoluta, os direitos fundamentais caracterizam-se como uma unidade substancial autônoma, configurando uma esfera permanente de direito fundamental que independe de qualquer situação concreta. O conteúdo essencial é um núcleo único e fixo que pode ser identificado independentemente de ponderação (GRILLO, 2015).

Na mesma direção, os constitucionalistas Gilmar Mendes e Paulo Gonet consignam a respeito do tema:

> 1) Os adeptos da chamada teoria absoluta (*absolute Theorie*) entendem o núcleo essencial dos direitos fundamentais (*Wesensgehalt*) como unidade

24 A expressão limites dos limites (Schranken-Schranken) foi utilizada pela primeira vez por K. H. Wernicke nos comentários ao art. 19 da Lei Fundamental alemã (Bonner Kommentar zum Grundgesetz, Anm. I I 2 b). Cf., a propósito, Stern, Die Grundrechte..., cit., p. 26.

25 Alexy, Theorie der Grundrechte, cit., p. 267; Pieroth/Schlink, Grundrechte - Staatsrecht II, cit., p. 65.

26 Boda Pieroth; Bernhard Schlink, Grundrechte - Staatsrecht II, cit., p. 65.

> substancial autônoma (*substantieüer Wesenskern*) que, independentemente de qualquer situação concreta, estaria a salvo de eventual decisão legislativa. Essa concepção adota uma interpretação material segundo a qual existe um espaço interior livre de qualquer intervenção estatal. Em outras palavras, haveria um espaço que seria suscetível de limitação por parte do legislador; outro seria insuscetível de limitação. Neste caso, além da exigência de justificação, imprescindível em qualquer hipótese, ter-se-ia um "limite do limite" para a própria ação legislativa, consistente na identificação de um espaço insuscetível de regulação.
>
> 2) Os sectários da chamada teoria relativa (*relative Theorie*) entendem que o núcleo essencial há de ser definido para cada caso, tendo em vista o objetivo perseguido pela norma de caráter restritivo. O núcleo essencial seria aferido mediante a utilização de um processo de ponderação entre meios e fins (*Zvueck-Mittel-Prüfung*), com base no princípio da proporcionalidade. O núcleo essencial seria aquele mínimo insuscetível de restrição ou redução com base nesse processo de ponderação. Segundo essa concepção, a proteção do núcleo essencial teria significado marcadamente declaratório (MENDES e COELHO, 2015, p. 213).

Traz-se à tona que as críticas são apontadas na direção das duas teorias. No que se refere especificamente à teoria absoluta:

> Todavia, todas elas apresentam fragilidades. É verdade que a teoria absoluta, ao acolher uma noção material do núcleo essencial[27], insuscetível de redução por parte do legislador, pode converter-se, em muitos casos, numa fórmula vazia, dada a dificuldade ou até mesmo a impossibilidade de se demonstrar ou caracterizar *in abstracto* a existência desse mínimo essencial. É certo, outrossim, que a ideia de uma proteção ao núcleo essencial do direito fundamental, de difícil identificação, pode ensejar o sacrifício do objeto que se pretende proteger[28]. Não é preciso dizer também que a ideia de núcleo essencial sugere a existência clara de elementos centrais ou essenciais e elementos acidentais, o que não deixa de preparar significativos embaraços teóricos e práticos[29] (MENDES e COELHO, 2015, p. 214).

Por seu turno, a teoria relativa pode se apresentar como mais uma continuidade do problema, eis que, se não se sabe *a priori* quais os limites de cada direito fundamental, sendo auferível caso a caso, como se poderia

27 Martínez-Pujalte, La garantía del contenido esencial de los derechos fundamentales, cit., p. 22.

28 Martínez-Pujalte, La garantía del contenido esencial de los derechos fundamentales, cit., p. 29.

29 Martínez-Pujalre, La garantía del contenido esencial de los derechos fundamentales, cit., p. 31.

saber com algum grau de certeza que o núcleo essencial do direito efetivamente não foi atingido? A indagação continua, por certo.

Dando sequência, prosseguem os constitucionalistas Gilmar Mendes e Paulo Gonet sobre a teoria relativa:

> Por essa razão, propõe Hesse uma fórmula conciliadora, que reconhece no princípio da proporcionalidade uma proteção contra as limitações arbitrárias ou desarrazoadas (teoria relativa), mas também contra a lesão ao núcleo essencial dos direitos fundamentais. É que, observa Hesse, a proporcionalidade não há de ser interpretada em sentido meramente econômico, de adequação da medida limitadora ao fim perseguido, devendo também cuidar da harmonização dessa finalidade com o direito afetado pela medida (MENDES e COELHO, 2008).

Nesse contexto, vale dizer que no Brasil não existe qualquer tratamento expresso na legislação a respeito do tema, não ao menos de forma direta e específica. Entretanto, não se deve olvidar que a CF/1988 veda qualquer proposta de emenda tendente a abolir os direitos e garantias individuais (CF/1988, art. 60, § 4.º, IV). Dessa redação, observa-se que o constituinte, ainda que de forma tímida, buscou uma tentativa de limitar os limites.

O tema Teoria do Limite dos Limites possui tanta envergadura que, diante disso, o Supremo Tribunal Federal já teve oportunidade de enfrentar a matéria em pelo menos três oportunidades:

1) *No voto do Ministro Rodrigues Alckmin na Representação 930, sobre a liberdade de conformação do legislador, ainda sob a égide da Constituição de 67/69.*
2) *No "Habeas Corpus" 82.959, cuja relatoria coube ao Ministro Marco Aurélio, oportunidade em que o STF trilhou entendimento no sentido de que a imposição de regime integralmente fechado para cumprimento de condenação nos crimes hediondos configuraria lesão ao princípio do núcleo essencial.*
3) *Na Ação Declaratória de Constitucionalidade 29/DF, julgada em 16.02.2012, que cuidou da Ficha Limpa.*

No que se refere ao primeiro caso, um excerto deveras esclarecedor pode ser extraído do voto do Ministro Rodrigues Alckmin na Representação 930, que versava, como adiantado acima, sobre a liberdade de conformação do legislador:

> Essa liberdade, dentro de regime constitucional vigente, não é absoluta, excludente de qualquer limitação por via de lei ordinária.
>
> Tanto assim é que a cláusula final ("observadas as condições de capacidade que a lei estabelecei") já revela, de maneira insofismável, a possibilidade de restrições ao exercício de certas atividades.
>
> Mas também não ficou ao livre critério do legislador ordinário estabelecer as restrições que entenda ao exercício de qualquer gênero de atividade lícita. Se assim fosse, a garantia constitucional seria ilusória e despida de qualquer sentido.
>
> Que adiantaria afirmar "livre" o exercício de qualquer profissão, se a lei ordinária tivesse o poder de restringir tal exercício, a seu critério e alvitre, por meio de requisitos e condições que estipulasse, aos casos e pessoas que entendesse?
>
> É preciso, portanto, um exame aprofundado da espécie, para fixar quais os limites a que a lei ordinária tem de ater-se, ao indicar as "condições de capacidade". E quais os excessos que, decorrentes direta ou indiretamente das leis ordinárias, desatendem à garantia constitucional (STF, Representação 930, voto do Min. Rodrigues Alckmin, Rel. Min. Cordeiro Guerra, j. 05.05.1976, *DJ* 02.09.1977).

O voto do Ministro Rodrigues Alckmin na Representação 930 ainda enfrentou os limites:

> "Quais os limites que se justificam, nas restrições ao exercício de profissão? Primeiro, os limites decorrentes de exigência de capacidade técnica. (...) São legítimas, consequentemente, as restrições que imponham demonstração de capacidade técnica, para o exercício de determinadas profissões. De profissões que, realmente, exijam conhecimentos técnicos para o seu exercício". (...) [Mas a lei pode exigir, também] "condições de capacidade que não sejam atinentes exclusivamente à técnica, nem por isso as condições podem ser arbitrárias ou ilimitadamente estabelecidas pelo legislador ordinário (...). Tais condições (de capacidade técnica, moral, física ou outras) hão de ser sempre exigidas pelo interesse público" (Voto do Min. Rodrigues Alckmin, Rep. 930, Rel. Min. Cordeiro Guerra, p. 35-36, j. 05.05.1976).

Por fim, na ADC 29/DF, o tema foi abordado de forma mais direta e específica do que nas outras vezes, senão vejamos:

> O princípio da proporcionalidade constitui um critério de aferição da constitucionalidade das restrições a direitos fundamentais. Trata-se de um parâmetro de identificação dos denominados limites dos limites (Schranken-Schranken) aos direitos fundamentais; um postulado de proteção de um núcleo essencial do direito, cujo conteúdo o legislador não pode atingir. Assegura-se uma margem de ação ao legislador, cujos limites, porém, não podem ser ultrapassados. O princípio da proporcionalidade permite aferir se tais limites foram transgredidos pelo legislador (BRASIL. STF, ADC 29/DF, Plenário, Rel. Min. Luiz Fux, j. 16.02.2012, *DJe* 29.06.2012).

Referências:

- BRASIL. STF, ADC 29/DF, Plenário, Rel. Min. Luiz Fux, j. 16.02.2012, *DJe* 29.06.2012.
- BRASIL. STF, HC 82.959, Plenário, Rel. Min. Marco Aurélio, j. 23.02.2006, *DJ* 01.09.2006.
- BRASIL. STF, Representação 930, voto do Min. Rodrigues Alckmin, Rel. Min. Cordeiro Guerra, j. 05.05.1976, *DJ* 02.09.1977.
- BASTOS, Bruno Medeiros. *Teoria do limite dos limites (*Schranken-Schranken*) na jurisprudência do STF*. Disponível em: <http://www.conteudojuridico.com.br/artigo,-teoria-do-limite-dos-limites-schranken-schranken-na-jurisprudencia-do-stf,51418.html>. Acesso em: 13 abr. 2016.
- GRILLO, Fernanda Fontenelle. *Os limites aos limites dos direitos fundamentais à luz da Constituição da República Federativa do Brasil de 1988*. Disponível em: <http://fernandafgrillo.jusbrasil.com.br/artigos/157601138/os-limites-aos-limites-dos-direitosfundamentais-a-luz-da-constituicao-da-republica-federativa-do-brasil-de-1988>. Acesso em: 22 jul. 2015.
- MENDES, Gilmar Ferreira. *Direitos fundamentais e controle de constitucionalidade*. São Paulo: Saraiva, 2004.
- MENDES, Gilmar Ferreira; COELHO, Paulo Gustavo Gonet Branco. *Curso de direito constitucional*. São Paulo: Saraiva, 2015.
- SCHAEFER, Jairo Gilberto. *Direitos fundamentais*: proteção e restrições. Porto Alegre: Livraria dos Advogados, 2001.

2.138 O que são **ações afirmativas** (denominadas também de discriminação positiva)?

As ações afirmativas (denominadas também de discriminação positiva) são diretrizes de ações políticas que priorizam ou preferenciam ações para reequilibrarem ou redistribuírem, em caráter efetivo, oportunidades entre as classes sociais, em decorrência de desigualdades étnicas, religiosas, sociais etc.

Nesse diapasão, os constitucionalistas Juliano Taveira Bernardes e Olavo Augusto Vianna Alves Ferreira ensinam que as: "ações afirmativas, portanto, são políticas e práticas estatais que, por meio da concessão de 'tratamentos preferenciais', buscam reequilibrar e/ou redistribuir; num caráter efetivo, as oportunidades disponíveis entre segmentos sociais particularizados" (BERNARDES e FERREIRA, 2015, p. 89).

Convém anotar que as ações afirmativas não abrangem somente as pessoas físicas, mas também as pessoas jurídicas, como ocorre nas concessões de incentivos fiscais particularizados e estabelecidos para corrigir distorções regionais ou setoriais.

Por outro lado, deve ser enfatizado que todas as *ações afirmativas (denominadas também de discriminação positiva)*, inevitavelmente, geram *discriminação inversa (ou reversa)*, que não podem ser "ad eternum", eis que duas das características das *ações afirmativas* são a precariedade e a provisoriedade.

Referências:

- BERNARDES, Juliano Taveira; FERREIRA, Olavo Augusto Vianna Alves. *Direito constitucional*. 4. ed. Salvador: JusPodivm, 2015. t. I. (Coleção Sinopses para Concurso)

2.139 O que são as chamadas **válvulas de panela de pressão** no Direito Constitucional?

As "válvulas de panela de pressão" são as medidas excepcionais previstas na Constituição da República Federativa do Brasil utilizadas para retomar a estabilidade em caso de tumulto institucional. Ex.: intervenção federal, estado de defesa e estado de sítio. As "válvulas de panela de pressão" são elementos de estabilização constitucional.

Dentro do mecanismo da panela de pressão (como utensílio de cozinha) têm-se as válvulas, que servem justamente para aliviar a pressão no interior da panela, no ato de uso, evitando que o ápice acarrete uma explosão. É nesse contexto que devemos visualizar as "válvulas de panela de pressão" dentro do Direito Constitucional perante as crises constitucionais (como Estado de Sítio, Estado de Defesa ou Intervenção) para evitar explosão social e institucional.

Por zelo ao meio acadêmico, acrescenta-se que o tema também é tratado no Direito do Trabalho quanto à convenção coletiva. Nesse ponto, Márcio Túlio Viana, sobre "válvulas de panela de pressão" no âmbito do Direito do Trabalho, leciona que:

> A propósito, é interessante notar como as coisas, então, se articulavam: sindicato e fábrica reuniam trabalhadores em massa, produzindo em massa, consumindo em massa e protegidos por normas em massa[30]. O Direito do Trabalho, avançando sempre, funcionava como a válvula da panela de pressão. (...) Em outras palavras, o Direito do Trabalho já não consegue ser construído pela classe dominada, e passa a ser cada vez mais dispensável - enquanto legitimador do sistema - à classe dominante. Se já é possível fabricar produtos sem gerar resistência - ou seja, se o próprio modo de produzir já é suficiente para inviabilizá-la - não há possibilidade, nem necessidade, de outra forma de controle (através de normas protetivas). Elimina-se cientificamente a pressão, no interior da própria panela: já é possível jogar fora a sua válvula de escape. Felizmente, a válvula está bem agarrada. Com o tempo, cresceu em volta dela uma espécie de ferrugem, que a defende dos que tentam arrancá-la. Mas essa pressão - que vem de fora - é cada vez mais forte. E é também insidiosa, sub-reptícia, pouco visível. Como um ácido, vai corroendo a ferrugem protetora. Assim, o problema não é só a ausência de pressão interna - mas a presença de pressão externa. Além de já não atuar, a principal fonte do Direito do Trabalho é aos poucos substituída por outra, totalmente ao contrário. Antes, construía-se; hoje, desconstrói-se. É como a pororoca amazonense, quando o mar avança sobre as águas do rio. O capital vence a luta sem ter de fazer concessões (VIANA, 2001, p. 51-52).

Referências:

- VIANA, Márcio Túlio. O novo papel das convenções coletivas de trabalho: limites, riscos e desafios. *Rev. TST*, Brasília, vol. 67, n. 3, jul.-set. 2001. Disponível em: <http://aplicacao.tst.jus.br/dspace/bitstream/handle/1939/52283/003_viana.pdf?sequence=1>. Acesso em: 17 abr. 2016.

30 A propósito de outras tantas interações do período, v. o nosso artigo "A proteção social do trabalhador no mundo globalizado - o direito do trabalho no limiar do século XX". *Revista LTr*, jul. 1999.

2.140 O que se entende por **erosão da consciência constitucional?**

A terminologia erosão da consciência constitucional foi cunhada por Karl Loewnstein e utilizada pelo Ministro Celso de Melo do Supremo Tribunal Federal no julgamento da ADIn(ADI) 1.484/DF.

Segundo a visão de Karl Loewnstein, entende-se por *erosão da consciência constitucional "(...) quando há uma desvalorização funcional da constituição escrita, ou seja, a omissão dos poderes públicos desvaloriza a função da constituição"* (1983, p. 222).

Confira nas palavras do próprio Ministro Celso de Melo na ADIn(ADI) 1.484/DF, acerca da erosão da consciência constitucional:

> (...) - *O Poder Público - quando se abstém de cumprir, total ou parcialmente, o dever de legislar, imposto em cláusula constitucional, de caráter mandatório - infringe, com esse comportamento negativo, a própria integridade da Lei Fundamental, estimulando, no âmbito do Estado, o preocupante fenômeno da erosão da consciência constitucional.* A inércia estatal em adimplir as imposições constitucionais traduz inaceitável gesto de desprezo pela autoridade da Constituição e configura, por isso mesmo, comportamento que deve ser evitado. É que nada se revela mais nocivo, perigoso e ilegítimo do que elaborar uma Constituição, sem a vontade de fazê-la cumprir integralmente, ou, então, de apenas executá-la com o propósito subalterno de torná-la aplicável somente nos pontos que se mostrarem ajustados à conveniência e aos desígnios dos governantes, em detrimento dos interesses maiores dos cidadãos. (...) (Disponível em: <http://www.stf.jus.br/arquivo/informativo/documento/informativo244.htm#ADIn>).

Enfim, *erosão da consciência constitucional é o abismo, buraco, a erosão que se cria na consciência do cidadão e do povo de desrespeito à Constituição pelo poder estatal, que tanto pode ocorrer mediante ação estatal quanto mediante inércia governamental.*

Referências:

- BRASIL. STF, ADIn(ADI) 1.484/DF, Rel. Min. Celso de Mello, j. 21.08.2001, *DJ* 28.08.2001, p. 30.
- LOEWNSTEIN, Karl. *Teoria de la Constitución.* 2. ed. Barcelona: Ariel, 1983.

2.141 O que significa **cláusula de barreira** ou **de desempenho?**

A cláusula de barreira ou de desempenho é o percentual mínimo fixado em lei de votos ou apoio dos eleitores para que o partido político faça jus ao funcionamento parlamentar em todas as Casas de Leis, como, por exemplo, o uso de estrutura de liderança de bancada, indicar parlamentar seu para atuar em comissão mista do Congresso Nacional, em comissão especial ou em comissão parlamentar de inquérito (CPI), assim como participar da Mesa Diretora da Casa Legislativa, da distribuição dos recursos do Fundo Partidário e de tempo de propaganda partidária, dentre outras prerrogativas.

Para tanto, é necessário que, em cada eleição para a Câmara dos Deputados, a agremiação partidária obtenha, no mínimo, o apoio de cinco por cento dos votos apurados, não contabilizando os votos brancos e os votos nulos distribuídos em, pelo menos, 1/3 (um terço) dos Estados, com um mínimo de 2% (dois por cento) do total de cada um deles.

Segundo o professor Roberto Moreira de Almeida:

> *(...) a cláusula de desempenho ou cláusula de barreira está prevista no art. 13 da LOPP, assim redigido: "Tem direito a funcionamento parlamentar, em todas as Casas Legislativas para as quais tenha elegido representante, o partido que, em cada eleição para a Câmara dos Deputados obtenha o apoio de, no mínimo, cinco por cento dos votos apurados, não computados os brancos e os nulos distribuídos em, pelo menos, um terço dos Estados, com um mínimo de dois por cento do total de cada um deles. Atingido tal percentual de votos, a entidade partidária faria jus ao funcionamento parlamentar*, isto é, teria direito à estrutura de liderança de bancada; a indicar parlamentar seu para atuar em comissão mista do Congresso Nacional, de comissão especial ou de comissão parlamentar de inquérito (CPI); bem como participar da Mesa Diretora da Casa Legislativa (Presidente, Vice-Presidente, 1.º Secretário etc.). *A cláusula de desempenho, ademais, deveria servir para a distribuição dos recursos do Fundo Partidário e para o disciplinamento do tempo de propaganda partidária gratuita no rádio e na TV*" (ALMEIDA, 2012, p. 172).

Destaca-se, por oportuno, que a questão foi levada até o Supremo Tribunal Federal e, quando do julgamento em conjunto das Ações Diretas de Inconstitucionalidade 1.351-3/DF e 1.354-8/DF, que questionavam cláusula de barreira ou de desempenho, *a Suprema Corte declarou a inconstitucionalidade do instituto, sob o argumento de falta de razoabilidade e do massacre das minorias.*

Por derradeiro, o art. 13 da Lei 9.096, de 19 de setembro de 1995 (Lei dos Partidos Políticos), preconizava que:

> Art. 13. Tem direito a funcionamento parlamentar, em todas as Casas Legislativas para as quais tenha elegido representante, o partido que, em cada eleição para a Câmara dos Deputados obtenha o apoio de, no mínimo, cinco por cento dos votos apurados, não computados os brancos e os nulos, distribuídos em, pelo menos, um terço dos Estados, com um mínimo de dois por cento do total de cada um deles.

Referências:

- ALMEIDA, Roberto Moreira de. *Curso de direito eleitoral*. 6. ed. Salvador: JusPodivm, 2012.
- BRASIL. STF, ADIN 1.351-3/DF, Tribunal Pleno, Rel. Min. Marco Aurélio de Mello, j. 07.12.2006, *DJ* 30.03.2007. Republicado no *DJ* de 29.06.2007.
- BRASIL. STF, ADIN 1.354-8/DF, Tribunal Pleno, Rel. Min. Marco Aurélio de Mello, j. 07.12.2006, *DJ* 30.03.2007. Republicado no *DJ* de 29.06.2007.

2.142 O que significa **verticalização**?

Verticalização corresponde à imposição de se reproduzir alianças ou coligações partidárias uniformes no âmbito nacional e regional. Esse instituto impedia que partidos coligassem de maneira diversa nessas situações. Assim, a verticalização obstava que partidos adversários na eleição presidencial se coligassem nos Estados e no Distrito Federal.

O instituto da verticalização surgiu da interpretação do Tribunal Superior Eleitoral no que toca aos efeitos jurídicos do art. 6.º da Lei 9.504/1997.

Segundo o professor Roberto Moreira de Almeida, acerca do tema, "(...) Chama-se verticalização a obrigatoriedade de se reproduzirem alianças ou coligações partidárias no âmbito nacional e regional" (ALMEIDA, 2012, p. 319).

O instituto da verticalização não foi aceito pelo Congresso Nacional, que, por intermédio da Emenda Constitucional 52/2006, sepultou o instituto em comento, passando novamente as agremiações partidárias a terem liberdade de formalizar as coligações de sua escolha.

Referências:

- ALMEIDA, Roberto Moreira de. *Curso de direito eleitoral*. 6. ed. Salvador: JusPodivm, 2012.

2.143 O que vem a ser **propaganda eleitoral gratuita desblocada**?

A propaganda eleitoral gratuita desblocada é a propaganda fragmentada em blocos nas emissoras de rádio e televisivas, com 30 (trinta) minutos diários destinados às agremiações políticas ou coligações pelas respectivas emissoras, com inserções de até 60 (sessenta) segundos, conforme a escolha feita.

Em outras palavras, são inserções de até 60 (sessenta) segundos, conforme opção do partido político ou coligação, distribuídas ao longo do dia, entre as 8 (oito) e as 24 (vinte e quatro) horas.

O professor Roberto Moreira de Almeida, acerca do tema direito de antena, ensina que: "Além do tempo destinado para a propaganda em blocos, as emissoras de rádio e TV terão que destinar trinta minutos diários para a propaganda eleitoral gratuita desblocada, isto é, a apresentação de inserções de até sessenta segundos, a critério do partido ou coligação, distribuídas ao longo do dia entre as oitos e as vinte e quatro horas" (ALMEIDA, 2012, p. 380).

Referências:

- ALMEIDA, Roberto Moreira de. *Curso de direito eleitoral*. 6. ed. Salvador: JusPodivm, 2012.

2.144 O que vem a ser o **camaleão normativo**?

A expressão camaleão normativo é utilizada nas hipóteses em que o conteúdo de um direito definido e determinado traz aspectos confusos entre este e a sujeição de moldagens político-jurídicas variáveis. Em outras palavras, é conteúdo normativo cinzento ou no limbo que pode apresentar variáveis de acordo com as modelações transitórias.

Os constitucionalistas Juliano Taveira Bernardes e Olavo Augusto Vianna Alves Ferreira, acerca do camaleão normativo, expõem que:

> Uma das mais bem-sucedidas tentativas de estruturar um método "coerente" a respeito dos direitos fundamentais é aquela elaborada por Alexy, no clássico Teoria dos direitos fundamentais. Nada obstante, mesmo uma teoria muito bem elaborada, como a de Alexy, parece não fugir do *camaleão normativo* identificado por Canotilho, pois tampouco deixa de padecer daquela "confusão entre conteúdo de um direito juridicamente definido e determinado e sugestão de conteúdo sujeita a modelações político-jurídicas cambiantes" (2004, p. 101) (BERNARDES e FERREIRA, 2014, p. 698).

O português José Joaquim Gomes Canotilho assevera que *"(...) os juristas acompanham o discurso crítico sobre as ciências sociais, importa reconhecer que, mesmo nos estritos parâmetros jurídico-dogmáticos, os direitos sociais aparecem envoltos em quadros pictórios onde o recorte jurídico cede o lugar a nebulosas normativas. É aqui que surge o 'camaleão normativo'. (...)"* (CANOTILHO, 2008, p. 100-101).

Na verdade, a terminologia camaleão normativo, obviamente, foi extraída do réptil camaleão, que é o nome dado a todos os animais pertencentes à família "chamaeleonidae", uma das mais conhecidas famílias de lagartos no planeta. Assim, algumas espécies de camaleão são capazes de alterar suas colorações de pele e diferentes espécies de camaleão são capazes de variar a sua coloração e padrão por meio de combinações de rosa, azul, vermelho, laranja, verde, preto, marrom, azul claro, amarelo, turquesa e púrpura[31]. Essa modificação de cor nos camaleões influencia na sinalização social e em reações à temperatura e outras condições, bem como em camuflagem. A importância relativa dessas funções varia de acordo com as circunstâncias e as espécies.

Por isso é utilizada a expressão camaleão normativo para designar a hipotética indeterminação normativa do sistema jurídico dos direitos sociais, que acarretaria confusões entre conteúdo de um direito legalmente definido e determinado e sugestão de conteúdo, sujeita a configurações político-jurídicas cambiantes.

31 Chameleons. National Geographic Explorer (Student Magazine) – Featured Article.

Referências:

- BERNARDES, Juliano Taveira; FERREIRA, Olavo Augusto Vianna Alves. *Direito constitucional*. 4. ed. Salvador: JusPodivm, 2014. t. I. (Coleção Sinopses para Concurso)
- CANOTILHO, José Joaquim Gomes. *Estudos sobre direitos fundamentais*. Coimbra: Coimbra Ed., 2004.
- CANOTILHO, José Joaquim Gomes. Metodologia Fuzzy e camaleões normativos na problemática atual dos direitos econômicos, sociais e culturais. *Estudos sobre direitos fundamentais*. 2. ed. Coimbra: Coimbra Ed., 2008.

2.145 O que é **desautarquização das autarquias?**

A desautarquização das autarquias é a ingerência ou interferência da chefia do Poder Executivo em face de exclusão, na prática, da autonomia da autarquia.

Essa expressão foi cunhada por Alirn Pedro em 1951.

A Constituição da República de 1988 veda a ingerência do Chefe do Poder Executivo sobre as agências a ponto de chegar a excluir, na prática, a sua autonomia, como, inclusive, já foi verificado pela doutrina brasileira com relação às antigas autarquias. A esse fenômeno se denominou de "desautarquização das autarquias", não mais compatível com o Estado Democrático de Direito e com a constitucionalização da diferença entre a Administração Direta e a Administração Indireta.

Raquel Nascimento Elsing, sobre a desautarquização das autarquias, prega que: "As autarquias comuns foram criadas como sendo entidades dotadas de autonomia. Contudo, com o passar do tempo, essas autarquias passaram por uma progressiva perda desta sua característica, sendo essa incorporada pela Administração Direta. Esse fenômeno foi chamado de 'desautarquização das autarquias' por Alberto Venancio Filho[32]" (ELSING, 2013, p. 30-31).

Referências:

- ELSING, Raquel Nascimento. *Constitucionalidade e limites da atribuição de poder normativo às agências reguladoras*. Monografia apresentada como requisito para conclusão do curso de bacharelado em Direito do Centro Universitário de Brasília. Orientador: Professor Msc. Rodrigo Fernandes M. Ferreira. 2013. Disponível em:

32 VENÂNCIO FILHO, Alberto. *A intervenção do Estado no domínio econômico*. Rio de Janeiro: Renovar, 1998. p. 414.

<http://repositorio.uniceub.br/bitstream/235/5121/1/RA20922315.pdf>. Acesso em: 16 abr. 2016.

- VENÂNCIO FILHO, Alberto. *A intervenção do Estado no domínio econômico*. Rio de Janeiro: Renovar, 1998.

2.146 O que é **motivação aliunde**?

A motivação aliunde é a motivação realizada em outro lugar, mas expressamente consignada no texto.

Ricardo Alexandre trata da motivação aliunde da seguinte forma:

> Em muitas situações pode acontecer de a motivação ser elaborada por órgão diferente do que praticou o ato ou proferiu a decisão. *É comum que a autoridade administrativa use, como fundamentos para a prática do ato, argumentos que estão detalhados em outro documento, e não naquele que serviu de instrumento para a prática do ato.* A título exemplificativo, é possível que a autoridade competente para decidir determinado processo afirme: "concordo com o Parecer exarado na folha 'x' do processo, cujos argumentos devem ser considerados como se aqui estivessem transcritos". Trata-se da chamada motivação aliunde. A palavra aliunde é um advérbio latino que significa "de outro lugar". Assim, *motivação aliunde é aquela que não se encontra no mesmo instrumento em que está escrito o texto referente ao ato praticado, mas em outro local, expressamente indicado naquele texto. A adoção dessa técnica é válida, desde que obviamente sejam lícitos, existentes e suficientes os motivos constantes do ato mencionado. A possibilidade de utilização de tal método de motivação tem sido abordada nas provas de concurso público* (RICARDO ALEXANDRE, 2015, p. 194). (sem grifos no original)

Em oposição a essa motivação, tem-se a motivação textual, que, em curtas palavras, é aquela realizada no próprio texto do ato – encorpado no documento – lavrado pela Administração Pública. Na motivação textual, a motivação está ali no próprio ato.

Registra-se, por oportuno, que a técnica é utilizada em outras searas também do Direito (como Processo Penal, Processo Civil etc.).

A *motivação aliunde* tem como terminologias equivalentes as expressões *motivação per relationem, fundamentação relacional, motivação referencial/referenciada, motivação por remissão ou remissiva, motivação por declaração da existência de outra fundamentação que se invoca, motivação por citação, motivação por menção, fundamentação ad relacionem, entre outras.*

Referências:

- RICARDO ALEXANDRE, João de Deus. *Direito administrativo esquematizado*. São Paulo: Método, 2015.

2.147 O que se entende por **pan-principiologia** ou **pan-principiologismo**?

Por pan-principiologia entende-se a banalização e vulgarização dos princípios jurídicos para aplicação da lei conforme a consciência do julgador, despidos de normatividade. Em outras palavras, é a criação imoderada e sem apego científico dos princípios com seus desdobramentos, sem fundamentos de normatividade.

Acerca da temática da pan-principiologia, o jurista Lenio Luiz Streck aborda-a sob a seguinte visão:

> (...) Com efeito, venho denunciando de há muito um fenômeno que tomou conta da operacionalidade do direito. Trata-se do *pan-principiologismo, verdadeira usina de produção de princípios despidos de normatividade. Há milhares de dissertações de mestrado e teses de doutorado sustentando que "princípios são normas"*. Pois bem. Se isso é verdadeiro – e, especialmente a partir de Habermas e Dworkin, pode-se dizer que sim, isso é correto – qual é o sentido normativo, por exemplo, do "princípio" (*sic*) da confiança no juiz da causa? Ou do princípio "da cooperação processual"? Ou "da afetividade"? E o que dizer dos "princípios" da "proibição do atalhamento constitucional", da "pacificação e reconciliação nacional", da "rotatividade", do "deduzido e do dedutível", da "proibição do desvio de poder constituinte", da "parcelaridade", da "verticalização das coligações partidárias", da "possibilidade de anulamento" e o "subprincípio da promoção pessoal"? *Já não basta a bolha especulativa dos princípios, espécie de subprime do direito, agora começa a fábrica de derivados e derivativos. Tem também o famoso "princípio da felicidade" (desse falarei mais adiante!).* No livro *Verdade e Consenso* (Saraiva, 2011), faço uma listagem de mais de quarenta desses *standards* jurídicos, construídos de forma voluntarista por juristas descomprometidos, em sua maioria, com a deontologia do direito (lembremos: princípios são deontológicos e não teleológicos!). (...) Mas tem mais. Talvez o *Top Five* da dogmática jurídica (entendida como sentido comum teórico) esteja no seguinte exemplo, retirado do Concurso Público

> para Ingresso na Carreira de Defensor Público do Estado do Rio de Janeiro, do ano de 2010.
>
> Prova escrita discursiva de caráter geral do XXIII Concurso para Ingresso na Carreira da Defensoria Pública do Estado do Rio de Janeiro (7 linhas para resposta)
>
> 12.ª Questão: Um indivíduo hipossuficiente, interessado em participar da prática de modificação extrema do corpo (*body modification extreme*), decidiu se submeter a cirurgias modificadoras, a fim de deixar seu rosto com a aparência de um lagarto. Para tanto, pretende enxertar pequenas e médias bolas de silicone acima das sobrancelhas e nas bochechas, e, após essas operações, tatuar integralmente sua face de forma a parecer a pele do anfíbio.
>
> Frustrado, após passar por alguns hospitais públicos, onde houve recusa na realização das mencionadas operações, o indivíduo decidiu procurar a Defensoria Pública para assisti-lo em sua pretensão.
>
> Pergunta-se: você, como Defensor Público, entende ser viável a pretensão? Fundamente a resposta. (7,0 pontos)
>
> Pois bem. Ao que consta, recebeu nota máxima quem respondeu que o defensor público deveria ajuizar a ação, porque o hipossuficiente tem o direito à felicidade (princípio da felicidade). Ponto para o pan-principiologismo...! Estamos, pois, diante de uma excelente amostra do patamar que atingiu o pan-principiologismo e o estado de natureza hermenêutico em *terrae brasilis*, que sustentam ativismos e decisionismos. Por certo, deve haver uma espécie de "direito fundamental a alguém se parecer com um lagarto" ou algo do gênero. Como se o direito estivesse à disposição para qualquer coisa. Não parece ser um bom modo de exercitar a cidadania o incentivo - por intermédio de pergunta feita em concurso público - a que advogados de hipossuficientes, pagos pelo contribuinte, venham a se utilizar do Poder Judiciário para fazer "laboratório" ou até mesmo estroinar com os direitos fundamentais. Não faz muito, um aluno recebeu sentença favorável de um juiz federal no RS, pela qual a Universidade deveria elaborar *curriculum* especial para ele, porque, por "objeção de consciência", negava-se a manipular animais na disciplina de anatomia, na Faculdade de Medicina. E o que dizer de uma petição feita por defensor público requerendo o fornecimento, por parte do erário (a viúva), de xampu para pessoa calva? Eis, aqui, pois, uma coletânea de elementos que apontam, em pleno Estado Democrático de Direito, paradoxalmente para o recrudecimento do conhecimento jurídico (STRECK, 2012).

Em outra obra também de Lenio Streck, este afirma, em tom de crítica evidente ao pan-principiologismo, que:

> Estamos, assim, diante de um considerável número de *standards* interpretativos, que mais se parecem com *topoi* ou axiomas com pretensões dedutivistas. Sua diversidade - e a absoluta falta de critérios até mesmo para a sua definição - dá mostras da dimensão dos problemas enfrentados pelas diversas teorias que tratam da construção das condições de possibilidade da institucionalização de princípios efetivamente de índole constitucional. Na verdade, no modo como são apresentados - pelo menos em sua expressiva maioria -, tais *standards* são originários de construções nitidamente pragmaticistas, mas que, em um segundo momento, adquirem foros de universalização. (...) *Assim, está-se diante de um fenômeno que pode ser chamado de "pan-principiologismo", caminho perigoso para um retorno à "completude" que caracterizou o velho positivismo novecentista, mas que adentrou ao século XX a partir de uma "adaptação darwiniana": na "ausência" de "leis apropriadas" (a aferição desse nível de adequação é feita, evidentemente, pelo protagonismo judicial), o intérprete "deve" lançar mão dessa ampla principiologia, sendo que, na falta de um "princípio" aplicável, o próprio intérprete pode criá-lo* (STRECK, 2012, p. 66-67).

A terminologia pan-principiologia recebe como expressão correlata o pan-principiologismo para designar a mesma coisa.

Por derradeiro, realmente a pan-principiologia nos preocupa, pois a vasta criação indiscriminada e o uso imoderado de princípios com seus desdobramentos e derivações, sem um rigor científico com base sólida, podem acarretar precedentes perigosos às ciências jurídicas e à própria aplicação prática do Direito.

Referências:

- STRECK, Lenio Luiz. Neoconstitucionalismo, positivismo e pós-positivismo. In: FERRAJOLI, Luigi *et al. Garantismo, hermenêutica e (neo)constitucionalismo*: um debate com Luigi Ferrajoli.
- STRECK, Lenio Luiz. *Senso incomum - o pan-principiologismo e o sorriso do lagarto.* Disponível em: <http://www.conjur.com.br/2012-mar-22/senso-incomum-pan-principiologismo-sorriso-lagarto>. Acesso em: 19 abr. 2016.

2.148 O que é **controle de justificabilidade ou de sustentabilidade ("Vertretbarkeitskontrolle")**?

*Controle de justificabilidade ou de sustentabilidade (*Vertretbarkeitskontrolle*) consiste no mandamento dirigido ao legislador que, ao elaborar a lei, deve buscar em bases empíricas, de pesquisas, dados e tudo aquilo* *que está ao alcance da ciência para justificar sua decisão de produzi-la, sob pena de inconstitucionalidade, por fugir da razoabilidade e da proporcionalidade.*

A terminologia *controle de justificabilidade* ou de *sustentabilidade* (*vertretbarkeitskontrolle*) tem origem alemã e foi empregada pelo Min. Gilmar Mendes em seu voto quando do julgamento do art. 28 da Lei de Drogas (STF, Recurso Extraordinário 635.659/SP, Plenário. Íntegra do voto do Min. Gilmar Ferreira Mendes; Data do voto: 20.08.2015). O julgamento pende de julgamento ainda.

Ademais, a expressão *controle de justificabilidade* ou de *sustentabilidade* (*vertretbarkeitskontrolle*) foi empregada no julgamento do *Habeas Corpus* 102.087/MG (STF, HC 102.087/MG, 2.ª Turma. Íntegra do voto do Min. Gilmar Ferreira Mendes. Rel. Min. Celso de Melo, Red. do acórdão Min. Gilmar Mendes. Paciente: R. S. P.; Impetrante: Defensoria Pública da União; Coator: Superior Tribunal de Justiça; j. 28.02.2012, p. 14 e ss.).

O tema está dentro do controle de constitucionalidade em Direito Constitucional.

Referências:

- BRASIL. STF, HC 102.087/MG, 2.ª Turma. Íntegra do voto do Min. Gilmar Ferreira Mendes. Rel. Min. Celso de Melo, Red. do acórdão Min. Gilmar Mendes, j. 28.02.2012. Paciente: R. S. P.; Impetrante: Defensoria Pública da União; Coator: Superior Tribunal de Justiça.
- BRASIL. STF, Recurso Extraordinário 635.659/SP, Plenário. Íntegra do voto do Min. Gilmar Ferreira Mendes; Data do voto: 20.08.2015. O julgamento pende de julgamento ainda.
- GOMES, Luiz Flávio. *No tema controle de constitucionalidade, você sabe o que é controle de justificabilidade?* Disponível em: <http://professorlfg.jusbrasil.com.br/artigos/232754711/no-tema-controle-de-constitucionalidade-voce-sabe-o-que-e-controle-de-justificabilidade>. Acesso em: 5 mar. 2016.
- GOMES, Luiz Flávio. *O Supremo aplicou o controle de justificabilidade. Você sabe o que é isso?* Disponível em: <https://www.youtube.com/watch?v=n26GgF8JVO0>. Acesso em: 5 mar. 2016.

2.149 O que é **efeito repique**?

Entende-se por *efeito repique a incidência de gratificação, acessório, adicional ou vantagens sobre base de cálculo formada pelo vencimento básico, acrescido de outra(s) gratificação(ções) ou vantagem anteriormente devida(s) de forma cumulativa.*

Ou seja, *é o cômputo de gratificação, acessório, adicional ou vantagens em junção com vencimento básico com outra gratificação já concedida no passado de forma repetida (exemplo: incidência de nova gratificação ou outra vantagem somada com a base do vencimento [+ gratificação])*.

Na verdade, essa prática é vedada em relação à remuneração do servidor público, conforme anuncia o art. 37, XIV, da CF/1988: "os acréscimos pecuniários percebidos por servidor público não serão computados nem acumulados para fins de concessão de acréscimos ulteriores".

Em precisa sintonia com o texto constitucional acerca do tema, Marçal Justen Filho ensina que "as vantagens pecuniárias não incidem 'em cascata' (cumulativamente, uma sobre outras). Ou seja, *o valor do vencimento-base constitui o parâmetro para o cálculo das vantagens*, sem que uma incida sobre a outra" (JUSTEN FILHO, 2005, p. 635).

Comentando o artigo em referência, Alexandre de Moraes ensina que: "A Constituição veda o denominado *efeito-repicão*, isto é, que uma mesma vantagem seja repetidamente computada sobre as demais vantagens (...)" (MORAES, 2002, p. 193).

Sob o pálio jurisprudencial, numa oportunidade que teve de enfrentar o assunto, o Supremo Tribunal Federal, guardião da Constituição, assentou que:

> "Gratificação de tempo integral e dedicação exclusiva. Incorporação ao vencimento básico. (...) Manifesta contrariedade ao art. 37, inc. XIV, da Carta da República, que *veda o cômputo dos acréscimos pecuniários ao padrão de vencimentos dos servidores, para fins de concessão de acréscimos posteriores* (STF, RE 167.416, Rel. Min. Ilmar Galvão, j. 20.09.1994, *DJ* 02.06.1995)."

Cita-se, por ocasião do debate, a previsão contida na Lei 8.112/1990, que reserva um artigo exclusivo para o assunto no art. 50, noticiando que: "As vantagens pecuniárias não serão computadas, nem acumuladas, para efeito de concessão de quaisquer outros acréscimos pecuniários ulteriores, sob o mesmo título ou idêntico fundamento".

Vale registrar que essa regra da vedação do efeito repique vigora inclusive para fins de vedar concessão de acréscimos ulteriores em proventos em cascata.

Como podemos ver, há vedação expressa para o efeito repique no atual ordenamento jurídico, anotando que há julgados da Corte Suprema que admitiam a incidência do mencionado efeito[33] para situações consolidadas antes do advento da Constituição de 1988, todavia, em julgamento de embargos de divergência, o Pleno daquela Corte deliberou pela não incidência do efeito repique[34].

O efeito repique recebe como terminologias equivalentes as seguintes nomenclaturas: *repique de cálculo, efeito repicão, efeito-repicão, cálculo em cascata* ou *"efeito cascata"*.

Referências:

- BRASIL. STF, RE 167.416, Rel. Min. Ilmar Galvão, j. 20.09.1994, *DJ* 02.06.1995.
- JUSTEN FILHO, Marçal. *Curso de direito administrativo*. São Paulo: Saraiva, 2005.
- MORAES, Alexandre de. *Direito constitucional administrativo*. 19. ed. São Paulo: Atlas, 2002.

2.150 Em que consiste a expressão francesa **"effect cliquet"** ou **efeito "cliquet"** no Direito Constitucional?

O efeito "cliquet" nada mais é do que a proibição e vedação de retrocessos nos direitos sociais.

O efeito "cliquet" deriva do som emitido pelos equipamentos do alpinista numa escalada rumo ao cume (ou seja, movimento para cima), e esse som – de travamento do equipamento da catraca – evita que na escalada, a cada avanço ao objetivo final, o alpinista retroceda nos seus objetivos – que é alcançar o ponto mais alto. Assim, trazendo o "effect cliquet" ou efeito "cliquet" para os direitos sociais e fundamentais, consistiria em dizer que seus avanços não poderiam retroceder juridicamente.

Ou seja, corresponde ao mandamento de que o legislador não poderá, posteriormente, retroceder no tocante à matéria, revogando ou prejudicando o direito já reconhecido ou concretizado.

Nesse ponto, por zelo ao debate, destaca-se que há vozes minoritárias na doutrina em sentido contrário, sustentando a permissão de revogação de norma (em sentido amplo aqui), sob pena de inviabilizar a condução política e a governabilidade de um Estado. Há também discussão na doutrina se

33 STF, SSPR 1.711/CE, Min. Marco Aurélio, j. 30.07.2001, *DJ* 16.08.2001, p. 86.

34 Vide: Pleno do STF, nos Embargos de Divergência no RE 146.331-7.

essa vedação se estenderia apenas ao legislador infraconstitucional ou também ao legislador constituinte derivado (na emenda constitucional).

De acordo com os ensinamentos de Vicente Paulo e Marcelo Alexandrino:

> (...) Esse princípio da vedação de retrocesso (também conhecido pela expressão francesa *effect cliquet*) visa a impedir que o legislador venha a desconstituir pura e simplesmente o grau de concretização que ele próprio havia dado às normas da Constituição, especialmente quando se cuida de normas constitucionais que, em maior ou menor escala, acabam por depender dessas normas infraconstitucionais para alcançarem sua plena eficácia e efetividade. Significa que, uma vez regulamentado determinado dispositivo constitucional, de índole social, o legislador não poderia, ulteriormente, retroceder no tocante à matéria, revogando ou prejudicando o direito já reconhecido ou concretizado (PAULO e ALEXANDRINO, 2015, p. 308).

Os sinônimos da *expressão francesa "effect cliquet"* ou *efeito "cliquet"* são: *princípios (ou postulados) da vedação ao retrocesso social, da irreversibilidade dos direitos fundamentais, irreversibilidade dos direitos fundamentais e sociais, do não retrocesso social, da evolução reacionária, efeito catraca.*

Como desdobramentos desse princípio se fala em *princípios (ou postulados) da vedação do retrocesso* ambiental, de direitos trabalhistas, da vedação do retrocesso no direito de família, da vedação ao retrocesso no direito penal, *da vedação do retrocesso* aos direitos humanos e outras searas.

Referências:

- ALEXANDRINO, Marcelo; VICENTE, Paulo. *Direito constitucional descomplicado*. 14. ed. rev., atual. e ampl. São Paulo: Método, 2015.

3

DIREITO CIVIL, EMPRESARIAL E PROCESSUAL CIVIL

3.1 O que é **fase de puntuação** no campo da teoria dos contratos no Direito Civil?

A fase de puntuação no campo da teoria dos contratos no Direito Civil "(...) *é a fase em que ocorrem debates prévios, entendimentos, tratativas ou conversações sobre o contrato preliminar ou definitivo.* Cumpre assinalar que a expressão puntuação foi difundida, na doutrina clássica, por Darcy Bessone[1], *estando relacionada a acordos parciais na fase pré-contratual*". (TARTUCE, 2015, p. 140) (sem grifos no original).

Cumpre lembrar que a puntuação está dentro da primeira fase de formação dos contratos.

Ademais, segundo Tartuce, a origem está no francês *pourparlers* e no italiano *puntuazione*. Assevera, ainda, o renomado civilista que a fase de pontuação ou fase de negociações de puntuação ou fase de negociações preliminares são também denominadas de fase de proposta não formalizada e acordos parciais na fase pré-contratual (TARTUCE, 2015, p. 140).

Por fim, além de puntuação, ainda se têm as terminologias *fase preliminar*, *debates* ou *negociações preliminares*, *punctuação*, no francês *pourparlers* e no italiano *puntuazione*.

Referências:

- TARTUCE, Flávio. *Teoria geral dos contratos e contratos em espécie*. 10. ed. rev., atual. e ampl. São Paulo: Método, 2015. vol. 3.

1 ANDRADE, Darcy Bessone de Vieira. *Aspectos da evolução da teoria dos contratos*. São Paulo: Saraiva, 1949. p. 57.

3.2 Do que se trata a **Teoria da Escada Ponteana**?

Pontes de Miranda defendia que o negócio jurídico se dividia em três planos: existência, validade e eficácia. Tendo a doutrina moderna adotado, em regra, essa posição doutrinária, convencionou-se denominar tal divisão como Escada Ponteana.

> "(...) negócio jurídico, na *visão de Pontes de Miranda, é dividido em três planos: – Plano da existência, Plano da validade e Plano da eficácia*. No *plano da existência* estão os pressupostos para um negócio jurídico, ou seja, os seus elementos mínimos, seus pressupostos fáticos, enquadrados dentro dos elementos essenciais do negócio jurídico. Nesse plano há apenas substantivos sem adjetivos, ou seja, sem qualquer qualificação (elementos que formam o suporte fático). Esses substantivos são: agente, vontade, objeto e forma. *Não havendo algum desses elementos, o negócio jurídico é inexistente, conforme defendem os doutrinadores que seguem à risca a doutrina de Pontes de Miranda (...). No segundo plano, o da validade, as palavras indicadas ganham qualificações, ou seja, os substantivos recebem adjetivos, a saber: agente capaz, vontade livre, sem vícios; objeto lícito, possível, determinado ou determinável e forma prescrita e não defesa em lei (...)"*. Por fim, *no plano da eficácia* estão os *elementos relacionados com as consequências do negócio jurídico*, ou seja, com a suspensão e a resolução de direitos e deveres relativos ao contrato, caso da condição, do termo, do encargo, das regras relacionadas com o inadimplemento, dos juros, da multa ou cláusula penal, das perdas e danos, da resolução, da resilição, do registro imobiliário e da tradição (em regra). De outra forma, *nesse plano estão as questões relativas às consequências e aos efeitos gerados pelo negócio em relação às partes e em relação a terceiros* (TARTUCE, 2015, p. 15). (sem grifos no original)

Tartuce aborda que a doutrina também denomina de Escada Ponteana ou Escada Pontiana (TARTUCE, 2015, p. 14).

Referências:

- TARTUCE, Flávio. *Teoria geral dos contratos e contratos em espécie*. 10. ed. São Paulo: Método, 2015. vol. 3.

3.3 Qual o conceito de **contratos coligados**?

Para Carlos Roberto Gonçalves, *"contratos coligados são, pois, os que embora distintos, estão ligados por uma cláusula acessória, implícita ou explícita. Ou, no dizer de Almeida Costa, são os que se encontram ligados por um nexo funcional, podendo essa dependência ser bilateral (vende o automóvel e a gasolina); unilateral (compra o automóvel e arrenda a garagem, ficando o arrendamento subordinado à compra e venda); alternativa (compra a casa na praia ou, se não for para lá transferido, loca-a para veraneio). Mantém-se a individualidade dos contratos, mas as vicissitudes de um podem influir sobre o outro"* (GONÇALVES, 2004, p. 92).

Referências:

- GONÇALVES, Carlos Roberto. *Direito civil brasileiro*. São Paulo: Saraiva, 2004. vol. 3.

3.4 O que é **contrato vaca-papel**?

Contrato vaca-papel é a denominação conferida à simulação de contratos supostamente celebrados entre parceiros agrícolas, mas que, em regra, ocultam a ocorrência do mútuo feneratício.

> "outra hipótese de ato simulado combatido pela jurisprudência diz respeito aos contratos apelidados de *vaca-papel, uma figura jurídica típica dos contratos de parcerias agrícolas, utilizada para mascarar um contrato de mútuo (empréstimo de dinheiro) com juros excessivos.* Fernando Gaburri explica a mecânica do contrato de *vaca-papel: "Um parceiro-proprietário simula entregar ao outro, parceiro-arrendatário, certa quantidade de gado, cem cabeças, por exemplo. O outro parceiro obriga-se, após determinado prazo (três anos, por exemplo), a entregar a mesma quantidade de gado acrescida de vinte e cinco a cinquenta por cento. Contudo, não há entrega de gado pelo parceiro-proprietário, mas simples entrega de dinheiro, correspondente àquelas cem cabeças", originalmente devidas. "Assim, além de não haver a entrega das vacas objeto da parceria, o que caracteriza simulação, a taxa de juros cobrada do parceiro-arrendatário excede os limites da Lei de Usura"*[2] (FARIAS, 2015, p. 536)."

2 124 GABURRI, Fernando. *Contratos*, op. cit., p. 278-279.

Referências:

- FARIAS, Cristiano Chaves de; ROSENVALD, Nelson. *Curso de direito civil*: parte geral e LINDB. 13. ed. São Paulo: Atlas, 2015. vol. I.

3.5 Qual a origem histórica do prazo de um ano e dia adotado para distinguir as ações possessórias de **força nova** e **velha** pelo CPC/1973?

Segundo Fábio Konder Comparato, o prazo de ano e dia adotado por grande parte das legislações modernas (cf. Código Civil brasileiro de 1916, art. 508; Código Civil alemão, §§ 861 e 862; Código Civil suíço, art. 929; Código Civil italiano, art. 1170; Código Civil português, art. 1282º) para distinguir a "posse nova" da "posse velha" *encontra sua origem histórica no período feudal, pois, se os servos residissem na cidade (burgo) por mais de ano e dia, desvinculavam-se do Senhor Feudal, deixando a condição de vassalo. Desse período origina-se o provérbio alemão "o ar da cidade liberta".*

> (...) burgos novos tornaram-se, desde logo, o território da liberdade pessoal, e isto não apenas para a classe dos mercadores, doravante conhecidos como burgueses. *Os servos da gleba, que logravam residir mais de ano e dia num burgo novo, desvinculavam-se de pleno direito das peias feudais: era uma espécie de usucapião da liberdade, calcado no regime possessório dos bens materiais76. O provérbio alemão diz tudo: o ar da cidade liberta* (die Stadtluft macht frei). 76. *Em grande parte das legislações modernas, esse prazo tradicional de ano e dia distingue a "posse nova" da "posse velha".* Cf. Código Civil brasileiro de 1916, art. 508; Código Civil alemão, §§ 861 e 862; Código Civil suíço, art. 929; Código Civil italiano, art. 1170; Código Civil português, art. 1282º (COMPARATO, 2013). (sem grifos no original)

Referências:

- COMPARATO, Fábio Konder. *A afirmação histórica dos direitos humanos*. 8. ed. São Paulo: Saraiva, 2013.

3.6 O que se entende por **inferno de severidade** ("enfer de severité")?

Inferno de severidade (enfer de severité) é uma crítica que se faz à adoção ilimitada do princípio da reparação plena do dano, uma vez que o instituto pode constituir um exagero e conduzir à vida do agente causador do dano a verdadeira ruína econômica, em função de um ato descuidado, praticado num momento infeliz de sua vida.

Como se pode ver, o tema *inferno de severidade* está dentro do campo da reparação civil no Direito Civil.

> "(...) aplicação irrestrita do princípio da reparação plena do dano pode representar, em algumas situações, para o causador do evento danoso, conforme a aguda crítica de Geneviève Viney, um autêntico inferno de severidade (*enfer de severité*). Se, na perspectiva da vítima, as vantagens da consagração irrestrita do princípio são evidentes, na do agente causador do dano, a sua adoção plena e absoluta pode constituir um exagero, conduzindo à sua ruína econômica em função de um ato descuidado praticado em um momento infeliz de sua vida (SANSEVERINO, 2010, p. 84)."

Referências:

- SANSEVERINO, Paulo de Tarso Vieira. *Princípio da reparação integral*. São Paulo: Saraiva, 2010.

3.7 O que são **luvas** no âmbito da locação?

Segundo a civilista Maria Helena Diniz, as luvas, no âmbito da locação, *"são valores em dinheiro, além do aluguel, pagos pelo locatário ao locador, quando da elaboração do contrato inicial de locação comercial ou empresarial, para que tenha preferência na locação, ou por ocasião da sua renovação"* (DINIZ, 2005, p. 202).

Conforme ensinamento do doutrinador Flávio Tartuce, "também é comum sua cobrança de novos locatários, por uma suposta transmissão do ponto comercial ou empresarial. *Entendemos que a cobrança das luvas constitui abusividade, a gerar o enriquecimento sem causa do locador, pois não há qualquer prestação que a fundamente*". O autor ainda cita posicionamento do Superior Tribunal de Justiça no REsp 440.872/SC (200200677282), 475.783, j. 20.02.2003, 6.ª Turma, *DJ* 17.03.2003, p. 300, *RJADCOAS*, v. 46, p. 85, alinhado à abusividade, diante da violação dos princípios norteadores da Lei 8.245/1991 (TARTUCE, 2015, p. 408-409) (sem grifos no original).

Referências:

- DINIZ, Maria Helena. *Dicionário jurídico*. 2. ed. São Paulo: Saraiva, 2005. vol. 2.
- TARTUCE, Flávio. *Teoria geral dos contratos e contratos em espécie*. 10. ed. São Paulo: Método, 2015.

3.8 O que é fase de **policitação** ou **oblação** no Direito Civil?

A fase de policitação, oblação ou proposta na formação dos contratos "(...) *constitui a manifestação da vontade de contratar, por uma das partes, que solicita a concordância da outra. Trata-se de uma declaração unilateral de vontade receptícia, ou seja, que só produz efeitos ao ser recebida pela outra parte*" (TARTUCE, 2015, p. 143).

Referências:

- TARTUCE, Flávio. *Teoria geral dos contratos e contratos em espécie*. 10. ed. São Paulo: Método, 2015.

3.9 Qual o conceito de **contrato aleatório "emptio rei speratae"** ou **"emptio rei speratae"**?

Para Flávio Tartuce, "(...) *contrato aleatório emptio rei speratae – o contrato será dessa natureza se o risco versar somente em relação à quantidade da coisa comprada, pois foi fixado pelas partes um mínimo como objeto do negócio (art. 459 do CC). Nesse sentido, o risco, apesar de existente, é menor. Em casos tais, a parte terá a todo o preço, desde que sua parte não tenha concorrido com culpa, ainda que a coisa venha a existir em quantidade inferior à esperada. Mas, se a coisa não vier a existir, alienação não haverá, e o alienante deverá devolver o preço recebido (art. 459, parágrafo único do Código Civil).* Na compra e venda trata-se da *venda da esperança com coisa esperada*" (TARTUCE, 2015, p. 24).

Referências:

- TARTUCE, Flávio. *Teoria geral dos contratos e contratos em espécie*. 10. ed. São Paulo: Método, 2015.

3.10 Qual o conceito de **contrato aleatório "emptio spei"** ou **"emptio spei"**?

Contrato aleatório emptio spei "é a hipótese em que um dos contratantes toma para si um risco relativo à própria existência da coisa, sendo ajustado um determinado preço, que será devido integralmente, mesmo que a coisa não exista no futuro, desde que não haja dolo ou culpa da outra parte (art. 458 do CC). Como se pode perceber, o risco é maior. No caso de compra e venda, essa forma negocial pode ser denominada venda da esperança" (TARTUCE, 2015, p. 24).

Referências:

- TARTUCE, Flávio. *Teoria geral dos contratos e contratos em espécie*. 10. ed. São Paulo: Método, 2015.

3.11 O que é contrato de **mútuo feneratício**?

O contrato de mútuo feneratício é uma modalidade de contrato de empréstimo oneroso de coisa fungível, ou seja, um contrato de mútuo com incidência de juros pelos contratantes, ou seja, no "(...) (mútuo feneratício), pelo qual, além da obrigação de restituir a quantia emprestada (contrato unilateral), devem ser pagos os juros (contrato oneroso)" (TARTUCE, 2015, p. 22).

Referências:

- TARTUCE, Flávio. *Teoria geral dos contratos e contratos em espécie*. 10. ed. São Paulo: Método, 2015.

3.12 Em que consistem o **"solvens"** e o **"accipiens"** no campo das obrigações e no campo contratual?

As expressões "solvens" e "accipiens", no campo das obrigações e no campo contratual, indicam quem deve pagar (solvens) *e a quem se deve pagar* (accipiens).

> (...) de acordo com o que consta do Código Civil em vigor e reunindo o que de melhor existe na doutrina, pode-se dizer que são elementos subjetivos ou pessoais do pagamento o *solvens (quem deve pagar) e o accipiens (a quem se deve pagar).* (...). A respeito do *solvens, expressão latina que denomina a pessoa que deve pagar, ou "quem deve pagar"*, há um tratamento específico no Código Civil atual, entre os seus arts. 304 a 307. Sem dúvida que, *como regra geral, o solvens será o devedor. Porém, outras pessoas também podem pagar, além do próprio sujeito passivo da relação obrigacional. Como regra geral, o accipiens será o credor. Contudo, o pagamento por igual pode ser feito ao seu representante, que tem poderes para recebê-lo, sob pena de só valer depois de ratificação, de confirmação pelo credor, ou havendo prova de reversão ao seu proveito (art. 308 do CC)"* (TARTUCE, 2015, p. 128 e 131). (sem grifos no original)

Referências:

- TARTUCE, Flávio. *Teoria geral dos contratos e contratos em espécie*. 10. ed. São Paulo: Método, 2015.

3.13 Em que consiste o **sinalagma** no campo das obrigações contratuais?

A expressão sinalagma, *no campo das obrigações contratuais, consiste no equilíbrio da relação contratual, ou seja, a proporcionalidade entre as prestações impostas ao credor e ao devedor.*

> (...) interessante deixar claro que, na atualidade, dificilmente alguém assume a posição isolada de credor ou devedor em uma relação jurídica. Na maioria das vezes, as partes são, ao mesmo tempo, credoras e devedoras entre si, presente a proporcionalidade de prestações denominada *sinalagma*, como ocorre no contrato de compra e venda. Tal estrutura também é denominada *relação jurídica obrigacional complexa*, constituindo a base do negócio jurídico relacionada com a obrigação. Como se pode verificar, o desenho tem um formato geométrico retangular, a conduzir a um ponto de equilíbrio. De fato, o sinalagma é um todo equilibrado, e sendo quebrado, justifica-se a ineficácia ou a revisão da obrigação. A quebra do sinalagma é tida como geradora da onerosidade excessiva, do desequilíbrio negocial (...) (TARTUCE, 2015, p. 7-8).

Referências:

- TARTUCE, Flávio. *Teoria geral dos contratos e contratos em espécie*. 10. ed. São Paulo: Método, 2015.

3.14 O que é **contrato de estandardização** ou **contrato "standard"** na relação consumeirista?

Contrato de estandardização ou contrato "standard", na relação consumeirista, equivale à expressão sinônima do contrato de adesão. Há outros nomes que designam as mesmas terminologias já mencionadas, tais como: contrato por adesão, "standard verträgen", contrato-tipo e contrato formulário, lembrando apenas da discussão travada por Orlando Gomes, que procura diferenciar as expressões entre contrato de adesão e contrato por adesão, em que pese a doutrina majoritária reputar como sinônimos (TARTUCE, 2015, p. 28).

Para Flávio Tartuce, o contrato de estandardização ou contrato "standard" na relação consumeirista "(...) Enzo Roppo utiliza a expressão contratos *standard* para denominar os contratos de adesão, expressão que nos parece a mais apropriada" (TARTUCE, 2015, p. 27).

Por sua vez, Orlando Gomes conceitua o contrato de adesão como "o negócio jurídico no qual a participação de um dos sujeitos sucede pela aceitação em bloco de uma série de cláusulas formuladas antecipadamente, de modo geral e abstrato, pela outra parte, para constituir o conteúdo normativo e obrigacional de futuras relações concretas" (GOMES, 1972, p. 3).

Referências:

- GOMES, Orlando. *Contrato de adesão* – condições gerais dos contratos. São Paulo: RT, 1972.
- TARTUCE, Flávio. *Teoria geral dos contratos e contratos em espécie*. 10. ed. São Paulo: Método, 2015.

3.15 Qual a definição de **obrigação portável** ou **"portable"**?

A obrigação será portável quando se convencionar que o local do cumprimento da obrigação será o domicílio do credor. Para facilitar: lembrar que o devedor portará, levará, o dinheiro até o credor.

> *obrigação portável ou portable – é a situação em que se estipula, por força do instrumento negocial ou pela natureza da obrigação, que o local do cumprimento da obrigação será o domicílio do credor.* Eventualmente, também recebe essa denominação a obrigação cujo pagamento deva ocorrer no domicílio de terceiro. Em casos tais, o sujeito passivo obrigacional deve levar e oferecer o pagamento a esses locais (TARTUCE, 2015, p. 145).

Referências:

- TARTUCE, Flávio. *Teoria geral dos contratos e contratos em espécie*. 10. ed. São Paulo: Método, 2015.

3.16 Qual a definição de **obrigação quesível** ou **"quérable"**?

A obrigação será quesível quando o pagamento ocorrer no domicílio do devedor. Para facilitar: lembrar que o credor deverá buscar seu pagamento, pois *quesível significa aquilo que pode reclamar, procurar, requerer ou buscar,* ou seja, *o credor terá que buscar o pagamento.*

> "obrigação quesível" ou "quérable" – situação em que o pagamento deverá ocorrer no domicílio do devedor. De acordo com a lei, há uma presunção relativa de que o pagamento é quesível, uma vez que o sujeito passivo deve ser procurado pelo credor em seu domicílio para efetuar o pagamento, salvo se o instrumento negocial, a natureza da obrigação ou a lei impuserem regra em contrário (art. 327, *caput*, do CC) (TARTUCE, 2015, p. 145).

Referências:

- TARTUCE, Flávio. *Teoria geral dos contratos e contratos em espécie*. 10. ed. São Paulo: Método, 2015.

3.17 O que é o **efeito gangorra** no Direito Civil?

O efeito gangorra no Direito Civil, no campo das obrigações e do contrato, representa a quebra do equilíbrio (do sinalagma), a gerar a onerosidade excessiva (desequilíbrio contratual).

> (...) como se pode verificar, o desenho tem um formato geométrico retangular, a conduzir a um ponto de equilíbrio. De fato, o sinalagma é um todo equilibrado, e sendo quebrado, justifica-se a ineficácia ou a revisão da obrigação. A quebra do sinalagma é tida como geradora da onerosidade excessiva, do desequilíbrio negocial, como um efeito gangorra (TARTUCE, 2015, p. 8).

Referências:

- TARTUCE, Flávio. *Teoria geral dos contratos e contratos em espécie*. 10. ed. São Paulo: Método, 2015.

3.18 Em que consiste o **princípio da gravitação jurídica** no Direito Civil?

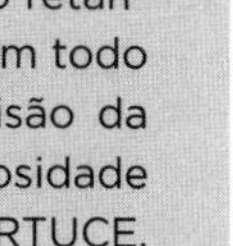

Pelo princípio da gravitação jurídica, o acessório segue a sorte do principal, de tal forma que tudo o que ocorrer com o contrato principal afetará os que lhe forem acessórios.

Trata-se de princípio tradicional no Direito consagrado na expressão *Accessorium sequitur principale* (o acessório segue o principal).

> (...) princípio da gravitação jurídica pelo qual o acessório segue o principal, tudo o que ocorre no contrato principal repercute no acessório. Desse modo, sendo nulo o contrato principal, nulo será o acessório; sendo anulável o principal o mesmo ocorrerá com o acessório; ocorrendo prescrição da dívida do contrato principal, o contrato acessório estará extinto; e assim sucessivamente (TARTUCE, 2015, p. 37).

Referências:

- TARTUCE, Flávio. *Teoria geral dos contratos e contratos em espécie*. 10. ed. São Paulo: Método, 2015.

3.19 O que se entende por **uniões estáveis plúrimas ou paralelas**?

As uniões estáveis paralelas ou plúrimas (simultâneas ou ao mesmo tempo) ocorrem quando uma pessoa mantém diversas uniões paralelas, ou seja, vive vários relacionamentos simultaneamente, todos eles de forma contínua e duradoura.

Imagine o caso de um profissional liberal que, em razão de suas viagens profissionais, mantém duas famílias em locais distintos. Poderia haver o reconhecimento desses relacionamentos paralelos como união estável?

A doutrina diverge quanto ao tema, havendo três correntes.

A primeira corrente, capitaneada por Maria Berenice Dias, defende que a exclusividade não é requisito para configuração da união estável, portanto, seria possível o reconhecimento das uniões estáveis plúrimas.

A segunda corrente, defendida por Flávio Tartuce, preconiza que o primeiro relacionamento será tratado como união estável e o segundo receberá a mesma disciplina do casamento putativo.

A terceira corrente, capitaneada por Maria Helena Diniz, estabelece que nenhum dos relacionamentos será reconhecido como união estável, uma vez que a relação deve ser exclusiva por força do princípio da monogamia.

A terceira corrente corresponde ao entendimento atual do Superior Tribunal de Justiça, que aplica o dever de lealdade e de fidelidade às uniões estáveis, não admitindo *uniões estáveis paralelas ou plúrimas (simultâneas ou ao mesmo tempo).* Vejamos:

> Direito de família. *Reconhecimento de uniões estáveis simultâneas. Impossibilidade.* Exclusividade de relacionamento sólido. *Condição de existência jurídica da união estável.* Exegese do § 1.º do art. 1.723 do Código Civil de 2002.
>
> 1. Para a existência jurídica da união estável, extrai-se, da exegese do § 1.º do art. 1.723 do Código Civil de 2002, *fine*, o requisito da exclusividade de relacionamento sólido. Isso porque, nem mesmo a existência de casamento válido se apresenta como impedimento suficiente ao reconhecimento da união estável, desde que haja separação de fato, circunstância que erige a existência de outra relação afetiva factual ao degrau de óbice proeminente à nova união estável.
>
> 2. Com efeito, a pedra de toque para o aperfeiçoamento da união estável não está na inexistência de vínculo matrimonial, mas, a toda evidência, na inexistência de relacionamento de fato duradouro, concorrentemente

> àquele que se pretende proteção jurídica, daí por que se mostra inviável o reconhecimento de uniões estáveis simultâneas.
>
> 3. *Havendo sentença transitada em julgado a reconhecer a união estável entre o falecido e sua companheira em determinado período, descabe o reconhecimento de outra união estável, simultânea àquela, com pessoa diversa.*
>
> 4. Recurso especial provido (STJ, REsp 912.926/RS, 4.ª Turma, Rel. Min. Luis Felipe Salomão, j. 22.02.2011, *DJe* 07.06.2011). (sem grifos no original).

Outro precedente da Corte de Cidadania está no AgRg no Ag 1.130.816/MG, 3.ª Turma, Rel. Min. Vasco Della Giustina (Desembargador convocado do TJ/RS), j. 19.08.2010, *DJe* 27.08.2010.

ATENÇÃO

A questão foi exigida na prova oral do concurso para ingresso no Ministério Público de Santa Catarina, detalhe que demonstra a importância em conhecer o tema.

Referências:

- BRASIL. STJ, AgRg no Ag 1.130.816/MG, 3.ª Turma, Rel. Min. Vasco Della Giustina (Desembargador convocado do TJ/RS), j. 19.08.2010, *DJe* 27.08.2010.
- BRASIL. STJ, REsp 912.926/RS, 4.ª Turma, Rel. Min. Luis Felipe Salomão, j. 22.02.2011, *DJe* 07.06.2011.
- DIAS, Maria Berenice. *Manual de direito das famílias*. Porto Alegre: Livraria do Advogado, 2005.
- MADALENO, Rolf. *A união instável (relações paralelas).* Disponível em: <http://www.rolfmadaleno.com.br/site/index2.php?option=com_content&do_pdf=1&id=320>. Acesso em: 9 dez. 2009.
- PONZONI, Laura de Toledo. *Famílias simultâneas: união estável e concubinato*. Disponível em: <http://www.ibdfam.org.br/?artigos&artigo=461>. Acesso em: 9 dez. 2009.
- Site Resposta Final. *Candidato, fale sobre uniões estáveis plúrimas*. Disponível em: <http://www.respostafinal.com.br/>. Acesso em: 8 mar. 2016.
- TARTUCE, Flávio. *O princípio da boa-fé objetiva no direito de família*. Artigo científico apresentado no V Congresso Brasileiro de Direito de Família, promovido pelo Instituto Brasileiro de Direito de Família em Belo Horizonte, entre os dias 22 a 26 de outubro de 2005. Disponível em: <http://jus.com.br/artigos/12050/o-principio-da-boa-fe-no-direito-de-familia>. Acesso em: 6 dez. 2009.

3.20 Em que consiste o **poliamorismo, poliamor** ou **união poliafetiva?**

Pablo Stolze Gagliano nos diz que *"o poliamorismo ou poliamor, teoria psicológica que começa a descortinar-se para o Direito, admite a possibilidade de coexistirem duas ou mais relações afetivas paralelas, em que os seus partícipes conhecem e aceitam uns aos outros, em uma relação múltipla e aberta"* (GAGLIANO, 2008).

A título exemplificativo, cita-se o caso do personagem "Candinho", na antiga novela Avenida Brasil, que possuía três mulheres que se aceitavam, modelo que pode ser utilizado como exemplo do poliamorismo ou *poliamor* ou união poliafetiva.

O mesmo exemplo também pode ser inverso, estendendo-se à mulher, que poderia ter dois homens numa relação em que ambos se aceitassem.

Destaca-se que nessas situações não se trata de casamento propriamente dito, visto que esse instituto deve ser realizado entre um homem e uma mulher, observando a possibilidade também de pessoas do mesmo sexo, conforme decisão do Supremo Tribunal Federal – quando da discussão da união estável na ADPF 132/RJ e na ADI 4.277/DF pela aludida Corte. Nesta situação, não se fala em casamento simultâneo do homem com as duas mulheres, visto que contrair novo casamento já sendo casado configura crime de bigamia, previsto no art. 235 do Código Penal.

Roberta Raphaelli afirma que o que tem ocorrido é a lavratura e o registro de uma "escritura pública declaratória de união poliafetiva", na qual o trio se reconhece como uma família, pela formação de núcleo afetivo, e estabelece um regime patrimonial de comunhão parcial, análogo ao regime da comunhão parcial de bens fixado nos arts. 1.658 a 1.666, todos do Código Civil brasileiro, permitindo a eleição até de algum deles (do trio) como responsável pela administração dos bens (PIOLI).

Convém finalizar que a escritura em questão abrange apenas os direitos nela estipulados, não gerando efeitos no campo do direito de família. Entretanto, nada impede que os conviventes da união se utilizem dessa declaração para, eventualmente, buscar judicialmente o reconhecimento dos demais direitos enquanto possível entidade familiar (PIOLI).

Referências:

- GAGLIANO, Pablo Stolze. *Direitos da(o) amante – na teoria e na prática (dos Tribunais)*. Disponível em: <http://www.lfg.com.br>. Acesso em: 20 mar. 2016.

- PIOLI, Roberta Raphaelli. *O poliamorismo e a possibilidade de união poliafetiva*. Disponível em: <http://ultimainstancia.uol.com.br/conteudo/artigos/58182/o+poliamorismo+e+a+possibilidade+de+uniao+poliafetiva.shtml>. Acesso em: 20 mar. 2016.

3.21 Em que consistem as terminologias "schuld" e "haftung" no Direito Civil?

Ensinam os civilistas Cristiano Chaves de Farias e Nelson Rosenvald que "(...) é preciso, ainda, trilhar uma importante linha de pensamento para distinguir *responsabilidade* do conceito de *obrigação (débito)*. Com efeito, é do alemão Alois Brinz o mérito de ter procedido à relevante diferenciação: *obrigação (schuld) resulta do dever assumido por força da lei, do contrato, do ato ilícito ou das declarações unilaterais de vontade (como no exemplo da promessa de recompensa); já a responsabilidade (haftung) decorre do descumprimento de uma obrigação primária, ou seja, deflui a responsabilidade quando a obrigação não é cumprida voluntariamente.* A importância dessa distinção tem moradia no fato de que a partir dela afirma-se, com tranquilidade, a possibilidade de *obrigação sem responsabilidade* e de, inversamente, *responsabilidade sem obrigação,* permitindo visualizar o caráter autônomo do instituto da responsabilidade. Note-se que na dívida de jogo e nas dívidas prescritas teremos obrigação sem responsabilidade (isto é, sem a possibilidade de sujeitar o patrimônio do devedor ao cumprimento da obrigação), bem assim como na execução do fiador poderemos visualizar responsabilidade (sujeitando o patrimônio dele ao adimplemento obrigacional) sem obrigação."[3] (FARIAS, 2015, p. 560).

Referências:

- FARIAS, Cristiano Chaves de; ROSENVALD, Nelson. *Curso de direito civil*: parte geral e LINDB. 13. ed. São Paulo: Atlas, 2015. vol. I.

3 Há interessante acórdão do Supremo Tribunal Federal assinalando que "decompôs-se o conceito de obrigação em dois elementos, que geralmente se encontram unidos, mas que podem estar separados, a saber: a) a dívida que consiste no dever de prestar por parte do devedor; b) e na responsabilidade, que exprime o estado de sujeição dos bens do obrigado à ação do devedor. A dívida, assim, é um vínculo pessoal; a responsabilidade, um vínculo de patrimônio. O devedor obriga-se; seu patrimônio responde. Havendo inadimplemento, a lei confere ao credor o poder de agir sobre os seus bens" (STF; *RTJ* 107: 833).

3.22 Em que consiste o **casamento de furto ou de "juras"**?

Sobre o *casamento de furto ou de "juras"*, segundo Álvaro Villaça Azevedo, *"nesta espécie de casamento não havia a intervenção do sacerdote, da Igreja. Eram os casamentos tidos por clandestinos pelo Direito Canônico ou 'a furto' ou 'juras' pelo dito civil ou popular"* (AZEVEDO, 2001, p. 86).

Referências:

- AZEVEDO, Álvaro Villaça. *Estatuto da família de fato*. São Paulo: Jurídica Brasileira, 2001.

3.23 Em que consiste o **"duty to mitigate the loss"** (o dever do credor de mitigar as próprias perdas)?

O duty to mitigate the loss *consiste no dever do credor de mitigar o próprio prejuízo e representa um dever anexo, acessório, derivado da boa-fé objetiva que deve existir entre os negociantes.*

> outra *modalidade específica do abuso do direito (ato ilícito objetivo) é o duty to mitigate the loss ou, em vernáculo, o dever do credor de minorar as suas próprias perdas.* Não há dúvidas de que o credor tem diversos direitos, dentre os quais, exigir o cumprimento integral da obrigação e o respectivo atendimento de seu interesse creditício. Todavia, se o credor *se comporta de maneira excessiva, comprometendo e agravando a situação jurídica do devedor, estará caracterizado o abuso do direito. É aplicação efetiva e direta da boa-fé objetiva, impondo um comportamento ético ao credor, consistente em não prejudicar o devedor.* Nesse passo, o Enunciado 169 da Jornada de Direito Civil é de clareza meridiana ao reconhecer que *"o princípio da boa-fé objetiva deve levar o credor a evitar o agravamento do próprio prejuízo"* (FARIAS, 2015, p. 602). (sem grifos no original)

Leonardo de Medeiros Garcia ensina que o *duty to mitigate the loss* "consiste na obrigação do credor em buscar evitar o agravamento do devedor", acrescentando que "o credor de uma obrigação precisa colaborar com o devedor na tomada de medidas cabíveis para buscar que o dano sofrido se restrinja às menores proporções possíveis" (GARCIA, 2010, p. 49-51).

Referências:

- FARIAS, Cristiano Chaves de; ROSENVALD, Nelson. *Curso de direito civil*: parte geral e LINDB. 13. ed. São Paulo: Atlas, 2015. vol. I.
- GARCIA, Leonardo de Medeiros. *Direito do consumidor*: Código comentado e jurisprudência. Niterói: Impetus, 2010.

3.24 O que é **"tu quoque"**?

Trata-se de instituto derivado da boa-fé objetiva que preconiza que *um contratante que violou uma norma jurídica não poderá aproveitar-se dessa situação outrora criada pelo desrespeito, caracterizando o abuso de direito, ou seja, impede que o sujeito que violou a norma jurídica tire proveito dessa situação em benefício próprio.*

Corresponde a regra ética tradicionalmente acolhida pelo Direito, obstando que se faça a outrem o que não quer que seja feito consigo.

> "*tu quoque, Brutus, tu quoque, fili mili?* – é, no original, a indagação que se atribui a Júlio César, em 44 a.C., ao reconhecer entre aqueles que haviam conspirado para o seu assassinato, Marco Júnio Bruto, a quem considerava como filho. *Tu quoque* significa, literalmente, 'até tu', 'também tu', e é expressão universalmente consagrada como forma de designar espanto, surpresa, decepção com a atuação inconsciente de certa pessoa", conforme o preciso relato histórico de Anderson Schreiber, explicitando as origens remotas da expressão[4].
>
> Em sentido jurídico, a expressão *tu quoque refere-se à aplicação de critérios valorativos distintos para reger situações jurídicas substancialmente idênticas.*
>
> O tu quoque *é um tipo específico de proibição de comportamento contraditório na medida em que, em face da incoerência dos critérios valorativos, a confiança de uma das partes é violada. Isto é, a parte adota um comportamento valorativamente distinto daqueloutro adotado em hipótese objetivamente assemelhada.*
>
> *Ocorre o tu quoque quando alguém viola uma determinada norma jurídica e, posteriormente, tenta tirar proveito da situação, com o fito de se beneficiar.* Nessa figura, portanto, encontra-se um acentuado aspecto de deslealdade, malícia, gerando a ruptura da confiança depositada por uma das partes no comportamento da outra, por conta dos critérios valorativos

4 SCHREIBER, Anderson. *A proibição de comportamento contraditório*, Op. cit., p. 174-175.

antes utilizados. Para Franz Wieacker, *a exceção de aquisição de direitos de má-fé tem o seu fundamento na conhecida regra de ouro da tradição ética: "Não faça aos outros aquilo que não quer que lhe façam"*[5]. *Ou, então, com base no brocardo inglês,* equity must come in clean hands. *Por isso, quem não cumpre os seus deveres também não pode exigir os seus direitos com base na norma violada, sob pena de abuso.* Imprescindível *é que sempre exista um nexo entre a obtenção indevida do direito e o seu posterior exercício abusivo.* (...) Há certa semelhança entre o *tu quoque* e o *venire contra factum proprium*, pois ambos são espécies da teoria dos atos próprios, que impõe reconhecer a existência de um dever de adoção de uma linha de conduta uniforme, proscrevendo a duplicidade de comportamento. Porém, é possível (e necessário!) diferençar as duas figuras. Segundo Teresa Negreiros[6], no *venire*, ambos os comportamentos, isoladamente considerados, não apresentam qualquer irregularidade, senão quando tomados em conjunto pela quebra de confiança decorrente da contradição entre as condutas opostas. *Já no tu quoque, a contradição não reside nas duas condutas em si, mas na adoção indevida de uma primeira conduta que se mostra incompatível com o comportamento posterior. Isto é, há uma injustiça da valoração que o indivíduo confere ao seu ato e, posteriormente, ao ato alheio*[7]. Destrinchando mais claramente. O *venire contra factum proprium* se forma inicialmente por um ato lícito, conforme o direito (positivo, portanto) e, posteriormente, em razão da ofensa à boa-fé objetiva (mais especificamente à confiança despertada), o ato posterior não pode ser admitido, posto que é caracterizado como um ilícito. Já o *tu quoque*, a outro giro, segue um caminho inverso: surge de um ato ilícito (negativo) e, posteriormente, se busca o exercício de um ato em conformidade ao direito, que se enquadrará como ilícito, em razão da proteção à boa-fé. Em síntese, no *venire* o ato prévio (*factum propriwn*) é exercido *positivamente* (em conformidade com o direito) e depois *negativamente* (em desconformidade com o direito), já no *tu quoque* o ato prévio é exercido *negativamente* (em desconformidade com o direito) e, posteriormente, se busca o exercício de um direito *positivamente* (em conformidade com o direito), sendo-lhe negado esse exercício em razão da boa-fé objetiva. Numa linguagem diferente, mas com o mesmo significado, podemos afirmar que no *tu quoque* a primeira conduta é indevida (maliciosa) e a segunda é devida, mas afastada em razão da quebra da boa-fé objetiva. Diferentemente, no *venire* a primeira conduta é devida, já a segunda não, posto que exercida

---

5 WIEACKER, Franz. *El principio general de la buena fe,* op. cit., p. 67. De qualquer sorte, vale frisar que *Bernard Shaw lembra não ser raro que o outro goste daquilo que você não aprecia.*

6 301 NEGREIROS, Teresa. *Teoria do contrato,* op. cit., p. 142.

7 302 Seria o exemplo do contratante que já estivesse em mora quando da ocorrência de circunstâncias supervenientes que alteram a base do negócio, ao pretender a sua resolução ou revisão em razão da onerosidade excessiva.

> de forma contraditória. É possível, *in fine*, entendê-los como institutos vetorialmente contrários, pois enquanto o *venire* segue o caminho positivo para negativo, o *tu quoque* segue o caminho negativo para positivo. De qualquer modo, sobreleva destacar que não se deve confundir o caminho percorrido pelo agente com as consequências jurídicas dos seus atos, pois, no *tu quoque*, em que pese o caminho ser negativo para positivo, o ato posterior, isoladamente considerado lícito, terá como consequência uma ilicitude, pelas razões acima expostas[8] (FARIAS, 2015, p. 600-601). (sem grifos no original)

Referências:

- FARIAS, Cristiano Chaves de; ROSENVALD, Nelson. *Curso de direito civil*: parte geral e LINDB. 13. ed. São Paulo: Atlas, 2015. vol. I.

3.25 O que é **cláusula de "stoppel"**?

Ensinam os civilistas Cristiano Chaves de Farias e Nelson Rosenvald que:

> (...) Assim, com esteio na lição de Anderson Schreiber, "a tutela da confiança atribui ao *venire* um conteúdo substancial, no sentido de que deixa de se tratar de uma proibição à incoerência por si só, para se tornar um princípio de proibição à ruptura da confiança, *por meio* da incoerência". E acrescenta, com pertinência, que "a incompatibilidade ou contradição de comportamentos em si deixa de ser vista como o objeto da repressão para passar a ser tão somente o instrumento pelo qual se atenta contra aquilo que verdadeiramente protege: a legítima confiança depositada por outrem, em consonância com a boa-fé, na manutenção do comportamento inicial". Essa fundamentalidade da lealdade de comportamento no tráfico jurídico também é anotada por Carlyle Popp, que, após relacionar a máxima do *venire* à figura do *estoppel* no Direito inglês *acaba por admitir que nas negociações preliminares poderá haver verificação simultânea do venire com a responsabilidade pré-contratual, quando uma das partes abusa da confiança da outra – após acenar com o desejo da continuidade das negociações – e, imotivadamente, provoque o encerramento das conversações, em comportamento tido como contraditório* (FARIAS, 2015, p. 593-594). (sem grifos no original)

8 303 Rendem os autores, no ponto, a justa homenagem e agradecimento ao advogado baiano *Luiz Carlos Vilas Boas Júnior*, que engendrou a diferenciação aqui apresentada, inclusive o quadro comparativo.

Vale dizer que o *venire contra factum proprium* é consagrado por meio da denominada cláusula de *stoppel* no âmbito do direito internacional.

Referências:

- FARIAS, Cristiano Chaves de; ROSENVALD, Nelson. *Curso de direito civil*: parte geral e LINDB. 13. ed. São Paulo: Atlas, 2015. vol. I.

3.26 O que é a **teoria dos atos emulativos ("aemulatio")**?

Para Cristiano Chaves de Farias e Nelson Rosenvald, a teoria dos atos emulativos (*aemulatio*) é a "(...) *denominação emprestada àqueles atos praticados pelos proprietários ou vizinhos com o objetivo de prejudicar a terceiros. Através das normas da aemulatio foi relativizado o direito subjetivo de propriedade (até então compreendido em caráter absoluto), buscando-se verdadeira função social*" (FARIAS, 2015, p. 581).

Nas palavras de Heloísa Carpena, o abuso de direito (ou ato emulativo civil, como também é chamado) é *"aquele pelo qual o sujeito excede os limites ao exercício do direito, sendo estes fixados por seu fundamento axiológico, ou seja, o abuso surge no interior do próprio direito, sempre que ocorra uma desconformidade com o sentido teleológico, em que se funda o direito subjetivo. O fim – social ou econômico – de um certo direito subjetivo não é estranho à sua estrutura, mas elemento de sua própria natureza"* (CARPENA, 2002).

Parcela da doutrina cita que a teoria dos atos emulativos (*aemulatio*) foi absorvida pela "teoria do abuso do direito".

Referências:

- CARPENA, Heloísa. Abuso de direito no Código Civil de 2002. In: TEPEDINO, Gustavo (coord.). *A parte geral* do *novo Código Civil* – estudos na perspectiva civil-constitucional. Rio de Janeiro: Renovar, 2002.
- FARIAS, Cristiano Chaves de; ROSENVALD, Nelson. *Curso de direito civil*: parte geral e LINDB. 13. ed. rev., ampl. e atual. São Paulo: Atlas, 2015. vol. I.

3.27 O que é **parentesco espiritual**?

O parentesco espiritual (cognatio spiritualis) era decorrente do batismo e, à luz do direito canônico, obstava o casamento do padrinho com a afilhada, e entre os pais do batizado e os padrinhos.

> "não mais prevalece o impedimento resultante do chamado 'parentesco espiritual' (*cognatio spiritualis*), que estabelecia o direito antigo, originário do batismo e que, sob fundamento canônico, obstava o casamento do padrinho com a afilhada, e entre os pais do batizado e os padrinhos". "Sublinhe-se que o nosso direito positivo não confere importância ao denominado 'parentesco espiritual' (*spiritualis cognatio*), derivado das qualidades de padrinho ou madrinha e afilhado, cuja existência o direito canônico sempre reconheceu, inclusive como impedimento matrimonial" (GONÇALVES, 2014).

Referências:

- GONÇALVES, Carlos Roberto. *Direito civil brasileiro*. 11. ed. São Paulo: Saraiva, 2014. vol. 6.

3.28 O que é **casamento de conhoçudo** ou **casamento de maridos conhoçudos**?

No direito romano havia três tipos de casamento, sendo eles: *o religioso, o por escrito e o usos (casamento de fato, bastando a convivência por três noites para reputarem-se casados).*

Tais espécies foram transplantadas para o direito português, sendo que nas ordenações portuguesas foram previstos três tipos de casamento: religioso, por escrito e o *casamento de fato. Esta última espécie recebia o nome de casamento de conhoçudo, pois tais pessoas eram conhecidas como pessoas casadas.*

Cabe lembrar que as ordenações portuguesas vigoraram no Brasil até o advento do Código Civil de 1916.

Esses três tipos de casamento eram admitidos no Brasil, então em 1890 adveio o Decreto 181, que passou a admitir apenas o casamento civil como casamento válido. O casamento religioso e o casamento de fato, do dia para a noite, passaram a constituir concubinato.

> o *casamento de conhoçudo* ou *casamento de maridos conhoçudos* "sabe-se, também, que em Portugal o matrimônio foi marcado pela ausência de formalidades, civis ou religiosas, preponderando a vontade dos nubentes e a publicidade do estado de casados. Ademais, naquela época, o casamento poderia ser contraído por: a) benção – *ad benedictionem*; b) pública

> fama - maridos conhoçudos; c) furto ou de juras. Tanto é que as duas últimas espécies de casamento eram despidas de qualquer intervenção, mas as três garantiam os mesmos direitos e obrigações para os casados. *O casamento de conhoçudo era, também, uma espécie de casamento clandestino, no entanto, possuía como prova da relação, ou seja, a "posse de estado", isto é, o marido de todos conhecido* (AZEVEDO, 2001, p. 86-87 e 89). (sem grifos no original) ”

Referências:

- AZEVEDO, Álvaro Villaça. *Estatuto da família de fato*. São Paulo: Jurídica Brasileira, 2001.
- GONÇALVES, Carlos Roberto. *Direito civil brasileiro*. 11. ed. São Paulo: Saraiva, 2014. vol. 6.

3.29 O que é **comoriência**?

Comoriência, para Cristiano Chaves de Farias e Nelson Rosenvald, é "(...) *uma presunção de simultaneidade de óbitos, aplicável quando, morrendo duas ou mais pessoas ao mesmo tempo (simultaneamente), não for possível indicar, com precisão, a premoriência, ou seja, quem precedeu a morte de quem. As origens etimológicas da palavra, inclusive, confirmam o significado da expressão. Comoriência vem do latim commorientia, enfeixando o significado de morte simultânea de duas ou mais pessoas.* Representa, pois, a comoriência o falecimento simultâneo de duas ou mais pessoas, em circunstâncias que não permitam identificar o premoriente. Veja-se o texto legal: Art. 8.º, Código Civil: 'Se dois ou mais indivíduos falecerem na mesma ocasião não se podendo averiguar se algum dos comorientes precedeu aos outros, presumir-se-ão simultaneamente mortos'" (FARIAS, 2015, p. 315) (sem grifos no original).

Nosso sistema brasileiro jurídico, seguindo o sistema do Direito alemão, acolheu no ordenamento pátrio, mais precisamente no art. 8.º do Código Civil Brasileiro, o instituto da comoriência.

Referências:

- FARIAS, Cristiano Chaves de; ROSENVALD, Nelson. *Curso de direito civil*: parte geral e LINDB. 13. ed. São Paulo: Atlas, 2015. vol. I.

3.30 O que é **"supressio"** (**"Verwirkung"**) e **"surrectio"** (**"Erwirkung"**)?

A supressio *ou* verwirhung *significa a perda ou supressão de determinada faculdade jurídica pelo decurso do tempo.*

Já a surrectio *ou* erwirkung *diz respeito ao instituto inverso, ou seja, o surgimento de uma situação de vantagem para alguém em virtude do não exercício por outrem de um determinado direito, impedindo* a posteriori *a possibilidade de vir a exercê-lo.*

Segundo Cristiano Chaves de Farias e Nelson Rosenvald:

> "derivadas do sistema jurídico alemão, a *supressio* (ou *Verwirkung*, como preferem os alemães) e a *surrectio* (ou *Erwirkung*, na língua tedesca) *são expressões cunhadas no direito lusitano, para designar o fenômeno jurídico da supressão de situações jurídicas específicas pelo decurso do tempo, obstando o exercício de direitos, sob pena de caracterização de abuso. Trata-se da inadmissibilidade do exercício de determinadas situações jurídicas por seu retardamento, omissão, fazendo surgir para outra pessoa uma expectativa.* (...) Pois bem, diante dessas considerações, é possível dizer que *supressio é o fenômeno da perda, supressão, de determinada faculdade jurídica pelo decurso do tempo, ao revés da surrectio, que se refere ao fenômeno inverso, isto é, o surgimento de uma situação de vantagem para alguém em razão do não exercício por outrem de um determinado direito, cerceada a possibilidade de vir a exercê-lo posteriormente. É dizer: supressio ou Verwirhung ocorre quando há uma demora desleal no exercício de um direito. Isto é, "quando o titular de um direito deixa de exercê-lo, durante certo lapso de tempo, criando para a outra parte uma confiança razoável de que aquele direito não seria mais exercido"*, consoante as palavras de Marcelo Dickstein.[9] Já a *surrectio ou Erwirhung corresponde à mesma situação, enxergada pelo prisma inverso, fazendo surgir um direito para um terceiro pela reiterada omissão do titular, beneficiando quem depositou confiança na continuidade daquele procedimento omissivo.* O Código Civil, embora não expressamente, admite um típico exemplo de *supressio* no art. 330, ao tratar do pagamento, reiteradamente, realizado em local diverso daquele fixado no contrato[10]. Bem percebe Anderson Schreiber que o *Verwirhung é um subtipo, uma subespécie, de venire contra factum proprium (isto é, proibição*

---

9 DICKSTEIN, Marcelo. *A boa-fé objetiva na modificação tácita da relação jurídica: surrectio e supressio*, op. cit., p. 180.

10 Reza o dispositivo codificado: "O pagamento reiteradamente feito em outro local faz presumir renúncia do credor relativamente ao previsto no contrato". Ou seja, a inércia do credor, por não constituir em mora em devedor (CC, art. 394), gera a legítima confiança no devedor que poderá efetuar os pagamentos sucessivos no local que escolheu.

> *de comportamento contraditório), apenas caracterizado pelo fato de que a conduta inicial consiste em um comportamento omissivo, um não exercício de uma situação jurídica subjetiva*[11]*. Aproxima-se a supressio da figura do venire contra factum proprium, pois ambas atuam como fatores de preservação da confiança alheia. Mas dele se diferencia primordialmente, pois, enquanto no venire a confiança em determinado comportamento é delimitada no cotejo com a conduta antecedente, na supressio as expectativas são projetadas apenas pela injustificada inércia do titular por considerável decurso do tempo – que é variável conforme as circunstâncias –, somando-se a isso a existência de indícios objetivos de que o direito não mais seria exercido* (FARIAS, 2015, p. 596-597).

Referências:

- FARIAS, Cristiano Chaves de; ROSENVALD, Nelson. *Curso de direito civil*: parte geral e LINDB. 13. ed. São Paulo: Atlas, 2015. vol. I.

3.31 O que é **proibição de comportamento contraditório ("venire contra factum proprium")**?

Trata-se de instituto derivado da boa-fé objetiva que preconiza que *uma pessoa não pode exercer seu direito de forma abusiva, contrariando um comportamento anterior, violando o dever de confiança e de lealdade decorrentes da formação do contrato.*

Sobre o tema, Cristiano Chaves de Farias discorre que:

> não é despiciendo lembrar, de saída, Franz Wieacker, observando que a expressão *venire contra factum proprium* (isto é, proibição de comportamento contraditório) *evidencia de forma tão imediata a essência da obrigação de um comportamento conforme a boa-fé objetiva (ou seja, o senso ético esperado de todos) que a partir dela é possível aferir a totalidade do princípio*[12]*. Pois bem, a proibição de comportamento contraditório (nemo potest venire contra factum proprium) é modalidade de abuso de direito que surge da violação ao princípio da confiança – decorrente da função integrativa da boa-fé objetiva (CC, art. 422).* Nessa levada, veja-se a precisa redação do Enunciado 362 da Jornada de Direito Civil: Enunciado 362, Jornada de Direito Civil: "A vedação do comportamento

11 SCHREIBER, Anderson. *A proibição de comportamento contraditório*, op. cit., p. 181.

12 WIEACKER Franz. *El principio general de la buena fe*, op. cit., p. 61.

contraditório (*venire contra factum proprium*) funda-se na proteção da confiança, tal como se extrai dos arts. 187 e 422 do Código Civil". (...) A *vedação de comportamento contraditório obsta que alguém possa contradizer o seu próprio comportamento, após ter produzido, em outra pessoa, uma determinada expectativa. É, pois, a proibição da inesperada mudança de comportamento (vedação da incoerência), contradizendo uma conduta anterior adotada pela mesma pessoa, frustrando as expectativas de terceiros.* Enfim, é a consagração de que *ninguém pode se opor a fato a que ele próprio deu causa.* Com esse espírito, Awemiro Rezende Dantas Júnior conceitua o *venire contra factum proprium como "uma sequência de dois comportamentos que se mostram contraditórios entre si e que são independentes um do outro, cada um deles podendo ser omissivo ou comissivo e sendo capaz de repercutir na esfera jurídica alheia, de modo tal que o primeiro se mostra suficiente para fazer surgir em pessoa mediana a confiança de que uma determinada situação jurídica será concluída ou mantida"*[13] (FARIAS, 2015, p. 592).

Referências:

- FARIAS, Cristiano Chaves de; ROSENVALD, Nelson. *Curso de direito civil*: parte geral e LINDB. 13. ed. São Paulo: Atlas, 2015. vol. I.

3.32 Em que consiste a **simulação inocente ou tolerável?**

A simulação inocente ou tolerável corresponde àquela que não visa burlar a lei, e tampouco beneficiar terceiros.

Alberto Júnior Veloso, em obra dedicada ao tema, pontifica que *"a simulação inocente, ou justificada ou justificável, nem sempre merece ser combatida. Desde que o engano seja inofensivo, a lei não pode alarmar-se com as suas consequências e não o pode proibir"*[14]. Todavia, parece estar prevalecendo a posição antagônica, como se nota pela leitura do Enunciado 152 da Jornada de Direito Civil: "Toda simulação, inclusive a inocente, é invalidante" (FARIAS, 2015, p. 536-537).

Referências:

- FARIAS, Cristiano Chaves de; ROSENVALD, Nelson. *Curso de direito civil*: parte geral e LINDB. 13. ed. São Paulo: Atlas, 2015. vol. I.

13 DANTAS JÚNIOR, Aldemiro Rezende. *Teoria dos atos próprios no princípio da boa-fé*, op. cit., p. 367.

14 VELOSO, Alberto Júnior. *Simulação*, op. cit., p. 119.

3.33 O que é **contrato consigo mesmo** ou **autocontrato**?

Ocorrerá o chamado autocontrato, também conhecido como contrato consigo mesmo, quando a mesma pessoa figurar nos dois polos da relação obrigacional, representando, simultaneamente, a si próprio e ao mandante.

> (...) *pode acontecer que, em uma compra e venda, o representante de uma parte seja, ele mesmo, a outra parte no contrato, participando duplamente da formação do negócio: uma em nome próprio e em seu próprio interesse e outra em nome próprio, mas no interesse de outrem. Um exemplo calha com perfeição: o casamento por procuração.* Bastaria imaginar que um dos nubentes confere poderes ao outro noivo para celebrar as núpcias em seu nome. No caso, tem-se a figura do *contrato consigo mesmo* e, via de consequência, anulabilidade do negócio celebrado. É o que se convencionou denominar autocontrato ou contrato consigo mesmo, figura já conhecida da lei alemã, portuguesa e italiana (FARIAS, 2015, p. 523). (sem grifos no original)

Referências:

- DELGADO, Raphael. *Breves comentários sobre o contrato de trabalho*. Disponível em: <http://raphadelgado.jusbrasil.com.br/artigos/112020589/breves-comentarios-sobre-o-contrato-de-trabalho>. Acesso em: 4 mar. 2016.
- FARIAS, Cristiano Chaves de; ROSENVALD, Nelson. *Curso de direito civil*: parte geral e LINDB. 13. ed. São Paulo: Atlas, 2015. vol. I.

3.34 O que vem a ser o **princípio da fungibilidade** em matéria recursal?

Segundo Fredie Didier Jr. e Leonardo José Carneiro da Cunha, por princípio da fungibilidade dos recursos deve-se entender que *"é aquele pelo qual se permite a conversão de um recurso em outro, no caso de equívoco da parte, desde que não houvesse erro grosseiro ou não tenha precluído prazo para a interposição. Trata-se de aplicação específica do princípio da instrumentalidade das formas"* (DIDIER JR. e CUNHA, 2008, p. 46).

Há outras terminologias equivalentes para expressar o princípio da fungibilidade em matéria recursal, tais como: *teoria do recurso indiferente; princípio da permutabilidade; princípio da conversibilidade; teoria do recurso sem rosto e teoria do tanto vale.*

Todavia, para admissão do princípio da fungibilidade em matéria recursal, são necessários alguns requisitos, conforme precedente da 1.ª Turma do STJ: "a adoção do princípio da fungibilidade exige sejam presentes: a) dúvida objetiva sobre qual o recurso a ser interposto; b) inexistência de erro grosseiro, que se dá quando se interpõe recurso errado quando o correto encontra-se expressamente indicado na lei e sobre o qual não se opõe nenhuma dúvida; c) que o recurso erroneamente interposto tenha sido agitado no prazo do que se pretende transformá-lo" (RMS 888/DF, 1.ª Turma, Rel. Min. Gomes de Barros, *DJ* 25.03.1996, p. 8.544).

Teresa Arruda Alvim Wambier e José Miguel Garcia Medina, na mesma linha de pensamento, invocam a tese majoritária de que "a jurisprudência tem exigido, para a aplicação do princípio da fungibilidade, a presença dos seguintes requisitos: a) dúvida 'objetiva' sobre qual o recurso a ser interposto; b) inexistência de erro grosseiro; c) que o recurso seja interposto no prazo para a interposição do recurso próprio" (WAMBIER, 2008, p. 64).

Referências:

- DIDIER JR., Fredie; CUNHA, Leonardo José Carneiro da. *Curso de direito processual civil.* Meios de impugnação às decisões judiciais e processo nos tribunais. 5. ed. Salvador: JusPodivm, 2008.
- WAMBIER, Teresa Arruda Alvim; MEDINA, José Miguel Garcia. *Recursos e ações autônomas de impugnação*. São Paulo: RT, 2008.

3.35 Em que consiste a **tomada de decisão apoiada**?

A tomada de decisão apoiada é mecanismo pelo qual a pessoa com deficiência escolhe, no mínimo, duas pessoas com quem possua vínculo e nas quais tenha confiança para lhe dar apoio na tomada de decisão sobre os atos da esfera civil para o exercício de sua capacidade.

O novo art. 1.783-A do Código Civil brasileiro traz em sua redação a *tomada de decisão apoiada*, senão vejamos: "A tomada de decisão apoiada é o processo pelo qual a pessoa com deficiência elege pelo menos 2 (duas) pessoas idôneas, com as quais mantenha vínculos e que gozem de sua confiança, para prestar-lhe apoio na tomada de decisão sobre atos da vida civil, fornecendo-lhes os elementos e informações necessários para que possa exercer sua capacidade".

Acrescenta-se que na tomada de decisão apoiada o beneficiário conservará a capacidade de fato.

Na verdade, o art. 116 da Lei 13.146/2015 criou um tertium genus em matéria de mecanismos protetivos de pessoas em situação de vulnerabilidade diante do instituto da tomada de decisão apoiada, além dos tradicionais institutos da tutela e curatela.

Destaca-se que a tomada de decisão apoiada não veio para substituir a curatela e a tutela, mas para reforçar lateralmente os demais mecanismos existentes de proteção ao vulnerável, em caráter concorrente, jamais cumulativo e com ótica mais promocional e de medidas existenciais diante do princípio da dignidade da pessoa humana.

Por fim, o § 1.º do art. 1.783-A do Código Civil catalogou o termo para limitar a atuação dos apoiadores. Vejamos o § 1.º do art. 1.783-A do Código Civil a seguir: *"Para formular pedido de tomada de decisão apoiada, a pessoa com deficiência e os apoiadores devem apresentar termo em que constem os limites do apoio a ser oferecido e os compromissos dos apoiadores, inclusive o prazo de vigência do acordo e o respeito à vontade, aos direitos e aos interesses da pessoa que devem apoiar". (sem grifos no original)*

3.36 O que é **casamento nuncupativo**?

Casamento nuncupativo é o realizado em iminente risco de vida, nos termos da inteligência do art. 1.539 do Código Civil.

Luciano L. Figueiredo e Roberto L. Figueiredo dizem que *casamento nuncupativo "(...) trata-se do casamento daquele que está em iminente risco de vida, segundo a dicção do artigo 1.539 do CC. Registra-se que basta que apenas um dos nubentes se encontre em tal situação, não se admitindo a representação por procuração, na hipótese (art. 1.542, § 2.º do CC). Em virtude da situação diferenciada, não se faz necessária nem a presença da autoridade celebrante, nem a habilitação prévia.* Todavia, *exige-se um largo número de testemunhas: seis, as quais não podem ser nem parentes em linha reta, e nem colaterais de segundo grau, de nenhum dos nubentes. Interessante, pois ante a ausência da autoridade celebrante e da habilitação, além de ser alargado o número de testemunhas, impossibilita-se a sua ligação mais próxima com os nubentes. Tais testemunhas terão o prazo decadencial de 10 (dez) dias, contados da celebração deste matrimônio, para que se apresentem perante um Juiz de Direito e narrem o acontecido.* Nesta oportunidade o aludido magistrado instruirá a *quaestio* e decidirá se confere, ou não, o registro ao casamento celebrado *in extremis vitae momentis* ou *in articulo mortis.* Minoritariamente, parcela *da* doutrina entende que a expressão nuncupativo deve ser atrelada ao artigo 1.539 do Código Civil, tendo carga semântica diversa do casamento *in extremis*. Tal argumento pauta-se na redação do disposto no

§ 2.º, do artigo 1.542, do Código Civil. Neste trabalho, porém, caminhamos com a maioria, tratando as *expressões nuncupativo* e *in extremis* como sinônimas" (FIGUEIREDO, 2015, p. 125).

Referências:

- FIGUEIREDO, Luciano L.; FIGUEIREDO, Roberto L. *Direito civil*. Família e sucessões. 2. ed. Salvador: JusPodivm, 2015. (Coleção Sinopses para Concursos)

3.37 O que é **colação** no Direito Sucessório?

A colação no Direito Sucessório é o instituto pelo qual os herdeiros restituem ou devolvem parte do acervo da herança recebido como adiantamento por meio de doação, com o objetivo de igualar e recompor as legítimas.

O fundamento é observar a igualdade do tratamento na partilha do acervo hereditário.

Luciano L. Figueiredo e Roberto L. Figueiredo sustentam que: *"Os descendentes que concorrerem à sucessão do ascendente comum são obrigados, para igualar as legítimas, a conferir o valor das doações que dele em vida receberam, sob pena de colação"* (FIGUEIREDO, 2015, p. 753).

> 1. Finalidade: *igualar a legítima dos descendentes e do cônjuge sobrevivente (art. 2.003), obrigando também os donatários que, ao tempo da morte do doador, já não possuírem os bens doados. Portanto, os bens conferidos não aumentam a metade disponível (arts. 1.846 e 1.847). De acordo com o art. 2.002 do NCC, o que os sucessores receberam em vida dos seus ascendentes se devolve ou acervo, que assim se recompõe para, depois, partilhar-se novamente entre os herdeiros.*
>
> 2. Conceito: *acréscimo à massa/acervo sucessório, tornando comuns os bens conferidos. É a restituição ao acervo hereditário dos valores recebidos pelos herdeiros a título de doação, para subsequente inclusão igualitária na partilha.*
>
> 3. Fundamento: *igualdade das legítimas – equidade. Perfeita igualdade de tratamento, através da vontade presumida do extinto* (FIGUEIREDO, 2015, p. 753).

Referências:

- FIGUEIREDO, Luciano L.; FIGUEIREDO, Roberto L. *Direito civil*. Família e sucessões. 2. ed. Salvador: JusPodivm, 2015. (Coleção Sinopses para Concursos)

3.38 No que consiste a **fertilização "in vitro"**?

Fertilização "in vitro" consiste na técnica de obter o embrião fora do corpo reprodutor feminino em técnicas de concepção laboratorial, em que, posteriormente, se faz o implante do embrião laboratorial no útero da futura mãe.

No que tange ao conceito, Luciano L. Figueiredo e Roberto L. Figueiredo (2015, p. 120) explicam que *"(...) fertilização in vitro: é aquela que ocorre na proveta (*in vitro*), fora do aparelho reprodutor feminino, mediante processo laboratorial de concepção, sendo posteriormente implantado um embrião concebido laboratorialmente no corpo feminino. O popularmente denominado bebê de proveta".*

*A fertilização "*in vitro*" (proveta) é diferente da inseminação artificial. Na fertilização "in vitro" se obtém o bebê de proveta e se tem uma técnica mais complexa. Já a inseminação artificial consiste na técnica de realizar a inserção de gameta masculino por intermédio de método artificial dentro do corpo reprodutor feminino da futura mãe.* Em outras palavras, na inseminação artificial o médico insere o sêmen do marido ou doador após ser processado (preparado) dentro do colo do útero (entrada do útero) ou no fundo do útero próximo do momento da ovulação.

O ponto em comum entre ambas é que cuidam de técnicas de reprodução humana assistida.

Referências:

- FIGUEIREDO, Luciano L.; FIGUEIREDO, Roberto L. *Direito civil*. Parte geral. 5. ed. Salvador: JusPodivm, 2015. (Coleção Sinopses para Concursos)

3.39 Quando ocorrerá a **morte presumida**?

*A morte presumida é a dada por ficção ou presunção legal. A doutrina a chama também de morte civil, "*ficta mortis*" ou por consideração, conjectura, pressuposição, suposição, previsão ou por hipótese.*

No campo conceitual, a *morte presumida ocorre quando inviável ou impossível encontrar o cadáver,* podendo se dar por procedimento de ausência ou não.

Luciano L. Figueiredo e Roberto L. Figueiredo (2015, p. 131) explicam que:

> (...) a *morte presumida*, também denominada de *morte civil* ou *ficta mortis*, é assim chamada em virtude da impossibilidade de localização do cadáver.
>
> Em razão de inexistir o corpo, não é possível ao profissional da medicina atestar o óbito, sendo confiada a tarefa ao magistrado.
>
> Este poderá fazê-lo utilizando-se, ou não, do procedimento de ausência.

Referências:

- FIGUEIREDO, Luciano L.; FIGUEIREDO, Roberto L. *Direito civil*. Parte geral. 5. ed. Salvador: JusPodivm, 2015. (Coleção Sinopses para Concursos)

3.40 O que é a **teoria da perda de uma chance?**

A perda de uma chance consiste num ato ilícito, que ocasiona à outra pessoa a perda de uma oportunidade séria, real e provável de obter uma vantagem ou de evitar um prejuízo. Anota-se que essa conduta ilícita oportuniza indenização pelos danos causados. Dito de outra forma, o ofensor, com a sua conduta, faz com que a vítima perca a oportunidade de obter uma situação futura melhor, dentro de uma projeção no campo da probabilidade.

Cumpre destacar que a *perda de uma chance* trata-se de terceira categoria de dano e estaria ao lado das outras duas, sendo estas os *danos emergentes* e os *lucros cessantes*.

Para a aplicação da teoria da perda de uma chance, *é necessário que esta seja real e séria no campo da probabilidade, de modo que proporcione ao lesado efetivas condições pessoais de concorrer à situação futura esperada.*

Segundo o professor Márcio André Lopes Cavalcante (2013, p. 1), a teoria da perda de uma chance:

> trata-se de teoria inspirada na doutrina francesa (*perte d'une chance*). Segundo esta teoria, se alguém, praticando um ato ilícito, faz com que outra pessoa perca uma oportunidade de obter uma vantagem ou de evitar um prejuízo, esta conduta enseja indenização pelos danos causados. Em outras palavras, o autor do ato ilícito, com a sua conduta, faz com que a vítima perca a oportunidade de obter uma situação futura melhor. *A teoria*

> *da perda de uma chance é adotada no Brasil?* Sim, esta teoria é aplicada pelo STJ que exige, no entanto, que *o dano* seja *real*, *atual* e *certo*, dentro de um juízo de probabilidade, e não mera possibilidade, porquanto o dano potencial ou incerto, no espectro da responsabilidade civil, em regra, não é indenizável (REsp 1.104.665-RS, Rel. Min. Massami Uyeda, julgado em 09.06.2009).
>
> Em outros julgados, fala-se que *a chance perdida* deve ser *real* e *séria*, que proporcione ao lesado efetivas condições pessoais de concorrer à situação futura esperada (AgRg no REsp 1.220.911/RS, Segunda Turma, julgado em 17.03.2011).
>
> (...)
>
> *Natureza do dano*
>
> *O dano resultante da aplicação da teoria da perda de uma chance é considerado dano emergente ou lucros cessantes?* Trata-se de uma terceira categoria. Com efeito, a teoria da perda de uma chance visa à responsabilização do agente causador não de um dano emergente, tampouco de lucros cessantes, mas de algo intermediário entre um e outro, precisamente a perda da possibilidade de se buscar posição mais vantajosa que muito provavelmente se alcançaria, não fosse o ato ilícito praticado (STJ, 4.ª Turma, REsp 1.190.180/RS, Rel. Min. Luis Felipe Salomão, julgado em 16.11.2010). (...)
>
> É absolutamente necessária a ponderação acerca da probabilidade – que se supõe real – que a parte teria de se sagrar vitoriosa (STJ, 4.ª Turma, REsp 1.190.180/RS, Rel. Min. Luis Felipe Salomão, julgado em 16.11.2010). (...)
>
> *Perda de uma chance e erro médico*
>
> A teoria da perda de uma chance pode ser utilizada como critério para a apuração de responsabilidade civil ocasionada por erro médico na hipótese em que o erro tenha reduzido possibilidades concretas e reais de cura de paciente que venha a falecer em razão da doença tratada de maneira inadequada pelo médico (STJ, 3.ª Turma, REsp 1.254.141-PR, Rel. Min. Nancy Andrighi, julgado em 04.12.2012).

Acerca do instituto, Luciano L. Figueiredo e Roberto L. Figueiredo (2015, p. 337) explicam que:

> Emblemático caso, no Brasil, da aplicação pelos tribunais da responsabilidade civil pela perda da chance girou em torno do programa televisivo *show* do *milhão*, quando a participante foi submetida a uma pergunta (a pergunta do milhão) irrespondível. A candidata, ao perceber que a pergunta não possuía resposta correta alguma, ingressou com ação judicial e obteve ganho de causa em todas as instâncias, inclusive no Superior Tribunal de

> Justiça[15]. A teoria da *perda de uma chance* nasceu nos idos da década de 60 (sessenta), no direito francês, com o escopo de buscar ressarcimento naquelas situações em que a conduta do lesante retira da vítima uma *oportunidade séria e real* de chance futura. Trata-se, hoje, de mais uma modalidade de dano indenizável. São exemplos a perda de prazo de um recurso judicial, a frustração da chance de progressão na carreira, da oportunidade de emprego, de concorrer a um determinado valor, da cura de uma doença (...).

As palavras-chaves dentro da perda de uma chance devem ser: a *chance real* e *séria* no campo da *probabilidade*, de modo que proporcione ao lesado efetivas condições pessoais de concorrer à situação futura aguardada.

Por derradeiro, a perda de uma chance possui como expressão terminológica equivalente a *teoria da perda de uma chance* ou a expressão cunhada pela doutrina francesa de *perte d'une chance*.

Referências:

- BRASIL. STJ, AgRg no REsp 1.220.911/RS, 2.ª Turma, j. 17.03.2011.
- BRASIL. STJ, REsp 788.459/BA, j. 08.01.2005.
- BRASIL. STJ, REsp 1.190.180/RS, 4.ª Turma, Rel. Min. Luis Felipe Salomão, j. 16.11.2010.
- BRASIL. STJ, REsp 1.254.141/PR, 3.ª Turma, Rel. Min. Nancy Andrighi, j. 04.12.2012.
- CAVALCANTE, Márcio André Lopes. *Teoria da perda de uma chance*. Disponível em: <http://www.dizerodireito.com.br/2013/07/teoria-da-perda-de-uma-chance.html>. Acesso em: 9 abr. 2016.
- FIGUEIREDO, Luciano L.; FIGUEIREDO, Roberto L. *Direito civil*. Obrigações e responsabilidade civil. 4. ed. rev., atual. e ampl. Salvador: JusPodivm, 2015. (Coleção Sinopses para Concursos)

3.41 O que é **inseminação artificial** e quais suas modalidades?

A inseminação artificial consiste na técnica de realizar a inserção de gameta masculino por intermédio de método artificial na futura mãe. Em outras palavras, na inseminação artificial o médico insere o sêmen do marido ou doador após ser processado (preparado) dentro do colo do útero (entrada do útero) ou no fundo do útero, próximo do momento da ovulação.

15 STJ, REsp 788.459/BA, j. 08.01.2005.

A inseminação artificial é diferente da fertilização "in vitro" (proveta). As modalidades de inseminação são as *homólogas* e as *heterólogas*.

A *inseminação homóloga se dá quando o material genético é do próprio casal.* Já na *inseminação heteróloga se emprega material genético de terceiro.* Nas *inseminações heterólogas* há uma subdivisão em *inter vivos* e *post mortem.*

No que tange ao conceito e classificações, Luciano L. Figueiredo e Roberto L. Figueiredo (2015, p. 120) explicam que *"(...) inseminação artificial: aquela cuja concepção se dá em vivo (in vivo), no próprio corpo da mulher, mediante a inserção do gameta masculino através de um método artificial de criação.* Tanto a fertilização *in vitro*, como a inseminação artificial, podem ser: *a) homóloga: quando o material genético utilizado é do próprio casal; b) heteróloga: quando houver material genético de terceiro.* Ademais, tais métodos podem acontecer: *a) inter vivos (em vida); b) post mortem (após a morte)"* (sem grifos no original).

Referências:

- FIGUEIREDO, Luciano L.; FIGUEIREDO, Roberto L. *Direito civil*. Parte geral. 5. ed. Salvador: JusPodivm, 2015. (Coleção Sinopses para Concursos)

3.42 O que é **nascituro**?

Nascituro é o que está na vida intrauterina e não nascido. Em outras palavras, é o ser que está no ventre materno.

No que tange ao conceito, Luciano L. Figueiredo e Roberto L. Figueiredo (2015, p. 126) explicam que "(...) Limongi França, citado por Francisco Amaral[16], define o nascituro *como sendo 'o que está por nascer, mas já concebido no ventre materno'. Cuida-se do ente concebido, embora ainda não nascido, dotado de vida intrauterina. A dotação de vida intrauterina é o traço distintivo entre o nascituro e o embrião laboratorial (excedentário)".*

Referências:

- FIGUEIREDO, Luciano L.; FIGUEIREDO, Roberto L. *Direito civil*. Parte geral. 5. ed. Salvador: JusPodivm, 2015. (Coleção Sinopses para Concursos)

16 AMARAL, Francisco. *Introdução ao direito civil*. Renovar, p. 217.

3.43 O que é **natimorto**?

Natimorto é o ente que nasce sem vida, ou seja, é o nascituro que nasce morto.

Luciano L. Figueiredo e Roberto L. Figueiredo (2015, p. 131) explicam que, "(...) em conceito contraditório, afirmam os manuais que o *natimorto é aquele que já nasceu morto. Lembre-se, porém, que, antes de morrer, o natimorto fora um nascituro, sendo tutelado pelo ordenamento jurídico.* Justo por isso, afirma o Enunciado 1.º do Conselho da Justiça Federal (CJF) que '*a proteção* que o *Código* defere ao nascituro *alcança* o natimorto no *que* concerne aos direitos *da* personalidade, tais como nome, imagem e sepultura'. O natimorto terá, ainda, registro de nascimento e óbito, em livro específico, nas pegadas do art. 53 da LRP" (sem grifos no original).

Referências:

- FIGUEIREDO, Luciano L.; FIGUEIREDO, Roberto L. *Direito civil*. Parte geral. 5. ed. Salvador: JusPodivm, 2015. (Coleção Sinopses para Concursos)

3.44 O que é o **princípio da primazia do mérito** em grau recursal?

O princípio da primazia do mérito em grau recursal consiste na intenção do legislador de que o mérito do recurso seja analisado, em vista da superação de irregularidades passíveis de sanação.

Trata-se de princípio que visa rechaçar a jurisprudência defensiva.

O art. 932, parágrafo único, do Código de Processo Civil preconiza que:

> Art. 932. Incumbe ao relator:
>
> (...)
>
> Parágrafo único. Antes de considerar inadmissível o recurso, o relator concederá o prazo de 5 (cinco) dias ao recorrente para que seja sanado vício ou complementada a documentação exigível.

Há vozes afirmando que, após o advento do novel Código de Processo Civil, houve o cancelamento da Súmula 115 do Superior Tribunal de Justiça. O novo Código de Processo Civil vem inovar a prática judiciária orientando os julgadores a darem preferência à resolução do mérito, tanto da ação quanto do recurso.

O princípio da primazia do mérito em grau recursal confere a oportunidade a ser dada pelo relator do recurso ao recorrente para que possa fazer a sanação do vício e, desse modo, o recurso obtenha um juízo de admissibilidade positivo para o julgamento do seu mérito.

A possibilidade de sanação do vício é um dever imposto ao relator, e não um ato discricionário, em consonância com o art. 4.º do novo Código de Processo Civil e o Enunciado 82 do FPPC: "É dever do relator, e não faculdade, conceder o prazo ao recorrente para sanar o vício ou complementar a documentação exigível, antes de inadmitir qualquer recurso, inclusive os excepcionais".

O comentado princípio, como dito em linhas anteriores, serve como uma forma de afastar a jurisprudência defensiva que era utilizada pelos Tribunais sob a égide do Código de Processo Civil de 1973, que se prendia a obstáculos puramente técnicos ou excessivamente formais, para que o mérito do recurso não fosse julgado.

Obviamente, a aplicação desse princípio será mitigada para os casos em o que vício formal não possa ser sanado ou que o vício possa influenciar de forma decisiva na impossibilidade jurídica ou material do julgamento de mérito. Traz-se exemplos dessas hipóteses, como na interposição intempestiva (preclusão temporal) e nas razões recursais incompletas (preclusão consumativa).

O dispositivo que abriga o indigitado princípio da primazia do mérito em grau recursal é visto como um grande progresso vindo com a nova realidade processual.

Referências:

- BRASIL. Novo Código de Processo Civil. Brasília, 16 de março de 2015; 194.º da Independência e 127.º da República. Publicado no *Diário Oficial da União* em 17 de março de 2015. Disponível em: <http://www.planalto.gov.br/ccivil_03/_ato2015-2018/2015/lei/l13105.htm>.

3.45 O que é **Síndrome da Alienação Parental?**

Síndrome da Alienação Parental é a alienação imposta por um ou por ambos genitores, ascendentes ou por quem detenha sob a sua autoridade, guarda ou vigilância a criança ou adolescente, por meio de campanhas difamatórias ou de atributos negativos para jogar o filho (podendo ser menor ou pupilo também) contra o outro genitor ou descendente.

Luciano L. Figueiredo e Roberto L. Figueiredo (2015, p. 59-61) dizem que:

> (...) neste contexto surge o problema da Síndrome da Alienação Parental ou Padrectomia, *a qual consiste na implantação de falsas memórias por parte de um genitor terceiro (alienador), em face de um descendente (alienado), a fim de prejudicar um outro genitor (alienado também). Essa agressão milita contra o princípio da socioafetividade, porque implica na destruição do afeto; dos princípios e valores constitucionais e fraternos que bem orientam a dignidade da pessoa humana.* O direito fundamental de convivência é posto em xeque. O primeiro a sistematizar um estudo sobre tema na seara médica, nos idos de 1985, foi o norte-americano Richard A. Gadner[17], psiquiatra infantil da Faculdade de Medicina e Cirurgia da Universidade de Columbia, New York, New York. Segundo Richard A. Gardner, consiste a Síndrome da Alienação Parental em: "... um distúrbio da infância que aparece quase exclusivamente no contexto de disputas de custódia de crianças. Sua manifestação preliminar é a campanha denegritória contra um dos genitores, uma campanha feita pela própria criança e que não tenha nenhuma justificação. Resulta da combinação das instruções de um genitor (o que faz a 'lavagem cerebral, programação, doutrinação') e contribuições da própria criança para caluniar o genitor-alvo. Quando o abuso e/ou a negligência parentais verdadeiros estão presentes, a animosidade da criança pode ser justificada, e assim a explicação de Síndrome de Alienação Parental para a hostilidade da criança não é aplicável". (...) Esta *Síndrome* é considerada uma verdadeira agressão, por vezes mais danosa do que aquelas de caráter físico ou sexual, por prejudicar o desenvolvimento da psiqué da criança ou do adolescente, o que acaba por determinar uma deformação no próprio caráter do ser humano, atingido na sua base de formação psicológica.

A Lei 12.318/2010, em seu art. 2.º, assim conceitua a alienação parental:

> Art. 2.º Considera-se ato de alienação parental a interferência na formação psicológica da criança ou do adolescente promovida ou induzida por um dos genitores, pelos avós ou pelos que tenham a criança ou adolescente sob a sua autoridade, guarda ou vigilância para que repudie genitor ou que cause prejuízo ao estabelecimento ou à manutenção de vínculos com este.

---

17 Richard A. Gardner foi o criador da Síndrome da Alienação Parental, no ano de 1985, passando, a partir de então, a também diferenciá-la da Alienação Parental, sendo a primeira uma espécie desta última. Ele é Membro do Departamento de Psiquiatria Infantil da Faculdade de Medicina e Cirurgia da Universidade de Columbia, New York, New York, EUA.

> Parágrafo único. São formas exemplificativas de alienação parental, além dos atos assim declarados pelo juiz ou constatados por perícia, praticados diretamente ou com auxílio de terceiros:
>
> I - realizar campanha de desqualificação da conduta do genitor no exercício da paternidade ou maternidade;
>
> II - dificultar o exercício da autoridade parental;
>
> III - dificultar contato de criança ou adolescente com genitor;
>
> IV - dificultar o exercício do direito regulamentado de convivência familiar;
>
> V - omitir deliberadamente a genitor informações pessoais relevantes sobre a criança ou adolescente, inclusive escolares, médicas e alterações de endereço;
>
> VI - apresentar falsa denúncia contra genitor, contra familiares deste ou contra avós, para obstar ou dificultar a convivência deles com a criança ou adolescente;
>
> VII - mudar o domicílio para local distante, sem justificativa, visando a dificultar a convivência da criança ou adolescente com o outro genitor, com familiares deste ou com avós.

Nesse contexto, *alienação parental* pode ser:

a) a interferência na formação psicológica da criança ou do adolescente. Repare que pode ser tanto com relação a crianças (até 12 anos) como adolescentes (de 12 a 18 anos);

b) promovida ou induzida, e ocorre quando essa interferência psicológica for direta, explícita (verbo: promover), camuflada, instigada, sugerida (verbo: induzir);

c) por um dos genitores; pelos avós ou pelos que tenham o menor sob a sua autoridade, guarda ou vigilância;

d) para que repudie genitor ou que cause prejuízo ao estabelecimento ou à manutenção de vínculos com este.

Note-se o fato de que a alienação parental pode ser gerada por outras pessoas que não o pai ou a mãe, como é o caso dos avós, dos tios ou mesmo de uma pessoa que não seja parente biológico, mas que tenha autoridade, guarda ou vigilância sob a criança ou adolescente.

A pessoa que causa a alienação parental não precisa, necessariamente, ter a guarda do menor, podendo apenas deter autoridade ou vigilância sob a criança ou adolescente.

Registra-se, por oportuno, que a interferência psicológica exercida tem como objetivo: fazer com que a criança ou o adolescente repudie seu genitor ou dificultar a criação ou preservação de vínculo afetivo entre o menor e seu genitor.

Maria Berenice Dias, acerca da alienação parental, leciona que (p. 1):

> O fato não é novo: usar filhos como instrumento de vingança pelo fim do sonho do amor eterno. Quando da ruptura da vida conjugal, se um dos cônjuges não consegue elaborar adequadamente o luto da separação, o sentimento de rejeição ou a raiva pela traição, surge um enorme desejo de vingança. Desencadeia um processo de destruição, de desmoralização, de descrédito do ex-parceiro perante os filhos. Promove verdadeira "lavagem cerebral" para comprometer a imagem do outro genitor, narrando maliciosamente fatos que não ocorreram ou não aconteceram da forma descrita. O filho é programado para odiar e acaba aceitando como verdadeiras as falsas memórias que lhe são implantadas. Assim afasta-se de quem ama e de quem também o ama. Esta é uma prática que pode ocorrer ainda quando o casal vive sob o mesmo teto. O alienador não é somente a mãe ou quem está com a guarda do filho. O pai pode assim agir, em relação à mãe ou ao seu companheiro. Tal pode ocorrer também frente a avós, tios ou padrinhos e até entre irmãos. Nesse jogo de manipulações, todas as armas são utilizadas, inclusive - com enorme e irresponsável frequência - a alegação da prática de abuso sexual.

As consequências da alienação parental estão previstas no art. 6.º da Lei 12.318/2010:

> Art. 6.º Caracterizados atos típicos de alienação parental ou qualquer conduta que dificulte a convivência de criança ou adolescente com genitor, em ação autônoma ou incidental, o juiz poderá, cumulativamente ou não, sem prejuízo da decorrente responsabilidade civil ou criminal e da ampla utilização de instrumentos processuais aptos a inibir ou atenuar seus efeitos, segundo a gravidade do caso:
>
> I - declarar a ocorrência de alienação parental e advertir o alienador;
>
> II - ampliar o regime de convivência familiar em favor do genitor alienado;
>
> III - estipular multa ao alienador;
>
> IV - determinar acompanhamento psicológico e/ou biopsicossocial;
>
> V - determinar a alteração da guarda para guarda compartilhada ou sua inversão;
>
> VI - determinar a fixação cautelar do domicílio da criança ou adolescente;
>
> VII - declarar a suspensão da autoridade parental.

> Parágrafo único. Caracterizado mudança abusiva de endereço, inviabilização ou obstrução à convivência familiar, o juiz também poderá inverter a obrigação de levar para ou retirar a criança ou adolescente da residência do genitor, por ocasião das alternâncias dos períodos de convivência familiar.

A *Síndrome da Alienação Parental (SAP)* possui como expressões correlatas as terminologias *alienação parental* ou *Síndrome da Implantação das Falsas Memórias, Síndrome de Medeia, "Síndrome dos Órfãos de Pais Vivos", "Síndrome da Mãe Maldosa Associada ao Divórcio", "Reprogramação da criança ou adolescente"* e *"Padrectomia"*.

Referências:

- BRASIL. Lei da Alienação Parental. Dispõe sobre a alienação parental e altera o art. 236 da Lei 8.069, de 13 de julho de 1990. Publicado no *Diário Oficial da União* de 27.08.2010 e retificado no *Diário Oficial da União* de 31.08.2010. Disponível em: <http://www.planalto.gov.br/ccivil_03/_ato2007-2010/2010/lei/l12318.htm>.
- DIAS, Maria Berenice. *Alienação parental. Uma nova lei para um velho problema*. Disponível em: <http://www.mariaberenice.com.br/uploads/aliena%E7%E3o_parental_-_uma_nova_lei_para_um_velho_problema.pdf>. Acesso em: 3 mar. 2016.
- FIGUEIREDO, Luciano L.; FIGUEIREDO, Roberto L. *Direito civil*. Família e sucessões. 2. ed. rev., atual. e ampl. Salvador: JusPodivm, 2015. (Coleção Sinopses para Concursos)

3.46 O que é **sociedade de fato**?

A sociedade de fato é aquela que sequer possui ato constitutivo para sua formação, quem dirá acerca de registro formal. Em outras palavras, é a sociedade que não objetiva ser regularizada e que não possui ato constitutivo para registro.

Essa concepção é para a corrente no Direito Empresarial que entende pela distinção entre a sociedade de fato e a sociedade irregular, anotando que existe corrente que prega que as expressões seriam sinônimas ou tratariam de espécies dentro do mesmo gênero da sociedade comum.

Trata-se de entendimento minoritário (de que seriam expressões sinônimas), pois o Conselho da Justiça Federal, em seu Enunciado 58, já consolidou posicionamento doutrinário segundo o qual "a sociedade em comum compreende as figuras doutrinárias da sociedade de fato e da irregular".

Referências:

- FIGUEIREDO, Luciano L.; FIGUEIREDO, Roberto L. *Direito civil*. Parte geral. 5. ed. Salvador: JusPodivm, 2015. (Coleção Sinopses para Concursos)

3.47 O que é **sociedade irregular?**

A sociedade irregular equivale à sociedade que, embora tenha ato constitutivo para sua formação, este ainda não foi registrado formalmente. Em outras palavras, é a sociedade cujos atos constitutivos dependem de regularização, possuindo pendência quanto ao registro do ato constitutivo.

No que tange ao assunto, Luciano L. Figueiredo e Roberto L. Figueiredo (2015, p. 190-191) explicam que o conceito da "(...) sociedade irregular é aquela que se encontra em fase de regularização, possuindo ato constitutivo ainda não registrado".

Essa concepção é para a corrente no Direito Empresarial que entende pela distinção entre a *sociedade irregular* e a *sociedade de fato*, anotando que existe corrente que prega que as expressões seriam sinônimas ou tratariam de espécies dentro do mesmo gênero da sociedade comum.

Segundo os doutrinadores mencionados, trata-se de entendimento minoritário, pois o Conselho da Justiça Federal, em seu Enunciado 58, já consolidou posicionamento doutrinário segundo o qual "a sociedade em comum compreende as figuras doutrinárias da sociedade de fato e da irregular".

Referências:

- FIGUEIREDO, Luciano L.; FIGUEIREDO, Roberto L. *Direito civil*. Parte geral. 5. ed. Salvador: JusPodivm, 2015. (Coleção Sinopses para Concursos)

3.48 O que são **danos sociais?**

Danos sociais são ofensas à comunidade e à sociedade como um todo, que afetam ou reduzem o nível de vida, quer seja por rebaixamento de seu patrimônio moral, quer seja por diminuição da qualidade de vida. Dito de outra forma, são atos ilícitos produzidos em face da sociedade que prejudiquem seu patrimônio moral ou acarrete a diminuição da qualidade de vida, afetando, por exemplo, meio ambiente, segurança pública, educação, saúde, entre outros.

O dano social não é sinônimo e nem expressão equivalente a designar dano moral coletivo. São institutos diferentes, embora guardem ligações de proximidade com suas bases teóricas.

Nessa esteira, *danos sociais*, conforme ensinamentos do civilista Antônio Junqueira de Azevedo, *"são lesões à sociedade, no seu nível de vida, tanto por rebaixamento de seu patrimônio moral – principalmente a respeito da segurança – quanto por diminuição na qualidade de vida. Os danos sociais são causa, pois, de indenização punitiva por dolo ou culpa grave, especialmente, repetimos, se atos que reduzem as condições coletivas de segurança, e de indenização dissuasória, se atos em geral da pessoa jurídica, que trazem uma diminuição do índice de qualidade de vida da população"* (AZEVEDO, 2004, p. 376).

Segundo o professor Márcio André Lopes Cavalcante (2015, p. 1):

> *"Danos sociais não se enquadram como dano material, moral ou estético*
>
> O dano social é, portanto, uma nova espécie de dano reparável, que não se confunde com os danos materiais, morais e estéticos, e que decorre de comportamentos socialmente reprováveis, que diminuem o nível social de tranquilidade.
>
> De igual forma, dano social não é sinônimo de dano moral coletivo.
>
> *O valor da indenização é destinado à coletividade (e não à 'vítima' imediata)*
>
> Conforme explica Flávio Tartuce, os danos sociais são difusos e a sua indenização deve ser destinada não para a vítima, mas sim para um fundo de proteção ao consumidor, ao meio ambiente etc., ou mesmo para uma instituição de caridade, a critério do juiz" (TARTUCE, 2013, p. 58).
>
> *Instrumento de função social da responsabilidade civil*
>
> Os danos sociais representam a aplicação da função social da responsabilidade civil (PEREIRA, Ricardo Diego Nunes. *Os novos danos: danos morais coletivos, danos sociais e danos por perda de uma chance*. Disponível em: <http://ambito-juridico.com.br/site/?n_link=revista_artigos_leitura&artigo_id=11307>).
>
> Ricardo Pereira cita alguns casos práticos:
>
> Um deles é a decisão do TRT-2.ª Região (processo 2007-2288), que condenou o Sindicato dos Metroviários de São Paulo e a Cia do Metrô a pagarem 450 cestas básicas a entidades beneficentes por terem realizado uma greve abusiva que causou prejuízo à coletividade.

Outro exemplo foi o caso de uma fraude ocorrida em um sistema de loterias, no Rio Grande do Sul, chamado de "Toto Bola". Ficou constatado que a loteria seria fraudulenta, retirando do consumidor as chances de vencer. Nesse episódio, o TJ/RS, no Recurso Cível 71001281054, *DJ* 18.07.2007, determinou indenização a título de dano social para o Fundo de Proteção aos Consumidores. Veja a ementa do julgado:

(...) 1. Não há que se falar em perda de uma chance, diante da remota possibilidade de ganho em um sistema de loterias. Danos materiais consistentes apenas no valor das cartelas comprovadamente adquiridas, sem reais chances de êxito.

2. Ausência de danos morais puros, que se caracterizam pela presença da dor física ou sofrimento moral, situações de angústia, forte estresse, grave desconforto, exposição à situação de vexame, vulnerabilidade ou outra ofensa a direitos da personalidade.

3. Presença de fraude, porém, que não pode passar em branco. Além de possíveis respostas na esfera do direito penal e administrativo, o direito civil também pode contribuir para orientar os atores sociais no sentido de evitar determinadas condutas, mediante a punição econômica de quem age em desacordo com padrões mínimos exigidos pela ética das relações sociais e econômicas. Trata-se da função punitiva e dissuasória que a responsabilidade civil pode, excepcionalmente, assumir, ao lado de sua clássica função reparatória/compensatória. "O Direito deve ser mais esperto do que o torto", frustrando as indevidas expectativas de lucro ilícito, à custa dos consumidores de boa-fé.

4. Considerando, porém, que os danos verificados são mais sociais do que propriamente individuais, não é razoável que haja uma apropriação particular de tais valores, evitando-se a disfunção alhures denominada de *overcompensantion*. Nesse caso, cabível a destinação do numerário para o Fundo de Defesa de Direitos Difusos, criado pela Lei 7.347/1985, e aplicável também aos danos coletivos de consumo, nos termos do art. 100, parágrafo único, do CDC. Tratando-se de dano social ocorrido no âmbito do Estado do Rio Grande do Sul, a condenação deverá reverter para o fundo gaúcho de defesa do consumidor. (...) (TJRS, Recurso Cível 71001281054, Primeira Turma Recursal Cível, Turmas Recursais, Rel. Des. Ricardo Torres Hermann, j. 12.07.2007).

V Jornada de Direito Civil

Na V Jornada de Direito Civil do CJF/STJ foi aprovado um enunciado reconhecendo a existência dos danos sociais:

Enunciado 455: A expressão "dano" no art. 944 abrange não só os danos individuais, materiais ou imateriais, *mas também os danos sociais*, difusos, coletivos e individuais homogêneos *a serem reclamados pelos legitimados para propor ações coletivas.*

Ricardo Diego Nunes Pereira aduz sobre dano social que, "nesse caso, quando o juiz percebe condutas socialmente reprováveis, fixa a verba compensatória e aquela de caráter punitiva a título de dano social. Essa indenização derivada do dano social não é para a vítima, sendo destinada a um fundo de proteção consumeirista (art. 100 do CDC), ambiental ou trabalhista, por exemplo, ou até mesmo instituição de caridade, a critério do juiz (art. 883, parágrafo único do CC). Enfim, é a aplicação da função social da responsabilidade civil (é cláusula geral; norma de ordem pública)".

Por sua vez, o art. 6.º do Código de Defesa do Consumidor daria guarida aos danos sociais:

> Art. 6.º São direitos básicos do consumidor:
>
> (...)
>
> VI – a *efetiva prevenção e reparação de danos patrimoniais e morais*, individuais, coletivos e *difusos*;

Com reforço a esse entendimento, o art. 81 do Código de Defesa do Consumidor corresponderia a essa situação dos *danos sociais*, uma vez que esse dano dar-se-ia quando as empresas praticam atos negativamente exemplares, ou seja, condutas corriqueiras que causem mal estar social a envolver interesses difusos, com as vítimas indeterminadas ou indetermináveis. Veja o que reza o art. 81 do Código de Defesa do Consumidor:

> Art. 81. A defesa dos interesses e direitos dos consumidores e das vítimas poderá ser exercida em juízo individualmente, ou a título coletivo.
>
> Parágrafo único. A defesa coletiva será exercida quando se tratar de:
>
> I – interesses ou direitos difusos, assim entendidos, para efeitos deste código, os transindividuais, de natureza indivisível, de que sejam titulares pessoas indeterminadas e ligadas por circunstâncias de fato; (...).

Por fim, cumpre trazer a lume que na V Jornada de Direito Civil do CJF/STJ foi aprovado um enunciado reconhecendo a existência dos danos sociais com a seguinte tese:

> Enunciado 455: A expressão "dano" no art. 944 abrange não só os danos individuais, materiais ou imateriais, mas também os *danos sociais*, difusos, coletivos e individuais homogêneos a serem reclamados pelos legitimados para propor ações coletivas.

O assunto merece imensa atenção do estudioso do Direito, porquanto é extremamente importante para concurso e o cenário brasileiro propicia inúmeros campos para incidência dos danos sociais.

Referências:

- AZEVEDO, Antônio Junqueira de. Por uma nova categoria de dano na responsabilidade civil: o dano social. In: FILOMENO, José Geraldo Brito; WAGNER JR., Luiz Guilherme da Costa; GONÇALVES, Renato Afonso (coord.). *O Código Civil e sua interdisciplinariedade*. Belo Horizonte: Del Rey, 2004.
- BRASIL. TJRS, Recurso Cível 71001281054, 1.ª Turma Recursal Cível, Turmas Recursais, Rel. Des. Ricardo Torres Hermann, j. 12.07.2007.
- CAVALCANTE, Márcio André Lopes. *Noções gerais sobre os chamados danos sociais*. Disponível em: <http://www.dizerodireito.com.br/2015/01/nocoes-gerais--sobre-os-chamados-danos.html>. Acesso em: 9 abr. 2016.
- PEREIRA, Ricardo Diego Nunes. *Os novos danos: danos morais coletivos, danos sociais e danos por perda de uma chance*. Disponível em: <http://ambito-juridico.com.br/site/?n_link=revista_artigos_leitura&artigo_id=11307>.
- TARTUCE, Flávio; NEVES, Daniel Amorim Assumpção. *Manual de direito do consumidor*. 2. ed. São Paulo: Método, 2013.

3.49 O que são **negócios neutros?**

Negócios neutros são os que não possuem elemento visando ganho econômico ou financeiro.

Segundo Luciano L. Figueiredo e Roberto L. Figueiredo (2015, p. 419): "negócios neutros: *são aqueles nos quais inexiste o elemento econômico, por se tratar de bens fora do comércio, ante a sua natureza jurídica despatrimonializada. É o que acontece, por exemplo, nos casos de doação de sangue ou doação de órgãos. Há quem prefira, inclusive, sequer nomear tais hipóteses como doação, mas sim de dação, ante a completa ausência de ganho econômico*".

Referências:

- FIGUEIREDO, Luciano L.; FIGUEIREDO, Roberto L. *Direito civil*. Família e sucessões. 2. ed. Salvador: JusPodivm, 2015. (Coleção Sinopses para Concursos)

3.50 Pessoa **física** ou **natural** ou de **existência visível**

A *pessoa física ou natural ou de existência visível* se refere a ente da pessoa humana no seu aspecto biopsicológico que possua capacidade para os atos da vida civil.

No que tange ao conceito, Luciano L. Figueiredo e Roberto L. Figueiredo (2015, p. 120) explicam que *"(...) A pessoa física é o ente dotado de estrutura e de complexidade biopsicológica, sendo capaz de praticar os atos da vida civil"*.

Referências:

- FIGUEIREDO, Luciano L.; FIGUEIREDO, Roberto L. *Direito civil*. Parte geral. 5. ed. Salvador: JusPodivm, 2015. (Coleção Sinopses para Concursos)

3.51 Princípio da **Coexistência** no Direito Civil (Sucessão)

O Princípio da Coexistência no Direito Civil (Sucessão) consiste no fato de que, para o direito sucessório se aplicar, é necessário existir, concomitantemente, sucessor e sucedido, sendo imperioso que o sucessor esteja vivo quando do falecimento. Por isso, denomina-se princípio da coexistência, uma vez que exige, ao mesmo tempo, a existência de sucessor e sucedido, hereditando e herdeiro, bem como testador e legatário.

Segundo Luciano L. Figueiredo e Roberto L. Figueiredo (2015, p. 572 apud GONÇALVES, 2013, p. 52), *"para o direito hereditário se aplicar será preciso haver, a um só tempo, sucessor e sucedido; ou seja: hereditando e herdeiro, testador e legatário. Neste sentido, mister se faz que o sucessor esteja vivo quando do falecimento do* de cujus*"*.

Prosseguem os autores Luciano L. Figueiredo e Roberto L. Figueiredo (2015, p. 572) em suas falas afirmando que *"(...) tal premissa é extraída da dicção do artigo 1.788 do Código Civil, quando afirma que 'Morrendo a pessoa sem testamento, transmite a herança aos herdeiros legítimos; o mesmo ocorrerá quanto aos bens que não forem compreendidos no testamento; e subsiste a sucessão legítima se o testamento caducar; ou for julgado nulo'"*.

Nas palavras do civilista Flávio Tartuce (2013, p. 9), o período que medeia a data do óbito (art. 1.784 do CC) e a data da aceitação da herança (art. 1.805 do CC) é denominado de *delação hereditária* ou *devolução sucessória,* e é nesse período que o ideal da coexistência deve ser buscado.

Referências:

- FIGUEIREDO, Luciano L.; FIGUEIREDO, Roberto L. *Direito civil.* Família e sucessões. 5. ed. Salvador: JusPodivm, 2015. (Coleção Sinopses para Concursos)
- GONÇALVES, Carlos Roberto. *Direito civil brasileiro.* 7. ed. 2013.
- TARTUCE, Flávio. *Direito civil.* São Paulo: Método, 2013. vol. 6.

3.52 Princípio da **Intangibilidade da Legítima** no Direito Civil (Sucessão)

O Princípio da Intangibilidade da Legítima no Direito Civil (Sucessão) é proteção que se dá à legítima em caso de herdeiros necessários, em que não pode o testador dispor sobre a totalidade da herança. Como se pode observar, a liberdade de testar não é plena, encontrando limites no Princípio da Intangibilidade da Legítima.

Segundo Luciano L. Figueiredo e Roberto L. Figueiredo, "observa-se da leitura de todo o Código Civil que a legislação brasileira efetivamente se preocupa em destacar uma parte da propriedade hereditária (espólio) em benefício dos herdeiros necessários. Esta parte da propriedade é denominada de legítima. Deste modo, havendo herdeiros necessários, eventual testamento somente poderá dispor sobre metade da herança (art. 1.789 do CC)" (FIGUEIREDO, 2015, p. 572-573).

Pontua o civilista Flávio Tartuce que a liberdade de testar não é plena. Há limitação de ordem pública em função do "em respeito à legítima". Segundo o autor, os herdeiros necessários, também chamados de *legitimários* ou *forçados,* são titulares desta parte indisponível (TARTUCE, 2013, p. 4).

Por fim, destaca-se que herdeiros necessários também são chamados de *legitimários* ou *forçados.*

Referências:

- FIGUEIREDO, Luciano L.; FIGUEIREDO, Roberto L. *Direito civil.* Família e sucessões. 5. ed. Salvador: JusPodivm, 2015. (Coleção Sinopses para Concursos)
- TARTUCE, Flávio. *Direito civil.* São Paulo: Método, 2013. vol. 6.

3.53 Teoria do **desamor**, do **abandono afetivo** ou do **abandono paterno filial**

A teoria do desamor, do abandono afetivo ou do abandono paterno filial preconiza que a dor sofrida pelo filho ou filha, em virtude do abandono paterno que o privou do direito à convivência, ao amparo afetivo, moral e psíquico, afeta o princípio da dignidade da pessoa humana, sendo passível de indenização.

Luciano L. Figueiredo e Roberto L. Figueiredo (2015, p. 54) expõem que: "Em sendo o afeto um princípio jurídico, a sua violação ocasiona dano indenizável? É dizer: seria possível impor a alguém o dever de indenizar outrem por não o ter cuidado e/ou amado? Como na prática esta questão vem sendo posta sob o ponto de vista da relação entre pai e filho, costuma-se denominar a Teoria do Desamor de Tese do Abandono Paterno Filial. Há autores, porém, que se referem ao tema de forma mais ampla, falando em Teoria do Abandono Afetivo".

O tema Teoria do Desamor ou a Tese do Abandono Afetivo ou do Abandono Paterno Filial foi levado à apreciação do Superior Tribunal de Justiça, que, no julgamento do REsp 757.411/MG, negou a indenização, reformando a decisão atacada. Cita-se a ementa do julgado:

> Responsabilidade civil. Abandono moral. Reparação. Danos morais. Impossibilidade. A indenização por dano moral pressupõe a prática de ato ilícito, não rendendo ensejo à aplicabilidade da norma do art. 159 do Código Civil de 1916 o abandono afetivo, incapaz de reparação pecuniária. 2. Recurso especial conhecido e provido (STJ, REsp 757.411/MG, 4.ª Turma, Rel. Min. Fernando Gonçalves, j. 29.11.2005).

Entretanto, no ano de 2012 houve mudança de posicionamento pela Corte da Cidadania. O Superior Tribunal de Justiça, particularmente a Terceira Turma, em acórdão de relatoria da Ministra Nancy Andrighi, reconheceu haver um inegável dever jurídico primário de solidariedade familiar (desdobramento da solidariedade social, previsto no Código Civil) a acarretar, como consequência do desrespeito a essa regra de conduta – dever jurídico primário de não abandonar e de cuidado –, o dever jurídico secundário de reparar o dano disto decorrente. Assim, o dano anterior não indenizável pelo Tribunal Superior passou a ser indenizável.

A propósito, veja o aresto do Superior Tribunal de Justiça:

> Civil e processual civil. Família. Abandono afetivo. Compensação por dano moral. Possibilidade. 1. Inexistem restrições legais à aplicação das regras concernentes à responsabilidade civil e o consequente dever de indenizar/compensar no Direito de Família. 2. O cuidado como valor jurídico objetivo está incorporado no ordenamento jurídico brasileiro não com essa expressão, mas com locuções e termos que manifestam suas diversas desinências, como se observa do art. 227 da CF/1988. 3. Comprovar que a imposição legal de cuidar da prole foi descumprida implica em se reconhecer a ocorrência de ilicitude civil, sob a forma de omissão. Isso porque o *non facere*, que atinge um bem juridicamente tutelado, eia-se, o necessário dever de criação, educação e companhia - de cuidado - importa em vulneração da imposição legal, exsurgindo, daí, a possibilidade de se pleitear compensação por danos morais por abandono psicológico. 4. Apesar das inúmeras hipóteses que minimizam a possibilidade de pleno cuidado de um dos genitores em relação à sua prole, existe um núcleo mínimo de cuidados parentais que, para além do mero cumprimento da lei, garantam aos filhos, ao menos quanto à afetividade, condições para uma adequada formação psicológica e inserção social. 5. A caracterização do abandono afetivo, a existência de excludentes ou, ainda, fatores atenuantes - por demandarem revolvimento de matéria tática - não podem ser objeto de reavaliação na estreita via do recurso especial. 6. A alteração do valor fixado a título de compensação por danos morais é possível, em recurso especial, nas hipóteses em que a quantia estipulada pelo Tribunal de origem revela-se irrisória ou exagerada. 7. Recurso especial parcialmente provido (STJ, REsp 1.159.242/SP, 3.ª Turma, Rel. Min. Nancy Andrighi, j. 24.04.2012).

Referências:

- BRASIL. STJ, REsp 757.411/MG, 4.ª Turma, Rel. Min. Fernando Gonçalves, j. 29.11.2005.
- BRASIL. STJ, REsp 1.159.242/SP, 3.ª Turma, Rel. Min. Nancy Andrighi, j. 24.04.2012.
- FIGUEIREDO, Luciano L.; FIGUEIREDO, Roberto L. *Direito civil*. Família e sucessões. 2. ed. rev., atual. e ampl. Salvador: JusPodivm, 2015. (Coleção Sinopses para Concursos)

3.54 Em que consiste o **"insider trading"**?

O "insider trading" ou uso indevido de informação privilegiada consiste na conduta realizada por pessoas que, por força de sua atividade profissional, tomam conhecimento das atividades da emissora de valores mobiliários antes de se tornarem públicas, usando essa informação para realizarem operações, com obtenção de lucros para si ou para terceiros.

O professor Nelson Eizirik define o "insider trading" da seguinte forma:

> O *insider trading* consiste na utilização de informações relevantes sobre valores mobiliários, por parte de pessoas que, por força de sua atividade profissional, estão "por dentro" dos negócios da emissora, para transacionar com os valores mobiliários antes que tais informações sejam de conhecimento público. Assim agindo, o *insider* compra ou vende valores mobiliários a preços que ainda não estão refletindo o impacto de determinadas informações, que são de seu conhecimento exclusivo (EIZIRIK, 2008, p. 536).

Natasha Pereira Wiedmann conceitua o instituto "insider trading" asseverando que "diz respeito ao uso indevido de informação privilegiada" (WIEDMANN, 2012, p. 14).

Não se pode olvidar que, diante de um contexto em que as sociedades anônimas são partes importantíssimas no cenário dos mercados de capitais e dos sistemas financeiros e, consequentemente, do desenvolvimento econômico, emerge a necessidade de uma política intervencionista estatal, por meio de normas de organização de mercado, dentre elas, o "insider trading", inclusive com reflexos na esfera administrativa, na civil e também na penal.

Ademais, a doutrina distingue, ainda, duas categorias de "insiders", quais sejam, os "insiders primários" e os "insiders secundários", também chamado de "tippees". A respeito disso, explica Nelson Eizirik:

> Os "insiders primários" ou "institucionais" são aqueles que detêm acesso a informação privilegiada em razão de sua condição de acionistas controladores, pelo fato de ocuparem cargo de administração, ou de um ofício, ainda que temporário[18], que lhes permita o acesso direto a uma informação privilegiada. São as pessoas que recebem, diretamente, a informação privilegiada de sua fonte e têm o conhecimento especializado suficiente para saber que tal informação é relevante. Já os "insiders secundários" (*tippees*) são aqueles que recebem a informação privilegiada, direta ou indiretamente, dos "insiders primários" e não estão obrigados ao dever de sigilo e nem necessariamente sabem que se trata de uma informação relevante (EIZIRIK, 2000, p. 545).

---

18 A doutrina americana se refere aos *insiders* que não são empregados da companhia, mas que prestam serviços a ela, tais como advogados, contadores e auditores como "temporary insiders" (DAVIS, Harry. Overview of the law of insider trading. In: DAVIS, Harry (org.). *SCHULTE ROTH & ZABEL LLP*. Insider trading. Law and compliance. Answer Book 2011-12. New York City: Practising Law Institute, 2011. p. 4).

O termo "insider trading" ainda possui outra expressão correlata denominada de "insider dealing".

Referências:

- EIZIRIK, Nelson; GAAL, Ariadna B.; PARENTE, Flavia; FENRIQUES, Marcus de Freitas. *Mercado de capitais*: regime jurídico. 2. ed. rev. e atual. Rio de Janeiro: Renovar, 2008.
- WIEDMANN, Natasha Pereira. *A criminalização do* insider trading *no Brasil, suas principais controvérsias e o caso "Sadia Perdigão"*. Monografia apresentada como requisito para conclusão do curso de bacharelado em Direito do Centro Universitário de Brasília. Disponível em: <file:///D:/Livro/20764837_Natasha%20Wiedmann.pdf>. Acesso em: 8 abr. 2016.

3.55 O que é a **adoção à brasileira**?

Os civilistas Cristiano Chaves de Farias e Nelson Rosenvald destacam que "(...) *a expressão adoção 'à brasileira'* vem se designando um fenômeno comum e usual: *o fato de uma pessoa registrar como seu filho que sabe não ser. É o exemplo do homem que, envolvendo-se afetivamente com uma mulher já grávida ou com um filho, registra o filho dela como se seu filho, também, fosse, escapando ao procedimento judicial da adoção, exigido pela lei. É expediente ilícito, porque contrário à norma jurídica, não podendo ser equiparado ao ato formal e solene, em juízo de adoção*" (FARIAS, 2012, p. 1.045).

Referências:

- FARIAS, Cristiano Chaves de; ROSENVALD, Nelson. *Curso de direito civil*. Direitos das famílias. 4. ed. Salvador: JusPodivm, 2012. vol. 6.

3.56 O que é **álveo abandonado**?

Álveo abandonado consiste na superfície que as águas cobrem sem exceder ou transbordar o solo natural e de forma ordinária enxuta. Há um pleno e permanente abandono do antigo leito situado em propriedade particular de rio não navegável, em que este fica totalmente descoberto, passando a pertencer aos proprietários ribeirinhos das duas margens.

Por isso, os civilistas Cristiano Chaves de Farias e Nelson Rosenvald (2012, p. 485-486) afirmam que o álveo abandonado "(...) é a superfície que as águas cobrem sem transbordar para o solo natural e ordinariamente enxuto (art. 9.º do Código das Águas). No álveo abandonado, há um total e permanente abandono do antigo leito situado em propriedade particular (rio não navegável), ficando este inteiramente descoberto e passando a pertencer aos proprietários ribeirinhos das duas margens. Não se confunde o álveo abandonado, em que o rio seca, com a aluvião imprópria, em que parte do álveo desdobre-se em razão de um desvio no curso das águas".

O *álveo abandonado* é modalidade de *acessão natural*.

Referências:

- FARIAS, Cristiano Chaves de; ROSENVALD, Nelson. *Curso de direito civil*. Direitos reais. 8. ed. Salvador: JusPodivm, 2012. vol. 5.

3.57 O que é **acessão?**

Acessão é a forma originária de aquisição de propriedade, em virtude de o proprietário de um bem passar a adquirir a titularidade de tudo que a ele se adere.

Nessa direção, os civilistas Cristiano Chaves de Farias e Nelson Rosenvald (2012, p. 481) afirmam que a "(...) acessão é o modo originário aquisitivo de propriedade em razão do qual o proprietário de um bem passa a adquirir a titularidade de tudo que a ele se adere. Isto é, pela acessão contínua, uma coisa se une ou se incorpora materialmente a outra, em estado permanente, por ação humana ou causa natural, e o proprietário da coisa principal adquire a propriedade da coisa acessória que se lhe uniu ou incorporou".

Referências:

- FARIAS, Cristiano Chaves de; ROSENVALD, Nelson. *Curso de direito civil*. Direitos reais. 8. ed. Salvador: JusPodivm, 2012. vol. 5.

3.58 O que é **acessão artificial?**

Acessão artificial é forma originária de aquisição de propriedade, em virtude de um evento ou comportamento humano. Ao contrário da acessão natural, na acessão artificial o fato não decorre da força da natureza.

Nessa direção, os civilistas Cristiano Chaves de Farias e Nelson Rosenvald (2012, p. 483) afirmam que a "(...) acessão se qualifica como natural ou artificial, dependendo da constatação da participação ou não da atividade humana para a efetivação da aquisição originária".

Ainda nesse ponto, Cristiano Chaves de Farias e Nelson Rosenvald (2012, p. 486) dispõem, acerca da acessão artificial, que "ela resultará de um comportamento humano e não de um fato da natureza. (...) A acessão entra no mundo jurídico pelo simples fato do exercício da conduta daquele que edifica ou planta em terreno alheio, independentemente da avaliação do dado volitivo, de o agente ter ou não uma vontade correspondente ao resultado[19]. O fenômeno da acessão artificial de móvel a imóvel é verificado nas hipóteses de realização de construções e plantações, quando a titularidade das sementes, plantas e materiais de construção não coincidir com a do terreno em que aqueles bens acedem. Em princípio, é aplicável o princípio de que o acessório segue o principal - *superfícies solo cedit*".

A *acessão artificial* é gênero no qual as *plantações* e *construções* são espécies daquela.

Referências:

- FARIAS, Cristiano Chaves de; ROSENVALD, Nelson. *Curso de direito civil*. Direitos reais. 8. ed. Salvador: JusPodivm, 2012. vol. 5.

3.59 O que é **acessão natural?**

Acessão natural significa forma originária de aquisição de propriedade, em virtude de um evento da natureza, em que se têm as seguintes modalidades: formação de ilhas, aluvião, avulsão e abandono de álveo. O proprietário de um bem pode passar ou não a adquirir a titularidade de tudo que a ele se adere, a depender das particularidades fáticas.

Nessa direção, os civilistas Cristiano Chaves de Farias e Nelson Rosenvald (2012, p. 483) afirmam que a "(...) acessão se qualifica como natural ou artificial, dependendo da constatação da participação ou não da atividade humana para a efetivação da aquisição originária. A acessão natural invariavelmente decorre de um evento da natureza, fato jurídico *stricto sensu*[20], cujas modalidades são a formação de ilhas, a aluvião, a avulsão e o abandono de álveo".

19 PONTES DE MIRANDA. *Tratado de direito privado*, p. 372.

20 ZENO VELOSO. *Invalidade do negócio jurídico*. p. 2.

Referências:

- FARIAS, Cristiano Chaves de; ROSENVALD, Nelson. *Curso de direito civil*. Direitos reais. 8. ed. Salvador: JusPodivm, 2012. vol. 5.

3.60 O que é **aluvião**?

Aluvião é o acréscimo aos poucos de terras que o rio deixa naturalmente nos terrenos ribeirinhos (aluvião própria) ou o acréscimo que se forma quando parte do álveo (superfície que as águas cobrem) se descobre em decorrência do afastamento das águas correntes (aluvião imprópria), que pode estar, na maioria das vezes, ligadas às consequências de lesões ambientais.

Por isso, os civilistas Cristiano Chaves de Farias e Nelson Rosenvald (2012, p. 484) afirmam que a aluvião "(...) é o acréscimo paulatino de terras que o rio deixa naturalmente nos terrenos ribeirinhos (aluvião própria) ou o acréscimo que se forma quando parte do álveo (superfície que as águas cobrem - leito do rio) descobre-se em razão do afastamento das águas correntes (aluvião imprópria), muitas vezes como consequência de lesões ambientais".

A aluvião é modalidade de *acessão natural*.

Referências:

- FARIAS, Cristiano Chaves de; ROSENVALD, Nelson. *Curso de direito civil*. Direitos reais. 8. ed. Salvador: JusPodivm, 2012. vol. 5.

3.61 O que é **avulsão**?

Avulsão consiste no desprendimento em decorrência de força natural abrupta ou violenta de porção razoável e reconhecível de um prédio para se juntar ao terreno de outro proprietário, dando-se a consolidação de duas coisas em uma.

Por isso, os civilistas Cristiano Chaves de Farias e Nelson Rosenvald (2012, p. 485) afirmam que a avulsão "(...) é o desprendimento, por força natural, violenta e abrupta, de uma porção considerável e reconhecível de um prédio, que se vai juntar ao terreno de outro proprietário, ocorrendo a consolidação de duas coisas em uma (...). A avulsão só se verifica quando se tratar de uma porção de terra".

A *avulsão* é modalidade de *acessão natural*.

Referências:

- FARIAS, Cristiano Chaves de; ROSENVALD, Nelson. *Curso de direito civil.* Direitos reais. 8. ed. Salvador: JusPodivm, 2012. vol. 5.

3.62 O que é **composse**?

Composse significa a posse concomitante de mais de uma pessoa sobre a mesma coisa em estado de indivisão. Em outras palavras, composse é o exercício simultâneo por mais de uma pessoa sobre o mesmo bem, é a posse comum de um bem por mais de uma pessoa ao mesmo tempo.

Nessa direção, os civilistas Cristiano Chaves de Farias e Nelson Rosenvald (2012, p. 123) afirmam que a "(...) composse é uma situação excepcional consistente na posse comum e de mais de uma pessoa sobre a mesma coisa, que se encontra em estado de indivisão. (...) O fenômeno da comunhão no direito das coisas pode-se dividir em duas espécies: a comunhão da propriedade é conhecida como condomínio ou compropriedade; já a comunhão da situação fática da posse é a composse".

Referências:

- FARIAS, Cristiano Chaves de; ROSENVALD, Nelson. *Curso de direito civil.* Direitos reais. 8. ed. Salvador: JusPodivm, 2012. vol. 5.

3.63 O que é **confusão, comistão** (comissão) e **adjunção** no Direito Civil?

A *confusão, comissão (comistão) e adjunção* no Direito Civil, na órbita do direito real ou das coisas, são 3 (três) modos de aquisição de propriedade mobiliária por se misturarem ou interpenetrarem, com a formação de uma só coisa, sem que possa separá-las sem deterioração.

Confusão consiste na junção ou mistura de coisas sólidas ou secas de diferentes proprietários, sem que possam ser separadas e sem configurar coisa nova, com a manutenção de sua natureza originária. Exemplo a ser citado é açúcar de duas qualidades.

Comissão (o termo correto é comistão, no entanto, consta do Código Civil o termo comissão – art. 1.273) é mescla ou mistura de coisas líquidas de diferentes pessoas nas mesmas condições. Um exemplo que se pode citar é a cachaça de duas espécies.

Adjunção, por sua vez, significa a adesão ou justaposição de uma coisa sólida a outra de forma que não possam mais ser separadas sem deterioração do bem constituído ou formado. Cita-se o exemplo de anel com brilhantes.

Nessa direção, os civilistas Cristiano Chaves de Farias e Nelson Rosenvald (2012, p. 514) afirmam que:

> (...) a) comistão, que é a mistura de coisas secas ou sólidas, pertencentes a diferentes donos, sem que possam ser separadas e sem que produzam coisa nova, mantendo-se a natureza originária das mesmas (*v.g.* café de duas qualidades).
>
> b) confusão, que diz respeito à mistura de coisas líquidas de diferentes pessoas nas mesmas condições (*v.g.* vinhos de duas espécies).
>
> c) adjunção, tratando da justaposição de uma coisa sólida à outra, de tal modo que não possam mais ser separadas sem deterioração do bem formado (*v.g.* anel de brilhantes).
>
> Em verdade, são três formas de acessão de móvel para móvel, nas quais ocorre a união material de coisas de proprietários diversos, sem a possibilidade de separação e entendimento. Diferencia-se da especificação, em que a junção de coisas produzirá espécie nova. Aqui, nos três, o amálgama de coisas não gera nada distinto das coisas que lhe originaram (*verbi gratia*, adicionar café ao leite não cria uma terceira figura).

Por fim, tece-se a observação para não confundir o instituto da confusão, situado no plano dos Direitos Reais, com a *confusão* no campo das Obrigações.

Referências:

- FARIAS, Cristiano Chaves de; ROSENVALD, Nelson. *Curso de direito civil*. Direitos reais. 8. ed. Salvador: JusPodivm, 2012. vol. 5.

3.64 O que é **multipropriedade** ou **"time sharing"**?

Multipropriedade ou "time sharing" significa uma relação jurídica de obtenção econômica de coisa móvel ou imóvel repartida em unidades fixas de tempo, de forma a permitir que diversos titulares possam utilizar da mesma com exclusividade, cada um ao seu tempo de modo perpétuo ou não.

Os civilistas Cristiano Chaves de Farias e Nelson Rosenvald (2012, p. 275-276) aduzem que:

> (...) *com o termo "multipropriedade", genericamente, designa-se uma relação jurídica de aproveitamento econômico de uma coisa móvel ou imóvel, coisa esta repartida em unidades fixas de tempo, de modo a permitir que diversos titulares possam utilizar-se daquela coisa com exclusividade,* cada um a seu turno, de maneira perpétua ou não[21]. *A multipropriedade, ou time sharing, é um consectário da faculdade do titular de dividir o bem.* Além de abrigar as possibilidades de desdobramento ou loteamento de bens imóveis e do fracionamento de bens móveis, a faculdade de dividir a propriedade pode se dar no aspecto temporal através da multipropriedade. A possibilidade de vender as unidades para cada mês do ano multiplica a utilização desde dinâmico modelo jurídico que, juntamente com os novos "condomínios fechados", representa a possibilidade de fracionamento de um bem pelo proprietário sem previsão legal[22].

Referências:

- FARIAS, Cristiano Chaves de; ROSENVALD, Nelson. *Curso de direito civil*. Direitos reais. 8. ed. Salvador: JusPodivm, 2012. vol. 5.

3.65 O que vem a ser o **conjunto-imagem** (conjunto imagem) ou **"trade dress"**?

O conjunto-imagem (conjunto imagem) ou trade dress é o conjunto visual total de um produto, ou a forma de prestação/apresentação de um serviço, que nada mais é do que a associação de inúmeros elementos que formam, em tese, uma apresentação única do produto ou serviço. Pode-se dizer que o conjunto-imagem exerce a mesma função das marcas, por permitir que o consumidor identifique a origem de um produto ou serviço.

Dito de outra forma, essa proteção ao conjunto-imagem, também conhecido como *trade dress,* tutela as marcas que nada mais são do que sinais de identificação de produtos e serviços, os quais são percebidos pelo público consumidor principalmente pela totalidade de seus aspectos visuais. Por isso, a razão de ser das terminologias conjunto-imagem (conjunto imagem) ou *trade dress*. Compete asseverar que esse aspecto visual

21 OLIVEIRA JÚNIOR, Dario da Silva; CHRISTOFARI, Victor Emanuel. *Multipropriedade – timesharing*. p. 1.

22 FLORES FILHO, Edgar Gastron Jacobs. *A propriedade no Estado Democrático de Direito*. p. 35.

envolve tanto a marca quanto outros elementos exteriores, que juntos constituem um conjunto suficientemente distinto, que servirá como instrumento para se alcançar uma fiel clientela.

Em um passado não muito distante, era definido como a indumentária ou vestimenta de um produto ou serviço, ou seja, sua maneira particular de apresentar-se ao público consumidor.

André Luiz Santa Cruz Ramos, com sua didática de sempre, diz que *"ocorre a violação ao chamado trade dress quando um concorrente não copia exatamente a marca ou o desenho industrial de outrem, mas imita sutilmente uma série de características do produto ou até mesmo o modus operandi da prestação de um serviço"* (RAMOS, 2014, p. 1).

Em outras palavras, a violação ao denominado *trade dress* se dá quando um concorrente copia não fielmente a marca ou o desenho industrial de outrem, mas imita uma série de características do produto ou serviço, tais como rotulação e embalagem, gerando confusão ao consumidor, que, na prática, traduz uma concorrência desleal.

O assunto está dentro do Direito de Propriedade Industrial Brasileiro no Direito Empresarial, mas, cirurgicamente, dentro da concorrência desleal e ligado ao direito marcário, a depender da hipótese.

Desse modo, com relação à proteção baseada no direito marcário, nossa legislação dispõe que sinais distintivos visualmente perceptíveis são passíveis de registro, excluindo-se os impedimentos legais constantes do art. 124 da Lei 9.279/1996. Assim, uma vez que o conjunto-imagem apresenta-se suficientemente distinto em seu conjunto, não há impedimentos legais ao seu registro como marca perante o Instituto Nacional da Propriedade Industrial.

A Corte da Cidadania teve oportunidade de decidir um caso sob enfoque do conceito de *trade dress*, que envolvia o conflito entre os sabonetes *Protex* e *Francis Protection*, este último acusado de imitar o *trade drees* daquele. Veja a ementa do julgado:

> Direito processual civil. Recurso especial. Concorrência desleal. Concessão de liminar para determinar a substituição, em prazo razoável, das *embalagens de produtos possíveis de serem confundidas com as utilizadas por marca concorrente. Possibilidade.* Reexame de provas, em sede de recurso especial. Inviabilidade.
>
> (...)

> 2. A decisão recorrida *reconheceu expressamente que "uma primeira análise das embalagens dos sabonetes comercializados pelas partes permite constatar a existência de uma grande semelhança no conjunto visual dos produtos, a qual tem inegável potencial de levar à confusão, induzindo o consumidor a adquirir um pelo outro", e, portanto, limita-se a impor à ré, no prazo de 90 dias, alterações nas embalagens de sua nova linha de sabonetes.* A providência liminar, *ademais, em caráter provisório, não tutela a marca, mas sim faz cessar a possível concorrência desleal, evitando eventual utilização indevida de elementos que têm função "para-marcárias", que a doutrina denomina* "Trade Dress"*.*
>
> 3. Dessarte, como o artigo 209, § 1.º, da Lei 9.279/1996 expressamente prevê a possibilidade de o juiz, em casos de violação de direitos de propriedade industrial ou prática de atos de concorrência desleal, "nos autos da própria ação, para evitar dano irreparável ou de difícil reparação, determinar liminarmente a sustação da violação ou de ato que a enseje", a revisão da decisão recorrida encontra óbice intransponível na Súmula 7/STJ. (...) (REsp 1.306.690/SP, 4.ª Turma, Rel. Min. Luis Felipe Salomão, j. 10.04.2012, *DJe* 23.04.2012).

Anota-se que o fenômeno da globalização, ao atingir as relações comerciais, fez com que os titulares dos direitos de propriedade intelectual necessitassem, igualmente, de uma maior proteção em relação a esses direitos, principalmente em decorrência das atividades comerciais feitas entre países.

Com isso, foram celebrados diversos Tratados e Convenções Internacionais, em que se destaca a Convenção da União de Paris (CUP), datada de 20 de março de 1883, em que o Brasil figura como signatário. O art. 1.º da Referida Convenção dispõe que:

> (1) Os países a que se aplica a presente Convenção constituem-se em União para a proteção da propriedade industrial.
>
> (2) A proteção da propriedade industrial tem por objeto as patentes de invenção, os modelos de utilidade, os desenhos ou modelos industriais, as marcas de serviço, o nome comercial e as indicações de procedência ou denominações de origem, bem como a repressão da concorrência desleal.

Por derradeiro, quanto ao assunto conjunto-imagem (conjunto imagem) ou *trade dress*, acrescenta-se que, segundo Luiz Edgard Montaury Pimenta (2009, p. 18), as características presentes em um determinado conjunto-imagem devem ser individuais e únicas, uma vez que os consumidores tendem a identificar produtos e prestação de serviços pela impressão visual causada por este conjunto, de forma imediata, antes mesmo de constatarem sua marca ou nome fantasia, razão pela qual se faz necessário criar um conjunto-imagem capaz de atrair e fidelizar clientes, bem como trazer uma identidade e diferenciação em relação aos concorrentes.

Referências:

- BRASIL. Convenção da União de Paris para a proteção da Propriedade Industrial, de 20 de março de 1883, promulgada no Brasil pela DAI – Divisão de Atos Internacionais. Decreto 75.572, de 8 de abril de 1975. Disponível em: <www.inpi.gov.br/images/stories/CUP.pdf>. Acesso em: 10 jan. 2014.
- BRASIL. STJ, REsp 1.306.690/SP, 4ª Turma, Rel. Min. Luis Felipe Salomão, j. 10.04.2012, *DJe* 23.04.2012.
- PIMENTA, Luiz Edgard Montaury. *Trade dress* e a tutela dos *Web Sites*. *Revista da ABPI*, São Paulo, n. 100, jun. 2009.
- RAMOS, André Luiz Santa Cruz. *Você sabe o que é "trade dress"?* Disponível em: <http://alcramos.jusbrasil.com.br/artigos/121943290/voce-sabe-o-que-e-trade-dress>. Acesso em: 6 abr. 2016.

3.66 O que é o **desequilíbrio no exercício jurídico?**

O desequilíbrio no exercício jurídico é a conduta ou atuação de um indivíduo contrário à boa-fé objetiva que está dentro do quadro de abuso de direito. Em outras palavras, o desequilíbrio no exercício jurídico revela situações em que o titular, embora no exercício de um direito formal, atua de forma atentatória a boa-fé.

> O *quinto* tipo de atuação abusiva organiza-se em torno da locução *desequilíbrio no exercício das posições jurídicas. Constitui um tipo extenso*[23] e *residual de atuações contrárias à boa-fé*[24]*. Comporta diversos subtipos, a revelar hipóteses em que o titular, embora no exercício de um direito formal, atua de forma atentatória a vetores fundamentais do sistema, despontando como exemplos: a) o exercício danoso inútil, visando apenas provocar danos na esfera de terceiro; b) o dolo* agit qui petit quod statim

23 Cf. CORDEIRO, *Da boa-fé...*, p. 853.
24 Cf. CORDEIRO, *Do abuso de direito...*, p. 10.

> redditurus est, *consistente na exigência daquilo que, em seguida, terá de ser restituído; e c) a grave desproporcionalidade entre a vantagem alcançada pelo titular no exercício do direito e o sacrifício por ele imposto a outrem*[25] (COSTA, 2013, p. 1).

Anota-se que o desequilíbrio no exercício do direito é um mecanismo para limitar o direito subjetivo do titular quando o exercício acarretar postura contrária à boa-fé.

O desequilíbrio no exercício do direito (desequilíbrio no exercício jurídico) está ligado ao art. 187 do Código Civil, que prevê o abuso de direito[26]. O dispositivo legal introduz como limitador a atuação de direitos à boa-fé objetiva. Obviamente, a sua não observância é que gera o desequilíbrio no exercício do direito (desequilíbrio no exercício jurídico).

Por fim, a terminologia "desequilíbrio no exercício jurídico" também tem expressão sinônima de *desequilíbrio no exercício do direito e desequilíbrio no exercício das posições jurídicas.*

Referências:

- COSTA, Aldo de Campos. *A toda prova - A tipologia do exercício abusivo de posições jurídicas.* Disponível em: <http://www.conjur.com.br/2013-nov-14/toda-prova-tipologia-exercicio-abusivo-posicoes-juridicas#author>. Acesso em: 15 abr. 2016.

25 Cf. CORDEIRO, *Da boa-fé...*, p. 853. A título exemplificativo, cita, em *Do abuso de direito...*, p. 10, o caso daquele que exige, no âmbito da acessão, uma demolição muito custosa a troco de uma pequena vantagem (acórdão da Relação de Coimbra, de 8 de fevereiro de 2000).

26 Na definição do abuso de direito temos o exercício irregular ou anormal de direito por parte de quem, sem interesse legítimo ou justa causa, agindo por temeridade, negligência, emulação, ou má-fé, molesta alguém com demanda infundada, ocasionando-lhe prejuízos. Melhor exemplifica a jurisprudência: STF, Embargos Declaratórios no Ag. Reg. no Agravo de Instrumento 305.908/SP, publicado em 16.12.2013, *in litteris*: "Segundo embargos de declaração inocorrência de contradição, obscuridade ou omissão. Abuso do Direito de recorrer. Imposição de multa. Embargos de Declaração não conhecidos. Os embargos de declaração destinam-se, precipuamente, a desfazer obscuridades, a afastar contradições e a suprir omissões que eventualmente se registrem no acórdão proferido pelo Tribunal. A inocorrência dos pressupostos de embargabilidade, a que se refere o art. 535 do CPC, autoriza a rejeição dos embargos de declaração, por incabíveis. Multa e exercício abusivo do direito de recorrer. - O abuso do direito de recorrer - por qualificar-se como prática incompatível com o postulado ético-jurídico da lealdade processual - constitui ato de litigância maliciosa repelido pelo ordenamento positivo, especialmente nos casos em que a parte interpõe recurso com intuito evidentemente protelatório, hipótese em que se legitima a imposição de multa. A multa a que se refere o art. 538, parágrafo único, do CPC possui função inibitória, pois visa a impedir o exercício abusivo do direito de recorrer e a obstar a indevida utilização do processo como instrumento de retardamento da solução jurisdicional do conflito de interesses. Precedentes".

3.67 No que consiste a "day trade"?

*A "*day trade*" consiste em operações de compra de determinado lote de títulos e sua venda no mesmo dia. A depender da situação, essa prática usual poderá ser considerada um ilícito penal dentro da gestão fraudulenta de instituição financeira ou de emissão de títulos.*

Em outras palavras, é a modalidade de negociação que ocorre no mesmo dia, ou seja, o investidor nunca leva a operação para os próximos dias, ele sempre zera a operação no mesmo dia em que ela foi iniciada.

O "day trade" também possui expressões correlatas como "day-trade", "day trader" ou "day trading".

O Superior Tribunal de Justiça, no *Habeas Corpus* 285.587, decidiu o caso "day trade", "day-trade", "day trader" ou "day trading" na esfera penal, que teve repercussão, inicialmente, na órbita empresarial.

No caso concreto acima, a denúncia originou-se do chamado "escândalo dos precatórios", em que instituições financeiras que participaram de operações *day trade* teriam obtido lucros extraordinários. O caso julgado teria ocorrido no Banco Interfinance S/A em que três empresários eram dirigentes.

Os empresários foram denunciados pelo Ministério Público Federal (MPF) por gestão fraudulenta e pelo crime de negociação de títulos irregulares emitidos pelo Estado de Alagoas, por meio de operações chamadas *day trade*, bem como pelo de formação de quadrilha, entretanto, eles foram absolvidos pelo juízo federal de primeira instância.

No julgamento dos embargos infringentes, o TRF-3.ª Região absolveu os três empresários da prática do crime de emissão fraudulenta de títulos, mantendo, contudo, a condenação pelo delito de gestão fraudulenta. Assim, a todos foi imposta a pena de 3 anos e 6 meses de reclusão, em regime aberto, além de 11 dias multa, substituída por pena restritiva de direitos.

Irresignados, a defesa dirigiu um *habeas corpus* ao Superior Tribunal de Justiça. O argumento central da defesa é de que, para que a gestão de determinada instituição financeira possa ser considerada fraudulenta, é fundamental que se impute fraude e que "a única fraude apontada na denúncia resida justamente na emissão de precatórios sem lastro pelo Estado de Alagoas", porém, como os três acusados foram absolvidos da imputação, ficaria insustentável qualquer alegação de que a gestão é fraudulenta, especialmente quando se omite a indicação de qual fraude dá ensejo à afirmação.

Dessa forma, em resumo, o Superior Tribunal de Justiça[27] não acatou os argumentos da defesa e negou a ordem de *habeas corpus*, mantendo a condenação dos três dirigentes por "day trade", decisão seguida pelos demais Ministros da Sexta Turma da Corte da Cidadania.

Referências:

- BRASIL. STJ. *Condenados por gestão fraudulenta de instituição financeira têm* habeas corpus *negado*. Disponível em: <http://www.stj.jus.br/sites/STJ/default/pt_BR/Comunica%C3%A7%C3%A3o/Not%C3%ADcias/Not%C3%ADcias/Condenados-por-gest%C3%A3o-fraudulenta-de-institui%C3%A7%C3%A3o-financeira-t%C3%AAm-habeas-corpus-negado>. Acesso em: 17 abr. 2016.

27 "*Habeas corpus*. Crime contra o Sistema Financeiro Nacional (art. 6.º da Lei 7.492/1986). *Writ* substitutivo de revisão criminal. Não cabimento. Conhecimento. Impossibilidade. Verificação, de ofício, de eventual coação ilegal à liberdade de locomoção. Viabilidade. Pretensão de absolvição, ao argumento de atipicidade da conduta. Improcedência. Sonegação de informação ao órgão competente sobre a realização de operações financeiras. Adequação ao tipo penal previsto no art. 6.º da Lei 7.492/1986. Bem jurídico tutelado. Confiabilidade na atuação das instituições financeiras. Crime formal. Alegação de ocorrência de *bis in idem*. Paciente denunciado e condenado por crime contra a ordem tributária, em razão dos mesmos fatos. Não ocorrência. Possibilidade, ainda, do concurso formal de crimes (art. 70 do CP). Julgamento *ultra petita* pelo Tribunal de origem. Inexistência. Acolhimento de pedido subsidiário formulado pelo *parquet* federal. Prescrição da pretensão punitiva. Decurso de lapso superior a 8 anos entre o recebimento da denúncia e a publicação do acórdão condenatório recorrível. Ausência. Constrangimento ilegal não evidenciado.

(...) 5. Foi descrita e imputada ao paciente a conduta de ter formalizado operações financeiras por meio da lavratura dos instrumentos contratuais de Instrumento Particular de Negociação de Contratos Futuros de Taxa de Câmbio de Reais por Dólar Comercial, Instrumento Particular de Promessa de Compra e Venda de Contratos Futuros de Taxas de Depósito Interbancário de Um Dia e Instrumento Particular de Compra e Venda a Termo e de não ter registrado nenhum deles na Central de Custódia e de Liquidação de Títulos - CETIP, ou em outros sistemas de registro, de custódia e de liquidação.

6. Tal conduta amolda-se ao tipo penal de manter em erro o órgão responsável pela fiscalização da instituição, por meio da sonegação de informação a respeito de operação financeira, previsto no art. 6.º da Lei 7.492/1986. Não se exige, para a consumação do delito em apreço, que ocorra efetivo prejuízo, uma vez que se trata de crime formal. Precedente.

7. Apesar de existir correlação entre as condutas imputadas ao paciente nas ações penais instauradas para a apuração de crime contra a ordem tributária e crime contra o Sistema Financeiro Nacional, em razão de referidas condutas terem por base as operações financeiras realizadas pela instituição de que o paciente figura como diretor, *consubstanciadas em operações day trade*, realizadas por meio de contratos de liquidação futura, não se vislumbra, na via estreita do *writ* e dos documentos constantes dos autos, a ocorrência de *bis in idem*.

8. Na ação penal em que se imputa o crime contra o Sistema Financeiro, observa-se que as condutas consistem, em geral, na sonegação de informações a respeito das operações realizadas pela instituição financeira ao órgão competente, a fim de manter em erro a entidade fiscalizadora, enquanto na ação penal em que se atribui a prática do crime contra a ordem tributária, existe toda uma narrativa que visa demonstrar a realização de operações destinadas a reduzir o pagamento de determinados tributos, donde se infere que, embora os fatos estejam correlacionados, não são atribuídas condutas idênticas em ações penais distintas.

9. Não se pode olvidar que da mesma situação fática pode decorrer a suposta prática de mais de um crime, idênticos ou não, sendo esta a regra prevista no art. 70 do Código Penal, em relação ao concurso formal.

10. Não há falar em julgamento *ultra petita* pelo Tribunal de origem, em razão de este ter condenado o paciente por crime não pleiteado nas razões do recurso de apelação ajuizado pelo Ministério Público, quando evidenciado o acolhimento de pedido subsidiário formulado pelo *Parquet* federal.

(...) 12. *Habeas corpus* não conhecido (STJ, HC 153.205/SP 2009/0220979-5, Rel. Min. Sebastião Reis Júnior).

3.68 No que consiste a **guarda por nidação** ou **aninhamento?**

A guarda por nidação ou aninhamento consiste no revezamento dos pais no mesmo lar antigo que conviviam em que a criança ou adolescente continuará(ão) a residir.

Luciano L. Figueiredo e Roberto L. Figueiredo explicam que: "Na guarda por *nidação ou aninhamento, a criança ou o adolescente permanecerá no mesmo domicílio, no qual o casal originariamente vivia, sendo que os genitores revezarão períodos de convívio neste lar:* Tal modalidade traz consigo grande inconveniente prático, ao passo que os genitores que se tornariam mochileiros. Com efeito, a dinâmica da vida moderna e a noção de lar dificultam, por demais, este modelo" (FIGUEIREDO, 2015, p. 488).

Referências:

- FIGUEIREDO, Luciano L.; FIGUEIREDO, Roberto L. *Direito civil*. Família e sucessões. 2. ed. Salvador: JusPodivm, 2015. (Coleção Sinopses para Concursos)

3.69 Em que consiste a **responsabilidade civil "effusi et dejects"**[28]?

A responsabilidade civil "effusi et dejects" *consiste na reparação por ato ilícito oriundo de responsabilidade civil de coisa lançada ou caída de prédio ou de ruína de edifício ou construção. Essa responsabilidade abrange duas hipóteses, sendo uma do art. 937 do Código Civil (ruína de edifício ou construção) e outra do art. 938, do mesmo diploma legal, que trata das coisas caídas ou arremessadas de prédio.*

A respeito da responsabilidade civil "effusi et dejects", vale colacionar a doutrina de Carlos Roberto Gonçalves:

> A responsabilidade, no caso, é puramente objetiva. Não se cogita da culpa. Já no direito romano, a *actio effuis et dejectis* se destinava a definir a responsabilidade em face do dano causado por uma coisa lançada de uma habitação para o exterior. Não se indagava se foi lançada propositadamente

28 *Actio effusis et dejectis* (Lê-se: áquicio efúzis et dejéquitis): "Ação a respeito de tudo aquilo que é jogado (lançado) do alto de um edifício diretamente na via pública, isto é, na rua" (Site Enciclopédia Jurídica. Disponível em: <http://www.enciclopedia-juridica.biz14.com/pt/d/actio-effusis-et-dejectis/actio-effusis-et-dejectis.htm>. Acesso em: 17 abr. 2016).

> à rua ou se caiu acidentalmente. Se havia despejado uma coisa líquida (*effusum*) ou lançado um objeto (*dejectum*) de um edifício sobre um lugar destinado à passagem pública, concedia contra o "habitator, independentemente de culpa", uma ação, variável em seu objeto de acordo com as hipóteses (GONÇALVES, 2013, p. 242).

Nessa modalidade de reparação ou de responsabilidade civil "effusi et dejects", não se discute a culpa[29].

A jurisprudência sobre o assunto assevera que: "Na *actio de effusis et dejectis* a responsabilidade é objetiva. Assim, provado o fato e o dano do mesmo resultante, a obrigação indenizatória surge como normal consequência" (*RT* 441/233).

A responsabilidade civil "effusi et dejects" também recebe o nome de responsabilidade civil "actio effusi et dejects", "actio de effuses et dejetcis" ou "actio de effusius et objectus". Entretanto, abre-se um parêntese de que parcela da doutrina aqui sustenta que a expressão "actio de effuses et dejetcis" ou "actio de effusius et objectus" corresponderia à ação judicial adequada para buscar reparação civil nessa situação.

Referências:

- GAGLIANO, Pablo Stolze; PAMPLONA FILHO, Rodolfo. *Novo Curso de Responsabilidade Civil*. 9. ed. Saraiva: São Paulo, 2011. vol. III, p. 224.
- GONÇALVES, Carlos Roberto. *Direito civil brasileiro*. 8. ed. São Paulo: Saraiva, 2013.
- *Site Enciclopédia Jurídica*. Disponível em: <http://www.enciclopedia-juridica.biz14.com/pt/d/actio-effusis-et-dejectis/actio-effusis-et-dejectis.htm>. Acesso em: 17 abr. 2016.
- STOCO, Rui. T*ratado de responsabilidade civil*. 6.ed. São Paulo: Revista dos Tribunais, 2004. p. 938-940.
- VENOSA, Sílvio de Salvo. *Direito civil*: responsabilidade civil.13. ed. São Paulo: Atlas, 2013. p. 126. (Coleção direito civil; v. 4)

3.70 Em que consiste a **responsabilidade pressuposta**?

A responsabilidade pressuposta consiste em pensar primeiro na vítima, como se houvesse uma pressuposição de responsabilidade do réu

29 GAGLIANO, Pablo Stolze; PAMPLONA FILHO, Rodolfo, 2011, p. 201; STOCO, Rui, 2004, p. 934; VENOSA, Sílvio de Salvo, 2013. p. 117.

por um dano injusto praticado. Não precisa investigar se estão presentes as causas excludentes que devem ser alegadas e comprovadas pelo réu e não pelo juiz, já que é pressuposto. Essa responsabilidade também busca fundamento no princípio da dignidade da pessoa humana. Ou seja, pensa-se na vítima como prioridade, e depois no réu, por isso é responsabilidade pressuposta, uma vez que parte de uma análise que prioriza a vítima e relega ao réu o dever de provar fato que impeça, modifique ou venha a extinguir o direito da vítima e não ao juiz.

Segundo Luciano L. Figueiredo e Roberto L. Figueiredo, a responsabilidade pressuposta:

> Trata-se de doutrina que propõe o viés da responsabilidade civil objetiva expedita. Fala-se no pronto-atendimento às vítimas do prejuízo, mediante a urgente imputação do sujeito que terá o dever de indenizar. Tal dever decorre da criação de um sistema jurídico que impeça a manutenção de lesionados sem ressarcimento, em nítida crítica à crise doutrinária e jurisprudencial inaptas à rápida solução dos danos causados.
>
> Apesar desta doutrina deixar a solução a respeito do tema em aberto, a tese sugere uma virada epistemológica na análise do tema, ao enfatizar como pressuposto a reparação, buscando a imputação da culpa somente após isto (FIGUEIREDO, 2015, p. 318).

A professora Giselda Hironaka é precursora desta tese.

Por derradeiro, a responsabilidade pressuposta também recebe tratamento de teoria da responsabilidade pressuposta.

Referências:

- FIGUEIREDO, Luciano L.; FIGUEIREDO, Roberto L. *Direito civil*. Família e sucessões. 2. ed. Salvador: JusPodivm, 2015. (Coleção Sinopses para Concursos)

3.71 O que preconiza a **Teoria do Corpo Neutro**?

A Teoria do Corpo Neutro cuida de uma especial aplicação do fato de terceiro nos acidentes de trânsito, quando o agente físico do dano, agindo, sem atuação voluntária, viola direito de terceiro inocente. O exemplo que podemos trazer é do engavetamento de carros, em que o carro atingido é lançado como um corpo neutro – que é mero agente físico da ação –, atingindo o carro da frente.

Quem ressarcirá os prejuízos é aquele que colidiu no carro lançado (corpo neutro) e fez atingir fisicamente o veículo da frente, tratando-se de fato de terceiro. Verdadeiramente, quem sofreu danos deve demandar diretamente aquele que bateu no carro arremessado, inclusive há jurisprudência do Superior Tribunal de Justiça nesse sentido.

O Superior Tribunal de Justiça teve oportunidade de analisar a Teoria do Corpo Neutro e, na ocasião, isentou o condutor do veículo arremessado como um corpo neutro de responsabilidade civil:

> Direito civil. Responsabilidade civil. Acidente automobilístico. Culpa exclusiva de terceiro. Ausência de comportamento volitivo do condutor do veículo abalroador. Inaplicabilidade dos arts. 160, II e 1.520, CC. Hipótese diversa da apreciada no REsp 18.840-RJ (*DJU* de 28.03.1994). Denunciação da lide. Improcedência do pedido deduzido na ação principal. Ônus da sucumbência. Preclusão. Recurso desacolhido.
>
> I – *não ha de atribuir-se responsabilidade civil ao condutor de veículo que, atingido por outro, desgovernado, vem a colidir com coisa alheia, provocando-lhe dano, sendo tal situação diversa daquela em que o condutor do veículo, ao tentar desviar-se de abalroamento, acaba por causar prejuízo a outrem.*
>
> II – caso em tela, o prejuízo experimentado pelo dono da coisa danificada não guarda relação de causalidade com qualquer atitude volitiva do referido condutor, cujo veículo restou envolvido no acidente como mero instrumento da ação culposa de terceiro.
>
> III – nos casos em que não obrigatória a denunciação da lide, ao réu-denunciante, uma vez reconhecida a improcedência do pedido deduzido na ação principal, incumbe arcar com o pagamento da verba honorária devida a denunciada e das despesas processuais relativas a lide secundária (REsp 54.444/SP, 4.ª Turma, Rel. Min. Sálvio de Figueiredo Teixeira, j. 18.10.1994, *DJ* 21.11.1994, p. 31.776).

Em sede de resposta na forma de contestação, então, deve-se levantar o argumento do "fato de terceiro", embasando-o na Teoria do Corpo Neutro, com o objetivo de obter a isenção da responsabilidade do cliente.

Convém registrar que o exemplo do engavetamento é o que melhor exemplifica a Teoria do Corpo Neutro (até por ser frequente e conhecido dos leitores), entretanto, não deve ser considerado como única aplicação possível desta nova ideia que permeia a responsabilidade civil.

Por fim, traz-se à tona um precedente do Tribunal de Justiça do Rio Grande do Sul sobre a Teoria do Corpo Neutro:

> Apelação cível. Seguros. Seguro de veículo. Apólice. Previsão para cobertura pretendida. Abalroamento. Teoria do corpo neutro. – Além de haver previsão na apólice para a cobertura básica – casco, a ré não contestou a cobertura pretendida pelo autor. – Veículo do autor estava parado quando foi abalroado por terceiro veículo. Aquele, por sua vez, colidiu com veículo que também estava parado e de propriedade do autor. Aplicação da Teoria do Corpo Neutro. Dever de indenizar configurado. Devida a indenização de acordo com o valor do menor orçamento apresentado. Apelo parcialmente provido (TJRS, Apelação Cível 70035421056, 5.ª Câmara Cível, Rel. Gelson Rolim Stocker, j. 26.01.2011).

Referências:

- BRASIL. STJ, REsp 54.444/SP, 4.ª Turma, Rel. Min. Sálvio de Figueiredo Teixeira, j. 18.10.1994, *DJ* 21.11.1994, p. 31.776.
- BRASIL. TJRS, Apelação Cível 70035421056, 5.ª Câmara Cível, Rel. Gelson Rolim Stocker, j. 26.01.2011.
- *Responsabilidade civil – Teoria do Corpo Neutro*. Disponível em: <http://www.respostafinal.com.br/#!Responsabilidade-Civil-Teoria-do-Corpo-Neutro/dxcyb/567561010cf203da56e4f679>. Acesso em: 10 abr. 2016.

3.72 Em que consiste o **contrato leonino**?

O contrato leonino é o contrato que favorece abusivamente uma das partes, em prejuízo da outra. Em outras palavras, é o contrato que impõe vantagens excessivas a uma das partes, em detrimento da outra parte na relação contratual. A denominação advém da fábula de Esopo, na qual o leão exigia para si, na condição de rei dos animais, a melhor parte dos bens.

O contrato leonino se apresentará como tal quando estiver em seu bojo *cláusula leonina, abusiva, arbitrária, excessiva, napoleônica ou exorbitante*, entre outras expressões equivalentes.

A professora Cláudia Lima Marques leciona sobre o assunto:

> Em uma visão particular, podemos afirmar que o arbítrio e a unilateralidade excessiva na fixação de elementos essenciais do contrato (sujeitos, objeto, preço e consenso) detectados nas cláusulas leoninas e meramente potestativas são características comuns com as cláusulas hoje consideradas

> abusivas. A diferença estaria no grau de unilateralidade e de arbítrio antes exigido, muito maior do que o atual, e na matéria regulada pelas cláusulas consideradas abusivas, que hoje pode englobar (e geralmente faz) os elementos não essenciais do negócio, como as garantias referentes ao vício do objeto, à evicção, ao pagamento, ao não atraso do pagamento. (...) Hoje são consideradas abusivas as cláusulas que procuram exonerar o fornecedor da responsabilidade pelo vício do produto ou serviço, pela sua não prestabilidade, pela eventual evicção, transferindo a terceiros a responsabilidade, cláusulas impondo garantias excessivas quanto ao pagamento, como as de perda total das prestações pagas em prol do fornecedor ou do grupo de consorciados, as cláusulas penais excessivas, os juros de mora além do limite legal etc. (MARQUES, 1995, p. 292).

Na mesma direção, Henri Capitant denomina as cláusulas abusivas de cláusulas leoninas e as define como "uma cláusula de um contrato cujo cumprimento terá como resultado uma vantagem exorbitante em detrimento de outras" (CAPITANT, 1979, p. 115).

Referências:

- CAPITANT, Henri. *Vocabulário jurídico*. Buenos Aires: Depalma, 1979.
- MARQUES, C. L. *Contratos no Código de Defesa do Consumidor*: o novo regime das relações contratuais. São Paulo: RT, 1995.

3.73 Em que consistem o **namoro simples**, o **namoro qualificado** e a **união estável**?

Com o passar do tempo, alguns costumes e valores sofreram inúmeras alterações, assim como o namoro, na sociedade moderna, trazendo repercussões e reflexos na seara jurídica.

O namoro hodierno, em variáveis hipóteses, permite a prática sexual e a convivência, desde encontros casuais até relacionamentos mais sérios com a intenção de constituir família. No que tange ao namoro simples, este pode se enquadrar num relacionamento afetivo, aberto, às escondidas ou sem compromisso. Pontua-se que o namoro não se confunde com a união estável. *O namoro simples não é reputado como uma entidade familiar, pois não existe a* "affectio maritalis", que é a afeição conjugal ou o fito de se constituir família, embora estejam presentes algumas características como afeto, estabilidade, intimidade e convivência.

Por sua vez, *o namoro qualificado é aquele com convivência contínua, sólida, perante a sociedade, em que há planos para o futuro para constituição de família* e que se aproxima muito da união estável pelos mesmos requisitos objetivos, quais sejam, ausência de impedimentos matrimoniais, convivência duradoura, pública e contínua, mas com ela não se confunde.

De fato, o namoro qualificado possui diversas características em comum com a união estável, podendo ser com ela facilmente confundido. De fato, ambos os tipos de relacionamento são de cunho romântico-afetivo, externados publicamente para a sociedade, e costumam ser duradouros, denotando estabilidade, compromisso e um forte vínculo entre os envolvidos.

Para diferenciar a união estável do namoro qualificado, é imprescindível que seja avaliado cada caso em especial, sendo necessária a presença concomitante de todos os requisitos para reconhecer a união estável, pois, no plano exterior, ambos se assemelham muito. Deve-se atentar não apenas ao vínculo afetivo, mas, principalmente, ao elemento interno do *animus*, que é a vontade de constituir família, por meio de características externas e públicas, como os compromissos assumidos na vida e no patrimônio, a coabitação e, em tese, o pacto de fidelidade, que demonstrem o entrelaçamento de interesses de vida. Não é apenas o ânimo interno, mas também a aparência em fatos e atos da vida em comum. Essa é a linha tênue que separa o namoro da união estável.

As diferenças que norteiam ambos trazem consequências no mundo jurídico, ou seja, na união estável, os companheiros têm direito a alimentos, partilha de bens e herança, enquanto no namoro não existe essa possibilidade, exceto quando houver alguma contribuição financeira do casal em prol do futuro, que, com o fim do namoro, cause algum prejuízo de ordem material, podendo existir ressarcimento.

Somada com as diferenças mencionadas, *a principal diferença entre a união estável e o chamado namoro qualificado reside no fato de que a primeira é família constituída no momento atual, enquanto o namoro qualificado é um relacionamento em que os namorados meramente alimentam a expectativa de constituição de uma família no futuro. Assim, no namoro qualificado há planos para constituição de família, há projetos para o futuro, enquanto na união estável há uma família plena já constituída que transmite a imagem externa de um casamento ou, em outras palavras, transmite a "aparência de casamento".*

O instituto da união estável está disposto no art. 1.723 do Código Civil, que preconiza: "É reconhecida como entidade familiar a união estável entre o homem e a mulher, configurada na convivência pública, contínua e duradoura e estabelecida com o objetivo de constituição de família".

Além disso, o instituto da união estável tem assento constitucional.

Carlos Alberto Dabus Maluf e Adriana Caldas do Rego Freitas Dabus Maluf, em seu *Curso de Direito de Família*, abordam o tema, nos fornecendo esclarecedora lição:

> No namoro qualificado, por outro lado, embora possa existir um objetivo futuro de constituir família, não há ainda essa comunhão de vida. Apesar de se estabelecer uma convivência amorosa pública, contínua e duradoura, um dos namorados, ou os dois, ainda preserva sua vida pessoal e sua liberdade. Os seus interesses particulares não se confundem no presente, e a assistência moral e material recíproca não é totalmente irrestrita (MALUF, 2013, p. 371-374).

Nesse mesmo diapasão, ensina o grande familiarista Rolf Madaleno, em sua obra *Curso de Direito de Família*, que:

> Com efeito, a união estável exige pressupostos mais sólidos de configuração, não bastando o mero namoro, por mais estável ou qualificado que se apresente, porquanto apenas a convivência como casal estável, de comunhão plena e vontade de constituir família concretiza a relação estável, da qual o namoro é apenas um projeto que ainda não se desenvolveu e talvez sequer evolua como entidade familiar (MADALENO, 2013, p. 1.138).

Sobre o namoro ser "qualificado" ou estar diante de união estável, o Superior Tribunal de Justiça, em recente decisão, julgou da seguinte maneira:

> Direito civil. Definição de propósito de constituir família para efeito de reconhecimento de união estável. O fato de namorados projetarem constituir família no futuro não caracteriza união estável, ainda que haja coabitação. Isso porque essas circunstâncias não bastam à verificação da *affectio maritalis. O propósito de constituir família, alçado pela lei de regência como requisito essencial à constituição da união estável – a distinguir, inclusive, esta entidade familiar do denominado "namoro qualificado" –, não consubstancia mera proclamação, para o futuro, da intenção de constituir uma*

> *família. É mais abrangente. Deve se afigurar presente durante toda a convivência, a partir do efetivo compartilhamento de vidas, com irrestrito apoio moral e material entre os companheiros. É dizer: a família deve, de fato, estar constituída.* Tampouco a coabitação, por si, evidencia a constituição de uma união estável (ainda que possa vir a constituir, no mais das vezes, um relevante indício). A coabitação entre namorados, a propósito, afigura-se absolutamente usual nos tempos atuais, impondo-se ao Direito, longe das críticas e dos estigmas, adequar-se à realidade social. Por oportuno, convém ressaltar que existe precedente do STJ no qual, a despeito da coabitação entre os namorados, por contingências da vida, inclusive com o consequente fortalecimento da relação, reconheceu-se inexistente a união estável, justamente em virtude da não configuração do *animus maritalis* (REsp 1.257.819-SP, Terceira Turma, *DJe* 15.12.2011) (REsp 1.454.643/RJ, Rel. Min. Marco Aurélio Bellizze, j. 03.03.2015, *DJe* 10.03.2015).

Referências:

- BRASIL. STJ, REsp 1.454.643/RJ, 3.ª Turma, Rel. Min. Marco Aurélio Bellizze, j. 03.03.2015, *DJe* 10.03.2015.
- MADALENO, Rolf. *Curso de direito de família*. 5. ed. Rio de Janeiro: Forense, 2013.
- MALUF, Carlos Alberto Dabus; MALUF, Adriana Caldas do Rego Freitas Dabus. *Curso de direito de família*. São Paulo: Saraiva, 2013.

3.74 Inalegabilidade das **nulidades formais**

A inalegabilidade das nulidades formais consiste no mandamento legal de que o indivíduo que não cumpre a exigência formal não pode depois invocar essa inobservância espelhada numa nulidade formal necessária como requisito ou solenidade do ato.

Em outras palavras, inalegabilidade das nulidades formais é aplicação da regra de que ninguém deve se valer da própria torpeza, como desdobramento do princípio da boa-fé objetiva, que não cumpre a exigência formal para invocar depois uma nulidade formal necessária como requisito ou solenidade do ato. É a impossibilidade de alegação de nulidades formais, em dadas circunstâncias, para se eximir do cumprimento de obrigação efetivamente assumida.

Representa a aplicação específica do *venire contra factum proprium*, vedando o comportamento contraditório em matéria de nulidade. Trata-se de um princípio amplamente abarcado na legislação brasileira, notadamente no campo de aspecto processual, valendo lembrar, por exemplo, as regras do art. 243 do Código de Processo Civil e do art. 796, "b", da Consolidação das Leis do Trabalho - embora tenha incidência também no campo do direito material.

Aldo de Campos Costa conceitua inalegabilidade das nulidades formais da seguinte maneira:

> (...) Diz respeito à situação da pessoa que, por exigências do sistema, não pode valer-se da nulidade de um negócio jurídico causada por vício de forma[30]. Revela-se, em princípio, como uma modalidade de *venire contra factum proprium*: o agente dá ensejo a uma nulidade formal, de molde a prevalecer-se do negócio e a invoca quando resultar-lhe conveniente[31]. A *inalegabilidade formal* exige a presença de três pressupostos adicionais, considerados os já requisitados para tutelar-se a confiança[32]. Eis a síntese do necessário: 1.º) devem estar em jogo tão somente os interesses dos envolvidos; excluindo-se os de terceiros de boa-fé; 2.º) a situação de confiança deve ser censuravelmente imputável à pessoa a ser responsabilizada; 3.º) o investimento de confiança deve ser sensível e dificilmente assegurado por outra via[33] (COSTA, 2013, p. 1).

O art. 243, *caput*, do Código de Processo Civil prescreve que: "Quando a lei prescrever determinada forma, sob pena de nulidade, a decretação desta não pode ser requerida pela parte que lhe deu causa".

---

30 É o caso: a) daquele que cede, por contrato, o uso de escritório e, muito mais tarde, pretende voltar a ele, pelo fato de a cessão não ter obedecido ao formalismo prescrito (acórdão do Supremo Tribunal de Justiça, de 22 de novembro de 1994); b) do locador que, embora conhecesse desde o início a situação, invoca a nulidade da locação financeira por vício de forma, não obstante atuasse de modo consentâneo com a validade do contrato (acórdão da Relação de Lisboa, de 31 de março de 1998); c) de quem usa largamente cartão de crédito solicitado através de terceiro a um banco, para vir depois a invocar a nulidade do negócio por ter subjacente um contrato que, contra o disposto na lei, não fora reduzido a escrito (acórdão da Relação de Lisboa, de 4 de março de 1999), cf. CORDEIRO, *Do abuso de direito...*, p. 8. Em sentido semelhante, confira-se, no âmbito do Superior Tribunal de Justiça, o REsp 1.159.941/SE, relatado pelo Ministro Luis Felipe Salomão, na Quarta Turma, julgado em 5 de fevereiro de 2013, com acórdão veiculado no *Diário da Justiça* de 17 de abril de 2013, a envolver o pagamento da retribuição financeira devida pela Petrobras a particulares.

31 Segundo CORDEIRO, *Do abuso de direito...*, p. 8, "esta simplicidade esconde problemas dogmáticos muito consideráveis. De fato, o negócio que não respeite a forma legal é nulo. Essa nulidade é invocável a todo o tempo e por qualquer interessado, sendo declarável, de ofício, pelo tribunal. Não basta, nestas condições, paralisar a alegação da nulidade pelo agente: seria necessário mexer em profundidade em toda a estrutura das regras formais". Na jurisprudência brasileira, confira-se o REsp 1.040.606/ES, da relatoria do Ministro Luis Felipe Salomão, na Quarta Turma, julgado em 24 de abril de 2012, com acórdão veiculado no *Diário da Justiça* de 16 de maio de 2012, a envolver hipótese em que a locadora buscava manter o contrato rompido e, ao mesmo tempo, obstar a devolução dos valores desembolsados pela locatária, ante o argumento de que a lei exige forma para conferir validade à avença.

32 Cf. CORDEIRO, *Do abuso de direito...*, p. 8.

33 Cf. CORDEIRO, *Do abuso de direito...*, p. 8.

Por sua vez, o art. 796, "b", da Consolidação das Leis do Trabalho anuncia que:

> Art. 796. A nulidade não será pronunciada:
>
> (...)
>
> b) quando arguida por quem lhe tiver dado causa.

Essas hipóteses devem ser analisadas com acuidade no direito brasileiro, assim como também no direito português. Isso ocorre porque, no Código Civil de 2002, a norma do art. 187 coexiste em um sistema móvel com outras que prescrevem a indispensabilidade da forma para a validade ou eficácia do ato jurídico, como, por exemplo, o art. 166.

Assim, pode-se até admitir exercício inadmissível em casos tais no direito pátrio, desde que atendidos requisitos específicos. A alegação de nulidades formais por uma parte, para se eximir de obrigação assumida, somente poderá ser tida por abusiva se a parte contrária, estando em situação de boa-fé subjetiva quanto à existência de nulidade, tiver sua confiança atingida, além de suportar as consequências danosas. A consequência do reconhecimento do abuso nesse caso, entretanto, poderá ficar limitada à reparação dos danos, tendo em vista a impossibilidade de manutenção do ato ou negócio jurídico pela existência de nulidade formal insanável[34].

Como se pode observar, em outras palavras, a inalegabilidade das nulidades formais se dá em especiais circunstâncias que impedem a alegação da nulidade pela parte a quem esta aproveitaria, quer por ter dado causa a esta, quer por se tratar de nulidade de forma – não sendo nulidade de conteúdo –, já que foi aquela que deu causa à nulidade formal.

Na verdade, trata-se de uma hipótese específica de *venire*, em que o fato próprio é um ato nulo, sendo essa nulidade, entretanto, de caráter meramente formal.

Desse modo, pela inalegabilidade das nulidades formais, é inviável em juízo se buscar a nulidade de atos jurídicos, quer seja de atos bilaterais, quer seja de atos unilaterais, a que o postulante deu causa a esta nulidade, quando esta for de caráter formal.

---

34 MENEZES CORDEIRO, António Manuel da Rocha e. *Da boa-fé no direito civil*, op. cit., p. 719-860.

Isso significa não somente a nulidade por vício de forma pública (como, por exemplo, o art. 108 do CC), mas também toda e qualquer nulidade que não diga respeito à substância do ato, o que evidentemente demanda análise caso a caso.

Ao discorrer sobre a boa-fé, Antonio Manuel da Rocha e Menezes Cordeiro (2001, p. 790) afirmou ser inadmissível exercício das posições jurídicas que apresentaria oito figuras parcelares, ou seja, tipos de argumentos recorrentes com vistas a sua aplicação tópica (o *venire contra factum proprium*, o *tu quoque*, a *exceptio doli*[35], que, por sua vez, desdobra-se em *exceptio dolis generalis* e *exceptio dolis specialis*, a inalegabilidade das nulidades formais, o desequilíbrio no exercício jurídico, a *supressio*[36] e a *surrectio*).

A inalegabilidade das nulidades formais também tem a terminologia sinônima de inalegabilidade formal.

Por fim, pode-se concluir sobre a existência da acepção material e formal da inalegabilidade das nulidades formais.

Referências:

- CORDEIRO, Antonio Menezes. *Da boa-fé no direito civil*. Coimbra: Almedina, 2007.
- COSTA, Aldo de Campos. *A toda prova – a tipologia do exercício abusivo de posições jurídicas*. 14 de novembro de 2013. Disponível em: <http://www.conjur.com.br/2013-nov-14/toda-prova-tipologia-exercicio-abusivo-posicoes-juridicas#author>. Acesso em: 15 abr. 2016.
- ROCHA, Antonio Manuel da Rocha; CORDEIRO, Menezes. *Da boa-fé no direito civil*. 2. ed. Coimbra: Almedina, 2001.

35 Boa definição foi dada por Menezes Cordeiro sobre a exceção do dolo, que é o poder que uma pessoa tem de repelir a pretensão do autor por este ter incorrido em dolo. O direito não pode privilegiar aquele que age com o intuito de enganar, ludibriar o outro contratante, ainda que tal conduta não se caracterize como vício do consentimento. Em se caracterizando como vício do consentimento e maculando o sinalagma genético do contrato (os romanos chamavam de *exceptio doli specialis*), o dolo deve ser encarado como causa de nulidade relativa do negócio nos termos do art. 145 do CC.

36 Instituto análogo, mas não idêntico ao *venire contra factum proprium*, que representa verdadeiro corolário, é a *supressio*. A *supressio* é a situação do direito que, não tendo sido exercido por determinado lapso de tempo, não mais poderá sê-lo, se contrariar a FRANCIULLI NETTO, Domingos; MENDES, Gilmar F.; DA SILVA, Ives Gandra (coord.). *O Novo Código Civil* – estudos em homenagem ao Prof. Miguel Reale. São Paulo: Editora RT, 2005. Menezes Cordeiro afirma que a doutrina muito discute se a *supressio* teria forma autônoma ou seria uma espécie de *venire contra factum proprium*. Conclui-se que a possibilidade de autonomia em razão do decurso de tempo, elemento essencial a *supressio*, não faz parte do conceito de *venire*, nos exatos termos das lições de Bender. Por fim, o autor afirma que não há unanimidade entre os doutrinadores alemães sobre a matéria.

3.75 No que consiste o **contrato cotalício**?

O contrato cotalício é o contrato de honorários profissionais devidos ao advogado pelo cliente em cota ou percentual.

Raphael Delgado assevera que: "Contrato Cotalício – Contrato de honorários profissionais devidos ao advogado pelo cliente. Observar-se-á o procedimento sumário para a cobrança de honorários por profissionais liberais" (DELGADO, 2014, p. 1).

O Tribunal do Rio Grande do Sul, sobre o *contrato cotalício*, já decidiu que:

> Recurso inominado. Cobrança. Honorários advocatícios. Contrato cotalício. Desistência da autora. A ré não logrou demonstrar qualquer desídia de sua advogada na condução da ação de cobrança para a qual contratou seus serviços. A autora havia obtido sentença condenatória e estava o feito em fase de cumprimento da sentença quando a ré requereu que o processo fosse arquivado, dando ensejo, assim, à incidência da cláusula que torna exigível os honorários na integralidade. Percentual de vinte por cento sobre o valor em cobrança que não se mostra de forma alguma abusivo. Recurso (TJRS, Recurso Cível 71003673548/RS, Data de publicação: 02.10.2012).

Referências:

- BRASIL. TJRS, Recurso Cível 71003673548/RS, Data de publicação: 02.10.2012.
- DELGADO, Raphael. *Breves comentários sobre o contrato de trabalho*. Disponível em: <http://raphadelgado.jusbrasil.com.br/artigos/112020589/breves-comentarios--sobre-o-contrato-de-trabalho>. Acesso em: 17 abr. 2016.

3.76 O que é **demurrage** no Direito Empresarial?

A demurrage é a cobrança de multa de sobre-estadia realizada aos armadores por permanência do navio em maior tempo do que o acordado no Porto, quer seja para embarque, quer seja para desembarque das cargas (SANTOS, 2009).

A etimologia (estudo da origem) da palavra *demurrage* deriva do francês *demorer*, e esta, por sua vez, deriva do latim *demorari*, que significa demora. Desse modo, pode-se deduzir que o fator gerador da *demurrage* é a demora, ou seja, atraso no desenvolvimento de determinada operação, que implica em prejuízo para alguma ou ambas as partes (SANTOS, 2009).

A terminologia *demurrage* possui 2 (duas) acepções, na verdade. A primeira corresponde ao próprio conceito já assinalado, que remete o leitor para tanto. De outro lado, tem-se a acepção da multa também de sobre-estadia, porém para a devolução de contêineres, ou seja, quando há demora para entrega desses equipamentos no terminal de contêineres vazios, escolhidos pelos armadores após a descarga dos equipamentos no Porto de destino, ultrapassando o período isento de cobrança (LUDOVICO, 2007).

Sob outro ângulo, assevera-se que nos processos de exportação existe multa, também cobrada de forma diária, e é denominada de *detention*. Todavia, essa multa é aplicada pelo armador ao embarcador, quando o container carregado de mercadorias é retido para realização de embarque. Essas multas da *detention* são tão semelhantes que são denominadas de *demurrage* (KEEDI, 2008).

Referências:

- KEEDI, Samir. *Transportes, unitização e seguros internacionais de carga*: prática e exercícios. 4. ed. São Paulo: Aduaneiras, 2008.
- LUDOVICO, Nelson. *Logística internacional*: um enfoque em comércio exterior. São Paulo: 2007.
- SANTOS, Edson Santana. *Demurrage*. 2009. Disponível em: <http://www2.oabsp.org.br/asp/comissoes/dir_maritimo/artigos/demurrage.pdf>. Acesso em: 7 set. 2009.

3.77 O que é **contrato síngrafo**?

Contrato síngrafo é a materialização do instrumento do contrato devidamente assinado pelas partes contratantes. É, em outras palavras, o firmamento do instrumento do contrato entre as partes na avença.

Segundo Raphael Delgado, contrato síngrafo é “instrumento de contrato assinado”, ou seja, é o “instrumento particular firmado pelo credor e pelo devedor. Exemplo: instrumentos particulares de contratos, estatutos de sociedades” (DELGADO, 2014, p. 1).

Referências:

- DELGADO, Raphael. *Breves comentários sobre o contrato de trabalho*. Disponível em: <http://raphadelgado.jusbrasil.com.br/artigos/112020589/breves-comentarios-sobre-o-contrato-de-trabalho>. Acesso em: 17 abr. 2016.

3.78 O que é **perfilhação**?

Perfilhação é o reconhecimento voluntário de filiação em que as hipóteses estão enumeradas no art. 1.609 do Código Civil. O instituto da perfilhação tem aplicabilidade externa ao casamento e união estável, porque durante a vigência destes há presunção de paternidade.

Segundo Luciano L. Figueiredo e Roberto L. Figueiredo:

> Perfilhação é o reconhecimento voluntário de filiação. Tem larga aplicação fora do casamento e união estável, pois, durante o matrimônio e união estável, vigem as presunções. De acordo com o art. 1.609 do CC, o reconhecimento dos filhos havidos fora do casamento é irretratável e irrevogável e será feito no registro do nascimento, por escritura pública ou escrito particular, a ser arquivado em cartório, por testamento, ainda que incidentalmente manifestado ou, finalmente, por manifestação direta e expressa perante o juiz, ainda que o reconhecimento não haja sido o objeto único e principal do ato que o contém (FIGUEIREDO, 2015, p. 351).

Referências:

- FIGUEIREDO, Luciano L.; FIGUEIREDO, Roberto L. *Direito civil*. Família e sucessões. 2. ed. Salvador: JusPodivm, 2015. (Coleção Sinopses para Concursos)

3.79 O que é **desbiologização da paternidade**?

A terminologia desbiologização da paternidade refere-se ao afastamento da primazia do vínculo biológico em detrimento do afetivo. Nesse cenário, a paternidade biológica deixa de ser protagonista, cedendo espaço para o reconhecimento da paternidade socioafetiva e da paternidade adotiva (decorrente da adoção)[37].

Os créditos a esta tendência pertencem ao Professor João Baptista, que foi um dos precursores da afetividade na seara do Direito das Famílias, já que cunhou a tese da *desbiologização da paternidade*, a qual, em seu conteúdo, contempla a paternidade construída no amor, no afeto, na solidariedade, e não aquela advinda apenas de um fato natural, ou seja, de mecanismos colocados em prática pelo homem.

37 Vale lembrar que não pode haver discriminação e tratamento diferenciado em decorrência da paternidade adotiva.

Paulo Luiz Netto Lôbo, no mesmo sentido, aduz que: "*toda paternidade é necessariamente socioafetiva, podendo ter origem biológica ou não biológica, em outras palavras, a paternidade socioafetiva é gênero do qual são espécies a paternidade biológica e a paternidade não biológica*" (LÔBO, 2006, p. 1).

Com efeito, em referência à evolução pela qual as famílias passam, João Baptista Villela dá significativa contribuição. Dispõe o seguinte:

> *As transformações mais recentes por que passou a família, deixando de ser unidade de caráter econômico, social e religioso para se afirmar fundamentalmente como grupo de afetividade e companheirismo, imprimiram considerável reforço ao esvaziamento biológico da paternidade* (VILLELA, 1980, p. 49).

João Baptista Villela descreve que:

> *(...) a desbiologização da paternidade, que é ao mesmo tempo, um fato e uma vocação, rasga importantíssimas aberturas sociais. Em momento particularmente difícil, quando o mundo atravessa aguda crise de afetividade, e dentro dele o país sofre com seus milhões de crianças em abandono de diferentes graus e espécies, a consciência de que a paternidade é opção e exercício, e não mercê ou fatalidade pode levar a uma feliz aproximação entre os que têm e precisam dar e os que não têm e carecem receber* (VILLELA, 1980, p. 5).

Referências:

- LÔBO, Paulo Luiz Netto. Paternidade socioafetiva e o retrocesso da Súmula nº 301 do STJ. *Jus Navigandi*, Teresina, ano 10, n. 1.036, 3 maio 2006. Disponível em: <http://jus2.uol.com.br/doutrina/texto.asp?id=8333>. Acesso em: 20 nov. 2009.
- VILLELA, João Baptista. A desbiologização da paternidade. *Revista Forense*, Rio de Janeiro, n. 71, 1980.

3.80 O que é gestação em **útero alheio, barriga de aluguel, mãe de aluguel** ou **mãe substituta**?

O assunto diz respeito à reprodução humana assistida, que, além da reprodução artificial humana homóloga ou heteróloga, possui também a possibilidade de gestação em útero alheio, barriga de aluguel, mãe de aluguel ou mãe substituta, em que se cede material genético para ser fertilizado em laboratório e, posteriormente implantado no útero de substituição.

Em outras palavras, *na gestação em útero alheio, barriga de aluguel, mãe de aluguel ou mãe substituta, a mãe não é aquela que cede o útero para gestação, mas aquela que cede o material genético para o procedimento, conforme inclinação da jurisprudência no assunto.*

Registra-se que o tema no Brasil é ausente de norma a disciplinar e existe tão somente uma Resolução do Conselho Federal de Medicina (Resolução do CFM 2.013/2013) que traça os aspectos éticos para o profissional de medicina.

Entretanto, a gestação em útero alheio é autorizada no Brasil, nas hipóteses em que o pacientes não conseguiram gestar por si só, permitindo nesses casos à opção terapêutica. Vale frisar que, não se admite essa técnica a alguém (paciente), que simplesmente não deseje sofrer com os descompassos e reflexos corporais e fisiológicos da gestação, que se utilize da técnica por mera conveniência e capricho.

Acerca do assunto, Luciano L. Figueiredo e Roberto L. Figueiredo expõem que:

> 4.1. Gestação de Útero Alheio.
>
> Dentro deste contexto de progressivo avanço do tema filiação, o avanço da medicina colocou o direito, mais uma vez, em posição crítica, exigindo-lhe um novo esforço de hermenêutica. *Tal se deu com a famosa barriga de aluguel, também referida como maternidade sub-rogada ou gestação de útero alheio.* A casuística ensejou, até mesmo, novela no Brasil. A primeira notícia relevante é a completa ausência de norma a disciplinar o tema no Brasil. O que há, tão somente, é uma Resolução do Conselho Federal de Medicina (Resolução do CFM 2.013/2013), apresentando critérios éticos para que o profissional da medicina possa realizar o procedimento.
>
> Ante a lacuna legislativa, a Resolução do Conselho Federal de Medicina - que, de rigor, haveria de ser aplicada apenas para os médicos, vinculando-os disciplinarmente - acaba por ser utilizada nos processos judiciais e na doutrina.
>
> *Assim, pautado na Resolução, é possível afirmar que a gestação em útero alheio é permitida no Brasil.* Logo, a primeira indagação sobre o tema - qual seja: eventual alegação de impossibilidade jurídica do pedido - fica superada, até porque não há norma que proíba a prática e temos uma resolução autorizativa. (...) *Registra-se, todavia, que a prática é possível, porém com finalidade médica, como uma opção terapêutica, atendendo àqueles pacientes que não conseguiram gestar por si só. Não se admite*

> *no Brasil, por exemplo, que alguém que não deseje sofrer com os descompassos corporais da gestação, se utilize da técnica.*
>
> Em síntese: seja pelo princípio da intervenção mínima do Estado nas relações privadas (CF/1988, 199), seja porque os negócios jurídicos devem ser interpretados de acordo com a boa-fé e os usos e costumes do lugar (CC, art. 113), *seja visando a promoção da saúde, a maternidade sub-rogada é prática aceitável no Brasil.*
>
> Malgrado possível, a mãe hospedeira (aquela que gesta) haverá de fazê-lo gratuitamente. Proíbe-se a contraprestação financeira, pois a gestação em útero alheio é bem jurídico fora do comércio. Este pensamento deriva, inclusive, da proibição constitucional da venda de partes do próprio corpo (cf. artigo 199, § 4.º, da CF/1988) (FIGUEIREDO, 2015, p. 330-331).

As terminologias *gestação em útero alheio, barriga de aluguel, mãe de aluguel ou mãe substituta* ainda possuem como expressão correlata a *maternidade sub-rogada*.

A doutrina aborda que a terminologia *barriga de aluguel* não é mais adequada, uma vez que a Constituição Federal veda expressamente qualquer comércio de material genético humano.

Por isso, como sugere rigor técnico, o melhor termo seria *barriga de comodato* (empréstimo de coisa infungível e gratuita).

Referências:

- FIGUEIREDO, Luciano L.; FIGUEIREDO, Roberto L. *Direito civil*. Família e sucessões. 2. ed. Salvador: JusPodivm, 2015. (Coleção Sinopses para Concursos)

3.81 O que é o **concepturo**?

O concepturo é aquele que ainda não foi nem concebido, embora haja esperança de ser concebido e de vir a suceder, segundo inteligência do art. 1.799, I, do Código Civil, senão vejamos: "Na sucessão testamentária podem ainda ser chamados a suceder: I – os filhos, ainda não concebidos, de pessoas indicadas pelo testador, desde que vivas estas ao abrir-se a sucessão".

Observa-se que, pela redação do dispositivo em análise, aquele que irá conceber o concepturo deve estar vivo ao tempo da sucessão.

Ademais, a terminologia concepturo também recebe a expressão de prole eventual como termo correlato.

Como visto, o concepturo poderá suceder, mas a condição para que ele possa suceder e herdar, é que haja previsão testamentária nesse sentido. Se assim ocorrer, o magistrado nomeará curador para administrar os bens indicados pelo testador à prole eventual.

A pessoa que irá conceber o concepturo poderá fazê-lo até 2 (dois) anos após o óbito do testador, e, caso não haja a concepção – observando que basta a concepção e não o nascimento dentro do prazo de 2 anos – do herdeiro nomeado, ou nascendo este morto, os bens serão repassados aos herdeiros legítimos, salvo disposição em contrário do próprio testador. Preceitua o art. 1.800 do Código Civil Brasileiro que:

> Art. 1.800. No caso do inciso I do artigo antecedente, os bens da herança serão confiados, após a liquidação ou partilha, a curador nomeado pelo juiz.
>
> § 1.º Salvo disposição testamentária em contrário, a curatela caberá à pessoa cujo filho o testador esperava ter por herdeiro, e, sucessivamente, às pessoas indicadas no art. 1.775.
>
> § 2.º Os poderes, deveres e responsabilidades do curador, assim nomeado, regem-se pelas disposições concernentes à curatela dos incapazes, no que couber.
>
> § 3.º Nascendo com vida o herdeiro esperado, ser-lhe-á deferida a sucessão, com os frutos e rendimentos relativos à deixa, a partir da morte do testador.
>
> § 4.º Se, decorridos dois anos após a abertura da sucessão, não for concebido o herdeiro esperado, os bens reservados, salvo disposição em contrário do testador, caberão aos herdeiros legítimos.

Flávio Tartuce destaca que o concepturo pode ser donatário, e vai mais longe ainda, entendendo que até o embrião poderia ser. Vejamos:

> Destaque-se a existência de julgado do TJRJ, admitindo doação a *prole eventual* ou concepturo, que sequer foi concebida. Na época do CC/1916, aplicou-se, por analogia, o dispositivo referente à doação em contemplação a casamento:
>
> "*Prole Eventual*. Art. 1.173. Código Civil de 1916. Interpretação analógica. *Doação prole eventual*. Feita pelos avós aos netos já existentes e outros que viessem a nascer. Aplicação analógica das disposições pertinentes à doação 'propter nuptias'. Embora não a tenha previsto expressamente, o nosso Código Civil não é avesso à doação em favor de prole eventual, tanto

> assim que a admite na doação 'propter nuptias', consoante artigo 1.173, norma essa que pode ser aplicada analogicamente ao caso vertente. A inteligência das Leis é obra de raciocínio, mas também de bom senso, não podendo o seu aplicador se esquecer que o rigorismo cego pode levar a 'summa injuria'. Tal como na interpretação de cláusula testamentária, deve também o juiz, na doação, ter por escopo a inteligência que melhor assegure a vontade do doador. Provimento do recurso" (TJRJ, Acórdão 5.629/1994, Santa Maria Madalena, 2.ª Câmara Cível, Rel. Des. Sergio Cavalieri Filho, j. 08.11.1994).
>
> Todavia, na vigência do CC/2002, merece aplicação o art. 1.800, § 4.º, do CC, pelo qual se, decorridos dois anos após a abertura da sucessão do doador, não for concebido o donatário, o bem doado será transmitido para os herdeiros legítimos. Esse entendimento também deve ser aplicado à doação em favor do embrião, que funciona sob condição resolutiva, segundo o entendimento majoritário. O dispositivo existente para o testamento serve para a doação, pela similaridade entre os institutos (TARTUCE, 2016, p. 754-755).

Assim, nascendo com vida o concepturo contemplado, receberá a herança, acrescida ainda dos frutos que sobrevierem desde a abertura da sucessão (efeitos *ex tunc*).

De outro lado, consigna-se que há diferença entre o nascituro (*infans conceptus*), que é o ser que já foi concebido e ainda não nasceu (art. 2.º do CC), e o concepturo, que ainda não foi concebido, embora haja a esperança de que venha a ser (art. 1.799, I, do CC[38]).

Registra-se a redação do art. 2.º do Código Civil: "A personalidade civil da pessoa começa do nascimento com vida; mas a lei põe a salvo, desde a concepção, os direitos do nascituro".

Por fim, vale anotar que essa diferença já foi objeto da prova oral do 181.º Concurso para Juiz de Direito Substituto do Estado de São Paulo.

Referências:

- BRASIL. TJRJ, Acórdão 5.629/1994, Santa Maria Madalena, 2.ª Câmara Cível, Rel. Des. Sergio Cavalieri Filho, j. 08.11.1994.

38 "Art. 1.799. Na sucessão testamentária podem ainda ser chamados a suceder:
I – os filhos, ainda não concebidos, de pessoas indicadas pelo testador, desde que vivas estas ao abrir-se a sucessão".

- TARTUCE, Flávio. *Manual de direito civil*: volume único. 6. ed. rev., atual. e ampl. São Paulo: Método, 2016.
- TEIXEIRA, André. *Você sabe o que é concepturo??* Disponível em: http://www.artedosconcursos.com/2013/04/voce-sabe-o-que-e-concepturo.html>. Acesso em: 15 abr. 2016.

3.82 O que se entende por **guarda alternada, pingue-pongue** ou **guarda do mochileiro**?

Entende-se por guarda alternada, pingue-pongue ou guarda do mochileiro o rodízio ou alternatividade em forma de revezamento de períodos exclusivos de guarda que cada um dos pais passará com a criança ou com o adolescente. Nesse caso, caberá ao outro pai ou mãe o direito de visitas, se assim restar acordado, lembrando sempre da importância do contato frequente dos pais para com os filhos - independente de a relação dos pais ter se findado e seus motivos, pois os filhos devem estar sempre acima disso.

A guarda alternada recebe a terminologia de pingue-pongue, ou guarda do mochileiro, porque o filho deverá organizar sua mochila (ou mala) para ir à outra casa de seu genitor numa espécie de pingue-pongue - de um lar em outro e vice-versa.

Aqui cada genitor tem seu domicílio e a criança ou o adolescente que se deslocará nos períodos para cada lar.

O instituto sofre algumas críticas no plano doutrinário, no que toca à não eventual fixação da criança ou do adolescente nas relações sociais, realidades e regras diferentes em cada lar, problemas em rotinas importantes para o desenvolvimento e outras dificuldades. Para evitar esses inconvenientes, é fundamental que os pais ajam com harmonia para reduzir ou neutralizar descompassos na educação do filho.

Segundo Luciano L. Figueiredo e Roberto L. Figueiredo:

> Na *guarda alternada existe um revezamento de períodos exclusivos de guarda com cada um dos genitores. Assim, a criança ou o adolescente divide, de forma sequenciada, um período com um genitor, e outro período com o outro genitor (ex: a primeira parte da semana com a mãe e a segunda parte da mesma semana com o pai).* Assim sucessivamente. Enquanto o menor estiver com um genitor, ao outro caberá, tão somente, o direito de visitas.

> Flávio Tartuce[39] sustenta que a guarda alternada também é denominada de *pingue-pongue*, ou *guarda do mochileiro, porque o filho sempre deve arrumar sua mochila para ir à outra casa, sendo isto, para o doutrinador, "altamente inconveniente". Perde o menor a oportunidade de consolidar relações sociais na vizinhança, além de ganhar maiores dificuldades de estudo e organização* (FIGUEIREDO, 2015, p. 488).

Referências:

- FIGUEIREDO, Luciano L.; FIGUEIREDO, Roberto L. *Direito civil*. Família e sucessões. 2. ed. Salvador: JusPodivm, 2015. (Coleção Sinopses para Concursos)

3.83 O que é **família anaparental**?

A família anaparental é o modelo de núcleo familiar formado por membros da família que não sejam os pais. Em outras palavras, é a família constituída sem a figura dos pais, através de irmãos, irmãs etc.

Sobre o conceito de família anaparental, o civilista Flávio Tartuce leciona que: "Família anaparental, expressão criada por Sérgio Resende de Barros, que quer dizer família sem pais[40]. Ilustrando a aplicação do conceito, o STJ entendeu que o imóvel em que residem duas irmãs solteiras constitui bem de família, pelo fato delas formarem uma família (STJ, REsp 57.606/MG, 4.ª Turma, Rel. Min. Fontes de Alencar, j. 11.04.1995, *DJ* 15.05.1995, p. 13.410)" (TARTUCE, 2016, p. 1.204).

Referências:

- TARTUCE, Flávio. *Manual de direito civil*: volume único. 6. ed. São Paulo: Método, 2016.

3.84 O que é **família homoafetiva**?

Família homoafetiva é o modelo do núcleo familiar formado por pessoas do mesmo sexo.

Flávio Tartuce, sobre o conceito de família homoafetiva, leciona que: "*Família homoafetiva, constituída por pessoas do*

39 *Manual de direito civil*: volume único. Cap. 8. 3. ed. Método, 2013. p. 1160.

40 BARROS, Sérgio Resende de. *Direitos humanos da família: principais e operacionais*. Disponível em: <http://www.srbarros.eom.br/artigos.ph p?Text1 D=86>. Acesso em: 25 maio 2010.

mesmo sexo, tendo sido a expressão união homoafetiva criada e difundida por Maria Berenice Dias[41]. Como é notório, decisão histórica do Supremo Tribunal Federal, do dia 5 de maio de 2011, reconheceu por unanimidade a união homoafetiva como entidade familiar, o que representou uma grande revolução no sistema jurídico nacional (ver publicação no Informativo 625, julgamento da ADPF 1 32/RJ e ADI 4.277/DF). A decisão compara a união homoafetiva à união estável, para todos os fins jurídicos, tendo efeito vinculante e *erga omnes*. O tema ainda será aprofundado no presente capítulo da obra" (TARTUCE, 2016, p. 1.204).

Referências:

- TARTUCE, Flávio. *Manual de direito civil*: volume único. 6. ed. São Paulo: Método, 2016.

3.85 O que é **família mosaico, pluriparental, poliparental ou multiparental?**

A família mosaico, pluriparental, poliparental ou multiparental é um modelo de núcleo familiar formado por filhos decorrentes de outros casamentos ou vínculos afetivos de seus membros. É a família constituída por filhos dos membros advindos de outros relacionamentos pretéritos, formando, com a junção de todos, um novo núcleo familiar.

Flávio Tartuce, sobre o conceito de família mosaico, leciona que: "Família mosaico ou pluriparental, aquela decorrente de vários casamentos, uniões estáveis ou mesmo simples relacionamentos afetivos de seus membros. Utiliza-se o símbolo do mosaico, diante de suas várias cores, que representam as várias origens. Ilustrando, A já foi casado por três vezes, tendo um filho do primeiro casamento, dois do segundo e um do terceiro. A, dissolvida a última união, passa a viver em união estável com B, que tem cinco filhos: dois do primeiro casamento, um do segundo, um do terceiro e um de união estável também já dissolvida" (TARTUCE, 2016, p. 1.204).

Referências:

- TARTUCE, Flávio. *Manual de direito civil*: volume único. 6. ed. São Paulo: Método, 2016.

41 Ver, por todos os trabalhos da jurista: DIAS, Maria Berenice. *Manual de direito das famílias*. 5. ed. São Paulo: RT, 2009. p. 47.

3.86 O que é **adoção póstuma?**

A adoção póstuma é uma das espécies de adoção pela qual o adotante, após manifestação de vontade inequívoca, vem a falecer no curso do procedimento de adoção, antes da sentença. Os efeitos nesse caso retroagem à data da morte do adotante.

Sob o aspecto conceitual de adoção póstuma, Rolf Madaleno assevera que: "(...) A *adoção póstuma é concedida após a morte do adotante, desde que ele tenha manifestado inequivocamente, a sua vontade de adotar*. A adoção *post mortem* é efetivada como uma exceção a regra, cujos efeitos da sentença retroagem ao momento da morte do adotante, e dessarte assegurar todos os vínculos originados da adoção, inclusive com relação ao direito sucessório do adotando. Usualmente os efeitos da adoção só se operam depois do trânsito em julgado da sentença constitutiva da adoção, mas, por exceção, como visto, na hipótese de falecimento do adotante no curso do processo de adoção, a sentença terá efeito *ex tunc*, retroagindo à data do óbito e não à da sentença" (MADALENO, 2008, p. 486-487) (sem grifos no original).

A adoção póstuma também recebe o nome de adoção "post mortem".

Há uma corrente que sustenta que a adoção póstuma pode se dar por manifestação de vontade inequívoca do adotante, que, posteriormente, vem a falecer, *independentemente de estar no curso ou não procedimento de adoção*.

Nesse sentido, cita-se o posicionamento de José Luiz Mônaco da Silva:

> (...) A adoção póstuma poderá ser deferida mesmo à falta de procedimento instaurado antes da morte do adotante? (...) Pela letra da lei, não (...) No entanto, malgrado os termos da lei, entendemos possível o deferimento da adoção póstuma, mesmo à falta de procedimento instaurado antes da morte do adotante (...) após uma análise mais acurada do assunto, passamos a entender que o indeferimento da adoção pelo simples fato de o adotante não ter formalizado em juízo o pedido de adoção atentaria contra o art. 1.º do ECA. É deste teor o dispositivo em epígrafe: "Esta Lei dispõe sobre a proteção integral à criança e ao adolescente" (o destaque é nosso). Ora, se o Estatuto da Criança e do Adolescente quis dar proteção integral à criança e ao adolescente, não faria o menor sentido impedir o deferimento da adoção póstuma, sob o argumento de que o adotante, em vida, não manifestara perante os órgãos da Justiça o desejo de adotar uma criança

> ou um adolescente. (...) "Certamente que haverá uma elasticidade interpretativa em face da doutrina da proteção integral. Acreditamos que uma prova inequívoca da manifestação da vontade, por documentos, testemunhas, etc., valerá como fundamento para deferir-se o pedido" (...) Assim, em conclusão, perfilhamos a opinião de que, mesmo à falta de procedimento instaurado, a adoção póstuma poderá ser deferida. Basta que o adotante tenha manifestado em vida, de maneira inequívoca, a vontade de adotar determinada criança ou adolescente (SILVA, 2000, p. 95-96).

Comungando da mesma tese, o Superior Tribunal de Justiça se posicionou da seguinte maneira:

> Adoção póstuma. Prova inequívoca.
>
> - O reconhecimento da filiação na certidão de batismo, a que se conjugam outros elementos de prova, demonstra a inequívoca intenção de adotar, o que pode ser declarado ainda que ao tempo da morte não tenha tido início o procedimento para a formalização da adoção.
>
> - Procedência da ação proposta pela mulher para que fosse decretada em nome dela e do marido premorto a adoção de menino criado pelo casal desde os primeiros dias de vida.
>
> - Interpretação extensiva do art. 42, § 5.º, do ECA.
>
> - Recurso conhecido e provido (BRASIL. STJ, REsp 457.635/PB, Rel. Min. Ruy Rosado, j. 19.11.2002).

No precedente citado, deixou assentado o eminente Relator Min. Ruy Rosado de Aguiar que: "O art. 42, § 5.º, do ECA permite a chamada 'adoção póstuma', desde que o respectivo pedido já tenha sido encaminhado pelo adotante ao juiz. Dando-se interpretação extensiva a tal enunciado, cabe muito bem entender que a exigência do processo instaurado pode ser substituída por documento que evidencie o propósito de adotar a criança, que só não se concretizou por fato alheio. Isto porque o referido dispositivo menciona 'a inequívoca manifestação de propósito, que pode existir independentemente do procedimento...'".

Cabe ressaltar que essa corrente em exposição sustenta que a interpretação extensiva do § 5.º do art. 42 do Estatuto da Criança e do Adolescente pode ser levada a efeito sempre que se comprovar que a adoção pretendida tem amparo em inequívoca manifestação de vontade, ainda que não ajuizada a ação e morto o pretenso adotante. À evidência do alegado, o interessado poderá valer-se de todos os meios de provas admitidas em Direito, não se descartando, inclusive, a produção de prova testemunhal. Portanto, para essa via, é bastante, para a admissão da ação, a prova de que o adotante, em vida, pretendia formalizar a adoção. Entretanto, para a procedência do pedido, não poderá o julgador olvidar as demais exigências insertas na lei, em especial as do art. 43 do Estatuto da Criança e do Adolescente, que coloca como *conditio sine qua non* para o deferimento da adoção estar fundado em motivos legítimos e apresentar reais vantagens para o adotando, a doutrina da proteção integral e o melhor interesse do sujeito tutelado pelo Estatuto da Criança e do Adolescente.

A adoção póstuma está prevista no art. 42, § 5.º, do Estatuto da Criança e do Adolescente, com a seguinte redação: "A adoção poderá ser deferida ao adotante que, após inequívoca manifestação de vontade, vier a falecer no curso do procedimento, antes de prolatada a sentença".

Sublinha-se, de outro lado, que a adoção é medida excepcional e irrevogável.

Registra-se também que não se admite a adoção por procuração e podem adotar os maiores de 18 anos, mas não podem adotar os ascendentes (avós/bisavós) e irmãos do adotando.

Outrossim, a diferença de idade entre adotante e adotado deve ser de pelo menos 16 anos, anotando-se que o vínculo entre adotante e adotado constitui-se por sentença, que será registrada no Registro Civil mediante mandado do Juiz do qual não se fornecerá certidão, e, ao mesmo tempo, será cancelado o registro original do adotado.

Por fim, o adotado tem direito a conhecer sua origem (ancestralidade) após os 18 anos ou ainda antes da maioridade civil, desde que mediante assistência jurídica e psicológica (art. 48, parágrafo único, da Lei 8.069/1990).

Referências:

- BRASIL. Lei 8.069, de 13 de julho de 1990. Estatuto da Criança e do Adolescente. *Diário Oficial da União*, Brasília, DF, 16 jul. 1990.
- BRASIL. STJ, REsp 457.635/PB, Rel. Min. Ruy Rosado, j. 19.11.2002.
- MADALENO, Rolf. *Curso de direito de famílias*. 2. ed. Rio de Janeiro: Forense, 2008.
- SILVA, José Luiz Mônaco da. *Estatuto da Criança e do Adolescente (852 perguntas e respostas)*. São Paulo: Juarez de Oliveira, 2000.

3.87 O que é "bullying"?

Bullying são ofensas à integridade física ou psicológica, praticados por uma pessoa ou grupo de pessoas contra alguém que está em posição de inferioridade.

A terminologia *bullying*, sob o aspecto histórico, apareceu no seio escolar, sendo utilizada para nominar o comportamento de alguns alunos que caçoavam, humilhavam, apelidavam e intimidavam os outros estudantes mais vulneráveis, mais frágeis, mais tímidos, menos populares, portadores de alguma necessidade especial (deficiência) ou estrangeiros. Tanto é assim que os estadunidenses cunharam a expressão de *school bullying*, em nítido reconhecimento à origem da palavra.

Impõe deixar claro que a expressão *bullying* não se limita apenas e tão somente ao ambiente escolar, uma vez que o ato pode se dar em outras modalidades de assédio, como no local de trabalho, na vizinhança, em igrejas etc.

Deveras, o tema *bullying* (que acarreta na vítima desde desconfortos, humilhações, traumas, e até suicídio) é tão sério que foi editada recentemente a Lei 13.185/2015, que Institui o Programa de Combate ao Denominado *Bullying* e o legislador ordinário, em tradução da palavra *bullying* para o português, a insculpiu como sendo "intimidação sistemática".

Por outro lado, destaca-se que a modalidade de *bullying* praticado pela rede mundial de computadores (internet) recebe a terminologia de *cyberbullying.*

O professor Márcio André Lopes Cavalcante traz brilhantes ensinamentos sobre o assunto:

> *Bullying* é uma palavra de origem inglesa que serve para designar atos de violência física ou psicológica que são praticados por uma pessoa ou grupo de pessoas contra alguém que está em posição de inferioridade.
>
> Em inglês, a palavra "bully" tanto é um verbo, como um adjetivo.
>
> Como verbo, "to bully" significa ameaçar, intimidar.
>
> Como adjetivo, "bully" representa alguém cruel, intimidador, valentão, tirânico etc.
>
> A vítima do *bullying* é chamada de *bullied.*
>
> Trata-se da Lei 13.185/2015, que Institui o Programa de Combate ao chamado *Bullying*.

A Lei 13.185/2015 surgiu com o objetivo de criar um Programa de Combate ao *Bullying*.

O legislador traduziu a palavra *Bullying* para o português como sendo "intimidação sistemática".

Assim, quando você ouvir falar em "intimidação sistemática", isso é sinônimo de *bullying*.

(...)

Cyberbullying

Atualmente, é muito comum que o *bullying* seja praticado pela internet. É o chamado *cyberbullying*. Ocorre, por exemplo, quando são usadas redes sociais, e-mails, programas etc. para se depreciar, incitar a violência, adulterar fotos e dados pessoais com o intuito de criar meios de constrangimento psicossocial para a vítima.

Quais são os atos que caracterizam bullying*?*

O *bullying* fica caracterizado quando o autor pratica violência física ou psicológica contra a vítima como forma de intimidação, humilhação ou discriminação.

A Lei confere alguns exemplos de atos que são considerados *bullying*:

1) ataques físicos (tapas, socos, chutes, "sabacu" etc.);

2) insultos pessoais;

3) comentários sistemáticos e apelidos pejorativos;

4) ameaças por quaisquer meios;

5) grafites depreciativos;

6) expressões preconceituosas;

7) isolamento social consciente e premeditado;

8) pilhérias (zombarias).

Classificação dos atos de bullying

O *bullying* pode ser classificado, conforme as ações praticadas, como:

I - verbal: insultar, xingar e apelidar pejorativamente;

II - moral: difamar, caluniar, disseminar rumores;

III - sexual: assediar, induzir e/ou abusar;

IV - social: ignorar, isolar e excluir;

V - psicológica: perseguir, amedrontar, aterrorizar, intimidar, dominar, manipular, chantagear e infernizar;

VI - físico: socar, chutar, bater;

VII - material: furtar, roubar, destruir pertences de outrem;

VIII - virtual: depreciar, enviar mensagens intrusivas da intimidade, enviar ou adulterar fotos e dados pessoais que resultem em sofrimento ou com o intuito de criar meios de constrangimento psicológico e social (CAVALCANTE, 2015).

Referências:

- CAVALCANTE, Márcio André Lopes. *Lei 13.185/2015 (Programa de Combate ao Bullying)*. Disponível em: <http://www.dizerodireito.com.br/2015/11/lei-131852015-programa-de-combate-ao.html>. Acesso em: 16 abr. 2016.

3.88 O que é a **teoria do adimplemento substancial** (ou do "substantial performance")?

A teoria do adimplemento substancial (ou do "substantial performance") preconiza que o inadimplemento contratual deve ser analisado casuisticamente, tendo em vista a finalidade econômico-social do contrato e da obrigação. Referida teoria aplica-se na hipótese em que a obrigação tiver sido quase toda cumprida, não cabendo nesta hipótese a extinção do contrato, mas apenas outros efeitos jurídicos, visando sempre à manutenção da avença.

Nessa sintonia conceitual, Flavio Tartuce destaca, sobre a teoria do adimplemento substancial (ou do "substantial performance"), que:

> Dessa forma, é preciso analisar a utilidade da obrigação à luz da função social das obrigações e dos contratos, da boa-fé objetiva, da manutenção da base estrutural do negócio jurídico, de modo a evitar a onerosidade excessiva e o enriquecimento sem causa. Também se deve buscar ao máximo preservar a autonomia privada, o que é aplicação do princípio da conservação dos negócios jurídicos. Dentro dessa ideia, pode ser mencionada a teoria do adimplemento substancial.
>
> Conforme o Enunciado 361, aprovado na IV Jornada de Direito Civil: "O adimplemento substancial decorre dos princípios gerais contratuais, de modo a fazer preponderar a função social do contrato e o princípio da boa-fé objetiva, balizando a aplicação do art. 475". São autores do enunciado os juristas Jones Figueirêdo Alves e Eduardo Bussatta, que têm trabalhos de referência sobre o assunto[42].
>
> Pela teoria do adimplemento substancial (*substantial performance*), em hipóteses em que a obrigação tiver sido quase toda cumprida, não caberá a extinção do contrato, mas apenas outros efeitos jurídicos, visando sempre à manutenção da avença. A jurisprudência superior tem aplicado a teoria em casos de mora de pouca relevância em contratos de financiamento:

42 ALVES, Jones Figueirêdo. A teoria do adimplemento substancial. In: DELGADO, Mário Luiz; ALVES, Jones Figueirêdo. *Questões controvertidas no novo Código Civil*. São Paulo: Método, 2005. v. 4; BUSSATTA, Eduardo. *Resolução dos contratos e teoria do adimplemento substancial*. São Paulo: Saraiva, 2007.

"Arrendamento mercantil. Reintegração de posse. Adimplemento substancial. Trata-se de REsp oriundo de ação de reintegração de posse ajuizada pela ora recorrente em desfavor do recorrido por inadimplemento de contrato de arrendamento mercantil (*leasing*) para a aquisição de 135 carretas.

A Turma reiterou, entre outras questões, que, diante do substancial adimplemento do contrato, qual seja, foram pagas 30 das 36 prestações da avença, mostra-se desproporcional a pretendida reintegração de posse e contraria princípios basilares do Direito Civil, como a função social do contrato e a boa-fé objetiva. Ressaltou-se que a teoria do substancial adimplemento visa impedir o uso desequilibrado do direito de resolução por parte do credor, preterindo desfazimentos desnecessários em prol da preservação da avença, com vistas à realização dos aludidos princípios.

Assim, tendo ocorrido um adimplemento parcial da dívida muito próximo do resultado final, daí a expressão 'adimplemento substancial', limita-se o direito do credor, pois a resolução direta do contrato mostrar-se-ia um exagero, uma demasia. Dessa forma, fica preservado o direito de crédito, limitando-se apenas a forma como pode ser exigido pelo credor, que não pode escolher diretamente o modo mais gravoso para o devedor, que é a resolução do contrato. Dessarte, diante do substancial adimplemento da avença, o credor poderá valer-se de meios menos gravosos e proporcionalmente mais adequados à persecução do crédito remanescente, mas não a extinção do contrato. Precedentes citados: REsp 272.739/MG, *DJ* 02.04.2001; REsp 1.051.270/RS, *DJe* 05.09.2011; e AgRg no Ag 607.406/RS, *DJ* 29.11.2004" (STJ, REsp 1.200.105/AM, Rel. Min. Paulo de Tarso Sanseverino, j. 19.06.2012, publicado no Informativo 500 do STJ).

"Agravo regimental. Venda com reserva de domínio. Busca e apreensão. Indeferimento. Adimplemento substancial do contrato. Comprovação. Reexame de prova. Súmula 7/STJ.

1. Tendo o *decisum* do Tribunal de origem reconhecido o não cabimento da busca e apreensão em razão do adimplemento substancial do contrato, a apreciação da controvérsia importa em reexame do conjunto probatório dos autos, razão por que não pode ser conhecida em sede de recurso especial a Súmula 7/STJ. 2. Agravo regimental não provido" (STJ, Ag. Rg. 607.406/RS, 4.ª Turma, Rel. Min. Fernando Gonçalves, j. 09.11.2004, *DJ* 29.11.2004, p. 346).

"Alienação fiduciária. Busca e apreensão. Deferimento liminar. Adimplemento substancial. Não viola a lei a decisão que indefere o pedido liminar de busca e apreensão considerando o pequeno valor da dívida em relação ao valor do bem e o fato de que este é essencial à atividade da devedora. Recurso não conhecido" (STJ, REsp 469.577/SC, 4.ª Turma, Rel. Min. Ruy Rosado de Aguiar, j. 25.03.2003, *DJ* 05.05.2003, p. 310, *RNDJ* 43/122).

Nos casos expostos, foi afastada a retomada dos bens objeto dos contratos com a consequente resolução do negócio pois a parte o havia cumprido substancialmente. Quanto a esse cumprimento relevante, deve-se analisar casuisticamente, tendo em vista a finalidade econômico-social do contrato e da obrigação.

Como têm pontuado doutrina e jurisprudência italianas, a análise do adimplemento substancial passa por dois filtros. O primeiro deles é objetivo, a partir da medida econômica do descumprimento, dentro da relação jurídica existente entre os envolvidos. O segundo é subjetivo, sob o foco dos comportamentos das partes no processo contratual[43]. Acreditamos que tais parâmetros também possam ser perfeitamente utilizados nos casos brasileiros, incrementando a sua aplicação em nosso país (TARTUCE, 2016, p. 454-456).

Referências:

- BRASIL. STJ, Ag. Rg. 607.406/RS, 4.ª Turma, Rel. Min. Fernando Gonçalves, j. 09.11.2004, *DJ* 29.11.2004.
- BRASIL. STJ, REsp 469.577/SC, 4.ª Turma, Rel. Min. Ruy Rosado de Aguiar, j. 25.03.2003, *DJ* 05.05.2003, p. 310, *RNDJ* 43/122.
- BRASIL. STJ, REsp 1.200.105/AM, Rel. Min. Paulo de Tarso Sanseverino, j. 19.06.2012, publicado no Informativo 500 do STJ.
- TARTUCE, Flávio. *Manual de direito civil*: volume único. 6. ed. São Paulo: Método, 2016.

3.89 O que é **cláusula penal?**

A cláusula penal é o pacto acessório que estipula uma indenização devida em hipótese de descumprimento culposo da obrigação principal, em vista de cláusula do contrato ou em caso de mora fixada previamente.

Pablo Stolze e Rodolfo Pamplona (2011, p. 361) conceituam da seguinte maneira a cláusula penal: “A cláusula penal é um pacto acessório, pelo qual as partes de determinado negócio jurídico fixam, previamente, a indenização devida em caso de descumprimento culposo da obrigação principal, de alguma cláusula do contrato ou em caso de mora”.

Referências:

- GAGLIANO, Pablo Stolze; PAMPLONA FILHO, Rodolfo. *Novo curso de direito civil*: obrigações. 12. ed. São Paulo: Saraiva, 2011.

---

43 CHINÉ, Giuseppe; FRATINI, Marco; ZOPPINI, Andrea. *Manuale di diritto civile*. 4. ed. Roma: Nel Diritto, 2013. p. 1.369; citando a Decisão 6.463, da Corte de Cassação Italiana, prolatada em 11.03.2008.

3.90 O que é **contrato de alquilaria**?

O contrato de alquilaria diz respeito ao aluguel ou locação de animais.

Raphael Delgado assevera que essa modalidade é de "contrato de aluguel de animais" (DELGADO, 2014, p. 1).

Referências:

- DELGADO, Raphael. *Breves comentários sobre o contrato de trabalho*. Disponível em: <http://raphadelgado.jusbrasil.com.br/artigos/112020589/breves-comentarios--sobre-o-contrato-de-trabalho>. Acesso em: 17 abr. 2016.

3.91 O que é **contrato de gaveta**?

O contrato de gaveta ocorre na hipótese em que o comprador cede a sua posição contratual a outrem, sem a ciência ou autorização do vendedor, ocorrendo, em regra, em negócios de incorporação imobiliária.

Os Tribunais se dividem sobre a validade ou não dessa cessão contratual, justamente diante da ausência de concordância da outra parte contratual.

Flávio Tartuce discorre sobre o contrato de gaveta, trazendo a seguinte abordagem:

> Outro exemplo prático envolvendo *a cessão de contrato envolve o contrato de gaveta. Em negócios de incorporação imobiliária é comum que o comprador ceda a sua posição contratual a outrem, sem a ciência ou concordância do vendedor*. A jurisprudência nacional é dividida sobre a validade ou não dessa cessão contratual, justamente diante da ausência de concordância da outra parte contratual.
>
> A jurisprudência do Superior Tribunal de Justiça tinha entendimento anterior no sentido de que se o compromissário comprador transmite o negócio para outrem (chamado de gaveteiro), mesmo sem autorização da outra parte, seria possível que esse terceiro pretendesse direitos em face do vendedor, inclusive de revisão do negócio (STJ, AgRg no REsp 712.315-PR, Rel. Min. Aldir Passarinho Junior, 4.ª Turma, *DJ* 19.06.2006; REsp 710.805-RS, Rel. Min. Francisco Peçanha Martins, 2.ª Turma, *DJ* 13.02.2006; REsp 753.098-RS, Rel. Min. Fernando Gonçalves, *DJ* 03.10.2005).

Existiam decisões que apontavam como argumento o fato de a Lei 10.150/2000 permitir a regularização da transferência do imóvel ao gaveteiro (STJ, EDcl no REsp 573.059-RS, 1.ª Turma, Rel. Min. Luiz Fux, *DJ* 30.05.2005 e REsp 189.350-SP, 4.ª Turma, Rel. Min. Asfor Rocha, *DJ* 14.10.2002). Na opinião deste autor, as melhores ementas eram as que relacionavam todo o raciocínio com o princípio da função social do contrato, o que representa notável avanço para o mundo contratual (por todos: STJ, AgRg no REsp 838.127/DF, 1.ª Turma, Rel. Min. Luiz Fux, j. 17.02.2009, *DJe* 30.03.2009 e REsp 769.418/PR, 1.ª Turma, Rel. Min. Luiz Fux, j. 15.05.2007).

Todavia, infelizmente, houve uma reviravolta no entendimento superior nos últimos anos. Passou-se a entender que, "tratando-se de contrato de mútuo para aquisição de imóvel garantido pelo FCVS, avençado até 25.10.1996 e transferido sem a interveniência da instituição financeira, o cessionário possui legitimidade para discutir e demandar em juízo questões pertinentes às obrigações assumidas e aos direitos adquiridos. (...). No caso de cessão de direitos sobre imóvel financiado no âmbito do Sistema Financeiro da Habitação realizada após 25.10.1996, a anuência da instituição financeira mutuante é indispensável para que o cessionário adquira legitimidade ativa para requerer revisão das condições ajustadas, tanto para os contratos garantidos pelo FCVS como para aqueles sem referida cobertura" (STJ, REsp 1.150.429/CE, Rel. Min. Ricardo Villas Bôas Cueva, Corte Especial, j. 25.04.2013, *DJe* 10.05.2013, publicado no seu Informativo 520).

Muitas outras decisões seguem essa linha, que é a predominante hoje na jurisprudência superior, servindo a ementa recente como exemplo dessa consolidação. Como se pode notar, o aresto é de decisão proferida pela Corte Especial do STJ, unificando a questão no Tribunal.

Em suma, na atualidade, é preciso verificar quando o negócio foi celebrado para a conclusão da necessidade ou não da autorização do promitente vendedor e da instituição financeira que subsidia o negócio. Com o devido respeito, não se filia a essa guinada no posicionamento superior, pois o contrato de gaveta representa realidade a ser reconhecida no meio imobiliário brasileiro, como concretização da função social dos institutos privados (TARTUCE, 2016, p. 449-450).

(...) Como outra hipótese de ampliação dos efeitos contratuais, repise-se o entendimento anterior do STJ no sentido de admitir que o contrato de gaveta – comum nas hipóteses envolvendo o compromisso de compra e venda – gere efeitos perante o promitente vendedor. Dessa forma, se o compromissário comprador transmitisse o negócio para outrem (chamado de gaveteiro), mesmo sem autorização da outra parte e havendo pontualidade contratual, seria possível que o gaveteiro pretendesse direitos contratuais em face do vendedor, inclusive de revisão do negócio (STJ, AgRg no REsp 712.315-PR, Rel. Min. Aldir Passarinho Junior, 4.ª Turma, *DJ* 19.06.2006; REsp 710.805-RS, Rel. Min. Francisco Peçanha Martins, 2.ª Turma, *DJ* 13.02.2006; REsp 753.098-RS, Rel. Min. Fernando Gonçalves, *DJ* 03.10.2005). Existem decisões que apontam como argumento o fato de a

> Lei 10.150/2000 permitir a regularização da transferência do imóvel ao gaveteiro (STJ, EDcl no REsp 573.059-RS, 1.ª Turma, Rel. Min. Luiz Fux, *DJ* 30.05.2005 e REsp 189.350-SP, 4.ª Turma, Rel. Min. Asfor Rocha, *DJ* 14.10.2002). Na opinião deste autor, as melhores ementas são as que relacionavam todo o raciocínio com o princípio da função social do contrato, o que representa notável avanço para o mundo contratual (STJ, AgRg no REsp 838.127/DF, 1.ª Turma, Rel. Min. Luiz Fux, j. 17.02.2009, *DJe* 30.03.2009 e REsp 769.418/PR, 1.ª Turma, Rel. Min. Luiz Fux, j. 15.05.2007) (TARTUCE, 2016, p. 1.098).

Referências:

- TARTUCE, Flávio. *Manual de direito civil*: volume único. 6. ed. São Paulo: Método, 2016.

3.92 O que é **contrato de "gré à gré"**?

Os contratos "gré à gré" são os que se formam mediante discussão e diálogo entre as partes, diretamente ou por intermédio dos representantes legais daquelas. Em outras palavras, são os contratos formados mediante tratativa, convenção, consenso, pactuação ou acordo de forma bilateral e recíproca entre as partes.

Nas lições de José Saldanha da Gama e Silva, o doutrinador expõe o contrato de "gré à gré" na ótica administrativa. Veja-se:

> Desse modo, parece-nos bizantinismo continuar indagando uma evidência. A Administração Pública pode acordar com o particular. É certo que se pode objetar a clássica prevalência da vontade do Estado, o que levou alguns autores – como ROUVIÈRE – a concordar serem sempre os contratos administrativos contratos de adesão, já que, no caso, não havia aquele processo de *accordage* que caracteriza o *marché-de-gré-à-gré*. Somos, porém, de parecer que nos contratos administrativos há sempre um acordo de vontades que pode raiar mesmo pelo *accordage* (SALDANHA, p. 725).

Opostamente a essa modalidade contratual, têm-se os contratos de adesão, em que as cláusulas não são discutidas pelas partes, porquanto já vêm, via de regra, previamente definidas.

Na seara cível, o contrato "gré à gré" tem perfeita viabilidade e possui as terminologias sinônimas *accordage* e *marché-de-gré-à-gré*, entre outras expressões equivalentes.

Referências:

- SILVA, José Saldanha da Gama e. *Dos contratos administrativos*. Disponível em: <http://bibliotecadigital.fgv.br/ojs/index.php/rda/article/viewFile/8524/7264>. Acesso em: 14 abr. 2016.

3.93 O que é **culpa aquiliana** ou **responsabilidade aquiliana**?

A culpa aquiliana ou responsabilidade aquiliana nada mais é do que a responsabilidade civil extracontratual, ou seja, a responsabilidade decorrente de ato ilícito fora do campo contratual. Por isso, a denominação *responsabilidade civil extracontratual ou culpa extracontratual, aquiliana ou responsabilidade aquiliana.*

Sobre o tema, Flávio Tartuce observa o seguinte:

> A responsabilidade civil surge em face do descumprimento obrigacional, pela desobediência de uma regra estabelecida em um contrato, ou por deixar determinada pessoa de observar um preceito normativo que regula a vida. Neste sentido, fala-se, respectivamente, em responsabilidade civil contratual ou negocial e em responsabilidade civil extracontratual, também denominada responsabilidade civil aquiliana, diante da Lex Aquilia de Damno, do final do século III a.C., e que fixou os parâmetros da responsabilidade civil extracontratual. (...) Responsabilidade civil extracontratual ou aquiliana – pelo Código Civil de 1916 estava fundada no ato ilícito (art. 159). No Código Civil de 2002 está baseada no ato ilícito (art. 186) e no abuso de direito (art. 187) (TARTUCE, 2016, p. 483-484).

Referências:

- TARTUCE, Flávio. *Manual de direito civil*: volume único. 6. ed. rev., atual. e ampl. São Paulo: Método, 2016.

3.94 O que é **dano bumerangue?**

O dano bumerangue traduz uma situação em que o próprio infrator, como consequência do seu comportamento anterior danoso, sofre prejuízo causado pela própria vítima, o que poderá resultar na compensação do dano. Em outras palavras, é o dano causado pela própria vítima, em resposta à ofensa sofrida. Cita-se o exemplo de uma pessoa que sofre um dano em seu veículo por um terceiro e aquele causa dano no veículo deste.

O dano bumerangue, segundo Salomão Resedá, é definido "como sendo aquele em que a vítima, titular do direito à indenização, reage ilicitamente causando um indevido dano de retorno ao seu agressor" (RESEDÁ, 2009, p. 152).

O professor Salomão Resedá é um dos expositores dessa tese aqui no Brasil.

Referências:

- RESEDÁ, Salomão. *A função social do dano moral*. Florianópolis: Conceito, 2009.

3.95 O que é **dano indireto?**

O dano indireto remete-nos à ideia de uma cadeia de prejuízos. A vítima sofre um dano direto e danos indiretos ou consequenciais. Em outras palavras, a vítima sofre um dano principal, denominado de direto, e, em consequência deste, ainda suporta outro, indireto.

Flávio Tartuce traz a situação à tona:

> Pois bem, o parágrafo único do mesmo art. 12 do CC reconhece direitos da personalidade ao morto, cabendo legitimidade para ingressar com a ação correspondente aos *lesados indiretos*: cônjuge, ascendentes, descendentes e colaterais até quarto grau. *Em casos tais, tem-se o dano indireto ou dano em ricochete, uma vez que o dano atinge o morto e repercute em seus familiares*. Conforme enunciado aprovado na V Jornada de Direito Civil, de autoria do Professor Gustavo Tepedino, tais legitimados agem por direito próprio em casos tais (Enunciado 400) (TARTUCE, 2016, p. 114). (sem grifos no original)

Exemplo a ser citado é do cavalo infectado que contamina os demais cavalos de um aras.

Referências:

- TARTUCE, Flávio. *Manual de direito civil*: volume único. 6. ed. rev., atual. e ampl. São Paulo: Método, 2016.

3.96 O que é **dano reflexo**?

O dano reflexo é aquele que atinge, além da vítima direta, uma vítima indireta. Cite-se o exemplo de um pai que morre por um assalto, que seria a vítima direta, e o filho sofreria o dano indireto ou por ricochete.

Observa Sergio Cavalieri, sobre dano reflexo, que: "(...) os efeitos do ato ilícito podem repercutir não apenas diretamente sobre a vítima mas também sobre pessoa intercalar, titular de relação jurídica que é afetada pelo dano não na sua substância, mas na sua consistência prática. (...) é o que a doutrina convencionou chamar de dano reflexo, dano em ricochete ou, ainda, como querem outros, dano indireto. (...) o ofensor deve reparar todo o dano que causou, segundo a relação de causalidade. (...) sendo assim, somente o dano reflexo certo e que tenha sido consequência direta e imediata da conduta ilícita pode ser objeto de reparação, ficando afastado aquele que se coloca como consequência remota, como mera perda de uma chance (...) (CAVALIERI, 2005, p. 124-125).

Yusef Said Cahali, sobre o *dano por ricochete* (que possui como expressões sinônimas *dano reflexo, por via reflexa, derivado, por ricochete, indireto (para parte da doutrina), oblíquo ou* "préjudice d'affection"), aduz que:

> Embora o dano deva ser direto, tendo como titulares da ação aqueles que sofrem, de frente, os reflexos danosos, acolhe-se também o dano derivado ou reflexo, "le dammage par ricochet", de que são os titulares que sofrem, por consequência, aqueles efeitos, como no caso do dano moral sofrido pelo filho diante da morte de seus genitores e vice-versa (CAHALI, 2005, p. 116).

O Superior Tribunal de Justiça teve oportunidade de deliberar sobre o dano por ricochete:

> Direito civil. Responsabilidade civil. Compensação por danos morais. Legitimidade ativa. Pais da vítima direta. Reconhecimento. Dano moral por ricochete. Dedução. Seguro DPVAT. Indenização judicial. Súmula 246/STJ. Impossibilidade. Violação de súmula. Descabimento. Denunciação à lide. Impossibilidade. Incidência das Súmulas 7/STJ e 283/STF. 1. A interposição de recurso especial não é cabível quando ocorre violação de súmula, de dispositivo constitucional ou de qualquer ato normativo que não se enquadre no conceito de lei federal, conforme disposto no art. 105, III, "a" da CF/1988. 2. Reconhece-se a legitimidade ativa dos pais de vítima direta para, conjuntamente com essa, pleitear a compensação por dano moral por ricochete, porquanto experimentaram, comprovadamente, os efeitos lesivos de forma indireta ou reflexa. Precedentes. 3. Recurso especial não provido (BRASIL. STJ, REsp 1.208.949/MG, 3.ª Turma, Rel. Min. Nancy Andrighi, *DJe* 15.12.2010).

Referências:

- BRASIL. STJ, REsp 1.208.949/MG, 3.ª Turma, Rel. Min. Nancy Andrighi, *DJe* 15.12.2010.
- CAHALI, Yussef Said. *Dano moral*. 3. ed. São Paulo: RT, 2005.
- CAVALIERI FILHO, Sergio. *Programa de responsabilidade civil*. 6. ed. São Paulo: Malheiros, 2005.

3.97 O que é **quase contrato**?

O quase contrato é a obrigação que não é considerada nem contrato e nem delito propriamente dito. Por isso, foi classificada sob o título de *quase contratos*, isto é, situações assemelhadas a contratos em que não existe o consenso de vontades, característica básica dos contratos, nem existe a violação da lei.

Para o civilista Silvio de Salvo Venosa, "as várias causas de obrigações que não se consideram nem contratos, nem delitos, foram classificadas sob o título *quase contratos*, isto é, situações assemelhadas a contratos. Nesses casos, como não existe o consenso de vontades, característica básica dos contratos, nem existe a violação da lei, os romanos *assemelhavam* as situações aos contratos" (VENOSA, 2004, p. 70).

Exemplos de quase contrato são: a gestão de negócios, da tutela, curatela e o pagamento indevido.

A terminologia quase contrato possui como expressões correlatas *"quasi ex contractu"* ou *de quase contratos.*

Referências:

- VENOSA, Silvio de Salvo. *Direito civil*: teoria geral das obrigações e teoria geral dos contratos. 14. ed. São Paulo: Atlas, 2004. vol. II.

3.98 O que é **"exceptio doli"** (exceção dolosa)?

A "exceptio doli", conhecida como "exceção dolosa", é uma defesa indireta que o réu pode empregar para refutar a pretensão do autor, sem negar o mérito. O objeto de suporte de direito é o fato de que o direito do autor foi exercido de forma dolosa, com violação da boa-fé.

Aldemiro Rezende Dantas Júnior, acerca da "exceptio doli", sublinhou que:

> A *exceptio doli*, ou exceção de dolo, portanto, significa, como o próprio nome indica, uma defesa indireta, na qual o réu poderá se valer para repelir a pretensão do autor, sem negar-lhe o direito, tendo por suporte o fato de que tal direito foi exercido de modo doloso, tendo havido comportamento que implicou a violação da boa-fé, por parte do seu titular (DANTAS JÚNIOR, 2007, p. 287).

A "exceptio doli" é desdobramento da boa-fé objetiva e visa sancionar condutas em que o exercício de direito tenha violado a aludida boa-fé.

Há alguns exemplos de "exceptio doli" no direito positivo brasileiro. Nesse sentir, cita-se o art. 940 do CC/2002 (art. 1.531 do CC/1916), que disciplina que aquele "que demandar por dívida já paga, no todo ou em parte, sem ressalvar as quantias recebidas ou pedir mais do que for devido, ficará obrigado a pagar ao devedor, no primeiro caso, o dobro do que houver cobrado e, no segundo, o equivalente do que dele exigir, salvo se houver prescrição". Outro exemplo de aplicação da "exceptio doli" é a figura do assédio processual, que traduz no emprego dos instrumentos processuais para não cumprir a decisão judicial.

A "exceptio doli" se subdivide em "exceptio doli specialis" e "exceptio doli generalis".

Nesse ponto, Luciano de Camargo Penteado ensina com didática que:

> A *exceptio doli specialis* nada mais seria do que uma particularização da *exceptio doli generalis* referida a atos de caráter negocial e a atos dele decorrentes, quando o primeiro houvesse sido obtido com dolo. *Assim, a* generalis, *como o próprio nome diz, é gênero e a outra espécie. A diferença específica encontra-se nos casos em que a fonte da que dimana o possível direito é um negócio jurídico e não qualquer outra fonte. O caráter excessivamente geral das duas figuras acaba por tornar sua aplicação perigosa em termos de segurança jurídica, valor que parece preservado pelas figuras anteriormente consideradas, na medida em que tem pressupostos concretos de verificação* (PENTEADO, 2008, p. 1).

Além da acepção material, há outra corrente que sustenta que "exceptio doli" (exceção dolosa) teria uma acepção processual ou formal, e nessa acepção seria o meio de defesa pelo qual a parte se opõe ao comportamento malicioso da outra parte.

Por derradeiro, a "exceptio doli" possui como expressão correlata "exceção dolosa" ou "exceção de dolo".

Referências:

- DANTAS JÚNIOR, Aldemiro Rezende. *Teoria dos atos próprios*: da definição à aplicação dos princípios jurídicos. 4. ed. São Paulo: Malheiros, 2007.
- PENTEADO, Luciano de Camargo. *Figuras parcelares da boa-fé objetiva* e venire contra factum proprium. Disponível em: <http://www.flaviotartuce.adv.br/secoes/artigosc/Luciano_venire.doc>. Acesso em: 20 jul. 2008.

3.99 O que são **arras confirmatórias**?

As arras confirmatórias correspondem ao sinal dado por uma parte à outra, dando início à execução de um negócio jurídico. Pelas arras confirmatórias, *se, por ocasião da conclusão do contrato, uma parte der à outra, a título de arras, dinheiro ou outro bem móvel, deverão as arras, em caso de execução, ser restituídas ou computadas na prestação devida, se do mesmo gênero da principal.*

Nas arras confirmatórias não se admite o direito de arrependimento.

Aqui não há a proibição de indenização suplementar, ou seja, é possível indenização pelas perdas e danos.

Pablo Stolze Gagliano e Rodolfo Pamplona Filho, sobre o tema, pregam que:

> 3.1. Arras confirmatórias
>
> Em um primeiro sentido, as arras significam princípio de pagamento; é o sinal dado por uma das partes à outra, marcando o início da execução do negócio. Trata-se das arras confirmatórias, que vinham expressamente referidas no art. 1.094 do Código Civil de 1916: "O sinal, ou arras, dado por um dos contraentes, firma presunção de acordo final, e torna obrigatório o contrato". Neste caso, as arras simplesmente confirmam a avença, não assistindo às partes direito de arrependimento algum. Caso deixem de cumprir a sua obrigação, serão consideradas inadimplentes, sujeitando-se ao pagamento das perdas e danos. Assim, nas vendas a prazo, é muito comum que o vendedor exija o pagamento de um sinal, cuja natureza é, indiscutivelmente, de arras confirmatórias, significando princípio de pagamento. Prestadas as arras, as partes não poderão voltar atrás. O Código Civil de 2002, aprimorando o tratamento da matéria, cuida de disciplinar o destino das arras confirmatórias após a conclusão do negócio, nos termos do seu art. 417 (art. 1.096, CC/1916): "Art. 417. Se, por ocasião da conclusão do contrato, uma parte der à outra, a título de arras, dinheiro ou outro bem móvel, deverão as arras, em caso de execução, ser restituídas ou computadas na prestação devida, se do mesmo gênero da principal". Da leitura da norma, conclui-se, facilmente, que as arras confirmatórias não admitem direito de arrependimento. Pelo contrário, como no sistema anterior, firmam princípio de pagamento. Se, entretanto, for da mesma natureza da prestação principal (o que ocorre comumente quando as arras consistem em dinheiro), serão computadas no valor devido, para efeito de amortizar a dívida. Por outro lado, tendo natureza diversa (joias, por exemplo), deverão ser restituídas, ao final da execução do negócio (GAGLIANO e PAMPLONA FILHO, 2011, p. 372-373).

Referências:

- GAGLIANO, Pablo Stolze; PAMPLONA FILHO, Rodolfo. *Novo curso de direito civil*: obrigações. 12. ed. São Paulo: Saraiva, 2011. vol. II.

3.100 O que são **arras penitenciais**?

As arras penitenciais correspondem à possibilidade excepcional de exercer o direito de arrependimento de um negócio jurídico que é realizado, via de regra, para ser cumprido.

Elas possuem função indenizatória. Desse modo, se for exercido o direito de arrependimento (ou seja, o direito de desistir do negócio jurídico firmado), a quantia ou valor entregue a título de arras será perdido ou restituído em dobro, por quem as deu ou as recebeu, respectivamente, a título indenizatório.

As arras penitenciais agem com fim intimidatório para que as partes não desistam do contrato. Aqui há a proibição de indenização suplementar.

Pablo Stolze Gagliano e Rodolfo Pamplona Filho, sobre o tema, pregam que:[44]

> 3.2. Arras penitenciais
>
> Um contrato civil, quando celebrado, é feito para ser cumprido, não havendo espaço, ordinariamente, para alegações de arrependimento. Entretanto, como situação excepcional, poderão as partes pactuar o *direito de arrependimento*, caso em que estaremos diante das denominadas *arras penitenciais*. O Novo Código Civil, melhorando consideravelmente o tratamento legal da matéria, dispõe, em seu art. 420[44] que: "Art. 420. Se no contrato for estipulado o *direito de arrependimento* para qualquer das partes, as arras ou sinal terão função unicamente indenizatória. Neste caso, quem as deu perdê-las-á em benefício da outra parte; e quem as recebeu devolvê-las-á, mais o equivalente. Em ambos os casos não haverá direito a indenização suplementar" (grifos nossos). Dessa forma, se for exercido o direito de arrependimento (ou seja, o direito de desistir do negócio jurídico firmado), a quantia ou valor entregue a título de arras será perdido ou restituído em dobro, por quem as deu ou as recebeu, respectivamente, a título indenizatório. Exemplificando: em determinado negócio jurídico, a parte compradora presta arras penitenciais (R$ 1.000,00). Posteriormente, respeitado o prazo previsto no contrato, arrepende-se, perdendo em proveito da outra parte as arras dadas. Se, no entanto, foi o vendedor quem se arrependeu, deverá restituí-las em dobro, ou seja, devolver o valor recebido (R$ 1.000,00), acrescido de mais R$ 1.000,00, a título de ressarcimento devido à parte que não desfez o negócio. Note-se que a perda das arras penitenciais, e, bem assim, a sua restituição em dobro, atuam no ânimo das partes, com escopo intimidatório, para que, preferencialmente, não desistam da avença. Finalmente, cumpre-nos observar ainda que o art. 420 do CC/2002 *proibiu, no caso das arras penitenciais, a indenização suplementar*, além daquela correspondente à perda das arras. Esse entendimento, aliás, já havia sido sufragado pelo excelso Supremo Tribunal Federal para as promessas irretratáveis de compra e venda, consoante assentado na sua

44 Art. 1.095 do CC/1916: "Podem, porém, as partes estipular o direito de se arrepender, não obstante as arras dadas. Em caso tal, se o arrependido for o que as deu, perdê-las-á em proveito do outro; se o que as recebeu, restitui-las-á em dobro".

> Súmula 412: "No compromisso de compra e venda com cláusula de arrependimento, a devolução do sinal, por quem o deu, ou a sua restituição em dobro, por quem a recebeu, exclui indenização a maior, a título de perdas e danos, salvo os juros moratórios e os encargos do processo" (GAGLIANO e PAMPLONA FILHO, 2011, p. 374-375).

Referências:

- GAGLIANO, Pablo Stolze; FILHO, Rodolfo Pamplona. *Novo curso de direito civil*: obrigações. 12. ed. São Paulo: Saraiva, 2011. vol. II.

3.101 O que se entende por **dano "in re ipsa"**?

*Dano "*in re ipsa*" consiste no dano ou prejuízo que não depende de prova (dano presumido).* É o dano ou prejuízo presumido. Exemplo a ser citado é da inscrição indevida em órgão de proteção ao crédito, conforme assentado na Súmula 388 do Superior Tribunal de Justiça.

O Superior Tribunal de Justiça, acerca do dano "in re ipsa", decidiu que:

> Consumidor. Recurso especial. Ação de compensação por danos morais. Inscrição indevida em cadastro de inadimplentes. Dano moral reconhecido. Permanência da inscrição indevida por curto período. Circunstância que deve ser levada em consideração na fixação do valor da compensação, mas que não possui o condão de afastá-la. - *A jurisprudência do STJ é uníssona no sentido de que a inscrição indevida em cadastro restritivo gera dano moral* in re ipsa, *sendo despicienda, pois, a prova de sua ocorrência.* Dessa forma, ainda que a ilegalidade tenha permanecido por um prazo exíguo, por menor que seja tal lapso temporal esta circunstância não será capaz de afastar o direito do consumidor a uma justa compensação pelos danos morais sofridos. - O curto lapso de permanência da inscrição indevida em cadastro restritivo, apesar de não afastar o reconhecimento dos danos morais suportados, deve ser levado em consideração na fixação do valor da reparação. Recurso especial provido para julgar procedente o pedido de compensação por danos morais formulado pela recorrente (REsp 994.253/RS, Rel. Min. Nancy Andrighi, j. 15.05.2008). (sem grifos no original)

Referências:

- BRASIL. STJ, REsp 994.253/RS, Rel. Min. Nancy Andrighi, j. 15.05.2008.

3.102 O que se entende por **teoria do desestímulo, da função punitiva, pedagógica (pena privada)** ou **do "punitive damage"**?

Entende-se por teoria do desestímulo, da função punitiva, pedagógica (pena privada) ou do "punitive damage", *o duplo escopo da natureza compensatória e pedagógica da indenização. Em outras palavras, a teoria do desestímulo preconiza que a indenização deve ter a função reparatória e pedagógica da indenização do dano moral, ou seja, deve reparar o dano da vítima e punir pedagogicamente o ofensor para que não volte a reiterar a conduta violadora.*

Assim, a teoria do desestímulo ou da função punitiva ou pedagógica (pena privada) ou do "punitive damage" *é o acréscimo financeiro estabelecido na ação de indenização que visa à reparação do dano, destinado ao autor da demanda, com a finalidade de punir o agente causador do ato danoso e prevenir que danos futuros sejam cometidos, observada a capacidade econômica do agente.*

Fábio Ulhoa Coelho (2005, p. 432) ensina sobre o conceito dos *punitive damages*: "O objetivo originário do instituto é impor ao sujeito passivo a majoração do valor da indenização, com o sentido de sancionar condutas específicas reprováveis. Como o próprio nos indica, é uma pena civil, que reverte em favor da vítima dos danos" (COELHO, 2005, p. 432).

Salomão Resedá traz o seguinte conceito acerca do tema: "Um acréscimo econômico na condenação imposta ao sujeito ativo do ato ilícito, em razão da sua gravidade ou reiteração, que vai além do que se estipula como necessário para compensar o ofendido, no intuito de desestimulá-lo, além de mitigar a prática de comportamentos semelhantes por parte de potenciais ofensores, no intuito de assegurar a paz social e consequentemente função social da responsabilidade civil" (RESEDÁ, 2009).

André Gustavo Corrêa de Andrade traz o seguinte conceito: "Os *punitive damages* constituem uma soma de valor variável, estabelecida em separado dos *compensatory damages*, quando o dano é decorrência de um comportamento lesivo marcado por grave negligência, malícia ou opressão. Se a conduta do agente, embora culposa, não é especialmente reprovável, a imposição dos *punitive damages* mostra-se imprópria" (ANDRADE, 2012).

As indenizações punitivas não se aplicam apenas aos danos morais, ou melhor, aos danos não econômicos. Essa modalidade de indenização possui o condão de punir o gerador do dano, com o escopo de este não repetir essa conduta danosa.

Uma das mais delicadas questões é a sua natureza jurídica. Em primeiro plano, é indiscutível que a reparação por dano moral tenha uma natureza compensatória. Todavia, sob influência do direito norte-americano, a indenização por dano moral também teria uma função punitiva ou pedagógica (pena privada), visando a desestimular o ofensor, especialmente em ilícitos graves ou reincidentes. É a chamada teoria do desestímulo. Essa teoria, sem dúvidas, atende a chamada Função Social da Responsabilidade Civil.

A ideia da teoria do desestímulo é o duplo escopo entre a natureza compensatória e a pedagógica.

Felipe Peixoto Braga Netto abordou com clareza sobre a teoria do desestímulo ou da função punitiva ou pedagógica (pena privada) ou do *punitive damage*, aduzindo que: "Dessa forma, o caráter dúplice da responsabilidade civil tem sido reconhecido no citado tribunal superior, sendo reiterado em diversos julgamentos tal qual o REsp 207.926 de relatoria do Ministro Ruy Rosado de Aguiar, publicado no *DJ* de 08.03.2000. Veja-se: Responsabilidade civil. Dano Moral. Indenização. O dano moral deve ser indenizado mediante a consideração das condições pessoais do ofendido e do ofensor, da intensidade do dolo ou grau de culpa e da gravidade dos efeitos, a fim de que o resultado não seja insignificante, a estimular a prática do ato ilícito, nem o enriquecimento indevido da vítima" (BRAGA NETTO, 2010, p. 98).

Em outro precedente, o Superior Tribunal de Justiça, no REsp 860.705/DF, contemplou também a função pedagógica da indenização do dano moral, ou seja, de reparar o dano da vítima e punir o ofensor para que não volte a reincidir.

Cumpre asseverar que esse posicionamento da Corte de Cidadania quanto ao tema não é firme e consolidado, até porque, após os precedentes supracitados, sobrevieram outros precedentes, negando a possibilidade de aplicação da teoria do desestímulo ou da função punitiva ou pedagógica (pena privada) ou do "punitive damage", diante de ausência de lei para tanto. Assim, recomenda-se ao candidato que redobre a atenção neste ponto e se atente para a questão.

O enunciado 379 da 4.ª Jornada e o Projeto de Reforma do Código Civil, em sua redação original, expressamente, acatam a teoria pedagógica do desestímulo. A indenização, nesse caso, vai para própria vítima.

A doutrina pátria ainda cita que a terminologia mais correta para designar o tema seria a teoria do desestímulo, uma vez que seria um cientificismo mais acurado do ponto de vista acadêmico.

Além das terminologias *teoria do desestímulo ou da função punitiva ou pedagógica (pena privada) ou do "punitive damage", "exemplary damages", indenização punitiva ou "aggravated damages"*, ainda se tem como vocábulos correlatos "*exemplar damages, speculative damages, smart money, penal damages, vindictive damages, punitory damages, retributory damages*, dentre outros" (ANDRADE, 2009, p. 186).

Referências:

- ANDRADE, André Gustavo Corrêa de. *Dano moral e indenização punitiva*. 2. ed. Rio de Janeiro: Lumen Juris, 2009.
- ANDRADE, André Gustavo Corrêa de. *Indenização punitiva*. Disponível em: <http://portaltj.tjrj.jus.br/c/document_library/get_file?uuid=dd10e43d-25e9-478f-a346-ec511dd4188a&grouold=10136>. Acesso em: 18 jan. 2012.
- BRAGA NETTO, Felipe Peixoto. *Manual de direito do consumidor*: à luz da jurisprudência do STJ. 9. ed. Salvador: JusPodivm, 2007.
- COELHO, Fábio Ulhoa. *Curso de direito civil*. 2. ed. São Paulo: Saraiva, 2005. vol. 2.
- RESEDÁ, Salomão. *A função social do dano moral*. Florianópolis: Conceito Editorial, 2009.

3.103 O que é **cláusula "3 irmãs"** ou **cláusula das três irmãs?**

A cláusula 3 irmãs ou cláusula das três irmãs é a cláusula de restrições na vertente da inalienabilidade, impenhorabilidade e incomunicabilidade, as quais podem ser instituídas por determinação legal ou por declaração de vontade.

Wilclem de Lázari Araujo leciona sobre a *cláusula das três irmãs* da seguinte maneira:

> *(...) Desta forma, basta gravar o bem de inalienabilidade para que se lhe imponha impenhorabilidade e incomunicabilidade, analisadas a seguir. Contudo, o contrário não será verdadeiro.*
>
> *Essa disposição legal, que há tempos já vinha sendo aplicada através dos tribunais, viria a dar origem ao apelido comezinho de "cláusulas três irmãs", referindo-se à inalienabilidade, impenhorabilidade e incomunicabilidade. O motivo, a nosso ver, é clarividente: bastasse a imposição de inalienabilidade ao bem para que o mesmo se tornasse impenhorável e incomunicável* (ARAÚJO, 2011, p. 1).

Dando sequência à abordagem, na hipótese de declaração de vontade, o instituidor é a pessoa que realiza um negócio jurídico translativo de direito de propriedade a título gratuito, ou seja, apenas e tão somente o doador ou testador pode instituir tais cláusulas. Na hipótese em que o testador grava com tais cláusulas os bens da sucessão testamentária, não precisa justificar o ato, todavia, se gravar os bens da sucessão legítima, precisará justificar a imposição das cláusulas – somado com a justa causa para tanto –, sob pena de nulidade, conforme inteligência dos arts. 1.848 e 166, VII, ambos do Código Civil Brasileiro:

> Art. 1.848. Salvo se houver justa causa, declarada no testamento, *não pode* o testador estabelecer cláusula de inalienabilidade, impenhorabilidade, e de incomunicabilidade, sobre os bens da legítima.
>
> Art. 166. É nulo o negócio jurídico quando: (...) VII – a lei taxativamente o declarar nulo, ou *proibir-lhe a prática, sem cominar sanção.*

Por outro lado, compete registrar que a cláusula de inalienabilidade, apesar de ser restritiva, deve ser interpretada de forma ampliativa, incluindo-se as cláusulas de impenhorabilidade e incomunicabilidade, em sintonia com a redação do art. 1.911 do Código Civil. A propósito, confira o teor do artigo mencionado:

> Art. 1.911. A cláusula de inalienabilidade, imposta aos bens por ato de liberalidade, implica impenhorabilidade e incomunicabilidade.

Por fim, cabe anotar que o instituidor poderá excluir a incidência de uma ou outra cláusula, com manifestação de ato volitivo de forma expressa e inequívoca.

Referências:

- ARAUJO, Wilclem de Lázari. Cláusulas restritivas na sucessão legítima. *Revista Jus Navigandi*, Teresina, ano 16, n. 2.853, 24 abr. 2011. Disponível em: <https://jus.com.br/artigos/18953>. Acesso em: 15 abr. 2016.

3.104 O que é o **direito de não saber?**

O direito de não saber consiste numa opção e defesa de indivíduo, acerca do direito de não desejar tomar conhecimento sobre determinada situação de forma independente do direito à privacidade. O indivíduo tem a autonomia de optar por não tomar ciência, no que tange a fatos e informações indesejados que possam provocar abalo em sua vida.

O direito de não saber é um direito distinto do direito à privacidade e só tem efeitos quando há manifestação expressa de preferência pelo seu titular. O direito de não saber encontra limites na projeção de probabilidade da violação de direitos de outras pessoas.

O civilista Flávio Tartuce, sobre o direito de não saber, assevera que:

> Assim, por diversas vezes essa técnica argumentativa será utilizada na presente obra para a solução de casos práticos de conteúdo bem interessante. Como outra ilustração imediata, vejamos julgado do Superior Tribunal de Justiça, que trata de caso concreto bem peculiar (Informativo 467 do STJ): "Indenização. Danos materiais e morais. Exame involuntário. Trata-se, na origem, de ação de reparação por danos materiais e compensação por danos morais contra hospital no qual o autor, recorrente, alegou que preposto do recorrido, de forma negligente, realizou exame não solicitado, qual seja, anti-HIV, com resultado positivo, o que causou enorme dano, tanto material quanto moral, com manifesta violação da sua intimidade. A Turma, ao prosseguir o julgamento, por maioria, entendeu que, sob o prisma individual, *o direito de o indivíduo não saber que é portador de HIV (caso se entenda que este seja um direito seu, decorrente da sua intimidade) sucumbe, é suplantado por um direito maior, qual seja, o direito à vida longeva e saudável.* Esse direito somente se revelou possível ao autor da ação com a informação, involuntária é verdade, sobre o seu real estado de saúde. Logo, mesmo que o indivíduo não queira ter conhecimento da enfermidade que o acomete, a informação correta e sigilosa sobre o seu estado de saúde dada pelo hospital ou laboratório, ainda que de forma involuntária, tal como no caso, não tem o condão de afrontar sua intimidade, na medida em que lhe proporciona a proteção de um direito maior. Assim, a Turma, por maioria, negou provimento ao recurso" (REsp 1.195.995/SP, Rel. originária Min. Nancy Andrighi, Rel. para acórdão Min. Massami Uyeda, j. 22.03.2011).
>
> Como se nota, o acórdão coloca em pauta o que já vem sendo *chamado de o direito de não saber.*
>
> Conforme leciona Lucas Miotto Lopes, *"O direito de não saber é um direito distinto do direito à privacidade e só tem efeitos caso haja a manifestação*

> *expressa de preferência. Tem limites na probabilidade da violação de direitos de outras pessoas"*[45]. Esse limite foi aplicado ao caso exposto, pois o fato de o demandante *não saber* ser portador do vírus HIV poderia trazer prejuízos a terceiros. Por isso, o seu pedido reparatório em face do laboratório que fez o exame de sangue de maneira equivocada foi corretamente rejeitado (TARTUCE, 2016, p. 108-109). (sem grifos no original)

Referências:

- BRASIL. STJ, REsp 1.195.995/SP, Rel. originária Min. Nancy Andrighi, Rel. para acórdão Min. Massami Uyeda, j. 22.03.2011.
- TARTUCE, Flávio. *Manual de direito civil*: volume único. 6. ed. São Paulo: Método, 2016.

3.105 O que vem a ser o **direito ao esquecimento**?

O direito ao esquecimento está dentro do direito à personalidade e ganha relevo quando se observa que alguns crimes ou fatos notórios tornam-se famosos e são revisitados ano a ano pelos meios de comunicação.

Entretanto, não é somente isso, o *direito ao esquecimento abrange também fato da vida* – que não precisa ser notório, mas que abarque a opinião pública ou de parte dela – *que tenha ocorrido no pretérito e afete os seus protagonistas e até mesmo coadjuvantes quando são revividos. Há tensão de direitos fundamentais, em que, de um lado, se tem em jogo a liberdade de imprensa e o direito à informação e de ser informado, e, de outra banda, se tem o direito à privacidade, intimidade e, acima de tudo, o princípio basilar da dignidade da pessoa humana.*

É bem verdade que ainda se discute se há um prazo máximo para que o criminoso, após ter cumprido a sua pena ou mesmo ter sido absolvido, seja alvo de novos programas jornalísticos.

O direito ao esquecimento não está previsto no ordenamento jurídico, embora na órbita doutrinária e jurisprudencial se construam, paulatinamente, bases sólidas teóricas quanto a este importante instituto.

45 LOPES, Lucas Miotto. EU não quero saber! Uma defesa do direito de não saber como independente do direito à privacidade. *Revista Direito, Estado e Sociedade*, Pontifícia Universidade Católica do Rio de Janeiro, Departamento de Direito, Rio de Janeiro: PUCRJ, n. 45, p. 82-97, jul.-dez. 2014.

O direito ao esquecimento traduz a ideia de que as pessoas devem ser esquecidas pela opinião pública. Assim, atos ocorridos no passado não podem ser divulgados eternamente, surgindo, assim, o direito a ser esquecido.

Em alguns poucos casos analisados pelo Superior Tribunal de Justiça, o direito ao esquecimento foi aplicado levando em consideração o caso concreto. Esse direito confronta os direitos fundamentais supracitados que entram em rota de tensão e colisão.

Desse modo, o caso concreto norteará o juiz para que encampe um posicionamento que proíba a veiculação ou indenize eventuais prejuízos materiais e morais caso uma notícia antiga seja ressuscitada pelos meios de comunicação. A tendência ao que se percebe pela jurisprudência é que a matéria seja tratada em eventual indenização, caso extrapole e não se trate de matéria apenas de cunho informativo, uma vez que se evita, em grau maior, a temida censura prévia ou a censo de matéria de forma anterior à publicação da imprensa.

Verdadeiramente, o direito ao esquecimento visa assegurar a possibilidade de discutir o uso que é dado aos fatos pretéritos, principalmente o modo, a forma e a finalidade como são lembrados ou rememorados.

Flávio Tartuce, sobre o direito ao esquecimento, leciona que:

> Outro direito da personalidade que não está escrito em qualquer norma jurídica é o *direito ao esquecimento*, tão debatido na atualidade por doutrina e jurisprudência. No campo doutrinário, tal direito foi reconhecido pelo Enunciado 531 do CJF/STJ, aprovado na VI Jornada de Direito Civil, realizada em 2013 e com o seguinte teor: "A tutela da dignidade da pessoa humana na sociedade da informação inclui o direito ao esquecimento". De acordo com as justificativas da proposta publicadas quando do evento, "Os danos provocados pelas novas tecnologias de informação vêm-se acumulando nos dias atuais. O direito ao esquecimento tem sua origem histórica no campo das condenações criminais. Surge como parcela importante do direito do ex-detento à ressocialização. *Não atribui a ninguém o direito de apagar fatos ou reescrever a própria história, mas apenas assegura a possibilidade de discutir o uso que é dado aos fatos pretéritos, mais especificamente o modo e a finalidade com que são lembrados*" (TARTUCE, 2016, p. 101-102).

O direito ao esquecimento também é chamado de "direito de ser deixado em paz" ou "direito de estar só". Nos Estados Unidos da América, é conhecido como *the right to be let alone* e, em países de língua espanhola, é cunhado de *derecho al olvido.*

Referências:

- TARTUCE, Flávio. *Manual de direito civil*: volume único. 6. ed. São Paulo: Método, 2016.

3.106 O que se entende por **casamento putativo**?

Entende-se por casamento putativo o casamento em que um dos consortes, em regra, acredita contrair um casamento válido, por desconhecer motivos para invalidar o casamento, quando, na verdade, existe motivo para invalidação do matrimônio.

Obviamente, pode ocorrer de os dois cônjuges estarem de má-fé, oportunidade em que o casamento não produzirá efeitos aos cônjuges, mas irradiará eficácia em prol da prole (filhos).

Fábio Ulhoa Coelho, em sua obra, diz que:

> Chama-se putativo ao casamento nesse caso, porque um dos cônjuges (ou os dois) tinha justos motivos para acreditar na validade do ato (*putare* é a palavra latina para imaginar, pensar). (...) Putativo é o casamento inválido em que pelo menos um dos cônjuges desconhece a existência de causa de invalidação. Ele produz para o cônjuge ou cônjuges de boa-fé, e para a prole, como se fosse válido, desde a data da celebração até o pronunciamento judicial de invalidação. Quando os dois cônjuges estão de má-fé, o casamento putativo não produz nenhum efeito em relação a eles, mas é plenamente eficaz relativamente aos filhos (COELHO, p. 67-68).

Referências:

- COELHO, Fábio Ulhoa. *Curso de direito civil, família, sucessões*. 5. ed. São Paulo: Saraiva, 2012. vol. 5.

3.107 O que preconiza a **teoria poliédrica** no Direito Empresarial?

O ponto conceitual de empresa pode ser extraído da redação do art. 966 do Código Civil brasileiro, que serviria também para tanto – além de delinear o conceito de empresário. Nesse viés, empresa seria a atividade *econômica exercida profissionalmente de forma organizada para a produção de bens ou de serviços.*

Nesse contexto, a *teoria poliédrica da Empresa no Direito Empresarial consiste no fato de que esta deve ser compreendida pelo agrupamento dos 4 (quatro) perfis ou aspectos que seriam: objetivo; subjetivo; corporativo e funcional (ou dinâmico).*

Tarcísio Teixeira discorre sobre a teoria poliédrica no Direito Empresarial, aduzindo que:

> De acordo com Alberto Asquini, *a empresa pode ser entendida em quatro perfis, por isso a expressão "teoria poliédrica"*, que serão discorridos sucintamente:
>
> 1) objetivo – a empresa significa patrimônio, ou melhor, estabelecimento, enquanto conjunto de bens destinados ao exercício da empresa (nesse sentido: art. 1.142 do Código Civil);
>
> 2) subjetivo – a empresa é entendida como sujeito de direitos, no caso o empresário, individual (pessoa natural) ou sociedade empresária (pessoa jurídica), que possui personalidade jurídica, com a capacidade de adquirir direitos e contrariar obrigações (nesse sentido: arts. 966 e 981 do Código Civil);
>
> 3) corporativo – a empresa significa uma instituição, como um conjunto de pessoas (empresário, empregados e colaboradores) em razão de um objetivo comum: um resultado produtivo útil;
>
> 4) funcional (ou dinâmico) – a empresa significa atividade empresarial, sendo uma organização produtiva a partir da coordenação pelo empresário dos fatores de produção (capital, trabalho, matéria-prima e tecnologia) para alcançar sua finalidade (que é o lucro).
>
> Diante do exposto, pode-se dizer que, a princípio, a palavra empresa significa atividade, que por sua vez é exercida pelo empresário. Essa atividade é o conjunto de atos coordenados pelo empresário. Mas, modernamente, a expressão empresa, como atividade econômica, contempla a soma de todos os perfis apontados por Alberto Asquini (TEIXEIRA, 2016, p. 74-75).

Não se pode olvidar que, diante de o *perfil ou aspecto corporativo* submeter-se às regras da legislação trabalhista no direito brasileiro, há parte da doutrina que prefere sustentar que, no Brasil, a *Teoria Poliédrica da Empresa* foi reduzida à *Teoria Triédrica da Empresa*, abrangendo apenas os perfis subjetivo, objetivo e funcional, que interessam à legislação civil.

Referências:

- TEIXEIRA, Tarcisio. *Direito empresarial sistematizado*: doutrina, jurisprudência e prática. 5. ed. São Paulo: Saraiva, 2016.

3.108 O que é **insígnia** no Direito Empresarial?

Insígnia consiste num sinal de distinção materializado em símbolo ou um emblema que tem como função a identificação do estabelecimento. Ou seja, é um sinal distintivo que objetiva contrastar e distinguir um estabelecimento em vista de outro estabelecimento concorrente.

Tarcísio Teixeira descreve sobre o tema que:

> *1.6.4. Insígnia*
>
> Insígnia é um símbolo ou um emblema que tem como função a identificação do estabelecimento. A insígnia é um sinal distintivo; um detalhe para diferenciar um estabelecimento de outro. Esse sinal pode também corresponder a uma expressão gráfica, uma letra ou uma palavra. A empresa pode ter em conjunto título de estabelecimento e insígnia. Um bom exemplo é o título do estabelecimento "McDonald's", sendo a sua insígnia a letra "M", maiúscula e amarela, estilizada de forma grande e arredondada; ou o título de estabelecimento "Pão de Açúcar" (supermercado), cuja insígnia são os dois morros em verde. Também são insígnias os peixinhos sobrepostos da Hering, os símbolos das montadoras de veículos utilizados nas fachadas das concessionárias, entre outros (TEIXEIRA, 2016, p. 143).

Referências:

- TEIXEIRA, Tarcísio. *Direito empresarial sistematizado*: doutrina, jurisprudência e prática. 5. ed. São Paulo: Saraiva, 2016.

3.109 O que é **aviamento**?

Aviamento é o potencial de o estabelecimento gerar lucro ao empreendedor. Em outras palavras, é a potencialidade de lucratividade do estabelecimento.

Por outro lado, não se pode confundir *aviamento* com *clientela*, embora sejam terminologias próximas e que estão interligadas, pois a clientela é um dos fatores que geram as condições para geração de lucro. Como se pode ver, *aviamento* e *clientela* estão diretamente ligados.

Ademais, o *aviamento* se subdivide em *aviamento objetivo* e *aviamento subjetivo*. O *aviamento objetivo* está ligado à ideia de localização, cujo fator é preponderante na lucratividade. Já o *aviamento subjetivo* diz respeito à forma e performance do empresário em sua atuação.

> *1.5.1. Aviamento*
>
> Para explicar o que vem a ser aviamento, é necessário ponderar que o estabelecimento tem condições de produzir lucro para o empreendedor.
>
> Esse fato é chamado aviamento, ou seja, é a aptidão de produzir lucro conferido ao estabelecimento a partir do resultado de variados fatores, quais sejam, pessoais, materiais e imateriais. É um atributo do estabelecimento, sendo a clientela um dos fatores do aviamento[46]. Conforme Sérgio Campinho, a organização dos fatores que compõem o estabelecimento determina o grau de eficiência na produção de lucros, que é o objeto desejado pelo empresário[47]. É pertinente mencionar que o aviamento pode ser *objetivo* e *subjetivo*. O primeiro, aviamento objetivo, decorre de aspectos extrínsecos à atividade do empresário, como é o caso da localização do estabelecimento (*local goodwill*); o segundo, subjetivo, deriva de aspectos intrínsecos e conceituais quanto à atuação do empresário, como, por exemplo, a sua competência e boa fama à frente de seu negócio (*personal goodwill*)[48].
>
> O *aviamento objetivo* que ocorre em razão da localização do estabelecimento pode ter como exemplo o caso de uma lanchonete em um colégio ou uma floricultura em frente de um cemitério. Nesse caso, o cliente compra porque não tem outro lugar próximo; ou então porque está com pressa. Assim, o fator extrínseco, localização, é o maior fator da lucratividade.
>
> Por sua vez, o *aviamento subjetivo* ao ocorrer em razão da competência do empresário pode ser exemplificado por um restaurante ou salão de cabeleireiro. Nessa hipótese, o cliente vai ao restaurante ou salão em razão da confiança que tem na pessoa que está à frente do negócio, ou por sua fama ou qualificação, não importando necessariamente a sua localização (TEIXEIRA, 2016, p. 127-128).

A doutrina utiliza como sinônimo de aviamento a expressão "goodwill".

46 Oscar Barreto Filho. *Teoria do estabelecimento comercial*, p. 169 e 179-180.

47 Sérgio Campinho. *O direito de empresa à luz do novo Código Civil*, p. 341.

48 Haroldo Malheiros Duclerc Verçosa. *Curso de direito comercial*, v. 1, p. 248.

Referências:

- TEIXEIRA, Tarcísio. *Direito empresarial sistematizado*: doutrina, jurisprudência e prática. 5. ed. São Paulo: Saraiva, 2016.

3.110 Em que consiste a **clientela**?

A clientela é o agrupamento de pessoas que frequentam o estabelecimento de forma contínua na busca de aquisição de bens e serviços.

Por outro lado, não se pode confundir clientela com aviamento, embora sejam terminologias próximas e que estão interligadas, pois a clientela é um dos fatores que geram as condições para geração de lucro. Como se pode ver, clientela e aviamento estão diretamente ligados.

> *1.5.2. Clientela*
>
> Clientela difere de aviamento. A clientela é definida por Haroldo Malheiros Duclerc Verçosa como "o conjunto de pessoas que, de fato, mantém com o estabelecimento relações continuadas de procura de bens e de serviços"[49].
>
> Nem o aviamento nem a clientela pertencem ao estabelecimento (não são propriedades do empresário); no entanto, tanto um como o outro são levados em consideração na ocasião da alienação do estabelecimento[50].

Referências:

- TEIXEIRA, Tarcísio. *Direito empresarial sistematizado*: doutrina, jurisprudência e prática. 5. ed. São Paulo: Saraiva, 2016.

3.111 O que é **exceção de inseguridade**?

A exceção de inseguridade traduz a situação em que a conduta de uma das partes do negócio jurídico submete a risco a fiel execução do pactuado no contrato, ocasião em que a parte inocente pode, desde logo, suspender o cumprimento de sua respectiva prestação, uma vez que não é dado a quem põe em perigo o pactuado ignorar a repercussão da própria conduta, para exigir o adimplemento alheio.

---

49 Haroldo Malheiros Duclerc Verçosa. *Curso de direito comercial,* v. 1, p. 250.

50 É bem verdade que, em certos segmentos, como, por exemplo, entre corretores de seguros, ocorre a denominada venda de "carteira de clientes", em que se negocia a transferência tão somente dos clientes de certo empresário a outro.

Esse fundamento é extraído da redação do art. 477 do Código Civil, disciplinada da seguinte forma:

> Art. 477. Se, depois de concluído o contrato, sobrevier a uma das partes contratantes diminuição em seu patrimônio capaz de comprometer ou tornar duvidosa a prestação pela qual se obrigou, pode a outra recusar-se à prestação que lhe incumbe, até que aquela satisfaça a que lhe compete ou dê garantia bastante de satisfazê-la.

Dando sequência, Flávio Tartuce destaca sobre a exceção da inseguridade, entendendo que:

> Ainda no que concerne ao art. 477 do CC, o dispositivo consagra a chamada *exceção de inseguridade*, conforme o seguinte enunciado, aprovado na V Jornada de Direito Civil: "A exceção de inseguridade, prevista no art. 477, também pode ser oposta à parte cuja conduta põe manifestamente em risco a execução do programa contratual" (Enunciado 438).
>
> Sobre a matéria, com interessante aplicação prática, vejamos as palavras do proponente do enunciado, o mesmo Professor Cristiano de Souza Zanetti:
>
> "Caso a conduta de uma das partes submeta a risco a execução do avençado, o contratante inocente pode desde logo suspender o cumprimento da respectiva prestação, com arrimo na interpretação analógica do art. 477 do Código Civil. Trata-se de uma decorrência da boa-fé, pois não é dado a quem põe em perigo o pactuado ignorar a repercussão da própria conduta, para exigir o adimplemento alheio. O direito privado não confere espaço para que os contratantes adotem critérios distintos para julgar e julgar-se. Para evitar a caracterização do *tu quoque*, vedado pelo art. 187 do Código Civil, a parte honesta pode sustar a execução da própria prestação, até que o outro contratante cumpra aquilo a que se obrigou ou, ao menos, ofereça garantia de que irá fazê-lo no momento aprazado.
>
> Dada a identidade de fundamentos, tem lugar o recurso à analogia, destinada, em última análise, a evitar que situações essencialmente idênticas sejam julgadas de modo diverso. A aplicação analógica do art. 477 fomenta, ademais, a comunicação e cooperação entre as partes, do que decorre o aumento das chances de que o contrato venha ser integralmente cumprido. Trata-se de orientação recentemente defendida pela doutrina brasileira e que encontra respaldo no art. 71 da Convenção de Viena das Nações Unidas sobre Contratos de Compra e Venda Internacional de Mercadorias, no art. III.-3:401 do Draft Common Frame of Reference e no art. 7.3.4. dos Princípios Unidroit" (TARTUCE, 2016, p. 697-698).

Para a incidência da exceção de inseguridade basta, apenas e tão somente, o risco de descumprimento, advindo por meio de uma conduta qualquer da outra parte do negócio jurídico. Desse modo, a exceção de inseguridade não reclama para sua caracterização o inadimplemento, mas apenas o risco deste.

Oportunamente, vale pontuar que não se pode confundir a exceção de inseguridade com a *exceptio non adimpleti contractus* (exceção do contrato não cumprido), que consiste em outro instituto, a corresponder a defesa de uma parte contratual no caso de a outra descumprir sua obrigação pactuada.

Igualmente, não se pode confundir a exceção de inseguridade com a *exceptio non rite adimpleti contractus*, pois, conforme afirma André Teixeira:

> (...) depois de concluído o contrato, se sobrevier a uma das partes *diminuição em seu patrimônio* capaz de comprometer ou tornar duvidosa a prestação pela qual se obrigou, poderá a outra parte recusar-se à prestação que lhe incumbe, até que o primeiro satisfaça a sua ou dê garantia para satisfazê-la. Na primeira há um efetivo descumprimento contratual, o que por si só já a diferencia da exceção de inseguridade; enquanto na segunda deve haver uma diminuição patrimonial para caracterizar o instituto *exceptio non rite adimpleti contractus*, situação não necessária na exceção aqui em comento, que requer o mero risco de inadimplemento oriundo da conduta de uma das partes (TEIXEIRA, 2013, p. 1).

Ainda no campo das distinções da exceção de inseguridade com outros institutos parecidos, invoca-se a lição de André Teixeira de que:

> (...) não se confunde também com o Inadimplemento Antecipado (ou quebra antecipada do contrato), situação em que o credor percebe um risco efetivo e real de o devedor não cumprir o contrato no prazo estipulado, através de demonstrações amparadas na realidade fática, situação em que pleiteia a extinção do contrato antes mesmo do prazo para cumprimento. Aqui a diferença é justamente o risco que é efetivo e real, demonstrado pela realidade fática (e não baseado no juízo de probabilidade, como o é na exceção de inseguridade). Para Aline Terra (TERRA, Aline. *Inadimplemento anterior ao termo.* p. 184), o inadimplemento antecipado constitui genuína hipótese de descumprimento da prestação/obrigação, enquanto o risco de inadimplemento se refere a hipóteses em que, apesar de não configurado o

> efetivo inadimplemento anterior ao termo, afigura-se alta a probabilidade de, no futuro, o devedor não adimplir sua obrigação no tempo, modo e lugar ajustados, a autorizar o credor a agir de imediato no sentido de proteger seu crédito. Nota-se que o risco de descumprimento apenas torna duvidosa a realização da prestação, enquanto o inadimplemento antecipado abarca as situações de efetiva violação aos deveres obrigacionais (TEIXEIRA, 2013, p. 1).

A exceção de inseguridade decorre da boa-fé e, por consequência, do *tu quoque*.

Por derradeiro, cita-se posicionamento jurisprudencial versando sobre o assunto abordado. Com a palavra, o Tribunal de Justiça do Rio Grande do Sul decidiu o tema exceção de inseguridade da seguinte maneira:

> Venda de ações e controle acionário de empresa. Preço constituído por parcela em dinheiro e concurso para construção de grande prédio destinado a hotel de turismo. Recusa do vendedor das ações em efetuar a transferência das mesmas, *receoso do não cumprimento da contraprestação da compradora*. Ação de rescisão do negócio. Ação concomitante da adquirente, objetivando compelir o vendedor a transferir as ações. *Exceção de inseguridade do vendedor.* Inadimplemento da compradora, que apenas satisfez a parcela do preço representada por moeda corrente. Improcedência da ação do vendedor, *mas acolhimento da exceção de inseguridade. Procedência parcial da ação da compradora, sujeita a prestar caução do cumprimento de sua contraprestação.* Provimento parcial à primeira apelação e integral à segunda (TJRS, Apelação Cível 500406772, 4.ª Câmara Cível, Rel. Edson Alves de Souza, j. 27.10.1982).

Referências:

- BRASIL. TJRS, Apelação Cível 500406772, 4.ª Câmara Cível, Rel. Edson Alves de Souza, j. 27.10.1982.
- TARTUCE, Flávio. *Manual de direito civil*: volume único. 6. ed. São Paulo: Método, 2016.
- TEIXEIRA, André. *O que é exceção de inseguridade?* Disponível em: <http://www.artedosconcursos.com/2013/06/o-que-e-excecao-de-inseguridade.html>. Acesso em: 15 abr. 2016.

3.112 O que é "inconterms" no Direito Empresarial?

O inconterms é o conjunto de práticas comerciais padrões ou cláusulas padrões em contratos comerciais internacionais.

O *inconterms* significa International Commercial Terms (termos internacionais do comércio).

José Cretella Neto, acerca do *inconterms*, ensina que: "(...) designa um conjunto de definições comerciais padrão (*standart trade definitions*) ou cláusulas-padrão (*standart clauses*) empregadas, principalmente, em contratos comerciais internacionais, cuja finalidade é definir de modo preciso as obrigações dos contratantes nessas transações"[51] (CRETELLA NETO, 2010, p. 212).

As Nações Unidas, por meio da UN/CEFACT (*United Nations Centre for Trade Facilitation and Eletronic Business*), definem o propósito do *incoterms*: "O propósito do Incoterms é oferecer um conjunto de regras internacionais para a interpretação dos termos de comércio mais usados no comércio internacional. Assim, são diminuídas as diferenças das interpretações dos termos em diferentes países"[52].

José Cretella Neto é objetivo sobre o tema e sintetiza o assunto da seguinte maneira:

> Representados por siglas de 3 letras, os INCOTERMS simplificam os contratos de compra e venda internacional ao especificarem os direitos e obrigações mínimas do vendedor e do comprador quanto às tarefas adicionais ao processo de elaboração do produto. (...) Após sua inserção em um contrato internacional, os INCOTERMS adquirem força legal, com seu significado jurídico preciso e efetivamente determinado. Assim, simplificam e agilizam a elaboração e a interpretação das cláusulas dos contratos internacionais. Outra das inegáveis vantagens da aplicação dos INCOTERMS aos negócios internacionais é que permite fixar com precisão a transferência de obrigações entre os contratantes, ou seja, até onde vai a responsabilidade do vendedor, e a partir de que ponto no espaço deve o comprador assumir as suas[53] (CRETELLA NETO, 2010, p. 213).

---

51 CRETELLA NETO, José. *Contratos internacionais do comércio*. p. 212.

52 Disponível em: <www.unece.org/cefact/recommendations/.../rec05_ecetrd259.pdf>. Acesso em: 20 ago. 2012.

53 CRETELLA NETO, José. *Contratos internacionais do comércio*. p. 213.

Em tom de finalização, os termos são regras padronizadas e utilizadas largamente no comércio internacional, sempre que as partes assim acordarem, porquanto os *inconterms* não têm caráter de força normativa ou legal, necessitando, por isso, a manifestação de vontade das partes contratantes para sua aplicação.

Referências:

- CRETELLA NETO, José. *Contratos internacionais do comércio*. Campinas: Millennium, 2010.
- *Site oficial da UNECE*. Disponível em: <www.unece.org/cefact/recommendations/.../rec05_ecetrd259.pdf>. Acesso em: 20 ago. 2012.

3.113 O que é **tutela de evidência**?

A tutela de evidência consiste em uma das espécies de tutela provisória, ao lado das tutelas de urgência, que serve para proteger direito claro comprovado em momento adequado. Caracteriza-se por uma proteção provisória/sumária de um direito provado de forma suficiente, ou seja, o direito é evidente e está provado, desprendendo-se do ingrediente da urgência.

Diferencia-se da tutela de urgência, pois na tutela de evidência não há a necessidade de se demonstrar o perigo da demora, basta a probabilidade do direito. Tem previsão expressa no Novo Código de Processo Civil.

Humberto Theodoro Junior apregoa sobre tutela de evidência que:

> (...) Quando se pensa na tutela da evidência, a primeira ideia é de uma proteção sumária para um direito incontestado ou inconteste, suficientemente provado, de modo que a respectiva proteção judicial possa ser concedida de imediato, sem depender das diligências e delongas do procedimento comum, e mesmo, sem necessidade de achar-se, o direito, sujeito a risco de dano iminente e grave (NCPC, art. 311). Não é, porém, no sentido de uma tutela rápida e exauriente que se concebeu a tutela que o novo Código de Processo Civil denomina de *tutela da evidência*, a qual, de forma alguma, pode ser confundida com um julgamento antecipado da lide, capaz de resolvê-la definitivamente. Não foi, com efeito, com vistas a uma proteção jurisdicional definitiva que a questionada tutela se inseriu no mesmo gênero em que as tutelas de urgência figuram. O intuito normativo foi o de permitir que tanto as tutelas de urgência como a da evidência pudessem ser prestadas em procedimentos e com requisitos comuns, de modo a autorizar o emprego do rótulo abrangente de tutelas sumárias (THEODORO JUNIOR, 2015, p. 610).

Referências:

- THEODORO JÚNIOR, Humberto. *Curso de direito processual civil* – teoria geral do direito processual civil, processo de conhecimento e procedimento comum. 56. ed. Rio de Janeiro: Forense, 2015. vol. I.

3.114 O que se entende por **nulidade de algibeira**?

Entende-se pela chamada "nulidade de algibeira" a nulidade que se dá quando a parte permanece em silêncio, no momento oportuno para se manifestar, deixando para suscitar a nulidade em ocasião posterior.

A "nulidade de algibeira" surge num primeiro momento e é guardada pela parte (numa conduta omissiva) como se fosse uma "carta na manga" para utilizar posteriormente, caso sua pretensão e tese principal não logrem êxito. Dessa forma, a parte com a nulidade que enxergou num primeiro momento e quedou inerte no momento oportuno, fará uso dessa nulidade em situação posterior para obter situação processual favorável.

A terminologia "nulidade de algibeira" foi cunhada pelo falecido Ministro Humberto Gomes de Barros, que atuou no Superior Tribunal de Justiça.

O Superior Tribunal de Justiça já teve oportunidade de analisar em alguns casos a chamada "nulidade de algibeira". Vejamos:

> Recursos especiais. Processual civil. Execução. Substituição da penhora. Equivocada certificação do trânsito em julgado. Nulidade. Saneamento do processo. Prazo para contraminuta ao agravo de instrumento. Nulidade sanável. Preclusão ocorrência.
>
> 1. Nulidade da certidão de trânsito em julgado equivocadamente lavrada.
>
> 2. "A intimação para a apresentação de contrarrazões é condição de validade da decisão que causa prejuízo ao recorrente" (REsp 1.148.296/SP, Corte Especial, rito do art. 543-C).
>
> 3. Essa nulidade, porém, decorrente da falta de intimação para contrarrazões fica sanada com a intimação realizada em momento posterior. Analogia como disposto no art. 214, § 1.º, do CPC, relativo à citação. Doutrina sobre o tema.
>
> 4. Inadmissibilidade da chamada "nulidade de algibeira". Precedente específico.
>
> 5. Inexistência de previsão legal para contrarrazões em agravo regimental. Precedentes.

6. Descabimento da anulação do acórdão do agravo regimental sob o pretexto de sanar nulidade já sanada ou de cumprir formalidade não prevista em lei.

7. Necessidade de se manter o atual estado da execução, com base no poder geral de cautela, até a resolução definitiva da controvérsia de fundo.

8. Recurso especial retido provido, prejudicado o recurso principal (STJ, REsp 1.372.802/RJ 2012/0054084-8, Min. Paulo de Tarso Sanseverino, j. 11.03.2014, *DJe* 17.03.2014).

Ausência de ofensa ao artigo 535 do CPC. Litigância de má-fé. Indenização do art. 18, § 2.º, do CPC. Exigência de demonstração de dolo e dos prejuízos. Nulidade de intimação. Inexistência. Liquidação de sentença. Limites da lide. Coisa julgada. Art. 610 do CPC.

(...)

3. Sem que haja prejuízo processual, não há nulidade na intimação realizada em nome de advogado que recebeu poderes apenas como estagiário. Deficiência na intimação não pode ser guardada como nulidade de algibeira, a ser utilizada quando interessar à parte supostamente prejudicada.

4. Não é lícito incluir na condenação, em sede de liquidação, valores não postulados na inicial e não mencionados na sentença liquidanda, sob pena de ofensa ao art. 610 do CPC (STJ, REsp 756.885/RJ, 3.ª Turma, Rel. Min. Humberto Gomes de Barros, j. 14.08.2007, *DJ* 17.09.2007).

Administrativo. Processual civil. Nulidade do processo. Intimação para contrarrazões em apelação cível. Litisconsortes com advogados distintos. Intimação realizada. Ação civil pública com trânsito em julgado. Inércia. Preclusão. Incidência da Súmula 83/STJ.

1. A falta ou a irregularidade na intimação da parte para apresentar contrarrazões à apelação é causa de nulidade dos atos processuais subsequentes. Contudo, o art. 245 do CPC dispõe que as eventuais nulidades devem ser arguidas pelas partes interessadas na primeira oportunidade que tiverem para se manifestar nos autos, sob pena de preclusão.

2. No caso dos autos, houve regular intimação do agravante, com publicação em nome de seu procurador constituído, para apresentar as contrarrazões à apelação interposta pelo Ministério Público, não havendo falar em ausência ou irregularidade da intimação.

3. O agravante manteve-se inerte, mesmo após intimado pelo juízo para esclarecer o pedido feito de devolução do prazo para contrarrazoar, tendo em vista já haver nos autos contrarrazões em seu nome – estas apresentadas equivocadamente por seu litisconsorte passivo.

4. Na hipótese, não há cerceamento de defesa ou irregularidade no processo se, regularmente intimado, porquanto o agravante não respondeu ao juízo, oportunidade que teve para arguir a nulidade.

> 5. O trânsito em julgado da ação civil pública com a inércia do agravante atrai a incidência da eficácia preclusiva da coisa julgada. Assim, o acórdão impugnado encontra-se no mesmo sentido da jurisprudência desta Corte. Aplicação da Súmula 83/STJ.
>
> Agravo regimental improvido (STJ, AgRg no AREsp 266.182/RJ, 2.ª Turma, Rel. Min. Humberto Martins, j. 16.05.2013, *DJe* 24.05.2013).

Como se pode observar, essa estratégia de permanecer silente, como dito anteriormente, em que a parte reserva a nulidade para ser alegada em momento posterior e conveniente, como uma carta na manga ou uma peça surpresa (denominada de nulidade de algibeira), já foi refutada pelo Superior Tribunal de Justiça em ocasiões diversas.

Por fim, vale realçar que a chamada "nulidade de algibeira" também possui a terminologia *nulidade de bolso*.

Referências:

- BRASIL. STJ, AgRg no AREsp 266.182/RJ, 2.ª Turma, Rel. Min. Humberto Martins, j. 16.05.2013, *DJe* 24.05.2013.
- BRASIL. STJ, REsp 756.885/RJ, 3.ª Turma, Rel. Min. Humberto Gomes de Barros, j. 14.08.2007, *DJ* 17.09.2007.
- BRASIL. STJ, REsp 1.372.802/RJ (2012/0054084-8), Min. Paulo de Tarso Sanseverino, j. 11.03.2014, *DJe* 17.03.2014.

3.115 O que se entende por **agnome, axiônimo, hipocorístico, alcunha** ou **epíteto** e **cognome**?

Acerca do assunto, os autores não são unânimes. Alguns doutrinadores acrescentam, ainda, outras denominações ao conjunto de elementos do nome completo. De qualquer forma, procuraremos expor todos os possíveis vocábulos que a nossa pesquisa ofertou até o momento.

O *prenome* é o primeiro nome designando cada indivíduo, *é o nome próprio da pessoa, podendo ser simples ou composto*, como, por exemplo, Joaquim, Denise, Guilherme, Gustavo etc.

Referente ao *sobrenome,* também chamado de *patronímico*, *apelido* ou *nome de família*, é o *indicativo da origem ancestral, da procedência familiar, da origem familiar*.

O *agnome é o sinal que diferencia pessoas de uma mesma família* (Júnior, Neto, Sobrinho etc.).

O *axiônimo é a forma cortês de designação no tratamento ou a expressão de reverência* (Exmo. Sr., Vossa Santidade etc.).

Por sua vez, o *hipocorístico é nome para designar apelido ou alcunha da pessoa e o profissional*. Podem-se citar como exemplos Xuxa e Pelé. *Há uma outra vertente para hipocorístico na doutrina, que consiste no emprego de diminutivo do nome*, muitas vezes mediante o emprego dos sufixos "inho" e "inha", que denota intimidade familiar, a exemplo de João (Joãozinho).

Já a *alcunha ou epíteto* (o vulgar "apelido" em que deve tomar cuidado com a terminologia que não seria própria) *é o apelido depreciativo que se atribui a alguém*, que, de forma geral, leva em conta algum atributo ou feição física ou moral (Baixinho, Porcaria etc.).

Outrossim, se tem o cognome quando se acrescenta um aposto ao nome como designação qualificativa como, por exemplo: D. Pedro, D. Augusto, "o iluminado" etc.

Ainda se tem o *pseudônimo ou heterônimo, que é expressão que identifica alguém em sua atividade profissional, por meio de nome diverso do seu.* O pseudônimo ou heterônimo não integra o nome, mas goza de proteção legal. Cita-se o exemplo aqui do ex-Presidente da República, José Ribamar Ferreira de Araújo, que governou o País com o pseudônimo de "José Sarney".

Cristiano Chaves de Farias e Nelson Rosenvald prelecionam:

> O *prenome* é o primeiro elemento componente do nome, servindo para a designação individual de cada pessoa. Pode ser *simples* (Felipe) ou *composto* (João Gabriel e Pedro Henrique), devendo ser escolhido livremente pelos pais, no momento do registro civil da pessoa natural. A liberdade de escolha, todavia, não é ilimitada e arbitrária, pois, oportunamente, o art. 55 da LRP permite ao Oficial do Cartório do Registro Civil de Pessoas Naturais recusar o registro de nomes que exponham ao ridículo os seus portadores ou atentem contra a ordem pública[54]. Aliás, o registro civil serve como fonte aquisitiva do prenome.
>
> Vale lembrar que será, necessariamente, composto o prenome no caso de gêmeos com idêntico nome, consoante exigência do art. 63 da Lei 6.015/1973 – LRP. Assim, caso os pais atribuam aos gêmeos o mesmo prenome, impõe-se

54 Curiosa hipótese é narrada por José Roberto Neves Amorim relatando a história do motorista de táxi que, recentemente, em São Paulo, pretendeu registrar o seu filho como Osama Bin Laden, tendo recorrido ao Judiciário, após a negativa do Oficial do Cartório do Registro Civil, vindo igualmente a ter rechaçada a sua pretensão, com esteio no art. 55, parágrafo único, da Lei de Registros Públicos. Cf. *Direito ao nome da pessoa física*, op. cit., p. 60.

que seja duplo e diferenciado. Exemplificativamente, caso queiram nominar os gêmeos como *José,* deverão ser *José Carlos* e *José Luiz.*

O *sobrenome*, também chamado de *nome patronímico* ou *nome de família*, é o indicativo da origem ancestral, da procedência familiar. Igualmente, o patronímico pode ser simples (Almeida) ou composto (Vilas Boas). Serve como elemento identificador da estirpe da pessoa, sendo adquirido *ipso iure*, com o simples nascimento. Assim, até mesmo o filho adulterino ou incestuoso faz jus ao patronímico de seu genitor, sendo vedada qualquer discriminação (CF/1988, art. 227, § 6.º).

É possível, ainda, a existência de um terceiro elemento componente do nome. É o chamado *agnome*, que é destinado a servir de complemento ao nome, indicando o grau de parentesco ou o grau de geração, como nos conhecidos exemplos de *Filho, Júnior* ou *Neto*[55].

Menção há de se fazer, outrossim, ao *hipocorístico,* que, por seu turno, "são aqueles (nomes) em que se retira parte do nome original, de modo a reduzi-lo, mantendo-se a sílaba mais forte ou diminutivos, utilizados para exprimir carinho (Chico, Beto, Toninho)" ou para indicação da "sílaba preponderante" (Tião, Fafá, Lu, Zé), como ensina José Roberto Neves Amorim[56].

Por derradeiro, é importante fazer referência ao *pseudônimo* ou *heterônimo.* Com origens etimológicas na expressão grega *pseudos*, que indica mentira, serve o pseudônimo para a ocultação da identidade civil do titular, de modo a impedir seu reconhecimento pelo público em geral, sendo utilizado, normalmente, por artistas, escritores e jornalistas. É expressão que identifica alguém em sua atividade profissional, através de nome diverso do seu. Pondera José Roberto Neves Amorim que, "normalmente, os pseudônimos são adotados por pessoas ilustres e autoridades constituídas, como o então Presidente da República José Ribamar Ferreira de Araújo, que governou o País com o pseudônimo de José Sarney"[57].

O pseudônimo, naturalmente, é de uso exclusivo do seu titular, em razão de seu caráter personalíssimo, e tem de ser escolhido nos limites da ordem pública e dos bons costumes, gozando de proteção jurídica, por constituir sinal de identidade pessoal, como, aliás, reconhece o art. 19 da norma substantiva.

Registre-se, ademais, que não se admite no Direito brasileiro "o uso de títulos nobiliárquicos (ou honoríficos) que em outros países podem compor o nome"[58], tais como Duque, Condessa etc.: conforme a advertência de Pedro Henrique de Miranda Rosa, muito embora se admita o uso dos *cognomes*, aqui entendidos como pseudônimos (FARIAS e ROSENVALD, 2015, p. 241-243).

55 CARVALHO NETO, Inácio; FUGIE, Érika Harumi. *Novo Código Civil comparado e comentado,* op. cit., p. 48.

56 AMORIM, José Roberto Neves. *Direito ao nome da pessoa física,* op. cit., p. 16.

57 AMORIM, José Roberto Neves. *Direito ao nome da pessoa física,* op. cit., p. 17.

58 ROSA, Pedro Henrique de Miranda. *Direito civil:* parte geral e teoria geral das obrigações, op. cit., p. 46.

Flávio Tartuce discorre sobre o assunto da seguinte forma:

> - *o prenome*, nome próprio da pessoa, podendo ser simples (*v.g.*, Flávio), ou composto (*v.g.*, Flávio Murilo);
> - *o sobrenome, nome, apelido ou patronímico, nome de família*, também podendo ser simples ou composto (*v.g.*, Tartuce, Silva);
> - *a partícula* (da, dos, de);
> - *o agnome*, que visa perpetuar um nome anterior já existente (Júnior, Filho, Neto, Sobrinho) (TARTUCE, 2016, p. 126).

Referências:

- FARIAS, Cristiano Chaves de; ROSENVALD, Nelson. *Curso de direito civil*: parte geral e LINDB. 13. ed. São Paulo: Atlas, 2015. vol. I.
- TARTUCE, Flávio. *Manual de direito civil*: volume único. 6. ed. rev., atual. e ampl. São Paulo: Método, 2016.

3.116 O que é **cabecel**?

Trata-se de terminologia que se atribui ao foreiro designado pelos outros foreiros ou pelo próprio senhorio direto, que fica encarregado pela cobrança de todos os direitos e foros dos demais, com o objetivo de pagar e repassar por inteiro ao mesmo senhorio. Em outras palavras, é o que tem a obrigação de responder por todos os direitos e foros perante o senhorio.

Pedro Junqueira Bernardes, sobre *cabecel*, diz que:

> 4 – Cabecel – "Nome que se dá ao foreiro, que, por designação dos demais foreiros ou do próprio senhorio direto, fica responsável perante este pela cobrança de todos os direitos e foros dos demais, para que os pague, por inteiro, ao mesmo senhorio". De Plácido e Silva. O festejado lexicógrafo não dá o étimo. Viterbo registra Cabeçal: "O que tinha obrigação de responder ao direito senhorio por todos os direitos e foros do casal, que andava repartido por muitos ou alguns, dos quais cobrava a respectiva porção". Fr. Joaquim de Santa Rosa de Viterbo. (BERNARDES, 2010, p. 1).

Referências:

- BERNARDES, Pedro Junqueira. *Termos jurídicos - sentido etimológico II*. Disponível em: <http://pedrojunqueirabernardes.blogspot.com.br/2010/05/termos-juridicos--sentido-etimologico-ii.html>. Acesso em: 26 abr. 2016.
- PIRAGIBE, Humberto Magalhães; MALTA, Christóvão Piragibe Tostes. *Dicionário jurídico*. 4. ed. Rio de Janeiro: Ed. Trabalhistas.

3.117 O que são **deveres laterais, anexos, secundários, acessórios** ou **satelitários**?

Nas lições de Roberto Figueiredo, os *deveres anexos* (acessórios, implícitos, satelitários) são "os quais perduram até após o pagamento, com a *eficácia pós-objetiva* da obrigação. São deveres ligados à boa-fé, sendo exemplos o de informar, cooperar, cuidado, zelo, etc. Por conseguinte, infere-se que as relações obrigacionais de tráfego jurídico não devem ser analisadas apenas sob o ponto de vista econômico, mas também consoante deveres não patrimoniais" (FIGUEIREDO, 2015, p. 1).

Essa terminologia de deveres anexos (acessórios, implícitos, satelitários) *também* recebe nomenclatura sinônima de *deveres laterais* e *secundários*.

Referências:

- FIGUEIREDO, Roberto. *Conceito, importância e função social das obrigações*. Dica de direito civil. Disponível em: <https://www.cers.com.br/noticias-e-blogs/noticia/conceito-importancia-e-funcao-social-das-obrigacoes;jsessionid=n5NmsHmC9zl-dXJKQB390LhnV.sp-tucson-prod-12>. Acesso em: 24 abr. 2016.

3.118 O que é **responsabilidade civil pela perda do tempo livre** ou **desvio produtivo de consumo**?

A responsabilidade civil pela perda do tempo livre ou desvio produtivo de consumo consiste na perda de tempo considerável e acima do razoável pelo ofendido (ou consumidor) diante do ofensor (ou empresa) para resolver impasses decorrentes das relações de consumo, no exercício do seu direito, por quadro de funcionários insuficientes, mero capricho ou desrespeito da empresa, com o objetivo de criar entraves e delongas para desestimular o consumidor a tanto.

Deve ser considerado que o tempo na atualidade e na sociedade de consumo tem imenso relevo, inclusive sob o aspecto financeiro, podendo ser economicamente mensurado.

O fator tempo, como se diz no senso popular, vale dinheiro, ou seja, tempo é dinheiro. Portanto, nada mais do que razoável, a depender da hipótese e do caso concreto, que se responsabilizem as empresas que desrespeitarem e imporem ao consumidor a perda do tempo livre ou desvio produtivo de consumo para resolverem os impasses decorrentes das relações consumeiristas negociais que ultrapassem a órbita do razoável.

Repita-se que, mesmo havendo normatizações de atendimento pelos serviços de atendimento ao consumidor pelo órgão regulador, as empresas continuam a ignorar a necessidade de ter e buscar um quadro de funcionários para atender as demandas e reclamações, ou até mesmo agir por mero capricho ou desrespeito em criar entraves e delongas para desestimular o consumidor a defender os seus direitos, causando o ilícito civil e, por consequência, a responsabilidade civil pela perda do tempo livre ou desvio produtivo de consumo.

Sobre o instituto, Luciano L. Figueiredo e Roberto L. Figueiredo (2015, p. 361-369) explicam que:

> 3.8. *Responsabilidade Civil pela Perda do Tempo Livre ou Desvio Produtivo de Consumo*
>
> Segundo Charles Darwin, o Pai do Evolucionismo, "o homem que tem a coragem de desperdiçar uma hora de seu tempo, não descobriu o valor da vida". Nas palavras do dramaturgo Francês Vitor Hugo, "a vida já é curta, e nós a encurtamos ainda mais desperdiçando o tempo". Na crença popular "o tempo é o senhor das coisas"... O tempo é um bem que todos nós temos. É impassível de troca, substituição, compra ou venda. Carrega o tempo uma noção relativa. Os colegas já devem ter se apercebido que quando mais novos os anos demoravam mais a passar. Claro, eles representavam mais sobre o seu tempo total de existência. Com 5 (cinco) anos de idade, a própria noção sobre a velocidade das coisas é relativa. Em uma reflexão sobre este assunto, o Juiz de Direito do Tribunal de Justiça do Pernambuco, Doutor Luiz Mário Moutinho, em mensagem postada em uma rede social, descreveu a importância do tempo no mundo atual:
>
> "A sensação do tempo é algo que varia com o tempo. Veja o exemplo dos computadores. Temos um equipamento que tem um processador com certa velocidade, e depois compramos outra máquina mais rápida alguns milésimos de segundos, e logo achamos que o PC antigo é lento demais...". Seria então este tempo um bem jurídico?
>
> Nas palavras de Pablo Stolze Gagliano[59], o tempo possui uma dupla perspectiva:

59 Op. cit.

a) Dinâmica;

b) Estática.

Na perspectiva mais difundida, a "dinâmica" (ou seja, em movimento), o tempo é um "fato jurídico natural ordinário". Traduz um acontecimento natural, apto a deflagrar efeitos na órbita do Direito, como visto e aprofundado no nosso Volume de Parte Geral, quando do estudo da Teoria do Fato, Ato e Negócio Jurídico. É este sentido dinâmico do tempo que nos traz noções como prescrição e decadência, usucapião, mudança de incapacidades (...) Em uma leitura "estática", o tempo é um valor, um bem relevante, merecedor de tutela jurídica.

Assim, hoje, o tempo é enxergado como um bem jurídico personalíssimo, o qual apenas pode ser disposto pelo seu próprio titular. Logo, aquele que injustificadamente se apropria deste bem alheio, causa lesão, apta a ser indenizada.

Trazendo tais ilações para o direito do consumidor, percebe-se que, por conta da despessoalização das empresas e atendimentos em *call center*, direcionamos tempo demasiado a solução de problemas comezinhos, os quais deveriam ser rapidamente sanados.

Seria razoável exigir do consumidor que perca tempo precioso para solucionar questões dessa natureza, quando ao mesmo tempo há outros afazeres e problemas mais sérios a solucionar?

Hugo Guglinski[60], especialista em direito do consumidor, assevera em artigo específico sobre o tema, disponível na internet, que "quando a má prestação de um serviço extravasa as raias da razoabilidade, dando lugar à irritação, à frustração, ao sentimento de descaso, ao sentimento de se sentir somente mais um número no rol de consumidores de uma empresa, é que ocorre a violação do direito à paz, à tranquilidade, à prestação adequada dos serviços contratados, enfim, a uma série de direitos intimamente relacionados à dignidade humana.

Hoje o consumidor brasileiro percorre uma verdadeira *via crucis* para tentar ver respeitados os seus direitos". Comungamos, perfeitamente, com este pensamento. Em decisão que condenou o Banco do Brasil a indenizar uma consumidora em R$ 5 (cinco) mil reais, o Des. Jones Figueiredo Alves, também do Tribunal de Justiça pernambucano, ao proferir voto/vista na Apelação Cível 230521-7, julgada pela 4.ª Câmara Cível do TJPE, destacou:

"A visão eclesiástica do tempo diz-nos que tudo tem o seu tempo determinado e há tempo para todo propósito debaixo do céu: há tempo de nascer e tempo de morrer; tempo de chorar e tempo de rir; tempo de abraçar e tempo de afastar-se; tempo de amar e tempo de aborrecer; tempo de

60 Disponível em: <http://jus.eom.br/artigos/21753/danos-morais-pela-perda-do-tempoutil-uma-nova-modalidade>.

guerra e tempo de paz. (...). A questão é de extrema gravidade e não se pode admiti-la, por retóricas de tolerância ou de condescendência, que sejam os transtornos do cotidiano que nos submetam a esse vilipêndio de tempo subtraído de vida, em face de uma sociedade tecnológica e massificada, impessoal e disforme, onde nela as pessoas possam perder a sua própria individualidade, consideradas que se tornem apenas em usuários numerados em bancos informatizados de dados".

D'outra banda, Marco Dessaune[61] em excelente obra sobre o assunto, afirma que:

"Mesmo que o Código de Defesa do Consumidor (Lei 8.078/1990) preconize que os produtos e serviços colocados no mercado de consumo devam ter padrões adequados de qualidade, de segurança, de durabilidade e de desempenho para que sejam úteis e não causem riscos ou danos ao consumidor – e também proíba, por outro lado, quaisquer práticas abusivas, ainda são 'normais' em nosso País situações nocivas como:

- Enfrentar uma fila demorada na agência bancária em que, dos 10 (dez) guichês existentes, só há dois ou três abertos para atendimento ao público; (...)

- Ter que retornar à loja (quando se é direcionado à assistência técnica autorizada ou ao fabricante) para reclamar de um produto eletroeletrônico que já apresenta problema alguns dias ou semanas depois de comprado;

- Telefonar insistentemente para o Serviço de Atendimento ao Consumidor (SAC) de uma empresa, contando a mesma história várias vezes, para tentar cancelar um serviço indesejado ou uma cobrança indevida, ou mesmo para pedir novas providências acerca de um produto ou serviço defeituoso renitente, mas repetidamente negligenciado;

- Levar repetidas vezes à oficina, por causa de um vício reincidente, um veículo que frequentemente sai de lá não só com o problema original intacto, mas também com outro problema que não existia antes;

- Ter a obrigação de chegar com a devida antecedência ao aeroporto e depois descobrir que precisará ficar uma, duas, três, quatro horas aguardando desconfortavelmente pelo voo que está atrasado, algumas vezes até dentro do avião;

- Cansado, com calor e com fome – sem obter da empresa responsável informações precisas sobre o problema, tampouco a assistência material que a ela compete".

Percebe-se completo desrespeito os ditames do Código de Defesa do Consumidor (Lei 8.078/1990) e ao Decreto-Lei do Serviço de Atendimento ao Cliente (SAC – Decreto-lei 6.523/2008), ambos focados em um ágil atendimento ao consumidor.

61 DESSAUNE, Marcos. *Desvio produtivo do consumidor* – o prejuízo do tempo desperdiçado. São Paulo: RT, 2011. p. 47-48.

> (...)
>
> Por tudo isto, infere-se que o tempo, estaticamente considerado, é um bem jurídico de valor extremamente relevante. Assim, a sua perda exacerbada, em claro abuso de direito do fornecedor, é apta a ocasionar um dano indenizável, colocando-se a chamada responsabilidade civil pela perda do tempo livre, ou o desvio produtivo do consumidor.

Sobre o tema responsabilidade civil pela perda do tempo livre ou desvio produtivo de consumo, colaciona o posicionamento de Leonardo de Medeiros Garcia[62]:

> Outra forma interessante de indenização por dano moral que tem sido admitida pela jurisprudência é a indenização pela perda do tempo livre do consumidor. Muitas situações do cotidiano nos trazem a sensação de perda de tempo: o tempo em que ficamos "presos" no trânsito; o tempo para cancelar a contratação que não mais nos interessa; o tempo para cancelar a cobrança indevida do cartão de crédito; a espera de atendimento em consultórios médicos etc. A maioria dessas situações, desde que não cause outros danos, deve ser tolerada, uma vez que faz parte da vida em sociedade. Ao contrário, a indenização pela perda do tempo livre trata de situações intoleráveis, em que há desídia e desrespeito aos consumidores, que muitas vezes se veem compelidos a sair de sua rotina e perder o tempo livre para solucionar problemas causados por atos ilícitos ou condutas abusivas dos fornecedores. Tais situações fogem do que usualmente se aceita como "normal", em se tratando de espera por parte do consumidor. São aqueles famosos casos de *call center* em que se espera durante 30 minutos ou mais, sendo transferido de um atendente para o outro. Nesses casos, percebe-se claramente o desrespeito ao consumidor, que é prontamente atendido quandc da contratação, mas, quando busca o atendimento para resolver qualquer impasse, é obrigado, injustificadamente, a perder seu tempo livre (...) (GARCIA, 2010, p. 67).

Cita-se que a jurisprudência de 2.º grau tem admitido a tese da responsabilidade civil pela perda do tempo livre ou desvio produtivo de consumo nas demandas levadas, com reputação de danos indenizáveis[63].

---

62 GARCIA, Leonardo Medeiros. *Direito do consumidor*. Salvador: JusPodivm, 2013. (Sinopses para Concursos Públicos)

63 "Consumidor. Ação indenizatória. Falha na prestação de serviço de telefonia e de internet, além de cobrança indevida. Sentença de procedência. Apelação da ré. Ausência de demonstração da ocorrência de uma das excludentes previstas no art. 14, § 3.º, do COE. Caracterização da perda

Por fim, o Superior Tribunal de Justiça teve oportunidade para deliberar sobre o tema, porém não acolheu a tese. Pode-se dizer que, para a apontada Corte, ainda prevalece a aplicação do simples contratempo, como se visualiza na ementa do julgamento do REsp 431.303/SP: "Demora, todavia, inferior a oito horas, portanto não significativa, que ocorreu em aeroporto dotado de boa infraestrutura, a afastar a caracterização de dano moral, porque, em verdade, não pode ser ele banalizado, o que se dá quando confundido com mero percalço, dissabor ou contratempo a que estão sujeitas as pessoas em sua vida comum". Entretanto, há quem sustente que o Superior Tribunal de Justiça, quando do julgamento de clientes que tiveram de forma exagerada de retornar "diversas vezes" a uma concessionária para resolução de defeitos em veículo "zero quilômetro", acarretaria dano moral (REsp 1.395.285/SP, *DJe* 12.12.2013; AgRg no AREsp 60.866/RS, *DJe* 01.02.2012; e AgRg no AREsp 76.980/RS, *DJe* 24.08.2012), em que se estaria implícita a *teoria do desvio do tempo ou o desvio/perda produtivo(a) do tempo*. Em decisão mais recente, a Corte de Justiça se manifestou, no Recurso Especial 1.443.268/DF (*DJe* 08.09.2014), relatado pelo Ministro Sidnei Beneti, afirmando expressamente que "a jurisprudência do STJ orienta-se no sentido de ser cabível indenização por dano moral quando o consumidor de veículo zero quilômetro *necessita retornar à concessionária por diversas vezes*, para reparos (...)". Nesse julgado há estudiosos que igualmente aduzem que, embora sem mencionar o tempo humano enquanto fundamento, quando a Corte expôs o "retorno por diversas vezes", se faria intuitiva a preocupação da Corte com o desperdício temporal desnecessário e indevido.

Referências:

- FIGUEIREDO, Luciano L.; FIGUEIREDO, Roberto L. *Direito civil*. Obrigações e responsabilidade civil. 4. ed. Salvador: JusPodivm, 2015. (Coleção Sinopses para Concursos)
- Garcia, Leonardo de Medeiros. *Direito do consumidor*: código comentado, jurisprudência, doutrina, questões. 6. ed. rev., ampl. e atual, pelas Leis n. 11.989/2009 e 12.039/2009. Niterói: Impetus, 2010. p. 67.

---

do tempo livre. Danos morais fixados pela sentença de acordo com os parâmetros da razoabilidade e proporcionalidade. Honorários advocatícios igualmente corretos. Desprovimento do apelo" (Des. Luiz Fernando de Carvalho, 3.ª Câmara Cível, j. 13.04.2011).

"Agravo Interno. Decisão monocrática em Apelação Cível que deu parcial provimento ao recurso do agravado. Direito do consumidor. Demanda indenizatória. Seguro descontado de conta-corrente sem autorização do correntista. Descontos indevidos. Cancelamento das cobranças que se impõe. Comprovação de inúmeras tentativas de resolução do problema, durante mais de três anos, sem que fosse solucionado. Falha na prestação do serviço. Perda do tempo livre. Dano moral configurado. Correto o valor da compensação fixado em RS 2.000,00. Juros moratórios a contar da citação. Aplicação da multa prevista no § 2.º do artigo 557 do CPC, no percentual de 10% (dez por cento) do valor corrigido da causa. Recurso desprovido" (Agravo de Instrumento 0049407, 2.ª Câmara Cível, Des. Alexandre Amara, j. 03.11.2010).

3.119 O que é **teoria da molecularização do conflito ou da tutela?**

O processualista Kazuo Watanabe criou a nomenclatura ao se referir *à prevalência pelo ajuizamento das ações coletivas. Não há razão para julgar várias ações individuais (que seriam átomos) quando é possível o julgamento coletivo (molécula).* Isso seria a *teoria da molecularização do conflito* ou *da tutela.*

O professor Cândido Dinamarco (1987) assevera que se presencia agora, como sugestivamente Kazuo Watanabe denominou "molecularização" da tutela jurisdicional, com o tradicional trato dos conflitos isoladamente, como átomos de uma realidade muito mais ampla, o exercício da jurisdição em face das moléculas em que os átomos se aglutinam. Em prosseguimento da assertiva e em homenagem a José Afonso Ferreira, de que "o estilo de vida contemporâneo, solidário por excelência e por imposição das necessidades e aspirações comuns na 'sociedade de massa' deste fim de século, impõe o trato coletivo de interesses que se somam e se confundem, quase que destacando-se dos indivíduos a que tradicionalmente se reportavam com exclusividade" (FERREIRA, 2003, p. 23).

Para Dinamarco, o Direito Coletivo é "o 'Direito de massa', resultante dessa nova realidade social, e que por sua vez impõe rumos novos ao processo civil, o qual também se vai então modelando como um 'processo civil de massa'" (FERREIRA, 2003, p. 24).

Luiz Felipe Perrone dos Reis, em dissertação sobre tema, dispõe que:

> Watanabe (1992) indica que outros institutos, *como o reforço da coisa julgada de âmbito nacional e a expressa possibilidade de controle difuso da constitucionalidade pela via da ação coletiva, levarão ainda mais o processo coletivo a "molecularizar"* (expressão de Watanabe, já citada, acima, por Dinamarco) *os litígios, evitando o emprego de inúmeros processos voltados à solução de controvérsias fragmentárias e dispersas* (...) Watanabe (1992) já indicava que outros institutos, como o reforço da coisa julgada de âmbito nacional e a expressa possibilidade de controle difuso da constitucionalidade pela via da ação coletiva, levarão ainda mais o processo coletivo a "molecularizar" (expressão de Watanabe) os litígios, evitando o emprego de inúmeros processos voltados à solução de controvérsias fragmentárias e dispersas (REIS, 2012, p. 30 e 50).

Em outras palavras, a *teoria da molecularização do conflito* ou *da tutela* é a priorização das "demandas" no atacado (molécula) [coletivas, difusas etc.] em detrimento às demandas por varejo (átomos) [individuais], por abranger um maior rol de pessoas e de direitos e ao mesmo tempo facilitar e evitar o acúmulo de ações individuais para tratarem do mesmo assunto que as demandas por atacado tratarão no Poder Judiciário. Na sociedade de massa e de informações essa é uma forte tendência processual.

Referências:

- FERREIRA, P. Os instrumentos processuais protetores dos direitos humanos. In: GRAU, E. R. *Estudos de direito constitucional*: homenagem a José Afonso da Silva. São Paulo: Melhoramentos, 2003.
- REIS, Luiz Felipe Perrone dos. *Efetividade na liquidação de sentença no direito processual coletivo*. Dissertação (mestrado) – Universidade de Ribeirão Preto, UNAERP, Direito, área de concentração: Direitos coletivos, cidadania e função social do Direito. Ribeirão Preto, 2012. Disponível em: <http://www.migalhas.com.br/arquivo_artigo/art20120618-01.pdf>. Acesso em: 23 abr. 2016.
- WATANABE, K. Demandas coletivas e problemas emergentes da práxis forense. *Revista de Processo*, São Paulo: RT, v. 17, n. 67, jul.-set. 1992.

3.120 O que é **prova diabólica**? O que é **prova unilateral e bilateralmente diabólica**?

A prova diabólica é a prova impossível ou de dificílima produção, sendo também denominada *prova difícil* ou *probatio levior*.

A prova unilateralmente diabólica é a prova impossível ou de dificílima produção para uma partes, mas, para a outra, pode ser possível. Já a prova bilateralmente diabólica é a prova impossível ou de dificílima produção para as duas partes. A doutrina denomina a *prova bilateralmente diabólica* também de *prova duplamente diabólica* ou de *situação de inesclarecibilidade*.

Fredie Didier Jr., Paula Sarno Braga e Rafael Alexandria de Oliveira conceituam a *prova diabólica*, a *prova unilateralmente diabólica* e a *prova bilateralmente diabólica*:

> A *prova diabólica*[64] *é aquela cuja produção é considerada como impossível ou muito difícil*. Trata-se de "expressão que se encontra na doutrina para fazer referência àqueles casos em que a prova da veracidade da alegação a respeito de um fato é extremamente difícil, nenhum meio de prova sendo capaz de permitir tal demonstração"[65]. Um bom exemplo de prova diabólica é a do autor da ação de usucapião especial, que teria de fazer prova do fato de não ser proprietário de nenhum outro imóvel (pressuposto para essa espécie de usucapião). É prova impossível de ser feita, pois o autor teria de juntar certidões negativas de todos os cartórios de registro de imóvel do mundo. Outro exemplo de prova diabólica são os "factos que ocorrem em ambiente fechado ou de acesso restrito"[66]. (...) É o caso da *prova unilateralmente diabólica*, isto é, *impossível (ou extremamente difícil) para uma das partes, mas viável para a outra*. No entanto, *existem situações em que a prova do fato é impossível ou muito difícil para ambas as partes - é bilateralmente diabólica*. É o que Marinoni[67] chama de "situação de inesclarecibilidade". Em tais casos, não cabe ao juiz manter o ônus (DIDIER JR., 2015, p. 114-115). (sem grifos no original)

Referências:

- DIDIER JR., Fredie; BRAGA, Paula Sarno; OLIVEIRA, Rafael Alexandria. *Curso de direito processual civil*: teoria da prova, direito probatório, ações probatórias, decisão, precedente, coisa julgada e antecipação dos efeitos da tutela. 10. ed. Salvador: JusPodivm, 2015. vol. 2.

64 Também chamada "prova difícil" (cf. SILVA, Paula Costa e; REIS, Nuno Trigo dos. A prova difícil: da *probatio levior* à inversão do ônus da prova. *Revista de Processo*, São Paulo: RT, ano 38, v. 222, ago. 2013, p. 149-171).

65 CÂMARA, Alexandre Freitas. Doenças preexistentes e ônus da prova: o problema da prova diabólica e uma possível solução. *Revista Dialética de Direito Processual*, São Paulo: Dialética, 2005, n. 31, p. 12.

66 SILVA, Paula Costa e; REIS, Nuno Trigo dos. A prova difícil: da *probatio levior* à inversão do ônus da prova. *Revista de Processo*, cit., p. 157.

67 MARINONI, Luiz Guilherme. *Formação da convicção e inversão do ônus da prova segundo as peculiaridades do caso concreto*, cit., p. 7-8.

4

DIREITOS DIFUSOS, CONSUMIDOR, ECA, INTERNACIONAL, TRIBUTÁRIO E FORMAÇÃO HUMANÍSTICA

4.1 O que vem a ser o "**teaser**" no Direito do Consumidor?

O teaser consiste na prática de fragmentar a mensagem publicitária a fim de aumentar a expectativa do consumidor, publicando uma espécie de publicidade da publicidade.

> os *teasers* são as mensagens que visam criar expectativa ou curiosidade em torno de produtos ou serviços a serem lançados (por exemplo: "Vem aí o produto X. Aguarde"). A norma autodisciplinadora permite seu uso (art. 9.º, parágrafo único) (NUNES, 2015, p. 530).

Referências:

- NUNES, Rizzatto. *Comentários ao Código de Defesa do Consumidor*. 8. ed. São Paulo: Saraiva, 2015.

4.2 O que vem a ser o **chamariz** no Direito do Consumidor?

Conforme ensinamentos de Rizzato Nunes, "chamariz", no Direito do Consumidor, é uma "(...) *forma bastante usada (...). Este é uma modalidade de enganação que não está necessariamente atrelada ao produto ou serviço em si. (...) O 'chamariz' é, portanto, urna maneira enganosa de atrair o consumidor, para que ele, uma vez estando no estabelecimento (ou telefonando), acabe comprando algo. Muitas vezes, bem constrangido"* (NUNES, 2015, p. 562-563) (sem grifos no original).

Referências:

- NUNES, Rizzatto *Comentários ao Código de Defesa do Consumidor*. 8. ed. São Paulo: Saraiva, 2015.

4.3 O que é **reestilização** no Direito do Consumidor? A reestilização é válida?

Reestilização significa o ato de reestilizar, ou seja, conferir um estilo novo a algo preexistente.

Transportando esse conceito de *reestilização ao Direito do Consumidor,* segundo entendimento da jurisprudência do Superior Tribunal de Justiça, a reestilização *é prática lítica.* No entanto, constituirá prática abusiva na seguinte hipótese: *"Constitui prática comercial abusiva e propaganda enganosa e não de 'reestilização' lícita, lançar e comercializar veículo no ano como sendo modelo do ano seguinte e, depois, adquiridos esses modelos pelos consumidores, paralisar a fabricação desse modelo e lançar outro, com novos detalhes, no mesmo ano, como modelo do ano seguinte, nem mesmo comercializando mais o anterior em aludido ano seguinte"* (Disponível em: <http://www.conjur.com.br/2013-ago-30/montadora-nao-alterar--carro-anunciado-lancamento-ano-anterior>. Acesso em: 8 mar. 2016).

ATENÇÃO

A questão foi exigida no concurso para ingresso no Ministério Público do Acre na prova discursiva, detalhe que demonstra a importância em conhecer o tema.

Quanto à *validade* ou não da *reestilização no Direito do Consumidor,* o Superior Tribunal de Justiça já decidiu sobre o tema das formas a seguir expostas:

> Direito do consumidor. *"Reestilização" lícita de produto.* Veículo 2007 comercializado como modelo 2008. Lançamento no ano de 2008 de produto reformulado, como sendo modelo 2009. Prática comercial abusiva e propaganda enganosa não verificadas.

> 1. *Lícito ao fabricante de veículos antecipar o lançamento de um modelo meses antes da virada do ano, prática usual no mercado de veículos.*
>
> 2. *Não há falar em prática comercial abusiva ou propaganda enganosa quando o consumidor, no ano de 2007, adquire veículo modelo 2008 e a reestilização do produto atinge apenas os de modelo 2009*, ou seja, não realizada no mesmo ano. Situação diversa da ocorrida no julgamento do REsp 1.342.899/RS (Rel. Ministro Sidnei Beneti, Terceira Turma, julgado em 20.08.2013, *DJe* 09.09.2013).
>
> 3. No caso, a alegação de que o consumidor deveria ter sido advertido, no momento da compra, quanto à alteração das características do produto em futuro próximo, tendo em vista o direito de ampla informação, não foi enfrentada pelo Tribunal de origem. Ausência de prequestionamento.
>
> 4. Recurso Especial a que se nega provimento (STJ, REsp 1.330.174/MG, 2012/0103111-0, 3.ª Turma, Rel. Min. Sidnei Beneti, j. 22.10.2013, *DJe* 04.11.2013).
>
> Recurso especial. Ação civil pública. Consumidor. *"Reestilização" de produto.* Veículo 2006 comercializado como modelo 2007. Lançamento no mesmo ano de 2006 de novo modelo 2007. Caso "Pálio Fire modelo 2007". Prática comercial abusiva. Propaganda enganosa. Princípio da boa-fé objetiva. Alegação de reestilização lícita afastada.
>
> (...)
>
> 3. Embora lícito ao fabricante de veículos antecipar o lançamento de um modelo meses antes da virada do ano, prática usual no país, *constitui prática comercial abusiva e propaganda enganosa* e não de "reestilização" lícita, lançar e comercializar veículo no ano como sendo modelo do ano seguinte e, depois, adquiridos esses modelos pelos consumidores, paralisar a fabricação desse modelo e lançar outro, com novos detalhes, no mesmo ano, como modelo do ano seguinte, nem mesmo comercializando mais o anterior em aludido ano seguinte. Caso em que o fabricante, após divulgar e passar a comercializar o automóvel "Pálio Fire Ano 2006 Modelo 2007", vendido apenas em 2006, simplesmente lançou outro automóvel "Pálio Fire Modelo 2007", com alteração de vários itens, o que leva a concluir haver ela oferecido em 2006 um modelo 2007 que não viria a ser produzido em 2007, ferindo a fundada expectativa de consumo de seus adquirentes em terem, no ano de 2007, um veículo do ano (STJ, REsp 1.342.899/RS, 3.ª Turma, Rel. Min. Sidnei Beneti, j. 20.08.2013, *DJe* 09.09.2013).

Entretanto, apesar das ementas *supra*, em recente decisão, o Superior Tribunal de Justiça, por intermédio da 4.ª Turma, entendeu que constitui publicidade enganosa a conduta de montadora que lança modelo de veículo para o ano seguinte e, em pequeno intervalo de tempo, apresenta nova versão, também divulgada como modelo do próximo ano, determinando que a Ford indenize consumidores por prática comercial abusiva com reestilização (STJ, 2016, REsp 871.172/SE).

Portanto, cuidado com eventual questão a ser exigida no concurso público.

Referências:

- BRASIL. STJ, REsp 871.172/SE, Rel. Min. Maria Isabel Gallotti.

4.4 O que é "puffing" na relação consumeirista?

O puffing *na relação consumeirista, também conhecido como o exagero publicitário, é técnica de publicidade lícita que se baseia na prestação de informações de forma extravagante para convencer o consumidor a adquirir determinado produto ou serviço.*

> *"puffing" na relação consumeirista é a utilização de adjetivações exageradas que pode causar enganosidade ou não. O chamado puffing é a técnica publicitária da utilização do exagero.* A doutrina entende que o *puffing* não está proibido enquanto apresentado "como publicidade espalhafatosa, cujo caráter subjetivo ou jocoso não permite que seja objetivamente encarada como vinculante. É o anúncio em que se diz ser 'o melhor produto do mercado', por exemplo". Concordamos com tal afirmação apenas para as hipóteses em que o exagero é evidente e inofensivo e simultaneamente não possa enganar o consumidor. Assim, haverá muitos casos em que o *puffing,* ainda que utilizado intencionalmente para atrair o consumidor incauto, acaba não podendo ser capaz de tomar enganoso o anúncio. Isso é muito comum nos casos dos aspectos subjetivos típicos dos produtos ou serviços: quando se diz que é o "mais gostoso"; tenha "o melhor paladar"; "o melhor sabor"; "o lugar mais aconchegante"; "o mais acolhedor"; "a melhor comédia"; "o filme do ano" etc. Como tais afirmações dependem de uma avaliação crítica (ou não) subjetiva de cada consumidor, fica difícil, senão impossível, atribuir de fato a possibilidade da prova da verdade da afirmação. Afinal, gosto é difícil de discutir. Por isso que a doutrina dá certo desconto para o exagero. Mas, se o *puffing* puder ser medido objetivamente, e, de fato, não corresponder a verdade, será, então, enganoso. Assim, por exemplo, se o anúncio diz que aquela é "a pilha que mais dura", tem de poder provar. Se é o "isqueiro que acende mais vezes", também. Se é o "carro mais econômico da categoria", da mesma forma etc. (NUNES, 2015, p. 566-567). (sem grifos no original)

O *puffing* também recebe como terminologia correlata a expressão *puffery*.

Referências:

- NUNES, Rizzatto. *Comentários ao Código de Defesa do Consumidor*. 8. ed. São Paulo: Saraiva, 2015.

4.5 O que é "merchandising" no Direito do Consumidor?

O merchandising consiste na inserção de publicidade no decorrer de outro evento, seja um vídeo, áudio, ou qualquer outro evento que não seja a publicidade em si. Essa prática, a rigor, seria camuflada ou subliminar, apresentando o produto ou serviço em seu uso normal, sem menção direta à publicidade. Entretanto, a veiculação de créditos deve ser antecipada, posto que o consumidor, segundo o princípio da identificação da publicidade, deve saber que está, ou, no caso, que será alvo de publicidade, para que seja possível identificá-la, descaracterizando-a como mensagem subliminar, e, portanto, tornando-a legítima.

> (...) técnica de merchandising *tem regulação um tanto estranha na norma. Como se verá na sequência, o anúncio publicitário há de ser ostensivo, claro, ficando patente para o consumidor que se trata de atividade publicitária sim. E isso é apresentado expressamente no* caput *do art. 9.º. A exceção fica por conta do teaser acima tratado. Mas é feita referência ao* merchandising, dizendo que está submetido a todas as regras contidas na norma autodisciplinar por expressa disposição do art. 10. Ora, a melhor característica do *merchandising* é ele passar despercebido, o que implica urna expressa contradição, que afinal não foi resolvida. O mesmo fenômeno atingiu as regras do CDC. Lá também ficou estabelecido que a publicidade deve ser vinculada de forma que o consumidor fácil e imediatamente a identifique como tal, o que vai contra o que mais se planeja como *merchandising* (ver comentários ao art. 36 do CDC. Lá os problemas com *merchandising* serão abordados) (NUNES, 2015, p. 530-531).

Referências:

- NUNES, Rizzatto. *Comentários ao Código de Defesa do Consumidor*. 8. ed. São Paulo: Saraiva, 2015.

4.6 O que se entende por instituto ou fenômeno do "business purpose" no Direito Tributário?

Nas palavras de Josiane Pretti, *o instituto ou fenômeno do* "business purpose" *no Direito Tributário é uma teoria que estabelece limites à prática de elisão fiscal, e tem o objetivo de constatar a existência de um propósito negocial. Por isso se denomina de* "business purpose", *uma vez que não serve apenas e unicamente para economizar os tributos, mas para validar a conduta do contribuinte que pretende reduzir sua carga tributária, verificando-se realmente se estaria ou não diante de um propósito negocial ou de expediente fraudulento* (PRETTI).

Com o intuito de elucidar e fazer com que a questão seja mais bem compreendida, podemos citar um negócio simulado, em que há ausência de objetivo comercial, negocial ou econômico e o único objetivo existente nesse caso é o de lesar o Fisco, consoante ementa do Supremo Tribunal Federal:

> Imposto sobre a renda. Dedução do prêmio de seguro de vida. Se dotal o prêmio único, pago por empréstimo da seguradora, resgatada a apólice no ano seguinte, caracteriza-se a simulação fraudulenta contra o Fisco. Interpretação econômica da lei fiscal. A aplicação da teoria da simulação dos atos jurídicos. Em seu voto, Aliomar Baleeiro entendeu que, no caso analisado, havia uma simulação. "Porque aí é uma simulação. Simula-se um seguro, para efeito de obter-se uma dedução e depois se resgata logo a apólice" (STF, Recurso em Mandado de Segurança 16.050, de março de 1966, Rel. Aliomar Baleeiro).

Diante do exemplo trazido pelo julgado, percebe-se que se trata de uma operação sem propósito negocial algum. O propósito único aqui nesse expediente é o de reduzir a carga tributária do contribuinte, tanto é verdade que logo depois o negócio é desfeito, tratando-se de uma simulação.

Assim, a falta de propósito negocial (*business purpose*) pode se apresentar como um dos indícios da ocorrência de simulação do negócio praticado, todavia cumpre ao Fisco comprovar a simulação, não bastando o apontamento de ausência de propósito negocial (*business purpose*).

Por fim, vale realçar que a doutrina do propósito negocial (*business-purpose doctrine*) tem origem nos Estados Unidos da América e nasceu num contexto de reestruturações societárias. Dentre seus fundamentos primordiais, pode-se destacar que a simples concordância com a letra da lei tributária é insuficiente para embasar uma economia tributária válida (HOGROIAN).

Referências:

- HOGROIAN, Ferdinand. *Under the watchful eye of state tax administors: the businesspurpose doctrine*. The Tax Adviser, 2002. Disponível em: <http://www.allbusiness. com/government/business-regulations-business-structures/271598-1.html>. Acesso em: 19 ago. 2010.
- PRETTI, Josiane. *O que é* business purpose. Disponível em: <http://phmp.com.br/artigos-e-publicacoes/artigo/o-que-e-business-purpose/>. Acesso em: 6 mar. 2016.
- *Revista Dialética de Direito Tributário*, n. 231, dez. 2014.

4.7 Em que consiste o **princípio da transversalidade** (princípio da ubiquidade, princípio da consideração da variável ambiental nos processos decisórios) no Direito Ambiental?

Os teóricos Talden Farias, Francisco Seráphico da Nóbrega Coutinho e Geórgia Karênia R. M. M. Melo aduzem que, "(...) de acordo com o *princípio da transversalidade, deve ser feita a consideração da variável ambiental em qualquer processo decisório de desenvolvimento, já que praticamente todas as políticas públicas interferem ou podem interferir na qualidade do meio ambiente. (...) Esse cômputo da questão ambiental certamente trará uma maior proteção ao meio ambiente, na medida em que os impactos ambientais passam a ser considerados de forma mais ampla (...)*" (FARIAS; NÓBREGA COUTINHO; MELO, 2014, p. 49).

O princípio da transversalidade tem como sinônimo o princípio da ubiquidade, princípio da consideração da variável ambiental nos processos decisórios.

Referências:

- FARIAS, Talden; NÓBREGA COUTINHO, Francisco Seráphico da; MELO, Geórgia Karênia R. M. M. *Direito ambiental*. 2. ed. rev., ampl. e atual. Salvador: JusPodivm, 2014. vol. 30. (Coleção Sinopses para Concursos)

4.8 O que é o **biocentrismo** no Direito Ambiental?

Biocentrismo no Direito Ambiental, para Talden Farias, Francisco Seráphico da Nóbrega Coutinho e Geórgia Karênia R. M. M. Melo, *"se fundamenta na Ecologia Profunda, cada recurso natural possui um valor intrínseco e deve ser protegido em razão de sua função ecológica, pois os seres vivos e os elementos que propiciam a vida fazem parte de um sistema integrado e interdependente, sendo o ser humano apenas uma parte dessa complexa teia"* (FARIAS; NÓBREGA COUTINHO; MELO, 2014, p. 24).

Em outras palavras, o biocentrismo no Direito Ambiental é o meio ambiente e os recursos naturais no centro do universo.

Referências:

- FARIAS, Talden; NÓBREGA COUTINHO, Francisco Seráphico da; MELO, Geórgia Karênia R. M. M. *Direito ambiental*. 2. ed. rev., ampl. e atual. Salvador: JusPodivm, 2014. vol. 30. (Coleção Sinopses para Concursos)

4.9 O que é **fase holística** no Direito Ambiental?

Para a compreensão do assunto, é necessária uma breve incursão na parte histórica das fases do Direito Ambiental.

Nesse contexto, o Min. Antonio Herman Benjamin cita as seguintes fases históricas do Direito Ambiental:

> I - Primeira fase: do descobrimento, em 1500, até aproximadamente a metade do Século XX, período em que a proteção ambiental no Brasil recebeu pouca atenção, à exceção de umas poucas normas isoladas.
>
> II - Segunda fase: fase fragmentária, onde o legislador, "preocupado com largas categorias de recursos naturais, mas ainda não preocupado com o meio ambiente em si mesmo considerado, impôs controles legais às atividades exploratórias". São desse período o Código Florestal (1965), os Códigos de Caça, de Pesca e de Mineração (todos de 1967), a Lei de Zoneamento Industrial (1980) e a Lei dos Agrotóxicos (1989).
>
> III - Terceira fase: prenunciada pela edição da Lei 6.938/1981, tem início a *"fase holística"* do Direito Ambiental onde, na dicção de Benjamin, *"o ambiente passa a ser protegido de maneira integral, vale dizer, como sistema ecológico integrado"* (BENJAMIN, 2001).

Talden Farias, Francisco Seráphico da Nóbrega Coutinho e Geórgia Karênia R. M. M. Melo apregoam as fases individualista, fragmentária e holística, que corresponderiam às mesmas sequências *supra*.

A fase holística, na visão dos indigitados autores, seria a *"compreensão do meio ambiente como um todo integrado e interdependente"* (FARIAS, 2014, p. 20).

Em outras palavras, fase holística no Direito Ambiental nada mais é do que um entendimento do meio ambiente de forma globalmente integrado e com interpendência.

Referências:

- BENJAMIN, Antonio Herman. Introdução à Lei do Sistema Nacional de Unidades de Conservação. *Direito ambiental das áreas protegidas*: o regime jurídico das Unidades de Conservação. Rio de Janeiro: Forense Universitária, 2001.
- FARIAS, Talden; NÓBREGA COUTINHO, Francisco Seráphico da; MELO, Geórgia Karênia R. M. M. *Direito ambiental*. 2. ed. rev., ampl. e atual. Salvador: JusPodivm, 2014. vol. 30. (Coleção Sinopses para Concursos)

4.10 O que é **antropocentrismo alargado** no Direito Ambiental?

Talden Farias, Francisco Seráphico da Nóbrega Coutinho e Geórgia Karênia R. M. M. Melo dizem que antropocentrismo alargado no Direito Ambiental *"(...) é a corrente que, a despeito de reconhecer o ser humano como centro do ordenamento jurídico, não deixa de levar em consideração a sua interdependência da natureza"* (FARIAS, 2014, p. 25).

Vale destacar que a Constituição Federal da República Federativa do Brasil abraçou o antropocentrismo no art. 225, *caput*, ao preconizar o direito de todos ao meio ambiente equilibrado, uma vez que nosso ordenamento jurídico é construído por seres humanos.

Referências:

- FARIAS, Talden; NÓBREGA COUTINHO, Francisco Seráphico da; MELO, Geórgia Karênia R. M. M. *Direito ambiental*. 2. ed. rev., ampl. e atual. Salvador: JusPodivm, 2014. vol. 30. (Coleção Sinopses para Concursos)

4.11 O que é **Teoria Dualista** no Direito Internacional?

Conforme ensinamentos de Maria Beatriz Ribeiro Gonçalves sobre a Teoria Dualista no Direito Internacional, *"(...) há duas ordens jurídicas distintas que não se relacionam nem se interpenetram. Os sistemas normativos nacional e internacional teriam fundamentos e fontes de produção diferentes, por isso seriam independentes. Assim, a validade de uma norma internacional não dependeria de sua harmonia com a ordem interna e vice-versa. Para que uma norma internacional pudesse viger na ordem interna, deveria haver espécie de 'incorporação' desta norma no quadro jurídico interno"* (GONÇALVES, 2015, p. 18).

Referências:

- GONÇALVES, Maria Beatriz Ribeiro. *Direito internacional público e privado*. 2. ed. rev. e atual. Salvador: JusPodivm, 2015.

4.12 Qual o conceito da **Teoria Dualista Moderada** no Direito Internacional?

Nas palavras da professora Maria Beatriz Ribeiro Gonçalves, acerca da Teoria Dualista Moderada no Direito Internacional, *"(...) a recepção da norma internacional pelo ordenamento jurídico interno dispensa a edição de lei nacional, embora seja necessário um procedimento interno específico, com participação dos poderes legislativo e executivo.* Essa é a teoria que se coaduna com o sistema brasileiro, já que este não permite a validação direta dos tratados internacionais, sendo necessário o procedimento formal de 'internalização' com decreto presidencial do Poder Executivo após a devida aprovação do Congresso Nacional. Assim, é possível afirmar que o ordenamento brasileiro adota a teoria dualista moderada" (GONÇALVES, 2015, p. 18) (sem grifos no original).

Referências:

- GONÇALVES, Maria Beatriz Ribeiro. *Direito internacional público e privado*. 2. ed. Salvador: JusPodivm, 2015.

4.13 Qual o conceito da **Teoria Dualista Radical** no Direito Internacional?

Segundo a Teoria Dualista Radical no Direito Internacional, *"(...) a independência entre os sistemas seria tamanha, que a fim de obter eficácia no ordenamento jurídico interno, haveria a necessidade de edição de uma lei nacional para incorporar a norma internacional ao sistema jurídico interno"* (GONÇALVES, 2015, p. 18).

Referências:

- GONÇALVES, Maria Beatriz Ribeiro. *Direito internacional público e privado*. 2. ed. rev. e atual. Salvador: JusPodivm, 2015.

4.14 O que são normas **"jus cogens"** ou **"ius cogens"** no Direito Internacional?

As normas "jus cogens" ou "ius cogens" no Direito Internacional significam *"normas imperativas de Direito Internacional, que por sua importância não podem ser derrogadas por quaisquer tratados anteriores ou posteriores (...). As normas* jus cogens *não estão arroladas em nenhum documento internacional. São definidas pelo processo histórico e social como normas situadas em plano hierárquico superior frente às demais normas de Direito Internacional, pois traduzem os valores fundamentais que consubstanciam a ordem pública internacional"* (GONÇALVES, 2015, p. 29).

Referências:

- GONÇALVES, Maria Beatriz Ribeiro. *Direito internacional público e privado*. 2. ed. rev. e atual. Salvador: JusPodivm, 2015.

4.15 O que é **"soft law"** no Direito Internacional?

Soft law (direito flexível) no Direito Internacional "*consiste no conjunto de normas que não ostentam caráter jurídico vinculante, mas orientam condutas no plano do Direito Internacional.* A norma de *soft law* traduz uma intenção ou compromisso da parte. Porém, caso descumprido, esse compromisso não pode ser exigido da parte declarante, posto que desprovido de caráter vinculante. As normas de *soft law* se aproximam de um 'programa de ação' e são elaboradas nos mais variados âmbitos do Direito Internacional, tais como fóruns internacionais de meio ambiente, economia, saúde etc., organizações internacionais, associações internacionais e até mesmo pelos próprios Estados. São exemplos de *soft law*: acordos de cavalheiros (*gentlemen's agréments*); declarações e recomendações das organizações internacionais; declarações conjuntas; códigos de condutas etc." (GONÇALVES, 2015, p. 29) (sem grifos no original).

Referências:

- GONÇALVES, Maria Beatriz Ribeiro. *Direito internacional público e privado*. 2. ed. rev. e atual. Salvador: JusPodivm, 2015.

4.16 Em que consiste o **conflito duplo ou bidimensional** ou **conflito de segundo grau** no Direito Internacional?

Para o internacionalista Valério de Oliveira Mazzuoli, o conflito duplo ou bidimensional ou conflito de segundo grau no Direito Internacional consiste em que,

> (...) na medida que cada Estado tem suas próprias normas de DIPr, surge o problema – também comum às demais espécies de normas jurídicas – de sua aplicação *no espaço. Em outros termos, as normas indicativas ou indiretas de DIPr nacionais e estrangeiras podem, entre si, entrar em conflito (positivo ou negativo) no espaço, quando então se diz tratar de um conflito de segundo grau. Alguns autores também o nominam de conflito duplo ou bidimensional, por ser um conflito, no espaço, de normas de solução de conflitos de leis no tempo.* Assim, tais conflitos – a exemplo dos existentes relativamente à legislação civil, penal, tributária, administrativa, empresarial e processual – são também conflitos de *normas* no espaço, porém, de normas *indicativas ou indiretas* de DIPr, ao que se nomina conflito de segundo grau (duplo ou bidimensional). Havendo divergência entre a lei nacional (*lex fori*) e a lei estrangeira (*estranha*) deverá o juiz aplicar a que melhor resolva, com justiça, o caso concreto. Segundo Haroldo Valladão, deve-se rechaçar, nesse caso, a opinião radical de que o juiz do foro deverá aplicar *sempre e exclusivamente* a sua lei de DIPr, que seria de rigorosa ordem pública internacional, de caráter absoluto e universalista, *ignorando*, para todos os efeitos, a lei de DIPr estrangeira, eis que esse totalitarismo da *lex fori* vai de encontro à vocação universaldo DIPr de considerar e respeitar a lei estrangeira, harmonizando e balanceando, com justiça e equidade, as leis em conflito do foro e de outro sistema jurídico[4].

---

1 Cf. NIBOYET, J.-P. *Cours de droit international privé français*, cit., p. 351-352; e VALLADÃO, Haroldo. Conflitos no espaço de normas de direito internacional privado: renúncia e devolução. In: BAPTISTA, Luiz Olavo & MAZZUOLI, Valerio de Oliveira (org.). *Direito internacional privado*: teoria e prática. São Paulo: Ed. RT, 2012, p. 183-205 (Coleção *Doutrinas essenciais*: direito internacional, vol. IV).

2 *V.* BATALHA, Wilson de Souza Campos & RODRIGUES NETTO, Sílvia Marina L. Batalha de. *O direito internacional privado na Organização dos Estados Americanos*, cit., p. 57.

3 Cf. VALLADÃO, Haroldo. *Direito internacional privado...*, cit., p. 227; e DINIZ, Maria Helena. *Lei de Introdução ao Código Civil Brasileiro interpretada*, cit., p. 33-34.

4 VALLADÃO, Haroldo. *Direito internacional privado...*, cit., p. 227. Nesse exato sentido, *v.* BATALHA, Wilson de Souza Campos & RODRIGUES NETTO, Sílvia Marina L. Batalha de. *O direito*

Nesse exato sentido está o art. 9.º da Convenção Interamericana sobre Normas Gerais de Direito Internacional Privado, de 1979, segundo o qual "as diversas leis que podem ser competentes para regular os diferentes aspectos de uma mesma relação jurídica serão aplicadas de maneira harmônica, procurando-se realizar os fins colimados por cada uma das referidas legislações", complementando que "as dificuldades que forem causadas por sua aplicação simultânea serão resolvidas levando-se em conta as exigências impostas pela equidade no caso concreto".

A um mesmo resultado se chega aplicando o que Erik Jayme chamou de "diálogo das fontes", pelo que, em vez de simplesmente excluir do sistema certa norma jurídica, deve-se buscar a convivência entre essas mesmas normas por meio de um *diálogo*. Como já se falou, segundo Jayme, a solução para os conflitos normativos que emergem no direito pós-moderno há de ser encontrada na harmonização (coordenação) entre fontes heterogêneas que não se excluem mutuamente (normas de direitos humanos, textos constitucionais, tratados internacionais, sistemas nacionais etc.), mas, ao contrário, "falam" umas com as outras[5]. Essa "conversa" entre fontes diversas é que permite encontrar a verdadeira *ratio* de ambas as normas em prol da proteção da pessoa humana (em geral) e dos menos favorecidos (em especial)[6] (MAZZUOLI, 2015, p. 69-70). (sem grifos no original)

Referências:

- MAZZUOLI, Valerio de Oliveira. *Direito internacional privado*: curso elementar. Rio de Janeiro: Forense, 2015.

4.17 O que se entende por **primeira infância**?

Segundo a Lei 13.257/2016, *considera-se primeira infância o período que abrange os primeiros seis anos completos (72 meses) de vida da criança.* Segundo Cavalcante,

internacional privado na Organização dos Estados Americanos, cit., p. 106-107: "O concurso de leis aplicáveis a uma mesma relação jurídica deve ser ordenado de forma harmônica, procurando-se, tanto quanto possível, alcançar o objetivo visado pelas diversas leis. Não sendo isso possível, deverá o juiz ou tribunal criar uma solução de equidade, *praeter legem*. (...) Em vez de um *ignorabimus* a respeito do fundamento normativo e de um *non liquet* que tornaria o caso pendente sem solução, deve o juiz ou o tribunal recorrer à equidade como Justiça do caso particular, ou seja, o critério de solução específica, alheio aos preceitos gerais da lei, ou das leis em conflito".

5 JAYME, Erik. Identité culturelle et intégration..., cit., p. 259.

6 Cf. MAZZUOLI, Valerio de Oliveira. *Tratados internacionais de direitos humanos e direito interno*, cit., p. 129-177.

> para os fins da Lei, considera-se *primeira infância o período que abrange os primeiros 6 anos completos (72 meses) de vida da criança. Políticas públicas: O Estado tem o dever de estabelecer políticas, planos, programas e serviços para a primeira infância. O pleno atendimento dos direitos da criança na primeira infância constitui objetivo comum de todos os entes da Federação, segundo as respectivas competências constitucionais e legais, a ser alcançado em regime de colaboração entre a União, os Estados, o Distrito Federal e os Municípios (art. 8.º). A sociedade participa solidariamente com a família e o Estado da proteção e da promoção da criança na primeira infância (art. 12). Criança como "cidadã": Aprendemos nos manuais de Direito Constitucional e/ou Eleitoral que "cidadão" é a pessoa que goza de direitos políticos. Assim, é comum a distinção doutrinária entre nacional e cidadão. Segundo esta lição, um brasileiro menor de 16 anos é nacional, mas não é cidadão porque não goza de direitos políticos (não pode votar nem ser votado). Chamo atenção para o fato de que a Lei 13.257/2016 menciona que a criança ostenta a condição de "cidadã" (art. 4.º, I, V e parágrafo único). Na prática, nada muda, sendo apenas um instrumento de retórica simbólica da Lei. No entanto, cuidado nas provas objetivas de concurso, cuja resposta irá variar de acordo com a disciplina na qual a questão é perguntada. Pressão consumista: Curiosidade. A Lei afirma que a primeira infância deverá ser protegida contra toda forma de violência e de pressão consumista (art. 5.º)* (CAVALCANTE). (sem grifos no original)

Por fim, cumpre destacar que a Lei 13.257/2016 prevê a formulação e implementação de políticas públicas voltadas para as crianças que estão na "primeira infância", além de outras matérias.

Referências:

- CAVALCANTE, Márcio André Lopes. *Comentários à Lei 13.257/2016 - Estatuto da Primeira Infância*. Disponível em: <http://www.dizerodireito.com.br/2016/03/comentarios-lei-132572016-estatuto-da.html>. Acesso em: 12 mar. 2016.

4.18 O que se entende por **criança "cidadã"**?

A expressão criança "cidadã" trazida pela Lei 13.257/2016 quis, na verdade, reforçar e projetar mais ainda a importância da criança de hoje para o futuro de amanhã, inclusive preocupando-se com seu status de cidadã, em vista de ser detentora de direitos e políticas públicas voltadas a seu favor – ingredientes já existentes anteriormente à indigitada lei.

Segundo o professor Márcio André Lopes Cavalcante, criança "cidadã", na prática, seria "(...) apenas um instrumento de retórica simbólica da Lei. No entanto, cuidado nas provas objetivas de concurso, cuja resposta irá variar de acordo com a disciplina na qual a questão é perguntada" (CAVALCANTE).

Prossegue o aludido autor ensinando que "(...) aprendemos nos manuais de Direito Constitucional e/ou Eleitoral que 'cidadão' é a pessoa que goza de direitos políticos. Assim, é comum a distinção doutrinária entre nacional e cidadão. Segundo esta lição, um brasileiro menor de 16 anos é nacional, mas não é cidadão porque não goza de direitos políticos (não pode votar nem ser votado). Chamo atenção para o fato de que a Lei 13.257/2016 menciona que a criança ostenta a condição de 'cidadã' (art. 4.º, I, V e parágrafo único)" (CAVALCANTE).

Referências:

- CAVALCANTE, Márcio André Lopes. *Comentários à Lei 13.257/2016 - Estatuto da Primeira Infância*. Disponível em: <http://www.dizerodireito.com.br/2016/03/comentarios-lei-132572016-estatuto-da.html>. Acesso em: 12 mar. 2016.

4.19 Em que consiste o "drawback"?

O regime aduaneiro especial de "drawback" *consiste na suspensão ou eliminação de tributos incidentes sobre insumos importados para emprego destes em produto a ser exportado.* O mecanismo legal funciona como um incentivo às exportações, uma vez que reduz os custos de produção de produtos exportáveis, tornando-os mais competitivos no mercado internacional.

Frisa-se que o "drawback" foi criado em 1966 pelo Decreto-lei 37, de 21.11.1966.

José Augusto Castro, sobre o "drawback", ensina que:

> (...) *Drawback* é um incentivo fiscal à exportação, que permite à empresa industrial ou comercial importar, livre do pagamento de impostos e contribuições, mercadoria para ser utilizada na fabricação de novo produto a ser gerado após transformação, beneficiamento, integração, montagem, recondicionamento ou reacondicionamento, em contrapartida à exigência deste novo produto ser integralmente exportado (CASTRO, 2011).

Superado o aspecto conceitual, deve ser pontuado que existem 3 (três) modalidades de "drawback", a saber: I) isenção; II) suspensão; e III) restituição de tributos.

Vejamos uma a uma das modalidades a seguir:

A isenção diz respeito aos tributos incidentes na importação de mercadoria, em quantidade e qualidade equivalentes, destinada à reposição de outra importada anteriormente e utilizada na industrialização de produto exportado com pagamento de tributos.

Na suspensão dos tributos incidentes na importação de mercadoria a ser utilizada na industrialização de produto que deva ser exportado a *posteriori*.

Já na restituição de tributos, é a própria restituição dos tributos pagos na importação de insumo importado utilizado em produto exportado.

Acrescenta-se, oportunamente, que na página oficial da Receita Federal existe uma explicação mais detalhada sobre "drawback" e suas modalidades com maior profundidade em seus desdobramentos:

> 2. O regime especial de *drawback*
>
> O regime aduaneiro especial de *drawback*, instituído em 1966 pelo Decreto-lei 37, de 21.11.1966, consiste na suspensão ou eliminação de tributos incidentes sobre insumos importados para utilização em produto exportado. O mecanismo funciona como um incentivo às exportações, pois reduz os custos de produção de produtos exportáveis, tornando-os mais competitivos no mercado internacional.
>
> Existem três modalidades de *drawback*: *isenção*, *suspensão* e *restituição* de tributos. A primeira modalidade consiste na *isenção* dos tributos incidentes na importação de mercadoria, em quantidade e qualidade equivalentes, destinada à reposição de outra importada anteriormente, com pagamento de tributos, e utilizada na industrialização de produto exportado. A segunda, na *suspensão* dos tributos incidentes na importação de mercadoria a ser utilizada na industrialização de produto que deve ser exportado. A terceira trata da *restituição* de tributos pagos na importação de insumo importado utilizado em produto exportado.
>
> O *drawback* de restituição praticamente não é mais utilizado. O instrumento de incentivo à exportação em exame compreende, basicamente, as modalidades de *isenção* e *suspensão*.
>
> O Comunicado DECEX 21/1997, alterado pelo Comunicado DECEX 2 (da atual Secretaria de Comércio Exterior – SECEX), estende o benefício a algumas operações especiais. Assim, a modalidade *suspensão* é aplicada às seguintes operações:

Drawback Genérico - caracterizado pela discriminação genérica da mercadoria a importar e o seu respectivo valor;

Drawback Sem Cobertura Cambial - quando não há cobertura cambial, parcial ou total, na importação;

Drawback Solidário - quando existe participação solidária de duas ou mais empresas industriais na importação; e

Drawback para Fornecimento no Mercado Interno - que trata de importação de matéria-prima, produto intermediário e componente destinados à industrialização de máquinas e equipamentos no País, para serem fornecidos no mercado interno, em decorrência de licitação internacional - venda equiparada à exportação (Lei 8.402, de 08.01.1992).

Na modalidade *isenção* é concedido o *Drawback para Reposição de Matéria-Prima Nacional*, que consiste na importação de mercadoria para reposição de matéria-prima nacional utilizada em processo de industrialização de produto exportado, com vistas a beneficiar a indústria exportadora ou o fornecedor nacional, e para atender a conjunturas de mercado.

Em ambas as modalidades, *isenção* e *suspensão*, os Comunicados mencionados destacam ainda duas operações especiais: *Drawback Intermediário* e *Drawback para Embarcação*.

O *Drawback Intermediário* consiste na importação, por empresas denominadas fabricantes-intermediários, de mercadoria para industrialização de produto intermediário a ser fornecido a empresas industriais-exportadoras e utilizado na industrialização de produto final destinado à exportação.

O *Drawback para Embarcação* refere-se à importação de mercadoria para industrialização de embarcação e venda no mercado interno. O regime especial de *drawback* é concedido a empresas industriais ou comerciais, tendo a *SECEX* desenvolvido com o *SERPRO* sistema de controle para tais operações denominado *Sistema Drawback Eletrônico*, implantado desde novembro de 2001 em módulo específico do *SISCOMEX*.

As principais funções do sistema são: a) o registro de todas as etapas do processo de concessão do drawback em documento eletrônico (solicitação, autorização, consultas, alterações, baixa); b) tratamento administrativo automático nas operações parametrizadas; e c) acompanhamento das importações e exportações vinculadas ao sistema.

O *Ato Concessório* é emitido em nome da empresa industrial ou comercial, que, após realizar a importação, envia a mercadoria a estabelecimento para industrialização, devendo a exportação do produto ser realizada pela própria detentora do *drawback*.

A empresa deve, tanto na modalidade de *isenção* como na de *suspensão* de tributos, utilizar o *Relatório Unificado de Drawback* para informar os documentos registrados no *SISCOMEX*, tais como o *RE - Registro de Exportação*, a *DI - Declaração de Importação*, o *RES - Registro de Exportação*

> *Simplificado*, bem como manter em seu poder as Notas Fiscais de venda no mercado interno.
>
> Esses documentos, identificados no *Relatório Unificado de Drawback*, comprovam as operações de importação e exportação vinculadas ao regime especial de tributação e devem estar vinculados ao *Ato Concessório* para o processamento de sua baixa no sistema.
>
> As exportações vinculadas ao Regime de Drawback estão sujeitas às normas gerais em vigor para o produto, inclusive quanto ao tratamento administrativo aplicável. Um mesmo Registro de Exportação - RE não pode ser utilizado para comprovação de *Atos Concessórios de Drawback* distintos de uma mesma beneficiária - é obrigatória a vinculação do Registro de Exportação - RE ao *Ato Concessório de Drawback*.
>
> A concessão do Regime Especial de Drawback não assegura a obtenção de cota de importação para mercadoria ou de exportação para produto sujeito a contingenciamento, nem exime a importação e a exportação da anuência prévia de outros órgãos, quando for o caso.
>
> Também não pode ser concedido o regime de *drawback* para importação de mercadoria utilizada na industrialização de produto destinado ao consumo na Zona Franca de Manaus e em áreas de livre comércio, para importação ou exportação de mercadoria suspensa ou proibida, para exportações contra pagamento em moeda nacional e em moeda-convênio ou outras não conversíveis, para importação de petróleo e seus derivados, conforme o disposto no Decreto 1.495, de 18 de maio de 1995, e para exportações vinculadas à comprovação de outros Regimes Aduaneiros ou incentivos à exportação.
>
> O regime de *drawback* concede isenção ou suspensão do Imposto de Importação - II, do Imposto sobre Produtos Industrializados - IPI, do Imposto sobre Operações relativas à Circulação de Mercadorias e sobre Prestação de Serviços de Transporte Interestadual e Intermunicipal e de Comunicação - ICMS, do Adicional ao Frete para Renovação da Marinha Mercante - AFRMM, além da dispensa do recolhimento de taxas que não correspondam à efetiva contraprestação de serviços, nos termos da legislação em vigor. ”

Por derradeiro, sem a pretensão de esgotar o tema, mas, ao mesmo tempo, com o objetivo de dar um panorama mínimo sobre o assunto, a Lei 10.833, de 29 de dezembro de 2003, dispôs, no § 1.º do seu art. 59, que a aquisição de mercadoria nacional, para ser incorporada ao produto a ser exportado, será realizada com suspensão dos tributos incidentes, desde que a aquisição seja feita por beneficiários de regime suspensivo, destinado à industrialização para exportação. A esse regime se deu a terminologia de "*drawback* verde-amarelo", embora a lei não restrinja a sua utilização apenas aos beneficiários do "drawback"[7-8].

Referências:

- BRASIL. *2. O regime especial de drawback*. Site oficial da Receita Federal do Brasil. Ministério da Fazenda. Disponível em: <http://www.receita.fazenda.gov.br/aduana/drawback/regime.htm>. Acesso em: 17 abr. 2016.
- CASTRO, José Augusto. *Exportação* – aspectos práticos e operacionais. 8. ed. São Paulo: Aduaneiras, 2011.

4.20 O que se entende por **elisão tributária** no Direito Tributário?

A elisão tributária é a adoção de mecanismos e planejamentos legais empregados pelo contribuinte para evitar a materialização do fato gerador ou para reduzir a carga fiscal-tributária.

A elisão tributária, nas palavras de Fernanda Marques Cornélio, "ocorre quando o contribuinte utiliza meios lícitos tendentes a evitar a ocorrência do fato gerador ou diminuir a carga tributária a ser por ela suportada. Em regra, a elisão se verifica antes da ocorrência do fato gerador, podendo ser vista como planejamento tributário do sujeito passivo em busca da maior economia tributária possível, sem infringir a legislação tributária" (CORNÉLIO, 2014, p. 114).

A *elisão tributária* também recebe o nome de *elisão fiscal*.

---

7 "Art. 59. O beneficiário de regime aduaneiro suspensivo, destinado à industrialização para exportação, responde solidariamente pelas obrigações tributárias decorrentes da admissão de mercadoria no regime por outro beneficiário, mediante sua anuência, com vistas na execução de etapa da cadeia industrial do produto a ser exportado. § 1.º Na hipótese do *caput*, a aquisição de mercadoria nacional por qualquer dos beneficiários do regime, para ser incorporada ao produto a ser exportado, será realizada com suspensão dos tributos incidentes. § 2.º Compete à Secretaria da Receita Federal disciplinar a aplicação dos regimes aduaneiros suspensivos de que trata o caput e estabelecer os requisitos, as condições e a forma de registro da anuência prevista para a admissão de mercadoria, nacional ou importada, no regime".

8 Portaria Conjunta 1.460: "Disciplina as aquisições de mercadorias, no mercado interno, por beneficiário do regime aduaneiro especial de drawback, com suspensão do pagamento dos tributos incidentes. Art. 1.º As aquisições de mercadorias, no mercado interno, para incorporação em produto a ser exportado, por beneficiário do regime aduaneiro especial de drawback, na modalidade de suspensão, com suspensão do pagamento do Imposto sobre Produtos Industrializados – IPI, da Contribuição para o PIS/PASEP e da Contribuição para o Financiamento da Seguridade Social – COFINS, prevista no § 1.º do art. 59 da Lei 10.833, de 29 de dezembro de 2003, observarão o disposto nesta Portaria. Parágrafo único. O regime especial de que trata o caput, que abrange importações e aquisições no mercado interno, denomina-se *drawback* verde-amarelo. Art. 2.º O *drawback* verde-amarelo terá ato concessório expedido pela Secretaria de Comércio Exterior – SECEX".

ATENÇÃO

A *elisão tributária* é uma atitude lícita.

Referências:

- CORNÉLIO, Fernanda Marques. *Direito tributário*. 2. ed. Salvador: JusPodivm, 2014. (Coleção Resumos para Concursos)

4.21 O que se entende por **elusão fiscal** ou **elusão tributária** no Direito Tributário?

A elusão fiscal é a adoção de mecanismo artificioso ou atípico empregado pelo contribuinte para mascarar ou dissimular a materialização do fato gerador, visando a não incidência de ônus tributário sobre um determinado negócio jurídico.

A elusão fiscal no Direito Tributário, segundo Fernanda Marques Cornélio, ocorre quando o "sujeito passivo se utiliza de determinada permissão legal para prática de um negócio jurídico, com intuito de burlar a lei tributária, de forma legal, fazendo não incidir o ônus tributário na sua operação ou transação. Ou seja, o sujeito passivo simula um negócio jurídico com o objetivo de dissimular a concretização do fato gerador" (CORNÉLIO, 2014, p. 114).

A *elusão fiscal* também recebe o nome de *elusão tributária*.

ATENÇÃO

Recomenda-se ao candidato o cuidado com expressões aná- logas utilizadas em concurso público a significarem o mesmo conceito. Citam-se aqui, como expressões equivalentes a *elusão fiscal*, *elisão ilícita* ou *elisão ineficaz*.

A *elusão* pode lembrar ludibriar, enganar, ilustrando a ideia de simulação (CORNÉLIO, 2014, p. 114).

Referências:

- CORNÉLIO, Fernanda Marques. *Direito tributário*. 2. ed. Salvador: JusPodivm, 2014. (Coleção Resumos para Concursos)

4.22 O que se entende por **evasão tributária** no Direito Tributário?

A evasão tributária consiste na prática de meios ilícitos empregados pelo contribuinte para ocultar a ocorrência de fato gerador de obrigação tributária e o consequente nascimento desta, objetivando o não pagamento de tributo, penalidade devida ou torná-la menos dispendiosa.

A evasão tributária, conforme ensinamentos de Fernanda Marques Cornélio, "ocorre quando o sujeito passivo utiliza de meios ilícitos para ocultar a ocorrência de fato gerador da obrigação tributária e o consequente nascimento desta, objetivando o não pagamento de tributo ou penalidade devida. O contribuinte pratica conduta ilícita para fugir da tributação ou torná-la menos onerosa. Por exemplo, quando o contribuinte pessoa jurídica vende mercadorias (fato gerador do ICMS), mas em vez de emitir notas fiscais, só emite recibos, a fim de não pagar o imposto devido. A evasão abrange a sonegação fiscal, a fraude e o conluio" (CORNÉLIO, 2014, p. 113).

ATENÇÃO

A *evasão tributária* vem de evadir, que consiste em fugir, ou seja, indica uma atitude suspeita de ilicitude (CORNÉLIO, 2014, p. 113).

Referências:

- CORNÉLIO, Fernanda Marques. *Direito tributário*. 2. ed. Salvador: JusPodivm, 2014. (Coleção Resumos para Concursos)

4.23 Relacione o **poder criativo do juiz** com a metáfora da **Estátua de Milos**

A interpretação de um texto legal é como uma arte. Cada intérprete ou artista tem a sua visão subjetiva sobre o ponto analisado.

Desse modo, se você pedir para três escultores uma estátua da Deusa de Milos, cada um fará de uma forma, de acordo com a sua visão intersubjetiva. Assim é o campo da interpretação. Contudo, é preciso que existam limites para essa atuação do intérprete.

Essa forma subjetiva de interpretar está ligada ao poder criativo do juiz no campo da exegese na prestação jurisdicional.

No caso dos escultores (no âmbito da arte), o limite era o ponto a ser construído da estátua da Deusa de Milos (estátua de Milos). Trazendo isso para o contexto do Direito, o intérprete está limitado à discricionariedade que busca determinados parâmetros de atuação que são os princípios constitucionais, as regras e os métodos de hermenêutica.

Acerca do poder criativo do juiz comparado à metáfora da Estátua de Milos, Eros Grau pontuou que:

> (...) a interpretação do direito consiste em tornar concreta a lei, pois o intérprete não inventa a norma, afinal, ela já existe. Segundo o professor, a *tarefa do juiz é semelhante a de um escultor: se três trabalhassem em um bloco de mármore, todos com a missão de reproduzir a figura da Vênus de Milo*, ainda assim a percepção estética de cada um produzirá diferentes formas da escultura, podendo ocorrer de uma peça ter um braço mais longo, enquanto que outra revela um semblante mais sério. Da mesma forma que os artistas, cada *magistrado poderá observar o mesmo litígio de múltiplas e diferentes maneiras*.
>
> O ministro expressou preocupação com o controle de razoabilidade e proporcionalidade praticado por alguns tribunais e o risco de transgressão fatal à segurança jurídica, dizendo que não é possível admitir a substituição da objetividade do texto pela subjetividade individual. Reforçou também que cabe ao juiz produzir o direito, independentemente daquilo que grita a imprensa ou o clamor social, e censurou aqueles que interpretam o texto para produzir o direito considerando a proporcionalidade e a razoabilidade. Assim agindo, alertou, eles estão reescrevendo a lei e agredindo a legalidade e a ética (GRAU, 2012, p. 1).

Mayra Beçon Kussakawa assevera que:

> (...) Utilizando-se da metáfora da Vênus de Milo, Grau concorda com Kelsen dizendo que a norma já está inserta no texto, cabendo ao intérprete revelá-la, assim como faz o escultor que trabalha o mármore, desbastando-o a fim de revelar a estátua grega que já ali se encontrava. A moldura representada pela Vênus de Milo a ser reproduzida pelos escultores – ou pelo texto normativo a ser interpretado – dá os parâmetros da escultura a ser produzida – ou da norma a ser aplicada. Vênus de Milo diferentes serão esculpidas, assim como normas diversas podem ser encontradas, mas sempre haverá a referência dada pela moldura (KUSSAKAWA, 2009, p. 39).

Outrossim, Jacinto Nelson de Miranda Coutinho reconhece não haver coincidência entre texto e norma. Para o autor, o texto é apenas um fato gráfico e apoia-se em Franco Cordero ao falar sobre a atuação do intérprete: "de uma fórmula saem tantas normas quantas sejam as cabeças dissidentes" (COUTINHO, 2005, p. 3).

Com Citação de Gustav Zagrebelsky, Eros Grau diz que "o conjunto dos textos – disposições, enunciados – é apenas ordenamento em potência, um conjunto de possibilidades de interpretação, um conjunto de normas potenciais" (GRAU, 2005, p. 23).

Por fim, vale dizer que a interpretação pode revelar formas diferentes de conclusões a depender do intérprete, lembrando que a interpretação possui espaço limitado.

Referências:

- COUTINHO, Jacinto Nelson de Miranda. Dogmática crítica e limites linguísticos da lei. *Revista do Instituto de Hermenêutica Jurídica*, Curitiba, vol. 1, 2005.
- *Fotografia da estátua de Vênus de Milo*. Disponível em: <http://www.artchive.com/artchive/G/greek/venus_de_milo.jpg.html>. Acesso em: 25 abr. 2016.
- GRAU, Eros. *Ciclo de palestras – Juiz não deve se basear no clamor social, diz Eros Grau*. Disponível em: <http://www.conjur.com.br/2012-jun-30/ministro-eros-grau-destaca-juiz-nao-basear-clamor-popular>. Acesso em: 25 abr. 2016.
- GRAU, Eros. *Ensaio e discurso sobre a interpretação/aplicação do direito*. 3. ed. São Paulo: Malheiros, 2005.
- KUSSAKAWA, Mayra Beçon. *A interpretação criativa do Judiciário e o princípio da separação dos poderes*. Monografia, 2009. Disponível em: <http://acervodigital.ufpr.br/bitstream/handle/1884/31153/Mayara%20Becon%20Kussakawa.pdf?sequence=1>. Acesso em: 25 abr. 2016.

4.24 O que é o **Teorema de Coase**?

O Teorema de Coase parte da premissa de que nem todas as externalidades ambientais negativas (passivos negativos decorrentes da exploração de atividade que degrade o meio ambiente) seriam indesejáveis à sociedade, pois algumas poderiam trazer um ganho superior à perda. Dessa forma, as externalidades negativas seriam um problema bilateral, recíproco, não havendo razão para proteger uma parte, prejudicando outra que produz atividade eficiente e lucrativa.

Nesse teorema ou modelo proposto, as partes envolvidas deveriam negociar para alcançar um equilíbrio, uma solução que fosse aceita e absorvida pela sociedade, em permitir a internalização das externalidades negativas, não por força da intervenção do Estado, mas por meio do funcionamento do mercado, que, no quadro da questão ambiental, significaria que o mercado funcionaria em benefício do meio ambiente.

Nos moldes propostos pelo modelo do Teorema de Coase, o verdadeiro problema econômico a ser enfrentado consistiria em decidir, diante dos objetivos de maximização da eficiência, qual seria o prejuízo mais grave a ser evitado pela sociedade.

Por um lado, se os custos de transação forem nulos ou irrisórios, a alocação de início de direitos efetuada pelo ordenamento jurídico não influirá sobre o resultado da disputa em torno das externalidades negativas, pois os agentes afetados acabarão por encontrar uma solução para resolvê-las, por meio de um processo de autocomposição, buscando a distribuição mais eficiente dos recursos existentes na economia.

Nesse modelo do Teorema de Coase, quando as partes podem negociar sem custos e com possibilidade de obter benefícios mútuos, o resultado das transações será eficiente, independentemente de como estejam especificados os direitos de propriedade.

A clareza trazida por esse teorema foi de que a maioria dos problemas de externalidades são devidos a uma inadequada especificação dos direitos de propriedade e, consequentemente, a uma ausência de mercados nos quais se possa negociar ou internalizar os custos ou benefícios externos.

Ronald Coase (1960), em sua obra *The problem of social cost*, critica a concepção adotada por Pigou (1920) sobre as externalidades negativas.

Na visão de Ronald Coase, nem todas as externalidades negativas seriam indesejáveis à sociedade, pois algumas poderiam trazer um ganho superior à perda, como dito em linhas anteriores. Desse modo, as externalidades seriam um problema bilateral, recíproco, não havendo razão para proteger uma parte, prejudicando outra que produz atividade eficiente e lucrativa.

Gabriela Costa Cruz Cunha Peixoto cita que Coase (1960, p. 2) explica que:

> “a abordagem tradicional tende a obscurecer a natureza da escolha que deve ser feita. A questão é normalmente pensada como uma situação em que A inflige um prejuízo a B, e na qual o que tem que ser decidido é: como devemos coibir A? Mas isso está errado. Estamos lidando com um problema

> de natureza recíproca. Evitar o prejuízo a B implicaria causar um prejuízo a A. Assim, a verdadeira questão a ser decidida é: A deveria ser autorizado a causar prejuízo a B, ou deveria B ser autorizado a causar um prejuízo a A? O problema é evitar o prejuízo mais grave desenvolve seu raciocínio com a ideia de bilateralidade, reciprocidades das externalidades. Coase (1960) repudia, ainda, a ideia de a intervenção estatal ser a regra na solução dos problemas ocasionados pelas externalidades, conforme havia sido proposto por Pigou (1920). Para ele, a solução aplicada seria a que causasse menos prejuízo, independentemente de quem tivesse causado a situação. As partes envolvidas deveriam negociar para alcançar um equilíbrio, uma solução que fosse aceita e absorvida pela sociedade (PEIXOTO, 2013, p. 37).

Gabriela Costa Cruz Cunha Peixoto sustenta que, "(...) por meio das transações, as partes iriam diminuir seus custos em relação às externalidades e dividir os lucros, sem se ater ao que estaria previsto em lei. O mercado autorregularia quando fosse possível a realização de uma transação entre as partes, não se fazendo necessária a intervenção do Estado".

Maria da Gloria F. P. D Garcia (2007, p. 177) faz importantes considerações a respeito desse tema, como se lê a seguir:

> A novidade que a concepção de Coase trouxe reside, pois, em permitir a internalização das externalidades, não por força da intervenção do Estado mas através do funcionamento do mercado, o que, no quadro da questão ambiental, significa que o mercado pode funcionar em benefício do ambiente.

Gabriela Costa Cruz Cunha Peixoto, sobre o Teorema de Coase, consigna que:

> indo além em sua análise, Coase (1960) destaca que o teorema somente seria possível em um mundo hipotético no qual não houvesse custos de transação e os agentes pudessem negociar independentemente da distribuição inicial dos direitos. Nesse contexto, a alocação dos recursos seria eficiente, não dependendo de prévia estipulação dos direitos. Esclarece que, no mundo real, os custos de transação existem e que são "todos aqueles custos em que as partes incorrem no processo de efetivação de uma negociação" (MANKIW, 2009, p. 211), ou seja, custos para transferir, proteger e adquirir direitos. A interferência do Estado no mercado somente se

> justificaria quando houvesse a ineficiência deste por custos de transação elevados, grandes distorções ou quando ficasse demonstrado que a solução dada pelo Estado seria mais interessante do que a espontaneamente gerada pelo mercado. Cumpre frisar que, na visão de Coase (1960), quando não fosse possível a transação, se deveria prezar por maximizar as riquezas, evitando o maior prejuízo, e não por perseguir o causador do dano (PEIXOTO, 2013, p. 39).

Nessa mesma discussão, o professor Alan Lemos *apud* por Pinheiro e Saddi (2006, p. 155) explica:

> O teorema de Coase sugere uma forma de atuação do sistema judiciário do país, de modo que o conceito abstrato de justo seja substituído ou complementado pela ideia simples de eficiência, de modo a influenciar positivamente o comportamento futuro dos agentes econômicos. Com efeito, ao julgar uma determinada causa o juiz não apenas resolve um conflito particular, mas sobretudo estabelece um padrão social de conduta. Naturalmente, se a decisão for justa, porém ineficiente, a reação dos agentes econômicos poderia frustrar as expectativas dos agentes do Estado. O teorema de Coase (1960) teve grande repercussão, principalmente no tocante aos custos de transação e negociação privada. Apesar de não enfrentar diretamente a questão ambiental, desenvolveu um raciocínio que pode ser aplicado à referida questão. Os ambientalistas criticam a ideia de negociação privada, entendendo ser um abuso garantir a alguém o direito de poluir mediante o pagamento de determinada quantia. Fundamentam seu posicionamento no sentido de que o meio ambiente é um bem coletivo indisponível, não sendo passível de transação. Por outro lado, os economistas defendem a criação de um sistema de licenças para poluir, baseado no teorema de Coase (1960).

Por fim, registre-se que o precursor desse teorema foi Ronald Coase.

Referências:

- COASE, Ronald H. O problema do custo social. Tradução de Francisco Kümmel F. Alves e Renato Vieira Caovilla. 1960. Disponível em: < http://www.pucpr.br/arquivosUpload/5371894291314711916.pdf>. Acesso em: 10 dez. 2012.
- GARCIA, Maria da Gloria F. P. D. *O lugar do direito na proteção do ambiente*. Coimbra: Almedina, 2007.
- MANKIW, N. Gregory. *Introdução à economia*. São Paulo: Cengage Learning, 2009.

- PEIXOTO, Gabriela Costa Cruz Cunha. Análise econômica do direito ambiental: aplicação das teorias de Pigou e Coase. *Revista Direito e Liberdade*, Natal, v. 15, n. 3, p. 31-48, set.-dez. 2013. Quadrimestral.
- PIGOU, Arthur Cecil. *The economics of welfare*. [S.l.: s.n.], 1920.
- PINHEIRO, Armando Castelar; SADDI, Jairo. *Direito, economia e mercados*. Rio de Janeiro: Elsevier, 2006.

4.25 O que é o **Teorema de Pigou**?

O Teorema de Pigou analisa o problema das externalidades negativas e defende que é necessária a atribuição de um preço aos custos sociais marginais, pois, do contrário, um grupo beneficia-se à custa da sociedade, que é obrigada a absorver as externalidades negativas consequentes do processo produtivo. Assim, enquanto um pequeno grupo enriquece, por meio da chamada "privatização de lucros e socialização de perdas", o outro internaliza apenas efeitos negativos.

O Teorema de Pigou, ao analisar o problema das externalidades negativas, aponta que a solução idealizada seria a responsabilização do empresário pelos danos causados pela fábrica ou a aplicação de um tributo proporcional à fumaça que estaria sendo expelida. Essa solução pauta-se em uma forte atuação estatal, que substituiria os indivíduos na avaliação dos custos marginais.

Nessa forte intervenção estatal é que reside uma das principais críticas e contrapontos utilizados pelo Teorema de Coase em vista do modelo do Teorema de Pigou. Em síntese, no Teorema de Coase a solução caberia às pessoas e empresas no plano de mercado, uma vez que algumas externalidades negativas, por mais indesejáveis que fossem, trariam no final mais ganho do que perda para a sociedade.

Gabriela Costa Cruz Cunha Peixoto aduz que:

> Arthur Cecil Pigou, economista britânico, em 1920, publicou a obra *The economics of welfare*, na qual analisa o problema das externalidades negativas. Ele defende que é necessária a atribuição de um preço aos custos sociais marginais, pois, caso contrário, um grupo beneficia-se à custa da sociedade, que é obrigada a absorver as externalidades negativas consequentes do processo produtivo, enquanto um pequeno grupo enriquece, por meio da chamada "privatização de lucros e socialização de perdas". O autor exemplifica com o caso da fábrica poluente que seria instalada em um bairro residencial, destruindo as amenidades da vizinhança. A solução

> proposta seria a responsabilização do empresário pelos danos causados pela fábrica ou a aplicação de um tributo proporcional à fumaça que estaria sendo expelida. Tal solução pauta-se em uma forte atuação estatal, que substituiria os indivíduos na avaliação dos custos marginais (GARCIA, 2007) (PEIXOTO, 2013, p. 36).

A teórica portuguesa Maria da Gloria F. P. D Garcia (2007, p. 174), abordando o pensamento de Arthur Cecil Pigou, registra que: "Como os indivíduos não atribuem um valor ao custo social marginal (as externalidades têm custo zero) um valor correspondente ao seu preço e que deve ser pago por quem dele beneficia, o Estado tem de intervir atribuindo e cobrando-lhes um preço".

> Pigou (1920) propõe a criação pelo Estado de taxas e impostos equivalentes aos custos marginais, retirando da sociedade o ônus de arcar com referidos custos. O autor ainda defende que o Estado deveria criar uma política de subsídios, como meio de estimular a redução das externalidades. Os subsídios deveriam ser dados para incentivar a produção de um serviço ou produto em que o benefício social não pudesse ser repassado ao preço. A política de tarifação dos produtores de externalidades e a concessão de incentivos resultariam em um equilíbrio do mercado e no consequente aumento do bem-estar geral. A teoria de Pigou (1920), a princípio, transmite uma ideia simples, de fácil aplicabilidade: a implantação de impostos incentivaria as empresas poluentes a investir em tecnologias limpas, reduzindo a poluição. Contudo, na prática, verifica-se que o Estado não possui elementos nem informações suficientes para valorar as externalidades, sendo difícil aferir o montante de imposto a ser aplicado para atingir o objetivo. Ademais, a criação de um imposto que possuísse como fato gerador a poluição seria alvo de protesto por parte dos grandes empresários, o que poderia obstar a aprovação de uma lei no Congresso (PEIXOTO, 2013, p. 37).

Por fim, cumpre citar que o economista britânico Arthur Cecil Pigou foi o grande expoente teórico do Teorema de Pigou.

Referências:

- GARCIA, Maria da Gloria F. P. D. *O lugar do direito na proteção do ambiente*. Coimbra: Almedina, 2007.

- PEIXOTO, Gabriela Costa Cruz Cunha. Análise econômica do direito ambiental: aplicação das teorias de Pigou e Coase. *Revista Direito e Liberdade*, Natal, v. 15, n. 3, p. 31-48, set.-dez. 2013. Quadrimestral.
- PIGOU, Arthur Cecil. *The economics of welfare*. [S.l.: s.n.], 1920.

4.26 O que vêm a ser as **"regras de Tóquio"**?

As "regras de Tóquio" são recomendações mínimas acerca da criação e aplicação alternativa de medidas não privativas da liberdade.

Em que pese as Nações Unidas terem editado essas recomendações, foi o Instituto da Ásia e do Extremo Oriente para a Prevenção do Delito e Tratamento do Delinquente quem iniciou os estudos sobre o tema e elaborou o documento aprovado, posteriormente, pelas Nações Unidas.

As regras de Tóquio não possuem força de lei, mas apenas de recomendações ("soft law").

Nessa direção, Fernanda Rezek Andery pontua que: "As *Regras de Tóquio são recomendações acerca da aplicação de medidas alternativas, concedendo relevância especial às penas alternativas à prisão*. Criadas pelo Instituto da Ásia e do Extremo Oriente para a Prevenção do Delito e Tratamento do Delinquente, essas normas não possuem força de lei, mas são de extrema importância para a humanização e a modernização do Direito Penal" (ANDERY, 1999-2000, p. 149).

Em outra abordagem sobre o tema, Fernanda Rezek Andery acrescenta que:

> As Regras de Tóquio, em consonância com a Declaração Universal dos Direitos Humanos, com as Regras Mínimas para o Tratamento do Preso e com todo um rol de penas alternativas sugeridas pela legislação pátria, se posicionam no sentido de abrandar o sistema penal e proporcionar maior justiça e compatibilidade na aplicação de penas, garantindo a proporcionalidade entre elas e o direito cometido e lhes atribuindo função social de reabilitação (ANDERY, 1999-2000, p. 157).

Por derradeiro, consigna evitar o eventual preciosismo e surpresas de expressões correlatas exigidas por Banca de Concursos Públicos, as "regras de Tóquio" também recebem a terminologia *Regras Mínimas das Nações*

Unidas para a Elaboração de Medidas não Privativas de Liberdade ou *Regras de Tóquio.*

Referências:

- ANDERY, Fernanda Rezek. As regras de Tóquio. *Revista da Faculdade de Direito UFG*, v. 23/24, n. 1, p. 149-158, dez. 1999-2000.

4.27 O que se entende pela **Teoria do Ulisses desacorrentado (ou liberto)**?

O assunto diz respeito às cláusulas pétreas. Para se chegar à *Teoria do Ulisses desacorrentado (ou liberto)*, devemos partir inicialmente da teoria do comprometimento que é defendida por Jon Elster.

A teoria do comprometimento preconiza que, ao estabelecer cláusulas pétreas, a Constituição de um Estado objetiva assegurar o processo democrático, resguardando metas a longo prazo e protegendo a sociedade de suas próprias miopias que podem acarretar retrocessos e perigos. Desse modo, deveriam acorrentar os membros de uma sociedade pelas cláusulas pétreas, diante da Constituição Federal, evitando retrocessos.

Com isso, se faz uma analogia com a história de Ulisses (personagem de Ilíada e da Odisseia de Homero) e as sereias, em que aquele, sabendo que estas eram traiçoeiras, colocou cera em seus ouvidos e ordenou que seus marinheiros amarrassem-no ao mastro do navio, não o soltando (mesmo se mandasse).

Assim, buscou demonstrar que os objetivos fundamentais devem ser seguidos e mantidos para que se garantam as regras do jogo.

O assunto em comento teoriza sobre as facetas da imposição racional de restrições ao comportamento de indivíduos, sociedades e de se ter menos com mais (com menor campo de atuação, evitam-se retrocessos).

A renúncia ou o (des)acorrentamento traduz que nem sempre é melhor satisfazer imediatamente nossos impulsos e vontades. Essa é uma renúncia voluntária, uma escolha, mas uma escolha que traz (ou pode trazer) benefícios tangíveis ainda que diante do sacrifício limitativo.

O autor ainda trabalha com dois tipos de restrições benéficas, sendo elas: 1) *restrições acidentais* que tragam vantagem/benefício ao agente que as sofre, mas não são racionalmente eleitas por ele por causa desses benefícios. Hipoteticamente, podem até ter sido opção do agente, mas por outro motivo; igualmente, podem ter sido escolhidas por alguém ou simplesmente não terem sido escolhidas, tratando-se um fato da vida com o qual temos de lidar; 2) *restrições essenciais* são restrições que um agente impõe a si mesmo em nome de algum benefício aguardado para si. O ato de criá-las pode ser denominado de autorrestrição, e esse é o assunto do livro.

Cumpre destacar por derradeiro que Jon Elster, mais tarde, reviu sua teorização em novo artigo em que sustenta a Teoria do Ulisses desacorrentado (ou liberto), afirmando que a maioria de hoje está acorrentando os outros (que integram a minoria), para no caso de amanhã (futuro), quando eles (as minorias) se tornarem maioria, não venham alterar pontos insculpidos na pedra, solidificados, imexíveis, inalteráveis.

Referências:

- CODATO, Adriano. *Resenha de Jon Elster, Ulisses liberto:* estudos sobre racionalidade, pré-compromisso e restrições. São Paulo: Ed. Unesp, 2009.
- ELSTER, Jon. *Ulisses liberto*. Filosofia, 2009.

4.28 O que é **niilismo** na Filosofia do Direito?

Niilismo é uma corrente teórica que não se preocupa com valores, estando calcada na ausência destes.

O dicionário define "niilismo" como a ideia de que "não há justificativa para a moralidade", uma vez que a moral é culturalmente definida e pode mudar ao longo do tempo, e que "não existe nenhum ponto de vista de que estes códigos [culturais] podem ser avaliados".

A terminologia "niilismo" surge no final do século XVIII e início do século XIX com o nascimento do idealismo alemão, em que esta teoria foi teorizada por Nietzsche, que exerceu grande influência no pensamento alemão, francês e italiano do século XX. Para Nietzsche, o *niilismo "é, portanto, o processo histórico no curso do qual os supremos valores tradicionais – Deus, a verdade, o bem – perdem o seu valor e perecem"* (ABBAGNANO, 2006, p. 739).

Fausto Nunes dos Santos fala que o *"niilismo do* latim nihil *(nada), é uma corrente filosófica que, em princípio, concebe a existência humana como desprovida de qualquer sentido. Tendo sido popularizada primeiramente na Rússia do século XIX, como reação de alguns intelectuais russos, mormente socialistas e anarquistas à lentidão dos czares em promover as desejadas 'reformas democráticas'"* (SANTOS, 2013, p. 1).

Como se pode observar, o niilismo tem uma definição um tanto flexível, e não apenas uma definição. Entretanto, há duas concepções dentro do niilismo que precisam ser diferenciadas. A primeira é sob o enfoque de Nietzsche, que é um niilismo mais *voltado para a metafísica (religião, crença e moral)*. A outra concepção moderna é o niilismo voltado para a discussão *do desprovimento ou ausência de valores.*

Para Nietzsche, dentro da sua concepção (metafísica e de crença) havia o niilismo: *negativo, passivo e ativo.*

No *niilismo negativo*, a vida perfeita seria no mundo superior, para aqueles que acreditam que a vida perfeita será em outra esfera (vinculado à religião, ao ascetismo). Em outras palavras, no plano terreno você não vive, não age como a contingência que a vida exige.

No *niilismo passivo*, que é aquele que, diante da vida, é notável que o mundo está passando e que não existe uma perspectiva e não há um prêmio para se alcançar. Indaga-se o porquê de se buscar os bens? Para que buscar a justiça, se comemos e bebemos e, no final da vida, seremos extirpados desse plano?

Por derradeiro, temos o *niilismo ativo*, que prega que é necessário viver a vida de maneira intensa - o mundo é um ciclo ininterrupto.

Sobre a outra concepção (ou ótica), cabe aqui a seguinte observação retirada da obra intitulada *Nietzsche, Filósofo da Suspeita*, de autoria da professora Dr.ª Scarlett Marton:

> "(...) Com sua filosofia experimental Nietzsche dispõe-se a explorar e que acredita estar por vir". O niilismo, que constata em sua época, consistiria na total ausência de sentido provocada pelo esboroamento dos valores fundados no outro mundo. O niilismo radical, que antecipa, deveria antes de mais nada fazer a crítica do fundamento mesmo desses valores. Levando-se às últimas consequências, seria possível chegar à afirmação incondicional de tudo o que advém (...) (Marton, 2010, fl. 88) (...).

A professora Dr.ª Scarlett Marton prossegue dizendo que:

> E assim se revela a estrita relação entre as duas vertentes de seu pensar, *a face corrosiva da crítica dos valores*, com a noção de valor e o procedimento genealógico, e a face *construtivista da cosmologia, com o conceito de vontade de potência, a teoria das forças e a doutrina do eterno retorno do mesmo*. Nietzsche, por certo, não acredita que o curso da história é determinado por necessidade objetiva. Mas, longe de ser um irracionalista, ele entende que não se pode separar os acontecimentos históricos dos valores que neles se expressam. Instrumento para diagnosticar os valores estabelecidos, a genealogia transforma-se em suas mãos, em poderosa arma de crítica e combate ao seu tempo – e ao nosso também. Mas, longe de ser um niilista, ele propõe uma nova concepção do homem e do mundo (MARTON, 2010, fls. 89/90).

Enfatize-se que há também o *niilismo radical*, que, na verdade, consistiria na ausência de valores e remeteria ao próprio conceito do tema, lembrando-se da crítica de que, antes de mais nada, esse niilismo radical deveria fazer crítica ao fundamento desses valores, levando-se às últimas consequências da conclusão disso.

Ainda se tem o *niilismo jurídico*, tema que certamente será explorado em concurso público.

Por fim, com o advento do positivismo jurídico, na concepção do neopositivista italiano, Natalino Irti, conduziu a atual experiência de aplicação da lei ao *niilismo jurídico, porquanto acarretou a perda dos fundamentos da lei positiva, que, por consequência, acabou por perder, também, o seu conteúdo. Assim, a lei, ao perder os fundamentos e conteúdos que a sustentam, perde também sua razão-fim e cai no vazio da experiência do nada.* Nesse sentido, sobre o niilismo jurídico, os professores Carlos Rodrigo Euzébio Bertozo e João Batista de Almeida Prado Ferraz Costa sustentaram que:

> O positivismo jurídico, na visão do filósofo do Direito, o neopositivista italiano Natalino Irti, levou à experiência contemporânea do *niilismo jurídico, uma vez que perdendo os seus fundamentos a lei positiva acabou por perder, também, o seu conteúdo. A lei, ao perder seus fundamentos e conteúdos, perde também sua teleologia, cai no vazio da experiência do nada e traz graves consequências à sociedade, uma vez que o sistema normativo é garantia do bem comum que está na base da sadia convivência em uma sociedade humana* (BERTOZO e COSTA, 2015, p. 14).

Referências:

- ABBAGNANO, Nicola. *Storia della Filosofia*: Dizionario di Filosofia ESP-OPP. Bergamo: Gruppo Editoriale l'Espresso, 2006. vol. 11.
- BERTOZO, Carlos Rodrigo Euzébio; COSTA, João Batista de Almeida Prado Ferraz. A *lex* humana positiva na filosofia tomista em confronto com o niilismo jurídico na obra de Natalino Irti. *De Magistro de Filosofia*, ano VIII, n. 15. Disponível em: <http://catolicadeanapolis.edu.br/revmagistro/wp-content/uploads/2015/04/A-LEX-HUMANA-POSITIVA-NA-FILOSOFIA-TOMISTA-EM-2.pdf>. Acesso em: 19 abr. 2016.
- MARTON, Scarllet. *Filósofo da suspeita*. São Paulo: Casa do Saber (Casa da Palavra), 2010.
- NIETZSCHE, F. *Assim falou Zaratustra*. Trad. Paulo César de Souza. São Paulo: Companhia das Letras, 1993.
- NIETZSCHE, F. *O nascimento da tragédia ou helenismo e pessimismo*. 2. ed. Trad. J. Guinsburg. São Paulo: Companhia das Letras, 2003.
- OXFORD – Dicionário. Trad. Ted. Honderich. Oxford University Press, 1995.
- SANTOS, Fausto Nunes dos. *Niilismo em Nietzsche: breve abordagem*. In: Âmbito Jurídico, Rio Grande, XVI, n. 108, jan. 2013. Disponível em: <http://www.ambito-juridico.com.br/site/?n_link=revista_artigos_leitura&artigo_id=12698>. Acesso em: 19 abr. 2016.

4.29 O que é teoria ou regra de **calibração**?

A teoria ou regra de calibração é o elemento de preservação do ordenamento jurídico. A hierarquia não é piramidal (como propõe Hans Kelsen), mas circular (um movimento circular no ordenamento ou sistema jurídico), tratando-se de um sistema normativo dinâmico. O sistema se ajusta e se modifica – ao contrário do sistema defendido por Hans Kelsen, em que se teria uma invalidade.

Em outras palavras, a teoria ou regra de calibração, conforme preconiza Tércio Sampaio Ferraz Júnior, consiste no fato de que o direito possuiria *regras de calibração*, ou seja, regras cuja função é permitir a mudança ou ajustamento de padrão do ordenamento, para que possa continuar atendendo às demandas sociais em forma de círculo. Na hipótese de o funcionamento do direito dentro de uma hierarquia normativa não conduzir a uma decisão capaz de impedir o conflito de causar uma perturbação social maior, então a regra de calibração atuaria, modificando e ajustando o padrão normativo em que a decisão seria produzida.

Tércio Sampaio Ferraz Júnior, diante do tema, sustenta que "normas-origem são normas efetivas (ocorrem numa situação de fato favorável), dotadas de império e primeiras de uma série. Como não guardam nenhuma relação com qualquer norma antecedente, não são válidas, apenas imperativas, isto é, têm força impositiva. E as regras responsáveis por sua imperatividade são regras estruturais do sistema ou regras de calibração. Daí podemos dizer que a imperatividade expressa uma relação de calibração, ou seja, uma relação não com outra norma, mas como uma regra de ajustamento" (FERRAZ JR., p. 191).

Nesse modelo de sistema normativo aberto, a norma até pode ser válida e inefetiva ou despida de imperatividade, ou até pode ser imperativa ou efetiva, embora seja inválida. O que importa é o sistema de autoprodução do sistema em forma circular. Aqui não admite a ideia de uma norma fundamental, mas de várias normas-origem que não são nem válidas e nem inválidas, mas apenas e tão somente efetivas, e aí o sistema apresenta uma operação circular de autoprodução de normas que garantam o ajustamento e modificação de problemas de acordo com a necessidade que o conflito apresentar.

A harmonia ou coesão do sistema é garantida justamente pela calibração.

A calibração da norma não é encontrada apenas no direito positivado (acepção de lei em sentido amplo), mas na moral, religião, jurisprudência, política, entre outros ramos.

As regras de calibração funcionam como uma espécie de termostato (aferidor de temperatura) para garantir a estabilidade do sistema: padrão de efetividade, padrão-legalidade, padrão dos regimes de exceção. Essa calibração se daria de forma dinâmica e circular.

Essas regras estão distribuídas pelo sistema e permitem, em cada caso, que a autoridade promova a complementariedade, propiciando ao sistema normativo a capacidade de pôr fim ao conflito. A capacidade não é extraída de condições iniciais (norma fundamental) do sistema, mas pelo parâmetro deste, com seus padrões fisiológicos (funcionamentos) buscados nas regras de calibração.

Por fim, recomenda-se uma leitura mais aprofundada sobre o tema, porquanto há outros inúmeros detalhes tratados.

Referências:

- FERRAZ JÚNIOR, Tércio Sampaio. *Introdução ao estudo do direito* – técnica, decisão e dominação. 5. ed. São Paulo: Atlas, 2007.

- FERRAZ JÚNIOR, Tércio Sampaio. *Introdução ao estudo do direito* – técnica, decisão e dominação. 6. ed. São Paulo: Atlas, 2008.

4.30 O que é **zetética**?

Etimologicamente, zetética vem de *zetein* e significa perquirir, ter dúvida, investigar.

A zetética visa procurar, inquirir, ou seja, busca perguntas e não respostas. Essa investigação cumpre uma função informativa e especulativa. É um método que propõe reflexão. Em outras palavras, consiste numa metodologia investigativa, indagatória, dirigida para a resolução de problemas teóricos.

A zetética é mais aberta e suas premissas são dispensáveis, ou seja, podem ser substituídas por outras no ato de perquirição e investigação dos problemas teóricos.

Cumpre assinalar que a zetética tem como ponto de partida uma evidência, que pode ser frágil ou plena no seu campo de atuação.

Adiante, a *zetética* pode se dividir em: *zetética empírica* – que atua nos limites da experiência; *zetética analítica* – que rompe e ultrapassa esses limites, no nível formal da lógica, na teoria do conhecimento ou da metafísica, como a título de exemplo.

Tércio Sampaio Ferraz Júnior, sobre zetética, cita que:

> Zetética vem de *zetein*, que significa perquirir, dogmática vem de *dokein*, que significa ensinar, doutrinar. Embora entre ambas não haja uma linha divisória radical (toda investigação acentua mais um enfoque que o outro, mas sempre tem os dois), sua diferença é importante. O enfoque dogmático releva o ato de opinar e ressalva algumas das opiniões. O zetético, ao contrário, desintegra, dissolve as opiniões, pondo-as em dúvida. Questões zetéticas têm uma função especulativa explícita e são infinitas. Questões dogmáticas têm uma função diretiva explícita e são finitas. Nas primeiras, o problema tematizado é configurado como um ser (que é algo?). Nas segundas, a situação nelas captada configura-se como um dever-ser (como deve-ser algo?). Por isso, o enfoque zetético visa saber o que é uma coisa. Já o enfoque dogmático preocupa-se em possibilitar uma decisão e orientar a ação (FERRAZ JR., 2003, p. 35).

Tanto a zetética empírica quanto a analítica podem ser "pura" ou "aplicada".

A *zetética pura* é no sentido puramente especulativo. Já a *zetética aplicada* é a que produz resultado extraído como base para uma possível aplicação técnica à realidade. Desse modo, pode-se expor dessa forma o tema, segundo Tércio Sampaio Ferraz Júnior:

> a) *zetética analítica pura*: desse ponto de vista, o teórico ocupa-se com os pressupostos últimos e condicionantes bem como com a crítica dos fundamentos formais e materiais do fenômeno jurídico e de seu conhecimento;
>
> b) *zetética analítica aplicada*: desse ponto de vista, o teórico ocupa se com a instrumentalidade dos pressupostos últimos e condicionantes do fenômeno jurídico e seu conhecimento, quer nos aspectos formais, quer nos materiais;
>
> c) *zetética empírica pura*: desse ponto de vista, o teórico ocupa-se do direito enquanto regularidades de comportamento efetivo, enquanto atitudes e expectativas generalizadas que permitam explicar os diferentes fenômenos sociais;
>
> d) *zetética empírica aplicada:* desse ponto de vista, o teórico ocupa-se do direito como um instrumento que atua socialmente dentro de certas condições sociais (FERRAZ JR., 2003, p. 40).

Não se pode olvidar que ainda se tem a terminologia *zetética jurídica*, que corresponde às disciplinas investigadas, tendo por objeto não apenas o Direito, que podem, todavia, tomá-lo como um de seus objetos precípuos na investigação e especulação. Essas disciplinas são reputadas como *auxiliares da ciência jurídica* strictu sensu.

Enfim, recomenda-se uma leitura mais aprofundada sobre o tema, porquanto inúmeros detalhes são abordados nas obras a seguir indicadas.

Referências:

- ARAÚJO, Henrique. *Afinal de contas, o Direito é zetético ou dogmático?* Disponível em: <http://www.diariojurista.com/2013/11/afinal-de-contas-o-direito-e-zetetico.html>. Acesso em: 24 abr. 2016.
- FERRAZ JUNIOR, Tércio Sampaio. *Introdução ao estudo do direito*: técnica, decisão, dominação. 4. ed. São Paulo: Atlas, 2003.

4.31 O que é a **Teoria da Régua Lésbica Aristotélica** ou da **Régua de Lesbos?**

O filósofo Aristóteles comparava a tarefa de um juiz ao realizar o julgamento por equidade (*epiquea*) à Régua de Lesbos.

Na cultura grega, os construtores se valiam de uma régua flexível, que se adaptava à forma das pedras, sem ser rígida. Essa mesma medição se daria na equidade, em que se demanda do jurista uma flexibilidade na tarefa interpretativa e de julgamento diante do caso posto.

Por consequência, a concepção de homem justo não pode ser de um mero cumpridor e burocrata cego das normas, agarrado ao tecnicismo, sem atentar para as particularidades de cada caso concreto.

Dito em outras palavras, a régua da ilha grega de Lesbos era utilizada pelos construtores para medição das pedras disformes. Aristóteles compara a utilização dessa régua com a atuação do magistrado quando da aplicação da equidade, apregoando que o ofício do juiz, na equidade, é em conformidade com aquele que julga conforme a régua de Lesbos.

Alvaro de Azevedo Gonzaga assevera sobre o tema o seguinte:

> Aristóteles explica a diferença entre a equidade e o equitativo na distinção da régua de ferro e da régua de chumbo usada em Lesbos, uma régua de Lesbos era utilizada na construção de grandes monumentos e edificações de pedras na Ilha de Lesbos na Grécia. Tal régua adaptava-se aos desníveis, imperfeições e especificidades da pedra. A régua de ferro é fantástica para medir planícies, mas tem uma enorme dificuldade em medir regiões irregulares; por seu turno, a régua de lesbos sempre será possível medir, com a régua de ferro não. Nos casos concretos também existirão irregularidades, e não existe melhor maneira de julgar se não pela equidade que avalia de maneira plena a situação. Por conta disso, com a régua de lesbos sempre será possível medir, com a régua de ferro não. Hodiernamente a justiça extraída pelo critério equitativo se baliza pelo critério da igualdade formal e a justiça extraída à luz da equidade baliza-se pela igualdade material, donde se extrai a frase "Tratar igualmente os iguais, desigualmente os desiguais na medida das suas desigualdades" (GONZAGA, 2010, p. 267).

Nas palavras do próprio filósofo:

> Consequentemente, embora o equitativo seja justo e seja superior a uma espécie de justiça, não é superior à justiça absoluta, mas apenas ao erro devido à expressão absoluta. Esta é a natureza essencial do equitativo, ou seja, é uma retificação da lei onde é lacunar em função de sua generalidade. Com efeito, essa é a razão por que não são todas as coisas determinadas pela lei; pelo fato de haver alguns casos (e situações) em relação aos quais é impossível estabelecer uma lei, *é necessária a existência de um decreto especial, pois aquilo que ele próprio indefiniu só pode ser medido por um padrão indefinido, como a régua plúmbea usada pelos construtores em Lesbos; tal como essa régua não é rígida, podendo ser flexibilizada ao formato da pedra, um decreto especial é feito para se ajustar às circunstâncias do caso* (ARISTÓTELES, 2009, p. 173).

Referências:

- ARISTÓTELES. *Ética a Nicômaco*. 3. ed. São Paulo: Edipro, 2009.
- GONZAGA, Alvaro de Azevedo; ROQUE, Nathaly Campitelli (coord.). *Vade Mecum Humanístico*. São Paulo: RT, 2010.

ÍNDICE REMISSIVO

A

B

C

D

M

N

O

P

Q

R

S

T

U

V

W

Z

EDITORA
MÉTODO
www.grupogen.com.br

10 1 2 3 4 5 6 7 8 9
2016

Cromosete
Gráfica e editora ltda.
Impressão e acabamento
Rua Uhland, 307
Vila Ema-Cep 03283-000
São Paulo - SP
Tel/Fax: 011 2154-1176
adm@cromosete.com.br

Cód.: 616230